KB008945

周易과 만나다

주 역

中

공자와 일부의 대화

증산도상생문화연구총서 17

주역과 만나다 中 – 공자와 일부의 대화 –

발행일: 2021년 3월 22일 초판 발행
           2021년 7월 12일 2쇄 발행
글쓴이: 양재학
펴낸곳: 상생출판
펴낸이: 안경전
주소: 대전광역시 중구 선화서로 29번길 36(선화동)
전화: 070-8644-3156
팩스: 0303-0799-1735
홈페이지: www.sangsaengbooks.co.kr
출판등록: 2005년 3월 11일(제175호)
Copyright ⓒ 2021 상생출판

가격은 뒤표지에 있습니다.
이 책에 수록된 자료의 저작권은 증산도상생문화연구소에 있습니다.

ISBN 979-11-90133-98-2
ISBN 978-89-94295-05-3(세트)

周易_{주역}과 만나다

만나다

공자와 일부의 대화

양재학 지음

상생출판

‖ 들어가는 말 ‖

동서양에는 수많은 고전이 존재한다. 인류는 고통에 허덕일 때마다 힘든 현실을 벗어날 수 있을 지혜를 고전에서 배웠다. 고전은 삶에 찌들어 심신이 고달픈 자에게 마음을 맑게 하고, 힘을 불어넣는 옹달샘 같은 역할을 톡톡히 해왔다. 고전이 고전일 수 있는 까닭은 문화와 역사의 길라잡이를 제대로 수행했기 때문일 것이다. 읽기 쉬운 고전이 어디 있으랴마는 『주역周易』은 가장 난해한 책 중의 하나로 손꼽힌다.

『주역』에서 우러나오는 여러 감동 중의 하나는 인간애에 대한 깊은 통찰과 논리의 간결성, 또는 도덕적 가르침을 넘어서 생명의 본원인 천명에 대한 소통 방법에 있다고 할 수 있다. 『주역』이 말하는 소통의 대상은 자연과 역사와 인간사를 지배하는 하늘의 의지를 비롯하여 성인의 고매한 학덕과 인품으로 압축될 것이다. 『주역』을 삶의 모범 답안으로 인정하는 것도 소중하지만, 오히려 세계를 밑바닥에서부터 사유하고 때로는 인생의 질곡을 구제하려는 성현들의 고뇌와 숭고한 실천 의지를 읽고 존경심을 갖지 않을 수 없다.

주역사에는 온갖 고초를 겪은 다음에 인류에게 희망의 메시지를 던진 문화 영웅이 숱하게 등장한다. 주나라 문왕文王(?-?)은 감옥에 갇힌 신세에서 『주역』을 지어 이후 동양철학의 성격을 결정지었고, 소강절邵康節(1011-1077)에 의해 『주역』의 효용성에 매우 밝았다고 평가된 맹자孟子(BCE 372-BCE 289) 역시 수많은 역경을 거친 군자만이 역사적 소임을 맡을 수 있다는 불후의 명언을 남겼다. "하늘이 장차 그 사람에게 큰 일을 맡기려면 반드시 먼저 심지를 괴롭히고, 근육과 뼈를 수고롭게 하고, 육체를 굶주리게 하고, 아무것도 없게 해서 하는 일이 해야 할 일과 어긋나게 만드니 마음을 움직이고 본성을 인내하게 하여 불가능한 일을 더 많이 할 수 있게 해

주기 위함이다.[1]

작은 거인 등소평鄧小平(1904-1997)은 세 번이나 권력에서 밀려나, 65세에 시골 트랙터 공장 노동자로 강등당하는 시련을 겪으면서도 매일 맹자의 글을 외우며 희망의 끈을 놓지 않았다고 전한다. 이것이 바로 큰일을 감당할 자질과 능력을 갖추도록 하늘이 먼저 몸과 마음에 온갖 시련을 준다는 천강대임론天降大任論이다. 맹자의 말은 선비들이 스스로 마음을 추스르고 용기를 북돋았던 글귀다. 만일 현실의 고통이 없었다면 주옥같은 작품들이 세상에 나오지 못했을 것이다. 우리나라의 정약용丁若鏞(1762-1836) 역시 유배지에서 나온 뒤에 『주역사전周易四箋』를 지어 후세에 남겼다.[2] 오죽하면 「계사전繫辭傳」은 우환의식을 바탕으로 『주역』이 씌여졌다고 말했겠는가? 좌절과 실패는 성공을 담보하는 열쇠라는 교훈이다.

예로부터 동양인들은 『주역』을 형이상학과 정치 철학, 윤리관을 수립하는 전거, 또는 사주명리의 이론적 근거를 제공하는 점치는 용도 등 다양한 방면으로 응용하였다. 『주역』은 사서삼경四書三經 가운데 가장 으뜸가는 고전이다. 대한민국 성인 중에서 『주역』을 모르는 사람은 거의 없으나, 『주역』을 제대로 아는 사람은 아주 드물다. 특히 이 땅에서 출현한 김일부金一夫(1826-1898)의 『정역正易』은 전문가조차도 귀에 익지 않은 생소한 단어로 알려져 있다. 『주역』이 세계관과 인생관, 가치관을 정립하는 소중한 고전古典이었다면, 『정역』은 19세기 후반 한국 땅에 혜성같이 등장하여 『주역』을 비판적으로 극복한 형태의 신고전新古典이다. 한마디로 『정역』은 선후천론先後天論을 근거로 『주역』을 새롭게 해석하여 매듭지은 희망의 철학이다.

---

1) "天將降大任於是人也, 必先苦其心志, 勞其筋骨, 餓其體膚, 空乏其身, 行拂亂其所爲, 所以動心忍性, 增益其所不能."(『孟子』「告子章」上)
2) 司馬遷(BCE 145 혹은 135-BCE 87)은 宮刑을 당하는 혹독한 시련 속에서도 『史記』를 지어 역사에 대한 책임 의식을 고취시켰고, 사유의 망치를 들고 서양철학의 근대성을 열어 제친 철학자 니체(Nietzsche: 1844-1900)의 삶에서 고독과 질병과 가난은 형제보다도 가까웠다. 그가 토해낸 인생의 시련과 절망의 사유에서 나우러온 영혼의 언어는 서양 문명의 새로운 물꼬를 트게 만든 힘이었다.

이 책자는 STB상생방송이 "주역에서 정역으로"라는 타이틀로 방영한 내용을 바탕으로 『주역』과 『정역』을 이해하는 데 도움이 되도록 작성한 것이다. 상생방송국 개국 기념으로 기획한 '주역강좌'는 2006년 여름에서 시작하여 2008년 12월 총 110회로 대단원의 막을 내렸다. 필자에게 『주역』 전체를 방송 강의할 수 있는 기회가 주어진 것은 큰 영광이자 행운이었다.

이때부터 『주역』과 『정역』을 하나로 통합하는 구상을 시작하였고, 더 나아가 『주역』과 『정역』을 동시에 이해할 수 있는 입문서를 소개하려는 뜻을 품었다. 그래서 『주역』의 올바른 이해와 해석 작업에 계절이 언제 바뀌는지조차 모를 정도로 숨가쁘게 보냈다. 겨울에 시작한 『주역』 읽기에 흠뻑 빠졌다가 어느새 봄이 온 줄 몰랐다는 옛 선비들의 얘기는 『주역』의 권위를 상징하는 말이다.

지금도 컴퓨터로 원고를 집필하면서 선인들과 호흡했던 시간이 가장 기뻤던 추억으로 남아 있다. 알찬 콘텐츠만을 담자는 처음의 계획과는 달리 예상보다 훨씬 넘은 분량이라 당혹스럽다. 독자와의 만남을 쉽게 하기 위한 장치였을 뿐이라고 변명하고 싶다. 고대의 유산인 『주역』과 우리 한민족의 사유와 논리가 반영된 『정역』을 하나로 묶고자 노력하였다. 『주역』 원문에 『정역』의 혼을 접목시키는 시도는 자칫 『주역』의 가치를 손상시킬 우려와 함께 『정역』의 독창성과 보편성을 마냥 『주역』으로 귀속시키는 오류를 범할 수 있기 때문에 매사가 조심스러웠다. 『주역』의 이해와 설명이 어려운 만큼 『정역』 부분은 아예 중도에 포기할까 망설인 적도 있었다. 사실 『주역』에 대한 『정역』 식 설명도 그리 많지는 않다.

이러한 기획이 성공하면 일거양득이지만, 실패하면 양자를 모두 왜곡시킬 수도 있는 까닭에 때로는 두려움이 엄습했다. 혹시 공자孔子와 김일부의 학문과 공덕을 훼손시키지는 않을까 하고 머뭇거렸다. 하지만 모험을 강행하기로 결심했다. 역사적으로는 분명코 『주역』이 훨씬 먼저 탄생했고, 『정역』은 한참 뒤에 출현하였다. 그러니까 『정역』을 『주역』에 대한 수많은 해설서 중의 하나로 인식하는 것도 어쩔 수 없다. 그러나 원리의 측면에서 『정역』의 논리에 근거하여 『주역』이 만들어졌다고 할 수 있다. 『정역』이 본체의 영역을 다룬 학문이라면, 『주역』은 작용을 전문으로 다룬 학술이기 때문이다. 이 둘은 떼려야 뗄 수 없는 관계로 존재한다. 『주역』이 곧 『정역』이고, 『정역』이 곧 『주역』이다. 주역학자들은 대뜸 뭔 소리냐고 비판할 것이다. 필자가 『정역』의 늪에 빠져 주장하는 것이 아니라, 『정역』을 읽으면 누구라도 금방 알 수 있는 쉬운 문제이기 때문이다. 주역학도들이여! 이 자리를 빌려 『정역』을 한 번쯤은 선입견을 버리고 '있는 그대로' 독파하기를 권장한다. 당장은 『정역』의 위상을 인정하기가 어렵더라도, 비판의 강도는 예전보다 훨씬 약화될 것이라고 확신한다.

> "달걀이 스스로 깨어나면 병아리지만, 남에게 깨어지면 계란 프라이가 된다. 우리는 날마다 스스로 깨어나는 진리의 구도자가 되어야 할 것이다."
> "징기스칸에게 열정(passion)이 없었다면, 촌구석 양치기 목동에 지나지 않았을 것이다."
> "『주역』과 『정역』 공부를 통하여 인문학의 부활을 위한 힘찬 기지개를 켜자."

이 책은 『주역과 만나다』라는 제목으로 이미 출간된 다섯 권의 소책자에 대한 완결판이다. 여기서는 『주역』의 편집 체제를 약간 바꾸었다. 그것은 『주역』에 대한 주자朱子(1130-1200) 이래의 체계가 잘못되어서가 아니라, 『주역』과 『정역』의 통합과 아울러 『주역』을 조금은 쉽게 이해하기 위한 방편으로 다르게 구성하였다. 그렇다고 크게 다르지 않다. 단지 『주역』의 앞과 뒤에 새로운 내용을 첨가했을 뿐이다. 우선 번호를 매겨 각 단락의 성격을 부각시키면서 그 연속성과 차별성을 고려하였다. 가장 먼저 64괘의 순서를 밝힌 정이천程伊川(1033-1107)의 서괘序卦 원문과 번역문을 싣고(1), 괘사(2), 단전(3), 상전(4) 및 초효(5), 2효(6), 3효(7), 4효(8), 5효(9), 상효(10)에다 각각의 소제목을 붙인 다음에 끝 부분에는 전체 의미를 덧붙였다. 마지막으로 김일부의 제자인 이상룡李象龍이 지은 『정역원의正易原義』의 풀이(11)를 부가하였다. 혼동을 일으키지 않았으면 하는 바램이다. 정이천과 이상룡의 해석이 『주역』을 능가한다는 의미가 아니라, 64괘의 순서에 대한 이해도를 높이기 위한 방편이었음을 밝힌다.

그리고 괘사, 「단전」, 「상전」, 64괘 384효, 「계사전」과 「설괘전」의 각 절, 「서괘전」과 「잡괘전」에 대한 소제목과 함께 각 항목의 결론을 압축하는 형식을 도입했다. 오직 가독성을 높이기 위한 목적임을 밝힌다. 제목 붙이는 일이 어렵다는 것을 절감했다. 내용을 모르면 제목은커녕 결론을 도출할 수 없기 때문이다.

지난 몇 년 동안 책의 완성도를 높이기 위해 시간과의 치열한 샅바 싸움을 벌였다. 나름대로 혼을 담았기에 미련은 없다. 통기타 가수 김광석이 부르는 "광야"에 나오는 '뜨거운 남도에서 광활한 만주 벌판'을 들으면서 『주역』과 『정역』의 친구가 되려고 힘을 쏟아 부었다. 책에 대한 평가는 순전히 독자들의 몫이다.

일찍이 사마광司馬光(1019-1086)은 "경서를 가르치는 스승은 만나기 쉬우나, 사람을 인도하는 스승은 만나기 어렵다"고 말했다. 천상에 계신 이정호 박사님(1913-2004)과 유남상 교수님(1927-2015; 석박사 논문의 지도교수로서 필자는 많은 은덕을 입었다.), 권영원 선생님(1928-2018)의 가르침으로 인해 오늘의 필자가 있다는 사실을 한 번도 잊지 않았다. 그저 고개를 숙일 따름이다. 또한 『정역』을 지극히 흠모했던 부모님이 사무치게 그리워진다. 알찬 책이 출간되는 것만이 유일한 보답일 것이리라.

이 책의 집필 과정에 도와준 분들이 있다. 증산도 안경전 종도사님은 방송 강의와 함께 책자 발간에 지대한 관심을 아끼지 않았다. 송인창 교수님은 학부 과정 때부터 지금까지도 후배인 필자를 항상 격려해주었다. 직장 동료인 노종상 박사님과 이재석 박사님의 꼼꼼한 지적을 잊을 수 없다. 이 책의 출간을 필자보다 더 좋아할 전 청주대 송재국 교수님의 모습이 눈에 어른거린다. 최종 교정에 도움을 아끼지 않았던 조기원 박사님의 노고에 감사드린다. 특히 책 편집에 관한 한 타의 추종을 불허하는 상생출판 강경업 팀장님과 조민수 디자이너의 도움이 매우 컸다. 또한 상생방송국 피디를 비롯한 스텝 여러분의 지원에 고마운 마음을 전한다. 그리고 멋진 글씨로 책의 품격을 높여준 소우천小愚川님께 감사드린다. 애틋한 마음으로 좋은 책이 나오기를 기다리는 엄마 같은 누나가 보고 싶다. 또한 삶의 즐거움을 알려준 보문산119시민산악구조봉사대원들의 격려를 잊을 수 없다. 마지막으로 평생 고생만 시킨 아내를 빼놓을 수 없다. 아내의 말없는 뒷바라지가 언제나 가슴을 찡하게 만들었다. 아들 승진과 딸 인선에게도 고마움을 전한다. 사랑하는 모든 분들이 옆에 있기에 고맙고, 고맙기에 늘 용기가 솟았다.

현재 기후 위기와 코로나19의 대유행, 인문학의 붕괴로 인해 전 세계가 혼란과 진통을 겪고 있다. 계층간 소통의 부재로 인해 생기는 사회의 모든 분야가 갈등에 시달리고 있다. 개인과 개인, 사회와 사회, 국가와 국가간의 원활한 소통은 인문학의 부활이 아니고는 치유가 불가능하다. 뜻있는 지성인들은 학문 사이의 벽을 허물고 통섭을 통해 제2의 르네상스를 겨냥하고 있다. 『주역』은 소통의 힘을 알려주는 인류 문화가 낳은 지혜의 보석이다. 아무쪼록 이 책이 인문학의 부흥에 자그마한 디딤돌이 되기를 기대한다.

2020. 12. 2.

양 재 학

차 례

| 택산함괘 |
澤 山 咸 卦

막둥이들의 창조적 감응

1. 천지가 결합하는 혼인이 진정한 감응 : 함괘

정이천은 중화리괘重火離卦(☲) 다음에 택산함괘澤山咸卦(☶)가 오는 이유를 다음과 같이 말한다.

咸은 序卦에 有天地然後有萬物하고 有萬物然後有男女하고
함　서괘　유천지연후유만물　　유만물연후유남녀

有男女然後有夫婦하고 有夫婦然後有父子하고
유남녀연후유부부　　유부부연후유부자

有父子然後有君臣하고 有君臣然後有上下하고
유부자연후유군신　　유군신연후유상하

有上下然後禮義有所錯라 하니라 天地는 萬物之本이오
유상하연후예의유소조　　　　천지　만물지본

夫婦는 人倫之始라 所以上經은 首乾坤하고
부부　인륜지시　소이상경　수건곤

下經은 首咸繼以恒也라 天地二物이라 故二卦分爲天地之道요
하경　수함계이항야　천지이물　　고이괘분위천지지도

男女交合而成夫婦라 故咸與恒이 皆二體合爲夫婦之義라
남녀교합이성부부　고함여항　개이체합위부부지의

咸은 感也니 以說爲主하고 恒은 常也니 以正爲本이오
함　감야　이열위주　　항　상야　이정위본

而說之道自有正也라 正之道는 固有說焉이니 巽而動과
이열지도자유정야　정지도　고유열언　　손이동

剛柔皆應은 說也라 咸之爲卦 兌上艮下하니 少女少男也니
강유개응　열야　함지위괘 태상간하　　소녀소남야

男女相感之深이 莫如少者라 故二少爲咸也라 艮體篤實하고
남녀상감지심　막여소자　고이소위함야　간체독실

止爲誠慤之義하니 男志篤實以下交하며 女心說而上應하니
지위성각지의　　남지독실이하교　　여심열이상응

男은 感之先也라 男先以誠感이면 則女說而應也라
남　감지선야　남선이성감　　즉여열이응야

"함괘는 「서괘전」에 '천지가 있은 뒤에 만물이 있고, 만물이 있은 뒤에 남녀가 있고, 남녀가 있은 뒤에 부부가 있고, 부부가 있은 뒤에 부자가 있고, 부자가 있은 뒤에 군신이 있고, 군신이 있은 뒤에 상하가 있고, 상하가 있은 뒤에 예의를 둘 곳이 있다'고 했다. 천지는 만물의 근본이요 부부는 인륜의 시초이다. 이런 까닭에 상경은 건곤괘를 머리에 놓았고, 하경은 함괘를 머리에 두고 항괘를 뒤에 이은 것이다. 하늘과 땅은 두 물건이므로 두 괘가 나뉘어 천지의 도가 되었고, 남녀가 교합하여 부부를 이루므로 함과 항이 모두 두 실체가 합하여 부부의 뜻이 된 것이다. 함은 감응함이니 기쁨을 주장하고, 항은 항상함이니 올바름을 근본으로 삼으며, 기뻐하는 도는 스스로 올바름이 있는 것이다. 올바른 도는 진실로 기쁨이 있으니 공손하게 움직임과 강유가 모두 감응함은 기뻐함이다. 함괘는 태가 위에 있고 간이 아래에 있으니, 소녀와 소남이다. 남녀가 서로 감응함의 깊음은 어린 것보다 더한 것이 없다. 그러므로 두 어린 것이 함이 된 것이다. 간의 실체는 독실하고, 그침은 정성스러움의 뜻이니, 남자가 뜻이 독실하여 아래로 사귀면 여자가 마음에 기뻐하여 위로 상응하니 남자는 감응함의 먼저이다. 남자가 먼저 정성으로 감응시키면 여자가 기뻐하여 상응하는 것이다."

현재 통용되는 『주역』에서 건곤괘는 상경의 시초이고, 함항괘는 하경의 시초이다. 전통에서는 『주역』의 상경과 하경을 나누는 준거를 천도와 인사로 삼았다. 천도와 인사는 상응의 구조로 이루어져 있다. 상응은 동등과 일치의 관계라기보다는 본체와 작용이라는 체용의 구조이다. 역의 설명 체계는 체용의 논리로 구성되어 상경과 하경의 틀로 굴러가는 것이다.

조선 초기의 유학자인 권근權近(1352-1409, 호는 양촌陽村)은 이를 분명히 밝히고 있다. "상경은 건곤을 머리로 삼아 감리에서 마치니, 하늘과 땅이 제자리를 잡고 해와 달이 교대로 밝아서 천도가 유행하는 이치의 극한이다. 하경은 함항에서 시작하여 기제와 미제로 마치니, 부부가 가정을 이루고 남자와 여자가 세대를 이어서 인도가 변화하는 지극함이다. 그러나 (상경과 하경) 모두 감리로 끝난다는 점이 동일하다. 천도에서는 물과 불이 처음으로 교제하니 낳고 낳는 근본이요, 인도에서는 물과 불이 서로 구제하니 역시 낳고 낳은 근본이다. 끝마치면 다시 시작하여 변화가 무궁하니 이것이 곧 역이 되는 까닭이다."[1]

권근은 상경의 첫머리인 건곤괘와 하경의 첫머리인 함항괘에서 드러나는 상응 구조의 성격에 주목했다. 건곤은 천지가 자리잡는 천도이며, 함항은 부부가 가정을 이루는 인도를 가리킨다. 우주 형성의 근원과 인륜의 시초는 상응 관계로 형성됨을 얘기했다. 이를 정리하면 상경/하경, 천도/인도, 본체/유행의 대비는 하늘과 사람, 본체와 작용의 조화를 강조하는 체계이다.

소강절은 자신이 창안한 상수론을 중심으로 『주역』의 논리 구조를 재편하여 선후천의 역학관을 수립했다. 그는 선후천관을 준거로 상경과 하경을 나눈다. "건곤에서 감리까지는 천도를, 함항괘로부터 기제와 미제괘까지는 인사를 말한다. 역이 건곤을 으뜸으로 삼아 감리의 중간점을 거쳐 수화의 교역 여부에서 종결짓는 것은 지극한 이치이다."[2] 천도와 인사를 나누는 까닭은 『주역』의 종지가 바로 경세치용의 학문이기 때문이다. "하늘과 사람의 문제를 다루지 않는 배움은 진정한 학문이 되기에 부족하다"[3]고까지 단언한 이유에서 정명도程明道는 소강절의 역학을 '내성외왕內聖外王'의 학문이라고 규정했던 것이다.

소강절이 얘기하는 선천과 후천은 구체적으로 무엇일까. 괘도로 보면 복희팔괘도가 선천이고, 문왕팔괘도는 후천이다. 시간적으로는 "요임금

1) 『周易淺見錄』「易說」, "周易上經, 首乾坤而至坎離, 天地定位, 日月代明, 天道流行之極也. 下經始咸恒, 而終旣未濟, 夫婦成家, 而男女著代, 人道變更之至也. 然皆以坎離爲終, 則同, 在天道, 則水火始交, 生之本也. 在人道, 則水火相濟, 亦生生之本也, 終而復始, 變化无窮, 斯其所以爲易也."
2) 『皇極經世書』「觀物外篇」, "自乾坤至坎離, 以天道也. 自咸恒至旣濟未濟, 以人事也. 易之首于乾坤, 中于坎離, 終于水火之交不交, 皆至理也."
3) 같은 책, 같은 곳, "學不際天人, 不足以謂之學."

이전이 선천이고, 요임금 이후는 후천이다."[4] 요임금 이전의 선천은 우주의 자연사이고, 요임금 이후의 후천은 인류의 문명사를 가리킨다. 후자는 전자에 종속되기 때문에 먼저 선천이 있어야 나중에 후천이 존재하는 것이다. 후천을 밝히려면 선천을 알아야 마땅하다. 그가 선후천관을 중시여겼던 이유는 자연사를 근거로 인류 문명사의 유래를 밝히면 역사의 흥망성쇠를 알 수 있다고 판단했기 때문이다. 이런 연유에서 윤화정尹和靖은 "소강절의 이론은 본래 경세의 학문이다. 지금 사람들은 단지 미래사를 알기 위해 역수를 밝힌 것이라고만 알아 도리어 그의 학문을 낮게 평가했다"[5]고 변호한 바 있다.

소강절 역학의 결정체는 '원회운세설'에 있다. 주희의 제자인 채원정蔡元定(1135-1198)은 "원회운세와 연월일시의 이론으로 천지의 끝마침과 시작을 밝혔다. 황제왕패와 역, 서, 시, 춘추로 성현의 사업을 밝혔다. 진한 이래 오직 한 사람 뿐이다"[6]라고 하여 소강절을 매우 존경했다. 소강절은 선후천론에 입각하여 하늘과 땅이 열리는 시간표를 작성하여 세상을 깜짝 놀라게 했다. 그는 '원회운세설'을 바탕으로 우주의 시간표를 작성하여 천지의 순환을 해명했던 것이다. 그가 관심을 기울였던 분야는 수학적으로 시간표를 계산한 것이 아니라 음양이 소장하는 이치를 통하여 우주 변화를 밝힌 점에 있다.

소강절은 천지인天地人 삼재三才의 원칙에 따라 괘의 구성 법칙과 천간지지를 결합시켜 3개의 시간 좌표를 제시했다. "하늘은 자에서 열리고, 땅은 축에서 열리고, 인간은 인에서 태어난다.[天開於子, 地闢於丑, 人生於寅]" '자子'는 두터운 땅 속에서 처음으로 양 기운이 올라오는 복괘(䷗)를, '축丑'은 양 기운이 점점 올라와 두 개가 되는 임괘(䷒)를, '인寅'은 음양이 균형을

---

4) 같은 책, 같은 곳, "堯之前, 先天也. 堯之後, 後天也."
5) 余敦康,「邵雍的 易學」『漢宋易學解讀』(北京: 華夏出版社, 2006), 271쪽 참조.
6) 『皇極經世緒言』, "以元會運世, 年月日時, 盡天地之終始. 以皇帝王覇, 易書詩春秋, 盡聖賢之事業. 自秦漢以來, 一人而已耳."

이루는 태괘(☱)의 이치를 뜻한다. 그것은 각각 천체의 형성기, 대지의 형성기, 인류의 형성기를 가리킨다. 이처럼 소강절은 우주의 발생과 진화 과정을 풀이하는 모델을 세웠다.

연못과 산의 결합으로 이루어지는 괘의 형성을 우주의 진화와 목적으로 간주하는 사상이 바로 『정역』의 간태합덕艮兌合德'이다.[7] 간태합덕은 간'산'과 태'택'이 결합하여 새로운 질서를 창조함을 뜻하는 '산택통기山澤通氣'로 귀결된다.

「설괘전」에는 산과 연못이 그 기운을 서로 통한다는 내용이 두 군데 나온다. 하나는 소강절에 의해 소위 '복희팔괘도'라 불린 3장의 "하늘과 땅의 위치가 정해지며, 산과 연못이 기운을 통하며, 우레와 바람이 서로 부딪치며, 물과 불이 서로 쏘지 아니하여[아직 제대로 된 작용을 못한다], 팔괘가 서로 섞인다"[8]이며, 다른 하나는 6장의 "그러므로 물과 불이 서로 따르며(미치며), 우레와 바람이 서로 거슬리지 아니하며, 산과 연못이 그 기운을 통한 연후에야 능히 변화하여 이미 만물을 다 이룬다"[9]일 것이다.

『정역』은 복희팔괘도, 문왕팔괘도, 정역팔괘도를 우주의 진화 과정을 설명하는 생장성生長成의 단계로 설정한다. 복희팔괘도는 갓난 어린아이의 단계이므로 산과 연못의 기운이 활발하게 소통되지 못하고, 문왕팔괘도는 하늘과 땅[天地]이 서북과 서남으로 기울어져 서쪽에 있는 연못을 성숙시키에 온 힘을 쓰지만 제대로 역할을 못하고, 김일부에 의해 정역팔괘도라고 명명된 「설괘전」 6장의 '능히 변화하는[能變化]' 지독한 몸살을 겪은 뒤에야 비로소 새로운 질서가 수립되어 만물의 존재 가치가 온전히 드러날 수 있음을 언급했다.

소강절과 김일부는 『주역』 읽기의 방법을 선후천론의 시각에서 출발한

---

7) '正'은 '一' + '止'의 합성어이다. 하늘의 일은 '艮'의 이치에 담겨 있다는 뜻이다.
8) 『周易』 「說卦傳」 3장, "天地定位, 山澤通氣, 雷風相薄, 水火不相射, 八卦相錯."
9) 『周易』 「說卦傳」 6장, "故水火相逮, 雷風不相悖, 山澤通氣然後, 能變化, 旣成萬物也."

다. 하지만 선후천론의 실질적 내용은 다르다. 소강절은 복희팔괘도가 선천, 문왕팔괘도는 후천이라고 규정했다. 김일부는 문왕팔괘도는 선천, 정역팔괘도는 후천이라고 단정하여 선천과 후천은 일정한 시간대에 맞추어 뒤바뀐다는 것을 체계화했다. 이런 점에서 전자는 선천에 초점이 맞추어진 과거 지향형 사상, 후자는 후천에 초점이 맞추어진 미래 지향형 사상이라고 말할 수 있다.

2. 함괘 : 생명의 영속은 남녀의 결합으로부터

咸은 **亨**하니 **利貞**하니 **取女**면 **吉**하리라
함   형   이정   취녀   길
함은 형통하니 올바르게 함이 이로우니, 여자를 취하면 길할 것이다.

함괘의 구성은 아버지 어머니(건곤)의 최종 열매인 소남소녀少男少女로 이루어져 있다. 왜 장남장녀나 중남중녀가 아니고, 소남소녀일까? 이는 새로운 질서와 생명력에 대한 찬미이다. 음양의 결합 중에서 남녀의 결합이야말로 생명의 신비를 해명하는 최상의 언어이다. 남녀의 육체적 결합 없이는 후손을 기약할 수 없다. 가문의 단절은 물론이고 세상은 당장 문닫아야 할 것이다. 생명의 끝장은 종말과 연결된 암울한 세상을 떠올린다. 하지만 함괘는 남녀의 사랑을 비롯한 온갖 생명체의 결합을 찬양하고 있다.

생명의 탄생은 느낌에서 비롯된다. 느낌은 감응이다. 생명 있는 모든 것은 외부 대상에 대해 첫인상을 느끼고 반응한다. 『주역』은 반응 체계는 생명의 정보 전달의 기초임을 깨닫도록 한다. 느낌[感應]은 일방적 감정이 아니라 상호 반응의 정감을 뜻한다. 상대방을 받아들여야만 좋다는 가치 평가를 내렸다[取女, 吉]. 그러니까 자연과 인간, 인간과 역사와 문명, 인간과 사회는 배타적 관계가 아니라 서로를 용납하고 배려하는 관계를 설정해야 한다고 가르치고 있는 것이다.

남녀가 서로 느껴야 애틋한 사랑의 감정이 싹트고 혼인을 이루어 형통할 수 있다. 전혀 알지 못했던 남녀가 만나 결혼하여 가정을 이루고, 자녀를 낳아 웃음꽃이 피니 형통할 수밖에 없다. 혼인의 길에는 일정한 법도가 있다. 혼인은 남자가 먼저 여자에게 프로포즈하는 형식으로 이루어진다 [取女].

'취녀'는 곧 혼인한다는 뜻이다. 옛날에는 신랑이 신부의 집에 가서 혼례를 치른 다음에 데려 오는 전통이 있다. 동적인 남자가 정적인 여자보다 앞서 움직이는 게 음양 법칙이다. 꽃이 벌을 찾아다니는 것이 아니라 벌이 꽃을 찾아 날아다니며, 수컷이 암컷을 쫓아다니는 것이야말로 음양이 감응하고 교합하는 이치이다. 음양의 교류는 온 세상을 지배하는 법칙이다. 사회의 각 계층이 상호 감응하지 않으면 갈등과 모순이 일어나 분쟁이 생긴다. 감정이 서로 교통하고 쌍방의 관계가 소통해야 조화롭고 원만한 분위기가 조성된다. 감정의 교류[感應]가 조화의 근원이기 때문이다.

☒ 남녀의 결합은 올바름을 밑바탕으로 삼아야 한다.

3. 단전 : 천지는 감응의 메카니즘으로 움직인다.

象曰 咸은 **感也**니 **柔上而剛下**하여 **二氣感應而相與**하여
단 왈 함 감 야 유 상 이 강 하 이 기 상 감 이 상 여
止而說하고 **男下女**라 **是以亨利貞取女吉也**니라
지 이 열 남 하 녀 시 이 형 이 정 취 녀 길 야
天地感而萬物이 **化生**하고 **聖人**이 **感人心而天下和平**하나니
천 지 감 이 만 물 화 생 성 인 감 인 심 이 천 하 화 평
觀其所感而天地萬物之情을 **可見矣**리라
관 기 소 감 이 천 지 만 물 지 정 가 견 의

단전에 이르기를 함은 느낌이니, 부드러움은 올라가고 강함이 내려와 두 기운이 느끼고 응함으로써 서로 더불어 그쳐서 기뻐하고, 남자가 여자에게 내려오는 것이다. 이로써 '형통하니 올바르게 함이 이로우니 여자를

취하면 길할 것이다.' 하늘과 땅이 느껴서 만물이 화생하고 성인이 인심을 느껴서 천하가 화평하나니 그 느끼는 바를 보아서(깨달아서) 천지만물의 실정을 볼 수 있을 것이다.

감응에는 일정한 원칙이 있다. 그것은 올바름[正道]이다. 쌍방이 교감하는데 사리사욕이 끼어들면 끼리끼리 어울리는 술친구에 지나지 않으며, 사회와 조직을 망가뜨리는 좀벌레에 불과하다. 결코 형통을 기대할 수 없다. 만사형통의 원칙은 곧 정도인 것이다.

함괘의 핵심은 감통感通이다. 감통은 느껴서 서로 소통한다는 뜻이다. 느끼지 못하면 대화는 물론 서로의 의지마저 알지 못한다. 그 명칭은 비록 함괘이지만 실질적으로는 감괘感卦로 불러도 무방하다는 것이 공자의 견해이다. 아버지 하늘은 대지의 숨결을 느끼고, 땅은 하늘의 의지를 느껴 만물을 변화의 세계로 접어들게 하는 것이 감통의 이치이다. 천지는 스스로 작동하면서 감응하는 메카니즘으로 이루어져 있고, 성인은 보통사람의 마음에 감응하여 천하를 안정시킨다는 것이 핵심이다.

함괘에서는 왜 부드러움은 올라가고 강함이 내려오는 현상[柔上而剛下]을 감응의 원리라고 했을까? 『주역』에서 말하는 감응의 최고 원칙은 천지비天地否와 지천태地天泰의 교환에서 찾을 수 있다. 가벼운 하늘 기운[陽]은 위로 올라가고, 무거운 땅기운[陰]은 아래로 내려와 음양이 서로 만나 기뻐하는 모습이 바로 지천태이다. 반면에 하늘 기운은 내려오고 땅 기운은 위로 올라가 음양이 서로 멀어져 부조화를 빚어내는 형상이 천지비괘이다.

천지비에서 지천태로 전환하는 중간 과정을 묘사한 내용이 바로 '부드러움은 올라가고 강함이 내려오는[柔上而剛下]' 현상이다. 즉 남성괘인 남자 막둥이 간괘(☶)의 맨 위효인 3효는 위로 올라가고, 여성괘인 여자 막둥이 태괘(☱)의 맨 위효上爻는 아래로 내려와 서로의 자리를 바꾸는 형상이 곧 택산함괘의 구조인 것이다.

음의 에너지와 양의 에너지가 공간 이동하는 것이 바로 감응하는 이유이다. 단지 상대방의 존재를 인지하는 상태에 그치는 것이 아니라, 적극적인 자리 이동을 통하여 너와 내가 하나로 일치되는 작업이 바로 감응의 본질인 것이다. 감응이란 자리 이동하는 일이고, 그 결과 서로가 한몸되는 것이 만물이 생성 변화하는 궁극 목적[山澤通氣然後, 能變化]이다. 『주역』 해석가들은 연못과 산이 서로 대응하는 모습을 일컬어 대대待對라 했고, 서로의 에너지를 교환하는 과정을 유행流行이라 했다. 따라서 감응이란 이 둘의 역동성을 지칭한다.

감응이 음양 결합의 소극적 표현이라면, 감통은 음양 결합의 적극적 표현이다. 이런 의미에서 주자는 함괘 「단전」은 '감통의 이치를 극진히 설명했다'고 하여 공자를 치켜세웠다. 감통이 주역학의 핵심인 까닭에 음양의 결합을 정당화했던 것이다. 남자와 여자가 만나면 심장이 두근거리고 가슴이 뭉클해진다. 같이 있어도 같이 있고 싶고, 보고 있어도 보고 싶은 것이 애정이다. 남녀의 사랑은 육체의 결합으로 나타난다. 육체의 결합이 '하나됨[相與]'이고, 하나됨이 곧 사랑이다. 이를 「단전」은 '멈추면서(그치면서) 생기는 기쁜 일[止說]'이라고 했다.

하나됨의 방식에는 올바름[正]의 가치와 절차[禮]가 있다. '태兌'는 가정에서는 소녀로서 즐거움과 기쁨의 뜻이고, '간艮'은 가정에서는 소남으로서 우뚝하고도 독실한 뜻이다. 남자는 공손한 마음과 독실한 태도로 여자에게 청혼함으로써 여자를 기쁘게 해야 한다. 그것은 음양이 상호 감응하는 원리이며, 세상이 둥글어가는 정도이기 때문이다. 애정이 넘치는 남녀가 결합하여 다정한 부부로 탄생할 수 있고, 화목한 가정에서 효성스런 자녀가 태어날 수 있는 것이다.

고대의 혼인 예법에는 여섯 가지 절차인 납채納采, 문명問名, 납길納吉, 납폐納幣, 청기請期, 친영親迎 등의 의례가 존재했다. 남자가 먼저 여자를 인격자로 대우하면, 여자도 반드시 남자에게 순종으로 감응한다는 이치를 제도화한 것이다. 인격과 인격의 만남이 진정한 사랑이다. 사랑이 샘솟는 혼인이어야[取女] 행복하다[吉]. 사람들은 행복을 누리려 하지 않고 행운을 찾으려 시간을 소비한다. 행복은 주변 곳곳에 널려 있다. 하지만 행운은 어쩌다 한 번 오는 우연일 따름이다. 행운에 목메는 어리석음을 저질러서는 안 된다.

「단전」의 요지는 하늘과 땅의 서로에 대한 느낌[感應] 행위 자체가 사랑이라고 한 점에 있다. 감응 원리가 곧 『주역』의 핵심이다. 감응은 단순히 남녀간에 생기는 애틋한 감정만을 뜻하지 않는다. 그것은 자연과 역사와 문명과 세상을 꿰뚫는 보편적 원리이다. 그러므로 하늘과 땅의 기운이 상호 감응하여 만물이 생성하고, 성인은 하늘과 땅의 감응원리를 깨달아 인심을 감화시켜 천하를 태평하게 만든다. 따라서 이러한 감응의 원리와 현상을 관찰하면 천지 만물의 정황을 알 수 있는 것이다.

하늘과 땅의 느낌 행위 자체가 사랑인 동시에 생명의 보편 원리이다.

4. 상전 : 허위와 독선으로 가득 찬 '나'를 비워야

象曰 山上有澤이 **咸**이니 **君子以**하여 **虛**로 **受人**하나니라
상왈 산상유택 함 군자이 허 수인

상전에 이르기를 산 위에 연못이 있는 것이 함이니, 군자는 이를 본받아 비움으로써 사람을 받아들인다.

민족의 성지, 백두산 꼭대기 위의 천지를 상상해보라. 천지는 백두산 정상에 있다. 한민족의 꿈과 이상과 열망이 백두산에 녹아 있다. 육당六堂 최남선崔南善(1890-1957)은 백두산을 근간으로 형성된 고대 문화를 불함문화不咸文化라고 주장했다. 그것은 다함이 없는 생명력으로 백성들을 먹여 살리는 불멸의 신성한 나라를 상징한다.

『주역』에서 말하는 연못과 산의 사랑 행위가 바로 함괘를 만든다. 막둥

이(소남소녀)들의 신나는 잔치, 즉 새로운 생명력의 표출을 극명하게 드러내는 것이 함괘인 것이다. 군자는 이를 본받아 행위의 표준을 설정해야 한다. 초효부터 삼효까지는 우뚝하게 솟은 산처럼 뚝심있게 처신할 것을 가르친다. 그것은 꼼짝하지 않는다는 것이 아니라, 자기를 내세우지 않음을 뜻한다. 자신의 사리사욕을 버리고 남을 배려하고 수용하는 자세이다.

어머니는 자신을 내세워 자랑하지 않는다. 어머니의 무기는 오로지 사랑이다. 사랑은 받는 것이 아니라 주는 것이기 때문에 한없이 아름답다. 남편의 허물은 물론이고 심지어 자식의 무능마저도 사랑으로 감싸 안는다. 위정자는 백성의 아픔을 나의 아픔의 느껴 상처를 아물도록 한다. 그러니까 주위에 사람이 몰릴 수밖에 없다.

'비움[虛]'은 불교의 공空처럼 만물의 시원처, 혹은 귀향처로만 인식하는 차원이라는 의미보다는 반드시 구현해야할 실천의 규범으로 부각된다. 고집과 독단을 낮추어 최대한 비우고, 겸허한 자세로 남을 높이면 저절로 타인과의 공감대가 한층 상승할 것이다. 남자가 여자를 향해 나아가 자신을 낮추면서 애정 공세를 펼치면 여자 역시 좋은 반응을 할 것이다.

외로움은 상대적인 반면 고독은 절대적이다. 비움[虛]과 채움[實]은 절대적인 동시에 상대적 개념이다. 실천의 덕목일 경우는 채움에서 비움으로, 또는 비움에서 채움을 지향한다. 만물 생성의 근원의 입장에서 자연 그 자체는 아무 것도 없는 공허虛空의 상태이지만, 그것은 역동적으로 살아 움직이는 까닭에 실제로는 가득 차 있다. 그렇지 않으면 가공의 허구적 존재에 불과하기 때문이다.

유교의 전제에 맞선 최대의 이단아 이탁오李卓吾(1527-1602, 이름은 지贄로서 전통적 권위에 맹종하지 않고 혁신적 사유를 전개했다)는 『분서焚書』권3 「허실설虛實說」에서 허실에 대해 명언을 남겼다. "도를 배울 때는 허虛를 귀하게 여기지만, 중임을 맡을 사람은 실實을 귀하게 여겨야 한다. 허하면 선善을 받아들이지만, 실해야만 굳건히 지키는 바가 생긴다. 허하지 않으면 선택이 정밀하지 않고, 실하지 않으면 지키는 것이 굳지 못하다. 허하면서 실하고 실하면서 허한 것이야말로 참된 허는 참된 실이요, 참된 실은 참된 허이다. 이는 오직 진인眞人만이 이를 수 있는 경지이다.”

군자는 마음 자체를 없애야 하는가? 사심을 비운다는 것인가? 유교는 마음닦기를 비롯하여 본성의 회복을 주장한다. 여기서는 유심론적 입장에서 마음 자체를 없앤다는 뜻이 아니라 사리사욕으로 얼룩지고, 고집으로 가득 찬 자아를 솎아내라는 충고일 것이다. 군자는 사사로운 주관이 없는 존재이기 때문에 만물과의 감통이 가능한 것이다.

✿ 타인에 대한 포용력이 감정교류의 밑천이다.

5. 초효 : 몸과 마음은 감응의 원리로 존재한다

初六은 **咸其拇**라
초 육　함 기 무

象曰 咸其拇는 **志在外也**라
상 왈 함 기 무　지 재 외 야

초육은 엄지발가락에 느낌이다. 상전에 이르기를 ‘엄지발가락에 느낌’은 뜻이 밖에 있는 것이다.

서양에서 몸은 정신의 감옥, 또는 욕망의 고기덩어리 등이라고 하여 몸과 정신은 인간을 이루는 별개의 존재로 설정하는 전통이 있다. 이러한 심신이원론心身二元論의 극치는 데카르트에 이르러 절정을 이룬다. 하지만『주역』은 몸과 마음은 항상 따라다니는 동반자임을 얘기한다. 어느 하나가 망가지면 다른 하나마저도 병들기 때문이다.

함괘는 발가락으로부터 얼굴에 이르기까지 심신의 에로스 여행으로부터 출발한다. 몸과 마음은 감응 관계로 존재함을 지적하고, 몸과 마음의 동화를 통해 심신일원론心身一元論을 견지하고 있는 것이다.

몸을 바라보는 방식에는 두 가지가 있다. 하나는 몸을 밖에서 관찰할 수 있는 객체로서 보는 것이다. 근대 의학에서 보는 눈은 철저히 이와 같은 관점에서 생겨났다. 근대 의학에서는 객체인 다른 사람의 몸(객체적 몸)만이 보일 뿐이지, 그 마음은 보이지 않는다. 객체와 주체의 경계에서 몸과 마음을 분리하여 다루는 이분법적 관점은 일정한 타당성을 갖는다. 근대 의학의 이러한 신체관은 서양의 오랜 전통에 그 뿌리를 두고 있다. 정신과 물질을 분리해서 보는 생각은 플라톤의 형상(idea) - 질료(hule)의 이원론에서 출발하여 기독교의 영혼-육체의 구별로 받아들여졌고, 데카르트는 근대 학문 연구의 방법론으로 만들었던 것이다.

몸에 대한 또 한 가지 관점은 몸을 주체로 보는, 즉 그 안쪽에서 보는 관점이다. 주체적인 몸이라는 말은 아주 낯설게 들리지만, 실제로는 아주 상식적인 것이다. 우리들은 지금 여기에 있는 자신을 자신의 몸으로 느끼고 있다. 즉 자신의 몸을 자신이라고 생각하고 있다. 그것 이외에 자신이라는 것은 존재하지 않는다. 그래서 이때 마음과 몸은 분리되지 않는다. 다른 사람의 몸에 접촉하는 일은 그 마음에 접촉하는 것이다. 데카르트가 고민했던 것은 이러한 상식적인 태도와 학문 연구에서 심신 분리의 물음 때문에 생겨난 모순이었다. 동양은 이러한 분리를 알지 못한다. 동양에서 몸을 보는 전통은 항상 주체적 몸을 기본 관점으로 보아 왔기 때문이다.[10]

몸을 바라보는 동서양의 현저한 차이는 자연관에서 비롯된다고 하겠다. 서양은 자연을 나와 떨어져 존재하는 객관적 자연으로 인식했다면, 동양은 자연을 만물의 어머니와 같은 존재로 인식했다. 자연과 인간을 둘로 나누지 않는 발상은 죽음과 삶은 하나라고 여기는 관점으로 이어진다. 이는 의학의 발전과도 연관이 있다. 서양 의학에서는 질병을 일으킨 원인을

---

10) 유아사 야스오/이정배·이한영, 『몸과 우주』(서울: 지식산업사, 2004), 96-97쪽.

찾고, 그것을 없애는 대증치료對症治療의 공격형 치료라고 한다면, 동양 의학은 병의 원인을 찾아내어 치료하는 것보다는 인체의 기 에너지의 불균형을 회복하여 몸 안에 있는 자연 치유력을 활성화함으로써 건강을 찾는 방법을 선호한다. 동양 의학의 기초에는 심리적 사건(마음)과 물리적 사건(몸) 사이에는 상호 연관성이 있다는 믿음이 짙게 깔려 있는 것이다.

이러한 사유 패턴의 두드러진 예증이 함괘에 나타나 있다. 남녀가 결합할 때의 심리 상태와 육체적 감각은 밀접한 관련이 있음을 얘기하고 있다. 발가락 → 장딴지 → 넓적다리(생식기) → 심장(마음) → 등짝 → 입맞춤이라는 과정을 거쳐 이루어지는 육체의 결합을 통해 만물이 생성되는 원리를 구체적으로 설명하고 있다.

초효는 양이 음 자리에 있으므로 부정不正이고, 하괘의 맨아래에 있기 때문에 부중不中이지만, 양효인 4효와는 상응한다. 초효의 '발가락'의 느낌은 4효에 대한 감응을 뜻한다. 남녀가 처음 만나자마자 뭔지 모를 감정이 생기는 것은 우선 외모에 끌리는데서 비롯된다. 몸의 가장 먼 곳인 발가락에서 시작하여 점점 마음의 심장부까지 전달되는 것이 남녀간의 사랑이다. 육체의 결합은 사랑의 결실이요 아름다움의 출발이다.

🏮 사랑의 표현인 육체의 결합은 서서히 무르익어야

6. 2효 : 느낌의 무드와 육체의 기쁨은 함께 가야

六二는 **咸其腓**면 **凶**하니 **居**하면 **吉**하리라
육 이　함 기 비　흉　거　길

象曰 雖凶居吉은 **順**하면 **不害也**라
상 왈 수 흉 거 길　순　불 해 야

육이는 장딴지에 느끼면 흉하니, 거처하면 길할 것이다. 상전에 이르기를 비록 '흉하지만 거처하면 길하다'는 것은 순하면 해롭지 않은 것이다.

그리스 조각가는 비너스를 빚어 여체의 아름다움을 뽐냈다. 조각가는 몸의 신비로움이 곧 생명의 아름다움임을 예술을 통해 드러냈다. 이 세상에서 가장 아름다운 것은 나체가 아니라 비너스를 통해서 생명의 아름다움을 찬미했던 것이다.

인류 역사에는 육체의 결합을 더러운 본능의 표출로 보는 금욕주의와 섹스를 관능미의 완결로 보는 쾌락주의가 생겨났다. 『주역』은 이 양자의 극단을 포용하고 넘어서 중용의 길로 나아간다. 섹스는 마냥 더러운 것만도 아니고, 항상 추켜세울 만한 행태도 아니다. 진선미는 선악을 너그럽게 감싸 안는 포용성에 있다.

2효는 발가락에서 장딴지로 한 단계 올라섰다. 그것은 음효가 음 자리正, 하괘의 중용에 있고[中], 양효인 5효와도 상응한다. 발가락은 관절이 있어서 능동적으로 움직이고 느낄 수 있다. 하지만 장딴지 근육은 스스로 움직일 수 없다. 그런데도 장딴지가 움직일 정도로 느낌이 강하다면 흉하다는 것이다. 여기서는 수동적인 감응이 최상[吉]이다. 2효는 간괘艮卦의 중용이기 때문이다. 『주역』은 나아갈 때 나아가고 물러날 때 물러나는 일은 쉽지 않다고 가르친다. 움직일 때는 과감히 움직이고, 움직이지 말아야 할 때는 고요히 가만히 있는 것이 좋다.

장딴지는 발과 넓적다리의 중간에 있다. 2효는 5효와 감응하는데, 3효의 유혹에 이끌려 빠지면 낭패하기 십상이다. 장딴지가 넓적다리의 쾌감에 이끌려 마구 움직이면 흉하여 스스로를 망치기 일쑤이다. 2효는 원래 유순하고 중정의 덕을 갖추기 있는 까닭에 5효와 상응하면 된다. 경거망동하지 않고 자신의 본분을 지키다가 하괘의 아래에서 순응하면 교감이 이루어져 해롭지 않다.

🜨 조급한 행동은 금물이다. 편안한 마음으로 때를 기다리는 지혜가 필요하다

7. 3효 : 감정없는 사랑 행위는 삼가야 마땅하다

九三은 **咸其股**라 **執其隨**니 **往**하면 **吝**하리라
구삼　　　함기고　　　집기수　　　왕　　　인

象日 咸其股는 **亦不處也**니 **志在隨人**하니 **所執**이 **下也**라
상왈 함기고　　　역불처야　　　지재수인　　　소집　　하야

구삼은 넓적다리에 느낌이다. 그 따르는 이를 잡으니 가면 인색할 것이다. 상전에 이르기를 '넓적다리에 느낌'은 또한 처하지 않음이니, 뜻이 따르는 사람에 있으니, 잡는 바가 아래이다.

　3효의 넓적다리(생식기)는 하괘의 끝자락에 있다. 하초에서 오르가즘을 느끼는 것은 모든 동물들의 생리이다. 넓적다리가 느낄 정도면 따르는 사람은 반드시 상대방을 꼭 부둥켜안을 수밖에 없다. 음과 양이 서로에게 반응하면서 교감이 이루어지므로 서로를 바짝 잡는다[執其隨]. 그럼에도 상대방이 싫다고 가버리면 교감과 느낌의 도리에서 인색한 것이 되므로 좋지 않다.

　잡을 '집執'은 쉽사리 고치려 하지 않는 고집스런 태도, 따를 '수隨'는 초효와 2효가 넓적다리의 리듬에 따라 움직이는 양상을 상징한다. 최고의 감각은 넓적다리 부분에서 점점 깊어지지만, 넓적다리 자체는 스스로를 움직이지 못한다. 3효는 하괘[艮卦: ☶]의 주효主爻이다. 하지만 간괘의 덕성은 우뚝하게 머무름이다. 그럼에도 하괘에서 상괘로 넘어가는 끝자락은 양의 에너지를 감당하지 못해 중용을 잃기 쉽다. 초효와 2효의 움직임에 이끌려 경거망동하면 상응 관계인 상효에게 비난받아 마땅할 뿐만 아니라 스스로 인색해지고 나중에 후회할 것이다.

☖ 상대방의 사랑을 확인하는 것보다는 자신의 사랑을 굳게 지키는 것이 좋다.

8. 4효 : 사랑 없는 결합은 허무하고 쓸모없다

九四는 **貞**이면 **吉**하여 **悔亡**하리니 **憧憧往來**면 **朋從爾思**리라
구사 　정 　길 　회망 　　　동동왕래 　　봉종이사

象曰 貞吉悔亡은 **未感害也**오 **憧憧往來**는 **未光大也**라
상왈 정길회망 　미감해야 　동동왕래 　　미광대야

구사는 올바르게 하면 길하여 뉘우침이 없어지리니, 자주자주 오고 가면
벗이 너의 뜻을 좇을 것이다. 상전에 이르기를 '올바르게 하면 길하여 뉘
우침이 없어짐'은 느낌이 해롭지 않음이요, '자주자주 오고 감'은 빛나거
나 크지 못하는 것이다.

『주역』은 항상 정도를 걸으면 근심과 회한이 사라져[悔亡] 행복할 수 있
다[吉]고 했다. 하지만 근심과 회한은 이웃사촌보다 가까워 하루도 떨어지
지 않는 것이 인생사다.

　3효의 넓적다리를 건너면 몸과 마음의 중심부인 4효 심장心臟에 이른다.
몸이 쾌감의 절정에 도달하고, 심지어 마음까지 일치되는 것이 남녀 결합
의 극치이다. 그러니까 4효는 양이 음 자리에 있는[不正] 까닭에 몸과 마음
이 반드시 하나같이 옳아야 한다[貞=正]고 그 당위성을 얘기하고 있다. 육
체의 결합에서조차도 올바른 교감을 통해서만 긍정적 결과와 함께 개인적
인 유감마저도 소멸된다고 가르친다.

　『주역』에서 감응 원리가 얼마만큼 중요하면 「계사전」 5장에는 함괘 4효
의 말이 인용되어 있다. 본능덩어리 육체가 하체로부터 느끼기 시작하면
그 감각은 위로 상승하기 마련이다. 육체의 오르가즘은 그 마음이 완전히
일치될 때 일심동체가 가능하다.

　남녀간에 최후의 교감이 이루어질 때는 서로가 자주자주 가고 오는 현
상이 나타난다[憧憧往來]. 그때의 특징은 서로의 생각이 하나로 일치된다
[朋從爾思]는 점이다. 이렇게 완전한 교합이 끝나면 임신이 이루어진다.

애당초 길 아닌 길로 나섰다가도 옳은 길로 접어들어서면 완벽한 교감이 이루어져 감응에 해롭지 않다[未感害]. 그러니까 '자주자주 오고 가면 벗이 너의 뜻을 좇는다[憧憧往來, 朋從爾思]'라고 하여 부부의 일심동체를 얘기한 것이다. 몸이 가면 마음도 따라온다는 격언이 바로 그것이다. 몸과 마음은 잠시 떨어져 있을 뿐 다시 만나기 위해 존재한다. 이렇듯 『주역』은 몸과 마음의 일치를 강조하는 '몸론'이라고 할 수 있다.

함괘에서는 마음의 고유 기능인 '생각[思]'을 제시한다. 생각은 자유라는 말이 있다. 의식이 지향하는 데에 따라 마음은 따라가기 마련이다. 올바른 데로 가는 경우도 있고, 음탕한 생각을 품을 수도 있다. 불의로라도 권력을 움켜잡으려는 욕심도 생기는 게 인생사다. 유교에서는 마음 자체를 제거의 대상으로 여긴 적이 없다. 오히려 원래부터 존재하는 마음을 어떻게 원만하게 조절하느냐에 따라 성인과 범인이 나뉜다고 경계하였다. 불교처럼 마음에 의해 모든 것이 생성 소멸을 거듭한다고 주장하지 않고, 어떻게 하면 삿된 마음을 되돌려 올바른 마음을 갖도록 하는 데에 관심을 쏟았다.

공자는 고대인의 심성을 노래한 『시경詩經』 전체의 성격에 대해 "한마디로 시를 말하면 '생각함에 사특함이 없는 것'이다"[11]라고 했다. 여기서 없을 '무無'자는 있다와 없다라고 할 때의 없다(nothing)를 가리키는 것이 아니라, '없도록 하다'라는 금지의 어투로 번역하는 것이 옳다. 사특한 생각의 완전 소멸이라기보다는 차라리 절제와 극복을 통하여 도덕성을 성취하려는 실천력을 뜻한다. 불교의 무심無心이 아니라 삿된 반도덕적 생각을 덜어내려는 강한 의욕에 가깝다. 어쩌면 느낄 감感 자에서 삿된 의미의 마음 심心이 배제되어 씌여진 것이 '함咸'일지도 모른다.

🕊 '올바른[正]' 형태의 몸과 마음의 결합이 가장 아름답다.

---

11) 『論語』 「爲政」, "子曰 詩三百, 一言以蔽之, 曰思無邪."

澤山咸卦
택산함괘

9. 5효 : 진정한 사랑은 육체의 욕망을 초월해야

九五는 **咸其脢**니 **无悔**리라
구 오　　함 기 매　　무 회
象曰 咸其脢는 **志末也**일새라
상 왈 함 기 매　　지 말 야

구오는 등줄기(등심)에 느낌이니, 뉘우침이 없을 것이다. 상전에 이르기를 '등줄기에 느낌'은 뜻이 없기 때문이다.

　5효는 4효 심장의 위, 상효 입의 아래에 해당하는 등짝의 위치에 있다. 5효는 양이 양 자리에 있고[正], 상괘의 중용에 있지만[中], 이미 4효 단계에서 에너지를 너무 쏟아부어 힘이 부치는 모습이다. 젊어서는 에너지가 넘쳤으나, 지금은 너무 정력을 소모한 나머지 늙은 부부가 서로 등짝을 맞대고 누워 사는 꼴이다. 등줄기로만 교감하므로 에너지 소모도 없고, 이미 감각 역시 쇠퇴했음을 인정하는 까닭에 인생에 대한 후회도 없다.

　초효, 2효, 3효, 4효는 감각 기관들을 언급했다. 하지만 5효는 특별한 감각과는 거리가 멀다. 사사로운 욕심이 없다는 뜻이다. 이런 점에 비추어 정치 권력에 대해 냉정해야 한다. 주관적 가치와 욕심은 정치판을 오염시키고, 심지어 스스로를 망치기 일쑤이다. 인격이 원숙한 단계에 이르러야만 욕심을 부리지 않고 사물을 바라보는 지혜가 생긴다. 그래야만 개인과 사회와 국가와 인류에게 후회를 남기지 않을 수 있는 것이다.

　지혜의 궁극적 목적[志末]은 삿된 욕심이 제거되어 사회적 가치가 실현되는 경지일 것이다. 지혜는 개인의 지적 호기심을 만족시키는 배움이 아니라, 인류 공영에 이바지할 수 있는 지식이어야 한다. 그래야 비로소 등줄기에서 느낀다는 의식마저도 배제된 마음의 상태가 열린다고 가르친다.

　✡ 애정 없는 감응은 상대방에 대한 모욕이다.

10. 상효 : 온갖 구설수는 입으로부터 비롯된다

上六은 **咸其輔頰舌**이라
상육　함기보협설

象曰 咸其輔頰舌은 **騰口舌也**라
상왈　함기보협설　　등구설야

상육은 볼과 뺨과 혀로 느낌이다. 상전에 이르기를 '볼과 뺨과 혀로 느낌'
은 구설수에 오르는 것이다.

상괘인 태괘는 '입 구口'이므로 함괘는 마지막 글귀를 혀舌로 장식한다.
특히 상효는 '볼과 뺨과 혀로 느낌[咸其輔頰舌]'이라고 하여 남녀간에 뺨부
비기와 입술박치기로 느끼는 것을 말했다. 상효는 초효인 발가락으로 시
작하여 장딴지와 넓적다리와 심장과 등줄기를 지나 얼굴에 이르렀다. 함
괘의 끝자락에 도달한 상효는 이바구로 먹고사는 것을 얘기한다. 말이 많
으면 실수하게 마련이다. 오죽하면 사공이 많으면 배가 산으로 간다고 하
지 않았던가.

세상에는 조심할 것 투성이다. 말조심, 글조심, 손조심 등이 그것이다.
입방아에 휘말리는 설화舌禍, 붓놀림으로 인해 벌어지는 피비린내 나는 권
력 투쟁의 필화筆禍, 남의 물건을 보면 탐내는 수화手禍가 있다. 무심코 저
지른 말실수가 개인이나 인류 역사의 향방을 바꾼 사건이 종종 있다. 군
자는 자신의 말에 감정을 싣지 않는다. 군자의 언행에는 뒤탈이 없다는 뜻
이다. 눈을 크게 뜨고 바라보고, 냉정하게 생각한 다음에야 비로소 입으로
말해야 한다.

서양 철학에서 말하는 궤변론자들은 상대론의 진리를 입으로만 떠드는
사상가들이다. 소피스트들이 강에 빠져죽으면 입만 둥둥 뜬다는 말이 있
다. 칼로 흥한 자는 칼로 망하듯이, 이바구로 먹고사는 떠벌이는 말로 망
한다. 다변多辯보다는 묵언黙言이 좋고, 묵언보다는 정언正言이 훨씬 좋다.

상효는 노년기를 넘어 황혼기에 접어든 단계이다. 정력이 고갈되어 입으

로만 자신을 과시하므로 항상 구설수에 휘말린다. 더구나 세 치 혀로 떵떵거리기 때문에 세상을 혼란에 빠뜨린다. 법률을 전문으로 삼는 궤변론자와 입으로만 한몫 챙기는 변호사가 바로 그들이다. 힘든 육체 노동으로 밥을 먹지 않고, 입을 낼름거려 법을 무시하고 우롱한다. 앞으로는 정의를 내세우면서 뒷구녕으로는 불의와 타협함으로써 낮에는 법률가, 밤에는 야합꾼으로 변신하면서 출세한다. 입놀림으로 민족 정기를 바로세우거나 대도무문을 외치면서 허풍을 떤다. 구설수가 뒤따르는 것은 너무도 당연하다.

✡ 뒤탈 없는 언행이 군자의 덕목이다.

정역사상의 연구자 이상룡李象龍은 함괘의 성격을 다음과 같이 설명한다.

伊川曰 咸有皆義요 西溪曰 有心未感은 非易之道일새
이 천 왈 함 유 개 의   서 계 왈 유 심 미 감   비 역 지 도

故去心名卦以咸이라 愚以爲咸在文從戊從陰이니
고 거 심 명 괘 이 함   우 이 위 함 재 문 종 무 종 음

戊陽陰陰也라 二卦陰陽交相感應婚姻之始요 形化之原일새
무 양 음 음 야   이 괘 음 양 교 상 감 응 혼 인 지 시   형 화 지 원

天地萬物皆感而構精이니 感之道廣矣라
천 지 만 물 개 감 이 구 정   감 지 도 광 의

夫震巽은 六宗之長이오 形化之尊이니 家道正而主器라
부 진 손   육 종 지 장   형 화 지 존   가 도 정 이 주 기

艮兌는 夫婦之和와 父母之少男女니 生生家道不窮之義라
간 태   부 부 지 화   부 모 지 소 남 녀   생 생 가 도 불 궁 지 의

故咸所以次恒也니라
고 함 소 이 차 항 야

정이천은 '함'에는 의리가 담겨 있다고 했으며, 박세당朴世堂[12](1629

---

12) 朴世堂의 자는 季肯이고, 호는 潛叟・西溪樵叟 또는 西溪이다. 조선 후기의 학자로서 당시의 정국을 주도하던 노론계의 반대 입장에서 주자학을 비판하고 독자적 견해를 주장하였다. 성리학에서 벗어난 實事求是의 학문 태도를 강조하는 『思辨錄』을 지었다.

~1703)은 '마음으로 느끼지 못하면 역도易道가 아니기 때문에 마음 심 자를 없애 함괘로 불렀다'고 말했다. 본인이 보기에, 함은 문자적으로 천간天干에서 다섯 번째 무戊와 음이 양을 무성하게 만드는 무戊의 합성어다. 이 두 괘는 음양이 서로 교합하고 감응하는 혼인의 시초, 형체와 변화의 근원으로서 천지만물은 모두 감응하여 생겨나기 때문에 느낌[感]의 도리가 광대한 것을 나타낸다. 대저 진괘震卦와 손괘巽卦는 6종六宗의 으뜸으로 형체와 변화의 존엄성이며, 가정의 도리가 똑바르게 되는 주재자이다. 간태艮兌는 부모에게는 소남소녀小男小女로서 부부의 화합과 가정이 지속되는 원리를 상징하기 때문에 항괘恒卦 다음에 위치한다.

彖曰 咸, 亨, 利貞, 取女, 吉은 陽陰待對而守其正也오
단왈 함 형 이정 취녀 길 양음대대이수기정야

萬物化生天下和平이라 上元元元이 天人同道之化極矣일새라
만물화생천하화평 상원원원 천인동도지화극의

단전 "함은 형통하니 올바르게 함이 이로우니 여자를 취하면 길할 것이다"라 말했다. 함괘는 음양이 서로 기다리는 관계로 이루어져 올바름을 지키고 있다. 만물이 화생하여 천하가 평화로워지는 것을 형용하고 있다. 우주의 궁극의 근원까지 소급하여 하늘과 인간이 같은 길을 걷는 변화의 이치를 극명하게 밝히고 있다.

象曰 君子以, 虛, 受人은 實中也라
상왈 군자이 허 수인 실중야

상전 "군자는 이를 본받아 비움으로써 사람을 받아들인다"는 말은 실제의 중도[實中]을 뜻한다.

初六, 咸其拇는 說而不擲也라
초육 함기무 열이불척야

초효 '엄지발가락에 느낌'은 기뻐서 머뭇거리지 않는 것을 형용한다.

六二, 咸其腓, 凶, 居, 吉은 梗尼乃退也라
육이 함기비 흉 거 길 경니내퇴야

2효 "장딴지에 느끼면 흉하다. 거처하면 길할 것이다"는 가시나무 또는 비구니를 만나 물러나는 것을 말한다.

九三, 咸其股, 執其隨, 往, 吝은 志在金婦也라
구삼 함기고 집기수 왕 인 지재금부야

3효 "넓적다리에 느낌이다. 그 따르는 이를 잡으니 가면 인색할 것이다"는 뜻이 금부金婦에 있음을 말한다.

九四, 貞, 吉, 悔亡은 誠正而乾乾也오 憧憧往來, 朋從爾思는
구사 정 길 회망 성정이건건야 동동왕래 붕종이사
安處非時也니라
안처비시야

4효 "올바르게 하면 길하여 뉘우침이 없어질 것이다"라는 말은 진실로 올바르기 때문에 건실하며, "자주자주 오고 가면 벗이 너의 뜻을 좇을 것이다"는 말은 잔치에 빠져 시간이 적절하지 않음을 뜻한다.

九五, 咸其脢, 无悔는 暱則有悔也라
구오 함기매 무회 닐즉유회야

5효 "등줄기에 느낌이므로 뉘우침이 없을 것이다"라는 말은 친근할수록 후회가 생긴다는 뜻이다.

上六, 咸其輔頰舌은 女說也라
상육 함기보협설 여열야

상효 '볼과 뺨과 혀의 느낌'은 여자가 좋아한다는 뜻이다.

| 뇌풍항괘 |

雷 風 恒 卦

항구 불변의 진리

1. 진리는 모두에게 개방되어 있다 : 항괘

정이천은 택산함괘澤山咸卦(☱☶) 다음에 뇌풍항괘雷風恒卦(☳☴)가 오는 이유를 다음과 같이 말한다.

恒은 序卦에 夫婦之道는 不可以不久也라 故受之以恒하니
항　서괘　부부지도　불가이불구야　고수지이항

恒은 久也라 하니라 咸은 夫婦之道니 夫婦는 終身不變者也라
항　구야　함　부부지도　부부　종신불변자야

故咸之後에 受之以恒也라 咸은 少男이 在少女之下하니
고함지후　수지이항야　함　소남　재소녀지하

以男下女는 是男女交感之義요 恒은 長男이 在長女之上하니
이남하녀　시남녀교감지의　항　장남　재장녀지상

男尊女卑는 夫婦居室之常道也라 論交感之情이면
남존여비　부부거실지상도야　논교감지정

則少爲親切이오 論尊卑之序면 則長當謹正이라
즉소위친절　논존비지서　즉장당근정

故兌艮爲咸而震巽爲恒也라 男在女上하여 男動于外하고
고간태위함이진손위항야　남재여상　남동우외

女順于內는 人理之常이라 故爲恒也라 又剛上柔下하고
여순우내　인리지상　고위항야　우강상유하

雷風相與하며 巽而動하고 剛柔相應이 皆恒之義也라
뇌풍상여　손이동　강유상응　개항지의야

"항괘는「서괘전」에 '부부의 도리는 오래하지 않을 수 없다. 그러므로 항괘로 이어받았으니 항은 오램이다'고 했다. 함은 부부의 도리이니, 부부는 종신토록 변하지 않는 것이다. 그러므로 함괘 뒤에 항괘로 받은 것이다. 함은 소남이 소녀의 아래에 있으니 남자가 여자에게 낮춤은 이는 남녀가 감동하는 뜻이요, 항은 장남이 장녀의 위에 있으니 남자가 높고 여자가 낮음은 부부가 집에 거처하는 일정한 법도이다. 서로 감동하는 정을 논하면 아랫사람이 친절함이 되고, 존비의 차례를 논하면 윗사람이 마땅히 삼가고 올바라야 한다. 그러므로 태와 간은 함이 되고, 진과 손은 항이 된 것이다. 남자가

여자 위에 있어서 남자는 밖에서 움직이고, 여자는 안에서 순응함은 인도의 떳떳함이다. 그러므로 항이라 한 것이다. 또한 강한 것이 위에 있고 부드러운 것이 아래에 있고, 우레와 바람이 서로 더불며, 공손하고 움직이며 강유가 서로 응함이 모두 항의 뜻이다."

뇌풍항괘의 위는 우레(☳), 아래는 바람(☴)이다. 우레와 바람은 에너지가 충만한 역동적인 힘과 변화의 항구성을 상징한다. 항상 '항恒'은 마음[心]과 걸칠 혹은 뻗칠 긍亘의 합성어다. 긍亘은 위의 하늘과 아래의 땅 사이에 존재하는 태양이 항구 불변하게 빛난다는 의미처럼, 변치 않는 마음으로 살아야 한다는 당위성을 묘사하고 있다.

우레는 천지의 소리이고, 바람은 천지가 움직이고 변화하는 에너지의 실체를 뜻한다. 우레와 바람은 살아 있는 밧데리로서 천지를 가득 채운다. 함괘의 연못과 산이 감응(느낌)할 수 없다면 생명체는 잠시도 목숨을 유지할 수 없고, 항괘의 우레와 바람이라는 힘이 항구적으로 존재할 수 없다면 천지는 무너지고 만다.

함괘와 항괘는 괘의 구조가 반대이다. 함괘(☱☶)를 뒤집으면 항괘(☳☴)이고, 항괘를 뒤집어도 역시 함괘이다. 함괘 속에는 항괘가 들어있고, 항괘 속에도 함괘가 들어있다. 극과 극을 통한다는 반대 일치의 논리이다. 산과 연못의 기운이 통한다는 것은 남녀가 결합하는 것이며, 우레와 바람이 맞부딪치는 것은 부부가 백년해로함[恒]을 뜻한다. 그래서 「서괘전」은 '부부의 도리는 오래하지 않을 수 없다. 그러므로 항괘로 이어받았으니, 항은 오램이다'고 했다.

함괘는 천지(건곤)의 막내 아들딸인 반면에, 항괘는 천지(건곤)의 장남과 장녀에 해당된다. 아버지와 어머니가 처음으로 결합하여 태어난 작품이 바로 장남장녀이다. 이들이 자라서 다시 부부가 되어 한 가정을 꾸린다. 해와 달처럼 부부와 가정은 영원하다. 한 번 맺은 부부의 인연은 끊어져서는 안 된다. 하늘이 맺어준 부부 관계는 우주론적 항상성[恒]에 뿌리를 둔다.

그래서 『중용』은 "군자의 길은 부부간의 평범한 일에서부터 만들어지는 것이니, 그 지극한 데에 이르면 하늘과 땅에 가득 차 빛난다."[1]고 했다. 군자의 길은 부부의 일로 통한다. 부부의 일이 바로 천지의 사업이다. 천지는 남녀가 결혼하는 부부의 길 이상이 아니기 때문이다. 『중용』은 관념적 사유에서 천지를 배우지 말고, 청춘남녀가 벌이는 사랑 속에서 천지의 정신을 사무치게 느껴야 한다고 강조한다. 부부에서 천지까지를 하나로 관통하는 것이 바로 『주역』과 『중용』의 진리이다.

『주역』은 음양의 결합을 긍정한다. 우리는 『주역』에 나타난 부부관을 전통 윤리관의 울타리에 가두어도 안 되지만, 가정의 붕괴와 천박한 부부관을 부추기는 주장에도 반대한다. 이혼이 일상사가 된 오늘날, 한 번 맺은 부부의 인연은 끊을 수 없다고 들먹인들 얼마나 설득력이 있을까? 황혼기의 노년층마저 이혼율이 급상승하고 있을 정도로 지금은 부부관에 엄청난 변화가 일어나고 있다. 항괘는 남녀의 결합과 부부 관계를 통해서 사랑과 생명의 위대한 영속성에 대한 지혜를 밝히고 있다.

항괘의 이치와 얽힌 사상가의 얘기가 있다. 조선조 말기, 재야의 최고 유학자인 김일부는 천지의 마음과 일치된 경계를 일컬어 '항恒'이라 했다.[2] 『정역』에는 선후천 변화의 과정을 설명하는 「뇌풍정위용정수雷風正位用政數」라는 글이 있다. 김일부는 기존의 음양론을 포월한 율여론을 제시하여 선후천 변화의 정당성을 점검하였다. 율려는 음양의 내부 구조를 뜻한다. 전통에서는 음양의 겉피부만을 언급했을 뿐, 음양의 속살을 들여다보지 못

---

1) 『中庸』, "君子之道, 造端乎夫婦, 及其至也, 察乎天地."
2) "능히 마치고 능히 시작하니 10수의 역이 만세력일세[克終克始, 十易萬曆.]"라고 하여 8수의 복희역과 9수의 문왕역의 세계를 넘어서 궁극의 경계가 열림을 '항구적 지속[恒]'이라 했다. 즉 1년 365¼의 태양력과 354일의 태음력이 통일된 1년 360일의 진정한 태양력이 솟아나 지속됨을 겨냥했다.

했다. 이것이 바로 정역의 도수론度數論의 핵심이다.[3] 우레와 바람에 의해 새로운 질서가 항구적으로 지속된다는 이치를 깨달은 다음에 이름을 김재일金在一에서 김숖 '항恒'으로 고친 것으로 추정된다.

2. 항괘 : 시공의 영속성은 이로움의 창조에 있다

恒은 **亨**하여 **无咎**하니 **利貞**하니 **利有攸往**하니라
항   형   무구   이정   이유유왕

항은 형통하여 허물이 없으니 올바르게 함이 이로우니, 가는 바를 둠이 이롭다.

함괘는 젊은 처녀[澤: 연못] 총각[山: 산]의 애정 행각을 말했다면, 항괘는 믿음직한 남자[雷: 우레]와 성숙한 여자[風: 바람]가 결혼에 골인하여 인생의 바다에 나가는 것을 말했다. 풋사랑은 터무니없고, 첫사랑은 아련하다. 청춘 남녀의 사랑은 잠시 불장난으로 끝날 수 있으나, 부부의 사랑은 가족과 혈연으로 맺어지는 까닭에 자의든타의든 파괴되서는 안 된다.

남녀와 부부는 돈으로 사고팔 수 없는 신성한 관계이다. 부부의 연줄이 위대한 이유는 올바름[正道 = 貞]이라는 천지 질서에 근거하기 때문이다. 부부는 세상이 존재하는 한 깨질 수 없다. 그렇다고 무작정 영원한 것은 아니다. 왜냐하면 영원은 과거부터 지금까지 변화가 없는 무생명의 영역이기 때문이다. 항구라는 말은 생명의 지속성을 담지한 당위론적 개념[利有攸往]이다. 따라서 부부로 맺어지기 이전은 비록 남남이지만, 한 번 맺은 부부는 항구적으로 지속되어야 마땅함을 항괘는 가르친다.

부부 앞에는 험난한 암초가 기다리고 있다. 부부가 서로 믿고 사랑하면 집채 만한 파도 또한 찻잔 속의 요동에 불과하다. 남편과 아내가 믿고 사

---

3) 이에 대해서는 정역 전문가인 이정호의 설명을 참고하면 도움이 된다. 『正易과 一夫』(서울: 아세아문화사, 1985), 36-41쪽 참조.

랑하기 위해서는 각각 올바른 생각과 실천이 전제되어야 한다. 이런 연유에서 함괘와 항괘는 공통적으로 괘사에서 올바름[貞: 원형이정에서의 정]을 강조하는 것이다. 올바름이야말로 만사형통의 지름길이다.

🕮 올바름[正道]은 만사형통의 열쇠이다.

3. 단전 : 항괘는 변화의 영속성을 말하다

彖曰 恒은 **久也**니 **剛上而柔下**고 **雷風**이 **相與**하고
단왈 항   구야   강상이유하   뇌풍   상여
巽而動하고 **剛柔皆應**이 **恒**하니 **恒亨无咎利貞**은
손이동   강유개응   항   항형무구이정
久於其道也니 **天地之道恒久而不已也**니라 **利有攸往**은
구어기도야   천지지도항구이불이야   이유유왕
終則有始也일새라 **日月**이 **得天而能久照**하며
종즉유시야   일월   득천이능구조
四時變化而能久成하며 **聖人**이 **久於其道而天下化成**하나니
사시변화이능구성   성인   구어기도이천하화성
觀其所恒而天地萬物之情을 **可見矣**리라
관기소항이천지만물지정   가견의

단전에 이르기를 항은 오래함이니 강은 올라가며(위에 있고) 부드러움은 내려오고(아래에 있고), 우레와 바람이 서로 더불고, 공손하면서 움직이고, 강함과 부드러움이 모두 감응하는 것이 항이니, '항은 형통하여 허물이 없으니 올바르게 함이 이로움'은 그 도에 오래함이니, 하늘과 땅의 도가 항구하여 그침이 없는 것이다. '가는 바를 둠이 이로움'은 끝마치면 다시 시작이 있기 때문이다. 해와 달이 하늘을 얻어 능히 오래 비추며, 사시가 변화하여 능히 오래도록 이루며, 성인이 그 도에 오래하여 천하를 교화하여 이루나니 그 항구한 것을 보아서 천지만물의 실정을 볼 수 있을 것이다.

'항'은 천지의 항상성, 즉 보편 원리인 상도常道를 뜻한다. 『주역』 역시 불변의 궁극 원리에 대해 얘기한다. 하지만 그것은 서양 철학에서 말하는

부동의 일자 혹은 영원한 법칙을 겨냥하는 것이 아니라, 변화의 항구적 지속성[久]을 의미한다. 서양 철학이 불변자를 추구했다면, 『주역』은 변화의 영속성을 추구하는 일종의 생명의 철학이다.

항구적 지속과 운동, 보편과 변화는 통일적 관계를 이룬다. 항구성 혹은 항상성은 전혀 변화가 없는 상태가 아니라, 상생과 상극운동이 평형 관계를 유지하면서 잠시도 쉬지 않는 진화 과정을 뜻한다. 그래서 「계사전」하 2장은 "역이 궁색한 경지에 이르면 변하고 변하면 통하며 통하면 오래간 다[易, 窮則變, 變則通, 通則久]"고 하여 만물은 항구성과 지속성을 근거로 형통한다고 하였다.

함괘가 음양 교감의 입장에서 '변하면 통하고[變則通]'를 말했다면, 항괘는 안정된 평형 운동의 입장에서 '통하면 오래 간다[通則久]'를 말했다. 이 둘의 공통점은 통합과 통일과 소통[通]에 있다. 그래서 함괘는 '감응하면 형통한다[咸亨]'고 했으며, 항괘는 '항구적인 진리는 형통한다[恒亨]'고 했다. 통[通]은 음양이 서로 왕래하면서 쌍방향으로 운동하고 협조함으로써 천지의 목적을 완성하는 단계를 뜻한다. 그리고 자연과 사회가 새롭게 변화하여 이상적 경계에 진입하는 과정이나 문을 의미한다.

항괘는 구성상 양 에너지[剛]인 진震(☳)이 위에 있고, 음 에너지[柔]인 손巽(☴)이 아래에 있다. 우레는 위에서 소리치고, 바람은 아래에서 생겨나 서로가 친화하면서 시너지 효과를 일으켜[相與] 만물을 화생시킨다. 바람은 안에서 일어나 만물에 스며들고, 우레는 밖에서 진동하여 생명 활동을 북돋운다. 따라서 항괘는 안으로는 순종하여 따르고[巽], 밖으로는 활달하게 움직이는 힘[震]을 뜻한다.

항괘는 보기 드물게 초효와 4효, 2효와 5효, 3효와 상효가 각각 상응하는 체계를 이룬다.[4] 음과 양, 강과 유가 서로 감응하고 화합하여 만물의

---

4) 水火旣濟卦는 각 효가 正位를 이루는데 반해, 항괘는 3효와 상효를 제외하고 초효와 4효, 2효와 5효가 不正位이지만 상응 관계를 이룬다.

존재 이유와 가치를 완성하는 것이 하늘과 땅의 항구적인 사업이다. 그 결과 사회의 공공의 이익과 정의가 구현되는 세계를 지향한다[无咎, 利, 貞].

항괘는 천지가 둥글어가는 이치를 한마디로 '항구성'이라고 했다. 『주역』에서 말하는 항구성이란 종말론을 경계한 발언이다. 하늘과 땅이 생겨난 이래로 자연에는 재앙이 그칠 날이 없었고, 인류의 역사와 문명에는 흥망성쇠가 반복되었으며, 때문에 각종 종교는 영혼의 구혼을 부르짖었다. 항괘에 의하면, 천지는 끝장나지 않는다. 천지의 운행은 순환하기 때문이다. 항괘에서는 순환이라 표현하지 않고, 끝나는 곳에서 다시 시작한다는 '종시론終始論'이라 했다. 이런 연유에서 동양의 역사관도 『주역』의 순환론에 근거하는 전통이 생겼다.

『주역』의 종시론은 거대 담론으로서 역사와 문명과 시간의 순환을 뜻한다.[5] 순환은 단순 반복형을 의미하지는 않는다. 순간순간은 직선적으로 진화하지만, 거시적 입장에서는 싸이클의 형태로 돌아간다는 양자의 통합형이 천지론의 본질이다. 전자의 대표적 명제가 바로 '한 번은 음하고 한 번은 양한다[一陰一陽之謂道]'이며, 후자는 곧 '끝나는 곳이 새롭게 시작하는 곳이다[終則有始]'이다. 따라서 『주역』에서 말하는 종시론은 우주론과 시간론의 요체인 것이다. 정역사상은 『주역』의 종지가 시간의 문제라고 하여 종시론의 구조와 내용을 낱낱이 해명하였다.

김일부는 선후천론의 시각에서 『주역』을 조명한 다음에 다시 재구성하여 『정역』을 저술했다. 『주역』의 지평을 한 차원 높인 것이 『정역』이고,

---

5) 역학의 주제가 종시론임은 『周易』 곳곳에 나타난다. ① "大明終始, 六位時成."(건괘 단전) ② "歸妹, 人之終始也."(귀매괘 단전) ③ "懼以終始, 其要无咎."(「繫辭傳」하편 11장) ④ "先甲三日後甲三日, 終則有始天行也."(고괘 단전) ⑤ "萬物之所成終而所成始也. … 終萬物始萬物者 莫盛乎艮."(「설괘전」5장) ⑥ 유교의 학문 방법론이라 일컫는 『대학』도 선후천론과 종시론을 말한다. "物有本末, 事有終始, 知所先後, 則近道矣."(1장) ⑦ 『정역』은 종시론을 바탕으로 시간적인 선후천의 전환을 얘기한다. "克終克始, 十易萬曆."(27張 前面) ⑧ 이밖에 『주역』에서 말하는 종말론적 상황과 파국에 대한 얘기를 이정호는 종교적 입장에서 종시론을 풀어냈다.(이정호, 「易의 終始論」『정역과 일부』, 231-267쪽 참조.)

『정역』이 등장함으로써 『주역』의 진면모가 훤하게 밝혀지게 되었던 것이다. 『주역』 따로 있고 『정역』 따로 존재하지 않는다. 『주역』에 은밀하게 숨겨진 이치를 정역이 겉으로 드러냈을 따름이다.

김일부는 "아아! 금과 화가 올바르게 바뀌니 천지비는 가고 지천태가 오는구나"[6]라고 하여 선천을 천지비의 세상, 후천을 지천태의 세상으로 규정하고, 일정한 시간대에 맞추어 천지비의 세상이 지천태의 세상으로 전환되는 것이 시간론의 핵심이라고 하였다. 이는 동서양 우주론과 시간론의 역사에서 전혀 찾을 수 없는 독창적 사유인 동시에 한국 철학의 특징이라 하겠다. 조선조 말기 개벽사상의 활발한 전개의 중심에는 항상 정역사상 존재했던 것이다.

그러면 함괘와 항괘의 관계를 선후천론의 시각에서 분석해보자. 항괘의 연원은 지천태괘(☷☰)에 있다. 태괘는 땅이 위에 있고, 하늘이 아래에 있다. 무거운 기운은 아래로 내려오고, 가벼운 기운을 위로 올라가 음양이 하나로 만나 새로운 질서를 형성한다는 것이 지천태괘의 메시지다. 항괘는 지천태괘가 형성되기 이전의 과정과 그 이후를 꿰뚫는 원리를 상징한다. 그런데 지천태의 전 단계가 바로 천지비의 세상이다. 하늘과 땅이 꽉 막혀 음양이 소통되지 못하여 자연과 문명에 불균형의 상극적 세태를 빚어내는 형상이다. 이런 상황이 반전되어 음양이 감응할 뿐만 아니라 남녀가 서로 결합하는 양상이 바로 함괘의 내용이다.

애당초 음양이 소통되지 않다가 극적인 전환을 맞이하여 남녀가 감응하고 결합하는 것은 함괘의 뜻이고, 장남장녀가 결혼하여 가정을 이루면 항구적으로 지속되어야 한다는 것이 항괘이다. 부부가 나름의 규범을 지켜야 하듯이, 남편은 안에서 밖으로 향하여(밑의 양은 위로 올라감) 일하고, 아내는 밖에서 안을 향하여(위의 음은 아래로 내려옴) 각각의 역할을 수행하면

---

6) 『正易』 「十五一言」, "化翁親視監化事", "嗚呼, 金火正易, 否往泰來."

된다. 가정의 화목은 질서이다. 밖으로만 나댕기는 대장부 아내, 집안일에 매달리는 졸장부 남편은 가정의 불행을 일으키는 원인이 될 수도 있다.

우레와 바람[雷風]은 사촌처럼 가까운 관계다. 우레는 장엄한 소리를 내어 위엄을 뽐내고, 바람은 천지의 에너지를 이리저리 옮겨 생명 활동을 부추긴다. 총각이 윙크하면 처녀는 얼굴이 발개져 싫지 않은 내색을 드러내듯이, 우레와 바람은 운명을 함께 하는 영원한 파트너[相與]이다. 남편과 아내가 가정의 살림꾼이라면, 우레와 바람은 천지를 책임지는 살림꾼인 셈이다.

괘의 구조상 건곤부모의 자녀는 장남과 장녀, 중남과 중녀, 소남과 소녀이다. 소남소녀가 기운을 통하여 함괘를 이뤘다면, 이것을 다시 장남과 장녀가 이어받아 바로 끝마치는 곳에서 새롭게 다시 시작한다는 '종즉유시 終則有始'의 원리를 밝힌 것이 항괘이다. 그것은 만물의 형식과 내용을 이루는 시공간이 끝장난다는 종말론이 아니라, 천지가 새롭게 옷을 갈아입는다는 이론이다. 처음에서 끝을 향해 직선적으로 흐른다는 것이 시종론始終論이라면, 종시론은 끝점이 시작점이요 시작점이 끝점이라는 순환론이다. 그렇다고 과거의 복사판이 현재이고, 현재의 복사판이 미래라는 단순 반복형의 이론도 아니다. 진화와 발전을 거듭하면서 순환 반복한다는 것이 종시론이다. 항괘 「단전」의 내용을 정리하면 다음과 같다. 천지의 도 = 항구성 = 종시성 = 순환성으로 요약할 수 있다.

종시론은 『주역』의 우주론과 생명론과 시간론으로 직결된다. 종시론이란 논리적으로 말해서 봄의 씨앗은 겨울에, 겨울의 씨앗은 가을에 저장되어 있다는 뜻이다. 사계절은 자연이 빚어내는 잔치이다. 봄은 여름을 향해 줄달음치고, 여름 역시 가을로 달려가고, 가을은 겨울로 치닫고, 겨울은 봄을 위해 몸을 움추린다. 봄이 겨울에 이르면 1년을 마감한다. 하지만 겨울 다음에는 반드시 봄이 온다. 이는 이 천지가 형성된 이래로 그 리듬이 깨지지 않았던 불문율이다. 겨울의 끝자락이 봄이고, 봄의 끝자락 역시 여름이다. 끝나는 자리에는 이미 시작점이 잉태되어 있다. 이는 자연계에 한

정된 이치가 아니라 유형무형의 생명계를 꿰뚫는 보편 법칙인 것이다.

이는 인생에도 그대로 적용된다. 아이가 자라서 청년이 되고, 청년은 다시 장년이 되었다가 늙어 죽는다. 생로병사의 과정을 벗어난 사람은 아무도 없다. 그렇다면 삶의 끝은 무턱대고 어둠과 죽음의 세계인가? 그렇지 않다. 사람은 자식이 어버이를 잇고, 그 자식은 또 그 어버이를 이어 끊임없이 이어간다. 순환이 곧 생명의 질서이며 시간의 질서인 것이다.

『주역』의 생명론과 시간론의 원형은 '원형이정'에 있다. 원형이정을 시간으로 풀면 춘하추동이고, 공간으로 풀면 동서남북이고, 인간으로 풀면 인의예지이다. 그러니까 원형이정은 시간과 공간과 인간의 문제를 관통하는 지고무상의 원리인 것이다. 동양인들은 자연과 역사와 문명의 문제를 춘하추동으로 읽어내는 데 익숙했다. 춘하추동이 자연의 시간표였다면, 조상들의 경험으로 엮은 농가월령가農家月令歌는 인간이 만든 시간표라고 할 수 있다. 이 얼마나 위대한 지혜인가!

시간의 흐름에는 브레이크가 없다. 언제가 봄이고 언제가 겨울인지 명확한 경계선을 긋는 것 자체가 애당초 불가능하다. 하지만 인류는 시간 흐름의 마디를 측정하고 계산하는 방법을 고안했다. 그 결과 태양력과 태음력을 비롯한 수많은 도구를 창안해 문명의 발전을 도모했다. 산업 혁명을 일으킨 원동력은 증기 기관이라고 알려져 있으나, 실제로는 시계였다고 하는 것이 결코 허황된 주장만은 아니다.

인류는 시간의 흐름에 발맞추어 문명을 발전시키고 역사의 수레바퀴를 돌리는 지혜를 터득했다. 시간과 역사의 법칙에 순응하면 흥하고, 반대일 경우는 망한다는 격언도 만들어냈다. 왜냐하면 해가 지면 달이 뜨고, 추위가 가면 더위가 온다는 자연의 항구적 법칙은 진리의 원형이기 때문이다.

해와 달은 태양계가 형성된 이후 한 번도 휴가를 낸 적이 없다. 해와 달이 빚어내는 4계절 역시 아파서 쉰 적이 없다. 해와 달은 천지의 이치대로 움직이는 까닭에 만물에게 골고루 생명 에너지와 빛을 던져준다. 그러니까 4계절의 변화 역시 영원무궁할 수밖에 없다. 따라서 성인은 천지의 항구성을 본받아 천하를 감화시키는 것을 자신의 사명으로 삼는 존재이다.

『정역』은 천지를 부모로 여기고, 일월을 그 자식으로 여긴다. 인간 역시 일월의 위대한 자식이라는 논조를 펼친다. 일월은 천지의 사업을 대행하고, 인간은 천지 일월의 사업을 완수하는 존엄한 존재이다. 그 밑바탕에는 선후천론이 전제되어 있다. 해와 달이 하늘의 진리를 얻어서 오래도록 그 빛을 비출 수 있는 까닭은 선천의 기우뚱한 태음태양력의 질곡에서 벗어나 후천의 1년 360일 태양력의 혜택이 만물에게 골고루 베풀어질 수 있기 때문이라는 혁신적 사상을 제안하였다.

✡ 천지가 드러내는 말없는 진리는 종시론 = 시간론 = 순환론의 성격을 갖는다.

4. 상전 : 원칙과 입장이 서면 방향을 바꾸지 말아야

象曰 雷風이 恒이니 君子以하여 立不易方하나니라
상 왈 뇌 풍　　항　　군 자 이　　　입 불 역 방

상전에 이르기를 우레와 바람이 항이니, 군자가 이를 본받아 (입장이) 서면 방향을 바꾸지 않는다.

『주역』에서 우레와 바람의 인연은 끈질기다. 우레와 바람은 해와 달이 불끈 솟아오도록 하는 힘을 갖는다. 발전소에 터빈이 돌지 않으면 전기를 만들 수 없다. 터빈과 제너레이터가 없으면 발전소가 멈추듯이, 천지에 우레와 바람이 없으면 천지는 모든 기능을 상실할 것이다.

천지는 꺼지지 않는 용광로이다. 천지는 스스로의 연료를 태우면서 항구적으로 만물에게 영양분을 제공하여 생명 의지를 불태운다. 천지가 빚어내는 우레와 바람은 자율성과 자동성을 바탕으로 잠시도 쉬지 않고 에너지를 발생하는 엔진이다.

군자는 천지의 생명 의지와 항구성을 삶과 행위의 규범으로 삼는다. 군자가 유일하게 붙잡는 것은 진리이다. 『주역』 항괘에서 말하는 진리는 천지의 생성력이다. 천지는 만물을 낳고 낳으면서 생명이 끊기지 않도록 한다. 이 얼마나 위대한 자기 희생이면서 만물에 대한 사랑인가!

천지는 생명 의지를 한 번도 바꾼 적이 없다. 이처럼 군자는 확고부동한 목표가 서면 그 과정이 아무리 어렵더라도 방법을 바꾸어서는 안 된다. 세속에서는 수단과 방법을 가리지 말고 목표를 달성하라고 부추긴다. 원칙이 무너져 세상이 혼탁해지는 까닭은 바로 수단과 방법이 너무 자주 바뀌기 때문이다. 만일 목표와 방법이 옳다면 세상은 한결 맑아질 것이다.

어떤 목표에 도달하기 위한 방법은 매우 다양하다. 하지만 그 목표가 바뀌면 방법도 달라져 혼란이 일어난다. 「상전」은 그 목표와 방향이 수정되어서는 안 된다고 했다. 이 세상의 식물은 자양분을 빨아올리는 뿌리를 옮기지 않는다[立]. 이리저리 장소를 옮겨가면서 열매 맺는 나무는 없다. 옮기는 순간 나무는 말라비틀어진다. 남녀가 부부의 인연을 맺고 자식을 낳는데, 부부를 바꿔가면서 자식을 낳을 수는 없다. 그것은 불륜이자 상대방에 대한 기만이며 천륜을 파괴하는 행위이기 때문이다.

세상에는 바뀌어야 할 것과 바뀌어서는 안 될 것이 있다. 낡고 묵은 것은 당연히 새로운 것으로 대체되어야 한다. 하지만 정의와 진리는 어떤 이유이든지 바뀌어서는 안 된다. 맹자에 따르면, 정의와 진리는 "천하라는 넓은 집에 살고, 천하의 올바른 자리에 서고, 천하의 대도를 실천하여 뜻을 이루는"[7] 대장부만 가능하다고 했다.

우레와 바람은 천지의 항구적인 도리를 지니고 함께 어울려 움직인다. 군자는 이 점을 본받아 세속적 가치에 휘둘리지 않고 진리와 정의를 행동 강령으로 삼는다. 정의는 진리가 보증한다. 진리와 정의의 길은 외롭다.

7)『孟子』「滕文公章」하, "居天下之廣居, 立天下之正位, 行天下之大道, 得志."

외롭고 힘들지만 마음은 슬프지 않다. 천지가 지켜주기 때문이다. 그래서 맹자는 언제나 항심恒心을 화제의 중심으로 올렸던 것이다.

🔯 진리는 불변하기 때문에 사람은 항심恒心으로 현실과 맞부딪쳐야 한다.

5. 초효 : 진리는 변화 속에서 찾아라

初六은 **浚恒**이라 **貞**하여 **凶**하니 **无攸利**하니라
초 육　준 항　　　정　　흉　　　무 유 리

象曰 浚恒之凶은 **始**애 **求深也**일새라
상 왈 준 항 지 흉　　시　　구 심 야

초육은 항상함을 파는 것이다. 올바름을 고집해서 흉하니, 이로울 바가 없다. 상전에 이르기를 '항상을 파서 흉함'은 애당초 깊은 것을 구하기 때문이다.

초효는 음효가 양 자리에 있고[不正], 하괘의 맨아래에 있으므로 중용을 지키지 못했지만[不中], 양인 4효와는 상응한다. 또한 하괘[風: ☴]의 주장 격이다. 바람은 구석구석 깊이 파고드는 성질[入]이 있다. '준浚'은 강의 밑바닥을 다시 깊게 파내는 어리석음을 상징하는 말이다. '정貞'은 하나만을 붙잡는 고집을 뜻한다.

초효는 항구성의 진리를 너무 집착한 나머지 변통을 외면하는 완고함을 표상한다. 불변과 변화에서 불변만을 고집하는 고집불통의 샌님이 이에 해당될 것이다. 시세의 흐름은 외면한 채 오로지 자신의 신념만을 붙드는 꼴이다. 진리는 불변과 변화, 모두에게 정당성과 근거를 제공할 때 진리로서의 권위를 확보할 수 있다. 초효는 불변에만 매달려 변화를 애써 물리친다. 그것 자체가 항구의 진리를 위반하는 것임을 전혀 깨닫지 못하는 격이다.

초효 아내는 4효 남편을 너무 믿어 남편이 몰래 바람 피는[風: 4효는 상괘의 주인공] 불륜마저도 몰라 결국에는 가정이 무너지는 지경에 이르는 꼴

[貞凶]이다. 4효는 바깥으로 나돌아 움직이고, 초효 앞에는 양인 2효와 3효가 버티고 있기 때문에 위로 올라가기도 힘들다. 그런데도 초효는 밑으로, 안으로만 파고들어 옴짝달싹 못해 전혀 이로운 바가 없다. 막무가내로 원칙만을 찾다가 원칙의 도리마저 훼손시키는 지경에 이른다. 세상을 몰라도 너무 모르는 모습이 아닐 수 없다.

무한을 무한 속에서 찾지 말고 유한 속에서 찾아라. 불성을 산 속에서 찾지 말고 저자거리에서 찾아라. 예수를 교회에서만 찾지 말고 교회 밖에서 찾아라.[8] 진리를 불변에서만 찾지 말고 변화 속에서 찾아라. 항괘는 불변과 변화의 조화에 항구적 진리가 깃들어 있음을 일깨우고 있다.

☆ 진리는 불변과 변화 속에서 찾아라.

6. 2효 : 중용은 인류 최고의 지혜

九二는 **悔亡**하리라
구 이   회 망

象日 九二悔亡은 **能久中也**라
상 왈 구 이 회 망   능 구 중 야

구이는 뉘우침이 없어질 것이다. 상전에 이르기를 '구이가 뉘우침이 없어짐'은 중을 능히 오래함이다.

2효는 양이 음 자리에 있으나[不正], 하괘의 중앙[中]에 있고, 음인 5효와도 상응한다. 비록 부정의 위치이지만, 초효에서 그 많던 흉과 허물이 2효

---

8) 니코스 카잔차키스는 『희랍인 조르바』(김종철 옮김, 청목, 1994, 152쪽)에서 "하나님은 당신이 천사장 가브리엘처럼 과부집에 가기를 더 바라실 겁니다. 두목, 하나님이 당신같은 금욕주의자라면 마리아를 찾아가지도 않았을 테고, 그리스도는 태어나지도 못했을 겁니다. 그럼 하나님이 어떻게 하셨느냐구요? 하나님은 마리아에게 가셨어요. 마리아는 과부구요, 안 그래요?"라고 하면서 기독교에 칼날을 들이댔다. 언어의 연금술사(때로는 영혼의 파괴자)로 불리는 라즈니쉬는 붓다-조르바의 탄생을 주목한다. 깨끗한 마음의 완성자인 부처와 욕망에 충실한 인간의 결합이 진정한 사람이라고 했다. 결단코 『周易』은 어정쩡한 타협보다는 진정한 중용의 길을 걸으라고 강조한다. 이는 인식과 실천면에서 쉬우면서 매우 어려운 길임에 틀림없다.

에 와서 완전히 소멸된다. 그 까닭은 중용의 길을 걷고, 중용을 오래 지키기 때문이다. "군자의 도는 명백하면서도 그 이치는 은미하다. 보통 부부의 어리석음으로라도 능히 알 수가 있지만, 그 지극함에 이르러서는 비록 성인일지라도 알지 못하는 바가 있다. 보통 부부의 불초라도 능히 행할 수 있지만 그 지극함에 이르러서는 비록 성인일지라도 역시 불가능한 바가 있다."[9] 중용을 알기는 쉬워도 오래도록 지키고 실천하기 어렵다는 말이다.

중도中道라는 개념은 정치인들에 의해 너무도 오염된 말 중의 하나다. 진보와 보수의 중간, 개혁과 반개혁의 중간을 중용으로 포장하여 눈가리고 아옹한다. 중용을 인간의 길로만 알면 도덕의 경계이지만, 『중용』이 하늘의 길[天道]임을 알면 천지의 경계라고 할 수 있다. 『주역』과 『중용』은 양자의 겸비를 겨냥한다.

✡ 마음이 일으키는 온갖 갈등과 뉘우침을 해소시킬 수 있는 처방전은 중용이다

7. 3효 : 중용을 지키지 않으면 용서받을 길이 없다

九三은 **不恒其德**이라 **或承之羞**니 **貞**이면 **吝**하리라
　구삼　　불항기덕　　　혹승지수　　정　　　인

象曰 不恒其德하니 **无所容也**로다
　상왈 불항기덕　　　무소용야

구삼은 그 덕에 항상하지 않는 것이다. 혹 부끄러움이 잇따르니 올바르게 하면(고집부리면) 인색할 것이다. 상전에 이르기를 '그 덕에 항상하지 않으니' 용납할 바가 없도다.

3효는 양이 양 자리에 있으나[正], 하괘의 중용을 지나쳤다[不中]. 양 기

---

9) 『中庸』12장, "君子之道, 費而隱. 夫婦之愚, 可以與知焉, 及其至也, 雖聖人, 亦有所不知焉, 夫婦之不肖, 可以能行焉, 及其至也, 雖聖人, 亦有所不能焉, 天地之大也, 人猶有所憾, 故君子語大, 天下莫能載焉."

운이 지나쳐 중도를 잃고 있다. 마치 새 자동차의 성능을 시험해보고자 과속을 하는 것과 같다. 특히 상괘로 넘어가려는 속성과 함께 상효와의 상응 때문에 뒤는 잊어버리고 앞으로 나아가려는 양상이다.

초효와 2효에서는 중용을 지키려는 고집스런 태도와 실천을 얘기했다면, 3효에서는 중용의 길이 힘들다고 팽개치면 부끄러움과 인색함을 경험하게 된다고 경고하여 '항상스런 덕성[恒德]'을 최고의 가치라고 얘기한다. 선거 때만 되면 어김없이 이 당과 저 당을 기웃거리는 철새 정치인이 생겨난다. 지조라고는 전혀 찾을 수 없다. 당선만 되면 입신양명이 보장되는 까닭에 체면과 중용을 헌신짝처럼 버린다. 『주역』과 『중용』에 따르면, 변화도 좋지만 때로는 불변이 낫다고 한다.

요즈음 산업 현장은 3D 현상으로 골머리를 앓는다고 한다. 작업 환경이 위험하고(danger), 더럽고(dirty), 어려운(difficult) 직종엔 아예 일꾼을 구할 수 없다고 야단이다. 몇 푼 더 준다고 나를 여지껏 먹여줬던 회사를 버리고 떠나는 모양새는 아름답지 않다. 일찍이 맹자는 경제와 도덕을 같은 차원에서 읽어냈다. 즉 경제가 안정되어야[恒産], 일정한 마음을 갖는다[恒心]고 했다. 춥고 배고픈 사람에게 격조 높은 윤리 도덕을 외친다한들 공염불에 지나지 않는다.[10]

『주역』 항괘 3효의 말은 『논어』에도 나온다. "사람이면서 항상된 마음이 없으면 무당이나 의원도 되지 못한다"고 했으니 착한 말이다. "그 덕에 항상하지 않으면 혹 부끄러움이 잇따른다"고 하니, 공자 말씀하시기를 "점치지 않아도 알 일이다."[11]

10) 『孟子』「梁惠王章」상, "경제적으로 생활이 안정되는 일정한 재산이 없으면서 항상된 마음을 갖는 것은 오직 선비만이 가능합니다. 백성에 이르러서는 일정한 재산이 없으면 항상된 마음을 가질 수 없습니다. 진실로 항상된 마음이 없으면 방탕하고 편벽되며 부정하고 허황되어 이미 그칠 수 없습니다.[無恒産而有恒心者, 惟士爲能, 若民則無恒産, 因無恒心, 苟無恒心, 放辟邪侈, 無不爲已.]"
11) 『論語』「子路」, "子曰 南人有言曰人而無恒, 不可以作巫醫, 善夫, 不恒其德, 或承之羞, 子曰 不占而已矣."

공자가 항상된 마음이 항상된 재산보다 앞선다고 했다면, 맹자는 경제의 안정이 마음의 항상성을 가져온다고 했다. 마음이 물질보다 귀중하다고 보는 공자가 이상주의자라면, 물질(경제)의 풍요가 전제되어야 정신 교육이 가능하다고 본 맹자는 현실주의자라고 할 수 있다. 『주역』은 중용을 지키면 항상된 마음[恒心]을 보존할 수 있고, 중용의 도리에 어긋나면 상황 논리에 빠져들 위험이 있다고 가르친다.

☺ 중용을 지키면 항심을 보존할 수 있고, 항심을 잃으면 상황논리에 빠지기 쉽다.

8. 4효 : 중용에 벗어난 행위에는 소득이 없다

九四는 **田无禽**이라
구사　전무금
象曰 久非其位이니 **安得禽也**리오
상왈 구비기위　안득금야

구사는 사냥하는 데 새가 없는 것이다. 상전에 이르기를 그 자리가 아닌데도 오래하니 어찌 새를 잡으리오.

4효는 양이 음 자리에 있고[不正], 상괘의 중용을 얻지 못했다[不中]. 부정한 자리에 있고, 더욱이 항구성의 본질인 중용을 지키지 못하니까 아무런 소득이 없다. 2효에서는 중용의 길을 걷기 때문에 제자리가 아님에도 불구하고 후회가 사라진다고 했다. 하지만 4효는 이미 자기를 상실했고, 항상된 마음마저 없으니 사냥길에 나서도 빈손으로 돌아온다고 했다.

불교는 마음이 없으면 물질이 없다고 가르친다. 불교는 유심주의唯心主義로 흐르지만, 『주역』은 유심唯心과 유물唯物의 통합을 얘기한다. 항괘는 항상된 마음이 없으면 먹거리마저 손에 쥘 수 없으며, 먹거리가 없으면 '항심' 역시 쓸모없다고 말한다.

사냥한다는 것은 경제 활동을 한다는 뜻이고, '새가 없다'는 말은 은행에 잔고가 없어 거덜났다는 뜻이다. 가정의 살림이 불어나야 하는데도 4효의 주인공은 제자리를 지키지 않으며, 올바르지 않은 곳에서 오래도록 머물기 때문에 단 하나의 사냥감마저 얻지 못한다고 했다. 원칙을 아무리 굳게 지킨다 해도 합당한 위치와 여건이 성숙되지 않으면 아무 소용이 없다는 뜻이다.

🔯 적합하지 않은 위치에서 하는 행위는 모두에게 불행을 안긴다.

9. 5효 : 일정한 마음과 일정한 덕은 함께 가야

六五는 恒其德이면 貞하니 婦人은 吉코 夫子는 凶하니라
육 오　항 기 덕　　　길　　부 인　길　부 자　흉

象曰 婦人은 貞吉하니 從一而終也일새오 夫子는 制義어늘
상 왈 부 인　정 길　　　종 일 이 종 야　　　　부 자　제 의

從婦하면 凶也라
종 부　　　흉 야

육오는 그 덕에 항상하면 올바르니, 부인은 길하고 남편은 흉하다. 상전에 이르기를 부인은 올바라서 길하니, 하나를 좇아서 마치기 때문이요, 남편은 (나라의) 의를 제재하거늘 (집안의) 부인을 좇으면 흉한 것이다.

5효는 양 자리에 음이 있으나[不正], 상괘의 중용에 있다[中]. 『주역』은 정正보다는 중中을 소중히 여긴다. 『주역』의 최고 가치는 중정中正이다. 중용을 지키면 저절로 올바르게 되지만, 올바르다고 무조건 중용은 아니기 때문이다.

항괘는 2효와 5효를 극적으로 대비시키고 있다. "그 덕에 항상하지 않음이라. 혹 부끄러움이 잇따름[不恒其德, 或承之羞]"과 "그 덕에 항상하면 올바르니[恒其德, 貞]"가 바로 그것이다. 항상된 마음[恒心]을 쌓은 결과가 항상된 덕을 유지함[恒德]이요, 항덕을 지키지 못하면 부끄러운 일이 이른

다고 하여 덕성의 함양을 일깨우고 있다.

괘의 구조를 살펴보자. 5효는 원래 양의 자리인데도 불구하고 차선책으로 음이 중도를 지키고 있다. 남편이 아내에게 자리를 빼앗겨 질질 끌려다녀 아내가 가정을 이끄는 모양이다. 음인 아내가 중도를 실행하므로 길하지만, 남편은 아내에게 주도권을 빼앗겼기 때문에 흉할 수밖에 없다.

아내의 길은 남편을 따르고 자식을 잘 키우는 일이 우선이다. 대장부인 남편은 나라의 일에 종사해야 한다. 남편이 거꾸로 집안일에 매달리는 것은 골목대장의 모습이기 때문에 볼성사납다. 음은 양을 좇고 따르는 것이 최상이라고 가르치고 있다. 즉 지아비를 섬기는 것이 최상의 가치라는 것이다[從一而終也]. 지아비는 지어미를 믿고 국가 대사에 전념한다. 이를 낡고 케케묵은 유교의 유산이라 단정해서는 안 된다. 다만 남편과 아내의 역할과 책임을 분명히 나눈 점에 의의가 있다. 여기서 주목할 사실은 유교가 국가와 가정의 중요성을 동등하게 인식했다는 점이다.

✡ 항심은 항덕으로 직결되는 반면에, 항덕을 쌓지 않으면 부끄러운 일을 당한다.

10. 상효 : 어떤 상황에서도 흔들리지 않는 덕을 쌓아야

上六은 **振恒**이니 **凶**하니라
상육　진항　　흉

象曰 振恒在上하니 **大无功也**로다
상왈 진항재상　　대무공야

상육은 흔들리는 항상함이니 흉하다. 상전에 이르기를 '흔들리는 항상함'이 위에 있으니 크게 공이 없도다.

상효는 음이 음 자리에 있고[正], 상괘의 끝자락을 장식한다[不中]. 빠른 움직임을 뜻하는 상괘[震: ☳]는 이미 안정을 잃은 모습이다. 로마는 하루아침에 망하지 않았듯이, 이빨이 빠지는 것은 오랜 시일에 걸쳐 잇몸에 세균이 침입했기 때문이다. 초효에서 상효에 이르기까지 줄곧 지켜오던 믿음이 뒤흔들면 혼란이 오고 흉하여 더 이상 나아갈 곳이 없다.

이미 곪은 종기에는 항생제가 필요 없다. 저절로 터지기 바랄 뿐이다. 조용히 상처가 가라앉아 낫기를 기다리면서 몸조리하는 것이 훨씬 낫다. 극심한 변동기에는 변화의 물결에 휩쓸리는 것도 좋은 해결책일 수도 있다. 조급하면 조급할수록 돌아가라는 말이 있듯이, 머지않아 새로운 환경이 열리는 것은 자연의 이치이니까.

 항심의 가장 큰 적은 조급증이다.

정역사상의 연구자 이상룡李象龍은 항괘의 성격을 다음과 같이 설명한다.

恒은 月弦徧也니 故其爲字는 象月麗于天心太陰이며
항   월현편야   고기위자   상월리우천심태음

易之卦名은 周詩所謂月之恒是也라 恒은 日輪光也일새
역지괘명   주시소위월지항시야   항   일륜광야

故象日麗于天心太陽이며 易之卦名은
고상일리우천심태양   역지괘명

繫辭所謂日月之道貞明是也니 象象之義는 見制字窟이라
계사소위일월지도정명시야   단상지의   견제자굴

'항'은 달이 활시위처럼 두루 원만해짐이다. 그래서 그 글자는 달이 천심天心의 태음太陰에 걸림을 상징한 것이다. 주역의 괘 명칭은 「주시周詩」의 이른바 달의 항상성을 가리킨다. 일정불변한 태양은 항상의 빛을 쏟아내므로 태양이 천심태양天心太陽에 걸려 있는 것을 상징한다. 항괘의 명칭은 「계사전」의 이른바 '일월 운행의 이법은 항상 올바르게 밝힌다[日月之道, 貞明]'는 것이 바로 그것이다. 「단전」과 「상전」의 뜻은 움 굴窟 자에 나타나 있다.

彖曰 恒, 亨, 无咎利貞은 陰變陽化하여 利永正也오
단왈 항 형 무구이정 음변양화   이영정야

利有攸往은 基陰而行之也오 恒久不已는
이유유왕 기음이행지야   항구불이

天地日月度成度長하여 宗主器不替也며 日月得天而能久照는
천지일월도성도장   종주기불체야   일월득천이능구조

道均十五乃无薄蝕也오 四時變化而能久成은 變閏爲正也라
도균십오내무박식야   사시변화이능구성   변윤위정야

단전 '항은 형통하여 허물이 없으니 올바르게 함이 이롭다'는 말은 음양이 변화하여 영원토록 올바른 것이 이롭다는 뜻이다. '가는 것에 이롭다'는 말은 음陰에 기반을 두어 나아가는 것이며, '오래도록 그치지 않는다[恒久不已]'는 말은 천지일월의 도수가 자라서 완성되어 제사를 받드는 맏아들이 바뀌지 않음을 뜻하며, '해와 달이 하늘을 얻어 능히 오래 비춘다'는 말은 건곤의 원리가 십오十五를 균등하게 만들어 일식日蝕과 월식月蝕이 없다는 것이며, '사시가 변화하여 능히 오래도록 이룬다'는 말은 윤역潤曆이 정역正曆으로 바뀐다는 뜻이다.

象曰 君子以하여 立不易方은 四九宮中體之니
상왈 군자이   입불역방   사구궁중체지

以不易之理也니라
이불역지리야

상전 "군자가 이를 본받아 (입장이) 서면 방향을 바꾸지 않는다"는 말은 하도낙서의 사구四九의 집이 중도를 이루어 바뀌지 않는 원리라는 뜻이다.

初六, 浚恒은 泥之子閨이 不解變易也라
초육 준항   니지자윤   불해변역야

초효 '항상함을 판다'는 것은 갑자甲子에서 시작하는 윤역潤易에만 빠져들면 변화의 문제에 능통할 수 없다는 뜻이다.

九二, 悔亡은 克順天命也라
구이 회망 극순천명야

2효 '뉘우침이 없어질 것이다'는 천명에 지극히 순종하는 것을 얘기한다.

九三, 不恒其德은 釣君子而蝙蝠이라
구삼 불항기덕 조군자이편복

3효 '덕을 항상하지 않음'은 군자가 박쥐같은 기회주의자인 소인을 낚시하는 것을 말한다.

九四, 田无禽은 動必獲醜이니 利无敵也라
구사 전무금 동필획추 이무적야

4효 '사냥하는 데 새가 없음'은 움직이면 반드시 무리를 잡을 수 있는 까닭에 이로와서 적이 없을 것이다.

六五, 恒其德, 貞은 守文之道也오 婦人, 吉, 夫子, 凶은
육오 항기덕 정 수문지도야 부인 길 부자 흉
不利剛克也라
불리강극야

5효 "덕을 항상 지키면 올바르다"는 것은 진리를 간직하는 도리요, "부인은 길하고 남편은 흉하다"는 말은 강함을 이기는 것이 불리하다는 뜻이다.

上六, 振恒, 凶은 逆其通變이니 凶咎必矣리라
상육 진항 흉 역기통변 흉구필의

상효 '흔들리는 항상함이므로 흉하다'는 것은 변화에 통하는 것을 거스리기 때문에 반드시 흉과 허물이 생긴다.

天山遯卦

천 산 돈 괘

아름다운 물러남

1. 시간의 정신에 의거하여 은둔과 현실 참여를 결정하라 : 돈괘

정이천은 뇌풍항괘雷風恒卦(䷟) 다음에 천산돈괘天山遯卦(䷠)가 오는 이유를 다음과 같이 말한다.

遯은 序卦에 恒者는 久也니 物不可以久居其所라
돈 서괘 항자 구야 물불가이구거기소

故受之以遯하니 遯者는 退也라 하니라 夫久則有去는
고수지이돈 돈자 퇴야 부구즉유거

相須之理也니 遯所以繼恒也라 遯은 退也오 避也니
상수지리야 돈소이계항야 돈 퇴야 피야

去之之謂也라 爲卦天下有山하니 天은 在上之物이오
거지지위야 위괘천하유산 천 재상지물

陽性上進이며 山은 高起之物이오 形雖高起나 體乃止物이라
양성상진 산 고기지물 형수고기 체내지물

有上陵之象而止不進하고 天乃上進而去之하여
유상릉지상이지부진 천내상진이거지

下陵而上去하니 是相違遯이라 故爲遯去之義라
하릉이상거 시상위돈 고위돈거지의

二陰生於下하며 陰長將盛하고 陽消而退하니
이음생어하 음장장성 양소이퇴

小人漸盛에 君子退而避之라 故爲遯也라
소인점성 군자퇴이피지 고위돈야

"돈은 「서괘전」에 '항은 오래함이니 물건은 오랫동안 한 곳에 머무를 수 없으므로 돈괘로 이어받았으니 돈은 물러감이다'라고 하였다. 대저 오래되어 떠나감은 서로 기다리는 이치이므로 돈괘가 이 때문에 항괘를 이은 것이다. 돈은 물러감이요 피함이니, 떠나감을 말한다. 괘의 형성은 하늘 아래에 산이 있으니, 하늘은 위에 있는 물건이고 양의 성질은 위로 나아가며, 산은 높이 일어난 물건이고 형체가 비록 높이 일어났으나 실체는 멈추는 물건이다. 위로 능멸하는 모습이 있고 멈추어 나가지 않으며 하늘은 위로 나아가 떠나가고, 아래는 능멸하고 위는 떠나가니, 이는 서로 떠나가는 것이다.

그러므로 물러나 떠난다는 뜻이 된 것이다. 두 음이 아래에서 생겨
나 음은 자라나 장차 성하고 양은 사라져 물러가니, 소인이 점점 성
함에 군자는 물러가 피한다. 그러므로 돈이라 한 것이다."

하늘과 산은 동서양 신화의 모티프를 형성하는 배경이었다. 산은 예로
부터 절대자가 머무는 신성한 공간이다. 제우스를 비롯한 여러 신들은 올
림푸스 산에서 잔치를 벌였고, 모세는 시온산에서 십계명을 받았으며, 단
군 설화가 깃들어 있는 백두산은 한민족의 정신적 고향이다. 인간은 하늘
의 뜻을 산 정상에서 받아내렸던 것이다.

돈괘의 위는 하늘(☰)이고, 아래는 산(☷)이다. 양사언楊士彦(1517-1584)의
"태산이 높다하되 하늘 아래 뫼이로다. 오르고 또 오르면 못 오를 이 없건
마는, 사람이 제 아니 오르고 뫼만 높다 하더라"는 시에 보이듯이, 태산이
아무리 높다한들 하늘 아래에 있다. 티베트의 깨끗한 하늘과 높은 산을 보
라. 드높은 산길은 밟을 수 있지만, 하늘은 손으로 붙잡을 수 없다. 오르면
오를수록 더욱 높아지는 게 하늘이다. 산은 휴식처이자 도망가 숨을 수 있
는 가장 좋은 도피처인 것이다. 예로부터 범죄자는 산으로 도망갔으며, 불
로장생을 꿈꾸는 신선가들 역시 산의 품에 자신을 맡겼던 것이다.

'돈'은 물러나다, 도피하다, 은둔하다, 도망치다는 뜻이다. 돈괘는 하늘
을 군자, 산은 소인으로 보았다. 소인을 상징하는 음이 밑에서 위로 군자
를 밀어내는 형태가 곧 돈괘의 구조다.[1] 군자는 소인들이 날뛰는 난세를
피해 하늘과 맞닿은 산 속으로 숨는다. 소인이 판을 흔들어 실권을 잡고,
군자는 밀려나는 신세다. 역사는 승자와 패자를 낳는다. 승리와 굴욕, 웃
음과 눈물이 역사의 주류와 비주류를 대신한다. 패자는 눈물을 삼키고 현
실을 뒤로 한 채 은둔한다. 여기에서 바로 하늘을 상징하는 군자가 소인
을 상징하는 산으로 물러나고 도피한다는 뜻이 생겼던 것이다.

1) 天地否卦(䷋)의 직전 단계 혹은 변형이 바로 천산돈괘다.

현실 도피는 패배자의 핑계 수단이다. 은신처는 산이다. 하늘은 자유로운 반면에 산은 고정되어 머물러 있는 모습[止]이다. 과거 동양에는 세상을 조롱하거나 불평하는 은둔자들이 많았다. 유교의 은둔형과 도가의 은둔형이 있다. 현실이 허용되면 정치에 참여하고, 그렇지 않으면 잠시 시골로 내려가 기회와 시간을 엿보는 것이 전자의 경우이다. 아예 전원으로 은퇴하거나 도시에 숨어서 현실을 외면하는 경우는 후자이다. 그리고 처음부터 현실을 부정하고 영원한 생명의 길을 추구하는 신선가들이 한 시대를 풍미했다.[2] 스스로 관리 생활에서 물러나 '이제 돌아가련다' 하고 귀향한 이후, 줄곧 전원에 묻혀 유가와 도가의 삶을 넘나든 도연명陶淵明(365-427) 같은 부류도 존재했다.[3]

『주역』은 개인의 안녕만을 위한 은둔과 도피라는 절충주의와 기회주의를 거부한다. 교묘한 말장난이나 상황 논리로 포장하여 정치가 안정되면 참여하고, 혼란기에는 몸을 숨기는 반역사적 행위를 혐오한다. 『주역』은 시종일관 하늘이 내리는 시간의 명령에 따라 출입할 것을 권고한다.

맹자는 백이伯夷와 이윤伊尹과 유하혜柳下惠와 공자孔子를 비교하면서 유교의 처세관을 극명하게 설명했다.

"백이는 섬길만한 임금이 아니면 섬기지 않았고 … 다스려지면 나아가

---

2) "난세에 대처하는 은둔자들의 자세는 각양각색이었지만, 대다수는 시대의 전환기에 살았다. 그들은 외압에 굴복하는 것을 치사하게 여기고 자진하여 현실 무대에서 내려와 은든 생활을 시작했다. 현실의 권력과 정면으로 충돌하지 않고, 권력을 버드나무에 부는 바람처럼 받아 넘기면서 끝까지 자신의 생활 방식을 고집한 이 만만찮은 은자들의 생애를 지탱해준 것은 강인한 반항 정신이었다. 유유자적하는 '자연 전원형'이 대다수를 차지하는 고대와 은자들과는 달리, 일탈 논리를 몸소 실천한 근세의 사람들은 대부분 시중에서 살아가는 '도시형' 은자들이다."(이나미 리츠코/김석희, 『중국의 은자들』, 서울: 한길사, 2002, 5-11쪽 참조.)
3) 이밖에 宋詩의 선구자였던 林逋(967-1028)는 외딴 섬에 이사하여 평생을 보낸 보기 드문 은둔자였다. 그는 병약한 탓도 있어서 평생 독신으로 지냈고, 중년 이후에는 매화를 아내로, 학을 자식으로, 사슴을 하인으로 삼아 유유자적한 생애를 보냈다. 산중에 틀어박힌 뒤에는 무려 20년 동안이나 마을에 발을 들여놓지 않았다. 가만히 숨어서 때가 무르익기를 기다리는 것이 아니라 은둔 자체가 목적이었다. 세속에 구애받지 않고 모든 집착을 훌훌 털어버린 탈속적인 삶이었다.

고, 혼란하면 물러났다. … 이윤은 '누구를 섬긴들 임금이 아니겠는가? 누구를 부리든 백성이 아니겠는가?' 하고 다스려져도 나아가고, 혼란해도 나아갔다. … 유하혜는 더러운 임금을 부끄럽게 여기지 않았고, 작은 벼슬을 사퇴하지 않았다. 나아가서는 자기의 우수한 능력을 감추지 않으면서 반드시 정당한 방법으로 일하였고, 버려져도 원망하지 않았고, 곤궁에 빠져도 근심하지 않았다. '너는 너고 나는 나인데 내 곁에서 벌거벗고 있은 들 네가 어찌 나를 더럽힐 수 있겠는가' 생각했다. … 속히 할만 하면 속히 하고, 오래 있을만 하면 오래 있고, 머물만 하면 머물고, 벼슬살이 할만 하면 벼슬살이 하는 것은 공자이시다. 백이는 성인으로서 맑았던 사람이고, 이윤은 성인으로서 사명을 자임했던 사람이고, 유하혜는 성인으로서 온화한 기질을 가졌던 사람이고, 공자는 성인으로서 때(시간의 정신)를 깨달아 실현한 사람이다."[4]

맹자는 백이와 유하혜와 이윤이 비록 뛰어난 인물이지만, 공자처럼 하늘의 명령인 시간의 정신을 깨닫고 실천한 인물이 아니라고 못박았다. 그들은 각각 시대 상황에 알맞게 처신했으나, 진리의 뿌리인 시간의 본성에 근거하지 않았다는 것이다.

✿ 맹자는 생명의 시간과 자연과 마음의 시간을 실존성 안에서 일치시킨 점에서 공자를 '시간의 성자'라고 규정했다.

2. 돈괘 : 끝까지 물러서면 곤란하다

遯은 **亨**하니 **小利貞**하니라
돈   형   소 이 정

돈은 형통하니 올바름이 조금은 이롭다.

---

4)『孟子』「萬章章」下, "伯夷, 非其君不事, … 治則進, 亂則退, … 伊尹曰 何事非君, 何使非民, 治亦進, 亂亦進, … 柳下惠, 不羞汙君, 不辭小官, 進不隱賢, 必以其道, 遺佚而不怨, 阨窮而不憫, … 爾爲爾, 我爲我, 雖袒裼裸裎於我側, 爾焉能浼我哉. … 可以速則速, 可以久而久, 可以處而處, 可以仕而仕, 孔子也. 伯夷, 聖之淸者也. 伊尹, 聖之任者也. 柳下惠, 聖之和者也. 孔子, 聖之時者也."

『주역』은 모든 사람이 군자와 성인되기를 희망한다. 괘사는 일단 물러나는 것이 형통하다고 했다. 군자는 물러나야 할 '때' 물러나야 한다. 대세를 읽지 못하면 물러나야 할 시기를 놓친다. 오히려 물러나야 할 때 물러나지 않기 때문에 사태를 더욱 꼬이게 만든다는 것이다. 대세를 파악하는 일은 시간의 적절성과 현실 인식에 대한 명확한 통찰이 아니면 불가능하다.

물러나고 나아가는 판단은 임기응변의 꾀로만 이루어질 수 없다. 물러나지 않으려 억지로 애쓰거나, 앞으로 나아가려 무모하게 힘쓰다보면 낭패보기 일쑤이다. 진퇴의 시기를 조절하는 일은 경험이 풍부한 사람도 힘들다. 후대의 학자들은 시간의 흐름을 객관적으로 인식하는 방법을 고안해냈다. 그것은 바로 하늘의 운행과 괘의 변화를 조응하여 밝힌 소식괘설消息卦說이다. 이를 종합하면 다음과 같다.

11월 지뢰복괘地雷復卦 → 12월 지택림괘地澤臨卦 → 1월 지천태괘地天泰卦 → 2월 뇌천대장괘雷天大壯卦 → 3월 택천쾌괘澤天夬卦 → 4월 중천건괘重天乾卦 → 5월 천풍구괘天風姤卦 → 6월 천산돈괘天山遯卦 → 7월 천지비괘天地否卦 → 8월 풍지관괘風地觀卦 → 9월 산지박괘山地剝卦 → 10월 중지곤괘重地坤卦

소식괘 이론에 따르면, 돈괘(☰)는 6월이다. 돈괘는 밝음에서 어둠으로, 상생에서 상극으로, 치세에서 난세로 접어드는 길목을 상징한다. 돈괘는 천지비괘로 바뀌기 이전의 단계로서 차가운 가을 기운이 성큼 다가오는 계절에 해당된다. 그리고 소인이 득세하는 세월에는 군자가 물러나야 하는 시기라고 지적한다. 괘기설의 입장에서 살펴보면, 돈괘의 반대는 지택림괘地澤臨卦(☷)이다. 임괘는 지천태괘로 바뀌기 직전의 단계로서 더운 기운이 한창 무르익으려는 때를 상징한다. 임괘 괘사에는 "8월에 이르면 흉함이 있으리라.[至于八月, 有凶]"는 말이 있다. 임괘로부터 여덟 번째 달이 천지비괘의 세상이다. 이를 대비하여 미리 물러나 은둔하면 지독한 흉을 피하여 조금은 형통할 수 있다는 뜻이다.

큰 뜻을 품고 나아가려 하는 군자 앞에 소인배 둘이 길을 막고 있다. 지금은 물러나야 하는 때이다. 군자가 잠시 뒤로 물러서는 것은 강력한 절제의 힘을 키울 수 있는 절호의 기회다. 늙어서만 은퇴하라는 법은 없다. 젊어서도 가끔은 산에 들어가 마운틴 오르가슴을 느끼면서 재충전하는 것도 좋다.

✡ 앞으로 나아가려는 사람은 많고, 뒤로 물러서려는 사람은 적은 게 인생사다.

3. 단전 : 하늘이 내리는 시간의 명령에 따라 출입하라

象曰 遯亨은 **遯而亨也**나 **剛當位而應**이라 **與時行也**니라
단 왈 돈 형   돈 이 형 야   강 당 위 이 응   여 시 행 야

小利貞은 **浸而長也**일새니 **遯之時義大矣哉**라
소 이 정   침 이 장 야   돈 지 시 의 대 의 재

단전에 이르기를 '돈은 형통하다'는 것은 물러나서 형통하지만, 강한 것이 그 마땅한 위치에서 상응한다. 때(시간)와 더불어 행한다. '올바름이 조금은 이롭다'는 것은 점차 길어지기 때문이다. '돈'의 시간의 정신과 의미가 크도다.

물러남과 멈춤은 인격 도야와 자기 완성을 위한 수양의 계기를 제공한다. 그것은 군자만이 가능하다. 주자는 비록 소인이더라도 올바르면(곧으면) 이롭다고 풀이한 반면에, 정이천은 작을 '소小'를 소인이 아닌 '작은 일'로 풀이했다. 소인은 인류 구원이나 천하를 건지는 일과 같은 사업은 어렵지만, 자신을 지키는 일은 거뜬히 해낼 수 있다는 것이다.

하늘은 소인배에게 시간과 힘을 잠시 맡겼을 따름이다. 그러나 결코 절대권을 내주지는 않는다. 군자의 물러남이나 은둔은 실패작이 아니다. 오

히려 물러남 같은 양보는 군자의 미덕이다. 음양의 물러남과 나아감[進退]이 자연의 이치라면, 아침에 출근하고 저녁에 퇴근하는 일은 보통사람들의 인생사다. 물러남과 퇴근은 나아감과 출근의 다른 측면이기 때문에 물러남이 바로 나아감이라 할 수 있다.

해와 달이 동시에 물러나는 경우는 없다. 해가 물러나면 눈썹달이 뜨고, 달이 물러나면 밝은 해가 불끈 솟아오른다. 천지에서 해와 달이 물러나 몸을 숨길 때가 있듯이, 때가 되면 물러나는 것은 항구 불변의 이치이므로 늘 시간과 함께 하는 물러남이 적절한 행위라고 할 수 있다.

돈괘 5효와 2효는 최상의 관계를 이룬다. 각각 상괘의 중정中正과 하괘의 중정中正을 이루어 시간에 대한 주객 일체의 의식을 지켜나간다. 참으로 물러날 때 물러나야 형통할 수 있다[遯亨]. 외교는 상호 타협의 예술이라는 명언이 있다. 외교관의 임무는 하나를 양보하고 다른 하나는 얻어 상호 이익을 만족시키는 일에 있다. 양보라고는 전혀 없고 무조건 실리만 취한다면 외교적으로 고립될 것은 뻔하다. 돈괘는 물러나는 것은 전진하기 위한 발판임을 깨우치고 있다.

문왕의 괘사는 '물러나면 형통한다[遯亨]'고 했으나, 공자의 「단전」은 '물러난 뒤에 형통한다[遯而亨]'라고 했다. 전자가 조건부의 선언적 의미라면, 후자는 시간적인 틈들이기(시간차)를 거친 뒤에 형통할 수 있음을 얘기한 것이다. 그만큼 현실 역사에 대한 투철한 인식과 시간에 주체적 통찰이 개입된 물러남이라 할 수 있다.

물러나 피함에는 '몸이 물러남[身退]'과 '마음이 물러남[心退]'의 두 가지가 있는데, 몸이 물러나야 형통한 경우가 있고 마음이 물러나야 형통한 경우가 있다. 전쟁에서 적의 세력이 몹시 강대하여 아군이 열세에 놓였다면 반드시 몸이 물러나야 자신을 보전하고 군대를 정비하여 훗날 다시 위력을 떨칠 수 있다. 그것은 바로 전략적 변화요 전술적 후퇴이기 때문이다. 또 상황이 매우 불리하여 몸이 물러나기는 쉽지 않거나 불가능한 경우도 있다. 그럴 때에는 마음이 물러나야 형통할 수 있다.

예컨대 회사 생활에서 반대 세력이 실권을 잡아 기승을 부리지만 현실적인 이유로 내가 그곳을 떠날 수도 없고 그렇다고 반대편을 쫓아낼 수도 없다면, 마음을 비우고 그들과 부딪히지 않으면서 동시에 그들과 영합하지도 않는 처세술이 필요하다. 그러면 자신의 생존 영역을 지키고 독립된 인격도 보전하면서 조용히 변화를 기다리며 최상의 방책을 도모할 수 있다. 이것 역시 물러나 피함으로써 형통할 수 있는 방법이다.[5]

노장 사상은 다분히 은둔자의 삶을 긍정하는 경향이 짙다. 『주역』과 『중용』은 노장 사상과는 반대의 길을 걷는다. 왜냐하면 『주역』과 『중용』은 시간에 대한 통찰[時中]을 바탕으로 물러남이 곧 나아감이라는 역사에 대한 책임 의식을 강조하기 때문이다. 군자는 시간에 대한 근원적 통찰이 바로 도덕적인 지상 명령이자 자신의 삶의 보편적 원칙으로 받아들인다.[6] 반면에 소인은 눈앞의 이익에 어두워 시간을 보이지 않는 무형의 존재로 간주하여 전혀 받아들이지 않는다. 그러니까 시간 의식이 마비된 소인의 행동에는 거침이 없는 것이다. 군자는 명예욕으로 몸집을 불리지 않는다. 오로지 최고의 가치인 『중용』의 길을 걷는 까닭에 회한이 없다.

시간과 함께 한다[與時行也]'라는 명제는 『주역』에서 가장 어려운 문제 중의 하나다. 캘린더 제작자, 천문학자, 사주 전문가를 비롯한 수많은 학자들이 시간의 수수께끼를 풀려고 노력했다. 『주역』의 시간은 하늘의 명령[天命]이며, 도덕성의 원형, 인간의 마음[恒心]의 근거이다.[7] 시간은 단지 힘과 권력의 향배와 관련된 시세의 흐름을 판단하는 방법만을 의미하지

---

5) 쏸 잉퀘이·양이밍/박삼수, 『주역- 자연법칙에서 인생철학까지』(서울: 현암사, 2007), 481쪽
6) "군자의 중용은 때(시간)에 알맞게 실천하고, 소인의 중용은 소인으로서 기탄이 없는 것이다.[君子之中庸也, 君子而時中, 小人之中庸也, 小人而無忌憚也.]" "군자는 중용에 의거하여 세상에 은둔하여 알려지지 않더라도 후회하지 않으니, 오직 성인만이 가능하다[君子依乎中庸, 遯世不見知而不悔, 唯聖者能之.]"
7) 이를 제외하고 『周易』을 논한다는 것은 단순한 문자 풀이거나 한문 번역의 수준에 그칠 것이다.

않는다.

　예수가 광야에서 기도하면서 40일 동안 헤매던 고난, 석가모니가 보리수 아래서 선정에 든 사건, 현실 개혁이 어렵다는 사실을 알고서도 천하에 도를 펴려고 돌아다닌 공자의 긴 여행은 인류 역사가 낳은 쾌거였다. 그것은 도피와 은둔이 아니라, 생명과 진리의 위대한 설파였던 것이다.

🏵『주역』에서 말하는 '물러남'은 정치적 도피를 인정하는 논리가 아니다. 하늘의 뜻[天道]을 지상 명령으로 깨닫고 힘을 모으기 위한 절차이기 때문이다.

4. 상전 : 도덕의 향기로 소인을 일깨워라

象曰 天下有山이 **遯**이니 **君子以**하여 **遠小人**호대
상 왈 천 하 유 산 　 돈 　 군 자 이 　 　 원 소 인
不惡而嚴하나니라
불 악 이 엄

상전에 이르기를 하늘 아래에 산이 있는 것이 돈이다. 군자는 이를 본받아 소인을 멀리하되 악하게 아니하고 엄하게 한다.

　하늘이 하늘일 수 있는 이유는 하늘보다 더 높은 것이 없기 때문이다. 히말라야의 최고봉 에베레스트도 하늘 아래에 있다. 하늘 아래의 묵직한 산에 잠시 몸을 맡겨 물러나 있으라는 것이 돈괘의 가르침이다. 조선 시대에는 민간에 몸을 맡기고 국가 정책의 시비를 따지는 선비들을 총칭해서 산림山林이라 불렀다. 선비는 군자의 표상으로서 소인을 움츠러들게 만든다. 군자는 외면적인 힘보다는 내면적인 위엄과 부드러움으로 처세한다.

　하늘은 군자, 산은 소인에 비유된다. 산이 하늘보다 높을 수 없듯이, 소인은 군자보다 높을 수 없다. 군자는 이를 본받아 소인배를 멀리해야 한다. 멀리는 하되 미워하지는 말라. 죄는 미워하되 사람을 미워해서는 안 된다는 말이 있다. 죄인을 미워해 격리시킨다면 이 세상은 감옥으로 넘칠

것이다. 죄는 용납하지 말고 사람은 너그럽게 용서해야 한다. 그릇이 큰 군자는 도량이 넓어 소인의 허물을 덮어줘 화를 복으로 바꿀 수 있는 능력이 있다. 반면에 소인은 군자를 끌어내려 복을 화로 갚는 간장 종재기 같은 사람이다.

　하지만 조정에 소인배들이 득실거리면 군자는 진퇴를 결정하기 어려워지기 마련이다. 군자가 소인배들을 보면 물러날 줄 알아야 한다. 소인배에 대한 후퇴는 치욕이 아니다. 만약 맞붙어 싸우면 군자 역시 소인배와 다를 바가 없기 때문이다. 여자에게 피부는 권력이라는 말이 유행했던 적이 있다. 소인의 권력은 아첨에서 나온다. 소인은 아첨으로 권력자에게 빌붙어 군자를 중상모략하여 힘으로 밀어내는 특기를 발휘한다.

　「상전」은 소인과의 관계를 단절하라고 주문하지 않는다. 불가근불가원不可近不可遠이라고나 할까. 미워하지는 말고 엄숙한 태도로 마주하라고 했다. 증오는 또다른 증오를 낳기 때문이다. 소인은 경계의 대상지만, 원망해서는 안 된다. 원망은 마음을 냉혹하게 하고 비도덕적 사회를 만드는 씨앗이 될 수 있기 때문이다.

🌼 군자는 도덕의 향기를 피워 이익만을 쫓는 소인의 마음을 잠재워야 한다. 이 모든 것은 시간에 대한 근원적 통찰에서 비롯된다고 할 수 있다.

5. 초효 : 때를 놓쳐 물러나지 못할 경우는 몸을 숨겨야

初六은 遯尾라 厲하니 勿用有攸往이니라
초 육　돈 미　여　물 용 유 유 왕

象曰 遯尾之厲는 不往이면 何災也리오
상 왈 돈 미 지 려　불 왕　하 재 야

초육은 물러나는데 꼬리이다. 위태로우니 가는 바를 두지 말라. 상전에 이르기를 '물러나는데 꼬리가 위태함'은 가지 않으면 무슨 재앙이리오.

초효는 물러나고 도망가는데 꼬리에 해당된다. 줄행랑치는 데는 머리가 앞이고, 꼬리는 끝이다. 도망도 먼저 하면 잡히지 않고, 꼬리가 길면 잡힌다고 했다. 물러날 시기임에도 아직 물러나지 못하여 겨우 뒤꽁무니에 붙은 모양새를 형용하여 꼬리라 했다. 꼼수를 부리지 말고, 최후의 방법으로 꼬리를 감추어 가만히 있어야지 들통나지 않는다고 했다.

증권가의 큰손들은 개미 군단들이 나서기를 기다린다. 큰손들은 최신 정보와 돈을 움켜쥐고 있다가 개미 군단들이 막차를 타고 투자하면 엄청난 이익을 챙기고 꼬리도 남기지 않은 채 유유히 도망친다. 공권력도 속수무책이다. 소액 투자자인 개미들은 꼬리가 길어 손해만 보고 한숨 짓는다. 개미들이여! 증권사 객장에는 아예 들어서지 말라[勿用有攸往].

평생 도피와 귀향을 통해 조선에 저항했던 조선의 생육신의 한 사람인 김시습金時習(1435-1493)이 있다. 그는 "하늘 아래 어디에도 진정한 안식처가 없었다. 그는 현실 속에서 번뇌를 겪으면서도 현실을 떠나지 않고 현실 생활 속에서 마음을 기르려고 했다. 세상의 그물에서 벗어나기를 그토록 갈망했으면서도 결코 현실에서 눈을 돌리지 않았다. 고독과 방랑의 삶 만큼이나 귀속할 곳이라고는 현실이었던 셈이다."[8]

✿ 천진난만한 아이들의 놀이에 숨바꼭질이 있다. 꼭꼭 숨어 머리카락을 보이지 말라는 노래다. 세상을 피해 물러나 숨는 방법은 다양하다. 애당초 산골짝으로 주민등록을 옮기는 경우가 있고, 집안에 들어앉아 두문불출하는 방법도 있다. 오죽하면 동양의 역사서에 숱한 「은일전隱逸傳」이 있겠는가.

6. 2효 : 5행에서 토土의 중요성

六二는 執之用黃牛之革이라 莫之勝說이니라
육 이 　 집 지 용 황 우 지 혁 　 막 지 승 설

象曰 執用黃牛는 固志也라
상 왈 집 용 황 우 　 고 지 야

8) 심경호, 『김시습 평전』(서울: 돌베개, 2003), 53-65쪽 참조.

육이는 붙잡는데 누런 소의 가죽을 쓴다. 다 말하지 못한다. 상전에 이르기를 '붙잡는데 누런 소를 씀'은 뜻을 굳게 하는 것이다.

2효는 음이 음 자리에 있고[正], 하괘의 중용을 지키고 있으며[中], 양인 5효와 상응하여 『주역』에서 강조하는 최상의 중정中正 관계를 이루고 있다. 그래서 2효에만 '물러남[遯]'이라는 용어가 등장하지 않는다. 머리에서 발끝까지 도망치는 데에 몰두해야 함에도 불구하고, 2효는 질긴 소가죽처럼 중용의 가치를 지킴으로써 제자리를 지탱할 수 있는 것이다.

왜 하필 2효에서 누런 소가죽[黃牛之革]을 쓸까? '붙잡는다' '굳게 지켜야 한다'가 명령어라면, 노란 색깔은 오행에서의 중앙을 가리킨다. 5행에서 동방은 푸른색[靑], 남방은 붉은색[赤], 서방은 하얀색[白], 북방은 검은색[黑], 중앙은 노란색[黃]이다. 그리고 상괘는 건괘(☰)로서 말[馬]이고, 하괘의 2효는 소[牛]를 상징하는 곤괘에서 유래하였다. 소는 타고난 본성이 잘 순종하는[順] 동물이다.[9] 결국 효사에서 말하는 누런 소[黃牛]는 중도中道(5행의 土)와 부드러움[柔順]을 뜻한다. 질긴 쇠가죽처럼 중용을 굳게 잡아야 한다는 당위성을 얘기하고 있다.

한편 가죽[革]을 소가죽으로 풀이하느냐, 아니면 '혁신, 개혁, 혁명'으로 풀이하는가의 문제가 부각된다. 전자가 중용을 굳게 잡아야 소인의 세상에서 버틸 수 있었음을 말했다면, 후자는 선후천론의 시각에서 조명하는 독특한 관점이다. 김일부의 정역사상은 천간과 지지의 결합, 즉 6갑의 시스템과 오행설로 선천과 후천의 전환을 해명했다.

천간을 선후천으로 나누면 갑을병정무甲乙丙丁戊는 선천이고, 기경신임계己庚辛壬癸는 후천이다. 선천은 '갑'으로 시작하고 후천은 '기'로 시작한다는 뜻이다. 천간이 변화하면 지지도 당연히 바뀐다. 지지에서는 선천이 자子에서 시작했다면, 후천은 축丑으로 시작한다. 이를 종합하여 말하면 선천이

---

9) 주자는 2효를 '중도와 순응함으로써 본분을 잘 지킴[以中順自守]'이라고 풀이했다.

갑자甲子로 시작한다면, 후천은 기축己丑으로 6갑의 시스템이 바뀐다는 뜻
이다. 전통의 오행론에서는 토土의 이중성을 주목하지 못했다. 토에는 무戊
와 기己가 있는데, 선천에는 5토가 주도적으로 작동하며 후천은 10토가 주
도적으로 작동한다는 이론을 구체적으로 설명한 것이 한동석의 『우주변화
의 원리』다. 이처럼 깊숙이 숨겨져 있는 선후천 변화의 원리를 언어로는 다
표현할 수 없다[莫之勝說]고 한 『주역』의 말은 매우 합당하다고 하겠다.

🔯 어떤 상황이든 질긴 쇠가죽처럼 중용을 굳게 잡아야 한다.

7. 3효 : 암을 친구로 삼아야 극복할 수 있듯이, 고개를 숙여야 좋다

九三은 **係遯**이라 **有疾**하여 **厲**하니 **畜臣妾**에는 **吉**하니라
구 삼　계 돈　유 질　여　휵 신 첩　길

象曰 係遯之厲는 **有疾**하야 **憊也**오 **畜臣妾吉**은
상 왈 계 돈 지 려　유 질　비 야　휵 신 첩 길

不可大事也니라
불 가 대 사 야

구삼은 매여서 물러남이다. 병이 있어 위태로우니 신하와 첩을 기르는 데
에는 길하다. 상전에 이르기를 '매여서 물러남이 위태로움은 병이 있어'
피곤함이요, '신하와 첩을 기르는 데에는 길함'은 큰 일을 못하는 것이다.

　3효는 양이 양 자리에 있으나[正], 중용을 지나쳤다[不中]. 하지만 3효는
하괘 간산艮山의 주인공으로 기능하고 있다. 간은 멈춤[止]이기 때문에 3효
는 달아나지 못하고 갇혀 있는 형상이다. 그러니까 초효와 2효의 음들에
의해 세트로 묶여서 물러나는 형상이다. 그것은 두 음의 소인배들이 3효
에 대해 물귀신 작전을 펼쳐 동반 자살을 시도하는 꼴이다.

　군자인 3효가 도망가고 싶어도 소인배들과 엮여 위태롭다. 질병은 외부
에서 오는 병과 내부에서 오는 병이 있다. 바이러스나 상처에서 생기는 병
은 적당한 치료를 받으면 깨끗이 나을 수 있으나, 마음으로부터 발생하는

질병은 고치기 어렵다. 라즈니쉬Rajneesh(1931-1990)는 "암도 친구로 여기라"고 하여 서양의학을 뿌리부터 뒤흔든 적이 있었다.[10]

곤괘 「문언전」은 곤괘의 원리를 '지도地道, 처도妻道, 신도臣道'로 규정했다. 하늘에 대한 땅의 질서, 남편에 대한 아내의 도리, 임금에 대한 신하의 충성과 의리라고 하여 항상 건괘의 능동성을 전제했다. 3효는 군자, 초효와 2효는 소인이다. 예컨대 이들은 마치 항구에 도착하기 전까지는 어찌할 수 없이 한 배에 탄 승객들이다. 군자는 동행한 소인들에게 스트레스를 받아 마음병이 생긴다. 도착 전에는 백약이 무효이다. 배 안에서 만큼은 소인배를 적으로 배척하지 말고, 잠시나마 마음의 안정을 위해 말동무(신하나 첩을 기르는 것 같은)로 인식하라고 권유한다.

☆ 소인을 군자로 방향 전환시킬 수 있다면 금상첨화일 것이다.

8. 4효 : 원칙을 좋아하는 군자와 변칙에 능통한 소인

九四는 **好遯**이니 **君子**는 **吉**코 **小人**은 **否**하니라
구 사　　호 돈　　군 자　길　소 인　부

象曰 君子는 **好遯**하고 **小人**은 **否也**리라
상 왈 군 자　호 돈　　소 인　부 야

구사는 좋게 물러남이니, 군자는 길하고 소인은 그렇지 않다. 상전에 이르기를 군자는 '좋게 물러나고', '소인은 꽉 막힐 것이다.'

4효는 양이 음 자리에 있고[不正], 상괘의 밑바닥에 있어[不中] 내부 여건은 썩 좋지 않으나, 초효와 상응하므로 주변 상황은 꽤 좋다. 더욱이 도피의 끝자락[艮山]을 넘어서 상괘에 진입했기 때문에 물러나는 시기가 무르

---

10) 라즈니쉬/김성식 외 옮김, 『명상건강』(서울: 정신세계사, 1996) 14쪽 참조. "의학은 모든 것을 단지 표면이나 육체에 나타난 것만을 파악한다. 표면에서는 질병을 파악할 수 없다. 그러나 건강은 오직 인간의 내면으로부터, 인간의 영혼으로부터 감지될 수 있는 것이다. '건강 (health)'은 '치료(healing)'라는 말에서 유래했으며, 질병과 관련된 개념이다. 건강은 '치료되었다(healed)'는 것을 의미한다."

익었다. 진퇴를 결단하는 현실 여건과 마음의 준비가 끝났으므로 아무런 유감이 없다. 군자는 이를 실행하므로 좋지만, 소인은 아직 미련이 남아 실행하지 못하므로 불행하다는 것이다. 처세의 최선책은 맺고 끊음을 과감하게 결단하는 데에 있다.

군자에게는 주변 여건보다 마음의 판단이 중요하다. 하지만 소인은 주변 여건에 따라 마음을 변경시킨다. 소인은 원칙보다는 변칙을 선호하기 때문에 신뢰할 수 없다. 소인이 망하는 원인은 마음 단속을 제대로 못하는 내부에 있는 것이다. 따라서 나아갈 때는 멈추고, 멈춰야 할 때는 나아가는 오류를 범해서는 안 된다.

🔯 군자는 마음의 판단을 중시여기고, 소인은 현실을 중시여긴다.

9. 5효 : 물러나야 할 때 물러나는 것이 아름답다

九五는 **嘉遯**이니 **貞**하여 **吉**하니라
구 오　가 돈　　정　　길

象曰 嘉遯貞吉은 **以正志也**라
상 왈　가 돈 정 길　이 정 지 야

구오는 아름답게 물러남이니, 올바르게 해야 길하다. 상전에 이르기를 '아름답게 물러남이 올바라서 길함'은 뜻을 올바르게 하는 것이다.

5효는 양이 양 자리에 있고[正], 상괘의 중용[中]일 뿐만 아니라, 음인 2효와 상응한다. 진정으로 마음에서 우러나오는 물러나는 것과 여론에 떠밀려 마지못해 물러나는 모양새는 차원이 다르다. 전자는 아름다운 물러남[嘉遯]이고, 후자는 추한 물러남[醜遯]일 것이다. 진퇴와 출입의 원칙은 올바른 가치와 마음가짐에 있다.

한 사회의 건강 지표를 따지는 방법은 다양하다. 정치인이 백성을 걱정하면 건강하고, 백성이 정치인을 걱정한다면 그 사회는 중병에 걸렸다고 할 것이다. 처음에는 깨끗하게 물러났다가 구차한 변명을 늘어놓으면서

복귀하는 지도층은 꼴불견이다. 대통령에 도전하는 재수생, 삼수생들이 가장 먼저 하는 짓거리는 조상의 묘를 이장하는 일이다. 동양의 아름다운 자연관인 풍수지리설을 모독하는 행위마저 서슴지 않는다. 떠날 때 축복 받는 지도층이 나오기를 기대한다.

☆ 현실 상황에 맞도록 처신하는 군자는 타인의 모범이 되기에 충분하다.

10. 상효 : 미리 물러나면 탈이 없다

上九는 肥遯이니 无不利하니라
상 구   비 돈   무 불 리
象曰 肥遯无不利는 无所疑也라
상 왈 비 돈 무 불 리   무 소 의 야

상구는 살찌게 물러남이니, 이롭지 않음이 없다. 상전에 이르기를 '살찌 게 물러남이 이롭지 않음이 없음'은 의심할 바가 없는 것이다.

상효는 양이 음 자리에 있고[不正], 상괘의 중용을 지나쳤으나[不中], 물러 나야 한다는 압박감에서 벗어났기 때문에 마음이 느긋하고 여유가 있는 모 습이다. 영양가 좋은 음식과 적당한 운동은 몸을 살찌게 만든다[肥]. 더욱 이 물러나고 멈춤[進退]의 속박에서 자유로우면 심신은 더욱 살찔 것이다.

돈괘는 양이 음에 가까울수록, 즉 군자가 소인과 가까우면 가까울수록 위태롭다고 했다. 또한 5효에서조차 옳고 곧아야만 길하다는 조건이 붙는 아름다운 물러남이라고 했으나, 상괘에서는 전혀 얽매이는 것이 없기 때 문에 여유롭다. 더욱이 상효는 도망치는데 오히려 경쟁자가 없을 뿐만 아 니라, 상응하는 짝인 3효 역시 소인을 상징하는 음이 아니라 양이다. 이미 외부에서 옥죄는 소인들에게서 일찌감치 벗어났고, 몸과 마음은 한층 편 안하고 가벼워 재차 자신에게 마음 다짐할 필요도 없는 것이다(의심할 바가 없다).

🔸 물러나는 압박감에서 벗어났기 때문에 마음이 여유롭다.

정역사상의 연구자 이상룡李象龍은 돈괘의 성격을 다음과 같이 설명한다.

☰☶ 遯은 在文從辵從豚이니 豚之爲物이
　　　돈　재문종착종돈　　돈지위물

陰柔至愚而回身善走니라 盖取二陰前進하고
음유지우이회신선주　　　개취이음전진

四陽回避逃走也라 爲卦天在上山在下하니 天은 水也오
사양회피도주야　　위괘천재상산재하　　천　　수야

山은 土也니 土在水中에 水多土少之象也라
산　토야　토재수중　수다토소지상야

至六陰上進하여 爲宮南之坤十乾化하며 土與水同宮而位北하니
지육음상진　　위궁남지곤십건화　　　토여수동궁이위북

則陰進陽退는 先天之漸闢也오 陰變陽化는 后天之大闢也라
즉음진양퇴　선천지점벽야　　음변양화　후천지대벽야

且大而壯者는 有時乎退遯이니 故로 次之以遯也라
차대이장자　유시호퇴돈　　고　차지이돈야

돈은 문자적으로 쉬엄쉬엄 갈 착辵과 돼지 돈에 온 것이다. 돼지라는 물건은 음으로 부드럽고 지극히 어리석어 몸을 돌려 잘 달리는 동물이다. 대개 2음이 앞으로 나아가고, 4양은 몸을 숨겨 회피하고 도망하는 형상이다. 괘의 형성은 하늘이 위에 있고 산은 아래에 있다. 하늘은 물이고 산은 토이므로 토가 물 속에 있어 물은 많고 토가 적은 모습이다. 6음이 위로 나아가 남쪽 집의 곤10이 건乾으로 바뀌어 토와 물이 같은 집에서 북방에 위치하므로 음은 나아가고 양이 물러나는 것은 선천이 점차로 열리는 것이요, 음은 변하고 양은 조화하는 것은 후천의 큰 열림이다. 또한 커져서 장엄한 것은 때로는 물러나 숨는 것이므로 돈괘가 다음이 된 것이다.

象曰 遯, 亨, 小利貞은 洪水導裨球하여 少利正固也라
단왈 돈 형 소이정 홍수도비구 소리정고야

단전 "돈은 형통하니 올바름이 조금은 이롭다"는 것은 홍수가 지구를 도와 옳음이 한결같아 조금은 이롭다는 뜻이다.

象曰 君子以, 遠小人, 不惡而嚴은 臨下有道也라
상왈 군자이 원소인 불악이엄 임하유도야

상전 "군자는 이를 본받아 소인을 멀리하되 악하게 아니하고 엄하게 한다"는 것은 낮은 데로 임하는 것에 법도가 있다는 뜻이다.

初六, 遯尾, 厲는 泄之尾閭가 有時也라
초육 돈미 려 설지미려 유시야

초효 "물러나는데 꼬리이다. 위태롭다"라는 것은 꼬리에서 일어나는 일에 때가 있다는 뜻이다.

六二, 執之用黃牛之革, 莫之勝說은 鞏而需丑이니
육이 집지용황우지혁 막지승설 견이수축

有言不橈也라
유언불요야

2효 "붙잡는데 누런 소의 가죽을 쓴다. 다 말하지 못한다"는 것은 묶어서 축丑 세상을 기다림은 말은 있으나 꺾이지 않는 것이다.

九三, 係遯, 有疾, 厲는 泥小事或訛也오 畜臣妾吉은
구삼 계돈 유질 려 니소사혹와야 휵신첩길

斷以大義也라
단이대의야

3효 "매여서 물러남이다. 병이 있어 위태롭다"는 것은 작은 일에 빠져 혹 그릇되는 것이요, "신하와 첩을 기르는 데에는 길하다"는 것은 대의로 결단하는 것이다.

九四, 好遯은 見幾明也라
구사 호돈 견기명야

4효 '좋게 물러남'은 기회를 보는 것이 밝다는 뜻이다.

九五, 嘉遯, 貞, 吉은 隨時遯藏하니 終得位也라
구오 가돈 정 길 수시돈장 종득위야

5효 "아름답게 물러남이니 올바르게 해야 길하다"는 것은 시간
의 법칙에 의거하여 물러나므로 마침내 자리를 얻는다는 것이다.

上九, 肥遯은 一人隱遁하니 終肥天下也라
상구 비돈 일인은둔 종비천하야

상효 '살찌게 물러남'은 한 사람이 은둔하여 드디어 천하가 살찐
다는 것이다.

| 雷天大壯卦 |
뇌 천 대 장 괘

장엄한 세상과 예의

1. 다가오는 군자의 세상 : 대장괘

정이천은 천산돈괘天山遯卦(䷠) 다음에 뇌천대장괘雷天大壯卦(䷡)가 오는 이유를 다음과 같이 말한다.

大壯은 序卦에 遯者는 退也니 物不可以終遯이라
대장　서괘　돈자　퇴야　물불가이종돈

故受之以大壯이라 하니라 遯爲違去之義요 壯爲進盛之義니
고수지이대장　　　　돈위위거지의　　장위진성지의

遯者는 陰長而陽遯也오 大壯은 陽之壯盛也라 衰則必盛하여
돈자　음장이양돈야　대장　양지장성야　쇠즉필성

消息相須라 故旣遯則必壯하니 大壯所以次遯也라
소식상수　고기돈즉필장　　대장소이차돈야

爲卦震上乾下하니 乾剛而震動하여 以剛而動이 大壯之義也라
위괘진상건하　　건강이진동　　　이강이동　대장지의야

陽剛은 大也니 陽長已過中矣니 大者壯盛也오
양강　대야　양장이과중의　대자장성야

又雷之威震而在天上하니 亦大壯之義也라
우뇌지위진이재천상　　역대장지의야

"대장괘는 「서괘전」에 '돈은 물러감이니 사물은 끝내 물러갈 수 없으므로 대장괘로 이어받았다'고 하였다. 돈은 떠나간다는 뜻이고, 장은 나아가기를 성하게 하는 뜻이 되니, 돈은 음이 자라남에 양이 물러가는 것이요, 대장은 양이 장성한 것이다. 쇠하면 반드시 성하여 소식이 서로 기다리기 때문에 이미 물러가면 반드시 장성하는 것이니, 대장괘가 돈괘의 다음이 된 까닭이다. 괘의 형성은 진이 위에 있고 건이 아래에 있으니, 건은 강하고 진은 움직여 강으로써 움직임이 대장의 뜻이다. 양강은 큰 것이니, 양의 자람이 이미 중도를 지났으니 큰 것이 장성함이요, 또 우레의 위엄과 진동으로 하늘 위에 있으니 또한 대장의 뜻이다."

대장괘의 위는 우레[雷: ☳]이고, 아래는 하늘[天: ☰]로서 하늘 위에서 우레가 소리치며 힘을 과시하는 형상이다. 돈괘(☰)를 180° 뒤집어놓으면 대장괘(☳)이다. 전자가 소인들이 힘쓰던 시대였다면, 후자는 군자들의 회복세가 점차 뚜렷하게 나타나는 시대를 상징한다. 대장괘는 어두웠던 소인의 시대가 물러가고, 땅에 떨어졌던 양심이 되살아나 새로운 시대가 열리는 이치를 밝힌 것이다.

대장괘를 소식괘의 원리로 보면 2월에 해당된다. 2월은 경칩과 춘분이 속한 달이다. 긴 겨울잠에서 깨어난 개구리가 봄기운을 느끼면서 펄쩍 뛰고, 부지런한 농부는 아침 일찍 일어나 밭 갈기를 서두른다. 동지를 뜻하는 복괘(☷)로부터 대장괘에 이르면, 양이 네 개가 되어 에너지를 힘차게 분출하는 위세를 떨친다. 이에 힘입어 3월에 이르면[夬:☱] 양 기운은 더욱 커져 음 기운을 몰아낸다. 그것은 군자가 소인배들을 일망타진하여 한꺼번에 몰아내는 형국이 아닐 수 없다.

2. 대장괘 : 정도는 최상의 가치

大壯은 利貞하니라
대 장   이 정

대장은 올바르게 함이 이롭다.

강력한 힘의 소유자가 올바르게 힘을 사용하면 그 효과는 곱절로 나타난다. 만약 힘을 엉뚱한 곳에 쓴다면 반사회적 반응으로 나타날 것이 뻔하다. 『주역』은 언제나 양심을 먹고 사는 올바른 행위를 통하여 도덕 세계의 구현을 꿈꾸었다.

진리는 간단명료하다. 간단함에서 복잡함으로, 일자에서 다자의 세계로 전개되는 것이 진리의 특징이다. 대장괘의 괘사는 『주역』에서 보기 드물게 아주 간단하다. 올바르면 이롭다[利貞]는 사실 이외에 더 이상의 군더더기를 덧붙이지 않았다. 아리랑은 지극히 간단한 리듬임에도 불구하고 모든 사람의 감성과 영혼을 울린다. 몇 해 전 아리랑이 세계에서 가장 아름다운 곡으로 선정된 적이 있다. 미국, 영국, 프랑스, 이탈리아의 저명한 작곡가들로 이루어진 '세계의 아름다운 노래 선정하기 대회'에서 지지율 82%을 기록했다. 한국인은 단 한 명도 포함되지 않았는데, 아리랑이 선정된 사실에서 그들도 놀랐다면서 "아리랑은 한국이라는 나라를 나에게 깨우쳐줬고, 듣는 도중 몇 번 씩 흥이 났으며, 말로 표현할 수 없을 정도로 감동적이었다"라고 평가했다.

대장괘의 괘사 '이정利貞'은 『주역』14번 화천대유괘火天大有卦의 괘사 '원형元亨'과 함께 가장 짧은 귀절로 이루어졌다. '이정利貞'은 '이롭고 올바르다'는 의미와, '올바르게 함이 이롭다'는 풀이가 가능하다. 전자는 건괘의 성격인 '원형이정'에서의 '이정'을 뜻한다면, 후자는 당위론적 해석일 것이다. 이 둘이 결합해야 건괘의 '원형이정의 세계'가 조성된다는 내용을 주목해야 한다.

✡ 인간은 장엄한 자연의 세계를 본받아 정의로운 세상을 만드는 책무가 있다.

3. 단전 : 천지는 위대하고 올바르고 곧다

象曰 大壯은 大者壯也니 剛以動故로 壯하니
단왈 대장   대자장야   강이동고   장

大壯利貞은 大者正也니 正大而天地之情을 可見矣리라
대장이정   대자정야   정대이천지지정   가견의

단전에 이르기를 대장은 큰 것이 장함이니, 강함으로써 움직이는 까닭에 장하다. '대장은 올바르게 함이 이로움'은 큰 것이 올바름이니, 올바르고 크게 하여 천지의 실정을 볼 수 있을 것이다.

대장(☳)은 괘의 형태에 비추어 그 명칭이 생겼다. 하괘(☰)는 모두 강성한 양으로 이루어진 하늘, 상괘(☳) 역시 위엄 있는 우레다. 대장괘는 아래

로부터 양 기운이 뻗쳐올라 강성한 에너지가 천지 사방에 진동하는 형상이다. 강력한 파워에다가 장엄한 소리가 덧붙여지니까 그 위세가 아주 막강하다.

큰 것은 왜 올바르고 곧을까? 천지에서 양이면서 강한 것이 장엄할 수 있고, 장엄한 것만이 클 수 있으며, 큰 것만이 장엄하고 곧을 수 있다. 이 것이 바로 천지가 만물을 빚어낸 목적이다. 만물이 태어나서 자라고 결실을 맺는 천지의 본질은 크고 위대하고[大], 올바르며[正], 곧을[貞] 수밖에 없다. 따라서 강건하고 곧게 뻗어나가는 형세가 올바르기 때문에 이롭다[利貞]는 것이다. 위대한 것은 정직하고, 정직한 것 역시 곧다.

천지는 항상 질서정연하다. 질서정연하게 움직여야 올바르게 인류의 이익을 창출할 수 있다. 이처럼 하늘과 땅 사이의 각종 사물을 살펴보면, 천지의 보편 원리를 깨우칠 수 있는 것이다.

✿ 천지는 진리와 하나되게 둥글어가기 때문에 위대하고 장엄하다.

4. 상전 : 예는 사람을 지켜주는 안전 벨트

象曰 雷在天上이 大壯이니 君子以하야 非禮弗履하나니라
상 왈 뇌 재 천 상 　 대 장 　 군 자 이 　 비 례 불 리

상전에 이르기를 우레가 하늘 위에 있는 것이 대장이다. 군자는 이를 본받아 예가 아니면 밟지 않는다.

우레는 본래 하늘 아래에 존재하지만, 지금은 하늘 위에 있다함은 무슨 이유일까. 하늘을 기준으로 보아서 우레가 상하를 관통하는 것이 바로 자연계의 보편 법칙인 천도天道이기 때문이다. "하늘은 높고 땅은 낮으니 건곤이 정해지고, 낮고 높음으로써 베푸니 귀한 것과 천한 것이 자리잡는다.[1]

하늘은 높아서 존엄하고 땅은 낮아서 가깝다[天尊地卑]는 말은 사실 판

---

1) 『周易』 「繫辭傳」 상편 1장, "天尊地卑, 乾坤定矣. 卑高以陳, 貴賤位矣."

단에 근거한 가치 판단의 정당성을 밝힌 명제다. 유교는 존재와 당위의 일치를 주장한다. 존재의 세계와 인간의 삶은 동일 지평 위에서 다루어야 한다는 뜻이다. 그러니까 우주 생명의 근원인 천지의 작용은 존엄하고 만물은 서로 가깝다는 말이다.

예는 천지에 근거한 규범이다. 예를 실천하는 것은 인간의 도리이고 사명이자 본분이다. 예는 상하 질서의 원리다. 『주역』에서 '밟을 리'의 뿌리는 천택리괘天澤履卦 「상전」에 있다. "위는 하늘이요 아래가 연못이 리이다. 군자는 이를 본받아 상하를 분변하여 백성의 뜻을 안정시킨다[上天下澤, 履, 君子以, 辯上下, 定民志]" 리괘는 하늘이 위에 있고 연못이 아래에 있는 모습(☱)이다. 예의 본래적 의미는 천택리괘의 구조가 정상이지만, 대장괘가 이를 뒤집어놓은 것은 양의 세력이 점차 커지고 군자의 도리가 강성해지는 시기조차 예를 실천하는 것이 정도이기 때문이다.

안연顏淵이 스승인 공자에게 인仁에 대해 묻자, 극기복례克己復禮라고 대답하면서 그 구체적 실천 방안을 "예가 아니거든 보지를 말고, 예가 아니거든 듣지를 말고, 예가 아니거든 말하지 말고, 예가 아니거든 움직이지 말라"[2]고 제시하였다. 정이천程伊川은 '극기복례'를 행동 지침의 훈계로 삼는다는 뜻에서 네 개의 잠언箴言을 지었다. 시잠視箴, 청잠聽箴, 언잠言箴, 동잠動箴 등이 바로 그것이다.[3]

예의 실천은 타인의 명령에 무조건 복종하는 것이 아니라, 자신의 사사로운 욕심을 떨쳐내는 것에 있다. 내 자신이 똑바로 서야 다른 사람도 다스릴 수 있는 것이다. 그러면 말과 행동에 위엄과 권위가 뒤따르게 된다.

🏛 스스로의 감정을 억제하고 이기는 것이야말로 진정한 예의 실천이다.

---

2) 『論語』「顏淵」, "非禮勿視, 非禮勿聽, 非禮勿言, 非禮勿動."
3) 『近思錄』「克己類」

5. 초효 : 조급한 행동은 위태롭다

初九는 **壯于趾**니 **征**하면 **凶**이 **有孚**리라
　초　구　　장우지　　정　　흉　　유부

象曰 壯于趾하니 **其孚窮也**로다
　상　왈　장우지　　　기부궁야

초구는 발꿈치의 장함이니, 가면 흉에 믿음이 있을 것이다. 상전에 이르기를 '발꿈치의 장함'이니 그 믿음이 궁해지도다.

초효는 가장 아래에 양이 양 자리에 있으나[正], 양 기운이 넘쳐나는 발에 해당한다. 상황이 좋지 못한 여건인데다가 같은 양인 4효와도 상응 관계가 아니다. 강한 양의 에너지를 믿고 앞으로 나가려는 의지가 지나친 모양새다. 강도가 너무 센 쇠는 부러지기 쉽듯이, 초효는 강성한 움직임으로 돌파하려 하기 때문에 흉과 화를 불러일으키기 쉽다.

초효는 중용에 미치지 못해 저지르는 오류가 있다. 우선 어디로 가야할지에 대한 분명한 방향이 정해지지 않았다. 왜냐하면 4효와의 원만한 교감이 이루어지지 않은 상태에서 맹목적으로 나아가기 때문이다. 그것은 현재의 자신에 대한 반성이 모자랄 뿐만 아니라 미래에 대한 전망도 없이 조급하게 서두르는 것에서 비롯된 것이다. 결국에는 자신에 대한 신뢰감도 궁색해지는 지경에 이른다.

☆ 힘이 넘칠 때일수록 성급한 행동을 자제하는 것이 좋다.

6. 2효 : 중용은 만사형통의 특효약

九二는 **貞**하야 **吉**하니라
　구이　　정　　길

象曰 九二貞吉은 **以中也**라
　상　왈　구이정길　　이중야

구이는 올바르게 하여 길하다. 상전에 이르기를 '구이가 올바르게 하여

길함'은 중용을 실행하기 때문이다.

2효는 양이 음 자리에 있으나[不正], 하괘의 중용에 자리잡고 있으며[中], 음인 5효와 상응한다. 시간적으로는 강剛이지만 공간적으로는 유柔이기 때문에 2효는 강유가 조화를 이루는 중용의 덕을 갖추었다. 중용의 덕은 옳음[正]과 동일한 길을 걷는다. 중용의 정직성을 발휘하는 까닭에 길하다는 것이다.

중용은 조화와 화해의 원리이다. 2효는 특유의 부드러움으로 강한 행위를 제어함으로써 정도를 어기지 않는다. 중용은 음양의 균형과 상호 협조와 평형을 유지하는 천지의 본질이기 때문이다. 중용을 지키므로 허물을 짓지 않고, 뉘우칠 일도 없다. 만사형통이다.

🎲 강유를 충족시켜주는 힘이 바로 중용이다.

7. 3효 : 도덕은 군자와 소인을 나누는 잣대

九三은 **小人**은 **用壯**이오 **君子**는 **用罔**[4]이니 **貞**이면 **厲**하니
구삼 소인 용장 군자 용망 정 여

羝羊이 **觸藩**하여 **羸其角**이로다
저양 촉번 이기각

象曰 小人은 **用壯**이오 **君子**는 **罔也**라
상왈 소인 용장 군자 망야

구삼은 소인은 장함을 쓰고 군자는 없는 것을 쓴다. 올바르기만 하면 위태로우니, 숫양이 울타리를 들이받아 그 뿔이 걸림이로다. 상전에 이르기를 '소인은 장함을 쓰고, 군자는 없음을 쓴다.'

3효는 양이 양 자리에 있으나[正], 하괘의 중용을 지나쳐 끝에 있고[不

---

4) 우현민, 『周易新釋 3』(서울: 박영문고, 1989), 72쪽 참조. "왕필은 '그물을 쓴다'라고 읽었고, 정이천과 주자는 '없음을 쓴다', '무시한다'로 읽었다. 즉 없는 것으로 친다, 업신 여긴다의 뜻이다. 소인은 힘을 쓰나[用壯], 군자는 그렇지 않다로 읽는 것이 좋다."

中], 상효와는 상응한다. 양 기운이 너무 많아 스스로를 주체하지 못할 지경이다. 그것은 양기 넘치는 숫양이 울타리를 들이받는 모양새와 흡사하다. 숫양은 심술궂다. 뿔로 여기저기 쑤셔대다가 울타리에 걸려 꼼짝하지 못하는 천방지축의 동물이다.

소인은 막무가내로 힘을 써서 남에게 상처주는데 반해서 군자는 전혀 힘에 의존하지 않고 침묵을 지킨다. 소인은 함부로 말을 내뱉다가 꾸짖음을 당하거나, 냅다 주먹질하다가 곤욕치르기 일쑤이다. 말과 행동은 모두 자기 책임이다. 행복과 불행은 남이 만들어주는 것이 아니라 스스로 불러들이는 것이다.

군자는 스스로를 뒤돌아볼 줄 알지만, 소인은 시선을 밖으로만 향한다. 화는 자기로부터 말미암아 생기는데 소인은 자기 성찰을 등한시한다. 타인과 싸워 이기려는 사람은 우선 자신과의 싸움에서 이겨야 한다. 이는 예로부터 전해오는 황금률이다.

✡ 『주역』은 소인과 군자를 면도날처럼 나눈다.

8. 4효 : 후회하지 않기 위해서는 정도를 걸어야

九四는 貞이면 吉하여 悔亡하리니 藩決不羸하며
구 사   정   길   회 망   번 결 불 리

壯于大輿之輹이로다
장 우 대 여 지 복

象曰 藩決不羸는 尙往也일새라
상 왈 번 결 불 리   상 왕 야

구사는 올바르게 하면 뉘우침이 없어질 것이다. 울타리가 열려서 걸리지 아니하며 큰 수레의 바퀴에 장함이로다. 상전에 이르기를 '울타리가 열려서 걸리지 않음'은 오히려 가기 때문이다.

4효는 양이 음 자리에 있고[不正], 상괘의 중용이 아니며[不中], 초효와도

상응하지 않는다. 하지만 하괘의 고난을 넘어서 상괘로 건너왔다. 지금부터라도 올바르게 행동하면 뉘우침이 없어진다는 것이다. 고통의 긴 터널을 지나면 행복의 문이 열린다. 앞으로는 탄탄대로가 놓여 있다.

뉘우침[悔改]이란 잘못을 고치려는 착한 마음씨이다. 정약용丁若鏞(1762-1836)은 34세에 주문모周文謨 사건에 연루되어 충청도 홍주의 금정찰방金井察訪으로 강등 좌천되었다. 이웃에서 우연히 반쪽짜리 『퇴계집』을 얻어 읽었다. 거기에 실린 퇴계선생의 편지를 매일 한 편씩 읽으면서 사색했다. 새벽에 한 편을 읽고 오전 내내 음미하다가 점심 먹고나서는 그 아래에 자신의 단상을 적었다. 이렇게 하나하나 기록한 것이 「도산사숙록陶山私淑錄」이다.[5]

"예로부터 성현은 모두 '개과改過' 즉 허물 고치는 것을 귀하게 여겼다. 허물을 고치는 것이 허물이 없는 것보다 어려운 까닭이다. … 우리는 허물이 있는 사람이다. 마땅히 급하게 힘쓸 것은 오직 '개과' 두 글자뿐이다. 세상을 우습게 보고 남을 업신여기는 것이 한 가지 허물이다. 기능을 뽐내는 것이 한 가지 허물이다. 영예를 탐하고 이익을 사모하는 것이 한 가지 허물이다. 은혜를 품고 원한을 생각하는 것이 한 가지 허물이다. 뜻이 같으면 한 패가 되고 다르면 공격하는 것이 한 가지 허물이다. 잡서를 즐겨 읽는 것이 한 가지 허물이요, 새로운 견해 내기에 힘쓰는 것이 한 가지 허물이다. 이 같은 병통들은 이루 다 꼽을 수가 없다. 한 가지 마땅한 약재가 있으니 오직 '개改'란 한 글자뿐이다."[6]

3효는 앞의 4효를 포함한 상괘의 울타리에 가로막혀 있으나, 4효 앞에는 가운데가 빈 음효들이 있어 울타리가 열린 모습을 상징한다. 숫양들은 뿔이 걸렸던 울타리가 열려 마음 놓고 다닐 수 있다. 강성 일변도로 치닫다가 부딪혔던 바리케이드가 열려 앞으로는 유연한 행동을 할 수 있게 된

---

5) 정민, 『다산어록청상』(서울: 푸르메, 2007), 6쪽.

6) "自古聖賢, 皆以改過爲貴. … 此所以改過之難於初無過也. 吾輩有過者也. 當務之急, 惟改過二字也. 傲世凌物一過也. 矜技衒能一過也. 貪榮慕利一過也. 懷恩念怨一過也. 黨同伐異一過也. 喜觀雜書一過也. 務出新見一過也. 種種毛病, 不可勝數. 有一當劑, 曰惟改字是已."

것이다.

☆ 수레바퀴마저 튼튼해서 앞날이 환하다. 왜냐하면 4효는 강유를 겸비하고 있기 때문이다.

9. 5효 : 부드러움만이 강함을 포용할 수 있다

六五는 **喪羊于易**[7]면 **无悔**리라
　육 오　　상 양 우 이　　무 회

象曰 喪羊于易는 **位不當也**일새라
　상 왈　상 양 우 이　　위 부 당 야

육오는 양을 쉽게 잃어버리면 후회가 없을 것이다. 상전에 이르기를 '양을 쉽게 잃음'은 그 위치가 마땅하지 않기 때문이다.

5효는 음이 양 자리에 있으나[不正], 상괘의 중용을 지키고 있고[中], 2효와도 잘 상응한다. 여태껏 뿔난 양들이 기세 좋게 밀고 올라오는 모양이었으나, 지금은 한 풀 꺾이는 형세다. 대장괘를 반으로 압축한 축소형이 태괘兌卦(☱)의 형상이다. 「설괘전」에서는 태괘를 건장한 양羊이라고 했다. 양은 외유내강형의 짐승이다. 겉으로는 유순하지만 속으로는 무척 뚝심이 강하다. 양은 나아갈 줄만 알지 뒷걸음칠 줄 모른다. 양떼를 모는 목동들에 따르면, 우두머리 한 마리만 잘 몰면 나머지는 저절로 잘 따른다고 한다. 양들의 단순한 성격을 이용해 유순한 방법으로 이끈다면 허물들이 모두 소멸되기 쉽다.

---

7) 이 구절에 대한 해석은 다양하다. 김석진은 '양을 쉬운데(쉽게) 상하게 하면'(74쪽)으로, 우현민은 '양을 밭두둑에 잃으나'(76쪽)로, 김흥호는 '어디서인지 양을 잃었다'(69쪽)로, 박일봉은 '양을 논밭의 경계에서 잃었다'(305쪽)로, 유정기는 '양을 역 땅에서 잃다'(671쪽)로, 쑨 잉케이는 '易나라에서 양을 잃었으나'로 풀었고 또한 "은나라의 선조인 王亥가 이 나라에 가서 목축을 할 때 양을 잃은 적이 있으나 나쁜 일이 생기지 않았다. 그래서 효사에서 '회한은 없다'고 한 것이다"(502쪽)라 고증했다. 여돈강은 '강역의 땅, 밭두둑'(180쪽)으로 풀었다. 필자는 旅卦 상효에 나오는 '喪牛于易'와 연관시켜서 '양을 쉽게 잃는다'고 해석하는 것이 옳다고 판단한다.

'양을 쉽게 잃다'는 말은 초효에서 시작하여 4효까지 올라온 양 기운이 5효에 이르러 약화되는 양상을 표현한 내용이다. 양 자리에 양이 있어야 하는데, 음이 버티고 있기 때문이다. 달리 표현하면 강유를 겸비하여 다른 방법으로 대처하라는 가르침이다. 강공책은 또다른 강공책을 불러올 따름이다. 강공책보다는 유연책으로 대비하는 것이 옳다. 부드러움은 강한 것을 포용할 수 있다는 격언은 명언임에 분명하다.

✿ 강유를 겸비해야 중용의 가치가 훨씬 발휘될 수 있다.

10. 상효 : 치밀한 준비와 지혜로 고난을 탈출해야

上六은 **羝羊**이 **觸藩**하여 **不能退**하며 **不能遂**하여 **无攸利**니
상 육   저 양   촉 번   불 능 퇴   불 능 수   무 유 리

艱則吉하리라
간 즉 길

象曰 不能退不能遂는 **不詳也**오 **艱則吉**은 **咎不長也**일새라
상 왈 불 능 퇴 불 능 수   불 상 야   간 즉 길   구 부 장 야

상육은 숫양이 울타리를 들이받아서 능히 물러나지 못하고 능히 나아가지도 못하여 이로운 바가 없다. 어렵게 하면 길할 것이다. 상전에 이르기를 '능히 물러나지 못하고 능히 나아가지도 못함'은 헤아리지 못함이요, '어렵게 하면 길하다'는 것은 허물이 오래가지 않기 때문이다.

상효는 음이 음 자리에 있지만[正], 상괘의 끝에 있고[不中], 3효와는 상응한다. 주자朱子도 얘기했듯이, 대장괘는 외유내강형인 양羊의 모양새를 띤 태괘와 흡사하다.[8] 아무 것이나 뿔로 들이받기를 좋아하는 숫양이 울타리에 걸려서 물러나지도 나아가지도 못하는 형국이다. 숫양이 진퇴양난의 곤경한 처지에 빠져 이롭지 않다. 하지만 성격이 급한 양일지라도 위기 극복에는 한 몫하는 동물이기에 최악의 상황에서 벗어날 수 있다.

---

8)『周易本義』大壯卦 六五, "卦體似兌, 有羊象焉, 外柔而內剛者也."

진퇴양난에 빠진 것은 상황을 미리 예측하지 못했기 때문이다[不詳也]. 누구나 위기에 강해야 한다. 위기에 대처 능력이 뛰어난 사람일수록 조직에 활기를 불어넣는다. 스포츠 경기에서 나이 많은 경험자들이 위기에 유연하게 대처하는 것을 종종 목격한다. 세월은 그냥 위기에 대처하는 능력을 키워주지 않았다. 온갖 고난과 역경이 몸에 배었기 때문에 가능한 것이리라.

인생은 위기의 연속이다. 어떻게 대응하느냐가 위기 탈출의 관건이다. 사고의 전환과 용기와 인내가 위기를 극복하는 첩경이다. 간혹 극한 상황에 빠지면 극단으로 치달아 오류를 범하기 쉽다. 냉철한 판단이 요구된다.

☼ 고난에 빠졌을 때 가장 필요한 것은 자신에 대한 믿음이다.

정역사상의 연구자 이상룡李象龍은 대장괘의 성격을 다음과 같이 설명한다.

陰小陽大는 大之對小也오 小過小畜之類是也라
음소양대　대지대소야　　소과소축지류시야

小之對大也는 大畜大有大壯之類是也라 大小二字는
소지대대야　　대축대유대장지류시야　　대소이자

從一從--이니 各取陰陽之象也라 壯은 在文從牀從士이니
종　종　　　　각취음양지상야　　장　재문종상종사

士는 十人之中一人으로 是亦大人也라 大人在牀의
사　십인지중일인　　시역대인야　　대인재상

禮容謙恭을 人皆壯之라 하니 故로 大壯所以次謙也라
예용겸공　인개장지　　　　　고　대장소이차겸야

爲卦雷動於天上하니 與无妄正相反하며
위괘뇌동어천상　　여무망정상반

而氣有升降威振天下하니 開物成務之道也라
이기유승강위진천하　　개물성무지도야

음은 작고 양이 큰 것은 작음에 대한 큼으로서 소괘과와 소축괘의 종류가 바로 그것이다. 큼에 대한 작음은 대축괘와 대유괘와 대장괘의 종류가 바로 그것이다. 대소 두 글자는 '─'과 '──'에서 온 것으로 각각 음양의 형상을 취한 것이다. 장은 문자적으로 평상 상牀과 선비 사士의 합성어로 이 '사士'는 십十을 하나[─]로 관통하는 사람으로 또한 대인을 가리킨다. 대인이 평상에 앉아서 예절에 맞는 용모와 겸손한 것을 모든 사람들이 장하다고 하기 때문에 대장괘가 겸괘 다음이 된 것이다. 괘의 형성은 우레가 하늘 위에서 움직이는 것은 무망괘와 상반되고, 기의 승강이 융성하여 천하에 위엄을 떨쳐 만물을 열고 완수하는 도를 뜻한다.

彖曰 大壯, 利貞은 陽壯於寅하여 生物於正也라
단왈 대장 이정　양장어인　생물어정야

단전 "대장은 올바르게 함이 이롭다"는 말은 양이 인寅에서 장엄하기 시작하여 생물이 바르게 된다는 것이다.

象曰 君子以, 非禮不履는 天下尙禮하니 人皆君子也라
상왈 군자이 비례불리　천하상례　인개군자야

상전 "군자는 이를 본받아 예가 아니면 밟지 않는다"는 말은 천하가 예를 숭상하므로 누구나 군자라는 것이다.

初九, 壯于趾, 征, 凶, 有孚는 妄自務에 大凶咎必矣라
초구 장우지 정 흉 유부　망자무　대흉구필의

초효 "발꿈치의 장함이니, 가면 흉에 믿음이 있을 것이다"라는 것은 거짓은 스스로 힘쓰기 때문에 큰 흉과 허물이 반드시 생긴다는 것이다.

九二, 貞, 吉은 祐之自天也라
구이 정 길　우지자천야

2효 "올바르게 하여 길하다"는 말은 도움이 하늘로부터 온다는

것이다.

九三, 羝洋, 觸藩, 羸其角은 跳梁羯胡하여 若崩厥角而爲夏也라
구삼 저양 촉번 이기각 도양갈호 약붕궐각이위하야

3효 "숫양이 울타리를 들이받아 그 뿔이 걸림이로다"라는 것은
양梁과 갈羯과 호胡를 넘어 그 뿔이 흩어지는 것처럼 중화[夏]가 되
는 것을 뜻한다.

九四, 藩決不羸, 壯于大輿之輻은 无碍无滯하니
구사 결번불리 장우대여지복 무애무체

而會同輪車同軌也라
이 회동륜거동궤야

4효 "울타리가 열려서 걸리지 아니하며 큰 수레의 바퀴에 장함
이로다"라는 것은 어디에도 걸림이 없는 까닭에 수레바퀴가 동일한
궤도로 똑같아질 수 있다는 뜻이다.

九五, 喪羊于易, 无悔는 正易而兌南也라
구오 상양우이 무회 정역이태남야

5효 "양을 쉽게 잃어버리면 후회가 없을 것이다"라는 말은 정역
세상에서 태兌가 남방을 향한다[9]는 뜻이다.

上六, 不能退, 不能逐은 澤動化하고 土善陷也라
상육 불능퇴 불능수 택동화 토선함

상효 "능히 물러나지 못하고 능히 나아가지도 못한다"는 것은 연
못은 움직여 변하고, 토土는 잘 빠진다는 뜻이다.

---

9) 정역팔괘도에서 같은 陰卦인 兌卦가 坤卦를 지향하는 의미로 보아야 할 것이다.

|火地晉卦|

화 지 진 괘

생명의 약동과 도덕의 함양

1. 난관을 돌파하는 투지 : 진괘

정이천은 뇌천대장괘雷天大壯卦(䷡) 다음에 화지진괘火地晉卦(䷢)가 오는 이유를 다음과 같이 말한다.

晉은 序卦에 物不可以終壯이라 故受之以晉하니
진　서괘　물불가이종장　고수지이진

晉者는 進也라 하니라 物无壯而終止之理하니
진자　진야　물무장이종지지리

旣盛壯則必進이니 晉所以繼大壯也라 爲卦離在坤上하니
기성장즉필진　진소이계대장야　위괘이재곤상

明出地上也라 日出於地하여 升而益明이라 故爲晉하니
명출지상야　일출어지　승이익명　고위진

晉은 進而光明盛大之意也라 凡物漸盛爲進이라 故象云晉은
진　진이광명성대지의야　범물점성위진　고단운진

進也라 하니라 卦有有德者하고 有无德者하니 隨其宜也라
진야　괘유유덕자　유무덕자　수기의야

乾坤之外에 云元亨者는 固有也오 云利貞者는
건곤지외　운원형자　고유야　운이정자

所不足而可以有功也라 有不同者는 革漸이 是也니
소부족이가이유공야　유부동자　혁점　시야

隨卦可見이라 晉之盛而无德者는 无用有也니 晉之明盛이라
수괘가견　진지성이무덕자　무용유야　진지명성

故更不言亨이오 順乎大明하니 无用戒正也라
고갱불언형　순호대명　무용계정야

"진은 「서괘전」에 '사물은 장성함으로 끝맺을 수 없으므로 진괘로 이어받았으니, 진은 나아감이다'라고 했다. 사물은 장성하고서 끝내 멈추는 이치가 없으니, 이미 장성하면 반드시 나아가니 진괘가 대장괘를 이은 까닭이다. 괘의 형성은 이가 곤 위에 있으니, 밝음이 지상으로 나오는 것이다. 해가 땅에서 나와 올라가 더욱 밝으므로 진이라 하였으니, 진은 나아가 광명하고 성대한 뜻이다. 무릇 사물이 점차 성함을 진이라 한다. 이런 까닭에 「단전」에 '진은 나아감

이다'라고 하였다. 괘에는 유덕과 무덕이 있으니, 그 마땅함에 따른
다. 건곤 이외에 '원형'이라고 말한 것은 원래 지니고 있는 것이요,
'이정'이라 말한 것은 부족하지만 공은 있을 수 있는 것이다. 같지
않은 경우는 혁괘와 점괘인데, 괘에 따라 볼 수 있다. 나아감이 성
한데도 덕을 언급함이 없는 것은 있을 필요가 없기 때문이며, 나아
감이 밝고 성하기 때문에 다시 형통함을 말하지 않았고, 크게 밝음
에 순종하니 올바름을 경계할 필요가 없는 것이다."

진괘의 위는 불[火: ☲]이고, 아래는 땅[地: ☷]으로서 불이 땅 위의 온 세
상을 환하게 비치는 형상이다. 힘이 매우 강성해진 다음에는 앞으로 나아
가야 하니까 대장괘를 이어서 진괘가 온 것이다.『주역』에서 '나아간다'는
뜻을 가진 괘는 진괘晉卦와 승괘升卦와 점괘漸卦가 있다. 점괘는 나무가 차
츰차츰 자라나는 것을 이미지화했다면, 승괘는 초목의 싹이 땅을 뚫고나
와 점차 자라 위로 올라가는 것을 묘사했고, 진괘는 태양이 땅 위에 불끈
솟아올라 밝게 비추는 모습을 형상화했던 것이다.

불을 가리키는 '리離(☲)'는 서로 의지하여 붙어 있음을 뜻하고, 땅은 하
늘에 근거해서 순종하는 유순한 성격을 뜻한다. 그것은 어머니 대지가 아
버지 하늘에 의지하여 존재하는 것을 의미한다. 마치 군왕에게 제후가 의
지하는 이치와 같다. 하늘과 땅 또는 군왕과 제후가 동반하면서 전진해야
밝은 세상을 만들 수 있다는 교훈이다.

2. 진괘 : 군왕과 제후의 소통

晉은 **康侯**를 **用錫馬蕃庶**하고 **晝日三接**이로다
진　강후　용석마번서　주일삼접
진은 평안하게 하는 제후에게 말을 많이 내려주고, 하루에 세 번을 만나
도다.

진괘의 괘사는 역사적 사실에 빗대어 괘의 형태를 설명하고 있다. 강후康侯에는 두 가지 뜻이 있다. 하나는 강康 땅에 제후로 봉해진 무왕武王의 동생이라는 뜻이며, 다른 하나는 나라를 평안하게 다스리는 제후를 뜻한다. '하루에 세 번을 만난다'는 것은 제후가 군왕을 배알하는 것을 이른다.

　하괘[坤: ☷]는 신하의 도리, 상괘[離: ☲]는 군왕을 상징한다. 제후는 아침에 군왕을 찾아뵙고, 군왕은 위에서 아래로 신하를 맞이하여 감싼다. 그리고 하루[晝日]라는 한낮의 태양은 상괘를, 하괘인 곤괘의 세 음효에 근거하여 세 번 만난다[三接]는 말에서는 『주역』이 괘의 형상을 바탕으로 현실 역사를 조망하거나, 또는 괘의 형상을 통해 역사를 읽어냈던 사실을 엿볼 수 있다. 이처럼 진괘는 군왕이 제후를 접견하는 절차를 얘기하고 있다.

　현행의 『주역』이 문왕에 와서 만들어졌다고 볼 때, 문왕팔괘도에서 리괘(☲)는 남방이며, 천간으로는 '오午'이므로 괘사에 말[馬]이 등장하는 것이다. 그리고 곤괘(☷)는 「설괘전」 11장에 '많은 사람, 즉 대중[衆 = 蕃庶]'이라고 했다. 그러니까 하늘을 수놓은 것은 단순히 일월성신이지만, 땅에는 유형무형의 수많은 동식물들이 존재한다. 태평성대에는 군왕이 제후와 신하들에게 많은 포상을 내린다. 평화로운 시기에 제후는 하루에 군왕을 세 번 만나는 것이 의례였다. 신하로서는 최고의 영예다. 아침 조회 때 한 번, 잔치나 예물을 조공으로 바칠 때 한 번, 마지막으로 송별 인사를 할 때가 그것이다. 군왕과 제후가 소통할 때 비로소 천하의 안녕이 보장되는 것이다.

☖ 괘의 형상을 바탕으로 역사를 읽어내는 안목을 키우고, 자연사와 역사를 접목하는 통찰력으로 세상을 다스려야 할 것이다.

3. 단전 : 괘의 모양으로 역사 발전의 법칙을 설명하다

象曰 晉은 進也니 明出地上하여 順而麗乎大明하고
단왈 진   진야   명출지상   순이리호대명

柔進而上行이라 是以康侯用錫馬蕃庶晝日三接也라
유진이상행   시이강후용석마번서주일삼접야

단전에 이르기를 진은 나아가는 것이니, 밝음이 땅 위로 나와서 순응하여
크게 밝은 데에 걸리고, 부드러움이 나아가 위로 행한다. 이런 까닭에 '평안
하게 하는 제후에게 말을 많이 내려주고, 하루에 세 번을 만나는 것이다.'

역사가들은 동서양 문명에서 정치와 경제를 비롯한 온갖 문물 제도가
점진적으로 발전[晉]했음을 기록하고 있다. 진괘를 괘의 형태로 보면, 태
양이 땅 위로 떠올라 훤히 밝히듯이 앞으로 나아감을 상징한다. 괘의 성
격[德]으로 보면, 상괘 '리離'는 밝음[明]'이고, 하괘 '곤坤은 순종[順]'이라는
등식이 성립한다. 그것은 유순한 신하가 밝고 현명한 군주에게 의지하여
순종하는 것과 같다.

괘변설로 볼 때, 풍지관괘(☷)의 4효와 5효가 자리바꿈을 하면 화지진
괘(☷)가 된다. 즉 4효의 부드러움[柔]이 5효로 올라가고, 5효가 4효로 내
려오면 강함[剛]이 된다. 관괘는 깨달음의 눈으로 바라보는 것을 의미한
다. 태양이 떠올라야 사물을 분간할 수 있으므로 음은 올라가고[柔進而上
行], 양은 내려와 불이 되면서 진괘로 변하는 것이다.

밝은 태양이 어두운 땅 속에서 나와 만물을 골고루 비출 수 있도록 위로
떠올랐고, 안으로는 순응하고 밖으로는 밝고 투명하게 처신하며, 부드러
운 것은 앞으로 나아감과 함께 위로 상승하는 조건을 갖추었다. 그러니까
군주는 믿음직한 신하를 얻어 많은 은혜를 내리고, 신하는 하루에 군주를
세 번 만날 정도로 사랑받는다.

☼ 괘의 형태와 명칭과 성격을 종합해 보면, 진괘는 '나아가다'라는 뜻이다.

4. 상전 : 내 안에 깃든 도덕성을 드려내는 것이 인간의 사명

象曰 明出地上이 **晉**이니 **君子以**하여 **自昭明德**하나니라
상왈 명출지상 진 군자이 자소명덕

상전에 이르기를 밝음이 땅 위로 나온 것이 진이다. 군자는 이를 본받아
스스로 밝은 덕을 밝힌다.

이 귀절은 『대학』 3강령 8조목의 근간이 되는 '자신의 내면에 본래 갖추어
져 있는 밝은 덕을 밝힌다[明明德]'를 연상시킨다. 명덕은 사람이면 누구든지
도덕성을 본질로 삼은 인간 주체성을 뜻한다. 따라서 군자는 해가 땅 위로
올라오는 것처럼, 내면 깊숙이 감추어진 본성을 끄집어내 밝혀야 한다.

'명덕'은 언제 어디서든 인간을 인간이게끔 해주는 보편적 원리다. 인간
은 태어날 때부터 밝은 덕을 가지고 태어났으나, 인생을 살면서 감각적 지
식과 욕심이 쌓이고, 욕망에 덮혀 어둡게 되었기 때문에 다시 깨끗하게 밝
히는 노력이 필요하다는 것이 유교의 가르침이다. 군자는 거듭 성찰하고
노력하면 태양이 지상에 떠올라 밝은 것처럼, 『주역』은 본연의 명덕이 밝
아질 수 있다는 인간 긍정의 논리를 펼쳤다.

『좌전左傳』 환공桓公 2년조에 "인군된 자 마땅히 덕을 밝히고 사악한 것
을 막아야 한다"[1]는 말이 나온다. 『주역』은 '인간이란 무엇인가'라는 물
음을 아는 것보다 먼저 스스로의 덕을 밝히는 것이 중요하다고 강조한다.
유학자들은 '스스로 自'라는 글자가 가장 소중하다고 인식했다. 사람은
스스로 힘써서 자신의 덕성을 계발해야 한다. 자신이 자신에게 빛을 쏘는
것 자체가 밝히는 것이다. 다른 어떤 보조 기구를 만들어 비추는 것이 아
니라는 얘기다.

인간의 마음 속에는 의식과 무의식이 있다고 서양 심리학은 말한다. 무
의식을 과학의 대상으로 삼고 연구를 시작한 사람은 프로이트(Sigmund

---

1) "君人者, 將昭德塞違."

Freud: 1856-1939)이다. 그는 무의식이 사람들의 여러 가지 실수, 특히 말실수, 잊어버림, 공상, 그리고 노이로제나 각종 정신 장애의 증상 가운데서 나타나며, 그 표현을 꿈에서 찾았다. 이런 생각은 융(Carl Gustav Jung: 1875-1961)에 의해 받아들여졌다. 다만 그 내용이 프로이트가 강조한 성적인 충동에서 오는 것뿐만 아니라 다른 도덕적 갈등이나 그 밖의 많은 것이 무의식을 구성하고 있다고 보았으므로 융이 말하는 무의식은 보다 넓고 깊은 인간 정신의 심층을 포괄한다.

융에 의하면, 무의식이란 우리가 가지고 있으면서 아직 모르고 있는 정신의 모든 것이다. 우리가 알고 있는 것 너머의 미지의 정신 세계- 그것이 무의식이다. 무의식은 개인적 특성과는 관계없이 사람이면 누구에게서나 발견되는 보편적인 내용이 있다. 누구에게나 보편적으로 존재한다는 뜻에서 융은 이를 '집단적 무의식'이라 하였다. 집단 무의식은 인간에게 주어진 여러 가지의 근원적 유형(원형 = Archetype)들에 의해 구성된다. 근원적 유형 또는 원형이란 지리적 차이, 문화나 인종의 차이와 관련 없이 존재하는 인간의 가장 원초적인 행동 유형을 말하는데, 이것은 신화를 산출하는 그릇이며, 우리 마음 속의 종교적 원천이다.[2]

「상전」은 사실 판단을 먼저 제시한 다음에 가치 판단, 즉 당위를 언급하였다. 태양의 밝음이 땅 위에 나타나는 것처럼, 인간 역시 원래 갖추고 있는 도덕적 본성을 끄집어내 밝혀야 한다는 것이다. 고유의 명덕을 드러내어 자아의 주체성으로 확립한다. '명덕明德'은 두 가지 뜻이 있다. 하나는 반드시 준수해야 하는 행위 규범의 도덕 의식이고, 다른 하나는 시간 흐름의 추세를 깨닫는 정신을 가리킨다. 전자가 인도에 부합하는 당위론적 선善을 가리킨다면, 후자는 천도에 부합하는 본연의 진리를 가리킨다. 이 둘의 결합이 바로 『주역』이 강조하는 '중정의 덕[中正之德]'이다.

---

2) 이부영, 『분석심리학』(서울: 일조각, 2002), 66-69쪽 참조.

'명덕을 밝힌다[自昭明德]'라는 말은 외재적인 조건에 순응해서 자아를 실현하는 것을 가리키며, 그렇지 않으면 자아 완성을 달성할 수 없다. 진괘의 여섯 효는 각각 '중정中正', 부중不中, 부정부중不正不中으로 나타난다. 그것은 명덕을 밝히는 체험에 절실했는가의 여부와 연관이 있다.

✡ '중정의 덕'은 인간의 본래성으로 품부된 생명의 밝은 씨앗인 까닭에 '명덕'으로 불린다.

5. 초효 : 올바른 행위, 허물 짓지 않는 유일한 방법

初六은 晉如摧如애 貞이면 吉하고 罔孚라도 裕면 无咎리라
초구　진여최여　정　길　망부　유　무구

象曰 晉如摧如는 獨行正也오 裕无咎는 未受命也일새라
상왈　진여최여　독행정야　유무구　미수명야

초육은 나아가고 꺾이고 하니 올바르게 하면 길하고, 믿지 못하더라도 넉넉하게 하면 허물이 없을 것이다. 상전에 이르기를 '나아가고 꺾이는 것'은 홀로 올바르게 행함이요, '넉넉하게 하면 허물이 없음'은 명을 받지 않았기 때문이다.

초효는 음이 양 자리 있고[不正], 하괘의 맨 아래에 있으며[不中], 4효와는 상응한다. 진괘는 대체로 전진함에 무리가 없다. 하지만 초효는 어린 싹인데다가 허약한 음이기 때문에 무턱대고 나아가는 것은 좋지 않다. 마음은 나아가련만 주변 환경에 꺾여서 주저앉는 모양이다. '진晉'이 전진이라면, '최摧'는 좌절을 뜻한다. 전진과 좌절을 반복하지만, 올바른 행동을 지속하면 길하다는 뜻이다. 설령 자주 꺾여 비록 확신이 없을지라도 느긋한 마음으로 여유를 가진다면 허물은 없을 것이다.

앞뒤를 보지 않고, 자기 길만 갈 경우는 고집에 빠지기 쉽다. 잠시 숨을 돌리면서 자신을 뒤돌아보아야 독단에 빠지지 않는다. 특히 대응 관계에 있는 초효와 4효가 부정부중不正不中이므로 서로 도움을 주지 못하고 있다.

어차피 위로부터의 명이 없기 때문에 걸림 없는 마음을 가져야 한다. 조급한 행동은 일을 망치는 원인이다.

🏮 천명을 기다리는 삶이 한결 여유롭고 풍요롭다. 오히려 천명이 삶을 구속하는 거추장스런 것으로 인식하는 일이야말로 가장 불행하다.

6. 2효 : 종교적 신념과 중정의 도덕적 가치의 결합

六二는 晉如愁如나 貞이면 吉하리니 受茲介福于其王母리라
육이　진여수여　정　길　　　수자개복우기왕모

象曰 受茲介福은 以中正也라
상왈 수자개복　이중정야

육이는 나아가는 것은 근심하는 듯하나 올바르게 하면 길하리니, 이 큰 복을 왕모로부터 받을 것이다. 상전에 이르기를 '이 큰 복을 받음'은 중정을 행하는 것이다.

2효는 음이 음 자리에 있으면서 하괘의 중용이지만[中正], 5효와는 잘 상응하지 않는다. '진晉'이 나아가는 모양이라면, '수愁'는 근심하고 걱정하는 모습이다. 위로 올라가려고 하지만, 5효와 상응하지 않을뿐더러 4효에 의해 저저당해 의지가 꺾여 근심에 빠진 형국이다.

그렇다고 조급증에 빠지지 말고 올바른 마음으로 중용을 실현하면 길하다. 나아감에 집착하는 것은 지나친 욕심이다. 스스로 정한 목표에 발목잡혀 버둥대기 때문이다. 그러면 자기 비판이 심해져 우울증에 걸리기 쉽다. 2효가 자신의 자리에서 올바른 길을 걸으면, 왕모인 5효가 알아주어 길하다는 것이다.

왕모王母는 누구인가? 정이천은 진괘의 음효 중에서 가장 높은 5효를 가리킨다고 했으며,[3] 주자 역시 선비先妣에게 제사지내는 일을 점쳤을 때, 얻

---

3) 『易程傳』, "王母, 祖母也, 謂陰之至尊者, 指六五也."

은 길한 점사였을 것이라는 유래를 덧붙였다.[4] 선비先妣는 왕의 어머니가 아니라, 돌아가신 어머니[亡母]를 뜻한다. 여기서는 주나라의 시조모始祖母, 즉 선조모先祖母인 강원姜嫄을 가리킨다. 강원은 신의 점지를 받아 주나라의 시조인 후직后稷을 낳았다고 한다. 주나라의 후손들이 조상신의 음덕을 입어 큰 복을 받는다는 것이 괘사에 반영되어 있다. 괘사가 씌여질 당시에 조상신을 믿었던 기록이 남아 있으나, 「상전」에는 중정을 실천했기 때문에 복을 받았다고 바꾸었다. 이를 통해 우리는 종교적 신념에서 도덕적 가치를 숭상하는 인본주의로 전환되는 과정을 발견할 수 있는 것이다.

동양의 고대 종교에서 차지하는 조상신의 위력은 막강하다. 조상신은 상제의 권위와 맞먹을 만큼 강력했다. 진괘에서도 절대자가 내리는 은혜를 홍복이라 하지 않고, 왕모 즉 조상신이 내리는 음덕을 큰 복이라 한 것만 보아도 '복은 내가 하기 나름'이라기보다는 '조상덕'의 위력이 크다는 것을 알 수 있다. 하지만 「상전」은 내 밖에 존재하는 조상신의 음덕에 의존하는 태도를 버리고, 내 안에 존재하는 객관적 진리에 근거하는 올바른 행위를 강조한다.

✡ 종교의 세계와 도덕의 세계는 융합이 가능할까? 종교는 절대자에 대한 믿음을 바탕으로 형성되고, 도덕은 진리에 대한 합리성을 바탕으로 형성된다.

7. 3효 : 지도자는 미래에 대한 혜안이 있어야

六三은 衆允이라 悔亡하니라
육 삼   중 윤   회 망

象曰 衆允之志는 上行也라
상 왈 중 윤 지 지   상 행 야

육삼은 무리가 믿는다. 후회가 사라진다. 상전에 이르기를 '무리가 믿는' 뜻은 위로 행함이다.

---

4) 『周易本義』, "六二中正, 上无應援. 故欲進而愁, 占者如是而能守正, 則吉而受福于王母也. 王母, 指六五, 蓋享先妣之吉占, 而凡以陰居尊者皆其類也."

3효는 음이 양 자리에 있고[不正], 하괘의 끝에 있으며[不中], 상효와는 상응한다. 하괘는 모두가 음이다. 무리[衆]는 초효와 2효를 가리킨다. 믿음[允]은 초효와 2효가 3효를 믿고 따르는 것을 뜻한다. 3효는 중용을 지키지 못한데다가 주변 여건이 매우 좋지 않음에도 불구하고 왜 후회가 없다고 했을까? 3효는 하괘인 곤괘(☷)의 가장 위에 있는 유순함의 극치를 보이기 때문이다.

초효와 2효와 3효는 공동 운명체다. 그 중에서 3효는 희망과 미래를 대표하는 리더이다. 초효와 2효가 의지하고 따르기 때문에 믿음이 저절로 생긴다. 3효는 상괘와 가장 먼저 접근할 수 있는 발판을 마련했다. 정이천은 옛사람의 말을 인용하여 민중의 뜻을 따르는 것이 천심天心과 부합한다고 했다.[5] 천심은 세상 사람들의 밑바닥 인심으로서 초효와 2효의 마음을 가리킨다. 군자는 고통을 분담하고 영광은 홀로 즐기지 않는다. 고통과 즐거움을 함께하는 인생의 동반자다. 특히 3효는 상괘인 밝음[離: ☲]을 남보다 앞서 만날 수 있는 까닭에 신뢰를 한 몸에 받을 수 있다. 믿음은 불신의 묵은 찌꺼기를 한꺼번에 날려 보낼 수 있는 영혼의 불꽃이다.

☆ 지도자는 선견지명이 있어야 한다. 미래에 눈을 떠야 한다. 과거만을 회상하는 고리타분한 사람이어서는 곤란하다. 현재를 꿰뚫어보고 미래에 대한 확고한 전망이 설 때, 수많은 사람들이 믿고 의지한다.

8. 4효 : 앞길 막는 소인들은 미리 경계해야

九四는 晉如鼫鼠니 貞이면 厲하리라
구사 진여석서 정 여

象曰 鼫鼠貞厲는 位不當也일새라
상왈 석서정려 위부당야

5) 진괘 3효에 대한 정이천의 주석, "무리가 믿는 것은 반드시 지당한 것이다. 하물며 위의 크고 밝음에 순응하니 어찌 불선함이 있겠는가? 이 때문에 후회가 사라지는 것이니, 중정하지 못한 잘못이 없는 것이다. 옛사람의 말에 '계책이 여러 사람을 따르면 천심에 부합한다.'[衆所允者, 必至當也. 況順上之大明, 豈有不善也. 是以悔亡, 蓋亡其不中正之失矣. 古人曰謀從衆則合天心.]"

구사는 나아가는 것이 큰 쥐이니, 곧으면[6] 위태로울 것이다. 상전에 이르기를 '나아가는 것이 큰 쥐이니, 고집하면 위태로움'은 그 위치가 마땅치 않기 때문이다.

4효는 양이 음 자리에 있고[不正], 상괘의 중용이 아니지만[不中], 초효와는 상응한다. 유순하기 짝이 없는 하괘의 음효들이 올라와 5효와 감응해서 그 자리를 빼앗을까 두려워하는 모양새다. 항상 경계의 눈초리를 떼지 않고 겁먹고 있다. 4효는 위로는 밝은 것을 꺼리고, 아래로는 세 음효가 올라오는 것마저 의심한다.

이런 점이 마치 들쥐와 같다. 들쥐는 애쓰게 농사지은 곡식을 마구 먹어치운다. 수단 방법을 가리지 않고 욕심을 채운다. 쥐는 스스로 노력하여 먹거리를 습득하지 않는다. 남이 만들어놓은 음식을 훔쳐먹는데 익숙하다. 놀고 먹으면서 남의 것을 어떻게 하면 도둑질할까 사방을 두리번거린다. 들쥐는 자신의 처지가 언제나 위태롭기 때문에 잠시도 쉬지 않고 움직여 다른 곳으로 옮겨 다니는 짐승이다.

항상 어두운 곳에서 생활하는 들쥐들의 습성을 보라. 눈치보는 생활을 견지하면 할수록 위태로울 수밖에 없다. 하늘을 우러러 한 점 부끄러울 것이 없다면 도둑이 제 발 저릴 이유가 없다. 비록 가진 것은 없더라도 발을 쭉 뻗고 잠을 잘 수 있어야 한다.

하늘은 스스로 돕는 자를 돕는다고 했다. 스스로 노력하는 자만이 결실을 맺을 수 있는 것이다.

9. 5효 : 득실에 얽매이면 정의에 대한 판단이 흐려진다

六五는 **悔亡**하란대 **失得**을 **勿恤**이니 **往**애 **吉**하여 **无不利**리라
육오 회망 실득 물휼 왕 길 무불리

6) 여기서의 '곧다'는 "고집하여 고치지 않으면"의 뜻이다.

象曰 失得勿恤은 往有慶也리라
상왈 실득물휼   왕유경야

육오는 후회가 없을진대 잃고 얻음을 근심하지 말 것이다. 가는 데에 길하여 이롭지 않음이 없을 것이다. 상전에 이르기를 '잃고 얻음을 근심하지 말 것'은 가면 경사가 있는 것이다.

5효는 음이 양 자리에 있으나[不正], 상괘의 중용을 지키고 있으며[中], 2효와는 상응하지 않는다. 5효는 음이 양 자리에 있으므로 뉘우침이 있으나, 5효는 밝은 덕을 갖춘 진괘의 주인공에 해당되는 자리이기 때문에 하괘가 모두 따르고 있다. 5효 자체의 실체는 밝지만[離 = 明], 음이 음 자리에 있지 않고 양에 둘러싸인 어두운 음이다. 더구나 위아래가 밝은 양이므로 항상 콤플렉스를 가지고 후회하는 양상이다.

5효는 상괘의 중용에 있는 군왕의 자리다. 군왕은 국정의 최고 책임자로서 그의 판단 하나하나가 막강한 영향력을 끼친다. 다만 양이 있어야 할 자리에 음이 있기 때문에 공간적 위상이 마땅치 않을 따름이다. 국정이 잘 수행되다가도 혹시 잘못 진행될 경우도 있으나, 너무 신경을 곤두세울 필요는 없다. 후회할 만한 과오가 있을듯 하지만, 밝은 중용의 덕을 지니고 있는 까닭에 아래 사람들이 모두 순종하므로 큰 탈이 없다는 것이다.

지도자는 잃고 얻음을 초월해야 한다. 득실에 얽매이면 정의와 진리보다는 이익이 판단의 기준이 되기 쉽다. 득실을 벗어나 대도의 정신으로 나아가야 한다. 대도에 들어서는 길에는 문이 없다. 문에 들어서고 들어서지 못하는 것은 득실이 관여하는 것이 아니라, 올바른 마음가짐에 달렸다. 이런 자세로 나아가면 득실의 방어벽은 허물어지기 마련이다.

덕은 베풀지 않으면 쌓을 방법이 없다. 덕은 다른 사람이 빼앗을 수 없다. 이해 득실은 소인을 멋대로 춤추게 할 수 있으나, 군자는 득실을 멀리하고 믿음과 덕성을 존중한다. 득실에 매달리지 않고, 올바른 정치에 온 힘을 쏟으므로 나라에 크나큰 경사가 생긴다는 것이다.

☪ 군자는 이익을 가볍게 여겨 득실을 계산하지 않는다. 반면에 소인은 이익을 좋아할 뿐만 아니라 덕 쌓기를 게을리한다.

10. 상효 : '지나침은 모자람만 못하다[過猶不及]'는 말은 불후의 명언이다

上九는 **晉其角**이니 **維用伐邑**이면 **厲**하나 **吉**코 **无咎**어니와
상구   진기각   유용벌읍   여   길   무구

貞엔 **吝**하니라
정   인

象曰 維用伐邑은 **道未光也**일새라
상왈 유용벌읍   도미광야

상구는 그 뿔에 나아감이니, 오로지 그 읍을 공격하면 위태로우나 길하고 허물이 없거니와 올바르게 하는 데는 인색하다. 상전에 이르기를 '오로지 그 읍을 공격하는 것'은 도가 빛나지 못하기 때문이다.

상효는 양이 음 자리에 있고[不正], 상괘의 맨 마지막에 있으며[不中], 3효와는 상응한다. 상효는 나아가는 것이 지나쳐 더 이상 나아갈 수 없는 막다른 골목인 뿔에 이르렀다. 지나침은 모자람만 못한 경우가 바로 그것이다.

상효는 강력한 힘을 남용하여 자신의 영토를 다시 복종시키려 한다. 자기 땅을 침범한다는 것 자체가 일종의 '제살 깎기'이므로 부끄럽기 짝이 없는 치사한 행동이다. 하지만 싸움에는 실패의 위험이 도사리고 있으나, 결국은 승리해서 길하여 화를 면할 수 있다. 극한 상황은 새로운 환경을 만들 수 있는 좋은 기회다.

☪ 힘의 남용은 나쁜 결과를 가져온다. 평소에 덕을 베풀면 반대 세력이 생기지도 않는다. 이미 자신의 영토[邑]를 공격하여 힘을 과시한 다음에, 이제 와서 새로운 정치를 실현한다고 공표해봤자 도대체 명분이 서지 않는다.

애당초 침범하지 않는 것이 최상인데도 불구하고 공격을 후회한다는 것은 올바른 도리가 아니다.

정역사상의 연구자 이상룡李象龍은 진괘의 성격을 다음과 같이 설명한다.

䷢ 晉字는 取日出地上과 麗天而益明之義니
　　진자　　취일출지상　　리천이익명지의

故로 爲卦离上坤下하니 麗天之日이 歸于中極而照臨下土하여
고　　위괘리상곤하　　　리천지일　　귀우중극이조림천하

與明夷正相反이라 明夷는 先天之日이 見蝕之象이오
여명이정상반　　　명이　　선천지일　　견식지상

晉卦는 后天之日이 大明之道也라 且日月貞明然后에
진괘　　후천지일　　대명지도야　　차일월정명연후

家人正而天下平이니 故로 此卦次於家人也라
가인정이천하평　　　고　　차괘차어가인야

'진'은 해가 땅 위로 나와 하늘에 붙어 더 밝아지는 뜻을 취한 것이다. 그러므로 괘의 형성에서 '이'는 위에 있고 '곤'은 아래에 있으므로 하늘에 붙은 해가 중극으로 돌아가 아래의 토±를 비추고 임하는 것이 명이괘와는 상반된다. 명이괘는 선천 태양이 좀먹는 형상이요, 진괘는 후천 태양이 크게 밝아지는 도를 의미한다. 또한 일월이 올바르게 밝은 뒤에 가정이 올바르고 천하가 태평해진다. 그래서 진괘가 가인괘 다음이 된 것이다.

彖曰 晉, 康侯, 用錫馬蕃庶, 晝日三接은 王于建康하여
단왈 진　강후　용석마번서　주일삼접　　왕우건강

用敷錫日午之福慶은 天人相感也라
용부석일오지복경　　천인상감야

단전 "평안하게 하는 제후에게 말을 많이 내려주고, 하루에 세 번을 만나도다"라는 것은 왕이 건강하여 한낮에 해당하는 듯한 복과

상을 내려주는 것은 천인이 서로 느낀 것이다.

象曰 君子以, 自昭明德은 心法之學과 性理之道가
상왈 군자이 자소명덕 심법지학 성리지도

隨時自明也라
수시자명야

상전 "군자는 이를 본받아 스스로 밝은 덕을 밝힌다"는 말은 (선천의) 심법하과 (후천의) 성리의 도가 시간의 섭리에 따라 저절로 밝혀진다는 뜻이다.

初六, 晉如推如, 貞, 吉, 罔孚, 裕, 无咎는 牖暗而欲明之나
초육 진여최여 정 길 망부 유 무구 유암이욕명지

莫如寬裕也라
막여관유야

초효 "나아가고 꺾이고 하니 올바르게 하면 길하고, 믿지 못하더라도 넉넉하게 하면 허물이 없을 것이다"라는 것은 들창문이 어두워 밝아지려고 하지만 관대하고 너그러움만 못하다.

六二, 晉如愁如, 貞, 吉, 受玆介福于其王母는 入承君統이
육이 진여수여 정 길 수자개복우기왕모 입승군통

先天之幼辟也라
선천지유벽야

2효 "나아가는 것은 근심하는 듯하나 올바르게 하면 길하리니, 이 큰 복을 왕모로부터 받을 것이다"라는 것은 임금의 혈통을 이어받음은 선천의 어린 임금을 뜻한다.

六三, 衆允, 悔亡은 天下信之하여 事已成也라
육삼 중윤 회망 천하신지   사이성야

3효 "무리가 믿는다. 후회가 사라진다"는 것은 천하가 믿어 일이 이루어짐을 뜻한다.

九四, 晋如鼫鼠, 貞, 厲는 汐而妨穡이니 子水創厲也라
구사 진여석서 정 여 석이방색 자수창려야

4효 "나아가는 것이 큰 쥐이니, 곧으면(고집하여 고치지 않으면) 위태로울 것이다"라는 말은 밀물이 농사를 방해하여 (선천의) 자子의 물이 위태로움을 만든다는 것이다.

六五, 悔亡, 失得, 勿恤, 往, 吉, 无不利는 從事乎丑日하여
육오 회망 실득 물휼 왕 길 무불리 종사호축일

无憂也必矣라
무우야필의

5효 "후회가 없을진대 잃고 얻음을 근심하지 말 것이다. 가는 데에 길하여 이롭지 않음이 없을 것이다"라는 말은 (후천이 시작하는) 축일丑日에 힘써 근심이 없게 된다는 뜻이다.

上九, 晋其角, 維用伐邑, 厲, 吉, 无咎, 貞, 吝은 聽角而交戰에
상구 진기각 유용벌읍 여 길 무구 정 인 청각이교전

新則吉하고 舊則吝也라
신즉길 구즉린야

상효 "그 뿔에 나아감이니 오로지 그 읍을 공격하면 위태로우나 길하고 허물이 없거니와 올바르게 하는 데는 인색하다"는 것은 뿔 소리를 듣고 싸우는데, 새로우면 길하고 오래되면 인색하다는 뜻이다.

|地火明夷卦|
지 화 명 이 괘

난세를 살았던 성인들의 지혜

1. 문화 영웅은 누구인가 : 명이괘

정이천은 화지진괘火地晉卦(䷢) 다음에 지화명이괘地火明夷卦(䷣)가 오는 이유를 다음과 같이 말한다.

明夷는 序卦에 晉者는 進也니 進必有所傷이라
명이 서괘 진자 진야 진필유소상

故受之以明夷하니 夷者는 傷也라 하니라 夫進之不已면
고수지이명이   이자 상야   부진지불이

必有所傷은 理自然也니 明夷所以次晉也라 爲卦坤上離下하니
필유소상   리자연야   명이소이차진야   위괘곤상리하

明入地中也라 反晉이면 成明夷라 故義與晉正相反하니
명입지중야 반진   성명이   고의여진정상반

晉者는 明盛之卦니 明君在上하여 群賢竝進之時也오
진자 명성지괘   명군재상   군현병진지시야

明夷는 昏暗之卦니 暗君在上하여 明者見傷之時也라
명이 혼암지괘   암군재상   명자견상지시야

日入於地中이면 明傷而昏暗也라 故爲明夷라
일입어지중   명상이혼암야   고위명이

"명이괘는 「서괘전」에 '진은 나아감이니, 나아가면 반드시 상하는 바가 있으므로 명이괘로 이어받았으니, 이夷는 상함이다'라고 하였다. 대저 나아가기를 그치지 않으면 반드시 상하는 바가 있음은 이치의 자연스러움이니, 명이괘가 진괘 다음이 된 까닭이다. 괘의 형성은 곤이 위에 있고, 리가 아래에 있으니 밝음이 땅 속에 들어간 것이다. 진을 뒤집으면 명이를 이루므로 그 뜻이 진괘와 정반대이다. 진은 밝음이 성한 괘이니 밝은 임금이 위에 있어 여러 현자가 함께 나아가는 때이다. 명이는 어둡고 암울한 괘이니 어두운 군주가 위에 있어 밝은 자가 상함을 당하는 때이다. 해가 땅 속으로 들어가면 밝음이 상하여 어둡고 암울하기 때문에 '명이'라 한 것이다."

명이괘는 위가 땅[地: ☷]이고, 아래는 불[火: ☲]로서 땅 속으로 밝은 빛

이 들어가 어둡고 암울한 모습을 상징한다. 진괘는 땅 위에 밝은 태양이 솟은 것이고, 명이괘는 땅 속으로 태양이 잠긴 형상이다. 태양이 땅 위로 드러났는가, 아니면 땅 속으로 감추어졌는가에 따라서 진괘와 명이괘의 차이점이 부각된다. 진괘(䷢)를 180° 뒤집어놓으면 명이괘(䷣)가 된다. 즉 명이괘는 땅 속으로 밝은 것이 들어가 다친다[傷: 부상당함]는 형상이다. 이처럼 명이괘는 자연의 변화를 통하여 역사의 흥망성쇠를 설명하고 있는 것이다.

진괘가 태평성대를 말했다면, 명이괘는 사회가 혼란기에 접어드는 암흑 시대를 연상시킨다. '이夷'는 다쳐서 깨지고 상처 입는다는 뜻이다. 명이明 夷는 밝은 태양이 지하에 잠겨 어둠이 오는 카오스의 사회를 떠올린다. 그리고 명이괘는 고난과 역경을 극복한 문왕과 기자라는 성인을 등장시켜 새로운 사상과 새 문명의 출현을 예고하고 있다.

이밖에도 고대 동북아 문명권을 화려하게 장식했던 동이 민족의 역사적 흥망에 대한 얘기가 단편적이나마 『주역』의 명이괘에 담겨 있다. 명이明夷 에서의 '이夷'는 사람 인人과 활 궁弓 자의 합성어다. 예로부터 활을 잘 쏘는 겨레를 일컬어 동이 민족이라 했다. 따라서 명이의 밝은 것이 상했다는 뜻 이면에는 동이 문화를 밝힌다[明夷]와 밝아오는 새아침의 문화라는 메시지가 담겨 있다고 할 수 있다.

하루에서 밤이 지나면 낮이 오고, 낮이 지나면 밤이 오는 이치와 마찬가 지로 문명과 역사에도 흥망성쇠를 거듭한다. 칠흑같이 어두운 밤도 새벽 에게 자리를 넘겨준다. 옛사람들은 가장 어두운 시간과 가장 밝은 시간이 교차하는 새벽을 여명黎明이라 했다. 이것을 극명하게 드러내는 것이 명이 괘다. 밝음의 태평성대[晉卦] 역시 나이를 먹으면 쇠퇴한다. 인류 역사에서 말하는 암흑기는 자연 재앙이 극심했던 시기가 아니라, 주로 포악한 군왕 이 나타나 세상을 어지럽혔던 시대였다.

지금까지 명이괘에 대한 풀이는 역사와 정치적 교훈에서 『주역』의 지혜를 이끌어내는 것이 대부분이었다. 선후천론의 눈으로 돌려 명이괘의 의미를 풀어보자. 명이괘에서 말하는 광명이 땅 속으로 들어가 어두컴컴해지는 현상을 일월이 정상 궤도를 벗어나면서 빚어내는 것으로 본 사람은 드물다. 명이괘에는 훤한 보름달이 점차 달빛을 잃어가면서 그믐[晦]이 되고, 그믐 다음에는 새로운 달[明]이 나오는 시간의 극적 전환을 뜻하는 선후천 전환의 핵심이 숨겨져 있다.

이정호는 명이괘의 내용을 『정역』의 입장에서 태양계의 궤도와 연관하여 설명하고 있다.

"태양계 안의 구궤도舊軌道는 모두 '실칙失則'을 하여 새로운 운행을 개시하는 동시에 황도黃道는 항상 적도赤道 위를 돌게 되어 이때까지의 23도度 반半의 남북회귀南北回歸는 없어지고, 동지冬至와 하지夏至, 극한극서極寒極暑는 사라지게 되니 기후도 1년 내내 '삼십육궁도시춘三十六宮都是春'이 될 것이다. 이러한 변화를 일컬어 '회이명晦而明'이라 한 것이다. 선천先天의 일월日月이 어두워져 그믐밤 같이 되고 그 속에서 새 일월이 나와 다시 밝게 되니 '회이명晦而明'이 아니고 무엇이겠는가. 명이明夷는 건괘乾卦에서 36번의 괘요, 수송需訟과 더불어 건곤정위乾坤正位 기위친정己位親政을 나타내는 괘이다. 그러므로 명이明夷에는 천도변화天道變化를 시사하는 속뜻이 있고, 아울러 그에 수반하는 인사변동人事變動과 사회혁신社會革新도 충분히 예상된다. 은주殷周의 사회혁명은 비단 은주殷周에만 그치는 것이 아니다. 문왕과 기자는 다같이 혁명전야의 인물로서 동양사상의 기틀을 놓은 성인이다. 앞으로 있을 명이明夷의 어떠한 변화에도 반드시 문왕과 기자와 같은 사심 없고 정대한 인물이 세계의 방방곡곡에서 배출하여 새로 밝아진 재생의 세계를 미증유의 복지사회인 유리세계로 만들고야 말 것이다. 이것이 바로 명이괘 「상전」에 '용회이명用晦而明'의 속뜻인가 한다."[1]

1) 이정호, 『周易正義』(서울: 아세아문화사, 1980), 72-73쪽 참조.

2. 명이괘 : 어려운 때일수록 지키는 정조가 더욱 빛난다

明夷는 **利艱貞**하니라
명 이   이 간 정

명이는 어렵게 하고 올바르게 함이 이롭다.

『주역』은 싱싱 달리는 인생을 달갑게 여기지 않는다. 오히려 역경과 고난을 이겨낸 인생을 높이 평가한다. 명검이 만들어지기 위해서는 숙련된 대장쟁이와 수많은 담금질이 필요하듯이, 어려움을 극복한 성취야말로 보람찬 성공일 것이다. 어려움 속에서 불의와 타협하지 않고 정도를 지켜나갈 때, 더욱 그 정도가 돋보인다는 점이 명이괘에 담긴 지혜라고 할 수 있다.

명이괘 역시 인식과 행위는 언제 어디서나 올바름[貞 = 正]을 지향해야 한다고 했다. 인간이 위대한 까닭은 진리를 향한 맑은 영혼과 실천을 함께하는 존재이기 때문이다. '이간정利艱貞'은 끝이 보이지 않는 역경 속에서도 지조를 꺾지 않는 불굴의 정신이 빛난다는 뜻이다. 우리는 현실이 아무리 힘들더라도 옳은 길을 걷고, 한 번 세운 신념을 바꾸어서는 안 된다.

명이괘를 정치적으로 볼 때, 군왕이 어리석고 포악하여 신하를 비롯한 백성들이 피해를 입는 모습이다. 특히 정권 교체기 혹은 혼란기에는 말로 표현할 수 없는 고초가 뒤따른다. 현명한 사람은 잠시 몸을 피하는 것도 좋다. 개인의 영광을 위해서 불의와 손잡는 일은 역사의 준엄한 심판을 받을 수밖에 없다. 난국을 돌파하는 방법에는 여러 가지가 있다. 정면으로 맞부딪치거나, 측면으로 돌아가는 것, 양심과 지조를 파는 경우 등이 있다.

🕮『주역』은 항상 올바른 마음자세로 살아갈 것을 권고하는 불멸의 윤리 교과서라고 할 수 있다.

3. 단전 : 문왕과 기자의 사명

象曰 明入地中이 **明夷**니 **內文明而外柔順**하여
단왈 명입지중 명이 내문명이외유순

以蒙大難이니 **文王**이 **以之**하니라 **利艱貞**은 **晦其明也**라
이몽대난 문왕 이지 이간정 회기명야

內難而能正其志니 **箕子以之**하니라
내난이능정기지 기자이지

단전에 이르기를 밝은 것이 땅 속에 들어감이 명이이다. 안으로는 문명하고 밖으로는 유순해서 큰 어려움을 무릅쓰니 문왕이 그러했다. '어렵게 하고 올바르게 함이 이로움'은 그 밝은 것을 그믐으로 한다. 안으로는 어려우면서도 능히 그 뜻을 올바르게 함이니, 기자가 그러했다.

명이괘는 『주역』에서 보기 드물게 「단전」과 「상전」에 '밝은 것이 땅 속에 들어감이 명이이다[明入地中, 明夷]'라는 똑같은 내용이 있다. 그 이유는 명확한 시대 인식과 함께 올바른 처세의 방법을 지적했기 때문이다. 내면적으로는 밝은 지혜를 쌓고, 밖으로는 부드러운 얼굴과 처신으로 세상의 거친 파도를 이겨내야 한다는 것이다. 또한 안으로는 불굴의 투지로 무장하고, 겉으로는 올바름을 신조로 삼아 밝은 지혜를 숨기는 방식이 있다. 전자의 삶을 살면서 주역학의 거대한 기틀을 마련한 인물이 바로 문왕文王이라면, 후자의 삶을 살면서 정치 철학의 모델을 세운 사람은 기자箕子이다.

『주역』은 복희씨에 의해 창안되어 문왕에 이르러 확고한 기반이 마련되었고, 공자에 와서 철학적인 작품으로 완성되었다. 『주역』과 문왕의 관련성에는 철학과 정치와 역사가 복잡하게 얽혀 있다. 문왕은 주나라의 기반을 구축했을 뿐만 아니라 동양 사상의 물꼬를 새롭게 텄다. 그는 은殷의 주왕紂王에 의해 한때는 유리羑里에 갇힌 상황에서 64괘에 대한 괘사를 지음으로써 오늘날의 『주역』이 탄생토록 했던 장본인이다. 귀양지에서 주옥같은 글을 남긴 사상가는 수없이 많았다. 만약 문왕이 숱한 가시밭길을 무릅

쓰고 『주역』을 저술하지 않았다면 후대의 칭송을 받지 못했을 것이다.

은의 주왕은 서양의 네로 황제를 능가하는 폭군이었다. 그도 처음에는 매우 총명한 군주였으나, 주색잡기에 빠져 국정을 혼란에 빠뜨렸고, 찬란했던 동방의 은나라 문명이 서방의 이민족에게 주도권을 빼앗기는 불명예를 뒤집어썼다. 주왕은 달기妲己(?-?)를 만나고서부터 내리막의 운명을 걷는다. 달기는 주나라의 마지막 왕인 유왕幽王의 애첩였던 포사褒姒와 더불어 동양의 역사에서 가장 음란하고 잔인한 여인이었다. 그녀는 유소有蘇(지금의 해남성 온현) 출신이다. 주왕은 포악한 정치를 간언하는 충신들의 말은 듣지 않고 달기의 눈치를 종종 살폈다고 한다. 주왕은 달기의 웃는 모습을 보고자, 구리 기둥에 기름을 발라 장작불 위에 놓고 죄인으로 하여금 그 위를 걷게 하여 미끄러져 타 죽게 하는 포락형炮烙刑을 구경하면서 즐겼다. 또한 채분형蠆盆刑이란 형벌을 만들어 죄수들을 독사와 전갈이 가득 찬 구덩이에 집어넣은 다음 그들이 괴로워하면서 죽는 모습을 보고 기뻐했다고 한다.

그리고 비간比干이란 충신이 죽임을 당한 일도 달기가 은근히 부추긴 때문이라고 알려져 있다. 비간의 심장을 먹으면 심장병이 낳을 수 있다는 달기의 얘기를 들은 주왕은 비간의 심장에 일곱 개의 구멍이 있는가를 확인하면서 죽였다고 할 정도로 잔인했다. 또한 주지육림酒池肉林이란 고사성어도 이 당시에 생겼다. 연못을 술로 가득 채운 다음 예쁜 여인들을 숲처럼 둘러싸게 하여 주색을 즐긴 방탕한 생활을 일컫는다. 주지육림이 은나라를 멸망의 나락으로 이끈 결정적 사건이었다.

주왕의 삼촌 중에 기자箕子가 있다. 그는 주왕을 피해 도망쳐 정도를 지켰다. 은나라가 멸망당한 뒤에, 주나라를 창업한 문왕의 아들인 무왕武王(BCE 1169-BCE 1116)이 천하를 다스리는 법방을 묻자 민족적·정치적 대립을 넘어서 낙서원리洛書原理로 불리는 '홍범구주洪範九疇'의 대경대법大經大法을 가르쳐 위대한 사상가로서의 면모를 유감없이 남겼다.

사람의 품성에는 내유외강형과 내강외유형이 있다. 은말주초의 난세를 문닫고 새로운 세상을 열어제친 내강외유형의 대표자가 문왕이라면, 동방 민족 대 서방 민족 혹은 국가 대 국가의 이해 관계는 상반되지만, 진리의 전승을 위해서 무왕에게 전수한 대인은 기자였다. 그래서 공자는 기자의 공로와 인격을 칭송하여 '어진 사람[仁人]'으로 불렀던 것이다.[2]

은나라와 주나라의 교체를 역사학계에서는 대부분 정치적 사건을 중심으로 연구하여 왔다. 하지만 그 이면에는 엄청난 사실이 내포되어 있다. 그것은 세계관의 변형이 이 시대에 이루어졌다는 점이다. 『예기禮記』「표기 편表記篇」은 하은주夏殷周 3대의 이념을 기록하고 있다. 하나라는 4시와 일월의 운행 등 자연의 주기적 질서를 존중할 뿐만 아니라 신을 받들되 멀리 했다. 은나라는 상제와 귀신을 존숭하여 백성들로 하여금 신을 섬기도록 하여 국가가 종교와 사회를 지배했다. 주나라는 예의 법도와 내면적인 도덕심을 숭상하는 한편, 은나라의 전통을 계승하여 신을 섬기면서도 멀리 하는[敬遠]하는 입장을 취했다.[3]

문왕보다 더 괴로웠던 사람은 기자였다. 왜냐하면 문왕과 주왕紂王은 서로가 이민족였지만, 기자는 주왕의 삼촌으로서 같은 핏줄이기 때문이다. 혈연으로는 조카와 삼촌 사이지만 정치적으로는 군왕과 신하의 주종 관계이다. 기자는 주왕의 폭정을 간언하자니 목숨이 두려웠고, 정치적으로는 눈뜨고 보기에는 몹시 힘들어 미친 척 하여 도망갔다. 기자의 발길은 고독했다. 안으로는 밝은 것을 감추어 조카의 폭정에 가담하지 않고[利艱貞, 晦其明也, 內難], 위험하기 짝이 없는 밧줄을 타면서도 자신의 정도를 지켰던 것이다[而能正其志, 箕子以之]. 그 결과 문왕은 『주역』의 확고한 기반을 세웠고, 기자는 우임금의 낙서에 근거하여 홍범구주를 정립함으로써

---

2) 『論語』「微子」, "微子去之, 箕子爲之奴, 比干諫而死. 孔子曰 殷有三仁焉."
3) "夏道尊命, 事鬼敬神而遠之. … 殷人尊神, 率民以事神, 先鬼而後禮. … 周人尊禮尙施, 事鬼敬神而遠之."

동양 사상의 합리성을 보강하였던 것이다.

『예기』는 고대인의 사상적 변천 과정을 상세하게 언급하고 있다. 하나라는 천명과 종교의 혼합 형태를 보존하고 있으며, 은나라는 귀신을 높이는 종교를 지향했으며, 주나라는 예법과 종교에 대한 이중적 태도를 견지했다. 이런 점에 착안해서 서복관徐復觀(1903-1982)은 은나라를 종교문화, 주나라는 도덕적 인문주의라 규정했다.[4] 이처럼 현존하는 『주역』에는 고대 동북아 문명권의 민족, 역사, 정치, 철학, 종교의 특성 등이 반영되어 있다. 기자는 민족의 차별성을 초월하여 고대의 종교 문화를 인본주의로 전환시키는 역할을 수행했던 것이다.

☪「단전」은 우선 문왕과 기자의 역사적 사명이 달랐음을 설명한다. 문왕은 정치적 탄압을 받아 유리옥에 갇혔으나 안으로 자신을 성찰하면서[內文明] 야망을 키웠고, 밖으로는 한결 부드러운 심성으로 유화책[外柔順]을 쓰면서 험난한 감옥 생활을 견뎌냈다[以蒙大難, 文王以之]. 그것은 내괘(하괘)가 밝기가 그지 없으며[離: ☲], 외괘(상괘)는 지극히 유순한[坤: ☷] 명이괘의 구조가 증명한다.

4. 상전 : 군자, 주어진 현실을 인정하고 최선을 다하다

象曰 明入地中이 **明夷**니 **君子以**하여 **莅衆**에
상 왈 명 입 지 중　　　 명 이　　 군 자 이　　　　 이 중

用晦而明하나니라
용 회 이 명

상전에 이르기를 밝은 것이 땅 속에 들어감이 명이이다. 군자는 이를 본받아 무리에 임함에 그믐을 사용하여 밝힌다.

괘의 형상에 입각하여 삶의 원칙을 제시하는 것이 「상전」의 목표다. 찬바람이 불 때는 창문을 닫아야 하고, 더울 때는 활짝 열어야 한다. 겨울에

---

4) 徐復觀, 『中國人性論史』(臺灣: 商務印書館, 1984), 456쪽 참조.

창문을 열면 춥다. 「상전」은 주어진 여건에 거슬리지 말고 최선을 다하라고 가르친다. 소나기는 잠시 피해야 하듯이, 태풍과 무모하게 싸운다고 유리할 게 없다. 하지만 상황이 어렵다고 무조건 숨으면 안 된다. 어두울 때는 형광등을 켜고, 밝으면 끄면 된다[用晦而明].

명이괘는 찬란했던 햇빛이 어두컴컴한 밤에 자신을 숨기는 현상을 시사한다. 군자는 이것을 본받아 백성들에게 임할 때, 자신의 일부만을 내보인다. 군자는 보통사람들의 표본으로서 밝은 것은 은밀히 감춰두고 그믐달처럼 어둡고 어리석은 행세를 하면서 백성들에게 다가선다. 군자는 아침 해가 세상을 온통 밝게 물들이듯이 점차 천하를 밝혀야 하는 의무가 있는 것이다.

군자는 속이 시커멓지 않다. 다만 속내를 자랑하지 않고 드러내지 않을 뿐이다. 군자는 서두르지 않는다. 그렇다고 느림보도 아니다. 다만 객관적 상황과 시간의 추세에 발맞추어 나갈 따름이다. 지킬박사와 하이드처럼 두 얼굴의 기회주의자는 더더욱 아니다. 주어진 상황에서 그 정당성을 찾는 이중 인격자는 군자가 될 자격이 없다. 전쟁에서 지휘관은 전략을 노출시키지 않는다. 싸움이 시작되면서부터 전술 전략의 전모를 서서히 드러내면 된다.

옛날 군왕들이 쓴 면류관에는 구슬을 꿴 많은 줄이 앞뒤로 늘어져 있다. 그것은 들을 만한 것은 듣고, 볼 만한 것만 보라는 배려였다. 군왕은 하나부터 열까지 전부 챙기지 않았던 것이다. 사령관은 사병이 하는 일에 대해 보고받을 뿐 간섭하지 않는다. 중요하고 묵직한 일에 대해 책임지면 된다. 세세한 일들은 실무자가 맡아서 하면 된다.

♔ 군자는 밝은 것을 안으로 품고, 겉으로는 무덤덤하게 실천하면 된다는 것이다.

5. 초효 : 반도덕 사회에서 양심과 지성은 더욱 빛난다

初九는 **明夷于飛**애 **垂其翼**이니 **君子于行**애 **三日不食**하여
초구　 명이우비　 수기익　　 군자우행　　 삼일불식

有攸往애 **主人**이 **有言**이로다
유유왕　 주인　 유언

象曰 君子于行은 **義不食也**라
상왈 군자우행　 의불식야

초구는 명이가 나는 데에 그 날개를 드리우니, 군자가 가는 데에 3일을 먹지 않아서 가는 바를 둠에 주인이 말을 하도다. 상전에 이르기를 '군자가 가는 데'에는 의리로 먹지 않는 것이다.

초효는 양이 양 자리에 있고[正], 하괘의 중용에 미치지 못하지만[不中], 4효와는 상응한다. 초효는 상처가 심한 명이괘의 가장 아래에 있다. 새의 생명은 날개에 있다. 새는 날갯짓이 잦아야 멀리 날 수 있다. 날개에 상처 입은 새[垂其翼]는 위로 비상할 수 없다. 이는 도의라곤 전혀 찾을 수 없는 비도덕 사회를 상징한다. 날개에 구멍이 뚫려 날지 못하는 새처럼, 군자는 양심대로 살려고 세상을 뒤로 하고 떠난다[君子于行].

초효는 밝음이 상하는 때이니 만큼 사면초가의 형상이다. 군자는 뚜렷한 행선지 없이 도망쳐 사흘 동안 물 한모금 마시지 못했고 반겨주는 사람 역시 아무도 없다[三日不食]. 너무 급히 떠나므로 2효 주인공이 "당신처럼 훌륭한 사람이 세상을 버리면 옳지 않다[主人有言]"[5]고 말린다. 명이괘의 배경은 은말주초의 극심한 사상적, 정치적 혼란기였다. 한 시대를 풍미했던 각양각색의 군상들이 살다가 죽었다. 문왕과 기자와 무왕과 백이·숙제 등의 주연급 배우들이 활약했다. 명이괘는 백이·숙제를 초효에, 문왕을 2효에, 무왕을 3효에, 미자를 4효에, 기자를 5효에, 상효를 주왕에 캐스팅했다.

---

5) 혹자는 '主人有言'을 '비난하다'로 풀이하기도 한다.

초효의 군자가 백이·숙제라면, 2효 군자는 문왕이다. 문왕이 죽고 아들인 무왕이 은나라의 마지막 왕인 주紂를 치려고 하자, 백이와 숙제는 무왕의 말고삐를 붙잡고 신하로서 왕을 치는 것은 안 된다고 막았다. 무왕의 부하들이 나서서 백이와 숙제의 목을 베려고 하자 무왕이 막으면서 "이들은 의인이다. 이들을 죽이면 도의가 무너진다. 절대로 죽이면 안 된다"고 했다. 백이와 숙제는 자신들의 의견이 꺾이자 수양산首陽山에 들어가 고사리를 먹으면서 연명했다는 고사가 있다. 군자가 수양산으로 들어가려하자[君子有攸往] 무왕이 말리면서 대업을 함께 이루자고 설득했던 것이다[主人有言].

조선의 성삼문成三問(1418-1456)[6]은 한 술 더 떠 '고사리 형제'를 비꼬았다. 성삼문의 시를 읽어보자.

수양산首陽山 바라보며 이제夷齊를 한恨하노라.
주려 주글진들 채미採薇도 하난 것가
비록애 푸새엣거신들 긔 뉘 따헤 낫다니.

성삼문은 뼈마디가 부서지는 고문을 받아 죽으면서도 수양대군을 인정하지 않았다. 참으로 드높은 기개가 아니던가? 그는 멀리 수양산을 바라보며 백이 숙제 형제들을 원망했다. 차라리 굶어 죽을지언정 왜 고사리를 먹었는지 궁금증을 가졌다. 푸성귀일망정 주나라 땅에 난 것이면 먹지 말고 단식 농성이라도 벌였으면 좋으련만 하고 아쉬워했던 것이다. 조선의 선비, 성삼문은 중국이 자랑하는 백이와 숙제를 동생쯤으로 여겼다. 그는 정치적 폭력에 굴복하지 않고 정정당당하게 맞섰던 만고에 빛나는 충절의 대명사이다.

---

6) 성삼문의 자는 謹甫 또는 訥翁, 호는 梅竹軒으로서 사육신의 한 사람이다.

☆ 주공이 지었다는 효사에 대해「상전」은 도덕적 관점[義]을 덧붙였다. 백이와 숙제는 주紂가 비록 둘도 없는 폭군이지만, 신하가 임금을 죽이는 혁명에 참여할 수 없는 양심의 소유자였다. 형제는 혁명의 부당성을 주장하면서 음식을 먹지 않는 단식으로 투쟁했던 것이다[義不食也]. 백이와 숙제는 주나라의 녹을 먹을 수 없다고 하면서 수양산으로 들어가 죽었다. 이후 백이와 숙제는 동양의 영원한 청백리의 표상이 되었다.

6. 2효 : 험한 세상에는 외유내강의 삶이 바람직하다

六二는 明夷애 夷于左股니 用拯馬壯하면 吉하리라
육이 명이 이우좌고 용증마장 길

象曰 六二之吉은 順以則也일새라
상왈 육이지길 순이칙야

육이는 명이에 왼쪽 넓적다리를 상함이니, 구해주는 말이 건장하면 길할 것이다. 상전에 이르기를 '육이가 길함'은 순응을 법칙으로 삼기 때문이다.

2효는 음이 음 자리에 있고[正], 하괘의 중용이지만[中], 2효의 문왕과 5효의 기자는 라이벌 관계이기 때문에 상응하지 않는다. 밝음이 상한 상황에서 다시 왼쪽 정강이마저 다쳤으나 생명에는 지장이 없다. 화살이 심장 깊숙이 박히는 치명상은 아니기 때문에 아직은 말을 타고 달아날 수 있다는 것이다. 소동파蘇東坡(1036-1101)는 '마馬'를 난세의 영웅들로 고증하지 않고, 부상자를 실어 나르는 건장한 말이라 했다. 여기서는 사면초가에 빠진 2효의 곤경을 구제하는 튼튼한 말이라기보다는 오히려 3효의 무왕 또는 문왕의 측근들로 해석하는 것이 훨씬 좋다는 것이다.[7]

넓적다리에 화살이 꽂혔음은 문왕이 10여 년 동안 유리옥에 갇혔음을 상징한다. 정치범은 면회가 허용되지 않는 관례를 고려할 때, 문왕은 고립무원의 처지였다. 구원자는 오로지 아들인 무왕과 자신의 측근들 뿐이리

---

7) 『東坡易傳』, "馬所以載傷者也."

라. 문왕에게는 강태공姜太公(?-?), 산의생散宜生 등 충성스런 신하들이 보필하여 외롭지 않았으나, 5효의 기자는 외톨이 신세였음을 2효가 간접적으로 증명하고 있다.

🎴 2효에서 말하는 중정의 도리를 실천한 문왕은 천하 통일의 확고한 기반을 세워 성인으로 추앙받았다. 그는 천명을 자신의 사명으로 삼았기 때문에 감옥에 갇혀서도『주역』을 지어 문명의 전환을 이루었을 뿐만 아니라 정치 일선에 복귀하는 탁월한 능력도 발휘했다. 문왕의 공로가 얼마나 위대했으면 3경三經에 공통적으로 수록되어 있을까. 즉『주역』에는 문왕팔괘도와 괘사,『시경』에는 "문왕지습文王之什",『서경』에는 "서백감려西伯戡黎"가 실려 있는 것만 보더라도 문왕의 업적을 짐작하고도 남는다.

7. 3효 : 어려운 때일수록 큰 일을 도모하라

九三은 明夷于南狩하여 **得其大首**니 **不可疾貞**이니라
구 삼　　　명 이 우 남 수　　　득 기 대 수　　　불 가 질 정
象曰 南狩之志를 乃大得也로다
상 왈 남 수 지 지　　　내 대 득 야

구삼은 명이에 남쪽으로 사냥해서 큰 머리를 얻으니, 빨리 올바르게 할 수 없는 것이다. 상전에 이르기를 '남쪽으로 사냥하는 뜻'을 이에 크게 얻은 것이다.

3효는 양이 양 자리에 있으나[正], 하괘의 중용을 벗어나 있고[不中], 상효와는 상응한다. 3효는 양이 양 자리에 있기 때문에 에너지가 넘쳐야 할 수 있는 '사냥'이라는 단어가 나온다. 2효 자체가 유순하므로 글월 문文에 해당하는 문왕이 나왔다면, 3효는 힘을 써서 사냥감을 잡아야 하므로 무왕에 대한 내용이 나타난다. '전田'은 귀족들이 피서 때 즐기는 여름사냥이라면, '수狩'는 병사들의 훈련이 주 목적인 겨울사냥을 뜻한다.

무왕은 드디어 칼을 뽑아 주紂를 치기 위해 남쪽으로 정벌[明夷于南狩]을

나섰다. 그래서 폭군인 상육[紂]의 머리를 베었다[得其大首].[8] 무왕에게 쫓긴 주왕은 궁궐에 들어가 군복을 벗은 다음, 곤룡포를 입고서는 자살했다고 한다. 무왕은 자신에게 매달렸던 달기의 목도 베었다. 하지만 민심을 얻기 위해서는 너무 서둘러서는 안 된다[不可疾貞]. 은나라를 무너뜨리는 것은 하늘의 명이 없으면 불가능하고 판단한 무왕은 한참을 기다렸다가 2년이 지난 뒤에야 비로소 실행으로 옮겼던 것이다.

주왕에게는 넓은 영토와 수많은 신하와 백성들이 있었으나, 점차 신임을 잃어버려 은나라는 온통 콩가루가 되었고, 나중에는 한 사람도 주왕을 지지하지 않는 지경에 이르렀다. 그에 대한 원망은 하늘을 찌를 듯 했다. 주왕을 죽이는 것은 사람이 죽이는 것이 아니라, 하늘이 죽이는 것이라는 말이 나올 정도였다. 주왕은 외톨이로서 지는 석양이고, 무왕은 떠오르는 태양이었다.

🕮 무왕이 하늘의 뜻을 얻어 주왕을 정벌할 때, 강태공 같은 수많은 신하가 옆에서 도와주어 주나라를 건국할 수 있는 힘을 보탰다.

8. 4효 : 내부 사정을 꿰뚫어 대응 능력을 키워라

六四는 入于左腹하여 獲明夷之心하여 于出門庭이로다
육사　입우좌복　　획명이지심　　우출문정
象曰 入于左腹은 獲心意也라
상왈 입우좌복　 획심의야

육사는 왼쪽 배 속에 들어가 명이의 마음을 얻어서 뜰문에 나옴이로다.
상전에 이르기를 '왼쪽 배 속에 들어감'은 마음과 뜻을 함께 얻은 것이다.

4효는 음이 음 자리에 있고[正], 상괘의 중용에 미치지 못하지만[不中], 초효와는 상응한다. 4효는 아주 유순했던 현자인 미자微子를 뜻한다. 미자

8) 주왕과 달기의 목을 벤 것은 은나라가 멸망당함을 뜻한다. 즉 무왕이 주나라를 세움으로써 하늘의 뜻을 크게 얻음을 가리킨다.

는 천하를 어지럽히는 주왕의 왼쪽 뱃속까지 들어가 그의 마음을 꿰뚫었다. 하지만 주왕이 워낙 타락하여 개선의 여지가 없음 깨닫고 문을 나서 도망치려고 결심한다. 명이明夷(= 上六 = 주왕)의 마음을 속속들이 알아채서는 마침내 주왕이 아끼던 것을 빼앗아 달아난 것을 가리킨다.

미자는 주왕의 이복형이다. 동생의 실정을 돌이키려고 힘껏 노력했으나, 부질없음을 깨닫고 은나라 조상들의 신주神主를 모시기 위해 동생에게 다가가 신임을 얻었다[獲明夷之心 = 獲心意也]. 동생이 의심을 풀자 조상들의 위패를 비롯한 중요한 유물들을 거두어 아무도 없는 산으로 숨었다. 그 후에 무왕과 주공은 은나라의 제사를 계속 받들도록 미자를 용납했을 뿐만 아니라 그에게 땅을 내려주었다.

🏯 조상신을 모시는 은나라의 전통이 후대에까지 전승될 수 있었던 것은 미자가 세운 송宋나라를 통해 가능했다.

9. 5효 : 기자는 역사의 패배자가 아니라, 진리 수호의 승리자였다

六五는 **箕子之明夷**니 **利貞**하니라
육 오　기 자 지 명 이　이 정

象曰 箕子之貞은 **明不可息也**라
상 왈 기 자 지 정　명 불 가 식 야

육오는 기자의 명이이니, 올바르게 함이 이롭다. 상전에 이르기를 '기자의 올바름'은 밝은 것이 쉬지 않는 것이다.

5효는 음이 양 자리에 있으나[不正], 상괘의 중용을 굳게 지키고 있으며[中], 2효와는 상응하지 않는다. 명이괘 5효는 기자의 고독한 삶을 지적한다. 2효 문왕은 비록 감옥에 갇혔으나 불[離: ☲]의 밝음을 품고 있다. 하지만 기자는 5효라는 좋은 여건을 가지고 있음에도 자신의 웅지를 맘껏 펼치지 못하는 불우한 처지를 면하지 못했다. 왜냐하면 상효, 즉 같은 핏줄인 주왕과 한 몸체를 이루는 곤坤(☷)의 구성원이기 때문이다.

『서경』은 기자의 조카인 주왕의 폭정을 이렇게 서술하고 있다. "하늘은 혹독하게 재앙을 내리시어 은나라를 황폐케 하시거늘 모두가 일어나 술독에 빠져 주정을 일삼고 있습니다. 두려워해야 할 것을 두려워 않고 있습니다."[9] 하지만 은나라의 지성, 시대의 등불이었던 기자는 조국의 멸망을 인정하지 않을 수 없었다. 폭군의 말로를 지켜보면서 자신의 양심을 지키고 정도를 걷는다는 것은 성인이 아니면 불가능하다. 기자는 모국이 멸망당하는 슬픔을 견뎌낸 성인이다. 그는 역사의 패배자가 아니라 진리를 수호한 승리자였다[利貞].

기자는 조국의 패망을 지켜만 보았던 방관자는 아니다. 역사의 물줄기를 돌릴 수 없다는 것을 인식했으나, 진리의 전승을 위해서 양심을 팔지는 않았다. 역사가의 손가락질을 받지 않기 위해서 산으로 도피하는 것이 방편일 수는 있다. 기자는 무왕과의 담판을 짓고 대도를 전수하고는 조선으로 물러갔을 따름이다. 이런 기자의 떳떳한 행위를 「상전」은 '올바름[貞]'이라고 했으며, 그의 행적은 영원히 꺼지지 않는 햇불[箕子之貞, 明不可息也]이라 표현했다.

☆ 쉬운 일은 아무나 할 수 있다. 성인의 진가는 어려울 때일수록 빛난다.

10. 상효 : 역사의 준엄한 심판에 귀 기울여야

上六은 **不明**하여 **晦**니 **初登于天**하고 **後入于地**로다
상육 불명 회 초등우천 후입우지

象曰 初登于天은 **照四國也**오 **後入于地**는 **失則也**라
상왈 초등우천 조사국야 후입우지 실칙야

상육은 밝지 아니하여 그믐이니, 처음에는 하늘에 오르고 후에는 땅에 들어가도다. 상전에 이르기를 '처음에는 하늘에 오름'은 온 천하의 나라를 비춤이요, '후에는 땅에 들어감'은 법칙을 잃은 것이다.

9) 『書經』 「商書」 "微子篇", "天毒降災, 荒殷邦, 方興, 沈酗于酒. 乃罔畏畏."

상효는 음이 음 자리에 있고[正], 상괘의 중용을 벗어나 있으며[不中], 3효와는 상응한다. 『주역』에서는 보통 5효를 군왕의 자리로 배당하지만, 명이괘만은 예외다. 워낙 혼돈의 세상이기 때문에 폭정의 주인공인 주왕紂王을 상효에 놓았기 때문이다. 주왕은 술과 달기에게 정신이 팔려 마음의 눈이 멀었다[不明, 晦].

플라톤은 철인왕을 외쳤다. 플라톤은 진리를 몸소 체험하는 철학적 안목을 지녀야만 나라를 다스릴 수 있는 자격이 있다고 했다. 그러나 주왕은 달기와 함께 육욕의 바다에서 헤어나지 못했다. 여체만 탐하여 정신은 잃어버렸다. 자신만 망친 것이 아니라, 조상이 물려준 얼과 희망을 내팽개치고 천추의 한을 남겼던 것이다.

주왕 역시 처음에는 천명을 받들었으나[初登于天], 나중에는 소명 의식을 새까맣게 잊어버리고 역사와 문명을 뒷걸음치게 하는 폐인[後入于地]이 되었다. 적당한 술은 양약이지만, 지나친 음주는 패가망신으로 직결된다. 주왕은 박카스신과 에로스 여신의 저주를 받아 욕망의 노예로 전락하였다. 국왕의 신분에서 하루아침에 자신은 물론 조상과 국가와 천하를 잃게 하는 악인의 멍에를 뒤집어썼던 것이다.

『주역』은 은말주초의 시대 정신과 인류의 안녕을 근심하여 씌여졌다.

"역이 흥성함은 중고일 것이다. 역을 지은이는 우환이 있었을 것이다."

"역이 흥기함은 은나라 말세와 주나라의 성덕에 해당될 것인저! 문왕과 주의 일에 해당될 것인저! 이런 까닭에 그 말이 위태하여 위태롭게 여기는 자를 평안하게 하고, 쉽게 여기는 자를 기울어지게 하니 그 도가 매우 깊고 커서 온갖 일을 폐하지 않으나, 두려워함으로써 마치고 다시 시작하면 그 요점은 허물이 없음이리니 이를 일컬어 역의 도라 한다."[10]

---

10) ① 『周易』 「繫辭傳」 하편 7장, "易之興也其於中古乎! 作易者其有憂患乎!" ② 『周易』 「繫辭傳」 하편 11장, "易之興也其當殷之末世周之盛德耶! 當文王與紂之事耶! 是故其辭危, 危者使平, 易者使傾, 其道甚大, 百物不廢, 懼以終始, 其要无咎, 此之謂易之道也."

청나라의 유명한 주역학자 황종희黃宗羲(1610-1695)는 명이괘의 가르침에 근거해서 『명이대방록明夷待訪錄』을 지었다. 오랑캐인 만주족에 의해 한족의 우수한 문화가 짓밟혀 기울졌으나, 언젠가는 현명한 군주가 등장하여 회복할 것이라는 희망에서 1663년에 『명이대방록』을 저술하였다. 그는 "천하가 주인이고 군주는 손님이다"라고 하여 민본주의를 주장했다.

✡『주역』이 생겨난 동기와 목적은 고차원의 지식과 행복을 추구하는 거창한 문제에 있는 것이 아니라, 세상을 걱정하는 소박한 '우환의식憂患意識'에서 비롯되었다.

━━━━━ ✿ ━━━━━

정역사상의 연구자 이상룡李象龍은 명이괘의 성격을 다음과 같이 설명한다.

明字는 象日月並明而光輝也오 夷字는 從大從弓이니
명자　상일월병명이광휘야　이자　종대종궁

有見傷於大弓之義니 故로 爲卦日入地中하고 傷其明輝矣라
유견상어대궁지의　고　위괘일입지중　상기명휘야

且見傷而貞明理之循環이니 故로 此卦次於晋也라
차견상이정명리지순환　고　차괘차어진야

'명' 자는 해와 달이 같이 밝아 빛을 내는 것이요, '이' 자는 클 대와 활 궁에서 온 것으로 큰 화살에 상처입는다는 뜻이다. 그러므로 괘의 구성에서 해가 땅 속으로 들어가 밝음과 빛이 상처입는 형상이다. 또한 상처입으나 올바르게 밝히는 이치의 순환을 볼 수 있는 까닭에 명이괘가 진괘 다음이 된 것이다.

象曰 明夷, 夷艱貞은 閏日薄蝕하니 終有貞明也오 以蒙大難,
단왈 명이 이간정　윤일박식　종유정명야　이몽대난

能正其志는 厄窮而韜晦也라
능정기지　액궁이도회야

단전 "명이는 어렵게 하고 올바르게 함이 이롭다"는 것은 윤달이 있는 해가 일식으로 좀먹어 마침내 올바르게 밝아진다는 것이요, "큰 어려움을 무릅쓰고 능히 그 뜻을 올바르게 한다"는 것은 재앙이 끝나 그믐이 감춰진다는 뜻이다.

象曰 君子以, 莅衆, 用晦而明은 君臨下民에 祛暗向明也라
상왈 군자이 이중 용회이명 군림하민   거암향명야

상전 "군자는 이를 본받아 무리에 임함에 그믐을 사용하여 밝힌다"는 것은 백성에 군림하여 어둠을 떨쳐내고 밝음을 향한다는 뜻이다.

初九, 明夷于飛, 垂其翼은 陽鳥見傷也오 君子于行, 三日不食,
초구 명이우비 수기익   양조견상야   군자우행 삼일불식
有攸往, 主人有言은 小人在上하고 君子退藏也라
유유왕 주인유언   소인재상   군자퇴장야

초효 "명이가 나는 데에 그 날개를 드리운다"는 것은 양 기운의 새가 상처입는다는 것이고, "군자가 가는 데에 3일을 먹지 않아서 가는 바를 둠에 주인이 말을 한다"는 것은 소인이 위에 있고, 군자는 물러나 숨는다는 뜻이다.

六二, 明夷, 夷于左股는 九道左旋하니 日有蝕之也오
육이 명이 이우좌고   구도좌선   일유식지야
用拯馬壯, 吉은 日午而文明也라
용증마장 길   일오이문명야

2효 "명이에 왼쪽 넓적다리를 상한다"는 것은 9도九道가 왼쪽으로 돌아 태양이 좀먹는다는 것이요, "구해주는 말이 건장하면 길할 것이다"는 태양이 정오에 이르러 문명해진다는 뜻이다.

九三, 明夷于南狩, 得其大首, 不可疾貞은 化无南巡하니
구삼 명이우남수 득기대수 불가질정   하무남순

戊甲遽禪也라
무 갑 거 단 야

3효 "명이에 남쪽으로 사냥해서 큰 머리를 얻으니, 빨리 올바르게 할 수 없는 것이다"는 것은 남쪽으로 사냥하지 않고 무갑戊甲이 갑자기 옅어짐을 뜻한다.

六四, 入于左腹, 獲明夷之心은 天心明月이 與日合中也오
육사 입우좌복 획명이지심 천심명월 여일합중야

于出門庭은 朝元于无極也라
우출문정 주원우무극야

4효 "왼쪽 배 속에 들어가 명이의 마음을 얻음"은 (선천) 천심의 밝은 달이 태양과 (자연의) 중용에 합치하고, "뜰문에 나온다"는 것은 무극이 으뜸으로 된다는 뜻이다.

六五, 箕子之明夷, 夷貞은 金火曆日이 大明乎艮國也라
육오 기자지명이 이정 금화력일 대명호간국야

5효 "기자의 명이이니 올바르게 함이 이롭다"는 것은 금화교역이 이루어지는 책력의 태양은 우리 한반도 조선땅 간국艮國에서 크게 밝아진다는 뜻이다.

上六, 不明, 晦, 初登于天, 后入于地는 三旬晦天이니
상육 불명 회 초등우천 후입우지 삼순회천

月窟于辰也라
월굴우진야

상효 "밝지 아니하여 그믐이니, 처음에는 하늘에 오르고 후에는 땅에 들어간다"는 것은 30일 그믐이니, 달이 진辰에서 굴窟한다[11]는 뜻이다.

---

11) 『正易』 「十五一言」 "金火五頌"에 나오는 글귀다. "달이 무술에서 나뉘니 16일이요, 달이 하현달에서 나타나니 23일이요, 달이 경진에서 굴하니 28일이요, 달이 임자에서 회복하니 30일이 그믐으로 후천이다.[月分于戊, 十六日. 月弦下巳, 二十三日. 月窟于辰, 二十八日. 月復于子, 三十日, 晦, 后天.]"

| 地火明夷卦 | 난세를 살았던 성인들의 지혜 135

|風火家人卦|
풍 화 가 인 괘

가정의 화목,
치국 평천하의 첫걸음

1. 가정 윤리를 넘어 도덕의 세상으로 : 가인괘

정이천은 지화명이괘地火明夷卦(䷣) 다음에 풍화가인괘風火家人卦(䷤)가 오는 이유를 다음과 같이 말한다.

家人은 序卦에 夷者는 傷也니 傷於外者는 必反於家라
가인 　서괘 　이자 　상야 　상어외자 　필반어가

故受之以家人이라 하니라 夫傷困於外則必反於內하나니
고수지이가인 　　　　부상곤어외즉필반어내

家人所以次明夷라 家人者는 家內之道니 父子之親과
가인소이차명이 　가인자 　가내지도 　부자지친

夫婦之義와 尊卑長幼之序로 正倫理篤恩義家人之道也라
부부지의 　존비장유지서 　정윤리독은의가인지도야

卦外巽內離하니 爲風自火出이니 火熾則風生이라 風生自火는
괘외손내리 　위풍자화출 　화치즉풍생 　풍생자화

自內而出也니 自內而出은 由家而及於外之象이라
자내이출야 　자내이출 　유가이급어외지상

二與五正男女之位於內外하여 爲家人之道하니
이여오정남녀지위어내외 　위가인지도

明於內而巽於外는 處家之道也라
명어내이손어외 　처가지도야

夫人有諸身者則能施於家하고 行於家者則能施於國하여
부인유저신자즉능시어가 　행어가자즉능시어국

至於天下治하나니 治天下之道는 蓋治家之道也를
지어천하치 　치천하지도 　개치가지도야

推而行之於外耳라 故取自內而出之象이 爲家人之意也라
추이행지어외이 　고취자내이출지상 　위가인지의야

文中子書에 以明內齊外爲義어늘 古今善之나 非取象之意也라
문중자서 　이명내제외위의 　고금선지 　비취상지의야

所謂齊乎巽은 言萬物潔齊於巽方이오 非巽有齊義也니
소위제호손 　언만물결제어손방 　비손유제의야

如戰乎乾이 乾非有戰義也라
여전호건 　건비유전의야

"가인은 「서괘전」에 '리夷는 상함이니 밖에서 상한 자는 반드시 집으로 돌아오기 때문에 가인괘로 이어받았다'고 했다. 무릇 밖에서 상하고 곤궁하면 반드시 안으로 돌아오니, 가인괘가 명이괘 다음이 된 까닭이다. 가인은 집안의 도리이니, 부자의 친함과 부부의 의와 존비와 장유의 질서로서 윤리를 바르게 하고 은혜와 의리를 돈독히 함이 가인의 도이다. 괘의 형성은 밖 손이고 안은 리이니, 바람이 불로부터 나옴이 되니 불이 치성하면 바람이 나온다. 바람이 불로부터 생김은 안으로부터 나옴이니, 안으로부터 나옴은 집으로부터 밖으로 미치는 형상이다. 2효와 5효가 남녀의 위치를 안과 밖에 바르게 하여 가인의 도리가 되니, 안으로 밝고 밖으로 공손함은 집안에 처하는 도리이다. 대저 사람이 몸을 소유한 자는 집안에 시행할 수 있고 집안에 행하는 자는 나라에 시행할 수 있어 천하가 다스려짐에 이르니, 천하를 다스리는 도는 집안을 다스리는 도를 미루어 밖에 행할 따름이다. 그러므로 안으로부터 나오는 모양을 취함이 가인의 뜻이 된다. 문중자文中子의 책에는 안을 밝게 하고 밖을 가지런히 함을 뜻으로 삼았는데, 고금에 이를 좋게 여기나 모양을 취한 뜻은 아니다. 이른바 '제호손'은 만물이 손방에서 깨끗해지고 가지런해짐을 말한 것이요, '손'에 가지런하다는 뜻이 있는 것은 아니므로 '전호건'이 '건'에 싸운다는 뜻이 있는 것이 아닌 것과 같다."

가인괘의 위는 바람[風: ☴]이고, 아래는 불[火: ☲]로서 불 기운이 안에서 생겨나 밖으로 전달되는 모습을 상징한다. 상처 입어 암울한 형세가 명이괘라면, 집으로 돌아와 사회적 상처를 어루만지고 치유하는 것은 가인괘의 가르침이다. 집은 밥먹고 잠자는 영원한 안식처이다. 관광지 숙박업소는 일년 내내 들썩거리지만, 낡고 비좁은 공간일지라도 평생 마음 놓고 발뻗을 수 있는 휴식처는 집뿐이다. 집은 가족의 건강과 화합을 포근하게 감싸 안는 보금자리인 것이다.

가인家人은 가족을 뜻한다. 가인괘에 따르면, 가족은 5효 아버지와 2효

어머니를 중심으로 초효의 손자, 3효의 동생과 4효의 형, 상효의 할아버지로 구성된다. 가인괘의 구조는 가족 공동체의 원만한 조화 속에 행복과 웃음이 깃든다는 사실을 일깨우고 있다. 결손 가정에서 갖가지 불행이 싹튼다는 우울한 뉴스가 경종을 울린다는 점에서 사회와 국가는 가정의 안정을 위해 완벽한 복지 정책을 펼쳐야 할 책무가 있다.

『주역』은 혈연 관계를 중심으로 하는 가정을 윤리의 출발점으로 설정한다. 가정은 사람이 태어나서 사람다운 삶을 배우는 신성한 공간이다. 가정은 사람에게 가장 절실히 요구되는 사랑의 소중함을 느끼는 요람이다. 자식 없는 부모는 웬지 외롭고, 부모 없는 자식은 슬프다. 조부모 없는 손자는 좋은 버릇을 배울 바가 없고, 손주 없는 할머니는 사랑을 베풀 대상이 없다. 부모의 자식사랑 만큼 지극한 것은 없다. 세상에는 수많은 명언이 있지만 평범과 비범을 넘나드는 '가화만사성家和萬事成'을 능가하는 격언은 없을 것이다.

2. 가인괘 : 세상은 정도를 지키는 여자가 많아야

家人은 **利女貞**하니라
가 인　　이 여 정

가인은 여자가 올바르게 하는 것이 이롭다.

동서양을 막론하고 가정은 사회를 구성하는 최소 단위인 동시에 모든 공동체가 자라나는 모체이다. 아이들은 가정으로부터 사회관과 국가관과 인간 사랑을 배워 앞날을 준비한다. 아이들이 배우는 가정의 도리는 무엇이고, 어른들은 아이들을 어떻게 가르칠 것인가? 아주 중대한 문제이다. 국가는 헌법을 바탕으로 국민의 생명과 재산을 보호해야 할 책임이 있듯이, 가장은 가족들의 건강과 행복을 지킬 만한 건전한 가풍을 만든다. 가풍은 하루아침에 이루어지지 않는다. 최고의 가풍은 올바름[貞]과 사랑

[愛]을 실천하려는 의지에 달려 있는 것이다.

'가인'에는 가족 또는 가장과 여주인이라는 뜻이 있다. 가정의 대들보는 남자이지만, 보이지 않는 곳에서 남자를 버텨주는 기둥은 여자이다. 여자의 역할을 동양 경전에서 『주역』만큼 강조한 것은 없다. 가인괘 괘사는 무지한 남성 우월주의를 거부할 뿐만 아니라 성 차별주의 또는 극도한 페미니즘도 인정하지 않는다. 『주역』은 남성과 여성의 공존과 공생을 통한 양성 평등주의를 지향하는 점에서 당시로는 매우 파격적인 주장을 펼쳤다.

아버지는 '압(→앞) + 엇[親] + 이(주격조사)'에서 만들어진 낱말이다. 아버지는 '앞'이라는 의미에서 출발했으며, 이런 까닭에 한 집안의 가장(家長)인 아버지라는 낱말이 탄생했다. 어머니의 어원은 '엄(→암) + 엇[親] + 이(주격조사)'로 분석된다. 어머니의 출발점은 '엄'이다. '엄'은 간단한 모음 교체로 '암'이 되고, '암'은 암컷이다. 암컷의 역할은 후손의 생산이다. 그리고 어머니는 '아기를 업다'는 쓰임에서 생겼다. 여기서 아버지의 '앞'과 대립되는 개념이 발견된다. '업'은 '엄'에서 갈라져 나온 형태라는 추론을 생각할 때, 엄마의 방위는 아버지와 대립되는 '뒤'가 되는 것이다.

아버지는 한 가정이 나가야 할 방향을 정하는 존재이며, 어머니는 그 방향으로 힘차게 나갈 수 있도록 뒤에서 떠받쳐주는 존재여야 한다. 얼마 전까지만 해도 자동차의 구동 원리는 후륜 구동이 전부였다. 뒷바퀴에 동력을 전달하면 뒷바퀴가 굴러가는 힘에 의해 자동차가 전진한다는 원리다. 이때 앞바퀴는 좌우 방향을 결정할 뿐이다. 자동차의 뒷바퀴가 돌면서 자동차를 앞으로 미는 것과 같은 원리다. 결국 어머니는 가정을 움직이는 동력이 된다. 반면에 아버지는 가정이 나갈 방향을 지시하는 향도다. 바로 자동차의 앞바퀴가 맡은 역할과 같다. 이처럼 어머니는 단순한 생산의 수단이 아니다. 집안의 동력이며, 집안의 활력소다. 이밖에도 어머니가 가정의 원동력이란 사실을 또다른 우리말에서 찾을 수 있다. 바로 '살림살이'라는 낱말이다. 살림살이는 여자라는 존재가 가정을 꾸려가기 위해 어쩔 수 없이 행해야 하는 무가치한, 여자의 '자기찾기'를 무시하는 낱말이 아니다. 오히려 살림살이는 너무도 숭고한 역할이며, 여자의 어떤 활동보다도 높은 가치가 부여되어야 할 활동이다.[1)]

🜊 인류의 절반을 차지하는 여성은 세상 살림살이의 활력소인 동시에 원동력이다.

3. 단전 : 남녀의 일이 곧 천지의 일

象曰 家人은 **女正位乎內**하고 **男**이 **正位乎外**하니 **男女正**이
단왈 가인   여정위호내   남   정위호외   남녀정
天地之大義也라 **家人**이 **有嚴君焉**하니 **父母之謂也**라
천지지대의야   가인   유엄군언   부모지위야
父父子子兄兄弟弟夫夫婦婦而家道正하리니
부부자자형형제제부부부부이가도정
正家而天下定矣리라
정가이천하정의

단전에 이르기를 여자는 안에서 그 위치를 올바르게 하고, 남자는 밖에서 그 위치를 올바르게 하니 남녀가 올바르게 함이 천지의 크나큰 의리이다. 가인이 엄한 인군이 있으니 부모를 일컬은 것이다. 아비는 아비답고, 자식은 자식답고, 형은 형답고, 동생은 동생답고, 남편은 남편답고, 아내는 아내다워야 집안의 도가 올바르게 되리니, 집안을 올바르게 함에 천하가 안정될 것이다.

가인괘의 괘사는 가부장 제도를 부추기지 않는 점이 주목된다. 과거 동양의 역사에서 여성은 남성의 그림자라는 이미지에 억눌려 왔다. 잠든 여신이여 일어나라. 여성이여 깨어나라. 여성도 남성과 함께 동등한 인간이다. 원래 생물학적인 남성의 힘might이 곧 사회적 우월성이라는 주장은 이미 낡은 유산이 된 지 오래다. 남성 위주의 제도와 도덕적 가치와 관습을

1) 강주현, 『나는 여성보다 여자가 좋다』(서울: 황소걸음, 2003), 36-40쪽 참조

객관성으로 인식하는 기초 위에서는 여성의 자율성은 인정받기 어렵다. 애당초 『주역』은 남녀 관계의 역동적 균형인 정음정양正陰正陽의 세계를 꿈꾸었다고 할 수 있다.

남자와 여자는 천지가 낳은 위대한 선물이다. 『주역』은 가인괘에서 세상의 절반을 차지하는 남자와 여자를 공존과 공생의 관계로 규정한다. 남자 없는 여자, 여자 없는 남자는 절름발이다. 다만 남자와 여자의 역할 분담에 주목할 따름이다. 남자는 바깥일에 주로 종사하고, 여자는 집안일을 주로 맡아 살림을 책임진다.

남자와 여자가 각각의 위치에서 살아감은 천지의 일에 관련되어 있다. 남자와 여자는 단순히 종족 보존의 기능에 축소되지 않는다. 남자와 여자가 만나 결혼하여 자식을 낳는 것은 천지라는 생명체의 지속성을 실현하는 위대한 창조적 사업이다. 가정은 천지의 축소판이요, 천지는 가정의 확대판인 것이다.[2] 가정은 천지의 생명을 잉태하고 퍼뜨리는 자궁이다. 사회적 도피처로서의 가정은 닫힌 가족관을, 또는 세상사의 출발점으로서의 가정은 열린 가족관을 형성한다. 따라서 과거처럼 남성과 여성을 대립 관계로 파악하는 이분법은 올바른 가족관과는 어긋난다.

가인괘 2효는 어머니, 5효는 아버지를 표상한다. 2효와 5효는 각각 하괘와 상괘의 중용인 동시에 음양이 상응하는 관계를 이룬다. 가장은 가정의 실질적 중심[嚴君]이다. 엄군이라고 해서 가부장 제도를 긍정하지 않는다. 왜냐하면 곧이어 아버지와 함께 어머니가 병칭되기 때문이다. 부모는 조상을 모시고, 자녀를 양육하여 생명을 길러내는 핵심축인 것이다.[3] 아버

風火家人卦
풍화가인괘

---

2) 김흥호, 앞의 책, 106쪽, "天火同人은 인류가 하나라는 것이요, 風火家人은 집안식구가 하나라는 말로서 이 둘은 규모가 다르지만 내용은 같다. '천하'를 축소하면 '집'이 되고, '집'을 확대하면 '천하'가 된다. 그리고 '나'를 확대한 것이 '나라'요, '나라'를 축소한 것이 '나'다. 개체와 전체의 관계."
3) ① 『도전』 2:83:5, "獨陰獨陽이면 화육이 행해지지 않나니 후천은 坤道의 세상으로 陰陽同德의 운運이니라" ② 『도전』 6:34:2, "천지에 獨陰獨陽은 萬事不成이니라."

지의 엄격한 교육은 자식을 강인하게 키우고, 자애로운 어머니의 사랑은 타인을 가슴으로 품는 성품이 깃들도록 한다.

천지의 남녀는 음양이고, 인간의 음양은 부부이다. 음양은 천지를 비롯하여 세상만사를 설명하는 보편 개념이다. 가족이 비록 혈연으로 맺어졌을지라도 사회적 역할은 다르다. 같은 형제자매일지라도 태어난 순간부터 각기 다른 사명을 떠맡는다. 어린이는 보호받아야 마땅하고, 자라서 어버이가 되어서는 어버이 역할을 충실히 수행해야 한다. 시간과 공간에 따라서 자신의 책임과 의무를 다하라는 것이 바로 가인괘의 가르침이다. 여기서 유교의 정명사상正名思想이 등장하는 것이다.

공자는 가인괘에 근거해서 안정된 사회를 이룩하는데 가장 중요한 것은 정명正名의 확립이라고 결론지었다. 제자인 자로子路가 정치의 요체에 대해 묻자 공자는 실제 사물에 붙인 이름[名]과 그 내용[實]이 일치하는 '명실상부名實相符'라고 대답했다.[4] 그 구체적 방안에 대해서 공자는 "임금은 임금다워야 하고, 신하는 신하다워야 하고, 아버지는 아버지다워야 하고, 아들은 아들다워야 한다"[5]고 했다. 사람은 부모로부터 육체와 정신(내용)과 이름(형식)을 부여받고, 사회적으로는 각자의 이름(임금, 신하, 아비, 아들)에 부합하는 행위를 실천해야 하는 당위성이 있는 것이다.

임금이 왕도를 실현하는 것은 임금다운 행실[君君]이고, 신하는 임금을 보필해서 나라를 부강하도록 하는 것이 신하다운 행실이고[臣臣], 아비는 가장으로서 처자식을 돌보는 것이 아비다운 행실이고[父父], 생명을 준 부모에게 효도하여 은혜에 보답하는 것[子子]은 자식의 도리이다. 임금이 왕도를 저버리고 패도로 나아가면 임금의 도리에 어긋난다. 신하가 임금을 무시하고 오만불손한 행동을 보이는 것은 신하의 자격이 없고, 아비가 가족을 돌보지 않는 행위는 가장으로서의 책임 포기이며, 자식이 어버이를 섬

4)『論語』「子路」, "子路曰 衛君待子而爲政, 子將奚先. 子曰 必也正名乎."
5)『論語』「顔淵」, "齊景公問於孔子, 孔子對曰 君君臣臣父父子子."

기지 않는 행위 역시 옳지 않다. 『주역』과 공자는 형식(이름)과 내용(실질)의 일치(실천)야말로 천지의 목적을 실현하는 숭고함으로 단정했던 것이다.

『주역』과 유교의 궁극 목적은 개인의 도덕적 가치를 사회적으로 구현하는 것에 있다. 즉 가정 윤리의 사회화를 겨냥하여 인류에게 봉사하는 것이 천지가 생명을 낳는 목적에 부합하는 것으로 본다. 가정이 화목하게 제대로 돌아가면 세상도 올바르게 굴러가 안정된다. 가정의 구성원들은 혈연 집단의 영예만을 드높이는 울타리 안에 갇혀서는 안 된다. 각기 맡은 바 위치와 분수를 지켜 사회의 안녕에 이바지해야 한다. 이것이 바로 유교가 애당초 지향하는 '수신제가치국평천하'의 가르침인 것이다. '평천하'의 전 단계는 '제가'이며, '제가'의 전단계는 '수신'으로 환원된다. 결국 가인괘는 가정의 화목에서 현실적인 유토피아를 꿈꾼 점에서 지극히 평범한 깨우침을 주고 있다.

☆ 천하는 가정의 확대판이요, 가정은 천하의 축소판이다. 치국평천하는 가정의 평안함으로부터 시작한다.

4. 상전 : 세상의 번영은 가정의 화목으로부터

象曰 風自火出이 家人이니 君子以하여
상 왈 풍 자 화 출　　가 인　　군 자 이
言有物而行有恒하나니라
언 유 물 이 행 유 항

상전에 이르기를 바람이 불로부터 생기는 것이 가인이니, 군자는 이를 본받아 말에는 실질이 있고 행동에는 항상함이 있게 한다.

생명체는 물로 빚어졌고 생명의 활기는 불로 이루어진다고 알려져 있다. 물과 불은 천지를 움직이는 영원한 물레방아다. 천지 생명의 공간적 확대는 바람이 북돋운다. 바람은 에너지를 이곳저곳으로 전달하는 생명의 전령사인 셈이다. 군자는 불과 바람이 빚어내는 생명의 창조적 공능을 본받아 언어 행위에는 진실만을 말해야 하고, 행동은 항상성을 지켜야 마땅하다.

우리 속담에 "집안이 잘 되려면 며느리가 잘 들어와야 한다"는 말이 있 듯이, 가정의 화목은 여자 손에 달려 있다고 하겠다. 8괘에서 바람은 장 녀, 불은 중녀이다. 하지만 가인괘에서 바람은 며느리, 불은 시어머니로 변형되어 나타난다. 바람이 불로부터 나오는 것처럼 집안에서 일어나는 유형무형의 일들은 밖으로 퍼져나간다. 불은 바람이 부는 대로 밖으로 번 져나간다. 시어머니와 며느리의 궁합이 잘 맞아야 가족의 건강과 집안의 번성을 기약할 수 있다. 집안의 잘잘못은 여자하기에 달려 있는 것이다.

64괘에서 사람 '인人'자가 들어간 것은 동인괘同人卦와 가인괘家人卦 둘 뿐 이다. 전자는 바깥사람을 가리키고, 후자는 안사람을 뜻한다. 그래서 동인 괘의 군자(남자)는 바깥일에 종사하므로 "사람들과 뜻을 같이하는 것을 들 에서 하면 형통하리니 큰내를 건너는 것이 이로우며, 군자의 올바름이 이 로우니라[同人于野, 亨, 利涉大川, 利君子, 貞]"고 했으며, 가인괘의 여자는 집 안일을 맡았으므로 "여자가 올바라야 길하다[利女貞]"고 했던 것이다. 시 어미와 며느리는 집안의 태양이기 때문에 '안해'에서 아내의 어원이 생겨 났던 것이다. 이처럼 가인괘는 여자의 길을 제시하고 있다.

「상전」은 가정을 불로 비유하고, 사회와 국가는 바람으로 비유했다. 세 상의 번영은 가정의 화목에서 비롯된다는 말이다. 가정의 불화는 세상의 부조화로 직결되기 때문에 가족간의 사랑이 가장 중요하다. 가정에서 싹 튼 화목의 불길은 이웃에게 전달되고 사회에 전파된다. 화목의 씨앗은 사 랑이다. 사랑을 샘솟게 하는 힘은 바람이다. 우리말에서 바람[風]은 곧잘 교육(가르침)과 깊숙이 연결되어 있다. '풍자화출風自火出', 바람이 불에서 나 온다는 말은 집안이 화목하면 마을 곳곳에 화합의 잔치판으로 번진다는 뜻이다.

남자들이 바깥에서 일하는 행위의 표준 역시 가정사에서 비롯된다. 안에서 새는 바가지 바깥에서도 샌다는 말이 있다. 그것은 가정사가 사회로 전이된다는 부정적인 표현일 뿐이다. 남자는 집안에서 내뱉는 말조차도 신중해야 하고, 행동은 중량감이 있어야 한다. 언행을 함부로 구사해서는 위신이 서지 않는다. 실질 없는 행위는 그 누구도 따르지 않는다. 거짓 없는 언행이야말로 군자의 덕목이다.

☼ 가정사는 사회 교화에 직결되는 까닭에 올바른 언행이 매우 중요하다.

5. 초효 : 가정 교육이 집안의 미래를 결정한다

初九는 **閑有家**면 **悔亡**하리라
초구　　한유가　　회망
象曰 閑有家는 **志未變也**라
상왈 한유가　　지미변야

초구는 집에서 익히면 후회가 없어질 것이다. 상전에 이르기를 '집에서 익힌다'는 것은 뜻이 변하지 않는 것이다.

초효는 양이 양 자리에 있고[正], 하괘의 중도에는 미치지 못하나[不中], 음인 4효와는 상응한다. '가인'은 순수 우리말로 집사람을 뜻한다. '한閑'은 원래 울타리라는 의미로서 가축을 가두는 우리를 가리킨다. 여기서 미리 예방하다, 집단속 하다, 혹은 익히다라는 뜻이 파생되었다.

가인괘의 구성은 크게 보아서 하괘는 여자를, 상괘는 남자를 뜻한다. 초효는 하괘의 가장 아래에 있기 때문에 아직 시집가지 않은 딸을 상징한다. 초효는 아직 시집가지 않은 딸, 2효는 시집온 며느리, 3효는 시어머니의 위상이다. 특히 시집가지 않은 딸이 예의범절을 배우고 익혀서 결혼하면 시댁 식구들과의 불화를 최소화할 수 있다. 조선 시대의 친정 어머니는 딸에게 내칙內則을 가르쳐 여성의 역할이 몸에 익도록 가르쳤다. 친정 어머니는 같은 여자의 길을 걷는 딸에게 일상생활의 규범을 사랑으로 차근차근 가르쳤던 것이다.

남녀를 불문하고 처음부터 엄격한 규율을 배우지 않고 제멋대로 행동하면 그릇된 습관이 몸에 배기 쉽다. 행동거지가 이미 망가진 뒤에 그때 가서 새삼스럽게 아무리 예의규범을 들먹이면서 후회해도 소용이 없다. 처녀가 몸가짐과 마음가짐에 대한 규범을 익히지 않고 시집간다면 스스로를 단속하기에는 너무 늦다. 가인괘 어디에 여자를 하인 취급하라고 했는가! 어릴 때의 가정 교육이 집안의 미래를 결정한다. 어릴 때의 교육이 사람됨의 성숙에 끼치는 영향이 지대하는 뜻이다. 처음 먹은 마음이 바뀌면 안 되기 때문에 불교 역시 초발심初發心의 중요성을 강조했던 것이다.

조선은 여성에 대한 교육이 집안과 국가의 흥망에 매우 중요하다고 생각하여 여성에게 성인의 도리를 가르칠 목적으로 『내훈內訓』을 비롯한 수많은 교훈서를 간행하였다. 그것은 당시의 조선 사회가 요구하고 있는 여성상을 묘사한 점에 한계가 있다고 지적되고 있으나, 시대를 초월하여 바람직한 여성의 길을 모색했던 고민을 무시할 수는 없다. 교훈서에서 여성상을 제시한 방법에는 두 가지가 있다. 하나는 거시적인 우주론에서 연역하는 방법이고, 다른 하나는 수행론으로 귀납하는 방법이 바로 그것이다.

✡ 여성에 대한 교육이 삶을 질을 향상시키는 빠른 길이다.

6. 2효 : 여성의 희생 정신은 위대하다

六二는 **无攸遂**요 **在中饋**면 **貞吉**하리라
육 이   무 유 수   재 중 궤   정 길

象曰 六二之吉은 **順以巽也**일새라
상 왈 육 이 지 길   순 이 손 야

육이는 이루는 바가 없고, 중용을 지키면서 정성스레 밥을 지어 올리면 올바르게 하여 길할 것이다. 상전에 이르기를 '육이가 길함'은 순응으로 공손하기 때문이다.

2효는 음이 음 자리에 있고[正], 하괘의 중용을 굳게 지키고 있으며[中], 양효인 5와 상응한다. 2효는 며느리 자리이다. 며느리는 막중한 책임이 있으나, 고집 부려 독단으로 이루는 바가 없다. 시어머니와 가족 전체의 뜻을 참고하여 분란이 일어나지 않도록 집안일을 처리한다. 얼마나 겸손한 처신인가. 가정의 중심체이면서 5효와 마음의 협의를 통해 처신하는 며느리의 지혜가 돋보인다.

　여성은 위대하다. 남편 뒷바라지와 아이들 양육, 정성이 듬뿍 담긴 제사상 차리기와 손님 접대 등 여자의 손길이 닿지 않으면 집안일이 제대로 돌아가지 않는다. 밥 식食과 귀할 귀貴의 합성어인 궤饋는 조상에게 올리는 제사밥을 뜻한다. 안주인은 밥을 지어 봉제사奉祭祀를 받들고, 친인척 관리를 맡아 집안의 대소사를 처리한다. 시어머니로부터 장 담그는 비법과 맛있는 된장찌개 끓이는 방법을 배워 가족들의 입맛을 돋구는 일 모두가 며느리 손에 달렸다. 며느리의 손맛이 식탁을 더욱 풍요롭게 만든다. 요리 솜씨와 바느질 솜씨마저 좋으면 주부로서 금메달은 따 놓은 당상이다.

　괘의 기능상, 2효는 아내, 5효는 남편이다. 그것은 아내와 남편이 손을 맞잡고 살림살이를 꾸려가는 형상이다. 아내는 자신의 뜻만을 내세우지 않고, 남편과 상의하여 정도를 지키므로 길하다. 남편에 대한 순응과 공손이 전제되어 있기 때문에 여성의 역할을 축소 또는 억압하는 논리로서 전근대적이고 봉건주의 잔재라고 비판할 수도 있다. 하지만 가정에서 어느 누구의 희생 없이는 평화가 유지될 수 없다는 점을 고려할 때, 여성의 순종이 한층 빛날 수 있는 것이다.

🔯 여성의 행복은 순응과 공손의 방법으로 가정을 이끄는 것에 있다.

7. 3효 : 가풍은 엄격함과 관대함의 조화에서

九三은 家人이 嗃嗃하니 悔厲나 吉하니 婦子嘻嘻면
구 삼　　가 인　　학 학　　　회 려　　길　　부 자 희 희

| 風火家人卦 | 가정의 화목, 치국 평천하의 첫걸음　149

終吝하리라
종린

象曰 家人嗃嗃은 **未失也**오 **婦子嘻嘻**는 **失家節也**라
상왈 가인학학   미실야   부자희희   실가절야

구삼은 가인이 엄숙하게 하니 위태로워 뉘우치나 길하니, 부녀자들이 희
희덕거리면 마침내 인색할 것이다. 상전에 이르기를 '가인이 엄숙함'은 잃
지 않음이요, '부녀자들이 희희덕거림'은 집안의 절도를 잃음이다.

  3효는 양이 양 자리에 있으나[正], 하괘의 중용을 지나쳐 있고[不中], 상
효와는 감응하지 않는다. 3효는 집안의 어른인 시어머니[家人; 집사람, 안주
인] 자리이다. 시어머니가 큰 소리 치면서 며느리(2효)와 딸(초효)의 잘못을
꾸짖으면 집안 분위기가 가라앉아 잠시 위태로울(시끄러워질) 수 있다. 그
것은 시어머니의 권위만을 내세우기 위한 궁여지책이 아니라 가풍을 바로
잡는 유일한 방책이므로 결국에는 길하다.

  '학학嗃嗃'은 아랫사람을 꾸짖는 고함소리를, '희희嘻嘻'는 낄낄거린다는
뜻으로서 집안 분위기가 흐트러지는 모습을 형용한 단어다. 부녀자들이
어른을 무시하고 수군거리면서 희희덕거리면 그 집안은 망쪼들린다. 어른
은 아랫사람을 때로는 꾸짖기도 하여 권위를 잃지 말아야 하고, 때로는 봄
바람처럼 너그럽게 말하여 볼멘소리가 나오지 않도록 해야 한다. 집안의
평화와 절도를 잃지 않기 위한 최선의 방책이기 때문이다.

  3효는 가족 구성원의 고급스런 행실을 권유하고 있다. 어른은 아랫사람
을 사랑으로 대하고, 아랫사람은 웃사람을 정성으로 모시면 저절로 웃음
꽃이 필 것이다. 자연이 질서를 잃으면 재앙이 오듯이, 집안 역시 절도를
잃으면 화합이 깨진다. 가정의 문란은 자신의 분수를 헌신짝처럼 팽개치
고 방종으로 치닫는데서 비롯되기 때문에 질서의 준수야말로 가장 소중한
약속인 것이다.

  ☖웃음 넘치는 집안은 가족 간의 화합을 통해 이루어진다.

8. 4효 : 살림키우는 여자는 칭찬받아 마땅하다

六四는 **富家**니 **大吉**하니라
육사 부가 대길

象曰 富家大吉은 **順在位也**일새라
상왈 부가대길 순재위야

육사는 집을 부자되게 하니 크게 길하다. 상전에 이르기를 '집을 부자되게 하여 크게 길함'은 순한 것이 위에 있기 때문이다.

4효는 음이 음 자리에 있으나[正], 상괘의 중도에는 아직 미치지 못한다[不中]. 가정의 기초는 화목과 경제 생활의 두 축으로 이루어진다. 그 중에서도 경제가 뒷받침되지 않으면 화목 또한 공염불에 불과하기 때문에 4효는 가정 경제의 중요성을 얘기한다. 요즈음은 "건강하세요"라는 인사보다는 "부자되세요"라는 말이 유행한다. 사람은 꿈만 먹고 살 수 없다. 따뜻한 옷을 입고 배불리 먹고 살기 위해서는 돈이 필요하다. 재테크를 위한 돈이 아니라 미래를 위한 투자는 그 쓰임새가 절실하다.

집안의 경제권은 안사람이 쥐는 것이 통례이다. 며느리는 아껴쓰고 시어머니는 돈을 모아 미래를 대비한다. 경제의 여유가 없으면 마음의 여유도 없다. 마음의 여유는 지갑에서 생긴다는 뜻이다. 시어머니는 뒤주 열쇠를 관리하고, 며느리는 알뜰살뜰 살림을 꾸리면 곳간이 가득 차기 마련이다. 여러 개의 통장은 집안을 풍요롭게 만든다[大吉]. 그렇다고 구두쇠처럼 돈 쓰기에 인색해서는 안 된다. 쓸 데는 아낌없이 쓰고, 낭비는 절대 금물이다.

☼ 가정 경제의 안정은 사회와 국가의 번영으로 직결된다.

9. 5효 : 사랑은 가정을 유지하는 열쇠

九五는 **王假有家**니 **勿恤**하여 **吉**하리라
구오 왕격유가 물휼 길

象曰 王假有家는 交相愛也라
상왈 왕격유가 교상애야

구오는 왕이 집안을 지극히 하니, 근심하지 아니해도 길할 것이다. 상전
에 이르기를 '왕이 집안을 지극히 함'은 사귀어 서로 사랑함이다.

5효는 양이 양 자리에 있고[正], 상괘의 중용을 지켜[中], 음인 2효와도
잘 감응한다. 여기서 말하는 왕은 가정의 심장부인 가장을 가리킨다. 가장
은 왕의 자격으로서 거침없이 집안을 다스려야 걱정거리가 없어지고 편안
해진다. '격假'을 왕필은 '바로잡을 격格'으로 읽고, 정이천은 '이를 지至' 또
는 '지극할 극極'으로 풀이하고, 주자는 '성심 성의[至]'로 풀이했다. 가장
은 아무리 작은 집단인 가정일지라도 구성원을 일심으로 다독거려야 평안
해질 수 있다. 마음이 솟구치지 않으면 만사가 이루어지지 않는다.

가장은 사랑의 힘으로 가족을 뭉치게 하는 구심체이다. 며느리 사랑은
시아버지가 유별나다고 했다. 예전에는 며느리가 시어머니 눈치를 살폈는
데, 지금은 오히려 시어머니가 며느리 눈치를 살피는 처지로 바뀌었다. 고
부 갈등은 상대방 동정을 살피는 데서 생긴다. 갈등을 해소시킬 수 있는
대안은 배려와 사랑 뿐이다. 사랑은 증오마저도 가라앉히는 소중한 가치
이다. 가장은 갈등을 잠재우고 사랑을 키워야 한다. 유교에서 말하는 이
른바 '오륜五倫'의 밑바탕에는 사랑이 깊숙이 배어 있다. 만약 『주역』의 가
르침이 혈연에만 호소한다면 가정 윤리의 한계를 벗어날 수 없다.

가족은 혈연과 사랑으로 맺어진다. 특히 가인괘는 시어머니가 집안을
꾸려가는 무기는 권위나 경험의 소산이 아니라 '사랑[愛]'임을 강조한다.
묵가墨家의 종지가 '사귐은 이익을 서로 나눔[交相利]'에 있다면, 가인괘는
'서로 사랑으로 사귐을 나눈다[交相愛]'는 원칙을 세웠다. 묵가가 이익을
중심으로 사회의 안전판을 구축하려 했다면, 『주역』은 사랑이 가정과 인
류 평화를 담지할 수 있는 보편적 가치로 설정하고 있다.

❀ 사랑은 가정과 인류 평화를 담지할 수 있는 고귀한 가치이다.

10. 상효 : 믿음과 위엄으로 스스로를 연마하라

上九는 **有孚**코 **威如**면 **終吉**하리라
상 구　유 부　위 여　종 길

象曰 威如之吉은 **反身之謂也**라
상 왈 위 여 지 길　　반 신 지 위 야

상구는 믿음을 두고 위엄 있게 하면 마침내 길할 것이다. 상전에 이르기를 '위엄 있게 하여 길함'은 몸을 반성함을 일컫는다.

　상효는 양이 음 자리에 있고[不正], 상괘의 중용을 지나쳤으며[不中], 3효와도 상응하지 않는다. 상효는 집안의 제일 어른인 할아버지 자리이다. 가정에서 할아버지는 혈연의 뿌리인 동시에 경륜의 정점에 선 존재이다. 할아버지는 후손들에게 믿음과 존경의 대상이어야지 권위를 자랑해서는 안 된다. 믿음 없는 권위는 독선이고, 권위 없는 믿음은 유약하기 짝이 없다. 위엄과 믿음을 동시에 갖추어야 타인의 모범이 될 수 있다.

　위엄은 학교에서 배워 익힐 수 있는 학과목이 아니다. 스승이나 선배는 위엄의 간접적 모델이 될 수 있으나, 믿음과 위엄은 구체적으로 주고받을 수 있는 성질의 것은 아니다. 평소에 덕을 닦고 실천하면 저절로 말과 행동으로 묻어난다. 위엄과 믿음은 외형적인 지식 쌓기로 이루어지지 않는다. 그것은 자신을 뒤돌아보는 내면적인 마음닦기로부터 출발한다. 타인에게는 한없는 사랑을 베풀고, 자신에게는 엄격한 태도를 취하는 것이 바로 수신修身(= 反身)의 본질이다.

　물론 자신을 닦지 않아도 가정을 꾸릴 수는 있다. 수신과 제가를 원인과 결과라는 인과론으로 간주해서는 곤란하다. 반드시 수신이 끝난 다음에 제가의 단계로 넘어간다면, 수신의 완결 여부에 대한 종지부를 찍을 수 없

다. 제가와 치국의 요건이 완비되어야만 평천하로 전환된다는 논리가 성
립되어 무한 퇴행이 지속될 수밖에 없다. 맨날 수신만 하다가 인생은 끝날
것이다. 수신과 제가와 치국과 평천하는 과정적 실천인 것이다.

🔯 위엄과 믿음은 자신을 뒤돌아보는 내면적인 마음 닦기로부터 생긴다.

정역사상의 연구자 이상룡李象龍은 가인괘의 성격을 다음과 같이 설명한
다.

家는 在文從宇從豕라 盖人之至愚如豕나
가 　재문종우종시 　　개인지지우여시

而在宇宙內之義也라 人在文爲 ▬ ▬▬이니
이재우주내지의야 　　인재문위

叒字之右邊二畫也라 爲卦火內風外니 風自火出이라
곤자지우변이획야 　　위괘화내풍외 　　풍자화출

盖火熾風猛하니 水汐天邊하고 土得正位하여
개화치풍맹 　　　수석천변 　　　토득정위

然后自天子至於庶人으로 正家之風이라 風動天下에
연후자천자지어서인 　　　정가지풍 　　풍동천하

古所謂胡越夷狄一變하여 至道天下一家而文明之化라
고소위호월이적일변 　　　지도천하일가이문명지화

巽順之道가 繼二南普洽周遍於五百四十萬里之區域者가
손순지도 　　계이남보흡주편어오백사십만리지구역자

此也라 而反睽得正이 正家爲先이니 故次於睽也라
차야 　이반규득정 　정가위선 　　고차어규야

"집 가家는 문자로 집 우宇와 돼지 시豕에서 온 것이다. 대개 사람이
돼지처럼 지극히 어리석으나, 우주 안에 의리가 있다. 사람이라는
글자는 ▬,▪▪의 뜻으로 叒의 오른쪽 두 획으로 이루어졌다. 괘의 구
성은 불은 안이고, 바람은 밖이므로 바람이 불로부터 나온 것이다.
대개 불길이 거셀수록 바람은 사나우며, 밀물이 하늘 가장자리까지
밀리며, 토土가 정위를 얻은 뒤에야 천자로부터 보통사람에 이르기

까지 가풍이 올바르게 된다. 바람이 천하에 부는 것이 옛날의 이른바 만주족[胡]의 문화가 이적夷狄을 넘어서 한 번 변하여 도가 천하 일가의 문명의 교화에 이르렀다. 공손하고 순응하는 도리가 이남二南을 계승하여 540만리의 구역까지 윤택하게 만드는 것이 바로 그것이다. 어긋나는 것을 돌이켜 올바름을 얻음이 집안을 올바르게 하는 것이 가장 우선이기 때문에 규괘 다음인 것이다.

彖曰 家人, 利女貞은 无極會上에 地政正固也라
단왈 가인 이여정 무극회상 지정정고야

단전 "가인은 여자가 올바르게 함이 이롭다"는 것은 무극이 열리는 시간대에 땅의 정사가 올바르게 정착되는 것을 뜻한다.

象曰 君子以, 言有物而行有恒은 推有認无하여
상왈 군자이 유언물이행유항 추유인무

行形化之大道也라
행형화지대도야

상전 "군자는 이를 본받아 말에는 실질이 있고 행동에는 항상성이 있게 한다."라는 말은 유有의 현상을 미루어 무无의 경계를 인식하여 형체가 변화하는 대도를 실천하는 것을 뜻한다.

初九, 閑有家, 悔亡은 下民无家而有家에 恩威始行也라
초구 한유가 회망 하민무가이유가 은위시행야

초효 "집에서 익히면 후회가 없어질 것이다"라는 말은 집 없는 아래 백성들이 집을 갖게 만드는 것이 은혜와 위엄이 시행되는 시작이다.

六二, 无攸遂, 在中饋, 貞吉은 后妃之德化也라
육이 무유수 재중궤 정길 후비지덕화야

2효 "이루는 바가 없고, 중용을 지키면서 정성스레 밥을 지어 올리면 올바르게 하여 길할 것이다." 이는 후비后妃의 덕화를 가리킨 것이다.

九三, 家人, 嗃嗃, 悔厲, 吉, 婦子嘻嘻, 終吝은 季之一元이면
구삼 가인 학학 회려 길 부자희희 종린 계지일원
失其家齊也라
실기가제야

3효 "가인이 엄숙하게 하니 위태로워 뉘우치나 길하니, 부녀자들이 희희덕거리면 마침내 인색할 것이다."라는 말은 끝끝내 똑같다면 집안이 가지런해지지 않는다는 뜻이다.

六四, 富家, 大吉은 典午陰功하여 旣富且穀也라
육사 부가 대길 전오음공   기부차곡야

4효 "집을 부자되게 하니 크게 길하다"는 말은 오午의 시기를 본받아 남모르는 공덕을 쌓으면 이미 부자이면서 곡식이 넘쳐날 것을 의미한다.

九五, 王假有家, 勿恤, 吉은 内有賢妃니 以正天下也라
구오 왕격유가 물휼 길 내유현비 이정천하야

5효 "왕이 집안을 지극히 하니 근심하지 아니해도 길할 것이다."라는 말은 안으로 현명한 왕비가 있는 까닭에 천하가 바르게 된다는 것이다.

上九, 有孚, 威如, 終吉은 以嚴治平也라
상구 유부 위여 종길 이엄치평야

상효 "믿음을 두고 위엄 있게 하면 마침내 길할 것이다."라는 말은 엄정함으로써 치평治平한다는 뜻이다.

|火澤睽卦|
화 택 규 괘

대립에서 화해로

1. 상극을 넘어 상생의 세상으로 : 규괘

정이천은 풍화가인괘風火家人卦(☲☴) 다음에 화택규괘火澤睽卦(☲☱)가 오는 이유를 다음과 같이 말한다.

睽는 序卦에 家道窮必乖라 故受之以睽하니 睽者는
규   서괘   가도궁필괴   고수지이규   규자

乖也라 하니라 家道窮則睽乖離散은 理必然也라 故家人之後에
괴야   가도궁즉규괴이산   리필연야   고가인지후

受之以睽也라 爲卦上離下兌하니 離火炎上하고 兌澤潤下하여
수지이규야   위괘상리하태   리화염상   태택윤하

二體相違는 睽之義也라 又中少二女雖同居而所歸各異하니
이체상위   규지의야   우중소이녀수동거이소귀각이

是其志不同行也니 亦爲睽義라
시기지부동행야   역위규의

"규괘는 「서괘전」에 '집안의 도는 궁하면 반드시 어그러지므로 규괘로 이어받으니 규는 어그러짐이다'라고 했다. 집안의 도가 궁하면 어그러지고 흩어짐은 필연적인 이치이다. 그러므로 가인괘의 뒤에 규괘가 이어받은 것이다. 괘의 형성은 리가 위이고 아래는 태이니, 리의 불은 타서 올라가고 태의 연못물은 적셔 내려가서 두 실체가 서로 어김이 규의 뜻이다. 또한 중녀와 소녀의 두 여자가 비록 함께 동거하지만 돌아가는 바는 각각 다르니, 이는 그 뜻이 한 가지로 가지 않음이니 또한 규의 뜻이 된다."

규는 어그려져 반목과 질시를 의미하는 단어이다. 두 눈으로 하나의 사물을 똑바로 직시하지 않고, 각각 상반된 시각으로 두 가지 견해를 내놓아 갈등 상태에 돌입함을 상징한다. 규괘의 위는 불[離: ☲]이고, 아래는 연못[兌: ☱]이다. 가벼운 불은 위로 올라가고 무거운 못물은 아래로 내려와 음양이 서로 어긋나는 방향으로 치닫는 모습이다. 규睽는 서로 등지고 멀어져 상반되는 괴리乖離 현상을 뜻한다. 가인괘를 180° 뒤집어엎으면 규괘

가 된다. 가인괘의 화합이 깨져 모순이 드러나는 것이 규괘이다. 「잡괘전」
은 "규는 밖이요, 가인은 안이다[睽外也, 家人內也]"라고 하여 가인괘와 규
괘의 관계를 겉과 속으로 규정했다.

만물은 한 번은 화합했다가 다시 분열로 돌아선다. 규괘는 천지비天地否
(䷋)의 파국에 근접해 모순과 대립이 치열한 단계에 돌입했음을 표상한다.
지천태가 대인이라면, 천지비는 소인이다. 대인은 인의仁義, 소인은 불의不
義의 대명사이다. 그것은 물과 불의 관계와 흡사하다. 물과 불이 대치하여
싸움을 일으키는 것을 일컬어 상극이라 한다. 물과 불이 한곳에서 제 살길
을 찾으려고 몸부림치는 것이 상극 운동이다. 상극이 소인의 취미이자 특
기라면, 상생은 대인의 덕목이다.

상극과 상생은 천지의 기원과 생성에 대한 우주론의 전문 술어이다. 상
극은 문자적으로 '서로 극하여 제어한다, 대립한다. 경쟁한다'는 뜻이다.
상극이 주는 긴장과 갈등은 변화와 창조의 힘으로 작용한다. 상생은 '서
로를 살린다', '남을 잘 되게 한다'는 의미이다. 과거 동양 철학에서는 상
생과 상극으로 우주는 순환 반복한다는 이론을 세웠다. 하지만 일정한 시
간대에 따라 지금의 상극 세상이 상생 세상으로 전환된다는 선후천론의
관점에서 풀이한 것은 조선조 말기의 정역 사상과 증산도 사상이다.

선천은 음양의 부조화로 인해 양 중심의 문화로 흘러왔다. 선천의 상극
질서는 인간의 삶과 문명에 부정적인 결과를 초래했다. 즉 문명과 문명,
인간과 인간 사이에 상호 경쟁과 격렬한 대립을 야기하여 온갖 시비와 참
혹한 전쟁을 불러일으켰다. 선후천론에서 말하는 상생이 갖는 의미를 단
순히 '함께, 더불어 사는 공생共生' 정도로 받아들이면 큰 오산이다. 닫힌
우주에서 열린 우주로 넘어가기 위해서는 인간의 사고와 가치관, 삶의 목
적 뿐만 아니라 사회 제도까지 모두 상생의 도로 바뀌어야 한다. 생장의
극한에서 성숙으로, 분열과 팽창의 극한에서 수렴과 통일의 차원으로 바
뀐다. 요컨대 상생은 상극의 우주 질서가 무너지고 새로 태어나는 조화의

질서요, 평화의 질서요, 대통일의 질서다.[1)]

'규睽'는 흘겨보면서 서로가 반목하여 상대를 원수로 여긴다는 부정적 용어다. 한국은 일제의 강점기에서 해방된 이후, 남북한의 전쟁으로 인해 세계에서 그 유례가 없는 분단 국가로 남아 있다. 남북한은 이질적인 집단으로 나뉘어 이념 전쟁의 고아가 되었다. 아직도 38선을 중심으로 민족의 동질성을 잃어버린 채 냉전의 불씨가 살아 있다. 언제 동족 상잔의 아픔을 극복하고 통일이 이루어져 남북한 동포가 함께 번영을 누릴 수 있을까 하는 문제는 학술의 차원을 넘어서 겨레의 영원한 숙제이다.

한반도 분단이라는 민족의 운명을 우연하게 지적한 것이 바로 규괘 상효에서 말한 '모든 의심의 눈초리가 해소된다[羣疑亡]'라는 명제에 있다. 규괘는 건괘에서 38번의 괘이다. 더욱이 39번은 절름발이를 형용하는 건괘蹇卦이며, 40번은 온갖 갈등과 대립과 모순이 해결된다는 해괘解卦이다. 『주역』이 남북 분단과 통일을 예언하고 있다는 막연한 신뢰심보다는 규괘의 가르침에서 민족의 고난을 적극적으로 대처하는 삶의 자세를 찾는 것이 훨씬 도움이 될 것이다.

2. 규괘 : 분열의 시기에는 처신을 심사숙고해야

睽는 小事는 吉하리라
규　소사　길
규는 작은 일은 길할 것이다.

규괘는 집단 구성원의 결속력이 점차 와해되는 모양을 표상한다. 심지어 여론 조성의 지도력마저 저항에 직면하면 속수무책이다. 이익이 첨예하게 대립하는 난국을 돌파하기 위해서는 일치 단결이 극약 처방이지만 상황이 여의치 않다. 큰일을 이루기에는 무리이다. 잠시 숨을 돌려야 한다.

1) 안경전, 『개벽, 실제상황』(서울: 대원출판, 2005), 56-63쪽 참조.

규괘의 시대에는 사건 사고가 빈번하게 일어난다. 사고는 작을수록 좋다. 무사고는 금상첨화다. 무작정 대형 사업을 기획하는 것보다는 차라리 작은 일에 충실하는 것이 낫다.

규괘의 여섯 효는 한결같이 분열의 상황을 얘기하지만, 결국에는 질시 반목을 끝내고 다시 화합으로 돌아선다고 했다. 그러니까 분열의 시기에는 유연하게 대처하는 지혜를 발휘해야 한다. 상대방에 대한 어색한 감정을 누그러뜨리고 대립에서 화합의 신호를 보내면 상대방 역시 평화의 손길을 보낼 것이다.

축구 경기에서 힘든 정면 돌파보다는 측면 돌파가 더 효과적일 때가 있듯이, 기회를 엿보면서 작은 일에 힘쓸 경우가 있다. 규괘에서 말하는 작은 일[小事]은 5효의 음을 가리킨다. 5효는 음이 양 자리에 있다. 즉 현실 상황이 썩 여의치 않기 때문에 대사는 길하지 않고, 작은 일을 벌이기를 권장하고 있는 것이다.

✿ 타인에 대한 질시반목은 스스로가 쇠고랑을 차는 것과 같다.

3. 단전 : 세상은 분열과 통일 운동으로 돌아간다

象曰 睽는 火動而上하고 澤動而下하며 二女同居하나
단 왈 규   화 동 이 상   택 동 이 하   이 녀 동 거
其志不同行하니라 說而麗乎明하고 柔進而上行하여
기 지 부 동 행   열 이 리 호 명   유 진 이 상 행
得中而應乎剛이라 是以小事吉이니라
득 중 이 응 호 강   시 이 소 사 길
天地睽而其事同也며 男女睽而其志通也며
천 지 규 이 기 사 동 야   남 녀 규 이 기 지 통 야
萬物이 睽而其事類也니 睽之時用이 大矣哉라
만 물   규 이 기 사 류 야   규 지 시 용   대 의 재

단전에 이르기를 규는 불이 움직여서 위로 올라가고 연못이 움직여서 내려가며, 두 여자가 한 곳에 살지만 그 뜻을 똑같이 행하지 아니한다. 기뻐

해서 밝은 데에 걸리고 부드러운 것이 나아가 위로 행해서 중용을 얻어 강한 것에 응함이다. 이로써 '작은 일이 길한 것이다.' 천지가 어긋났어도 그 일은 같으며, 남녀가 어긋났어도 그 뜻은 통하며, 만물이 어긋났어도 그 일은 같으니 규의 때와 작용이 위대하도다.

「단전」은 먼저 '규'의 괴리 현상을 말한 다음에 그 배후의 본질을 설명한다. 가벼운 불은 위로 올라가는 반면에, 무거운 물은 아래로 내려가 물과 불이 서로 등지면서 분열하는 이유를 자연 현상에서 이끌어온다. 이와 마찬가지로 중녀와 소녀가 어려서는 같은 지붕 아래에 살지만 커서는 각각 다른 곳으로 시집가므로 동거 생활은 오래갈 수 없다고 했다. 딸들이 처음에는 부모 밑에서 뜻을 모으다가 나중에는 헤어져 그 뜻을 달리하는 것은 물과 불이 운동하는 이치와 다를 바 없다.

태괘[兌: ☱]는 연못물이 춘풍에 못이겨 기쁘게[說] 춤추는 양상이고, 리괘[離: ☲]는 불빛이 환하게 밝은[明] 모습이다. 안으로 기쁜 마음이 넘치고, 밖으로는 늘 밝게 처신한다는 뜻이 규괘의 구조이다. 겉으로 보기에 규괘는 분열과 이별의 형상이지만, 속으로는 화합과 재결합의 이치가 곁들여져 있다. 괴리와 어긋남의 이면에는 벌써 조화와 화해의 씨앗이 싹트고 있는 것이 규괘의 가르침이다.

규괘의 주효主爻는 2효와 5효이다. 특히 5효는 음이면서도 중용을 지키고 있다. 그래서 '부드러운 것이 나아가 위로 행해서 중용을 얻어 강한 것에 응한다'라고 하여 2효와 상응함을 얘기했다. 5효는 유순하게 나아가[柔進] 매사에 중용을 실천하고[得中], 2효의 강함과 잘 화합하는 처세의 원칙을 제시한다. 하괘와 상괘가 화해하고 협력한다는 것은 곧 대립과 대결을 던져버리고 쌍방이 평화 체제로 복원함을 뜻한다.

만물은 나눔과 합함의 방식으로 운동한다. 세상은 분합分合의 움직임으로 둥글어간다. 양 운동이 극한에 이르면 반대로 음 운동으로 바뀌기 시작한다. 따라서 음과 양이 분리되면 다시 양자는 합한다. 분리와 합작이 음양 운동의 본성인 것이다. 세상만사는 각각 분리되어 있는 것 같으나 그 속에는 하나의 원리가 관통하고 있다. 하늘과 땅은 벌려져 이질적으로 존재하는 것 같지만, 만물을 빚어내려면 합해야 한다. 남자와 여자가 갈라져 존재하지만, 자식을 만들기 위해서는 남녀가 결합해야만 한다. 만물은 생김새와 쓰임새가 제각각이지만, 하늘과 땅의 결합 즉 음양의 생성 작용에서 벗어나지 않는 것이다.

하늘과 땅이 대립하지 않으면 만물을 생성시킬 수 없으며, 남녀가 대립하지 않으면 인류를 생산할 수 없다. 대립이 있기 때문에 통일할 수 있고, 상극이 있기 때문에 상생할 수 있고, 분열이 있기 때문에 수렴 통합할 수 있다. 통일 속에서 대립이 싹트고, 상생 속에서 상극이 싹트고, 통합 속에서 분열이 싹튼다. 만물은 대립 통일, 분열 통합, 상극 상생의 운동을 순환하면서 지속한다. 한마디로 보편 속에서 개체가 태어나 다시 본원처로 귀환하는 것이 생명의 창조성이다.

천지는 각양각색의 생명체를 일구어 낸다. 천지는 우선 일월을 비롯한 사계절을 빚어내고 수많은 동식물을 만들어낸다. 인간도 동물 중의 한 종種에 불과하다. 그렇다면 천지가 생명체를 길러내는 목적은 무엇이고, 인간 삶의 목적은 무엇인가. 생명의 영속이 천지가 존재하는 궁극 목적이다. 그 목적을 달성하기 위해서 천지는 음양의 분합 운동을 전개하는 것이다. 음양의 실체가 바로 대립과 통일이다. 대립과 통일은 시간의 흐름에서 포착할 수 있기 때문에 규괘는 천지의 시간적 쓰임새[時用]가 위대하다고 찬양한다.

『주역』 64괘의 「단전」은 '시간[時]', '시간의 의의[時義]', '시간의 쓰임새[時用]'가 장엄하다고 매듭지은 곳이 많다. 『주역』의 핵심은 천지론인데, 그 천지를 움직이는 동력원이 바로 시간이다. '시간은 이것이다'라고 『주역』은 말하지 않았다. 『주역』의 시간을 이해하는 열쇠는 '시간의 쓰임새(작

용)'에 있다. 『주역』 곳곳에서 시간 인식의 중대성을 평가한 것을 구분하면
다음과 같다.

① 시간[時]: 이괘頤卦, 대과괘大過卦, 해괘解卦, 혁괘革卦
② 시간의 의미[時義]: 예괘豫卦, 수괘隨卦, 돈괘遯卦, 구괘姤卦, 여괘旅卦
③ 시간의 쓰임새[時用]: 감괘坎卦, 규괘睽卦, 건괘蹇卦

감괘坎卦와 규[睽卦와 蹇卦]는 공통적으로 험난한 상황, 지독한 괴리 현
상, 장애와 위험에 빠진 과정에서 시간의 쓰임새를 말했다. 과학에서처럼
시간의 본질을 비선형非線型 혹은 순환형循環型이라고 규정하지 않고, 『주
역』은 항상 인간의 행위와 연관된 시간 활용의 적절성을 강조했다. 그만
큼 『주역』의 시간은 일상 생활에 뿌리내린 도덕적 행위를 권고하는 지침
였던 것이다.

시간은 주기적인 음양의 리듬을 자연 환경에 널리 퍼뜨린다. 따라서 인
간은 천체의 움직임과 계절의 변화를 흉내내면서 문명의 창출에 유효한
제도를 마련했다. 인간은 자연의 규칙적인 장단에 박자를 맞추며 시간의
효용과 가치를 극대화했다. 동양 문화가 자랑하는 도덕의 나라의 건설 역
시 시간의 쓰임새에 반응하는 체계였다. 시간의 쓰임새에 적응하면서 문
명의 제도가 기획되고 전개되었던 것이다.[2]

한낮의 땡볕은 곡식이 잘 자라도록 하고, 고생은 사람을 한층 성숙하게
만들듯이 시간은 만물을 조화하는 궁극의 존재이다. 그럼에도 사물의 겉
모습이 다른 것만 보고, 그 본질이 같음을 모르는 것은 얕은 지식에 불과

---

2) "서양에서 달력을 편성하는 중심적 역할을 한 것은 유대교와 기독교였다. 하지만 그 주된
문화적 뿌리는 경제 결정론과 유물론으로부터 성장해왔다. 바빌로니아의 시간 측정과 시간
기록은 경제적 동기에서 시작되었으며, 시간은 돈이라는 생각은 지중해 중상주의로부터 성장
한 것이었다. 고도로 산업화되고 기술이 발전된 오늘날의 세계에서도 인간의 시간을 엄격하
게 통제하는 역할은 역시 돈벌이 사업에 의해 추진되고 있다." (앤서니 애브니/최광열, 『시간
의 문화사』 서울: 북로드, 2007, 533쪽.)

하다. 하늘은 높고 땅은 낮아 그 실체는 다르지만, 음양이 서로 화합하여 생성 화육을 북돋는 점에서는 같다. 남녀가 생김새는 다르지만 서로를 필요로 하는 점에서는 같다. 만물이 서로 차이가 있지만 그 원리는 같기 때문에 시간의 쓰임새는 위대하다. 성인은 만물의 이치가 본래 동일함을 밝혀 사람들로 하여금 동일 의식을 깨우치고 화합하는 동기를 부여하는 점에서 천지의 위상과 동등하다.

☼ 규괘는 천지를 움직이는 동력원이 바로 시간이라고 밝히고 있다.

4. 상전 : 군자는 친화력의 화신

象曰 上火下澤이 睽니 **君子以**하여 **同而異**하나니라
<small>상 왈 상 화 하 택   규   군 자 이   동 이 이</small>

상전에 이르기를 위는 불이고 아래는 연못이 규이니, 군자는 이를 본받아 같으면서도 다르게 한다.

규괘의 「상전」은 물과 불이 빚어내는 자연 현상에서 '같음[同]'과 '다름[異]'이라는 보편과 특수, 일자와 다자의 변증법을 제시한다. 만물은 본질에서는 같지만, 현실에서는 다르다는 '동이론同異論'은 송대 성리학의 핵심 명제인 '이일분수설理—分殊說'의 근거가 되었다.

인류는 사회 생활을 영위하면서 같다는 것과 다르다는 것을 상관적 관계보다는 대립적 관계로 이해하는데 익숙해져 왔다. 동양의 사유는 전자를 지향하며, 서양의 논리학은 후자의 입장을 겨냥했다. 동양에서는 같음과 다름을 반대 개념으로 설정하지 않았다. 그것은 '옳음[正]'과 '틀림[誤]'이라는 논리학의 사실 판단과는 별개의 문제이다. 논리적인 옳음과 틀림의 판단 밑에는 심리적인 좋고 싫음의 감정이 짙게 깔려 있다. 논리적 옳음과 틀림, 심리적 좋음과 싫음에는 동일성 추구에 대한 강한 애착이 숨어 있다. 자기 동일성은 자기 중심주의를 낳기 때문에 자기 중심의 논리는 타

자 중심의 논리와 반드시 대결하기 마련이다.

동양인들은 같음과 다름의 문제를 논리학이 중시하는 지식의 차원으로 다루지 않고 삶의 지혜로 승화시켰다. 『주역』에서 말하는 '동이론'에 부합하는 적절한 고사성어에 "공동의 이익은 취하고 다른 점은 서로가 인정한다"는 구동존이求同存異가 있다. 여기에는 같음과 다름이 서로 어깨동무하고 새롭게 발전하는 취지가 담겨 있다. 이는 "옳고 그름에 상관없이 다른 무리를 배격하는 당동벌이黨同伐異"의 방식과는 전혀 다르다. '구동존이'는 상대방을 공존의 대상으로 인정한다는 것이고, '당동벌이'는 나와 동지들의 생존을 위해서 상대방을 적대적으로 부정한다는 뜻이다.

『주역』은 부정적 사유마저 끌어안는 포용력을 보인다. 따라서 군자는 누구와도 대화를 통하여 하나될 수 있다. 그렇다고 자신의 견해를 굽힌다는 말은 아니다. "군자는 화합하지만 똑같아지지 않는다. 소인은 같음을 주장하지만 화합하지 않는다"[3]고 공자는 말했다. 군자는 자신을 던지면서까지 소인과 화합하지만 결코 소인의 의사에 동조하지 않는다. 소인은 이익을 위해서 대동을 부르짖지만 화합에는 참여하지 않는다. '화합과 조화[和]'가 서로의 차이를 존중하고 다양성을 인정하는 공생과 공존의 논리인 반면에, '동일성[同]'은 상대방이 나의 의견에 따라야 한다는 자기 중심의 논리이다. 전자는 군자의 자세이고, 후자는 소인들이 즐기는 처세술이다.

지금의 세상은 상대방을 배려하는 숭고한 가치가 대접받지 못하고 있다. 오히려 상대방을 흡수 합병하여 지배하는 것이 최고라는 경제 지상주의가 판치고 있다. 다양한 가치와 차별성을 존중하는 평화와 공존의 패러다임으로 전환하는 시대적 소명을 중용의 정신에서 찾아야 할 것이다. 『중용』에 따르면 "군자는 조화롭게 화합하되 휩쓸리지 않는다"[4]고 했다.

---

3) 『論語』「子路」, "君子, 和而不同. 小人, 同而不和."
4) 『中庸』10장, "君子, 和而不流."

중용은 A와 C의 물리적인 중간인 B를 고집하지 않는다. 군자가 일시적인 조화를 위해 소인의 주장에 휩쓸려 협조하는 것은 금물이다. 다만 소인의 심보와 그릇을 너그럽게 용납하여 화합을 모색할 따름이다.

☆ 획일화된 중용과 상대화된 차별성을 넘어서야 공존의 정신을 확보할 수 있다.

5. 초효 : 관용하는 마음은 아름답다

初九는 **悔亡**하니 **喪馬**하고 **勿逐**하여도 **自復**이니 **見惡人**하면
초구　　회망　　상마　　물축　　자복　　견악인
无咎리라
무구
象曰 見惡人은 **以辟咎也**라
상왈 견악인　　이피구야

초구는 뉘우침이 없어지니 말을 잃고 쫓아가지 아니해도 스스로 돌아오니, 악한 사람을 보면 허물이 없을 것이다. 상전에 이르기를 '악한 사람을 봄'은 허물을 피하는 것이다.

초효가 4효와 상응하지 않음은 분열의 씨앗이 싹틈을 시사한다. 초효는 양이 양 자리에 있기 때문에 뉘우칠 일이 없으나[正], 초효의 짝인 4효를 상징하는 말이 멀리 달아나고 있다. 방목장에서 뛰쳐나간 말을 잡으려고 쫓아가면 갈수록 오히려 멀리 달아나는 습성이 있다. 말은 보기 드물게 귀소 본능을 가진 동물이다. 머지않아 살던 곳으로 되돌아온다.

규괘는 불신의 시대이기 때문에 잠시 사태의 추이를 관망할 때이다. 초효는 4효와 함께 같은 양으로서 잠시 떨어져 있으나, 서로의 도움이 필요하다. 그렇다고 초효가 4효에게 지나친 화해의 제스처를 보이면, 호의는 커녕 그 진실성을 의심받기 쉽다. 차라리 상대방에게 자신을 뒤돌아볼 수 있는 짬을 주어 먼저 화해의 손길을 내밀도록 하는 것이 좋다.

가는 자는 쫓지 말고 오는 자는 막지 말라고 했다. 상대가 악인일수록 함부로 자극해서는 안 된다. 만약 싫다고 거절하면 불화는 더욱 심화되고 갈등은 증폭된다. 나쁜 사람이라고 냉정하게 내치지 말고, 관용의 마음으로 받아들이는 것이 상대방을 감화시킬 수 있는 좋은 기회다. 그래서 '악인을 만나더라도 허물이 없다'고 했던 것이다.

☆ 불신의 시대에는 잠시 사태의 추이를 관망하는 것도 좋은 방법이다.

6. 2효 : 목적이 정당해야 수단도 정당해진다

九二는 **遇主于巷**하면 **无咎**리라
구 이　　　우 주 우 항　　　　무 구

象曰 遇主于巷이 **未失道也**라
상 왈　우 주 우 항　　미 실 도 야

구이는 주인을 골목길에서 만나면 허물이 없을 것이다. 상전에 이르기를 '주인을 골목길에서 만남'은 도를 잃지 않은 것이다.

2효는 양이 음 자리에 있으나[不正], 하괘의 중용을 굳게 지키고 있기[中] 때문에 강건과 유순함을 두루 겸비하고 있다. 더구나 음효이자 상괘의 중용인 5효와 더불어 최상의 음양짝을 이룬다. 2효와 5효가 환상의 파트너일지라도 지금은 뒤틀린 시대! 때로는 공개석상에서 만나는 것보다는 남의 이목을 피해 골목길[巷: 후미진 곳]에서 비공개적으로 해후하는 것도 이득이다.[5]

2효와 5효는 정응正應 관계이다. 세월이 어수선하므로 반드시 대화를 통해 일을 성사시켜야 할 의무가 있다. 다만 장소에 구애받을 필요는 없다. 정치가들은 종종 밀실에서 야합하여 헌정 질서를 무너뜨리거나 국민을 혼

---

5) 쑨 잉케이·양 이밍/박삼수, 『주역(자연법칙에서 인생철학까지)』(서울: 현암사, 2007), 558-559쪽. "공자가 지은 역사서 『春秋』에서는 일정한 격식을 갖춘 공식 회견을 '會'라 하고, 예의를 생략한 비공식 회견을 '遇'라고 했다."

란에 빠뜨리는 경우가 많았다. 지도층들이 후미진 곳에서 만나는 것은 금기 사항임에도 불구하고 규괘는 이를 예외로 인정했다. 사사로운 이익을 위한 뒷거래가 아니라, 공명정대한 목적과 정도에 어긋나지 않기 때문이다.

✿ 공명정대한 목적은 사사로운 이익마저도 승화시키는 감화력이 있다.

7. 3효 : 세월은 만병통치약

六三은 **見輿曳**코 **其牛掣**며 **其人**이 **天且劓**니 **无初**코
육삼   견여예   기우제   기인   천차의   무초

有終이리라
유종

象曰 **見輿曳**는 **位不當也**오 **无初有終**은 **遇剛也**일새라
상왈 견여예   위부당야   무초유종   우강야

육삼은 수레를 당기고 그 소를 막으며 그 사람이 머리를 깎이고 또한 코가 베임을 보게 되니, 처음은 없고 마침은 있을 것이다. 상전에 이르기를 '수레 당김을 보는 것'은 그 위치가 마땅치 않음이요, '처음은 없고 마침이 있음'은 강을 만나기 때문이다.

3효는 음이 양 자리에 있고[不正], 하괘의 중용을 벗어나 있으며[不中], 상효와는 음양이 상응하지만 공간적 위상이 마땅치 않기 때문에 화합할 수 없는 처지다. 특히 3효는 2효와 4효 사이에 끼여 있는 형상(☲)으로서 물건을 싣는 수레를 표상한다.

볼 '견見'은 피동형 동사로 읽어야 한다. 2효는 3효가 상효를 만나지 못하도록 수레를 뒤에서 잡아끌고, 앞에서는 4효가 수레를 끄는 소를 잡고서 움직이지 못하도록 한다. 이런 상황에서 3효는 억지로 전진하므로 수레는 부서지고 소가 다치는 지경에 이른다고 했다. 앞뒤에서 강력한 방해자가 나타나 진퇴양난이다.

3효는 음의 실체와 양의 신분이라는 두 얼굴을 갖고 있다. 음이 자신의

강한 양 에너지를 믿고 상효와 도킹하려고 무리하게 전진하려다 몸은 망가지고 죄를 저질러 처벌받는 꼴이다. 옛날에는 중죄인에게 머리를 깍고 (죄인의 이마에 먹물로 글자를 새기는 형벌) 코를 베는 참혹한 형벌을 내렸다. 이런 처참한 상황에서 벗어나는 유일한 처방전은 시간이다. 세월은 만병통치약이다. 3효와 상효는 포지티브한 관계이고, 훼방꾼인 2효와 4효는 네가티브한 관계이므로 상황이 언제 역전될지 모른다. 그래서 3효가 상효를 처음에는 만날 수 없지만, 나중에는 만날 수 있는 것이다[无初有終, 遇剛也].

☆ 순간의 분열이 화합의 대세를 막을 수 없다.

8. 4효 : 어려울수록 믿음이 최고의 보약

九四는 **睽孤**하여 **遇元夫**하여 **交孚**니 **厲**하나 **无咎**리라
구 사　 규 고　　 우 원 부　　 교 부　 여　　 무 구

象曰 交孚无咎는 **志行也**리라
상 왈 교 부 무 구　 지 행 야

구사는 규가 외로워 원부를 만나 미덥게 사귐이니, 위태로우나 허물은 없을 것이다. 상전에 이르기를 '미덥게 사귀어 허물이 없음'은 뜻이 행해질 것이다.

4효는 양이 음 자리에 있고[不正], 상괘의 중용에 미치지 못하고[不中], 초효와 상응하지도 않는다. 홀로 고독을 씹으면서 외로움과 싸우고 있다. 특히 음인 3효와 5효에 둘러싸여(고립되어) 짝인 초효와의 거리가 더 멀게 느껴진다. 이웃인 3효는 상효와 음양짝이며, 5효 역시 2효와 음양짝을 이루는 반면에 4효는 초효와 음양짝을 이루지 못하는 외톨이 신세다.

그나마 4효가 정 줄 곳이라고는 오직 초효뿐이다. 4효는 스스로의 감정을 추스르면서 같은 양인 초효에게 신뢰를 보낼 수밖에 없다. 왜냐하면 초

구가 비록 중용의 자리는 아니지만, 양이 양 자리에 있는 착한 대장부[元夫]이기 때문이다. 어려운 때일수록 믿음보다 값진 보석은 없다. 조강지처의 미덕은 훼손된 적이 없듯이, 신뢰감 회복이 급선무이다. 믿음으로 사귀는 까닭에 허물이 생길리 만무하다.

☆ 사면초가의 상황에서는 뜻을 같이하는 사람과 힘을 모아 이겨내야 할 것이다.

9. 5효 : 시공간에 알맞은 행위는 뒤탈이 없다

六五는 **悔亡**하니 **厥宗**이 **噬膚**면 **往**에 **何咎**리오
육오　회망　　궐종　서부　왕　　하구
象曰 厥宗噬膚는 **往有慶也**리라
상왈 궐종서부　왕유경야

육오는 뉘우침이 없어지니, 그 친족이 살을 씹으면 가는 데에 무슨 허물이리오. 상전에 이르기를 '그 친족이 살을 씹음'은 가서 경사가 있을 것이다.

5효는 음이 양 자리에 있으나[不正], 상괘의 중용[中]인 동시에 하괘 2효와 찰떡 궁합이다. 후회와 뉘우침이 생기는 이유는 무엇이고, 왜 없어지는 것일까? 첫째로 규괘는 분열과 상극의 시기로서 때와 상황(시간과 공간)이 무르익지 않아 온통 불리하기 때문이다. 둘째로, 음은 음 자리에 있고 양은 양 자리에 있는 것이 정상인데, 5효 자체가 비정상적으로 음이 양 자리에 있기 때문이다.

「단전」은 5효의 3대 덕목을 '유순, 중도, 상응'이라 했다. 5효는 음의 성격으로 모든 일을 부드럽게 처신하고[柔進], 언제 어디서나 시간의 정신과 부합하는 행위를 하고[得中], 2효와 상호 결합하여[應剛] 강유를 겸비했기 때문에 반목을 화합으로 반전시킬 수 있는 여건을 갖추었다. 그러니까 뉘우침이 사라지는 것은 당연하며, 일마다 순조롭게 이루어진다.

'종宗'은 친족, 일가, 친척을 뜻하며 '부膚'는 부드럽고 연한 고기를 뜻한

다. '부드러운 고기를 씹는다'는 말은 그만큼 일이 쉽다는 것을 가리킨다. 딱딱한 고기는 씹기가 불편하지만 살코기는 입에서 살살 녹는다. 5효[陰]와 상대되는 위치의 2효[陽]는 집안 친족으로서 각각 상괘와 하괘의 중용의 도리로서 교류한다. 5효에 대한 2효의 만남은 어수선한 분위기에 뒷골목에서 성사되었으나, 5효가 아래로 내려가 2효와 교류하는 일은 부드러운 고기를 씹어 삼키는 것처럼 쉬워 뒤탈이 없다. 전자가 은밀한 밀약의 형태라면, 후자는 정정당당한 교역이므로 하자가 없을 뿐만 아니라 허물이 생기지 않는다.

☆ 정당한 사귐은 주위 사람을 편안하게 만든다.

10. 상효 : 닫힌 마음의 눈을 뜨고 열린 세상을 보라

上九는 **睽孤**하여 **見豕負塗**와 **載鬼一車**라 **先張之弧**라가
상 구   규 고   견 시 부 도   재 귀 일 거   선 장 지 호

後說之弧하여 **匪寇**라 **婚媾**니 **往遇雨**하면 **則吉**하리라
후 탈 지 호   비 구   혼 구   왕 우 우   즉 길

象曰 遇雨之吉은 **群疑亡也**라
상 왈 우 우 지 길   군 의 망 야

상구는 규가 외로워 돼지가 진흙을 짊어진 것과 귀신을 한 수레 실은 것을 보는 것이다. 먼저는 활을 당기다가 뒤에는 활을 벗겨서, 도적이 아니라 혼인을 하자는 것이니, 가서 비를 만나면 곧 길할 것이다. 상전에 이르기를 '비를 만나 길함'은 온갖 의심이 없어지는 것이다.

상효는 양이 음 자리에 있고[不正], 상괘의 끝자락에 있기 때문에[不中] 외로움이 사무친 절대 고독의 상태이다. 지나친 고독은 의심과 망상에 휩싸이게 하는 질병을 낳기도 한다. 상효의 눈에 비친 3효의 모습이 괴이하기 짝이 없다. 진흙투성이 돼지 혹은 수레에 가득 실린 귀신의 형상들이다. 고독의 막다른 골목에서는 절대자 혹은 내면의 영혼을 만난다고 서양

의 실존철학자들은 외쳤다. 양인 상효가 음인 3효와 결합하면 외로움과 고독이 눈녹듯이 허물어짐을 규괘는 상징하고 있는 것이다.

상효는 3효의 형상이 너무도 험상궂고 볼썽사나워 혹시 나를 해치러 오는 존재인지 의심하여 활시위를 당겼다. 더러운 돼지와 수레를 모는 악귀로 착각하여 죽이려고 한바탕 소통을 치른다. 하지만 가만히 들여다보니 자신을 해꼬지하려는 도적이 아니라 미래의 약혼녀였다. 급기야 활시위를 내려놓고 숨을 돌린다. 3효는 적이 아니라 동지였고 평생을 함께할 신부였다. 3효가 '사귀자', '혼인하자'고 신호를 보내니까 상효 역시 지금까지의 의심을 풀고 만난다.

우리는 규괘 상효의 가르침에서 다음과 같은 교훈을 얻는다. 자신의 몰이해를 과감하게 인정하고 상대방에게 적극적으로 사과해야 한다. 쓸데없는 의혹을 털어내야 진정한 만남이 가능하다. 규괘는 상효가 3효에게 다가서 만나는 극적인 해후를 '비[雨]'라고 표현했다. 하늘과 땅이 결합하여 만물을 소생시킬 때는 비를 뿌리고, 남녀가 결합할 때 역시 비로 흠뻑 적신다.

오해는 증오를 낳고, 지나친 의혹은 과대망상의 합병증을 낳는다. 지금까지 닫힌 눈으로 더러운 돼지와 도깨비로 인식했던 상대방은 나의 적이 아니라 천생연분[婚媾]였다. 상극의 논리에 눈이 멀면 상생의 눈이 뜨이지 않는다. 눈을 크게 뜨고 사물을 바라봐야 한다. 열린 눈으로 보면 세상은 같다고 볼 수도 있고 다르다고 볼 수도 있다. 좁은 눈으로 보면 같음과 다름을 분별하여 자타의 차별성만을 부추긴다. 『주역』은 같으면서도 다르고, 다르면서도 같은 통합의 지혜를 깨우친다.

규괘의 모든 효는 분열 혹은 반목과 질시가 오래가지 않는다고 했다. 하괘에서 말한 분열도 상괘는 모두 화합으로 결론짓고 있다. 초효의 '잃어버린 말을 쫓지 않아도[喪馬勿逐]' 4효에 이르면 '착한 대장부[元夫]'를 만나 화합하고, 2효의 '골목길의 비공식적 만남[遇主于巷]' 역시 5효는 '부드러운 고기를 씹는 것처럼 친척을 만나 화합함[厥宗噬膚]'을 얘기하고, 3효의 '수레를 뒤에서 당기고[輿曳], 수레를 모는 소가 앞으로 나아가지 못하게 잡아매는[牛掣]' 형상도 상효의 '상서로운 단비를 맞아[遇雨則吉]' 화합하는 것을 끝맺고 있는 것이다.

🔯 쓸데없는 오해를 털어내야 진정한 만남이 가능하다.

정역사상의 연구자 이상룡李象龍은 규괘의 성격을 다음과 같이 설명한다.

睽는 在文從目從揆라 盖心怒而以目揆度者는
규 　재문종목종규 　　개심노이이목규도자

例皆側反其目也라 故說文曰反目이라 하니라
예개측반기목야 　　고설문왈반목

爲卦离火宮南하고 兌澤位北하니 互相衝激하여
위괘리화궁남 　　태택위북 　　호상충격

而澤之下流塞而不泄은 先天之天度니 故睽所以次乾也라
이택지하류색이불설 　　선천지천도 　　고규소이차건야

"'규'는 문자로는 눈 목目과 헤아릴 규揆에서 온 것이다. 대개 마음에 분노가 일어나 눈으로 헤아리는 것은 예컨대 눈을 찡그리기 때문에 『설문』은 '사이가 좋지 않음[反目]'이라고 했다. 괘의 구성은 리화離火는 남쪽에 있고, 태택兌澤은 북쪽에 있기 때문에 서로 맞부닥쳐 연못물이 아래로 흐르지만 막혀서 물이 새지 않는 선천 하늘의 도수度數이므로 규괘는 건괘乾卦의 다음이다."

象曰 睽, 小事, 吉은 政以陰曆으로 終一元而乃革也라
단왈 규 소사 길 　　정이음력 　　종일원이내혁야

天地睽와 男女睽와 萬物睽는 睽戾而變하여 變而得正也라
천지규 　남녀규 　만물규 　규려이변 　　변이득정야

단전 "규는 작은 일은 길할 것이다"는 말은 음력陰曆 정사가 베풀어져 끝까지 동일하므로 바뀌는 것이다. "천지가 어그러지고, 남녀가 어그러지고, 만물이 어그러진다"는 것은 어그러져 눈물 흘린 다음에 변하며, 변화 뒤에 올바름을 얻는 것을 뜻한다.

象曰 君子以, 同而異는 體同革卦이나 而用各不同也라
상왈 군자이 동이이 체동혁괘 이용각부동야

상전 "군자는 이를 본받아 같되 다르게 한다"는 것은 본질이 혁괘와 같으나, 그 작용은 각각 다름을 말한다.

初九, 喪馬, 勿逐, 自復, 見惡人, 无咎는 水旺火休는 先天也오
초구 상마 물축 자복 견악인 무구 수왕화휴 선천야
而午會當來하면 小人自退也라
이오회당래 소인자퇴야

초효 "말을 잃고 쫓아가지 아니해도 스스로 돌아오니, 악한 사람을 보면 허물이 없을 것이다."라는 말은 물 기운이 왕성하고 불 기운이 휴식하는 것은 선천이요, 불 기운이 왕성한 시기[午會]가 다가오면 소인이 스스로 물러나는 것을 가리킨다.

九二, 遇主于巷, 无咎는 仍睽而革하고 英俊際遇也라
구이 우주우항 무구 잉규이혁 영준제우야

2효 "주인을 골목길에서 만나면 허물이 없을 것이다"라는 말은 거듭해서 어긋나므로 바뀐다. 영웅과 준걸이 만나는 시기이다.

六三, 見輿曳, 其牛掣, 其人, 天且劓는 同軌丑日에
육삼 견여예 기우제 기인 천차의 동궤축일
人換一番也오 无初有終은 革而新之也라
인환일번야 무초유종 혁이신지야

3효 "수레를 당기고 그 소를 막으며 그 사람이 머리를 깍이고 또한 코가 베임을 보게 된다"는 것은 같은 차축에서 있는 축일丑日에 인류는 한 번 교체되는 것을 본다는 뜻이다. "처음은 없고 마침

은 있을 것"이라는 말은 바뀌어 새롭게 된다는 뜻이다.

九四, 睽孤, 遇元夫, 交孚, 厲, 无咎는 陷險相救하여
구사 규고 우원부 교부 여 무구　함험상구

危而旋安也라
위이선안야

4효　"규가 외로워 원부를 만나 미덥게 사귐이니, 위태로우나 허
물은 없을 것이다"라는 말은 위험에 빠졌으나 서로 구해줘 위험에
서 안전으로 바뀌는 것을 가리킨다.

六五, 厥宗, 噬膚, 往, 何咎는 睽戾寡助하여 親戚叛之하니
육오 궐종 서부 왕 하구　규려과조　　친척반지

旣往莫說也라
기왕막설야

5효　"친족이 살을 씹으면 가는 데에 무슨 허물이 있겠는가"라는
말은 어긋나서 눈물 흘리며 도움이 적어 친척이 배반하므로 처음부
터 기쁨이 없다는 뜻이다.

上九, 睽孤, 見豕負塗, 載鬼一車. 先張之弧, 后說之弧는
상구 규고 견시부도 재귀일거 선장지호 후탈지호

禮壞德衰하여 方區爭長而交合也라 匪寇, 婚媾, 往遇雨,
예괴덕쇠　　방구쟁장이교합야　비구 혼구 왕우우

則吉은 反睽爲和하고 雨火而天下平也라
즉길　반규위화　　우화이천하평야

상효　"규가 외로워 돼지가 진흙을 짊어진 것과 귀신을 한 수레
실은 것을 보는 것이다. 먼저는 활을 당기다가 뒤에는 활을 벗긴
다." 이는 예가 무너지고 덕은 쇠미해져 곳곳에서 분쟁이 커져 교류
하여 결합하는 것을 가리킨다. "도적이 아니라 혼인을 하자는 것이
니, 가서 비를 만나면 곧 길할 것이다." 어그러진 것이 화합으로 돌
아가고, 비와 불이 가득 찬 천하가 태평한 것을 뜻한다.

|水山蹇卦|
수 산 건 괘

고난으로부터의 탈출

1. 고난에 대처하는 지침 : 건괘

정이천은 화택규괘火澤睽卦(☲☱) 다음에 수산건괘水山蹇卦(☵☶)가 오는 이유를 다음과 같이 말한다.

蹇은 序卦에 睽者는 乖也니 乖必有難이라 故受之以蹇하니
건 서괘 규자 괴야 괴필유란 고수지이건

蹇者는 亂也라 하니라 睽乖之時엔 必有蹇亂하니
건자 난야 규괴지시 필유건란

蹇所以次睽也라 蹇은 險阻之義라 故爲蹇難이라
건소이차규야 건 험조지의 고위건난

爲卦坎上艮下하니 坎은 險也오 艮은 止也니 險在前而止하여
위괘감상간하 감 험야 간 지야 험재전이지

不能進也라 前有險陷하고 後有峻阻라 故爲蹇也라
불능진야 전유험함 후유준조 고위건야

"건괘는 「서괘전」에 '규는 어긋남이니 어긋나면 반드시 어려움이 있다. 이런 까닭에 건괘로 이어받으니 건은 어려움이다'라고 하였다. 어긋나고 괴리되는 때에는 반드시 어려움이 있으니, 건괘가 규괘의 다음이 된 까닭이다. 건은 험하고 막힌 뜻이므로 어려움이 된 것이다. 괘의 형성은 감이 위에 있고 간이 아래에 있으니, 감은 험난함이요 간은 그침이니 험난함이 앞에 있고 그쳐서 나아갈 수 없다. 앞에 험난함이 있고 뒤에 높은 산이 막혀 있으므로 건이라 한 것이다."

『설문해자說文解字』는 "건蹇은 파跛이다"라고 했는데, 파跛는 다리가 불편하여 제대로 걷지 못하는 절뚝발이를 뜻하는 글자다. 건蹇은 앞으로 나아가기 힘든 어려움, 위험과 고난을 뜻한다. 만사가 어긋나면 어려움이 뒤따르는 것은 세상의 이치이기 때문에 「서괘전」은 규괘 다음에 건괘를 두었다고 했다. 건괘는 고난의 시기에 대처하는 지침을 얘기한다.

건괘의 위는 물[坎: ☵]이고, 아래는 산[艮: ☶]이다. 감은 '험난함', 간은 '멈

추다, 그치다'를 뜻한다. 건괘는 산이 높이 솟아 넘을 수 없고, 물은 깊어 건널 수 없음을 상징한다. 앞에는 높은 산, 뒤에는 깊은 물이 입을 벌리고 있는 형상이다. 옛날의 시인묵객들은 산과 물을 소재로 시를 읊고 자연을 노래했다. 산은 물을 건너지 못하고, 물은 산을 휘돌아 감고 흐른다. 산과 물은 풍경화의 대상이었고, 마음의 고향이었다. 하지만 『주역』은 높은 산 앞에 놓인 물을 통해서 험난한 인생의 고초를 벗어나는 지혜를 가르친다.

2. 건괘 : 올바름[貞], 삶의 원칙

蹇은 **利西南**하고 **不利東北**하며 **利見大人**하니 **貞**이면
건　　이서남　　　불리동북　　　이견대인　　　정
吉하리라
길

건은 서남이 이롭고 동북은 이롭지 않으며, 대인을 보는 것이 이로우니 올바르면 길할 것이다.

　건괘(☵)의 위는 감괘(☵)로서 수렁에 빠지는 곤경, 아래는 멈춤을 뜻하는 간괘(☶)이다. 앞으로는 위험이 도사리고 있고, 뒤로도 물러날 수 없는 진퇴양난의 처지를 상징한다. 사방이 꽉 막힌 상황에서 유일한 탈출구는 서남방이다. 왜 서남쪽으로 진로를 향하는 것은 이롭고, 동북쪽으로 가는 것은 불리하다고 했을까? 『주역』은 세 곳에서, 즉 곤괘坤卦와 건괘蹇卦와 해괘解卦에서 서남으로 향하는 것은 이롭고, 동북으로 가는 것은 불리하다고 했다.

　이에 대한 수수께끼를 푸는 방식은 대략 세 가지가 있다. 첫째, 서남쪽의 평평한 땅을 삶의 터전으로 삼는 것은 좋고, 동북쪽의 산악 지대로 향하는 것은 좋지 않다는 것이다. 둘째, 괘의 구조와 성격을 설명한 「설괘전」 5장과 연계시켜 해석하는 경우가 있다.[1] 셋째, 조선조 말기에 출현한

1) 『周易』「說卦傳」 5장, "萬物出乎震, 震東方也. 齊乎巽, 巽東南也, 齊也者, 言萬物之潔齊也. 離

선후천론을 바탕으로 풀이하는 것이 있다.

건괘에서 말하는 방위는 자연적인 지리가 아니라, 정치적인 지리라고 주장하는 중국 학자의 견해가 있다.

"서남은 평지이고 동북이 산지라는 것은 중국의 실제 지형과는 맞지 않다. 중국의 지세는 서부와 남부는 대개 산지나 구릉지대이고, 동부와 북부는 평원지대이다. 초기 주周 민족은 황하의 중·상류지역에 자리했고, 주의 동쪽인 중원지역과 황하의 중·하류지역에는 강력한 상商 왕조가 있었다. 주의 서남부는 융戎의 세력권으로 외진 땅에 낙후하고 약소한 여러 민족이 살았다. 그런데 상나라를 칠 준비가 제대로 갖추어지지 않았던 당시 천하가 주인으로 받들던 강력한 상 왕조에 대항하는 것은 당연히 불리한 반면, 서남쪽의 서융西戎을 상대하는 주의 역량으로는 크게 힘든 일이었다. 이것이 주초 주 민족의 보편적 인식이었고, 그러므로 『주역』에서 여러 차례 '서남은 이롭고, 동북은 불리하다[利西南, 不利東北]'고 언급했던 것이다."[2]

소강절에 따르면 「설괘전」 3장은 복희팔괘도를 설명한 것이고, 「설괘전」 5장은 문왕팔괘도를 설명한 것이다. 이런 연유에서 정이천 역시 "서남방은 곤괘를 가리키고, 동북방은 간괘를 가리킨다"[3]고 했다. 소강절이 만든 문왕팔괘도의 도형을 살펴보자.

也者明也, 萬物皆相見, 南方之卦也, 聖人南面而聽天下, 嚮明而治, 蓋取諸此也. 坤也者地也, 萬物皆致養焉, 故曰致役乎坤. 兌正秋也, 萬物之所說也, 故曰說言乎兌. 戰乎乾, 乾西北之卦也, 言陰陽相薄也. 坎者水也, 正北方之卦也, 勞卦也, 萬物之所歸也, 故曰勞乎坎. 艮東北之卦也, 萬物之所成終而所成始也, 故曰成言乎艮."

2) 쑨 잉쿠에이·양 이밍/박삼수, 『주역 - 자연법칙에서 인생철학까지』(서울: 현암사, 2007), 569쪽 참조.

3) 『易程傳』, "西南坤方, 坤地也, 體順而易, 東北艮方, 艮山也, 體止而險, 在蹇難之時, 利於順處平易之地, 不利止於危險也. 處順易則難可紓, 止於險則益甚矣."

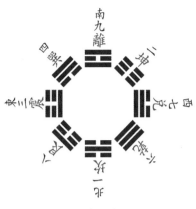

문왕팔괘도

　서남방의 곤괘와 동북방의 간괘는 서로 반대 방향에 위치해 있다. 곤은 땅이고, 간은 산이기 때문에 각각 평지와 산악 지방에 해당한다는 것이 전통적인 해석였다. 곤괘坤卦 괘사는 "곤은 먼저 가면 아득하고, 뒤에 가면 얻으리니 이로움을 주장한다. 서남쪽에서는 벗을 얻고, 동북쪽에서는 벗을 잃으니 편안하고 올바라서 길하다."[4]라고 했으며, 또한 「단전」은 "먼저 가면 혼미(아득)하여 도를 잃고, 뒤에 가면 순응해서 항상됨을 얻으리니 서남에서 벗을 얻음은 같은 무리와 더불어 행함이요, 동북에서 벗을 잃음은 마침내 경사가 있으리니 편안하고 올바라서 길함은 지경없는 땅의 순응함이다."[5]라고 하여 괘사의 내용을 보강했다.

　곤괘와 건괘의 괘사를 비롯한 여러 학자들의 주석을 아무리 들여다봐도 여전히 궁금증이 풀리지 않는다. 이를 명쾌하게 해석한 학자가 있다. 저술이라고는 오로지 『정역』 뿐인 조선의 선비, 김일부가 있다. 그는 20세기 문명의 전환을 앞두고 『주역』을 낱낱이 해체한 다음, 다시 재구성하여 역학의 새로운 물꼬를 텄다. 정역사상을 관통하는 원리는 선후천론이다. 그 핵심은 선천과 후천이 일정한 시간대에 따라 바뀐다는 것이다. 선천과 후

---

4) "先迷後得, 主利. 西南得朋, 東北喪朋, 安貞, 吉."
5) "先迷失道, 後順得常, 西南得朋, 乃與類行, 東北喪朋, 乃終有慶, 安貞之吉, 應地无疆."

천은 우주와 시간 개념으로 풀이할 수 있다. 선후천은 우주와 시간의 두 얼굴이라는 것이다. 김일부는 괘도(복희팔괘도, 문왕팔괘도)와 하도낙서와 삼극론三極論(무극, 태극, 황극)을 일원화시켜 『정역』을 완성하였다.

우주사와 시간사와 인류사는 동일한 원리에 의해 전개된다는 것이 『정역』의 입장이다. 이를 가장 잘 대변하는 것이 괘의 변천사이다. 복희팔괘도에서 문왕팔괘도로, 문왕팔괘도에서 김일부에 의해 창안된 제3의 괘로 불리는 정역팔괘도로 그 형상이 변해간다. 괘도의 진화에 반영된 우주 변화의 원리에 따라 역사와 문명의 색깔도 달라지는 까닭에 인간의 삶의 방식도 여기에 조응해야 한다는 뜻이다. 이는 불변의 궁극 원리만을 탐구하는 주역학의 접근법을 쟁기로 갈아엎는 독창적 사유라고 할 수 있다.

정역사상은 우주관과 시간관과 신관이 어우러진 합작품이다. 이를 하나의 도상으로 융합한 하도낙서河圖洛書는 하늘이 계시한 진리의 표현체이며, 또한 진리에 대한 인간 인식의 극한까지 들여다본 종교성의 극치이다. 주자가 『주역본의周易本義』 첫 머리에 하도낙서 도상을 장식한 이래로 주역학을 성립시키는 근거로 인정되었다. 하지만 주자는 하도낙서를 괘도 성립의 근거라고 규정했으나, 그 성격과 본질에 대해서는 명확한 정의를 내리지 못했다.

김일부는 하도낙서의 종지는 금화교역金火交易에 의한 시간의 질적인 전환에 있다고 단정했다. "금화가 바꿔드니 만세의 책력을 그려 내네."[6] 1년 360일의 성립은 매년 기상대에서 작성하는 역법의 구성 법칙이 아니라, 역법의 구성 근거에 대한 근원적 대답이다. 금화교역은 선후천의 전환을 밝히는 논리이다. 왜 하늘과 땅에 금화교역이라는 근원적 변화가 일어나는가? 이 세상은 생장수장生長收藏의 수레바퀴 속에서 둥글어간다. 만약 만물이 생장만 하고 결실의 성숙이 없다면 만물은 파국을 맞이할 수밖에 없

---

6) 『正易』 「十五一言」 "十五歌", "金火而易分, 萬曆而圖."

기 때문이다. 만물의 무한 성장을 멈추게 하고 성숙하도록 하는 원리가 바로 금화교역이다.

김일부는 "금화이송金火二頌"에서 "우주를 움직이는 기운은 동북의 제자리를 굳게 지키고, 금화교역의 이치는 서남방에서 서로 사귀어 통한다"[7]고 읊었다. '동북에서 우주를 움직이는 기운[氣東北]'은 만물이 생장하는 살아 있는 에너지요, '서남방에서 서로 사귀어 통하는 이치[理西南]'는 생장한 만물을 성숙하도록 다스리는 원리이다. 하루라는 밤낮의 주기적 교체로부터 장엄한 우주의 시간에 이르기까지 그 순환 원리는 동일하다. 따라서 금화교역에 의한 선후천의 교체는 아직 경험하지 못한 미래의 원리가 아니라, 날마다 체험하고 있는 현재의 원리인 것이다.

그렇다면 "먼저 가면 아득하여 길을 잃고, 뒤에 가면[乾道乃革, 乾道變化하는 이치에 순응해서] 얻을 것이니, (그것이) 이로움을 주장한다"는 곤괘의 말을 선후천론의 시각에서 살펴보자. 음을 억누르고 양을 드높이는[抑陰尊陽] 선천에는 아득하여 정신을 잃고, 음과 양이 조절되는[調陽律陰] 과정을 거친 다음에 '항상성'을 얻어 곤도坤道의 후천이 만물을 이롭게 이끈다[主利]는 것이다. 건괘의 세계가 곤괘의 세계로 바뀌어 이롭다는 것은 온갖 사물의 존재 의미와 가치가 드러날 뿐만 아니라, 천지의 정신이 그대로 구현되는 것을 뜻한다.

천문학자 이은성은 천문과 『주역』에서 말하는 간방의 연관성에 대해 다음과 같은 연구 결과를 내놓았다.

"역은 아시아의 동방, 대륙의 동쪽에서 발생한 문화체계로서 주로 황하 유역을 중심으로 하여 이루어진 것이므로, 그 동북방위라 하면 '간'은 바로 오늘의 만주 일대, 저 고조선의 강역을 지칭하는 것이다. 문왕팔괘의 동북방위인 간방의 방위가 역사적으로 문헌에서 실지 활용된 것을 고증할

水山蹇卦 수산건괘

---

7) 『正易』, 「十五一言」, "金火二頌", "氣東北而固守, 理西南而交通."

수가 있으니, 조선 태조 4년(1395)에 제작된 '천상열차분야지도天象列次分野地圖'가 그것이다. 이 그림에서 천상天象은 천문현상을 말하는 것으로서 일월성신日月星辰의 변화를 의미하며, 다음의 열차列次는 차례로 늘어놓는다는 뜻이며, 분야分野는 중국의 영토을 구분하여 이십팔수二十八宿에 해당시킨 것이다. 여기에서 기성箕星과 미성尾星은 땅의 분야로 말하면 유주幽州에 속하며, 연燕의 분야로 동북 간방의 별이다. 이 천상열차분야지도는 고구려 석각石刻 천문도天文圖를 본떠 만든 것인데, 1193년에 만든 소주천문도蘇州天文圖에 버금가는 오래된 것이다."[8]

그리고 류승국은 위의 논의를 더욱 구체적으로 언급한다. 그런데 『사기史記』 「조선열전朝鮮列傳」에 보면 "조선은 연燕에 속한다"고 하였다. 『한서漢書』 「지리지地理志」에도 "낙랑樂浪은 유주幽州에 속하니 고조선국古朝鮮國"이라고 하였다. 또 우리나라 『삼국사기三國史記』 「지리지地理志」에는 "낙랑은 낙양洛陽에서 동북 5천리 거리에 있다" 하고, 그 주註에 '유주幽州에 속하고 고조선국'이라고 한 『한서』의 내용을 인용하고 있다. 이렇게 보면 역사적으로 문왕팔괘의 간방은 추상적인 개념이 아니라 구체적으로 옛 조선의 영역을 포괄하는 지역을 지칭해 온 것이라 하겠다. 이처럼 중원中原을 중심으로 볼 때, 간방은 낙양의 동북인 유주幽州에 속했으며, 연燕의 분야로 고조선의 강역이라고 한 것으로 보아 간방은 곧 조선을 지칭한 것임으로 확인할 수 있다. 이렇게 보면 '종만물시만물이 간보다 성함이 없다'고 한 「설괘전」의 내용은 문왕역에 대한 후천역이 간방인 유주·연·조선에서 나올 것임을 암시한다고 하겠다.[9]

✿ 한반도의 서남방은 평야 지대가 많고, 동북방은 산악 지대가 많다. 산악인들은 산이 거기 있어서 오른다고 했다. 또한 산이 높기 때문에 오른다고

---

8) 이은성, 「천상열차분야지도의 분석」 『세종학연구』 제 1집, 1986.
9) 류승국, 「易學上으로 본 동북아의 세계사적 위치」 『한국사상의 연원과 역사적 전망』(서울: 성균관대출판부, 2008), 462-463쪽 참조.

도 했다. 높은 산일수록 명산이 많다. 산을 사랑하는 전문 등반가도 셀파의
도움이 필요하다. 하물며 어렵고 힘든 혼돈의 시대에 훌륭한 지도자가 없
어서야 되겠는가. 시대가 영웅을 낳는다는 말이 있듯이, 뛰어난 인물이 등
장해서 난국을 수습해야 희망의 새 세상을 일궈낼 수 있다.

3. 단전 : 정당한 방법으로 어려운 상황을 극복하라

象曰 蹇은 難也니 險在前也니 見險而能止하니 知矣哉라
단왈 건 난야 험재전야 견험이능지 지의재

蹇利西南은 往得中也오 不利東北은 其道窮也오
건 이 서 남 왕 득 중 야 불 리 동 북 기 도 궁 야

利見大人은 往有功也오 當位貞吉은 以正邦也니
이 견 대 인 왕 유 공 야 당 위 정 길 이 정 방 야

蹇之時用이 大矣哉라
건 지 시 용 대 의 재

단전에 이르기를 건은 어려움이니, 험난함이 앞에 있으니 험난함을 보고
능히 멈추니 지혜롭도다. '건은 서남이 이로움'은 가서 중용을 얻기 때문
이요, '동북이 이롭지 않음'은 그 도가 궁하기 때문이다. '대인을 봄에 이
로움'은 가서 공로가 있는 것이요, 위치가 마땅하여 '옳아서 길함'은 나라
를 바로잡는 것이니, 건의 때와 작용이 위대하도다.

　'건'은 고난과 어려움을 뜻한다. 둔괘屯卦는 생명 탄생의 어려움, 곤괘困卦
는 내면적인 갈등에서 비롯되는 괴로움, 건괘蹇卦는 외부로부터 오는 진퇴
양난의 어려움을 말했다. 험난함을 목격하고 멈추는 일은 알기 쉽지만 실
천하기는 어렵다. 무모하게 전진한다면 부작용을 낳는다. 바쁠수록 돌아
가라고 했다. 멈추는 지혜야말로 일을 성사시키는 지름길인 것이다.
　세상을 살면서 부닥치는 위험은 수없이 많다. 들끓는 욕망 중에서 명예
욕, 권력욕, 돈에 대한 집착 등은 인간을 타락시키는 원흉이다. 고자告子
(?-?)는 '식색食色'을 인간의 본능이라 했다. 맛있는 음식만을 찾는 식욕, 예

쁜 여자를 가까이 하려는 색욕은 으뜸가는 위험이다. 건괘는 위험에 노출된 인간들에게 자기를 제어하는 절제[止]의 중요성을 제시하고 있다.

괘사의 '서남방으로 가면 이롭다'는 말은 건괘의 주인공인 5효의 역할을 지적한 것이다. 5효는 상괘[坎: ☵]의 유일한 양으로서 중용을 굳게 지켜 어려움을 두려워하지 않고 헤쳐나가는 대인의 용기와 지혜를 뜻한다. '동북방으로 가는 것은 좋지 않다'는 것은 3효가 하괘[艮: ☶]의 끝자락에서 최후까지 멈춰 있는 상황을 경고한 내용이다. 3효처럼 머물러 앞으로 나아가지 않는다면 동북방의 위험 지역에서 벗어날 수 없다. 그렇다면 과연 동북방으로 가는 것은 그 길[道, way]이 폐쇄되었기[窮] 때문이라고 번역해야 할 것인가의 문제에 부딪친다.[10] 그렇다고 막힌 길을 우회하는 것이 최선인가?

'대인을 만나야 이롭고 가서 일을 성공시킬 수 있다'는 명제 역시 5효에 대한 언급이다. 『주역』은 언제나 5효의 시공간적 역할에 주목한다. 건괘의 5효는 물론이고 초효를 제외한 2효, 3효, 4효, 상효 모두 그 위치가 올바르다[正]. 초효는 다만 음이 양의 위치에서 부드러운 자세로 처신하기 때문에 음으로서는 최선의 자세를 보이고 있다. 나머지 다섯 효들은 5효를 고난 수습의 최고 지도자로 삼아 힘을 모으고 있다. 결국 위대한 지도자의 출현을 희망하는 발언이라고 할 수 있다.

『주역』에 따르면, 지금은 어려운 때라고 인식하고 고난을 극복하기 위해 잠시 멈추는 지혜야말로 가장 뜻깊다. 시간의 본질은 무엇인가라는 문제는 오히려 부차적이다. 어려운 상황을 정당한 방법으로 극복하려는 도덕의식이 더욱 중요하다.

☷ 어려울 때의 선행이 더 가치가 있고 그 행위가 더 돋보인다.

---

10) 『周易』「繫辭傳」하편 2장에서 '역이 궁하면 변하고 변하면 통하고 통하면 오래간다[易, 窮則變, 窮則通, 通則久.]'고 한 점에 관심을 기울여야 한다. 변화의 영속성을 핵심으로 삼는 『주역』은 변화의 전단계를 궁색함[窮]으로 언급했던 것이다.

4. 상전 : 자신을 성찰하는 지혜를 습관으로 삼아야

象曰 山上有水蹇이니 **君子以**하여 **反身修德**하나니라
상 왈 산 상 유 수 건   군 자 이   반 신 수 덕

상전에 이르기를 산 위에 물이 있음이 건이다. 군자는 이를 본받아 자기 몸을 돌이켜 덕을 닦는다.

『주역』에서 말하는 산은 물과 바람과 우레와 불 등과 조합하여 다양한 형태로 존재한다. 산에 무엇이 결합되었는가에 따라 괘의 성격이 달라진다. 산 위에 물이 있는 형상이 건괘(☵☶)이다. 산이 높으면 계곡이 깊고, 계곡이 깊으면 깊을수록 물살은 거셀 수밖에 없다. 건괘는 온갖 어려움과 고난의 현실을 어떻게 바라보고 처신할까의 문제를 고민한다. 『주역』은 어려울수록 자신을 되돌아보라는 방식을 강조한다.

'자기 몸을 돌이켜 덕을 닦는다[反身修德]'는 것은 나에게 모든 원인이 있다고 뼈저리게 느끼고 자성하는 태도를 일컫는다. 맹자도 "사람을 사랑하는데 친해지지 않으면 그 어짊을 반성하고, 사람을 다스리는데 제대로 다스려지지 않으면 그 지혜를 반성하고, 사람을 예로써 대하는데 반응이 없으면 그 공경함이 성실한가를 반성하라. 행함에 얻지 못하는 것이 있으면 모두 돌이켜 나에게서 구한다. 자기 몸을 올바르게 하면 천하가 귀순해 오느니라"[11]고 했다.

'수덕修德'의 내용은 무엇인가? 이는 『대학』에서 찾을 수 있다. 8조목 중에서 격물, 치지, 성의, 정심, 수신까지의 공부가 여기에 해당한다. 제가와 치국평천하의 단계 직전까지의 공부는 3강령의 '밝은 덕을 밝히는 공부[明明德]'와 일맥상통한다. 유교는 개인의 도덕과 재능을 향상시켜 사회에 이바지하는 것을 고귀한 가르침으로 삼는다.

---

11) 『孟子』「離婁章」上, "愛人不親, 反其仁, 治人不治, 反其智, 禮人不答, 反其敬. 行有不得者, 皆反求諸己, 其身正而天下歸之."

水
山
蹇
卦
수
산
건
괘

☵ 인생에서 좌절을 맞보고 위기에 봉착하면 환경 탓을 하기 전에 자신이 처한 객관적 상황을 면밀히 탐색하고, 스스로를 돌이켜 고난과 위험을 벗어나는 지혜를 발휘해야 한다.

5. 초효 : 어려울수록 형세를 관망하고 때를 기다려라

初六은 **往**하면 **蹇**하고 **來**하면 **譽**리라
초육 왕 건 내 예

象曰 往蹇來譽는 **宜待也**라
상왈 왕건래예 의대야

초육은 가면 어렵고 오면 칭송이 있을 것이다. 상전에 이르기를 '가면 어렵고 오면 칭송이 있음'은 마땅히 기다려야 하는 것이다.

'왕往'은 앞으로 나아가는 것, '내來'는 나아가지 않고 제자리에 머무르는 것을 뜻한다. 초효는 음이 양 자리에 있고[不正], 하괘의 중용에 미치지 못하며[不中], 4효와도 상응하지 않는다. 음효로서 아직은 어린 싹에다가 고난과 어려움의 시초이기 때문에 앞으로 나아가기에는 적절치 못하다. 곤경을 무릅쓰고 나아간다면 점점 어려움에 빠진다. 머물 때를 알아서 머물러야 뒷탈이 생기지 않는다는 것이다.

'가면 어렵고 오면 칭송이 있다'는 말은 기다려야 한다는 뜻이다. 4효의 신호를 기다리면서 잠시 멈출 줄 아는 지혜를 보여야 칭송이 뒤따른다. 수·당 때의 경학가였던 육덕명陸德明(550?-630)의 『경전석문經典釋文』에 따르면, '마땅히 때를 기다려야 한다[宜待時也]'고 하여 시간[時]이라는 글자가 덧붙여진 책이 있다고 소개했다.[12] 이것이 오히려 문맥도 매끄럽고 의미도 부드럽다. 지금은 나아갈 때가 아니므로 형세를 관망하고 시간을 두고 기다려야 한다. 조급하게 서두르려면 안 된다는 경계의 뜻이다.

☵ 마냥 시간을 허비하면서 기다리지 말고, 자아 완성을 위해 은인자중하라!

12) 李鼎祚, 『周易集解』, "張本作宜時也, 鄭本宜待時也."

6. 2효 : 몸을 던져 위기 탈출을 시도하면 허물을 남기지 않는다

六二는 **王臣蹇蹇**이 **匪躬之故**라
육이 왕신건건 비궁지고

象曰 王臣蹇蹇은 **終无尤也**리라
상왈 왕신건건 종무우야

육이는 왕의 신하가 충성스럽게 어려움에 어렵게 함은 자신을 위함이 아니다. 상전에 이르기를 '왕의 신하가 충성스럽게 어려움에 어렵게 함'은 끝내 허물이 없을 것이다.

2효는 음이 음 자리에 있고[正], 하괘의 중용[中]이며, 5효와 상응한다. 2효는 신하의 자리, 5효는 왕의 자리를 가리킨다. 신하와 왕이 위아래서 중정의 상태로 화합하고 있다. 온 나라가 어수선한 분위기에서는 왕과 신하만 편할 리 만무하다. 모두가 어려운 시기다. 2효 신하는 개인적으로는 중정의 신분에서 힘들지 않게 삶을 영위할 수도 있으나, 온몸을 던져 위기 탈출을 위해 동분서주하고 있다. 참으로 빛나는 희생 정신의 표상이 아닐 수 없다.

신하가 궂은 일을 마다하지 않고 어려움에 투신하는 까닭은 일신의 사사로운 영달을 위해서가 아니다. 오직 그렇게 해야 된다는 소명 의식과 왕에 대한 충절의 정신 때문이다. 동양 역사에서 군주를 감동시킨 신하가 수없이 많다. 그 중에서 제齊의 관중管仲(BCE 716-BCE 645)과 안영롽嬰(?-BCE 500)이 있다. 특히 안영은 춘추 시대 후기의 사상가이자 외교가로서도 중요한 위치를 차지하고 있다. 소박하고 겸손했던 그의 사생활이 얼마나 검소했는지 한 벌의 여우 가죽옷을 30년간이나 입었다는 이야기로도 유명하다. 정치에 임해서는 사려 깊고 과단성이 있었으며, 정책이 분명하여 백성들이 쉽게 따를 수 있었다. 게다가 학문과 언변이 뛰어났고 세상의 추이에 밝아 시대의 조류에 순응할 줄 알았다. 안영은 때를 만나지 못해 관중과 비슷한 지모를 지녔음에도 제나라를 망국의 늪에서 구하지는 못했다. 하지만 죽어서 동양의 관료 문화에 관중이 남기지 못했던 애국 충정의 숭고한 정신을 남길 수 있었다.

'업적 쌓기'에 매달린다면 아예 신하될 자격이 없다. 그러니까 공적이 없더라도 허물이 생길 수 없다. 오직 나라와 왕에 대한 의무와 충성을 다할 따름이다. 온 힘을 기울여 나라에 봉사하므로 마침내 어려운 일이 해결될 수 있는 것이다.

☯ 신하는 자기 일에 충실할 뿐 결과는 중요하게 여기지 않는다.

7. 3효 : 기분 좋은 회복

九三은 **往**하면 **蹇**하고 **來**하면 **反**이리라
구 삼　왕　건　내　반

象曰 往蹇來反은 **內喜之也**일새라
상 왈 왕 건 래 반　내 희 지 야

구삼은 가면 어렵고 오면 제자리로 돌아올 것이다. 상전에 이르기를 '가면 어렵고 오면 제자리로 돌아옴'은 안이 기뻐하기 때문이다.

3효는 양이 양 자리에 있으나[正], 하괘의 끝에 있고[不中], 상효와는 상응한다. 하지만 3효의 짝인 상효는 전혀 도움이 안 되는 유약한 음이다. 반겨줄 친구는 도리어 초효와 2효다. 그러니까 앞으로 전진하면 어렵기 때문에 제자리로 돌아와야 한다.

3효는 하괘에서 상괘로 넘어가는 건널목이다. 문턱을 지나면 상괘의 위험[坎: ☵]에 빠지고, 제자리로 돌아와야 양이 양 자리를 굳게 지키므로 정당하다. 그러니까 하괘의 동료들이 기뻐한다. 가족은 기쁨과 슬픔을 함께하는 공동 운명체다. 밖으로 멀리 떠났던 가족이 돌아오면 진정으로 환영하는 사람은 가족뿐이다. 우리 속담에 든 자리는 몰라도 난 자리는 표가

난다는 말이 있듯이, 다시 하괘[艮: ☶]의 주인공으로 귀환하니까 초효와 2효가 기쁜 마음으로 따른다는 뜻이다.

✿ 미래에 대한 전망과 가능성이 희박할 때는 제자리를 지키는 것도 좋은 방법이다.

8. 4효 : 어려우면 힘을 모아라

六四는 **往**하면 **蹇**하고 **來**하면 **連**이리라
육사　왕　건　내　연

象曰 往蹇來連은 **當位實也**일새라
상왈 왕건래연　당위실야

육사는 가면 어렵고 오면 연합할 것이다. 상전에 이르기를 '가면 어렵고 오면 연합함'은 처한 자리가 진실하기 때문이다.

4효는 비록 상괘의 중용을 얻지 못했으나, 음이 음 자리에 있어 정도를 지키고 있다. 하지만 4효는 이미 하괘에서 상괘의 험난한 시기로 건너 왔다. 한 발짝 더 나아가면 곤욕 치를 일이 뻔하다. '오면 연합한다'는 말은 3효가 와서 공동 전선을 펼친다는 뜻이다. 왜냐하면 4효 혼자만의 힘으로 부족하기 때문에 3효의 도움을 받아야 하기 때문이다. 4효가 초효와 2효의 신임을 얻고, 강건한 재능을 갖춘 하괘의 주인공인 3효와 손을 맞잡고 연대하면 어려운 상황을 극복할 수 있다.

어려운 때일수록 사람을 모아야 한다. 힘이 미약한 현실을 인정하고 동지들과 뜻을 모아서 복잡한 실타래를 풀어야 한다. 3효는 양이 양 자리에 있어 당위當位이고, 4효는 음이 음 자리에 있어 당위當位다. 전자가 홀애비라면 후자는 과부이다. 서로의 처지를 이해하고 뜻을 합하는 것이 옳다. 여건이 아무리 힘들어도 정당함으로 손잡는 까닭에 진실[實]하다.

✿ 위급 상황에서 연합하면 바위도 뚫을 수 있다.

9. 5효 : 지도자는 중용과 영웅의 자질을 갖추어야

九五는 **大蹇**에 **朋來**로다
구 오   대 건   붕 래

象曰 大蹇朋來는 **以中節也**라
상 왈 대 건 붕 래   이 중 절 야

구오는 큰 어려움에 벗이 오도다. 상전에 이르기를 '큰 어려움에 벗이 오
는 것'은 중정의 절도로써 행하기 때문이다.

5효는 양이 양 자리에 있고[正], 상괘의 중용[中]에 있으며, 음인 2효와도
상응한다. 강건 중정의 덕을 지닌 왕이 험난한 고초를 최전선에서 맞이하
고 있는 형국이다. 백성들 각자는 아주 작은 고통일 수 있지만, 국정을 책
임진 왕으로서는 피할 수 없는 엄청난 고난이다. 왕은 영광과 비난을 한
몸에 걸머진 존재이다. 잠시 국정에 소홀히 하면 자신은 물론 국가의 안위
마저 위험하다.

건괘의 2효와 5효를 제외한 각 효사는 '가면 어려운 처지에 빠진다[往
蹇]'이라 했다. 2효에서는 충성스런 신하가 동분서주하여 혼란을 타개하
려 노력한다[王臣蹇蹇]고 했으며, 5효는 아주 험난하다[大蹇]고 했다. 특히
5효는 난관에 봉착한 상괘인 감괘의 중앙에 있고, 고난을 뜻하는 건괘의
주효이기 때문이다. 5효는 강건한 양인데다가 중정의 덕을 갖춘 영웅적
기질의 왕이다. 영웅에게는 그에 걸맞는 중정의 덕을 갖춘 호걸이 뒤따른
다. 문왕에게는 강태공, 유방에게는 장자방, 유비에게는 관우와 같은 호걸
이 있었기에 천하 통일의 웅지를 펼 수 있었다. 5효 왕의 영도력에 2효 신
하의 헌신적인 도움을 받아 험난한 세상사를 헤쳐나갈 수 있다.

만일 5효가 중정의 덕을 접어두고 힘으로 신하를 굴복시킨다면 목숨을
바칠 신하나 동조자는 결코 오지 않을 것이다. 양이 양 자리에 있기 때문
에 항상 정도에 부합하고, 절도에 맞기 때문에 언제 어디서나 중용을 수호
한다. 최고 지도자는 어려운 상황에서도 중정의 도리를 실천하므로 공자

는 '무척 험난하지만 벗들이 잇달아 달려와 도와준다[大蹇朋來]'라 풀이했던 것이다.

✿ 천하통일은 시간이 걸려도 무력보다는 도덕적 감화가 필수 요건이다.

10. 상효 : 내부 결속은 위기 극복의 핵심

上六은 **往**하면 **蹇**하고 **來**하면 **碩**이라 **吉**하리니 **利見大人**하니라
상 육　왕　건　내　석　길　　　이 견 대 인

象曰 往蹇來碩은 **志在內也**오 **利見大人**은 **以從貴也**라
상 왈 왕 건 래 석　지 재 내 야　이 견 대 인　이 종 귀 야

상육은 가면 어렵고 오면 큰 공을 세울 수 있다. 길할 것이므로 대인을 보는 것이 이롭다. 상전에 이르기를 '가면 어렵고 오면 큰 공을 세울 수 있음'은 뜻이 안에 있는 것이요, '대인을 보는 것이 이로움'은 귀한 사람을 따르는 것이다.

상효는 음이 음 자리에 있지만[正], 괘의 끝자락에 있기 때문에 나아가면 더욱 어려워진다. 아래로 눈을 떠 돌아가면 도리어 커진다. '돌아서면 큰 공을 세울 수 있다'는 것은 3효와 상응하여 지원을 받는 형세를 가리키며, '대인을 보는 것이 이롭다'는 말은 건괘의 주인공 5효의 지시에 따라 세상의 어려움을 구제하는 일에 동참할 수 있다는 뜻이다.

세상은 혼자 살아갈 수 없듯이, 곤경을 벗어나기 위해서는 연합 전선을 펴는 것이 좋다. 상효는 지원자인 3효와 손잡고, 지도자인 5효의 지시를 받으면서 어려움을 헤쳐나가면 큰 공을 세울 수 있다. 3효는 간괘의 주체이면서 양이 양 자리에 있기 때문에 심지가 굳은 응원군이다. 상효가 3효와 손을 맞잡는다는 것은 내외가 연합 작전을 편다는 것이고, 또한 5효를 난국 돌파의 지도자로 삼아 일사분란하게 움직이는 것을 뜻한다.

3효와 손잡는 것은 내부 전열을 가다듬어 결속을 다지는 행위이고, 절

름발이 세상을 접고 새로운 세상을 열기 위해서는 5효와 같은 강력한 리더의 통솔력이 필요하다. 위기 극복은 지도자를 중심으로 내부 결속과 외부와의 협력이라는 삼박자가 갖추어져야 가능하다. 이런 연유에서 상효가 고난에서 벗어난다면 나머지 다섯 효도 구제될 수 있기 때문에 건괘는 유독 상효에서만 '돌아오면 큰 공을 세울 수 있어 길하다'고 말했던 것이다.

건괘는 첫머리에서 "서남으로 가면 이롭고 동북으로 가면 불리하다. 대인의 출현을 희망하면서, 항상 정도를 지켜야 한다"고 권고했다. 초효에서는 '때를 기다려야 한다'고 했으며, 3효는 '방향을 돌려 원래의 자리로 돌아온다'고 했으며, 4효는 '하괘의 여러 효와 연합 전선을 편다'고 했으며, 상효는 '돌아오면 큰 공을 세울 수 있다'고 하여 때를 기다리면서 힘을 보충하고 내외부 단결을 주문했다. 특히 2효와 5효는 고난 극복의 책임자들이다.

🔯 건괘는 시대 인식을 바탕으로 고난과 위기 극복의 다양한 방법을 제시한다. 항상 미래를 대비하여 힘을 비축하고 때를 기다리면서 움직이라는 『주역』의 독특한 시간관을 지적하였다. 그리고 각계각층의 민심을 수습하여 상하가 단결하는 자세를 촉구한다. 마지막으로 시간의 대세에 순응할 줄 알고, 내부와 외부를 통합하여 난국을 해결할 수 있는 위대한 지도자의 출현을 희망했다.

정역사상의 연구자 이상룡李象龍은 건괘의 성격을 다음과 같이 설명한다.

☷ 蹇은 在文從寒從足이니 足有寒疾하여 偏跛不仁者는
　건　재문종한종족　　족유한질　　편파불인자

難於進步하니 故로 取寒水在前足하여 止而不進之義也라
난어진보　　고　취한수재전족　　지이부진지의야

爲卦上水下山하니 盖洪水懷山하여 大禹治之이어늘
위괘상수하산　　개홍수회산　　대우치지

手足胼胝之時也라 至水土平則爲比卦也오 而解釋之初에
수족변지지시야　지수토평즉위비괘야　이해석지초

必有蹇難險阻하니 故로 此卦次於解也라
필유건난험조　고　차 괘차 어 해야

'건'은 문자적으로 추울 '한'과 발 '족'에서 온 것이다. 발이 차가운
질병과 절뚝발이로 어질지 못한 것은 앞으로 걷기가 힘들기 때문에
차가운 물이 앞 발에 있음을 취해서 멈추어 앞으로 나아가지 못한
다는 뜻이다. 괘의 형성은 위가 물이고 아래는 산이므로 대개 홍수
가 산을 품어 우임금이 치수사업하면서 손발에 굳은 살이 박힐 때
이다. 수토水土가 일치될 때에는 비괘比卦(䷇)가 되고, 처음 해석할 시
작할 적에는 반드시 어렵고 험난하기 때문에 건괘는 해괘 다음이
된 것이다.

象曰 蹇, 利西南, 不利東北은 水性就下也오 利見大人, 貞,
단왈 건 이서남 불리동북　수성취하야　이견대인 정

吉은 旣見聖이니 厥功成矣라
길　기견성　궐공성의

단전 "건은 서남이 이롭고 동북은 이롭지 않다"는 것은 물의 성
질이 아래로 흐른다는 것이요, "대인을 보는 것이 이로우니 올바르
면 길할 것이다"는 것은 이미 성인을 보았으므로 그 공덕이 이루어
진다는 뜻이다.

象曰 君子以, 反身修德은 以竢治平也라
상왈 군자이 반신수덕　이사치평야

상전 "군자는 이를 본받아 자기 몸을 돌이켜 덕을 닦는다"는 것
은 치국과 평천하를 기다린다는 뜻이다.

初六, 往, 蹇, 來, 譽는 去不才而績成也라
초육 왕 건 내 예　거부재이적성야

초효 "가면 어렵고 오면 칭송이 있을 것이다"라는 말은 가면 재
능은 없으나 이룸을 쌓을 수 있다는 것이다.

六二, 王臣蹇蹇, 匪躬之故는 焦思煎心하여 欲濟天下也라
육이 왕신건건 비궁지고 초사전심 욕제천하야

2효 "왕의 신하가 충성스럽게 어려움에 어렵게 함은 자신을 위함이 아니다"라는 말은 노심초사하여 마음 졸이는 것은 천하를 구제하려는 뜻이다.

九三, 往, 蹇, 來, 反은 降邱宅土也라
구삼 왕 건 내 반 강구택토야

3효 "가면 어렵고 오면 제자리로 돌아올 것이다"라는 것은 언덕에 내려와 집을 짓는다는 말이다.

九四, 往, 蹇, 來, 連은 重險難涉하면 來依連山也라
구사 왕 건 내 연 중험난섭 내의연산야

4효 "가면 어렵고 오면 연합하리라"는 말은 거듭된 험난으로 인해 건너기 어려우면 오는 것을 연산連山에 의지하라는 뜻이다.

九五, 大蹇, 朋來는 水潮南天을 欲治者衆也라
구오 대건 붕래 수조남천 욕치자중야

5효 "큰 어려움에 벗이 온다"는 것은 물이 남쪽하늘로 밀려드는 것을 배우려는 사람들이 많음을 뜻한다.

上六, 往, 蹇, 來, 碩, 吉은 裨退環外하여 尊厥中域也오
상육 왕 건 내 석 길 비퇴환외 존궐중역야
利見大人은 算薰錫封也라
이견대인 산훈석봉야

상효 "가면 어렵고 오면 큰 공을 세울 수 있고 길할 것이다"라는 것은 물러남을 도와 그 바깥을 둘러싸는 것은 중심을 존귀하게 여긴다는 뜻이요, "대인을 보는 것이 이롭다"는 것은 공훈을 계산하여 봉지封地를 준다는 뜻이다.

|雷水解卦|
뇌 수 해 괘

질곡으로부터의 해방

1. 대립과 갈등의 해소 : 해괘

정이천은 수산건괘水山蹇卦(☵☶) 다음에 뇌수해괘雷水解卦(☳☵)가 오는 이유를 다음과 같이 말한다.

解는 序卦에 蹇者는 難也니 物不可以終難이라
해 사괘 건자 난야 물불가이종란

故受之以解라 하니라 物无終難之理하니 難極則必散이라
고수지이해 물무종란지리 난극즉필산

解者는 散也니 所以次蹇也라 爲卦震上坎下하니 震은 動也오
해자 산야 소이차건야 위괘진상감하 진 동야

坎은 險也니 動於險外면 出乎險也라 故爲患難解散之象이며
감 험야 동어험외 출호험야 고위환란해산지상

又震爲雷하고 坎爲雨하니 雷雨之作은 蓋陰陽交感하여
우진위뢰 감위우 뇌우지작 개음양교감

和暢而緩散이라 故爲解라 解者는 天下患難解散之時也라
화창이완산 고위해 해자 천하환란해산지시야

"해괘는 「서괘전」에 '건은 어려움이니 사물은 끝끝내 어려울 수 없으므로 해괘로 이어받았다'라고 했다. 사물은 끝까지 어려운 이치가 없으니, 어려움이 극단에 이르면 반드시 흩어진다. 해는 흩어짐이니 이런 까닭에 건괘의 다음이 되었다. 괘의 형성은 진이 위에 있고 감이 아래에 있으니, 진은 움직이요 감은 험난함이니, 험난함의 밖에서 움직이면 험난함으로부터 나올 수 있다. 그러므로 환난이 풀려 흩어지는 모습이 되며, 또한 진은 우레가 되고 감은 비가 되니, 우레와 비가 일어남은 음양이 서로 교감하여 화창해서 풀어지고 흩어지기 때문에 '해'가 된 것이다. 해는 천하의 환난이 해산하는 때이다."

해괘는 위가 우레[震: ☳]이고, 아래는 물[坎: ☵]로서 꼬였던 것이 하나도 남김없이 풀린다는 뜻이다. 앞의 건괘蹇卦를 180° 뒤집어엎으면 해괘가 된다. 이는 상황이 역전되었음을 반영한다. 또한 음양의 대립 관계가 해소되

어 화해와 통일의 단계로 접어드는 것을 의미한다. 그래서 「서괘전」은 건괘의 어려움 뒤에 사물은 끝내 고난으로 마치지 않고 풀린다고 했다. '해'는 해방, 해탈, 해산, 해소, 해결, 해원, 해빙 등 예전에 맺히고 얽혔던 문제들이 하나둘씩 해결된다는 뜻이다.

수뢰둔괘水雷屯卦(䷂)가 물 속에서 우레가 미처 나오지 못하는 생명 탄생의 어려움을 상징한다면, 해괘는 우레가 물 밖으로 솟구쳐나와 우렁차게 소리치는 모습이다. 전자는 생명이 모체 속에서 꿈틀거려 움직이지만 밖으로는 험난함이 도사리고 있어 평안하지 못한데 비해, 후자는 안으로는 비록 험난하지만 밖으로는 활발히 움직여 어려움이 말끔히 해소되는 양상이다.

해괘는 꽉 막혔던 것이 뚫리고, 갇혔던 것이 풀려 어려움이 차츰 물러나는 이치를 설명하고 있다. 사방을 꽁꽁 얼어붙게 만들었던 추위는 입춘과 우수를 지나 해빙되어 봄 기운이 소생한다. 이것이 바로 자연의 이치이다. 사회적으로는 온갖 갈등과 모순과 대립이 점차 해체되면서 자유와 평화를 누리는 상황이 전개되는 것을 말한다. 자연에서는 겨울이 봄으로[冬 → 春], 가치로는 흉이 길로[凶 → 吉], 인생사로는 어려움이 쉬움으로[難 → 易] 탈바꿈되는 원리를 표상하는 것이 해괘이다.

2. 해괘 : 어두웠던 시대의 묵은 정신을 털어버려라

解는 **利西南**하니 **无所往**이라 **其來復**이 **吉**하니 **有攸往**이어든
해　이서남　　무소왕　　　기래복　　길　　　유유왕

夙하면 **吉**하리라
숙　　길

해는 서남이 이로우니 갈 곳이 없다. 와서 회복함이 길하니, 갈 곳이 있으면 빨리 하면 길할 것이다.

앞의 건괘蹇卦에서는 '서남방은 이롭고, 동북방은 불리하다'고 한 것을

해괘는 '동북방이 불리하다'는 내용을 삭제하였다. 불리한 상황이 호전되어 서남방이 이롭고, 더 이상 나빠질 것이 없다. 어두웠던 과거가 청산되어 새로운 환경이 조성되었기 때문에 묵은 정신을 털어내면 된다.

'갈 곳이 없다[无所往]'는 두 가지 해석이 가능하다. 하나는 뒤 구절과 연결시켜 갈 곳이 없기 때문에 돌아와야 한다는 것이고, 다른 하나는 최상의 상황이기 때문에 더 이상 나아갈 곳이 없다는 뜻이다. 우리는 후자를 겨냥한다. 왜냐하면 서남방이 이롭다는 것은 문왕팔괘도의 이른바 곤도坤道의 새로운 세상을 지향하기 때문이다. 괘사는 특별이 '길吉'이라는 글자를 두 번 제시하여 할 일이 없음을 강조한 점이 돋보인다. 그것은 산악 지방보다는 평지가 살기 좋다는 지리적 개념의 안전 지대를 뜻하지 않는다.

문왕팔괘도를 상수론적으로 분해하여 보면 더욱 명료하다.

문왕팔괘도

(2곤+9리+4손+7태) + (1감+6건+8간+3진) = 22+18 = 40이라는 등식이 성립한다. 여기서 '40'은 무극대도가 활짝 펼쳐지는 의미에서 {완전수 100-(하도의 중궁수 15 + 낙서의 중궁수 5)} ÷ 음양 2 = 40[四象의 작용수]의 수리적 구조를 갖는다. 이런 연유에서 뇌수해괘가 『주역』에서 40번의 자리잡는 것이라 하겠다.

'와서 회복함[其來復]'은 원래의 자리로 돌아옴을 뜻한다. 그것은 제자리에서 뜀박질하는 단순 운동이 아니라 원을 한 바퀴 돌아 원래의 자리로 복귀함을 가리킨다. 동양의 자연관은 순환론임을 설명하는 대목이다. '갈 곳이 있다[有攸往]'는 것은 아직도 처리해야 할 문제가 있다는 뜻이고, 그것은 재빨리 해결하는 것[夙]이 좋다.

위험과 고난은 친구 사이처럼 가깝다. 위험에 빠졌다고 움츠려서는 안 되고, 움직여야만 위험에서 벗어날 수 있다. 어려울수록 용기를 가지고 바쁘게 움직여 고난을 떨쳐내야 하는 것이 생활의 지혜이다. 고난은 정면으로 돌파하라. 험난한 상황을 애써 외면하거나, 주저앉는다면 일은 더욱 꼬이기 마련이다.

'서남이 이롭다'는 말은 상생의 방향으로 나아가면 공동 이익을 찾을 수 있다는 뜻이다. 서남은 문왕괘에서 곤괘의 방위이다. 곤괘는 생명의 어머니인 땅이다. 대지처럼 포근하고 안정된 방법으로 대처하면 여러 사람의 마음을 사로잡아 대중의 지지를 모을 수 있다(8괘 중에서 효의 수가 가장 많은 것이 곤괘坤卦이다). '중中'을 얻었다는 말은 해괘의 주효가 2효라는 말이다. 해괘의 주효는 2효와 5효이지만, 앞의 건괘의 주효가 5효라는 사실을 고려하면 해괘의 주효는 2효이다. 건괘와 해괘는 괘의 형상과 성격과 뜻이 상반된다. 건괘는 5효만이 고난의 시기를 대비하는 올바른 방법을 터득했다면, 해괘는 2효만이 고난에서 벗어난 뒤에 올바른 처세의 방법을 제시하고 있는 점이 대비된다. 따라서 고난을 헤쳐나가는 방법이 다를 수밖에 없다. 건괘는 위로 올라가라[上行] 권고했고, 해괘는 돌아오는 것[下行]이 올바른 방법이라고 했다. 왜냐하면 전자의 주효는 5효이고, 후자의 주효는 2효이기 때문이다. 특히 해괘의 2효는 양효가 음 자리에 있는 까닭에 강유를 겸비하여 유연한 방법으로 신속하게[夙] 강력한 힘을 행사하므로 수많은 공로를 세울 수 있는 것이다.

☖ 어려운 때일수록 고난을 극복할 수 있는 신념과 신속한 조치가 필요하다.

3. 단전 : 자연의 패턴은 갈등의 해소를 지향한다

象曰 解는 **險以動**이니 **動而免乎險**이 **解**라 **解利西南**은
단왈 해　험이동　동이면호험　해　해이서남

往得衆也오 **其來復吉**은 **乃得中也**오 **有攸往夙吉**은
왕득중야　기래복길　내득중야　유유왕숙길

往有功也라 **天地解而雷雨作**하고 **雷雨作而百果草木**이
왕유공야　천지해이뇌우작　뇌우작이백과초목

皆甲坼하나니 **解之時大矣哉**라
개갑탁　해지시대의재

단전에 이르기를 해는 험난함으로 움직이니, 움직여 험난함을 면하는 것
이 해이다. '해는 서남이 이로움'은 가서 무리를 얻음이요, '와서 회복함이
길하다'는 것은 이에 중을 얻음이요, '갈 곳이 있어 빨리 하면 길하다'는 것
은 가서 공이 있는 것이다. 천지가 풀림에 우레와 비가 일어나고, 우레와
비가 일어남에 백과초목이 모두 활짝 열려 나오니, 해의 때가 위대하도다.

해괘는 풀림의 계절을 표상한다. 하늘과 땅이 교감하는 방식은 우렁찬
우레와 비를 쏟아붓는다. 천둥과 비는 만물을 소생시켜 지상에 존재하는
초목의 씨앗을 싹트게 하는 신비로운 힘을 발휘한다. 해괘는 아련하고 정
겨운 봄의 생동감을 느끼게 한다. 깊은 잠에서 깨어나 기지개를 켜면서 생
명이 움튼다. 갑탁甲坼이란 씨앗이 처음으로 벌어져 생명이 제 모습을 드러
내려는 시초를 뜻하는 말이다.

'해解'는 종자가 벌어져 싹이 최초로 트는 것 이외에도 오랫동안 얽혔던
어려운 일이 차츰 풀리는 시간을 뜻한다. 예컨대『주역』하경의 시작인 부
부의 결합을 상징하는 31번 함괘咸卦에서 열 단계(열 달)를 거쳐서 40번째
해괘에 이르러 아기가 출생한다. 그것은 자연의 섭리에 의거하여 괘의 배
열과 순서에 반영된 것을 의미한다.

『주역』은 무엇을 목표로 삼는가. 이는 무엇을 다루는가의 문제와 연계
되어 있다.『주역』은 자연 속에 내장된 일정한 패턴을 투영하고 있다. 자

연에 숨겨진 패턴은 그 무엇 하나 수수께끼가 아닌 것이 없다. 『주역』은 자연에서 관찰되는 패턴이나 보편적 규칙의 배후에 숨어 있는 원리와 구조들을 간접적으로 설명하고 있다. 그것은 시간의 직선적 흐름과 순환으로 나타난 결과물이다. 그래서 단전은 해괘의 핵심을 시간의 위대함으로 찬탄하고 있는 것이다.

☆ 자연을 움직이게 하는 시간의 정신이 위대하다.

4. 상전 : 죄의 댓가를 도덕으로 교화하라

象曰 雷雨作이 **解**니 **君子以**하여 **赦過宥罪**하나니라
상 왈 뇌 우 작   해   군 자 이   사 과 유 죄

상전에 이르기를 우레와 비가 일어나는 것이 해이니, 군자는 이를 본받아 허물을 용서하고 죄는 감형해준다.

「상전」은 괘의 모습을 가지고 괘의 성격과 의미를 풀었다. 상괘는 우레이고, 하괘는 비를 뜻하는 물이다. 우레가 치고 비가 내리는 것은 만물을 소생시키는 봄이 산뜻하게 다가왔음을 의미한다. 우레는 위엄과 위세를, 때에 맞춰 내리는 비는 만물에게 베푸는 윤택에 비유된다. 이처럼 천지가 우레와 비를 내리는 현상을 보고 군자는 너그러운 용서의 지혜를 배운다.

환경이 새로워지면 마음 역시 새로워지기 마련이다. 우레는 위에서 하늘을 울리고, 비는 땅을 촉촉이 적셔 만물을 아래에서 위로 싹트게 만든다. 군자와 위정자는 이를 본받아 가혹한 형벌은 줄이고, 은혜는 더욱 늘려 사회의 안정을 되찾는다. 반대로 형벌을 가중하고, 은혜를 줄인다면 사회는 경직되어 숨통이 막힐 것이다. 허물이 있는 자는 용서하고, 죄인에게는 관용을 베풀어야 한다. 하찮은 허물은 사면해주어야 마땅하고[赦過], 죄는 최대한 덜어서 감형해주어야 한다[宥罪]. 사형은 무기징역으로, 중벌은 경범으로, 경범은 집행 유예로 풀어주는 대사면령을 단행할수록 사회 안정

이 강화될 수 있다.

시대를 초월하여 법의 역사는 관용과 엄정이라는 양칼을 사용했다. 혁명을 통해 새롭게 집권한 세력마저도 국정의 쇄신과 민심의 안정을 위해 사면령을 내려 사회의 갈등을 해소시키는 정책을 펼쳤다. 웬만한 잘못은 너그럽게 용서하고 관대한 법집행을 펼쳐 민심의 동요를 막았고, 사회의 질서와 안녕을 깨뜨리는 죄인은 발본색원하여 범죄와의 전쟁을 최소화했던 것이다.

🔯 허물이 있는 자는 용서하고, 죄인에게 관용을 베풀어 사회안정을 도모해야 한다.

5. 초효 : 강유의 감응은 천지의 의리

初六은 **无咎**하니라
초 육　　무 구

象曰 剛柔之際라 **義无咎也**니라
상 왈 강 유 지 제　　의 무 구 야

초육은 허물이 없다. 상전에 이르기를 강과 유가 사귐(처음으로 만나는 계절)이다. 의리를 지켜 허물이 없는 것이다.

『주역』 384효 중에서 해괘 초효의 효사가 가장 간단하다.[1] 해괘의 초효는 모든 것이 원천에서 새롭게 시작하는 자리이다. 초효는 음이 양 자리에 있으나[不正], 4효와 상응하여 만사가 풀리고 해결되기 때문에 허물이 없다.

초효는 백성들의 소박한 삶을 반영한다. 백성은 강자와 지배자의 틈바구니에서 주어진 삶을 충실히 살아가는 까닭에 억지로 욕심을 부리지 않는다. 『주역』은 음양의 상응을 최고의 가치로 꼽는다. 하괘의 가장 낮은

---

1) 이밖에도 天地否卦 2효의 '六三, 包羞.', 雷風恒卦 2효의 '九二, 悔亡.', 雷天大壯卦 2효의 '九二, 貞, 吉.', 重澤兌卦 상효의 '上六, 引兌.'가 있다.

자리에 살면서 상괘인 4효의 지시에 순응하는 까닭에 가슴에 의리를 품어 의심하지 않는다.

✿ 자연사와 문명사를 꿰뚫는 원리는 음양의 감응이다.

6. 2효 : 중용과 정직으로 소인을 감화시켜라

九二는 **田獲三狐**하여 **得黃矢**니 **貞**하여 **吉**토다
구 이   전 획 삼 호   득 황 시 정   길

象曰 九二貞吉은 **得中道也**일새라
상 왈 구 이 정 길   득 중 도 야

구이는 사냥해서 세 마리의 여우를 잡아 누런 화살을 얻으니, 올바르게 해서 길하도다. 상전에 이르기를 '구이는 올바르게 해서 길함'은 중도를 얻기 때문이다.

2효는 양이 음 자리에 있으나[不正], 하괘의 중도를 지켜 5효와 감응을 이룬다. 한층 중용의 위력을 실감하는 대목이다. 전田은 밭을 가리키는 글자가 아니라, '사냥하다[佃]'는 동사로 새겨야 한다. 여우는 의심 많은 아주 교활한 동물이다. 여우를 사냥한다는 말은 부정부패를 일소하고, 사회악을 뿌리뽑아 건강한 사회를 만들기 위한 대청소 작업을 상징한다. 사회를 좀먹는 죄인을 그냥 둔다면 악의 구렁텅이로 확산될 것이다.

평안한 사회를 들쑤셨던 여우 세 마리를 잡았다는 것은 꼬였던 사회 문제가 말끔히 해결[解]됐다는 뜻이다. 해괘에서 여우는 무엇을 가리키는가? 이에 대한 해석은 두 가지가 있다. 하나는 중도인 5효를 제외한 초효와 3효와 상효의 음을 가리키며, 다른 하나는 음이 양 자리에 있고, 하괘의 중도를 지나쳤으며, 음양이 상응하지 않는 3효를 가리킨다. 즉 3효는 미꾸라지 한 마리가 둠벙을 온통 흙탕물로 만드는 청산의 대상이다.

2효가 세 마리의 여우를 잡은 다음에 누런 화살을 얻었다. 화살은 곧다

[直]. 화살이 곧지 않으면 곡사포처럼 포물선을 그리면서 앞으로 나아가기 때문에 표적을 정확히 맞출 수 없다. 화살은 소인을 다스리는 적절한 방법이 바로 '중도'와 '곧음'임을 지적하는 용어이다. 그래서 효사는 2효가 부정위不正位지만, 올바름[貞 = 正]으로 처신해야 길하다고 했던 것이다.

'황黃'은 오행에서 중앙의 색깔이고, 화살은 곧게 나아가[直] 표적에 꽂힌다[中直]. 세상이 어수선한 까닭은 중도를 잃고 정직하게 살지 않기 때문이다. 군자가 소인을 감화시키는 덕목은 중용과 정직임을 가르치고 있는 것이다.

🔯 사회 정화는 중용의 보편화를 통해 가능하다.

7. 3효 : 진리의 경계를 들여다보는 도둑이 되라

六三은 **負且乘**이라 **致寇至**니 **貞**이라도 **吝**이리라
육 삼   부 차 승   치 구 지   정   인

象曰 負且乘이 **亦可醜也**며 **自我致戎**이어니 **又誰咎也**리오
상 왈 부 차 승   역 가 추 야   자 아 치 구   우 수 구 야

육삼은 짐을 지고 또한 타는 것이다. 도적을 불러들임이니 올바르더라도 인색할 것이다. 상전에 이르기를 '짐을 지고 또한 타는 것'은 역시 추한 것이며, 나로부터 도적(군사)을 이르게 했으니 또 누구를 허물하리요.

3효는 2효가 지적한 여우이다. 또한 음이 양 자리에 있고, 하괘의 끝자락에 있기 때문에 매우 불안하고, 하괘에서 상괘로 넘어가기 직전의 혼돈 상태이다. 3효는 온갖 부정한 짓을 저지르는 망난이다. 『주역』에서 음은 여자고 양은 남자이다. 3효는 여자가 2효 남자를 타고 있고, 4효 남자를 짊어지고 있는 형상이다. 짐꾼이 짐을 등에 맨 채[負] 최고급 승용차까지 올라탔으니[乘] 꼴불견이 아닐 수 없다.

옛날에는 등짐을 소인이 짊어졌고, 군자가 수레 타는 일이 정상였다. 그런데 소인이 무거운 짐을 지고, 군자의 수레를 타고 있으므로 도적을 스스

로 불러들이는 꼴이다. 소인은 음의 신분으로 양의 자리에 있으므로 정도를 어겼고[不正位], 양의 신분인 2효를 밟고서 다시 4효의 양을 따르고 있으니 소인이 마구 설치는 형상을 드러내고 있다.

3효는 이미 남의 것을 빼앗아 자신의 것으로 바꾼 장물애비이다. 장물에 눈이 먼 또다른 도적이 눈독을 들인다. 도적이 다른 도적놈을 불러들이는 악순환의 연속이다. 재앙을 스스로 일으켜 그칠 날이 없다[致寇至]. 이런 일은 아름답지 못한 추한 짓이다. 누구를 탓할 수 있겠는가. 분수를 모르고 까분 일이니 원망도 할 수 없다. 제가 저지른 일은 스스로가 감당할 수밖에 없다.

칼로 일어선 자는 칼로 망하고, 도둑이 도둑놈 심보를 가장 잘 안다는 말이 있다. 태어날 때부터 소인과 군자가 정해진 것은 아니다. 소인도 배우고 실천하면 군자가 될 수 있고, 군자가 타락하면 소인으로 변질된다. 문제는 소인이 군자의 소임을 탈취하여 남용하고 폭력을 행사함으로써 사회를 불행의 나락으로 빠뜨리는데 있다. 공자는 욕심의 화신인 소인의 어리석음을 탄식하고 있다.

"공자가 말씀하시기를 '역을 지은 자는 도둑의 심보를 들여다본 것이로구나!' 역에 이르기를 '마대를 둘러메고 말까지 탔으니 도적을 불러들이는 꼴이라' 하니 둘러메는 것은 소인의 일이요 타는 것은 군자의 그릇(도구)이니, 소인이 군자가 타는 말을 타고 있음이라. 도적이 빼앗을 것을 생각하며, 위를 거만하게 하고 아래를 포악하게 다루니라. 도적이 칠 것을 생각하니 창고 지킴을 게을리함은 도적을 가르치는 것이며, 얼굴을 예쁘장하게 꾸미는 것은 치한을 불러들이는 것이니, 역에 이르기를 '마대를 둘러메고 말까지 탔으니 도적을 불러들이는 꼴이라' 하니, 그것은 도적을 스스로 초래한 것이다."[2]

2) 『周易』 「繫辭傳」 상편 8장, "子曰 作易者其知盜乎! 易曰負且乘. 致寇至. 負也者, 小人之事也. 乘也者, 君子之器也. 小人而乘君子之器. 盜思奪之矣. 上慢, 下暴, 盜思伐之矣. 慢藏誨盜, 冶容誨

雷水解卦
뇌수해괘

도적에는 좀도둑과 정의로운 도둑이 있다. 전자는 남의 것을 훔치는 얌체라면, 후자는 일지매나 홍길동과 정의로운 도적[義賊]이다. 해괘에서 말하는 도적은 밤도둑인가, 아니면 진리의 경계를 들여다본 도적인가? 공자는 이 세상이 둥글어가는 이치를 남보다 재빨리 그리고 정확하게 읽어내는 눈을 가진 존재를 도적이라 비유했다. 그러니까 소인의 자질로서 군자만이 실행할 수 있는 정도를 넘보는 행위는 나쁘다[貞吝]는 것이다.

🎴 이 세상이 존재하는 이유와 과정과 목적을 알아야 세상을 구원할 수 있다.

8. 4효 : 해빙 시기에도 소인은 반드시 솎아내야

九四는 **解而拇**면 **朋至**하여 **斯孚**리라
구사　　해이무　　붕지　　사부

象曰 解而拇는 **未當位也**일새라
상왈 해이무　　미당위야

구사는 너의 엄지발가락에서 풀면 벗이 이르되 이에 미더울 것이다. 상전에 이르기를 '너의 엄지발가락에서 푸는 것'은 위치가 마땅하지 않기 때문이다.

4효는 양이 음 자리에 있고[不正], 초효와 상응한다. 초효가 양이고, 4효가 음일 때 이상적인 관계이므로 이 둘은 비뚤어진 관계이다. '이而'는 너you이고, '무拇'는 엄지발가락이다. 4효는 5효 임금의 밑에서 보좌하는 신하의 자리이다. 조정에는 간신이 들끓어서는 안 되기 때문에 신하는 간신을 솎아내야 마땅하다.

학자들은 4효를 해석할 때, '엄지발가락[拇]' 또는 '풀면[解]'에 초점을 맞추어 풀이하는 경우가 있다. 전자에 따르면 초효와의 긴밀 관계를 유지하면 좋은 상황이 올 것이고, 후자에 따르면 나쁜 친구인 3효와의 교제를 단

___

淫, 易曰 負且乘致寇至, 盜之招也."

절하면 좋은 벗이 생길 것이라는 것이다. 즉 선수가 준비 운동할 때는 가벼운 스트레칭에서 시작하는 것처럼 몸의 밑바닥인 발가락부터 풀려야 머리까지 시원해질 수 있다는 얘기이다. 또한 소인의 대명사인 3효와의 관계를 끊어야 좋은 친구인 2효가 다가와 신뢰감이 형성될 수 있다는 것이다.

하지만 4효는 양이 음 자리에 있고 상쾌의 중도에 미치지 못하고[不中], 신하 곁에는 3효를 비롯한 소인배들이 수두룩한 것을 형용한다. 소인들은 발가락에 붙은 묵은 때와 같은 존재이다. 세상의 필요악을 도려내지 않으면 평안을 기대할 수 없다. 소인은 생존을 위해 무리를 짓는다. 군자를 모함하여 외톨이신세로 만드는 특기를 발휘할 뿐만 아니라 동료와 이간질시켜 발목을 묶는데 뛰어나다.

애당초 4효는 양이 음 자리에 있고[不正], 상응하는 초효마저도 음이 양 자리 있기 때문에[不正] 부정으로 얼룩져 있다. 하나를 싹둑 잘라내기 이전에는 좋은 친구들이 다가올 수 없다. 소인과의 교제는 스스로 끊어야 한다. 다른 누가 대신 끊어줄 수 없기 때문이다.

☆ 세상의 필요악을 도려내야 평안을 기대할 수 있다.

9. 5효 : 소인에 대한 감화가 기강 확립의 첫걸음

六五는 **君子維有解**면 **吉**하니 **有孚于小人**이리라
육 오　　　군자유유해　　　길　　　유부우소인

象曰 君子有解는 **小人**의 **退也**라
상왈 군자유해　　　소인　　　퇴야

육오는 군자가 스스로 풀음이 있으면 길하니, 소인에게도 믿음이 있을 것이다. 상전에 이르기를 '군자가 푼다'는 것은 소인이 물러감이다.

5효는 음이 양 자리에 있으나[不正], 2효와 상응한다. 군자 앞에는 풀어야 할 수많은 난제가 놓여 있다. 순위와 경중을 따져 무너진 사회의 기강

을 바로잡아야 한다. 국가는 위정자가 마음 먹기에 달렸다. (위정자)군자가 풀으니 소인에게도 혜택이 돌아간다.

진실로 5효는 시대의 주인공이다. 시대의 주체인 군자는 사회악인 소인들을 뿌리뽑아야 하는 책무가 있다. 초효, 3효, 상효의 음(소인)이 제거되어야 사회가 맑아질 수 있다. 지도자는 인재 양성도 중요하지만, 썩은 관료를 도려내야 하는 막중한 소임이 있다. 조정에 군자가 많아지면 많아질수록 소인은 설 자리가 없다.

✡ 『주역』은 소인들이 판치는 세상이 사라지기를 희망한다.

10. 상효 : 소인배와 부정부패의 척결은 단숨에 이뤄야

上六은 公用射隼于高墉之上하여 獲之니 无不利로다
상육 공용사준우고용지상 획지 무불리
象曰 公用射隼은 以解悖也라
상왈 공용사준 이해패야

상육은 공자가 높은 담 위의 새매를 쏘아 잡으니, 이롭지 않음이 없도다.
상전에 이르기를 '공자가 새매를 쏘는 것'은 거스르는 것을 푸는 것이다.

상효는 음이 음 자리에 있으나[正], 실권을 쥔 임금의 자리는 아니더라도 존경받는 공직자[公]에 해당된다. 그는 임금의 스승, 고문 자격으로서 임금을 보좌하는 측근이다. '매[隼]'는 새를 잡아먹는 독한 새로서 세상을 해치는 깡패와 폭력배와 악랄한 소인을 상징하며, '높은 담'은 충분한 시간을 들여 갖춘 알찬 준비를 상징한다.

새매는 요리조리 법망을 피해가면서 백성을 괴롭히는 소인배 또는 토착 관리를 뜻한다. 새매는 단 한 번에 쏘아서 죽여야 한다. 새매는 3효 혹은 3효를 비롯한 나머지 효들을 가리킨다. 높은 담 위에 있는 새매를 쏘아서 잡았다는 것은 사회악을 일으키는 두목을 구속했다는 말이다. 부정부패의 원흉을 잡아들였기 때문에 안정을 되찾을 수 있다. 새매를 잡기 위해서는 화살이 있어야 하는 것처럼 매사에는 준비가 철저해야 한다. 땀 흘린 자는 스스로 얽히고 맺혔던 매듭을 풀 수 있다. 공자는 해괘의 중요성을 거듭 설명하고 있다.

역에 이르기를 "지도자[公, 임금]가 높은 언덕에서 매를 쏘아 잡으니 이롭지 않음이 없다"라 하니 공자가 말씀하시기를 "새매는 새요, 활과 화살은 그릇(수단으로서의 무기)이요. 쏘는 것은 사람이니, 군자가 그릇을 몸에 간직해서 때를 기다려 움직이면 어찌 이롭지 않음이 있으리요. 움직임에 막히지 않는다. 이 때문에 나아가서 얻음이 있나니 그릇을 이룬 후에 움직이는 것을 말함이라.[3]

⚜ 소인배에 대한 경계는 잠시도 소홀해서는 안 된다.

정역사상의 연구자 이상룡李象龍은 해괘의 성격을 다음과 같이 설명한다.

解字는 合角刀牛三字이니 以刀解牛之義라
해 자　　합 각 도 우 삼 자　　　이 도 해 우 지 의

故傳曰解牛而鎈刀不鈍이라 하니라 爲卦與屯正相反하니
고 전 왈 해 우 이 망 인 부 둔　　　　위 괘 여 둔 정 상 반

雷動於下則爲屯難未亨하고 雷奮於上則爲解析和暢이라
뇌 동 어 하 즉 위 둔 난 미 형　　뇌 분 어 상 즉 위 해 석 화 창

其唯動激出險水하여 折退邊之時也라 而軍旅之久勞于外者가
기 유 동 격 출 험 수　　절 퇴 변 지 시 야　　이 군 려 지 구 로 우 외 자

以時解還일새니 故此卦次於旅也라
이 시 해 환　　　　고 차 괘 차 어 려 야

"'해'는 뿔 각角과 칼 도刀와 소 우牛라는 세 글자가 결합하여 칼로 소를 분해한다는 뜻이므로 「전傳」에서는 '소를 부위별로 나누었어

---

3) 『周易』「繫辭傳」하편 5장, "易曰公用射隼于高墉之上, 獲之, 无不利, 子曰 隼者, 禽也. 弓矢者, 器也. 射之者, 人也, 君子藏器於身, 待時而動, 何不利之有. 動而不括. 是以出而有獲, 語成器而動者也."

도 칼날이 무뎌지지 않은 것이다'라고 했다. 괘의 구성은 둔괘屯卦와 상반된다. 우레가 아래에서 움직이면 둔이 곤란하여 형통하지 못하고, 우레가 위에서 분발하면 풀리거나 나뉘어 화창해지는 것이다. 그것은 오직 급격하게 움직여 위험한 곳에서 나와 물이 꺾이고 물러나는 한계의 시간을 뜻한다. 군대가 오랫동안 바깥에서 힘들게 야영할 때 시간이 흘러 흩어져 돌아가기 때문에 해괘가 여괘旅卦 다음을 이은 것이다.

象曰 解는 利西南은 澤注西南也오 无所往, 其來復, 吉은
단왈 해 이서남 택주서남야 무소왕 기래복 길

天一生水하여 而水窮反本也오 有攸往, 夙, 吉은 道有當行이니
천일생수 이수궁반본야 유유왕 숙 길 도유당행

宜早習之也라
의 조 습 지 야

단전 '서남이 이롭다'는 것은 연못물이 서남쪽으로 흐른다는 뜻이며, "갈 곳이 없다. 와서 회복함이 길하다"는 것은 천일天一이 물을 낳아 물이 궁극에 이르면 근본으로 돌아간다는 뜻이며, "갈 곳이 있으면 빨리 하면 길할 것이다"는 것은 길에는 마땅히 가야 할 길이 있는데, 일찍부터 숙달해야 한다는 것이다.

象曰 君子以, 赦過宥罪는 許其自新也라
상왈 군자이 사과유죄 허기자신야

상전 "군자는 이를 본받아 허물을 용서하고 죄는 감형해준다"는 말은 스스로 새로워지는 것을 허락한다는 뜻이다.

初六, 无咎는 動於地中也일새라
초육 무구 동어지중야

초효 '허물이 없다'는 말은 땅 속에서 움직이기 때문이다.

九二, 田獲三狐는 爰定三方也오 得黃矢, 貞, 吉은
구이 전획삼호 원정삼방야 득황시 정 길

獲此土沃하여 旣富且穀也라
획차토옥 기부차곡야

2효 "사냥해서 세 마리의 여우를 잡는다"는 말은 세 방향에서 결정된다는 뜻이다. "누런 화살을 얻으니 올바르게 해서 길하다"는 것은 이 흙이 기름져 부자가 될 수 있고 많은 곡식을 얻는 것을 뜻한다.

六三, 負且乘. 致寇至는 險暗居上하여 敵來革之也라
육삼 부차승 치구지 험암거상 적래혁지야

3효 "짐을 지고 또한 올라탐이다. 도적을 불러들임이다"는 것은 위험하고 어두운 것이 위에 거처하여 적이 와서 바꾼다는 뜻이다.

九四, 解而拇는 出險安行하여 如縛斯解也라 朋至, 斯孚는
구사 해이무 출험안행 여박사해야 붕지 사부

與類相信也라
여류상신야

4효 '너의 엄지발가락에서 푼다'는 것은 위험한 곳에서 나와 안전하게 행동하는 것이 마치 속박당한 것이 풀리는 것을 말한다. '벗이 이르러 이에 미덥다'는 말은 무리와 함께 서로 믿는 것을 뜻한다.

六五, 君子維有解, 吉, 有孚于小人은 愷悌君子가
육오 군자유유해 길 유부우소인 개제군자

解紛推信也라
해분추신야

5효 "군자가 스스로 풀음이 있으면 길하니, 소인에게도 믿음이 있을 것이다"는 것은 용모가 화락하고 단아한 군자가 어지러운 것을 풀어서 믿게 만든다는 뜻이다.

上六, 公用射隼于高墉之上, 獲之, 无不利는
상육 공용사준우고용지상 획지 무불리

地球平而動掃不善也라
지구평이동소불선야

상효 "공자가 높은 담 위의 새매를 쏘아 잡으니, 이롭지 않음이 없다"는 말은 지구가 평평해지므로 움직여서 착하지 않은 것을 제거함을 뜻한다.

|山澤損卦|
산 택 손 괘

손익영허, 만물의 공식

1. 보탬과 덜어냄의 균형 : 손괘

정이천은 뇌수해괘雷水解卦(☳☵) 다음에 산택손괘山澤損卦(☶☱)가 오는 이유를 다음과 같이 말한다.

損은 序卦에 解者는 緩也니 緩必有所失이라
손   서괘   해자   완야   완필유소실

故受之以損이라 하니라 縱緩則必有所失이오 失則損也니
고수지이손   종완즉필유소실   실즉손야

損所以繼解也라 爲卦艮上兌下하니 山體高하고 澤體深하니
손소이계해야   위괘간상태하   산체고   택체심

下深則上益高하니 爲損下益上之義요 又澤在山下하여
하심즉상익고   위손하익상지의   우택재산하

其氣上通하여 潤及草木百物하니 是損下而益上也며
기기상통   윤급초목백물   시손하이익상야

又下爲兌說하고 三爻皆上應하니 是說以奉上이니
우하위태열   삼효개상응   시열이봉상

亦損下益上之義라 又下兌之成兌는 由六三之變也오
역손하익상지의   우하태지성태   유육삼지변야

上艮之成艮은 自上九之變也라 三本剛而成柔하고
상간지성간   자상구지변야   삼본강이성유

上本柔而成剛하니 亦損下益上之義라
상본유이성강   역손하익상지의

損上而益於下則爲益이오 取下而益於上則爲損이라
손상이익어하즉위익   취하이익어상즉위손

在人上者施其澤以及下則益也오 取其下以自厚則損也니
재인상자시기택이급하즉익야   취기하이자후즉손야

譬諸壘土컨대 損於上以培厚其基本則上下安固矣니 豈非益乎
비저루토   손어상이배후기기본즉상하안고의   기비익호

아 取於下以增上之高則危墜至矣니 豈非損乎아 故損者는
취어하이증상지고즉위타지의   기비손호   고손자

損下益上之義요 益則反是라
손하익상지의   익즉반시

"손괘는 「서괘전」에 '해는 느슨함이니, 느슨하면 반드시 잃는 바가 있다. 그러므로 손괘로 이어받았다'고 했다. 풀어놓아 느슨해지면

잃는 바가 있고, 잃으면 손해이므로 손괘가 해괘를 이어받은 까닭이다. 괘의 형성은 간이 위에 있고 태가 아래에 있으니, 산의 실체는 높고 연못의 실체는 깊은 바 아래가 깊으면 위가 더욱 높아지니 아래를 덜어서 위에 더하는 뜻이 된다. 또한 연못이 산 아래에 있어 그 기운이 위로 통하여 윤택함이 초목과 온갖 물건에 미치니 이는 아래를 덜어 위에 더하는 것이며, 또 아래는 연못과 기쁨이 되고 세 효가 모두 위와 상응하니 이는 기쁨으로 윗사람을 받드는 것이니, 역시 아래를 덜어 위에 더하는 뜻이다. 또한 아래의 태괘가 태가 된 것은 3효가 변했기 때문이요, 위의 간괘가 간이 된 것은 상효가 변했기 때문이다. 3효는 본래 강이었는데 유가 되었고, 상효는 본래 유이었는데 강이 되었으니 또한 아래를 덜어 위에 더하는 뜻이다. 위를 덜어 아래에 더하면 익괘가 되고, 아래에서 취하여 위에 더하면 손괘가 된다. 백성의 위에 있는 자가 은택을 베풀어 아래에 미치면 '익'이 되고, 아래의 것을 취하여 자신을 두텁게 하면 '손'이 된다. 이것을 성벽의 흙에 비유하면 위의 흙을 덜어 기본을 북돋아 두텁게 하면 위아래가 안정되고 튼튼해지니 어찌 '익'이 아니겠는가? 아래의 것을 취하여 위를 더 높이면 위태롭고 떨어짐이 이를 것이니 어찌 '손'이 아니겠는가? 그러므로 손은 아래를 덜어 위에 더하는 뜻이요, 익은 이와 반대이다."

손괘는 위가 산[艮: ☶]이고, 아래는 연못[兌: ☱]으로서 멈춤과 기쁨의 이치를 설명한다. 손괘는 아래 것을 덜어서 위에 보탠다는 의미 이외에도 아래의 남는 것을 위로 보낸다는 뜻이 있다. 손괘는 뒤의 풍뢰익괘(☴☳)와 세팅을 시켜 이해해야 그 전모가 드러난다. 손괘와 익괘를 180° 뒤집어엎으면 서로의 짝꿍이 된다. 『주역』은 손괘와 익괘의 배열을 통하여 사물의 양면성에 대한 통합적 인식을 강조한다. 이는 손해와 이익, 즉 덜어냄과 보탬의 방법으로 사회가 움직이는 것을 뜻한다. 「계사전」이 원론 수준에서 '한 번은 음하고 한 번은 양한다[一陰一陽之謂道]'는 운동 방식을 언급한 것을, 손괘는 보태고 더는 방식으로 세상이 움직인다는 사실을 얘기하고 있다.

연못(아래)의 영양분을 덜어서 산(위)의 수목을 살리기 위해 에너지를 보태는 형상에 빗대어 괘의 명칭을 '손'이라 했다. 즉 아랫돌을 빼서 윗담을 채우는 방법과 마찬가지다. 인간의 정서에서 볼 때는 윗 것을 빼서 아래에 보태주는 것이 정상이다. 하지만 덜고 보태는[損益] 세상의 이치는 상하에 공통적으로 적용됨을 강조하는 대목이 아닐 수 없다.

자연은 전체 생명계를 살리기 위해 개체군의 평형을 유지한다. 자연은 '죽임과 살림'의 방식을 본질로 삼는다. 사람도 생리적으로 먹고 싸고, 싸면서 먹는다. 은행은 손익 분기점을 계산하면서 저축과 대출을 독려한다. 시중의 돈줄이 잘 돌아야 숨통이 트인다. 저축만 있거나 대출만 있으면 돈줄의 흐름이 왜곡되어 부도 사태가 일어난다. 저축과 대출의 균형을 이뤄야 은행이 살아남을 수 있다. '넣고 뺌(보태고 덜어냄)'은 자연과 문명과 역사를 관통하는 보편 법칙인 것이다.

2. 손괘 : 믿음은 인간 관계의 처음과 끝

損은 **有孚**면 **元吉**코 **无咎**하여 **可貞**이라 **利有攸往**하니
손　유부　원길　무구　　가정　　이유유왕

曷之用이리오 **二簋可用享**이니라
갈지용　　이궤가용향

손은 믿음을 두면 크게 길하고 허물이 없어 올바를 수 있다. 가는 바를 둠이 이로우니, 어디에 쓰겠는가. 두 대그릇으로 제사를 지낸다.

'손'은 내 것을 덜어서 남에게 주어 남이 잘 되는 행위를 일컫는다. 내가 손해보면서 다른 사람이 이익보게 하는 일은 쉽지 않다. 사람은 손해가 심

할수록 마음에 상처받지만, 세상의 이치를 크게 깨우친 사람은 아무리 큰 손해가 닥쳐와도 그 밑바탕에 이익과 손해를 초월한 '믿음[孚]'이 짙게 깔려 있다. 그러니까 크게 길하여 허물이 없고, 행동 하나하나가 옳을 수밖에 없는 것이다.

손괘에서 더는 일[損]은 아래 것을 덜어 위에 보탬을 뜻한다. 즉 하괘 초효의 양 에너지를 덜어서 상괘에 보태면 음양의 균형을 유지할 수 있다. 덜고 보태는 이유는 상하괘의 역동적 균형[中]을 바로잡기 위한 방법이기 때문이다. 그것은 '부익부富益富 빈익빈貧益貧'에 따르는 약육강식의 논리보다는 오히려 살신성인殺身成仁과 같은 위대한 가치를 북돋는 행위이다.

☸ 믿음은 종교 언어만은 아니다. 믿음은 자연과 인간을 관통하는 핵심이다.

3. 단전 : 손익은 천지의 보편 원리

象曰 損은 損下益上하여 其道上行이니 損而有孚면
단왈 손 손하익상 기도상행 손이유부

元吉无咎可貞利有攸往이니 曷之用二簋可用享은
원길무구가정이유유왕 갈지용이궤가용향

二簋應有時며 損剛益柔有時니 損益盈虛를
이궤응유시 손강익유유시 손익영허

與時偕行이니라
여시해행

단전에 이르기를 손은 아래를 덜어 위에 보태어 그 도가 위로 행하는 것이다. '덜어내는 데에 믿음을 두면 크게 길하고 허물이 없어 올바를 수 있고 가는 바를 둠이 이로우니, 어디에 쓰는 것은 두 대그릇에 제사를 지냄'은 두 대그릇이 부응하는 때가 있으며, 강건함을 덜어서 유순함에 더함이 때가 있으니, 덜고 보태고 차고 비는 것은 때(시간)와 더불어 함께 움직이는 것이다.

손괘의 핵심은 '아래를 덜어 위에 보태는 것[損下益上]'에 있다. 왜 아래 것을 덜어 위에 보태야만 하는 것일까? 산택손괘(䷨)의 근거는 지천태地天泰(䷊)이기 때문이다. 지천태괘의 3효인 양을 덜어내어 상괘의 상효와 맞바꾸어서 손괘가 이루어진 것이다. 즉 지천태괘의 3효가 위로 올라가 상효와 자리를 교체하는 것이 바로 '도가 위로 행하는[其道上行]' 운동이다.

천지는 살아 있다. 천지가 살아 있음을 증명하는 몸짓이 바로 보태고 덜어내는 움직임이다. 천지가 보태거나 덜면서 운동하는 방식을 정리하면 음양의 소식消息이다. 천지가 음양 운동을 하는 까닭은 균형을 유지하기 위해서다. 손괘(䷨)의 하괘를 덜어서 상괘에 보태면 '손'이고, 상괘를 덜어서 하괘에 보태면 '익'이다. 손과 익은 서로 상대성을 띤다. 손괘는 손익 운동이 바로 자연과 문명과 역사를 꿰뚫는 천지의 보편 원리라고 설명한다.

현실 생활에서 비록 손해를 보더라도 믿음[孚]을 두면 크게 이롭다. 이 세상의 밑바닥에는 손해와 이익의 균형을 이루는 역동적인 이치가 배어 있다. 손해와 이익은 '시간'과 더불어 순환한다. 달이 차면 이지러지고, 해가 뜨면 달이 지듯이 천지는 가득 차면 비고, 비워지면 다시 차는 운동을 영원히 반복한다.

과거에는 제사가 가장 중요하고 큰 행사였다. 종교 행위는 제사와 의례를 통해 이루어진다. 여덟 가지의 음식을 놓고 성대하게 제사올리는 것이 통상적인 예식인데, 손괘는 대나무로 만든 그릇 위에다 포 두 개를 올린 소박한 음식이 좋다고 했다. 제사에 쓰이는 재물은 이만저만의 출혈이 아니다. 죽은 사람을 산사람처럼 모시라는 말이 있다. 죽은 이를 모시기 위한 음식 만들기에 막대한 돈을 들이는 것은 엄청난 낭비일 것이다. 냉수 한 그릇과 포 한 마리면 충분하다. 제사드리는 물자는 빈약하더라도 조상에 대한 믿음이 최상이다.

상제와 조상신에게 올리는 제물과 의례가 성대한 반면에, 그들을 공경하는 마음이 없는 형식에 치우친 제사는 드리지 않는 것이 낫다. 제물과 바꿀 수 없는 소중한 것은 정성이 듬뿍 담긴 마음이다. 그리고 『주역』은 마음과 더불어 '때(시간)'의 중요성을 강조한다. 성대한 제사 또는 간소한 제사는 객관적인 시간의 여건과 부합해야 한다. 간소해야 할 때는 성대하고, 성대해야 할 때는 간소하면 시간의 정신에 위배된다. 시간의 섭리에 대한 합리적인 판단과 행위야말로 군자가 지켜야 할 최고의 덕목인 것이다.

제사 음식 차리는 일이 귀찮고, 재물이 아깝다고 언제나 대그릇 정도의 음식을 장만해서는 안 된다. 그것은 응급 상황일 때만 허용된다. 즉 시간이 허락할 때와 그렇지 않을 경우가 있다. 아래 것을 위에 보태거나 강한 것을 덜어서 부드러운 것에 보태는 것 역시 아무 때나 이루어지지 않는다. 시간의 율동에 따라 손익이 너울거리기 때문에 시간이 허락할 때와 그렇지 않을 때가 있는 것이다.

제사를 올리는 인간의 의례와 제사의 대상인 조상의 영혼이 공감한다는 사실은 시간의 동일성을 밝히는 자연관과 밀접한 연관이 있다. 불교 철학은 시간이 매우 중요하다고 강조하지만, 다른 한편으로 시간은 덧없는 '환상幻像(illusion)'이라고 했다. 『주역』에서 말하는 시간은 환상이 아니라, 실재인 동시에 행위의 근거이다. 「단전」의 "두 대그릇이 부응하는 때가 있으며, 강을 덜어서 유에 더함이 때가 있으니, 덜고 보태고 차고 비는 것을 때에 따라 함께 움직인다.[二簋應有時, 損剛益柔有時, 損益盈虛, 與時偕行]"는 내용이 이를 대변한다.

'덜어내고 보태고 채우고 비움을 때(시간)에 따라 함께 행한다'는 명제는 단순히 일년 4계절의 변화에 무조건 순응하는 삶의 자세를 가리키는 것이 아니라, 하늘의 질서인 시간의 본성에 부합하는 행위를 뜻한다. 인간 삶의 양태는 손익의 적절한 운용에 달려 있다. 하늘의 시간에 발맞추어 나가는 행위[時行][1]는 하늘의 때를 따른다는 수동성과 아울러 하늘의 때를 현실적으로 구현해야 한다는 능동성이 결합되어 있는 개념이다.

---

1) 시간[時]이란 명사는 『周易』에서 자주 사용된 개념이다.

山澤損卦 산택손괘

'때에 따른다, 때와 함께 한다'는 말은 상황론 혹은 기회주의적 발상을 뛰어넘으라는 뜻이다. 역사적 사명으로 나타나는 때(시간)는 천도天道와 천명天命이기 때문에 군자가 목숨과도 바꿀 수 없는 지상 명령이다.[2] 시간의 정신에 부합하는 행위를 하기 위해서는 자연의 변화에 담긴 질서와 변화의 징조를 명확하게 인식해야 한다. 오직 손괘 「단전」에서만 덜어낼 때 덜고, 보탤 때 보태는 시간 활용의 적절성[時宜]을 세 번 걸쳐 얘기하여 시간의 정신에 대한 철저한 깨달음을 요구했다.[3]

『주역』은 '굳어 있는(is)' 시간이 아니라, 항상 '살아 있는(becoming)' 시간을 말한다. 예컨대 서양의 신神(God)에게 '~ing 혹은 becoming'이라는 진행 과정을 형용한다는 것은 기독교인들에게는 도저히 용납될 수 없을 것이다. 그들에게 신(God)은 절대 불변의 존재(being 혹은 is)로서 신 자체는 아무런 변화가 일어나지 않는 영원한 존재이기 때문이다. 시간에서 아무런 변화가 생기지 않는다면, 즉 진행 과정(~ing 혹은 becoming)이 없다면 그 시간(Time)은 이미 죽어 화석화된 질서이지 살아 있는 존재는 아니다.

☆ 시간은 끊임없는 일련의 연속적 흐름이다. 인간의 행위 역시 시간의 범위 안에서 주체화된 시간 의식으로 체험될 수 있다.

4. 상전 : 군자, 분노의 문을 잠그고 욕망의 사다리를 걷어치우다

象曰 山下有澤이 損이니 君子以하여 懲忿窒欲하나니라
상 왈 산 하 유 택　손　군 자 이　　징 분 질 욕

상전에 이르기를 산 아래에 연못 있는 것이 손이다. 군자는 이를 본받아 성냄을 징계하고 욕심을 막는다.

---

2) 澤水困卦 「象傳」, "致命遂志"
3) 불교에서 '사라(sara)'는 화살, '하(ha)'는 적중을 뜻한다. '사라하(Saraha)'는 화살을 과녁에 적중시킨 자라는 뜻이다.

산은 높고 연못은 낮다. 낮은 것을 덜어서 높은 것을 더욱 높게 올린다. 나의 것을 희생하여 남을 드높이라는 주문이다. 「상전」이 산 아래에 연못이 고즈넉하게 있는 평화스런 모습을 노래했다면, 「단전」은 연못 밑바닥 흙을 퍼서 산에 보태는 것이 '손'이라 했다. 군자는 마음의 심층에 켜켜이 쌓인 온갖 찌꺼기를 털어버려[損] 분노와 성냄을 잠재우고, 감각적 욕망을 제어해야 한다고 가르친다.

군자는 내면의 오염된 욕정을 말끔히 씻어낸 다음에, 노여움이 싹트지 않도록 분노의 문을 걸어 잠근다. 욕망의 사다리를 걷어치우고, 분노의 구멍을 메워 일렁이는 감정의 파도를 가라앉힌다. 암덩어리를 도려내야 건강을 되찾을 수 있듯이, 삿된 마음을 깨끗이 씻어내는 일이 수신修身의 첫걸음이다. 그것은 마음 자체를 없앤다는 불교의 무심無心이 아니라, 마음의 조절을 통해 도덕적 본성을 회복하는 방법을 뜻한다.

마음학은 불교의 전유물이 아니다. 마음의 조절이 인격 도야의 첩경이며 유교의 핵심이라는 점에서 『주역』은 일종의 심학心學이다. 고려의 나옹화상懶翁和尙(1320-1376)은 선시禪詩를 통해 유교와 불교를 넘나드는 마음의 경계를 읊었다. "청산은 나를 보고 말없이 살라 하고, 창공은 나를 보고 티 없이 살라 하네. 탐욕도 벗어놓고 성냄도 벗어놓고 물같이 바람같이 살다가 가라 하네." 마음의 무게가 얼마나 무거우면 살짝 벗어놓으라고 했겠는가. 예전이나 지금이나 탐욕으로 가득 찬 인간의 모습은 변함없다. 청산과 창공은 사람들에게 티 없이 살라고 권고하지만, 그 일을 포기하기에는 유혹의 끈이 질기고도 너무도 강력하다.

동양인의 정신 세계를 반영한 『명심보감明心寶鑑』은 『근사록近思錄』을 인용하면서 『주역』 손괘에서 힌트를 얻어 분노와 욕심을 제거하라 호소하고 있다. "치솟는 분노는 불을 끄듯이 하고, 욕심 막기는 물을 막듯이 하라.[懲忿如救火, 窒慾如防水]" 화가 치밀어 가슴이 탈 때에는 특급 소방수가 물로 불을 끄듯이 해야 하고, 욕심 막기는 흙으로 물을 막듯이 하라는 뜻이다.

태괘(연못: ☱)를 보고서는 '징분'를 말했고, 간괘(산: ☶)를 보고서는 '질욕'을 말했다. 차가운 연못물로 들끓는 불을 끄고, 샘솟듯 하는 욕심은 쌓인 흙으로 틀어막으면 된다. 성냄과 욕심이야말로 사람을 망가뜨리는 장본인이다. 조선의 선비, 권태시權泰時(1635-1719)는 이 '징분질욕'의 지혜를 얘기하는 산택山澤을 자신의 호號로 삼아 인생의 좌우명으로 삼기도 했다.

분노와 욕망이 고갈되지 않는 무진장한 감정의 바다라면, 이를 막는데 쓰이는 원료는 오직 마음뿐이다. 분노와 욕망은 인욕人慾에서 비롯된 것이므로 마땅히 덜어내야[損] 한다. 성리학은 인욕을 버리고 하늘의 이치를 보존하라[遏人慾存天理]고 가르쳤다. 인간의 원초적 굴레인 인욕을 제어하고 조절하여 천리를 드러냄은 사람됨의 요체인 동시에 인격 형성의 첩경이다.

온갖 형태의 욕망은 마음 깊숙이 숨어 있다. 심지어 신에 대한 욕망이든, 자유와 진리에 대한 욕망이든 모든 욕망은 마음 속에 존재한다. 어쩌면 욕망 자체가 마음의 전부인지도 모른다. 인간의 생명 에너지는 돈과 권력과 명예, 혹은 성욕과 연루되어 있다. 예컨대 고자告子가 '생지위성生之謂性'이라고 하여 욕망 자체와 생리적 본능인 성욕을 겸용해서 사용했던 낱말 속에는 중요한 메시지가 담겨 있다. 모든 욕망은 기본적으로 성적인 욕망과 직결되어 있다는 의미이기도 하다.

손괘는 욕망의 구조 조정을 외친다. 끝없는 욕망에 매달릴수록 몸과 마음은 망친다. "욕망은 고통의 뿌리이지만 삶의 동력이다. 욕망은 경계와 승화의 대상이라는 양면성을 지닌다. 니체에 따르면 그리스도교는 에로스에게 독을 먹였다. 에로스는 독 때문에 죽지는 않았지만, 그 성격이 음란하게 변했다면서 금욕주의를 비판했다. 금욕주의가 지배하면서 사회와 문화는 순화되고 평화로워졌지만, 사람들은 병적이고 불행하게 되었다는 것이 니체의 견해. 정신은 관능적인 욕구를 제거할 것이 아니라 관능을 사랑으로 승화해야 한다. 욕망은 쾌락을 추구하는 것인데, 동물의 경우에는 쾌락이 충족되면 욕망이 소멸되지만, 인간의 쾌락은 충족됨에 따라 오히려 강화된다는 점이 다르다. 따라서 인간은 도달점 없는 욕망에 중독되기 쉽다."[4]

맹자는 "마음을 수양하는 데에는 욕심을 줄이는 것보다 더 좋은 방법이 없다"[5]고 하여 욕망과 도덕의 최소한의 공존 가능성을 얘기했다. 한편 욕심을 적게 한다는 소극적 실천보다는 아예 욕심을 없게 한다는 적극적 해석도 있다. 금욕주의자들은 인간이면 누구든지 갖추고 있는 '욕망'은 어찌할 수 없는 게 아니라 노력으로 과감히 떨쳐낼 수 있다고 했다. 새로운 세상을 꿈꾼 조선의 아웃사이더 토정土亭 이지함李之菡(1517-1578)은 한없이 커지기만 하는 욕망의 싹을 번뜩 도려내라고 강조했다.

"욕망을 줄이는 것은 욕망을 없애는 출발점이다. 줄이고 또 줄여서 줄일 것이 아예 없어지면 마음이 텅 비고 신령스러워진다. 신령한 정신이 밝게 비추는 것을 '밝음'이라 하고, 밝음이 진실한 것을 '성실성'이라 한다. 성실성의 도리가 바로 '천지의 위대한 중심'이고, 중심이 발현한 것을 '조화[和]'라고 한다. '중화中和'는 공정함의 아버지요 생명의 어머니이니, 저 깊은 속까지 간절하고 또 간절하며 그 바깥이 없을 정도로 넓고 또 넓도다. 바깥이 있다는 것은 작아짐의 시작이니 작아지고 또 작아져서 몸뚱아리에 얽매이게 되면 자신만 있는 줄 알고 남이 있는 줄은 모르게 된다. 남이 있는 줄만 알고 도가 있는 줄 모르게 된다. 사물에 대한 욕망에 얽매이고 서로 가려져서 서로 죽이고 도적질하는 자가 많다. 욕망을 줄이기도 어려운데 어찌 당장 없어지기를 바라겠는가. (욕망을 줄이라고 강조한) 맹자께서 말씀하신 그 뜻이 참으로 원대하구나!"[6]

---

4) www. DongA.com,「욕망, 고통의 뿌리를 삶의 동력으로」, 2009년 6월 9일 기사 참조.
5)『孟子』「盡心章」下, "養心, 莫善於寡欲."
6)『土亭遺稿』「寡欲說」, "孟子曰 養心莫善於寡欲. 寡者無之始, 寡而又寡, 至於無寡, 則心虛而靈. 靈之照爲明, 明之實爲誠, 誠之道爲中, 中之發爲和. 中和者公之父生之母, 肫肫乎無內, 浩浩乎無外. 有外者小之始, 小而又小, 梏於形氣, 則知有我而不知有人, 知有人而不知有道. 物欲交蔽, 戕賊者衆. 欲寡不得, 況望其無. 孟子立言之旨, 遠矣哉."

인간을 미혹시키는 것으로서 이익보다 더 큰 것이 없는 까닭에 손해를 싫어하는 습성이 첫손가락으로 꼽힌다. 이익을 쫓는 사람이 너무 많다. 이익이 많으면 많을수록 그 순간부터 해로움이 닥쳐온다는 경험을 기록한 것이 인간의 역사다. 하나의 이익을 얻으면 하나의 화가 찾아들게 마련이다. 이쪽에서 하나를 손해보면 저쪽에서는 하나를 이익보는 것이 만물의 법칙이다.

『주역』의 목표는 개인의 도덕적 가치의 사회적 구현에 있다. 도덕성의 발현은 마음의 작용을 통해서 가능하다. 도덕적 본성과 감정을 통솔하는 기능은 오로지 마음뿐이다. 마음을 어떻게 조절하느냐에 따라 선인과 악인으로 분류된다. 송나라의 장횡거張橫渠(1020-1077)는 '심통성정설心統性情說을 주장하여 마음을 본성의 차원으로 끌어올려 불교의 논리에 대항하였다.

사물은 보는 눈에 따라 달리 보인다. 기쁨은 발산하고 성냄은 억눌러야 한다. 탐욕은 막고 베푸는 마음은 적극 활용해야 한다. 『주역』은 결코 세상을 수도원으로 만들려 하지 않았다. 지나친 욕망과 탐욕은 경계의 대상이다. 본능과 본성, 욕망과 도덕의 갈등을 조화하여 원만한 사회를 만들어야 한다. 본능과 욕망이 세상을 발전시키는 에너지라면, 본성과 도덕은 세상이 더러워지는 것을 막는 경찰권이다. 물이 너무 맑으면 고기가 살지 못한다는 말이 있다. 본능과 욕망은 의식의 불순물이라기보다는 깨끗이 걸러서 마셔야 되는 옹달샘이다. 이 둘을 이분법적으로 인식하면 안 될 것이다.

그렇다면 분노와 성냄과 노여움을 어떤 방식으로 처리해야 하는가? 이를 통제하지 못하면 도리어 분노의 파도가 스스로를 집어삼키기 때문에 감정의 노예가 되고 만다. 분노를 달래야 하는가. 아니면 억눌러야 하는가. 다시 말해서 성냄과 관용, 욕망과 도덕은 공존의 대상인가? 철저한 극복의 대상인가? 적인가, 잠재적 동지인가의 문제는 영원한 수수께끼이다.

🔯 인류 역사상 진정으로 분노와 성냄을 마음의 칼로 도려냈다는 성자는

드물었다. 이를 어떻게 잘 통제하고 조절했는가의 여부에 따라 성인 군자와 소인으로 갈릴 따름이다.

5. 초효 : 남을 돕는 행위는 빠를수록 좋다

初九는 **已事**어든 **遄往**이라야 **无咎**리니 **酌損之**니라
초 구　　이 사　　천 왕　　　무 구　　　작 손 지

象曰 已事遄往은 **尙(上)合之也**일새라
상 왈 이 사 천 왕　　상 상 합 지 야

초구는 이미 일을 마치거든 빨리 가야 허물이 없으리니, 참작하여 덜어낸
다. 상전에 이르기를 '이미 일을 마치거든 빨리 가야 함'은 위와 뜻을 합
하기 때문이다.

　초효는 양이 양 자리 있으나[正], 짝꿍인 4효가 너무 유약하기 짝이 없
다. 초효는 양의 위치에서 강건함이 넘치는 반면에, 4효는 음의 자리에서
강건함이 너무 부족하다. 초효는 넘치고, 4효는 모자란다. 지금은 초효의
넘치는 양 기운을 덜어서 4효에 보태어 파트너의 생명을 구해야 하는 시
기이다. '지금은 – 그만큼 시간 인식이 중요하다 – 덜어내는 시대다.' 「단
전」의 "강건함을 덜어서 유순함에 더함이 때가 있다[損剛益柔有時]"라는 말
은 시간의 대세에 부합하는 행위를 지적한 내용이다.

　초효는 양 에너지가 넘친다. 나의 남는 것, 즉 여분을 빼내어 에너지가
부족한 4효에게 보탠다. 내 몸을 괴롭혀 남을 돕는 행위는 빠르면 빠를수
록 좋다. 내 일 다한 다음에 봉사 활동하는 것보다는 내 일을 잠시 멈추고
남을 돕는 것이 훨씬 아름답다. 나쁜 일이 생길 이유가 없다[无咎]. 그렇다
고 내 것을 몽땅 희생하여 타인을 돕는 행위는 어리석다. 아래에 있는 자
가 얼만큼 보태면 위가 편안해질까를 고려하여 도와야 상대방도 부담이
없다. 지나친 동정심은 상대방에 대한 모욕이기 때문에 지나치거나 모자
람이 없는 정도로 도와야 한다. '참작한다'는 말은 객관적 상황을 고려하

여 밸런스를 맞춘다는 뜻이다. 어쩌면 그 자체가 돕는 것보다 더 어려울지도 모른다.

초효가 신하라면, 4효는 상관이다. 신하가 자신의 일은 팽개치고 상관을 위해 무조건 달려가면 자신의 일을 소홀히 하는 직무 태만에 해당될 것이다. 한편 신하가 자신의 일을 끝마쳤음에도 어려운 처지에 빠진 상관을 위해 달려가지 않는다면 직무 유기에 해당될 것이다. 하지만 초효는 자신의 일을 마치고 즉시 달려가 상관을 도우므로 시간의 정신(적절한 때)과 부합한 행위가 아닐 수 없다. 그래서 「상전」은 "'이미 일을 마치거든 빨리 가야 함'은 위와 뜻을 합하기 때문[象曰 已事遄往, 尙(上)合之也]"이라 했던 것이다.

☆ 남을 돕는 데는 일정한 원칙이 있다. 내 것을 덜어내는 데에는 진실된 믿음으로 해야 한다.

6. 2효 : 정확한 판단과 올바른 방법으로 남을 도와야

九二는 利貞코 征이면 凶하니 弗損이라야 益之리라
구 이　이 정　정　흉　　불 손　　익 지
象曰 九二利貞은 中以爲志也라
상 왈 구 이 이 정　중 이 위 지 야

구이는 올바르게 하는 것이 이롭고 가면 흉하니, 덜지 말아야 더할 것이다. 상전에 이르기를 '구이가 올바르게 함이 이로움'은 중용으로 뜻을 삼은 것이다.

2효는 양이 음 자리에 있으나[不正], 하괘의 중용을 지키고 있고, 5효와 상응 관계를 이룬다. 초효와 4효의 관계처럼, 2효와 5효의 그것 역시 좋은 관계다. 하지만 초효는 '빠르게 나아가고, 자신을 덜어내야 허물이 없다'고 한 반면에, 2효에서 '나아가면 흉하고 자신을 덜어내지 않고도 위에 보탬이 된다'고 한 까닭은 무엇일까? 2효는 비록 양이 음 자리에 있지만 [不正], 자체적으로 강건함과 유순함이 조화되어[中和] 있기 때문에 초효와 대응짝인 4효가 강건함이 부족한 경우와는 다르다.

현재 2효가 음양의 균형을 이룬 상태에서 짝꿍인 5효에게 에너지를 보태준다면(앞으로 나아간다면), 자신에게는 부족해지고 5효에게는 넘치는 결과를 가져와 양자 모두는 음양의 균형을 잃어버려 중용을 지킬 수 없다. 이런 연유에서 '덜지 말라'고 했으며, 앞으로 나아가면 흉하다고 지적하여 중용을 지키라고 권고한 것이다.

2효는 정확한 상황 판단과 올바른 도리를 지키지 않고 무턱대고 앞으로 전진하면 흉하다고 경고한다. 즉 나의 희생이 반드시 상대방의 이익으로 연결되지 않고, 나의 봉사가 아니더라도 상대방을 도울 수 있는 방법이 있다. 자기 희생이 최상책은 아니다. 왜냐하면 2효와 5효는 각각 하괘와 상괘의 중용을 지키고 있는 특수 상황이기 때문이다. 나를 덜어 상대방에게 주면 '나는 마이너스, 상대방은 플러스'이므로 양자 모두 균형이 무너진다. 덜어서 안 될 때는 결코 덜지 말 것을 말한 것이다.

2효에서 말하는 '중'이란 무엇인가? 음이 음 자리에 있는 것이 정상이다. 현재는 양이 음 자리에 있는 단순한 이유에서도 '올바름[貞 = 正]'을 지키는 행위가 바로 중도中道이다. 건괘의 덕성은 원형이정元亨利貞이다. 4덕을 하나로 꿰뚫는 으뜸 원리[中通 = 中統]가 바로 '중中'이다. 현재의 위치에서 객관적 상황을 명확하게 판단한 다음에 그것을 올바른 가치로 인식하고 행동하는 것이 바로 중용의 실천이다. 중용을 실천하기 위한 최선의 방법이 곧 '이정利貞'인 것이다.

☗ 맹목적 사랑은 불행을 낳고, 맹목적 충성은 파멸을 빚어낼 수 있다. 서로를 위해서도 제자리에서 최선을 다하는 것이 중용[中以爲志也]이다. 이런 의미에서 『주역』은 『중용』의 이치를 설명하고, 『중용』 역시 복잡한 『주역』의 핵심을 중도로서 설명한 것이라 할 수 있다.

7. 3효 : 천지는 더하기 빼기 방정식으로 움직인다

六三은 **三人行**앤 **則損一人**코 **一人行**앤 **則得其友**로다
육삼 삼인행   즉손일인   일인행   즉득기우

象曰 一人行은 **三**이면 **則疑也**리라
상왈 일인행 삼   즉의야

육삼은 세 사람이 가는 데는 한 사람을 덜고, 한 사람이 가는 데는 그 벗을 얻도다. 상전에 이르기를 '한 사람이 가는 데에' 셋이면 곧 의심할 것이다.

손괘는 덜어내고 보태는 운동이 역사와 자연을 관통하는 본질이라고 했다. 특히 3효는 손괘의 꽃이다. 손괘의 성립 근거인 천지 역시 '더하기와 빼기[損益]'라는 방정식으로 움직이고 있음을 언급하기 때문이다.

"세 사람이 동행하는데[三人行] 한 사람을 던다[損一人]"는 말은 하괘의 원형였던 건괘[乾(天): ☰]에서 맨 위에 있는 양을 하나 덜어내면 태괘[兌: ☱]가 이루어짐을 뜻한다. 그리고 '혼자 가는 데에[一人行] 그 벗을 얻도다[得其友]'는 말은 손괘의 3효 음이 외롭게 홀로 가다가 상효와 상응하여 강건한 벗을 얻음을 뜻한다.[7]

이밖에도 "세 사람이 동행하는데[三人行] 한 사람을 던다[損一人]"는 말을 다른 각도로 분석하면 다음과 같다. 산택손괘의 원형은 지천태괘地天泰卦(☷☰)이다. '세 사람의 동행[三人行]'은 하괘의 세 양효(☰)를, '한 사람이 가서 벗을 얻음[得其友]'은 지천태괘의 3효 양과 상효 음이 교체하여 산택

---

7) 김병호 강의/김진규 구성, 『亞山의 周易講義(中)』(부산: 도서출판 소강. 2000), 148쪽 참조. "澤山咸卦(☱☶) 구사효의 '憧憧往來'에서 雷水解卦(☳☵)의 '甲坼(産氣)'를 거쳐 山澤損卦(☶☱) 육삼효에서 만 10개월 만에 아기를 낳는다는 뜻이다.(각 괘를 한 달로 삼음: 함괘 4효부터 손괘 3효까지는 정확히 한 갑자(60)이다) 3인을 天地人 3才로도 볼 수 있지만 남녀의 음양관계, 곧 부부의 도를 뜻한다. 한 남녀가 만나서 부부의 연을 맺고 아기를 배게 되면 모두 3인이 된다. 아기를 낳으면 다시 2인이 된다. 즉 1인을 덜어야만 2인이 되는 것이다. 처녀나 총각이 혼자[一人行] 있으면 외롭고, 배우자를 얻으면 두 사람이 된다. 즉 혼인하는 것을 뜻한다. 만물은 언제나 2인이 되어야 조화가 이루어진다. 이것은 음양의 상대성이며 음양의 조화이다."

손괘의 3효 음과 상효 양이 되는 음양의 감응을 뜻한다.

괘의 구조로 볼 때, 41번 산택손괘와 31번 택산함괘는 상괘와 하괘가 바뀌었다. 내부적으로 볼 때는 초효와 4효, 2효와 5효, 3효와 상효가 각각 음양이 상응한다. 논리학에서는 이를 대립 통일의 법칙이라 부른다. 모든 현상과 과정은 그 내부에 서로를 배척하면서 동시에 서로를 필요로 하는 통일의 본질을 지니고 있는데, 이들이 때로는 대립하고 때로는 통일함으로써 사물의 변화와 발전을 이루어낸다는 것이다.

"천지의 기운이 실타래처럼 뒤엉킨(chaos) 상태에서 만물이 번성하며, 남녀가 교접하여 만물이 생겨난다. 역에서 말하기를 '세 사람이 같이 가면 한 사람을 덜고, 한 사람이 가면 벗을 얻는다.' 이것은 하나로 합치되는 것을 말한다."[8]

☆ 손괘에 대해 공자는 하늘과 땅[天地]의 생성과 남자와 여자[男女]의 결합에 의해 만물이 대립하는 가운데 통일의 과정으로 접어든다고 설명한다.

8. 4효 : 마음병은 쌓는 것보다 덜어내야 훨씬 효과가 크다

六四는 **損其疾**호대 **使遄**이면 **有喜**하여 **无咎**리라
육사 손기질 사천 유희 무구

象曰 損其疾하니 **亦可喜也**로다
상왈 손기질 역가희야

육사는 그 질병을 덜되 빨리하게 하면 기쁨이 있어 허물이 없을 것이다.

상전에 이르기를 '그 질병을 덜어내니' 또한 기쁘도다.

효사에서 말하는 질병은 무엇인가? 그것은 육신의 질병이 아니라 양 에너지가 부족한 상태로 음의 자리에서 음효[陰位陰爻]로서 존재하기 때문에 지적되는 단점이다. 단점은 보완하면 된다. '질병을 던다'는 말은 자신의

8)『周易』「繫辭傳」下 5장, "天地絪縕, 萬物化醇, 男女構精, 萬物化生, 易曰 三人行, 則損一人 一人行, 則得其友, 言致一也."

유약함을 덜어내고 강건함을 보탠다는 뜻이고, 유약한 4효를 위해 강건한 초효로 하여금 '빨리 달려오게' 하여 보충하는 것을 뜻한다. 그러니까 초효는 "이미 일을 마치거든 빨리 가야 허물이 없으며 참작하여 덜어내야 한다[已事遄往, 上合之也]"고 했다. 그리고 「상전」은 '이미 일을 마치거든 빨리 가야 함'은 위와 뜻을 합하기 때문이라[已事, 遄往, 无咎, 酌損之]"고 했던 것이다.

초효는 자신을 덜어서 4효에게 주고, 4효는 초효의 도움을 받아 부족함을 메우는 일로 그 병을 던다고 했다. 병은 빨리 치유할수록 좋다. 치유의 방법은 덜어냄에 있다. 특히 마음병의 치료는 쌓는 일보다 덜어내는 것 이외에 뾰족한 방법이 없다.

🔯「대상전」의 '징분질욕懲忿窒欲' 역시 마음을 치료하는 방법이다. 불교만 '마음벗기'에 힘쓰는 종교가 아니라,『주역』또한 마음의 때를 벗긴 다음에 새롭게 가다듬을 것을 강조한다.

9. 5효 : 중용을 지켜야 하늘이 돕는다

六五는 **或益之**면 **十朋之**라(**十朋之龜**라) **龜**도 **弗克違**하리니
육 오　혹 익 지　십 붕 지　십 붕 지 귀　귀　불 극 위

元吉하니라
원 길

象曰 六五元吉은 **自上祐也**라
상 왈 육 오 원 길　자 상 우 야

육오는 혹 더하면 열명의 벗이다. 가장 귀한 거북도 능히 어기지 않으리니, 크게 길하다. 상전에 이르기를 '육오가 크게 길함'은 위로부터 돕는 것이다.

5효는 비록 부정不正의 자리지만 중용을 지키고 있는 까닭에 상응 관계에 있는 2효가 자신의 에너지를 덜어서 도와주지 않더라도 다른 어떤 불특

정한 인물이 나설 수도 있다는 가능성을 얘기한다. 5효는 공간적으로 음의 자리[六]이지만, 시간적으로는 양 에너지를 겸비하고 있기 때문이다. 즉 5효는 강유가 조화되어 중용을 지키는 까닭에 위로부터의 도움을 받는다.

왜 '열'이라는 수와 '거북'이 등장하는가? 고대인들이 사용했던 화폐 중에는 조개[貝貨]가 사용된 적이 있다. '붕朋'은 패화貝貨 두 닢의 가치로서 10붕은 스무 닢에 해당되는 많은 돈이다. '붕'에 대해 주자朱子는 두 마리의 거북으로 풀이하여 10붕은 스무 마리나 되는 값비싼 보물이라 했다.[9] 최고급 선물을 보내오면 물리칠 수 없다는 해석이다.

그렇다면 10과 거북은 과연 무엇을 상징하는가? 10수는 하도河圖, 거북[龜]은 낙서洛書의 세상을 뜻한다. 이는 정역사상의 선후천론에 바탕한 주장이다. 왜 이런 추론이 가능할까. 그것은 손익에 대한 기존의 해석과 다른 점에 기인한다. 주가가 바닥을 치면 상승하는 것이 원칙이라는 증권가의 불문율이 있다. 극한의 상황에 이르면 사태는 역전한다. 덜어내고 덜어내면 더 이상 덜어낼 것조차 없는 지경에 이른다. 덜어내는 상황[損]이 손익 분기점에 이르면 곧바로 보태는 방향[益]으로 돌아간다. 보태고 보태어 더 이상 보탤 것조차 없는 경우도 마찬가지다. 이러한 손익 계산법은 선후천론에서 보면 세상을 해석하는 수많은 견해의 하나에 불과하다.

선후천론은 세상을 구성하는 '손익'의 틀 자체가 바뀌는 것을 제안한다. 손괘의 상괘(상부 구조)와 하괘(하부 구조) 자체가 근원적으로 바뀜을 시사한다. 그것이 바로 10붕朋[= 數] 하도의 세상이 전개되는 것을 낙서[龜]가 어기지 않는다(동조한다)는 것이다. 하도상과 낙서상은 이 세상을 구성하는 두 얼굴이다. 지금은 낙서에서 하도로 전환되는 시간대이다. 그것은 세상을 둥글어가게 하는 하늘의 질서[上天]에 근거한다.

☆ 5효는 존귀한 지위에서 스스로의 결함을 덜어내어 세상의 인심에 부합

---

9) 『周易本義』, "兩龜爲朋, 十朋之龜, 大寶也."

하려고 노력한다. 그의 인격을 흠모하여 누구든지 앞다투어 도우려고 한다. 여기서 말하는 '혹或'은 불특정 다수의 모든 사람들을 가리킨다. 스스로를 돕기 때문에 하늘마저도 그를 도와 크게 길할 수밖에 없다[元吉, 自上祐也]. 값비싼 거북을 복채로 들여 점치더라도 그 결과는 최상이다. 수명 장수와 복을 내려주는 하늘이 도와주기 때문이다.

10. 상효 : 시간의 명령에 의거하여 덜어내라

上九는 **弗損**코 **益之**면 **无咎**코 **貞吉**하니 **利有攸往**이니
상구   불손   익지   무구   정길   이유유왕

得臣이 **无家**리라
득신   무가

象曰 弗損益之는 **大得志也**라
상왈 불손익지   대득지야

상구는 덜지 말고 더하면 허물이 없고, 올바르게 하여 길하다. 가는 바를 둠이 이로우니, 신하를 얻음에 집이 없을 것이다. 상전에 이르기를 '덜지 말고 더함'은 크게 뜻을 얻은 것이다.

'덜지 말고 더하라[弗損益之]'는 말은 2효에도 있다. 2효와 상효는 공간적 위상이 다르기 때문에 역할도 차이가 있다. 2효는 자신을 덜어내지 않음이 다른 사람에게 보태준다는 뜻이고, 상효는 손괘의 끝자락에 도달한 까닭에 아래로부터의 보탬보다는 스스르를 벗기면서 남을 도와줄 위상이다. 내 것을 덜어내지 않으면서[弗損] 남에게 보태줄 수 있는 지혜[益之]를 발휘해야 한다는 뜻이다. '10붕'의 가치가 있는 거북을 줄 수 있는 존귀한 위치의 존재이기 때문이다. 그는 오히려 아무런 행위를 하지 않으면서도 남에게 도움이 되는 인품이라고나 할까. 그러니까 허물이 생길 리 만무다.

상효는 욕심이 없다. 혼자 잘 살려고 몸부림치지 않는다. 모든 사람이 편안하도록 끝까지 올바른 행동을 한다. 「상전」의 "덜지 말고 더함은 크게 뜻을 얻음이라[弗損益之, 大得之也]"는 말은 남의 도움을 받지 않고 천

하에 온갖 이익을 돌려주려는 뜻이 크게 실현될 수 있다는 것이다. 따라서 상효와 뜻을 같이 하는 사람 모두는 제 집 가질 욕심이 생기지 않는다[得臣无家].

손해보는 일조차 믿음이 있어야 한다[有孚]. 아무 때나 덜어내서는 더욱 안 된다. 오직 시간의 명령에 따라야 한다[與時]. 진리에 대한 믿음과 순수한 마음, 객관적인 상황이 합치된 덜어냄[損]이야말로 타인을 부유하게 만드는 행위인 동시에 유형무형의 자산을 증식시키는 일이다.

🔯 덜어내는 일에 손톱만큼의 사심이 개입되어서는 안 된다.

정역사상의 연구자 이상룡李象龍은 손괘의 성격을 다음과 같이 설명한다.

☶ 損은 減也傷也라 故로 在文從手從員이니 員은 物之數也오
　　손　　감야상야　　고　　재문종수종원　　원　　물지수야

人之寶貝也라 有以手減損傷人之物而自益之義也라
인지보패야　　유이수감손상인지물이자익지의야

盖山起西北하고 澤注東南者는 先天之導水也오
개산기서북　　택주동남자　　선천지도수야

而水旺懷山하고 己土之可宅者는 咸在手中이니 此卦是也라
이수왕회산　　기토지가택자　　함재수중　　차괘시야

風以散之하고 雷以動之者는 后天之退水也니 損所以次益也라
풍이산지　　뇌이동지자　　후천지퇴수야　　손소이차익야

손은 덜어내다, 상처입다는 뜻이다. 그러므로 문자적으로 손 수手와 수효 원員 자에서 온 것이다. '원員'은 물건의 수요, 사람이 조개로 만든 보물이다. 손으로 덜어내어 다른 사람의 물건에 상처 입혀 저절로 도움되게 한다는 뜻이다. 대개 산은 서북방에서 일어나고, 물이 동남방으로 흐르는 것은 선천에 물이 흐르는 것이요, 물이 많아 산을 품고 기토己土를 집으로 삼은 것은 모두 손가락 속에 있으니, 손괘가 바로 그것이다. 바람으로 흩뜨리고 우레로 움직이는 것은

山澤損卦
산택손괘

후천에 물이 물러나는 것이므로 손괘가 익괘 다음이 된 까닭이다.

彖曰 損, 孚有, 元吉, 无咎, 可貞, 利有攸往은 時來下泄하니
단왈 손 유부 원길 무구 가정 이유유왕   시래하설
愈往愈吉也오 曷之用, 二簋可用享은 己戊上帝에
유왕유길야   갈지용 이궤가용향   기무상제
各享一簋也라
각향일궤야

단전 "손은 믿음을 두면 크게 길하고 허물이 없어 올바를 수 있다. 가는 바를 둠이 이롭다"는 것은 적절한 시간이 와 아래로 통하여 가면 갈수록 길하다는 것이요, "어디에 쓰겠는가. 두 대그릇으로 제사를 지낸다"는 것은 무토와 기토의 상제에게 각각 한 대그릇으로 제사지낸다는 뜻이다.

象曰 君子以, 懲忿窒欲은 心法之學也라
상왈 군자이 징분질욕   심법지학야

상전 "군자는 이를 본받아 성냄을 징계하고 욕심을 막는다"는 것은 (선천의) 심법을 닦는 학문이다.

初九, 已事, 遄往, 无咎, 酌損之는 己位當旺하니 酌海速退也라
초구 이사 천왕 무구 작손지   기위당왕   작해속퇴야

초효 "이미 일을 마치거든 빨리 가야 허물이 없으리니 참작하여 덜어낸다"는 말은 기위己位가 왕성하므로 작해酌海[10]가 재빠르게 물러난다는 뜻이다.

九二, 利貞, 征, 凶, 弗損, 益之는 不用灌漑라도 澤中之沃潤也라
구이 이정 정 흉 불손 익지   불용관개   택중지옥윤야

2효 "올바르게 하는 것이 이롭고 가면 흉하니 덜지 말아야 더할

10) 酌海가 무엇인지 분명하지 않다. 앞으로 자료 조사를 통해 밝혀져야 할 것이다.

것이다"라는 것은 (농지에) 물 대지 않아도 연못 속은 기름지고 물이
많다는 것이다.

六三, 三人行은 二而三이니 三元五元也오 損一人은
육삼 삼인행 이이삼 삼원오원야 손일인

主宰天地는 己戊而已也며 一人行則得其友는 配之陽陰하여
주재천지 기무이이야 일인행즉득기우 배지양음

以奉天時也라
이봉천시야

3효 "세 사람이 간다"는 것은 둘이 셋이 되고 3원이 5원 되는 것
이요, "한 사람을 덜어낸다"는 것은 천지를 주재하는 것은 기토와
무토일 뿐이며, "한 사람이 가는 데는 그 벗을 얻는다"는 것은 음양
이 짝지어 하늘의 시간을 받든다는 뜻이다.

六四, 損其疾, 使遄, 有喜는 五運擴充하여 嬰疾立瘳也라
육사 손기질 사천 유희 오운확충 영질입추야

4효 "그 질병을 덜되 빨리하게 하면 기쁨이 있다"는 말은 5운이
확충되어 아기의 병이 낫는다는 뜻이다.

六五, 或益之, 十朋之, 龜, 弗克違는 曰戊曰己라 하니
육오 혹익지 십붕지 귀 불극위 왈무왈기

窮上反下也라
궁상반하야

5효 "혹 더하면 열명의 벗이다. 가장 귀한 거북도 능히 어기지
않는다"라는 것은 '무토戊土'와 '기토己土'라 하니 위에서 다하면 아
래로 돌아온다는 뜻이다.

上九, 弗損, 益之는 艮兮終始道學尙存으로 因以化之也오
상구 불손 익지 간혜종시도학상존 인이화지야

得臣, 无家는 化翁親征而无位也라
득신 무가 화옹친정이무위야

상효 "덜지 말고 더한다"는 것은 간괘艮卦에서 숭상하는 종시설과 도학으로 교화한다는 것이고, "신하를 얻음에 집이 없을 것이다"라는 말은 천지를 주재하는 조화옹께서 직접 정사를 펴지만 특정한 지위를 차지하지 않는다는 뜻이다.

風雷益卦

풍 뢰 익 괘

참다운 이익

1. 진정한 이로움은 덜어내는 것에 있다 : 익괘

정이천은 산택손괘山澤損卦(䷨) 다음에 풍뢰익괘風雷益卦(䷩)가 오는 이유를 다음과 같이 말한다.

> 益은 序卦에 損而不已면 必益이라 故受之以益이라 하니라
> 익　서괘　손이불이　필익　　고수지이익
>
> 盛衰損益은 如循環하여 損極必益은 理自然이니
> 성쇠손익　여순환　　손극필익　리자연
>
> 益所以繼損也라 爲卦巽上震下하니 雷風二物은 相益者也라
> 익소이계손야　위괘손상진하　　뇌풍이물　상익자야
>
> 風烈則雷迅하고 雷激則風怒하여 兩相助益하니 所以爲益이니
> 풍열즉뇌신　　뇌격즉풍노　　양상조익　　소이위익
>
> 此는 以象言也라 巽震二卦皆由下變而成하니 陽變而爲陰者는
> 차　이상언야　진손이괘개유하변이성　　양변이위음자
>
> 損也오 陰變而爲陽者는 益也라 上卦損而下卦益하니
> 손야　음변이위양자　익야　상괘손이하괘익
>
> 損上益下는 損以爲益이니 此는 以義言也라 下厚則上安이라
> 손상익하　손이위익　　차　이의언야　하후즉상안
>
> 故益下爲益이라
> 고익하위익

"익괘는 「서괘전」에 '덜어내기를 그치지 않으면 반드시 더해준다. 그러므로 익괘로 이어받았다'고 했다. 성쇄와 손익은 고리를 도는 것과 같아 덜어냄이 극단에 이르면 반드시 더해줌은 이치의 자연스러움이니, 익괘가 손괘를 이은 까닭이다. 괘의 형성은 손이 위에 있고 진이 아래에 있으니, 우레와 바람 둘은 서로 보태주는 것이다. 바람이 맹렬하면 우레는 빨라지고 우레가 격렬하면 바람은 거세어져 둘이 서로 돕고 보태주는 까닭에 익이라 한 것인데, 이는 형상으로 말한 것이다. 손과 진 두 괘는 모두 아래가 변함으로 말미암아 이루어졌으니 양이 변하여 음이 된 것은 손괘요, 음이 변하여 양이 된 것은 익괘이다. 상괘가 덜려서 하괘에 보태졌으니 위를 덜어 아

래에 보태줌은 덜어서 유익함이 되는 것이니, 이는 의리로써 말한
것이다. 아래가 두터우면 위가 편안해진다. 그러므로 아래를 보태
줌은 익이 되는 것이다."

'익益'은 보태다, 증가하다, 유익하다는 뜻으로 덜어내다는 의미의 손損
과 반대어다. 실제로 손괘를 180° 뒤집어엎으면 익괘가 된다. 익괘는 위가
바람[巽: ☴]이고, 아래는 우레[雷: ☳]로서 바람과 우레는 서로를 격려하여
에너지의 상승 효과를 부추긴다. 우레가 힘껏 내리치면 바람도 거세지고,
바람이 거셀수록 우레 역시 우렁참을 뽐낸다. 우레와 바람은 적대적 관계
라기보다는 동지 관계이다.

손괘의 원형이 지천태괘地天泰卦(☷☰)였다면, 익괘의 원형은 천지비괘天地否
卦(☰☷)이다. 비괘의 4효를 덜어서 초효로 보내면, 즉 4효와 초효를 맞바꾸
면 풍뢰익괘가 되는 것이다. 손괘가 아래 것을 덜어서 위로 보냈다면, 익
괘는 윗것을 덜어서 아래로 보탠다는 점이 다르다. 바꾸어 말하면 손괘 속
에는 익괘의 원리가, 익괘 속에는 손괘의 원리가 내재되어 있다는 것이다.
따라서 잠시 손해본다고 실망할 필요 없고, 한 순간 이익본다고 기뻐할 이
유도 없다. 손괘와 익괘가 서로 내부의 조직을 맞바꿈으로써 새로운 변화
가 창조됨을 암시하는 것이다.

한편 손괘가 택산함괘澤山咸卦에서 연유했다면, 익괘는 뇌풍항괘雷風恒卦
에서 연유한다. 이들은 각각 내부(하괘)와 외부(상괘)가 자리 이동한 결과이
다. 항괘는 부부가 결합하여 가정을 이루어 살아가는 이법을 설명한다. 가
정이 항구적으로 존속해야 자손이 퍼져 사회가 번성할 수 있듯이 자손이
번성하여야 사회에 도움[益]이 될 수 있는 것이다. 항괘와 익괘의 원리에
따라 살아야 이익을 거둘 수 있는 것이다.

2. 익괘 : 인류의 이익을 위해서는 모험이 필요

益은 **利有攸往**하며 **利涉大川**하니라
익　이유유왕　　　이섭대천

익은 가는 바를 둠이 이로우며, 큰 내를 건너는 것이 이롭다.

괘사에는 이로움[利]이 두 번 나온다. 익괘는 머뭇거림 없이 여행을 떠날 때 이롭다고 말한다. 지속적인 전진이 없으면 이로움을 기대할 수 없다. 그리고 평생 한 번밖에 경험할 수 없는 큰 강마저 야심차게 건널 모험을 강행하라고 요구한다.

손괘가 '아랫 것을 덜어 위로 보태주는[損下益上]' 운동 방식였다면, 익괘는 '위 것을 덜어 아래에 더해주는[損上益下]' 방식을 취한다. 자연과 역사는 올리고 내리는 파동의 양상으로 움직인다. 익괘는 위의 양을 덜어내[minus] 아래에 보태어[plus] 상하 모두에게 유익한 결과를 가져온다. 하지만 손괘와 익괘는 실질의 차이점이 있다. 전자가 하부 조직의 재물을 덜어서 상부 조직에 도움을 주는 체계라면, 후자는 상층부의 재물을 덜어서 하층부에 도움을 주어 위 아래가 공동으로 이익을 거두는 이른바 '윈-윈 (win-win)' 작전의 성공을 뜻한다.

☆ 자연의 진화와 역사의 발전은 보태고[益] 덜어내는[損] 방식으로 움직인다.

3. 단전 : 천지의 목적은 부족함을 돕는 것에 있다

象曰 益은 **損上益下**하니 **民說无疆**이오 **自上下下**하니
단왈 익　손상익하　　　민열무강　　　자상하하

其道大光이라 **利有攸往**은 **中正**하여 **有慶**이오
기도대광　　　이유유왕　중정　　　유경

利涉大川은 **木道乃行**이라 **益**은 **動而巽**하여 **日進无疆**하며
이섭대천　목도내행　　　익　동이손　　　일진무강

天施地生하여 **其益**이 **无方**하니 **凡益之道與時偕行**하나니라
천 시 지 생　　　기 익 　무 방　　　범 익 지 도 여 시 해 행

단전에 이르기를 익은 위를 덜어서 아래에 보탬이니 백성의 기뻐함이 끝
이 없음이요, 위로부터 아래로 내리니 그 도가 크게 빛남이다. '가는 바를
둠이 이로움'은 적중하고 올바르게 하여 경사가 있음이요, '큰 내를 건너
는 것이 이로움'은 동방 목의 이치가 행해지는 것이다. 익은 움직이고 공
손해서 날마다 나아감이 끝이 없으며, 하늘은 베풀고 땅은 낳아서 그 유
익함이 방소가 없으니, 무릇 익의 도가 때[시간]와 더불어 함께 행하는 것
이다.

　현실에서는 나라의 부강이 먼저인가[國富], 아니면 백성이 잘 사는 것이
우선인가[民富]라는 정책의 차이가 있다. 국가는 부자일지언정 국민이 가
난에 쪼들리면 정부는 돈을 풀어 민생을 돌보아야 하고, 국민 각자는 저
축이 많더라도 나라가 가난하면 국가는 세금을 거둬들여 국고를 튼튼하
게 만들어야 한다. 나라 재정을 풀어 민생을 안정시키면 국민의 기쁨은 두
배가 되어 국가의 영광이 돋보인다[自上下下, 其道大光]. 국민에게 이로우
면 통치자 역시 이롭다. 국민이 배고프면 정치가 안정될 수 없고, 국민이
부유하면 정부도 여유가 생겨 복지에 힘쓸 수 있다. 지혜로운 위정자는 윗
것을 덜어서 아래에 보태는 도리를 실천하여 역사에 길이 빛나는 자취를
남긴다. 이처럼 「단전」은 천지비괘天地否卦(☰)의 4효가 초효로 내려와 변화
하면 풍뢰익괘風雷益卦(☳)가 된다고 괘상의 변화로 설명하고 있는 것이다.
　괘사에서 말하는 '가는 바를 둠이 이롭다[利有攸往]'와 '큰 내를 건너는
것이 이롭다[利涉大川]'는 무엇이 어떻게 다른가. 「단전」은 이에 대해 괘와
효의 모습을 중심으로 도덕적으로 풀이했다. 익괘는 5효와 2효가 각각 중
정中正의 길로 상응하기 때문에 상하가 모두 이익을 얻는 형상이다. 비록
손괘와 익괘는 반대이지만, 손괘의 5효와 2효가 변해서 익괘의 2효와 5효

가 되어 각각 중정中正의 자리를 차지하는 까닭에 앞으로 나아가면 만사형통하여 이롭다. 그러므로 하는 일마다 경사로운 일이 생기고, 태평양 같이 넓은 바다를 거침없이 건너도 하등 불리할 것이 없다고 하겠다.

'큰 내를 건너는 것이 이롭다'함은 무엇일까? 기존의 해석들은 한결같이 상괘 손巽은 나무를 상징하기 때문에 나무로 만든 배를 타고 건너면 못 건널 것이 없다고 했다. 육로로 다닐 수 없는 길은 수로를 이용하면 쉽게 다닐 수 있는 까닭에 목도木道가 유리하다고 풀이했다. 그렇다면 목도木道와 익도益道의 차이점은 무엇인가? 「설괘전」은 익괘의 상체 손巽을 나무와 바람이라고 했다.[1] 바람을 이용해 나무를 깎아 만든 배나 뗏목을 타고 큰 강을 건너는 수단을 가리킨다. 이것을 잘 대변하는 것이 바로 『주역』 59번 풍수환괘風水渙卦(☴☵)에 대한 「계사전」의 설명이다. "나무를 뽀개 배를 만들고 나무를 깎아 노를 만들어 배와 노의 이로움으로 교통하지 못하는 데를 건너서 먼 곳에 이르게 하여 천하를 이롭게 하니, 대개 환괘의 원리에서 취한다."[2] 배타고 '큰 내를 건너는 것이 이롭다[利涉大川]'와 연관된 괘는 세 곳이다. 풍수환괘와 풍택중부괘風澤中孚卦와 풍뢰익괘가 그것이다.[3] 거기에는 공통적으로 괘의 명칭에 바람과 물과 연못이 등장하고, 곁들여서 나무[木]로 만든 배가 나타난다.

환괘와 중부괘가 바람에 의지해 강을 건너는 배의 역할에 주목했다면, 익괘는 괘의 구조가 증명하듯이 아래에서는 우레로서 움직이고[雷以動之: ☳] 위로는 바람으로 흩어지게 하는[風以散之: ☴][4] 신바람[神風]을 만들어 새로운 창조적 기능을 산출한다. 그래서 「계사전」은 익괘의 효능을 배의

---

1) 『周易』, 「說卦傳」 11장, "巽, 爲木爲風."
2) 『周易』, 「繫辭傳」 下 2장, "刳木爲舟, 剡木爲楫, 舟楫之利, 以濟不通, 致遠以利天下, 蓋取諸渙."
3) ① 환괘, "利涉大川, 乘木有功也." ② 중부괘, "利涉大川, 乘木虛舟也." ③ 익괘, "利涉大川, 木道乃行也."
4) 『周易』, 「說卦傳」 4장의 내용은 만물 형성의 원리를 설명한 것으로 알려져 있다. "雷以動之, 風以散之, 雨以潤之, 日以晅之, 艮以止之, 兌以說之, 乾以君之, 坤以藏之."

기능에 국한시키지 않고 "나무를 깎아 보습을 만들고, 나무를 구부려 쟁기를 만들어 밭갈고 김매는 이로움으로써 천하를 가르치니, 대개 익괘의 원리에서 취했다"[5]고 하여 인류와 천하를 가르치는 이익이라고 규정하여 환괘 또는 중부괘의 의미와 차별화시켰던 것이다.

따라서 익괘는 구체적인 배의 효용성을 가리키는 구체적인 목도木道라기보다는 천지의 무한한 생성력을 찬양하는 내용으로 보는 것이 옳다. 하늘은 생명을 베풀고 땅은 그 은혜를 받아 만물을 낳고 일궈내는[天施地生] 위대한 창조성이 바로 익도益道[= 木道]이기 때문이다. 익도의 혜택은 대자연에게 골고루 끼쳐 공간적으로 무한하다. 공간의 지평 위에 존재하는 동식물 모두에게 은혜를 베풀기 때문에 '익도'는 시간과 더불어 진행되는 것이다.

천지의 목적은 부족함을 돕는 일에 있다. 천지가 부족하지 않는데도 보태주는 것은 오히려 역효과를 불어온다. 보태주는 이치는 때(시간의 정신)에 맞추어 자연스럽게 이루어져야 한다. 천지는 춘하추동이라는 시간의 리듬에 맞추어 만물을 생성 화육시킨다. 천지는 씨앗 뿌리는 봄에 열매 맺도록 하지 않으며, 여름에 눈을 내리는 법은 시간의 본성에도 어긋난다. 항상 때에 알맞도록 생명을 살리고 죽여 천지의 순환을 유지하는 것이다. 시간과 함께하는 천지의 숨결이야말로 생명의 위대한 작용인 것이다.

『주역』에서 말하는 시간은 죽음과 두려움을 알려주는 파멸의 바이러스가 아니라, 생명의 바다를 새로운 양태로 재창조하는 긍정과 희망의 원천이다. 『주역』의 시간관은 인과율에 구속되지 않는다. 시간은 과거와 현재와 미래를 관통하면서 생명을 열어가는 작용을 본질로 삼는 까닭에 모든 생명체에게 한없이 유익한 존재인 것이다.

☆ 시간과 함께 움직이는 생명의 위대한 작용이 곧 천지의 숨결이다.

---

5) 『周易』「繫辭傳」하편 2장, "斲木爲耜, 揉木爲耒, 耒耨之利, 以敎天下, 蓋取諸益."

4. 상전 : 소인들이여, 개과천선하라!

象曰 風雷益이니 **君子以**하여 **見善則遷**하고
상왈 풍뢰익   군자이   견선즉천
有過則改하나니라
유과즉개

상전에 이르기를 바람과 우레가 익이니, 군자는 이를 본받아 선을 보면 옮기고 허물이 있으면 고친다.

『주역』64괘의 「상전」에 나타난 공통점은 하늘, 땅, 우레, 불, 연못, 바람, 물, 산이 어떻게 결합되었는가의 방식에 따라 군자가 지향하는 올곧은 삶의 양식을 일깨우는 것에 있다. 익괘를 구성하는 바람과 우레는 서로 도움을 주는 관계로서 생명을 약동시키는 힘찬 에너지를 표상한다. 인간은 자연의 힘찬 율동을 표본삼아 마음의 향방을 결정하면 된다.

익괘 「상전」의 술어는 윤리적 덕목을 표방한다. 군자는 자신의 허물이 조금이라도 보이면 세찬 바람에 흩날려 버리고, 선을 보면 우레와 같은 빠르기로 전파하여 사회를 미풍양속의 전당으로 고쳐야 할 당위성이 있다. 선악을 보고도 꿀먹은 벙어리처럼 행동한다면 그것은 이미 군자로서의 자격 미달이다. 손괘가 '징분질욕懲忿窒欲'을 말하여 자신을 한층 낮추는 수신을 강조했다면, 익괘는 '개과천선改過遷善'하여 자신의 몸값을 한껏 높이라고 독려하고 있다.

군자는 선행을 목격하면 온 몸으로 따르고, 과오가 있으면 신속하게 바로잡는다. 타인의 언행이 옳으면 기꺼이 본받고, 자신의 잘못은 과감하게 고쳐 인격 함양에 힘쓴다. 인격 도야는 마음을 치유heal하는 것으로부터 비롯된다. 육체는 누구라도 볼 수 있지만 마음은 아무도 들여다볼 수 없다. 허물은 마음에 덕지덕지 때가 묻은 것을 뜻한다. 허물벗기는 곧 자신의 본성을 깨닫는 일로서 참으로 어려운 일이 아닐 수 없다. 그것은 자신의 감추어진 허물을 아는 것이 두렵기 때문인지도 모른다.

왜 선에는 증명이 필요하고 악은 증명이 필요 없을까? 사람들은 흔히 자신은 빛이고 타인은 암흑이라고 착각한다. 하지만 마음이 갖는 가장 신비로운 것 중의 하나가 누구나 마음 속 깊은 곳으로부터 선을 추구한다는 사실이다. 『주역』과 유교는 모든 것을 자신으로부터 사유하고 실천한다. 인간은 허물을 고치고 거듭나야 비로소 새롭게 태어난다. 석가모니는 보리수 아래서 깨달은 다음에 전세계를 변화시켰다. 불교는 깨달음을 얻은(부처가 된) 이후와 깨달음을 얻기 전(중생)은 그 차원이 전혀 다르다고 역설한다.

개과천선改過遷善은 익괘에서 비롯된 명언으로서 고사성어에 자주 등장하는 단골 메뉴이다. 개과천선에 얽힌 재미있는 얘기가 있다.[6]

진晉나라 때, 아버지가 오吳의 파양태수鄱陽太守였던 의흥義興 땅 양선陽羨 사람 주처周處라는 사람이 살았다. 어려서 고아가 된 그는 약관의 나이에도 불구하고 힘이 남달리 세 말달려 사냥하기를 즐겼다. 작은 일에는 관심 두지 않으면서부터 점차 마음은 방탕해지고 남을 두들겨패자 마을사람들이 두려워했다. 사람들이 자신을 미워하는 것을 알게 되자마자 기꺼이 허물을 고치려는 의지를 품고 마을 어르신에게 물었다. "지금은 세상이 평안하여 모두가 먹고 살 근심 없이 잘 사는데 왜 얼굴을 찡그리고 즐기지 않습니까?" "세 가지 해로움[三害]을 없애지 못했는데, 어찌 평안하다고 할 수 있겠나?"라고 어르신이 대답했다. 주처가 묻기를 "무슨 말씀입니까?" "남산南山에 사는 흰 이마를 한 맹수와 장교長橋 아래에 사는 교룡[蛟]과 아울러 자네를 '삼해三害'라 부른다네." "이것이 만약 우환이라면 제가 능히 제거할 수 있습니다"라고 말했다. 어르신은 "자네가 제거한다면 고을의 큰 경사일 따름일세"라고 말했다. 주처는 곧바로 산에 들어가 맹수를 사살했고, 물에 들어가서는 교룡을 때리자 교룡이 물 속에 가라앉고 뜨기를 수 십리 동안 반복했다. 그가 3일 밤낮에 걸쳐 교룡을 둘러메치자 그제서

6) 이 내용은 唐 房玄齡 等撰 『晉書』권58 「列傳」28, "周處"에 나온다(북경: 중화서국, 1996), 1569쪽 참조.

風雷益卦
풍뢰익괘

야 사람들은 죽었다고 말하면서 모두가 축하했다. 주처가 과연 교룡을 죽이고 귀환하자 마을사람들이 좋아한다는 것을 들었으나, 처음으로 사람들이 자신을 심하게 무서워한다는 것을 알고서는 마침내 오吳의 육씨 형제를 찾아갔다. 그때 육기陸機가 부재중였기 때문에 육운陸雲을 만나서 그동안의 사정을 얘기하면서 "수신에 힘쓰고자 하나 나이는 먹고 늦은 감이 들어 뜻을 이루지 못할까 두렵습니다"라고 말했다. "옛사람들은 아침에 허물을 들으면 저녁에 고치는 것을 귀하게 여겼는데, 자네는 아직 젊어 전도가 유망하고 뜻을 세워 이름 드높이는 것은 충분하네!"라고 육운이 말했다. 주처는 드디어 뜻을 세워 학문에 임했는데, 한참 뒤에 오吳의 동관좌승東觀左丞이라는 벼슬에 올랐다.

허물이 있는데도 고치지 않는 것이 가장 큰 허물이다. 공자는 "허물이 있으면 고치기를 꺼리지 말라"[7]고 하여 개관천선이 수신의 첫걸음이라고 말했다. 『심경부주心經附註』는 특별히 "천선개과장遷善改過章"을 실어 마음닦기와 수신修身의 중요성을 새삼 강조하고 있다. "선을 보고 능히 옮겨가면 천하의 선을 다할 수 있고, 허물이 있을 적에 능히 고치면 허물이 없어지니 사람에게 유익함이 이보다 더 큰 것이 없다." "선에 옮겨가기를 바람의 신속함처럼 하고, 허물 고치기를 우레의 맹렬함처럼 해야 한다." "'천선'이라는 글자는 가볍고 '개과'라는 글자는 무거우니, '천선'은 색깔이 옅은 물건을 희게 하는 것과 같고, '개과'는 새까만 물건을 희게 하는 것과 같다." "손괘와 익괘의 뜻이 큰데, 성인이 오직 분노를 징계하고 욕심을 막으며, 선을 옮겨가고 허물 고치는 것만을 취했으니, 이는 어째서인가? 마음을 올바르게 하고 몸을 닦는 것은 학문의 큰 실마리이고, 제가치국평천하의 근본이기 때문이다."[8]

---

7) 『論語』「爲政」, "過則勿憚改."
8) 『心經附註』「遷善改過章」, ① "程子曰 見善能遷, 則可以盡天下之善. 有過能改, 則無過矣, 益於人者莫大於是." ② "朱子曰 遷善當如風之速, 改過當如雷之猛." ③ "遷善字輕, 改過字重, 遷善如滲淡之物, 要使之白. 改過如黑之物, 要使之白." ④ "勉齋黃氏曰 損益之義大矣, 聖人獨有取於懲忿

'개과천선'의 교훈은 『주역』의 전유물은 결코 아니다. 허물 고치기는 세계의 모든 종교에서 가르치는 최고의 언어다. 예수는 "너희는 너희의 형제의 눈 속에 있는 티는 보면서 너희 자신의 눈 속에 있는 들보는 보지 못한다. 너희가 너희 자신의 눈 속에 있는 들보를 들어 내어라. 그 후에야 너희가 밝게 보고, 너희 형제의 눈 속에 있는 티를 빼 줄 수 있으리라"고 외쳤다. 선 쌓기를 게을리 하면 좀팽이에 지나지 않고, 허물 고치기를 게을리 하면 머지않아 악인이 된다. 허물 고치기의 중요성을 모르는 이는 아무도 없다. 허물은 알기 쉬워도 고치기가 매우 어렵다는 말이다. 허물 고치기에 힘쓰면 누구든지 군자와 성인이 될 수 있음을 알아야 할 것이다.

☆ 군자는 자연의 율동을 표본으로 삼아 마음의 향방을 결정한다.

5. 초효 : 가능성을 현실화시킬 수 있는 때를 포착하라!

初九는 **利用爲大作**이니 **元吉**이라야 **无咎**리라
초구 이용위대작 원길 무구

象曰 元吉无咎는 **下不厚事也**일새라
상왈 원길무구 하불후사야

초구는 크게 일 벌이는 것이 이로우니, 원래 길하여 허물이 없을 것이다.
상전에 이르기를 '원래 길하여 허물이 없음'은 아래가 두터운 일을 못하기 때문이다.

초효는 진괘[震: ☳]의 주인공으로서 떨쳐 일어나려는 시초의 단계이다. 쓸 용用은 하다[以: do]는 의미의 동사이다. 초효는 신분이 낮은 백성이고, 대작大作은 농사일을 뜻한다. 농사꾼은 농사짓는 일이 큰 사업이다. 4효 신하에게서 신임 받아 농업에 종사하면 크게 길하다. 만약 농사꾼이 생업을 팽개치고 장사에 손대는 일은 허물 짓는 행위다.

窒慾遷善改過, 何哉. 正心修身者, 學問之大端, 而齊家治國平天下之本也."

風雷益卦
풍뢰익괘

농사꾼은 농사를 천직으로 안다. 순진한 농부는 돈벌이에 급급하지 않는다. 초효 농사꾼은 욕심부리지 않고 농사를 자체를 중대한 일이라고 생각하기 때문에 순탄한 삶을 산다. 땅은 속이지 않는다. 땀 흘린 만큼 풍작을 기대할 수 있듯이, 착한 농사꾼은 무모한 일을 크게 벌이려 계획하지 않는다.

☼ 자신에게 알맞은 일을 하는 것이 가장 큰 사업이다.

6. 2효 : 종교 세계에 들어가는 열쇠는 상제를 향하여

六二는 **或益之**면 **十朋之**라 **龜**도 **弗克違**나 **永貞**이면 **吉**하니
육 이　　혹 익 지　　십 붕 지　　귀　　불 극 위　　영 정　　　길
王用享于帝라도 **吉**하리라
왕 용 향 우 제　　　　길
象曰 或益之는 **自外來也**라
상 왈 혹 익 지　　자 외 래 야

육이는 혹 보태면 열 명의 벗이다. 거북도 능히 어기지 않으나 영구토록 올바르게 하면 길하니, 왕이 상제께 제사를 지내더라도 길할 것이다. 상전에 이르기를 '혹 보탠다는 것'은 밖으로부터 오는 것이다.

2효는 5효와 더불어 익괘의 주효主爻다. 익괘 2효는 손괘 5효로부터 왔다. 익괘 2효와 손괘 5효의 자리바꿈에 의해 괘의 형태뿐만 아니라 그 내용도 달라지는 것이다. 손괘 5효는 열 명의 벗이 보따리를 지고 와서 유익함을 보탰다면, 익괘는 2효에 열 명의 응원군이 달려와 원조하는 모습이다.

2효는 음이 음 자리에 있고[正], 하괘의 중용[中]이며, 강건한 5효와 최상의 파트너를 이루고 있다. 2효는 시대 정신과 부합하고 5효로부터 각별한 신임을 받는 까닭에 누군들 도와주지 않겠는가. 스무 닢의 돈이 들어가는 값비싼 거북점을 치더라도 좋은 결과가 기대된다. '열 명의 벗[十朋]'은 상수론으로 10수의 하도라면, 거북은 9수의 낙서이다. 낙서원리(거북)가 어기지

않는다는 말은 하도원리에 순응한다는 뜻이다. 손괘 5효가 익괘 2효로 바뀜은 상괘와 하괘의 교체, 내부 조직과 외부 조직의 교체, 겉과 속의 교체는 한마디로 본체와 현상의 전환을 통해 이루어진다. 전환기에 자기동일성을 확보할 수 있는 조건은 언제 어디서나 진리[正當性]를 붙잡는 행위이다.

『주역』의 진리를 여는 열쇠는 종교적 상제이다. 『주역』에는 보기 드물게 상제가 등장하는데, 상제에게 제사 올릴 수 있는 존재는 오로지 왕뿐이다. 동양 문화권에서는 하늘의 뜻을 정치에 구현하는 왕은 하늘의 진정한 아들이라는 의미에서 천자天子로 불렀다. 천자는 하늘의 뜻을 받들어 통치하므로 그 권위는 항상 하늘에게서 부여받는다.

도움의 주체는 바깥에 존재한다는 효상爻象의 풀이는 매우 멋지다. 천자가 상제에게 제사 올리는 의례는 신성한 종교적 행사였다. 천자와 상제는 그 위격이 엄연히 다르다. 천자만이 상제에게 제사드릴 수 있는 자격이 있다. 상제는 종교적 숭배의 대상이며, 천자는 숭배하는 주체이다. 상제는 만유 생명의 본원이자 진리의 근거이다. 동양의 종교가 상제에서 비롯되었다고 할 때, 상제는 외재적 존재[自外來也]이지 단순히 인간의 도덕성으로 주체화된 내면적 존재가 아님을 알 수 있는 대목이다.

🜨 진실로 중정의 길을 걸으면 외부로부터 도움이 온다.

7. 3효 : 믿음[孚]과 중용[中]이 삶의 황금율

六三은 益之用凶事앤 无咎어니와 有孚中行이라야
육삼　익지용흉사　무구　　　유부중행

告公用圭리라
고공용규

象曰 益用凶事는 固有之也일새라
상왈　익용흉사　고유지야

육삼은 보탬을 흉한 일에 사용함에는 허물이 없거니와, 믿음을 두고 중용을 실천해야 공에게 보고하여 홀을 쓸 것이다. 상전에 이르기를 '보탬을 흉한 일에 사용함'은 굳게 두기 때문이다.

3효가 비록 부정不正과 부중不中의 상황이지만, 대세는 흉한 일에 보탬을 주어야 마땅하다. 국가에 흉년이 들거나 백성이 재난을 당했을 때는 발벗고 나서야 옳다. 하괘의 맨 위에서 아랫사람들의 신임이 두텁기 때문에 재난 구조에 힘쓰면 허물 짓지 않는다. 어려운 여건에서의 도움이 더욱 빛난다. 흉한 일에 몸소 뛰어드는 구조대의 활약은 희망의 전령사이다.

『주역』의 황금율은 믿음[孚 = 信]과 중용[中]이다. 이들이 밑받침되지 않은 행위는 가식과 허위에 불과하다. 흉년에 창고를 열어 백성들을 구휼하는 일은 당연지만 관리 혼자의 판단으로 집행하기는 곤란하다. 사전에 상급자에게 문의하고 보고한 다음에 시행해야 옳다. 먼저 결재권자[公]에게서 허락을 얻은 다음에 창고를 여는 것이 최선이다.

하지만 시급한 일에는 사후 보고도 가능함을 3효는 말한다. 즉 차선책으로 백성들에게 식량을 나눠줘 믿음을 심어주고, 그 결과를 상급자에게 사후 결제를 받는 경우도 있다. 이때 상급자와 하급자의 신뢰성을 확인하는 수단이 바로 규圭이다. 규는 옥으로 만든 홀로서 하급자가 상급자의 명령을 수행할 때 손에 잡는 일종의 신표信標이다. 그것은 옛날에 시행되었던 관리들의 횡령 사건을 미연에 방지하기 위한 합리적인 방법였다.

✿ 불행한 사람에게 보태주는 것에는 우선 순위가 없다.

8. 4효 : 국가의 안정은 상하의 협의에서 비롯된다

六四는 中行이면 告公從하리니 利用爲依며 遷國이니라
육사　　중행　　고공종　　　이용위의　　　천국

象曰 告公從은 以益志也라
상왈 고공종　이익지야

육사는 중도를 행하면 왕공에게 보고해서 좇게 하리니(왕공이 허락하니),

의지하며 나라를 옮기는 것이 이롭다. 상전에 이르기를 '왕공에게 보고해서 좋게함'은 보태려는 뜻이다.

4효는 음이 음 자리에 있지만[正], 남에게 도움을 주어야 하는 때이다. 4효는 상괘의 밑바닥이지만[不中], 괘 전체에서 보면 3효와 4효는 '중中'이므로 각각 중행中行을 말했다. 신하가 왕을 보필하는 덕목은 오로지 중정의 길이기 때문이다. 신하가 중도에 입각한 정책을 건의하기 때문에 왕 역시 따를 수밖에 없다는 것이다[告公從].

3효가 이재민에 대한 구휼 정책을 얘기했다면, 4효는 도읍 옮기는 것을 언급한다. 수도를 옮기는 일은 전쟁 혹은 긴급 상황이 아니면 불가능하다. 한 나라의 정치, 경제, 문화를 비롯한 국방의 중심지는 수도에 집중되는 것이 상례이다. 도읍을 옮긴다는 것은 국운을 바꿀만한 난제 중의 난제이다. 백성을 이롭게 하는 다양한 방법 중에서 천도遷都는 국정을 좌우하는 가장 힘든 일로 손꼽힌다. 옛날에는 도읍을 옮기는 일이 많았다. 전쟁으로 연유한 경우가 대부분이나 분명한 사실은 백성의 생명과 안전을 위하는 일이다.

국정의 안정은 상하의 협의와 합의를 중시하는 정신에서 비롯된다. 이미 신하와 임금 사이에 중도의 실천이라는 합의가 이루어졌고, 백성을 위한 정책이라는 대의명분이 세워졌다면 모든 사람의 신뢰를 받을 수 있다. 현재 세계 모든 나라의 헌법에는 국가의 존재 이유를 국민의 생명과 재산을 보호하는 데에 있다고 명시되어 있다. '수도를 옮기니 이롭지 않음이 없다[利用爲依, 遷國]'는 것은 '백성을 이롭게 할 뜻[益志]'에 목적이 있다는 말로서 지금도 귀감이 되기에 충분하다.

🌸 대의명분이 서야 모든 사람의 신뢰를 받을 수 있다.

9. 5효 : 사랑은 아낌없이 베풀라

九五는 **有孚惠心**이라 **勿問**하여도 **元吉**하니 **有孚**하여
구 오　　유부혜심　　　물문　　　　원길　　　유부

惠我德하리라
혜 아 덕

象日 有孚惠心이라 **勿問之矣**며 **惠我德**이 **大得志也**라
상왈 유부혜심　　　물문지의　　혜아덕　　대득지야

구오는 믿음을 두어 마음을 은혜롭게 하는 것이다. 묻지 않아도 크게 길
하니, 믿음을 두어 내 덕을 은혜롭게 여길 것이다. 상전에 이르기를 '믿음
을 두어 은혜롭게 하는 것이다. 물을 것도 없으며, 내 덕을 은혜롭게 여
김'은 크게 뜻을 얻음이다.

64괘 384효는 각각 객관적 시간과 공간에 알맞는 처신을 말한다. 5효
는 중정中正의 위치에서 백성에게 유익한 중정의 정치를 베푸는 일에 몰두
하는 훌륭한 임금을 상징한다. 게다가 믿음에 바탕한 은혜로운 마음으로
실천하므로 누구도 의심할 여지없이 크게 상서로울 것이라 단정했다. 그
래서 만민이 나의 은덕을 은혜로서 보답하는 것은 당연하다.[9] 서양 속담
에 "세상에는 공짜 점심이 없다"는 말이 있다. 이 세상은 '부메랑의 법칙'
이 지배한다는 뜻이다.

　사랑은 아낌없이 베풀라고 했다. 이는 상대방에 대한 믿음이 없으면 불
가능하다. 믿음은 신용 사회로 나가는 지름길이다. 임금이 백성을 사랑하
는 마음으로 베풀면, 백성 역시 그 사랑에 보답하고 은혜로운 마음을 품
는다는 것이다. 앞의 '惠'와 뒤의 '惠'는 다르다. 전자는 임금이 백성에
게 베푸는 은혜라면, 후자는 임금의 은혜에 대한 백성들의 은혜로운 보답
을 뜻한다.

---

9)『도전』 2:28:1-3, "우리 공부는 물 한 그릇이라도 연고 없이 남의 힘을 빌리지 못하는 공부니
비로 부자 형제간이라도 헛된 의뢰를 하지 말라. 밥을 한 그릇만 먹어도 잊지 말고 반 그릇만 먹
어도 잊지 말라. '一飯之德을 必報하라'는 말이 있으나, 나는 '半飯之恩도 必報하라' 하노라."

인간을 사랑하는 마음씨는 아무리 몸집을 불려도 괜찮다. 성심 성의로 사랑하는 봉사 정신은 백성들의 마음을 사로잡고도 남는다. 이런 내외의 사정을 감안하면, 괘사의 '큰 내를 건너는 것이 이롭다[利涉大川]'는 말은 바로 강건중정한 5효를 두고 한 말이다. 믿음으로 은혜를 주고받기 때문에 천하를 움직일 수 있는 뜻을 얻는[大得志也] 것이다.

🎴 이 세상에는 은혜와 믿음이라는 부메랑이 존재한다.

10. 상효 : 한 번 먹은 마음을 변하지 말라

上九는 **莫益之**라 **或擊之**리니 **立心勿恒**이니 **凶**하니라
상구　막익지　혹격지　입심물항　흉
象曰 莫益之는 **偏辭也**오 **或擊之**는 **自外來也**라
상왈 막익지　편사야　혹격지　자외래야

상구는 보태는 사람이 없는 것이다. 혹시 공격하니 마음에 세워 항상하지 못하니 흉하다. 상전에 이르기를 '보태는 사람이 없음'은 편벽하다는 말이요, '혹시 공격한다'는 말은 밖으로부터 오는 것이다.

상효에 이르면 5효와 정면으로 배치되는 상황이 전개된다. 상효는 중정의 마음과 이성을 잃은 나머지 오히려 공격하는 사람이 생긴다고 했다. 욕심을 무한정 추구하는 까닭에 뭇사람들이 들이대는 국면이 발생한다. 아랫사람을 이롭게 하는 정신을 망각하여 흉한 지경을 초래한다. 뇌풍항괘가 '입불역방立不易方'을 강조했다면, 풍뢰익괘는 일정한 마음을 바꿈으로써 일어나는 '입심물항立心勿恒'의 결과를 경고했다.

남자는 여자하기 나름이듯이, 세상은 내가 마음먹기에 달려 있다. 항심恒心을 갖고 사회에서 번 돈을 사회로 돌려보내는 기업인의 행위는 칭찬받아 마땅하다. 어려웠을 때의 마음을 잊지 않고 어려운 사람을 돕는 용기야말로 "그래도 세상은 살아갈 만한 가치가 있다"는 언어가 저절로 나오게

한다. 공자는 상효의 말씀에 감탄하여 「계사전」에서 되풀이한 바 있다.

공자가 말씀하시기를 "군자는 그 몸을 편안히 한 뒤에야 움직이며, 그 마음을 화평히 한 뒤에야 말하며, 그 사귐을 정한 뒤에야 구하나니 군자는 이 세 가지를 닦는 까닭에 온전한 것이다. 위태롭게 움직이면 곧 백성들이 더불지 않고, 두려움으로써(두려워하면서) 말하면 곧 백성들이 응하지 않고, 사귐이 없으면서 구하면 백성들이 (마음을) 주지 않으니, 주는 이가 없으면 곧 상하게[해롭게] 하는 자가 이를 것이다. 역에 이르기를 '보태지 말라. 혹 공격할 것이니 마음을 세워 항상하지 못하니 흉하다'고 하였다."[10]

'보태주기는커녕 쪽박을 깨지 말라!'는 속담에 따르면, 보태주지 않으면서 상대방을 궁지에 몰아넣으면 누군가의 보복이 뒤따르게 마련이다. '보태지 말라[莫益之]'는 뜻은 한 곳으로 편벽되게 나아가는 까닭에 어느 누구도 돕지 않는다는 말이다. 위정자가 세금을 마구잡이로 거둬들이고 백성을 돌보지 않는 통치는 착취일 따름이다. 그리고 '혹시 친다는 말은 밖으로부터 오는 것을 가리킨다[或擊之, 自外來也]'는 내용은 폭정을 못이긴 백성들이 폭군을 갈아치울 수 있다는 혁명을 뜻한다. 민심이 곧 천심이다. 민심을 어기는 것은 하늘의 뜻을 거슬리는 행위이다. 민심을 이반하는 위정자에게는 오금이 조리는 경고가 아닐 수 없다.

베트남 독립운동의 아버지인 호지명胡志明(1890-1969)은 부정부패를 척결하기 위해서 다산 정약용丁若鏞(1762-1836)의 『목민심서牧民心書』를 평생 옆에 놓고 읽었을 뿐만 아니라 정약용의 제삿날을 기억하여 추모했다는 얘기는 하나의 전설로 남아 있다. 과거와 현재와 미래를 통틀어 관리와 지식인들의 영혼을 일깨우는 교훈이다. 그것은 백성을 하늘처럼 받들라는 평범한 말이었음을 상기하라!

---

10) 『周易』「繫辭傳」 하편 5장, "君子安其身而後動, 易其心而後語, 定其交而後求, 君子脩此三者 故, 全也, 危以動則民不與也, 懼以語則民不應也, 无交而求則民不與也, 莫之與則傷之者至矣, 易曰 莫益之. 或擊之, 立心勿恒, 凶."

호랑이와 홍수 무서운 줄만 알고 사람 무서운 줄 모르면 낭패보기 일쑤이다. 자연 재해보다 더 무서운 것이 사람임을 동서양 혁명의 역사가 증명한다. 『주역』은 법치法治보다는 인치人治, 인치보다는 덕치德治를 금과옥조로 여긴다. 유교가 중시여기는 인치와 덕치의 근거를 『주역』은 효의 변화를 통해 조목조목 밝히고 있는 것이다. 익괘의 핵심을 정리하면, 스스로를 덜어내다보면 누군가 보태주고[自損必益], 자기 욕심만 채우려다보면 누군가에 의해 덜려지는[自益必損] 세상사의 양면성을 극명하게 설명하고 있다고 할 수 있다.

유불선을 종합했다고 평가되는 『회남자淮南子』는 손괘와 익괘의 내용을 공자의 말로 인용하고 있다. "대부분의 사람들은 '이익'이 이롭고 병은 해롭다고 아는데, 오직 성인만이 병이 이롭고 이로움은 해로움이 되는 것을 안다. 무릇 두 번 열매 맺는 나무는 반드시 뿌리가 상하고, 무덤을 파헤쳐 매장물을 꺼내는 집에는 반드시 재앙이 있다. 이는 큰 이익이 도리어 해가 된다는 것을 말한다. … 공자는 『주역』을 읽다가 손괘와 익괘에 이르러서 분연히 한탄하여 말하기를 '손익은 왕의 일인가?'라고 하였다. 일에는 혹 이롭고자 한 것이 해를 끼치는 결과가 되고, 혹 해를 끼치고자 한 것이 도리어 이롭게 한 결과가 되는 경우가 있다. 그래서 이해의 반전은 화를 불러들이고 복을 불러들이는 문호가 되니, 상세히 살피지 않을 수 없다."[11]

행운과 불행, 화와 복이 서로 기대어 인생의 쌍곡선을 형성하듯이, 손괘와 익괘는 시계의 톱니바퀴처럼 맞물려 돌아간다. 익괘는 이익과 손해는 반비례로 움직이다가 역전되고, 인생사는 정비례로 움직인다는 지혜를 알려주고 있다. 타인에게 은혜를 베풀면 언젠가는 남의 도움을 받는 경우가 있고, 타인에게 손해를 끼치면 언젠가는 반드시 자신에게 손해로 되돌아

---

11) 『淮南子』「人間訓」, "衆人皆知利利而病病也, 唯聖人知病之爲利, 知利之爲病也. 夫再實之木根必傷, 掘藏之家必有殃, 以言大利而反爲害也. … 孔子讀易至損益, 未嘗不憤然而歎, 曰損益者, 其王者之事與! 事或欲以利之, 適足以害之, 或欲害之, 乃反以利之. 利害之反, 禍福之門戶, 不可不察也."

오는 이치를 가르치는 것이다.

🔯 손해와 이익은 시계의 톱니바퀴처럼 맞물려 돌아간다.

* 🌸 *

정역사상의 연구자 이상룡李象龍은 익괘의 성격을 다음과 같이 설명한다.

益字는 象物入器皿하여 兀然高大也라 爲卦震主器而益下하고
익자　상물입기명　　올연고대야　위괘진주기이익하

巽化風而助內하여 潤益萬物之義也라
손화풍이조내　　윤익만물지의야

夫益下는 王者革命而保民之道니 故此卦次於革也라
부익하　왕자혁명이보민지도　고차괘차어혁야

"'익' 자는 하나의 물건이 그릇에 들어가 우뚝 높고 커지는 모습을 상형한 것이다. 괘의 구성은 우레는 만물의 그릇을 주관하여 아래에 도움을 주고, 손巽의 바람이 불어 안을 도와 만물을 윤택하게 하여 도움을 준다는 뜻이다. 대저 아래에 도움을 주는 것은 왕이 혁명하여 백성을 보호하는 도리이기 때문에 익괘가 혁괘 다음에 온 것이다.

彖曰 益, 利有攸往, 利涉大川은 運籌而水退也라
단왈 익　이유유왕　이섭대천　운주이수퇴야

損上益下, 民說无彊은 地出无彊하여 足食也라
손상익하 민열무강　지출무강　　족식야

[단전] "가는 바를 둠이 이로우며, 큰 내를 건너는 것이 이롭다"는 말은 오행의 운행으로 헤아리면[運籌] 물이 뒤로 물러나는 것을 뜻하며, "위를 덜어서 아래에 보탬이니 백성들이 기뻐함이 끝이 없다"는 것은 땅에서 나오는 먹거리가 끝이 없다는 뜻이다.

象曰 君子以, 見善則遷, 有過則改는 作聖之道也라
상왈 군자이 견선즉천 유과즉개　작성지도야

상전 "군자는 이를 본받아 선을 보면 옮기고 허물이 있으면 고친
다"는 말은 성인이 되는 도리를 가리킨다.

初九, 利用爲大作은 六師移之하여 天下平也라
초구 이용위대작　　육사이지　　　천하평야

초효 "크게 일 벌이는 것이 이롭다"는 것은 여섯 명의 스승이 옮
기자 천하가 태평해진다는 뜻이다.

六二, 或益之, 十朋之. 龜, 弗克違는 化无爲政於皇退位也오
육이 혹익지 십붕지 귀 불극위　　화무위정어황퇴위야
王用享于帝, 吉은 保民而王이라야 可以事上帝也라
왕용향우제 길　　보민이왕　　　가이사상제야

2효 "혹 보태면 열 명의 벗이다. 거북도 능히 어기지 않는다"라
는 말은 무극으로 변화되는 정사가 이루어지면 황극이 자리를 물러
난다는 뜻이다. "왕이 상제께 제사를 지내더라도 길할 것이다"는 말
은 백성을 보호할 수 있는 왕이라야 상제를 섬길 수 있다는 뜻이다.

六三, 益之用凶事는 不得已用兵也오 告公用圭는 不敢擅行也라
육삼 익지용흉사　 부득이용병야　 고공용규　 불감천행야

3효 "보탬을 흉한 일에 사용함"은 마지못해 군사를 일으킨다는
것이며, "공에게 보고하여 홀을 쓸 수 있을 것이다"라는 말은 감히
멋대로 행하지 못한다는 뜻이다.

六四, 中行, 告公從, 利用爲依, 遷國은 得專征伐하여
육사 중행 고공종 이용위의 천국　 득전정벌
革命移都也라
혁명이도야

4효 "중도를 실행하면 왕공에게 보고해서 좇게 하리니(왕공이 허
락하니), 의지하며 나라를 옮기는 것이 이롭다"는 말은 오로지 정벌

風雷益卦 풍뢰익괘

만 하여 혁명을 일으켜 도움을 옮기는 것을 가리킨다.

九五, 惠我德은 上惠下下하여 益上報施也라
구오 혜아덕 상혜하하 익상보시야

5효 "내 덕을 은혜롭게 여길 것이다"라는 말은 위는 아래에 은혜를 베풀고 아래는 위에 보답하여 베푼다는 뜻이다.

上九, 莫益之. 或擊之는 求利未得也라
상구 막익지 혹격지 구리미득야

상효 "보태는 사람이 없다. 혹시 공격한다"는 말은 이익을 찾으려 하나 소득이 없다는 뜻이다.

| 澤天夬卦 |

택 천 쾌 괘

소인배는 과감하게 처단하라

1. 적폐를 청산해야 하는 이유 : 쾌괘

정이천은 풍뢰익괘風雷益卦(䷩) 다음에 택천쾌괘澤天夬卦(䷪)가 오는 이유를 다음과 같이 말한다.

夬는 序卦에 益而不已면 必決이라 故受之以夬하니
쾌　서괘　익이불이　필결　　고수지이쾌

夬者는 決也라 하니라 益之極이면 必決而後止니 理无常益하여
쾌자　결야　　　익지극　　필결이후지　　리무상익

益而不已면 已乃決也니 夬所以次益也라 爲卦兌上乾下하니
익이불이　이내결야　쾌소이차익야　위괘태상건하

以二體言之하면 澤은 水之聚也어늘 乃上於至高之處하니
이이체언지　택　수지취야　　내상어지고지처

有潰決之象이오 以爻言之하면 五陽在下하여 長而將極하고
유궤결지상　이효언지　　오양재하　　장이장극

一陰在上하여 消而將盡하니 衆陽上進하여 決去一陰은
일음재상　소이장진　중양상진　결거일음

所以爲夬也니 夬者는 剛決之義라 衆陽進而決去一陰하니
소이위쾌야　쾌자　강결지의　중양진이결거일음

君子道長하고 小人消衰將盡之時也라
군자도장　　소인소쇠장진지시야

"쾌괘는「서괘전」에 '보태고 그치지 않으면 반드시 터진다. 그러므로 쾌괘로 이어받으니, 쾌는 터짐(결단함)이다'라 하였다. 보탬이 지극하면 반드시 터진 뒤에 그치니, 항상 보태는 이치는 없어서 보탬이 그치지 않으면 이미 터지니, 쾌괘가 익괘의 다음이 된 까닭이다. 괘의 형성은 태가 위에 있고 건이 아래에 있으니, 두 실체로 말하면 연못은 물이 모인 것인데, 이에 지극히 높은 곳에 올라가 있으니 터지는 모습이 있다. 효로써 말하면 다섯 양이 아래에 있어 자라나 장차 지극하게 되고, 하나의 음이 위에 있어 사라져 장차 다하게 되었으니, 여러 양이 위로 올라가 하나의 음을 결단하여 제거함은 쾌가 되는 까닭이니 쾌는 강하게 결단한다는 뜻이다. 여러 양이 나아가

한 음을 결단하여 제거하니, 군자의 도는 자라나고 소인이 사라지고 쇠하여 장차 다하게 되는 때이다."

쾌괘는 위가 연못[兌: ☱], 아래는 하늘[乾: ☰]로 구성되어 있다. 택천쾌괘澤天夬卦:(☱)는 뒤에 나오는 천풍구괘天風姤卦(☴)와는 반대로 다섯 양 위에 하나의 음이 걸쳐 있는 형상이다. 실제로 쾌괘를 180° 뒤집어엎으면 구괘가 된다. '쾌夬'는 터뜨리다, 끊다, 결정하다, 결단하다[決] 등 오랫동안 묵은 것을 한꺼번에 털어내는 것을 뜻한다.

쾌괘는 양이 밑에서부터 치솟아 올라 하나의 음을 밀어내는 이치를 설명한다. 왜 하나의 음을 결단해야 하는가? 『주역』은 애당초 양을 군자, 음을 소인으로 규정하여 군자의 세상을 목표로 지어졌다. 군자는 불의를 물리치고 정의를 수호하여 대동 세계를 건설하는 주체이고, 소인은 사회를 혼탁하게 만드는 척결의 대상이다. 군자가 소인을 척결할 때는 비장한 마음으로 임해야 한다는 것을 쾌괘는 괘상의 형태와 변화 과정을 통해 그 정당성을 추론하고 있다.

2. 쾌괘 : 소인의 처결은 엄정하고 공개해야 한다

夬는 **揚于王庭**이니 **孚號有厲**나라 **告自邑**이오
쾌　　양우왕정　　　부호유려　　　　고자읍

不利卽戎이며 **利有攸往**하니라
불리즉융　　　　이유유왕

쾌는 왕의 조정에서 드날림이니, 믿음으로 호소하되 위태롭게 여긴다. 읍으로부터 고함이요, 군사를 일으키는 것은 이롭지 않으며, 가는 바를 둠이 이롭다.

쾌괘는 마지막 남은 하나의 음(소인)이 양(군자)으로 바뀌는 건괘乾卦(☰)의 직전 단계다. 소인이 활개치고 득세하면 혼란의 시대요, 군자가 앞장서

는 세월은 평화와 조화의 시대이다. 군자가 청소해야 할 대상은 상효의 소인이다. 소인은 교활하기 짝이 없다. 소인은 살아남기 위해 몸부림치면서 무리를 모은다. 그만큼 뿌리 깊고 세력이 만만치 않기 때문에 함부로 다뤘다가는 큰코 다친다. 소인은 기득권을 지키기 위해 온갖 수단을 동원하여 힘을 과시하지만, 결국에는 자충수를 두는 까닭에 대죄를 짓고 만다.

괘사는 공개석상[揚于王庭]에서 소인의 죄상을 낱낱이 밝혀 천하가 알 수 있도록 공표하라고 권고한다. 뒷조사로 비리를 캐는 은밀한 방법보다는 공정한 절차를 밟아 죄상을 심판하고 선포해야 아무도 소인의 척결에 대해 이의를 제기할 수 없다는 뜻이다. 준엄한 법의 심판과 아울러 여론에 호소하는 양동 작전을 편 다음에도 두려운 마음으로 민심의 추이를 살펴야 한다. 소인 한 사람에 대한 미심쩍은 처결이 도리어 세상을 혼란의 구렁텅이로 빠뜨린다는 구실을 사전에 차단해야 하기 때문이다.

미꾸라지 한 마리가 둠벙을 온통 흙탕물로 만든다는 말이 있다. 흙탕물은 한참 지나면 맑은 물로 변한다. 하지만 소인에 대한 처리는 신중해야 한다. 경솔하고 무모한 처리는 의외의 반발이 예상되므로 소인의 행보에 관심을 기울여야 한다. 백성들의 지지를 얻지 않고 소인을 척결하면 자칫 국론 분열 또는 심지어 내전을 불러오는 부작용이 뒤따르기 때문이다. 『주역』의 지은이는 마을[邑]로부터 시작한 여론 수렴을 전국으로 확대함으로써 전쟁으로 비화되는 것을 꺼렸다.

🏵 아무튼 소인의 처결에서 중요한 것은 민심과의 부합이 최대의 관건이다.

3. 단전 : 정당한 목적과 수단으로 소인을 제거해야

象曰 夬는 決也니 剛決柔也니 健而說하고 決而和하니라
단 왈 쾌   결 야   강 결 유 야   건 이 열   결 이 화

揚于王庭은 柔乘五剛也오 孚號有厲는 其危乃光也오
양 우 왕 정   유 승 오 강 야   부 호 유 려   기 위 내 광 야

告自邑不利卽戎은 所尙이 乃窮也오 利有攸往은 剛長이
고 자 읍 불 리 즉 융　　소 상　　내 궁 야　　이 유 유 왕　　강 장

乃終也리라
내 종 야

단전에 이르기를 쾌는 결단하는 것이니, 강이 유를 결단함이니 굳세고 기뻐하며 결단하여 화합한다. '왕의 조정에서 드날림'은 유가 다섯 강을 탄 것이요, '믿음으로 호소하되 위태롭게 여김'은 그 위태로움이 빛남이요, '읍으로부터 고함이요, 군사를 일으키는 것이 이롭지 않음'은 숭상하는 바가 궁하게 됨이요, '가는 바를 둠이 이로움'은 강한 것이 자라서 마칠 것이다.

「단전」은 문왕이 지었다는 괘사를 공자가 알기 쉽게 밝힌 내용이다. 공자는 '쾌'를 결단할 '결決'로 풀이했고, 강건한 다섯 양이 하나의 음을 밀어내는 형태처럼, 소인을 소탕하려면 단호한 결단이 필요하다는 논리를 덧붙였다. 그리고 강건한 건괘(☰)와 기쁨이 넘치는 태괘(☱)의 결합에서 안팎이 화합하는 원리도 담아냈다. 과감한 결단이 지닌 강경한 이미지를 부드러운 손길로 화합함으로써 안으로는 강건하고 굳센 마음을, 밖으로는 즐겁게 화해하는 뜻으로 승화시켰다.

음 하나가 다섯 양 위에 올라탄 모습은 임금의 측근에서 충신을 중상모략하는 소인의 짓거리를 상징한다. 소인의 죄상은 공개된 장소에서 밝혀야만 한다. 죄의 전모를 밝힌 다음에는 소인배를 제거해야 하는 당위성을 널리 알려야 한다. 그만큼 소인배의 척결에는 위험 부담이 따른다는 사실을 명심하여 경계의 고삐를 늦춰서는 안 된다. 과감한 결단과 함께 위태롭게 여기는 깔끔한 일처리는 한층 빛난다[其危乃光也].

'군사를 일으키는 것은 이롭지 않다'는 말은 목적이 비록 정당할지라도 무력 동원은 나쁘다는 뜻이다. 목적과 수단이 옳은 것이 최상이다. 목적만 옳고 수단이 합당하지 않으면 정당성마저 훼손당한다. 세상의 모든 군사

행동은 수단 방법을 가리지 않기 까닭에 쿠데타의 정당성이 입증된 경우가 아주 희박했다. 오로지 힘에 의존하는 무력 행사는 일시적인 효과밖에 없다. 그것은 군자가 취할 태도가 아니다.

☆ '가는 바를 둠이 이롭다[利攸有往]'는 것은 강력한 힘으로 소인을 응징하는 행보가 마침내 성공할 수 있다는 뜻이다. 양이 음을 밀어냄은 곧 군자가 소인을 솎아내 정의가 불의를 이기는 양심의 승리를 가리킨다. 그것은 간사한 소인과의 관계를 청산하여 악의 세력을 물리치는 선의 승리를 의미한다.

4. 상전 : 자신을 닦으면서 은혜를 널리 베풀어야

象曰 澤上於天이 **夬**니 **君子以**하여 **施祿及下**하며 **居德**하여
상 왈 택 상 어 천　　쾌　　군 자 이　　　시 록 급 하　　　거 덕
則忌하나니라
칙 기

상전에 이르기를 연못이 하늘로 오르는 것이 쾌이다. 군자는 이를 본받아 녹을 베풂이 아래에 미치며 덕에 머물러 꺼리는 것을 본받는다.

괘의 형상을 직접 풀이한 「상전」은 하늘 위에 연못이 있다고 했다. 연못에 물이 가득 차면 밑으로 흘러내린다. 물은 아래로 흘러 모든 것을 적시듯이, 인간은 누구나 인권과 복지의 혜택을 누릴 권리가 있다. 군자는 물의 본성에 근거하여 물질적 혜택의 사각지대가 생기지 않도록 골고루 베풀어야 마땅하다.

상괘[兌: ☱]는 기쁨과 즐거움을 뜻한다. 생명수가 대지를 촉촉이 적셔 만물에게 은택을 내리는 것처럼, 은혜는 물샐틈없도록 시행되어야 옳다. 복록福祿은 장생불사와 함께 인간의 영원한 꿈이다. 하지만 특수층만을 겨냥한 복록은 저항에 부딪친다. 혼자 누리는 녹祿은 시기와 질투로 얼룩지게 마련이다. 녹에 대한 끝없는 욕심은 사람을 망치게 한다. 물이 아래로

흐르는 이치와 같이 복록을 아랫사람에게 베풀 때, 평화와 화해의 시대를 앞당길 수 있다.

'즉則'이라는 글자는 접속사가 아니라, 본받을 '칙則'이라는 동사로 읽어야 한다. 즉 덕에 몸담으면서 꺼려야할 것을 본받아야 한다고 풀이해야 옳다. 꺼릴 '기忌'를 어떻게 해석하면 좋은가. 주자는 특유의 학자적 양심을 걸고 '잘 모르겠다'고 했다. 군자가 복록을 무시하면서 덕 쌓기에만 몰두하고, 녹 베풀기에 인색하면 원망을 받는다. 하늘이 위에 있고 연못이 아래에 있는 것이 정상인데, 연못이 하늘 위에 있는 양상이 바로 '꺼림[忌]'의 대상이다. 은혜를 아래로 베푸는 것을 자랑 삼으면 미움 받아 화를 당하기 십상이다. 군자는 화려한 꽃을 가슴에 주렁주렁 달지 않는다. 묵직하게 덕을 쌓으면서 원망 받을 일은 꺼린다면 허물짓지 않는다. 군자가 꺼릴 대상은 상효인 소인이다.

덕만 숭상하는 이는 녹을 가볍게 여기고, 녹을 움켜쥐고 덕을 거추장스럽게 여기는 것이 우리네 인생이다. 녹 없는 덕은 그나마 오래 갈 수 있으나, 덕 없는 녹은 뜬구름 같다. 그렇다고 녹의 노예가 되어서는 결코 안 될 것이다.

✡ 녹(돈)은 경제 생활에서 없어서는 안 된다. 덕과 복록은 두 얼굴을 갖는다.

5. 초효 : 허물 피하기의 방법, 힘과 지혜를 결합하라

初九는 壯于前趾니 往하여 不勝이면 爲咎리라
초구　　장우전지　왕　　　불승　　　위구

象曰 不勝而往이 咎也라
상왈 불승이왕　구야

초구는 앞 발끝치의 장함이니, 가서 이기지 못하면 허물이 될 것이다. 상전에 이르기를 '이기지 못하고 가는 것'이 허물이다.

초효는 가장 미약한 힘의 소유자지만, 소인을 끊어야 하는 1번 타자에 해당된다. 나머지 2, 3, 4, 5효와 함께 한마음으로 상효 소인을 결단하려는 출발점이다. 앞 '전前'은 전진의 뜻이고, 발꿈치 '지趾'는 의욕이 넘치는 모습을 형용한 단어다. 뇌천대장괘雷天大壯卦(䷡) 초효 역시 "발꿈치의 장함[壯于趾]"을 말했는데, 대장괘는 앞으로[前] 나아간다는 단어 하나가 생략됐을 뿐 전체적 의미는 동일하다. 소식괘 이론에서 대장괘가 2월이라면, 쾌괘는 한 단계 지난 3월이다. 대장괘에 비해서 쾌괘는 양이 하나 더 덧붙어져 맹렬한 역동성이 돋보인다.

하지만 초효는 자신을 이끌어줄 4효와 상응하지 못한다. 그런데도 준비가 덜 된 상태에서 의욕만 믿다가 소인과의 싸움에서 실패한다[往, 不勝, 爲咎]. 용기는 높이 살 수 있으나, 치밀한 계획과 신중함이 아직은 부족하다. 이길 수 없다는 것을 알고도 승부에 올인하면 허망한 결과가 기다린다.

설익은 과일은 제 값을 못받는다. 행동에 옮기기 전에 분명한 현실 판단이 이루어졌다면, 애당초 승부가 뻔한 일에 목숨 걸 하등의 이유가 없다. 지혜로운 사람은 맨 손으로 호랑이 잡는다고 용맹을 뽐내지 않고, 헤엄에 미숙한 사람 또한 한강을 건널 수 있다고 큰소리치지 않는다.

☆ 힘과 지혜를 조화롭게 결합하면 스스로 화를 초래하지 않는다.

6. 2효 : 유비무환을 뒷받침하는 것은 중용의 정신

九二는 **惕號**니 **莫夜**에 **有戎**이라도 **勿恤**이로다
구 이　척 호　모 야　유 융　　　물 휼

象曰 有戎勿恤은 **得中道也**일새라
상 왈 유 융 물 휼　　득 중 도 야

구이는 두렵게 부르짖음이니, 밤에 군사가 있더라도 근심치 말지로다. 상전에 이르기를 '군사가 있더라도 근심하지 말라'는 것은 중도를 얻었기 때문이다.

2효는 양이 양 자리에 있으나[不正], 하괘의 중용[中] 자체로 강유를 겸비하고 있다. 초효와는 다르게 정의감 하나만 믿고, 상효 소인을 업신여기며 제거하려고 날뛰지 않는다. 두려워하는 마음으로 민심의 향배에 촉각을 곤두세워 자신과 타인의 마음에 호소한다. 두려워하는 마음이라는 '척惕'은 마음[心]과 역易이 결합된 합성어다. 『주역』은 마음을 깨끗하게 하는 방법을 알려주는 '세심경洗心經'이라는 뜻이다.

소인들이 명분을 내걸고 한밤중에 친위 쿠데타를 일으킬지라도 성공할 수 없다. 2효 군자가 완벽한 경계 태세와 중용의 도리를 지키고, 5효를 비롯한 초효와 3효와 4효라는 지원자와 백성들이 버티고 있기 때문이다. 정이천은 「상전」에 대해 "양이 음을 결단함은 군자가 소인을 결단하는 것인데, 중용을 얻었으니 어찌 올바르지 않음이 있겠는가. 때(시간)와 대세를 아는 것은 역을 배우는 아주 큰 방도이다"[1]라고 매듭지었다.

간사한 소인들의 반항을 경계하고 소리 높여 호소하면서 소인들을 제거할 대비책을 세운다. 유비무환의 준비가 끝나면 쿠데타가 일어나도 근심할 필요가 없다. '막莫'은 '저물 모暮'의 옛글자이다. 늦은 밤에 상효의 군대가 혁명을 일으켜 군사를 이끌고 온다하더라도 우려할 사태는 일어나지 않는다. 미완의 쿠데타로 끝난다는 것이다.

☆ 2효는 중용의 길을 걷는 성숙한 인간을 표상한다. 2효는 괘사의 '믿음으로 호소하되 위태롭게 여기는[孚號有厲]' 덕목을 실천하는 군자를 가리킨다.

7. 3효 : 소인과 손잡아서는 안 된다

九三은 壯于頄하여 有凶코 獨行遇雨니 君子는 夬夬라
구 삼　　장 우 구　　유 흉　　독 행 우 우　　군 자　　쾌 쾌

---

1)『易程傳』夬卦 九二爻「象傳」, "陽決陰, 君子決小人, 而得中豈有不正也. 知時識勢, 學易之大方也."

若濡有慍이면 **无咎**리라
약 유 유 온　　　무 구

象曰 君子는 **夬夬**라 **終无咎也**니라
상 왈 군 자　　쾌 쾌　　종 무 구 야

구삼은 광대뼈가 불거져서 흉함이 있고 홀로 행하여 비를 만나니, 군자
는 결단할 경우에는 결단한다. 젖는 듯이 성냄이 있으면 허물이 없을 것
이다. 상전에 이르기를 '군자는 결단할 경우에는 결단한다.' 마침내 허물
이 없는 것이다.

'구頄'는 광대뼈를 뜻하는 관골顴骨이다. 옛어른들은 광대뼈가 나오면 흉
상이라 했다. 3효는 양이 양 자리에 있으나[正], 하괘의 중용을 지나쳐[不
中] 힘이 억센 모양이다. 소인을 제거하려는 의욕이 너무 넘쳐 마치 광대뼈
가 불끈 솟아난 형상이랄까. 그만큼 소인에 대한 적개심이 강력하다. 소인
에 대한 증오심이 얼굴 표정으로 나타났다. 소인을 미워하는 감정을 얼굴
에 드러내면 반격할 기회를 주기 때문에 흉하다. 상대방에게 속마음을 들
켜서는 안 된다는 교훈이다.

쾌괘 3효의 특징은 매우 독특하다. 다른 효들은 음양이 상응하지 않는
데 비해, 3효만 상효와 상응하므로 홀로 간다[獨行]고 했다. 하지만 홀로
비를 만나는 모습에서 상효 소인과 결탁한다[遇雨]는 오해를 불러일으킬
수 있는 여지가 있는 것이다. 따라서 나머지 군자(초효, 2효, 4효, 5효)들의
분노를 살 수도 있다[若濡有慍]. 군자는 표정을 읽히지 않도록 주의하면서
소인을 과감하게 제거해야 하는 책임이 있다[君子, 夬夬].

뒤의 '쾌'는 3효 군자에 의해 척결되야 하는 상효 소인이고, 앞의 '쾌'는
소인을 결단하는 주체로서 3효를 가리킨다. 3효는 상효와 상응 관계를 이
룬다. 하지만 군자는 평소 알고 지내는 소인일지라도 그 죄를 결코 용납해
서는 안 된다. 소인은 소인이요, 군자는 군자이기 때문이다. 특히 음인 상
효가 애교를 부리면서 양인 3효에게 죄를 눈감아달라고 유혹한다[若濡].

군자는 대의를 위해서 이익을 과감하게 물리쳐야 한다. 그래서 공자는 "모름지기 선비는 위급함을 보면 목숨을 바치고, 얻음을 보면 의리를 생각해야 한다"[2]고 말했던 것이다.

군자는 소인과 동침해서는 안 된다. 위대한 영웅들의 이야기가 담긴 『삼국지三國志』에는 군자와 소인들의 수많은 처세술이 등장한다. 왕윤王允(137-192)은 권모술수가 난무하는 가운데에서도 의리를 지킨 양심가였다. 그는 천하의 권력을 손아귀에 쥔 동탁董卓(?-192)을 제거하기 위해 세상의 의심과 분노를 사면서도 양심을 지켜 포악한 권력자를 내쫓았다. 그는 수양딸 초선貂蟬(?-?)으로 하여금 여포呂布(?-198)와 동탁을 이간질시켜 두 사이를 벌어지게 만들었다. 여포가 동탁을 죽일 결심을 굳히자, 헌제獻帝(181-234)가 동탁에게 선양한다는 말을 전하고 궁궐로 불러들여 동탁을 죽였다. 역사는 이를 연환지계連環之計라 부른다. 그러나 동탁의 잔당이 장안으로 공격해 들어오자, 왕윤은 군인에게 사로잡혀 죽었다.

☖ 지금은 소인을 결단하는 중대한 시기이다. 이때는 속내를 내비치지 않으면서 표정을 감추어라.

8. 4효 : 과감한 결단만이 인생의 항로를 바꿀 수 있다

九四는 **臀无膚**며 **其行次且**니 **牽羊**하면 **悔亡**하련마는
구 사 둔무부 기 행 자 저 견 양 회 망

聞言하야도 **不信**하리로다
문 언 불 신

象曰 其行次且는 **位不當也**오 **聞言不信**은 **聰不明也**라
상 왈 기 행 자 저 위 부 당 야 문 언 불 신 총 불 명 야

구사는 볼기짝에 살이 없으며 그 행함이 머뭇거리니, 양을 끌면 뉘우침이 없으련마는 말을 듣더라도 믿지 않을 것이다. 상전에 이르기를 '행함을 머뭇거림'은 위치가 마땅치 않음이요, '말을 듣더라도 믿지 않음'은 귀가

2) 『論語』 「子張」, "士見危致命, 見得思義."

밝지 않은 것이다.

'자저次且'는 나아가지 못하고 머뭇거리는 모양의 자저趑趄와 같은 뜻이다. 4효는 양이 음 자리에 있고[不正], 상괘의 중용도 아니다[不中]. 의욕만 있을 뿐 3효처럼 강성하지도 않다. 유약한 자리에 있기 때문에 힘입게 나아가 소인을 결단해야함에도 불구하고 주저주저한다. 더욱이 밑에서는 강한 성격의 세 양들이 앞으로 나아가라 부추기는 '좌불안석坐不安席'의 형국이다. 볼기살이 문드러져 앉지도 못하는 처지이다.

4효는 양이지만 음 자리에 있는 우유부단한 성격의 소유자다. 뒤에서는 앞으로 나아가라는 압력이 거세고, 앞에서는 강력한 5효가 가로막는 진퇴양난의 입장이다. 5효 때문에 소인 척결이 쉽지 않고, 뒤로 물러설 수도 없다. 이런 상황을 효사는 '그 행함이 머뭇거리며[其行次且]', '볼기짝에 살이 없다[臀无膚]'라고 형용했던 것이다.

4효가 스스로의 환경을 탈출할 수 있는 처방은 지혜로운 목동이 양을 모는 듯한 방법뿐이다.[3] 양(염소)을 이끄는 데는 테크닉이 필요하다. 양은 고집불통의 짐승이다. "말을 물가로 데려갈 수 있으나 억지로 물을 먹일 수는 없다"는 격언은 양에게도 통용된다. 길을 가르쳐줘도 믿지 않고, 훈계해도 귀를 막아 달아나려고 할 뿐이다[聞言, 不信]. 양을 앞에서 억지로 끌면 절대로 따라오지 않는다. 오히려 갈 길을 찾아가도록 맡기면 된다. 이것이 바로 양떼를 몰고 가는 슬기로운 기술이다[牽羊]. 그러면 후회할 일이 저절로 사라진다는 것이다.

여기서 말하는 '양'은 굳세고 강성한 5효를 뜻한다고 할 수 있다. '양을 끌고 가면 뉘우침이 없다'는 말은 5효의 지시를 따라 양을 몰고가는 것처럼 5효의 과감한 결단성을 보완할 필요가 있다는 뜻이다. 전진이 막히는 이유는 5효가 버티고 있고, 4효 군자의 현실 여건이 무르익지 않았기 때문

---

3) 상괘 태兌(☱)의 성격을 「설괘전」은 염소[羊]라 했다. "爲妾爲羊."(「說卦傳」11장)

이다. 또한 말을 들어도 믿지 않는 이유는 편협한 고집 때문이다.

편협한 고집을 버려라! 충언을 받아들일만한 마음을 키워라.

9. 5효 : 음흉한 소인은 발본색원의 대상

九五는 **莧陸夬夬**면 **中行**에 **无咎**리라
구오 현륙쾌쾌 중행 무구

象曰 中行无咎나 **中未光也**라
상왈 중행무구 중미광야

구오는 자리공을 결단하고 결단하면 중도를 행함에 허물이 없을 것이다. 상전에 이르기를 '중도를 행하여 허물이 없으나' 그 중용이 빛나지 못한 것이다.

'현륙莧陸'은 쇠비름 또는 지렁이풀로 불리고, 사투리로는 자리공이라 한다. 잎이 조그맣고 두꺼워 아무리 가뭄이 들어도 잘 죽지 않아 생명력이 질긴 잡초의 일종이다. 주로 습기가 많은 곳에서 자라는 일년생 풀로서 뿌리가 넓게 뻗어서 캐내기가 여간 쉽지 않은 식물이다. 특히 소식괘 이론에 따르면, 쾌괘는 3월에 닿기 때문에 괘사에는 3월에 싹터 자라는 자리공이 등장하는 것이다. '쾌쾌夬夬'는 자리공 뿌리를 통째로 뽑는 것처럼 소인을 싹둑 잘라낸다는 생동감 넘치는 표현이다.

중용을 실천하면 허물이 없다. 문제는 중용의 길을 걷는 5효에 대한 「상전」의 해석이다. '허물은 없으나 중도의 가치가 빛나지 못한다'는 말은 무슨 뜻인가. 보통 상효는 임금의 자문격인 스승 또는 상왕이 거처하는 자리이다. 『주역』 전체에서 중용을 실천했음에도 불구하고 그 가치가 빛나지 않는다고 한 곳은 쾌괘 5효뿐이다. 비록 중용을 실천했을지라도 임금의 자문위원을 제거하는 일 자체는 자랑할 만한 사건이 아니므로 '중도가 빛나지 못한다[中未光也]'고 했던 것이다.

이는 사람을 차별하지 말고 두루 사랑하라고 가르치는 『주역』의 관점에서 보면 모순된 발언이 아닐 수 없다. 상효에 대한 5효의 처벌은 불가피한 현실이지만, 공개석상에서 형법으로 처벌하는 것은 불미스런 행위가 분명하다. 여기서 중용의 길을 설명하려고 고뇌에 빠진 공자의 심정을 엿볼 수 있다.

5효는 양이 양 자리에 있고[正], 상괘에서 중용의 길을 걷기 때문에[中行] 허물이 없다. 자리공[莧陸]은 습지에서 잘 자라는 상효 소인에 비유된다. 5효 군자가 상효에 의해 습기(유혹)로 젖었지만, 결단코 소인을 제거해야 할 시대적 소명이 있다. 5효는 상효 소인을 정면으로 마주친 선봉장이다. 만약 상효의 유혹에 젖어들어 옳지 못한 계약을 맺는다면 세상은 끝장이다. 그러니까 양심의 대명사인 나머지 양효들이 그냥 묵과하지 않는다.

🎴 소인의 음흉하고 달콤한 꾐을 뿌리쳐 끊을 수 있는 수단은 중용의 정신이다.

10. 상효 : 하늘의 심판은 누구도 비껴갈 수 없다

上六은 **无號**니 **終有凶**하니라
상 육　　무 호　　종 유 흉

象曰 无號之凶은 **終不可長也**니라
상 왈 무 호 지 흉　　종 불 가 장 야

상육은 호소할 곳이 없으니, 끝내 흉함이 있다. 상전에 이르기를 '호소할 곳이 없어 흉함'은 끝내 장구할 수 없다.

상효는 더 이상 나아갈 곳이라고는 전혀 없는 막다른 골목이다. 소인의 처지로는 사면초가四面楚歌의 형세다. 다섯 양효들이 연합하여 공격하는 군자와 궁지에 몰린 소인이 최후의 결전을 벌이는 모습이다. 소인은 젖 먹던 힘을 다해 저항하다가 울부짖으면서 호소한다. 아무도 소인의 말에 귀 기울이지 않는다. 소인에 대한 최후의 심판은 처절하다.

쾌괘와 마찬가지로 해괘解卦 또한 소인의 척결을 말한다. 해괘에 따르면, 고난이 막 해소된 시기에는 휴식하며 삶의 기반을 되찾을 수 있는 안정된 환경이 필요하다. 해괘는 소인이 득세하면 상황이 다시 파국으로 치달을 수 있기 때문에 소인을 제거해야 하는 이유에 초점을 맞추었다. 쾌괘는 소인을 제거하는 방법을 논의했다. 부당하게 높은 지위에 오른 소인을 제거하기는 쉽지 않다는 것을 전제하면서 과감한 결단과 아울러 치밀한 전략을 세워야 한다고 했다. 한편 해괘는 도덕적 측면에서 소인을 시정잡배와 같은 무뢰한이나 도적 따위로 규정했다면, 쾌괘에서 말하는 소인은 정치적 측면 즉 통치 집단 내부에 도사린 간신배 같은 인물이다.[4]

소인배의 청소는 군자들의 책무이기도 하지만, 하늘 역시 소인의 악행을 눈감아주지 않는다. 전자가 역사의 심판이라면, 후자는 진리와 하늘의 섭리에 의한 심판이다. 이런 연유에서 『주역』의 마지막 글귀인 동시에 「잡괘전雜卦傳」결론은 "강이 유를 결단하는 것이니, 군자의 도는 자라나고 소인의 도는 근심일 따름이다"[5]라고 매듭지었다. 그러니까 소인이 통곡하면서 구원을 호소해도 아무 소용이 없다는 뜻이다.

✿ 쾌괘에서 소인이 가장 높은 자리에 있다는 것은 악행이 극도에 달했다는 것을 뜻한다.

······························· ❀ ·······························

정역사상의 연구자 이상룡李象龍은 쾌괘의 성격을 다음과 같이 설명한다.

☰ 夬는 分決也니 故로 其爲字는 取決字而減其從이나
　　쾌　분결야　고　기위자　취결자이감기종
水有決澤而灌漑天下之象이라 且姤는 遇也오 夬는 決也니
수유결택이관개천하지상　차구　우야　쾌　결야

4) 쑨 잉퀘이, 앞의 책, 651쪽 참조.
5) 『周易』「雜卦傳」, "夬決也, 剛決柔也, 君子道長, 小人道憂也."

相遇然后에 有可決之理니 故로 次於姤也라
상우연후　유가결지리　고　차어구야

쾌는 나누고 결단한다는 뜻으로 그 글자 구성은 결决 자에서 그 유래인 (물 수氵 변을) 덜어냈으나, 물은 연못을 터놓아 천하에 물 대는 형상이 있다. 또한 구姤는 만나다는 뜻이요, 쾌는 터놓다는 뜻으로 서로 만난 뒤에야 터놓을 수 있는 이치가 있기 때문에 (쾌괘가) 구괘 다음이 된 것이다.

象曰 夬, 揚于王庭은 子海勇決하니 辰壤正位也오 孚號有厲는
단왈 쾌　양우왕정　자해용결　진양정위야　부호유려
安而易危也며 告自邑, 不利卽戎은 保民以王也며 利有攸往은
안이이위야　고자읍　불리즉융　보민이왕야　이유유왕
與天合德也라
여천합덕야

단전　"쾌는 왕의 조정에서 드날린다"는 것은 (선천의) 자子로 시작하는 바다를 (세상을) 과감하게 터놓으니 진辰의 땅이 올바르게 자리 잡는 것이요, "믿음으로 호소하되 위태롭게 여긴다"는 것은 편안하면 쉽게 위험해진다는 것이요, "읍으로부터 고함이요, 군사를 일으키는 것은 이롭지 않다"는 것은 백성을 보호하는 왕이어야 한다는 것이요, "가는 바를 둠이 이롭다"는 것은 하늘과 덕을 합한다는 뜻이다.

象曰 君子以, 施祿及下는 下无窮民也오 居德, 則忌는
상왈 군자이　시록급하　하무궁민야　거덕 칙기
尙之道德而猶戒惕忌也리라
상지도덕이유계척기야

상전　"군자는 이를 본받아 녹을 베풂이 아래에 미친다"는 것은 아래에 궁핍한 백성이 없다는 것이요, "덕에 머물러 꺼리는 것을 본받는다"는 말은 도덕을 숭상하지만 도리어 두려워하고 꺼림을 경계

한다는 뜻이다.

初九, 壯于前趾, 往, 不勝, 爲咎는 革金兵動하면 咎其首倡也라
초구 장우전지 왕 불승 위구 혁금병동 구기수창야

초효 "앞 발꿈치의 장함이니, 가서 이기지 못하면 허물이 될 것이다"라는 말은 군대를 혁신하여 군사를 일으키면 먼저 번창하는 것은 허물이 될 것이라는 뜻이다.

九二, 惕號, 暮夜, 有戎, 勿恤은 長夜欲曙니 何憂戎狄乎아
구이 척호 모야 유융 물휼 장야욕서 하우융적호

2효 "두렵게 부르짖음이니 밤에 군사가 있더라도 근심치 말지로다"는 것은 긴 밤이 지나 새벽 즈음에 어찌 융적을 근심하리오?

九三, 壯于頄, 有凶은 九頁暴客을 吾必馘也오 獨行遇雨,
구삼 장우구 유흉 구혈포객 오필혁야 독행우우

君子夬夬, 若濡有慍, 无咎는 超然相和하여 慍于群小也라
군자쾌쾌 약유유온 무구 초연상화 온우군소야

3효 "광대뼈가 불거져서 흉함이 있다"는 것은 아홉 명의 폭객을 내가 반드시 뺨을 친다는 것이요, "홀로 행하여 비를 만나니, 군자는 결단할 경우에는 결단한다. 젖는 듯이 성냄이 있으면 허물이 없을 것이다"라는 말은 초연하게 서로 화합하여 작은 무리를 따뜻하게 대한다는 뜻이다.

九四, 臀无膚, 其行次且는 乘馬欲行而前有水澤也오 見羊,
구사 둔무부 기행자저 승마욕행이전유수택야 견양

悔亾은 金入火鄕也며 聞言, 不信은 小人之情狀也라
회망 금입화향야 문언 불신 소인지정상야

4효 "볼기짝에 살이 없으며 그 행함이 머뭇거림"은 말 타고 가려 하나 앞에 물과 연못이 있음이요, "양을 끌면 뉘우침이 없다"는 것은 금이 불의 고향으로 들어간다는 것이며, "말을 듣더라도 믿지

않을 것이다"라는 것은 소인의 가련한 상태를 뜻한다.

九五, 莧陸夬夬, 中行, 无咎는 升自咬菜而若固有之也라
구오 현륙쾌쾌 중행 무구   승자교채이약고유지야

5효 "자리공을 결단하고 결단하면 중도를 행함에 허물이 없을
것이다"라는 말은 새가 푸성귀를 깨무는 것을 마치 원래부터 소유
한 것처럼 한다는 뜻이다.

上九, 无號, 終有凶은 大澤方決하니 凶盡吉來也라
상구 무호 종유흉   대택방결   흉진길래야

상효 "호소할 곳이 없으니, 끝내 흉함이 있다"는 말은 큰 연못을
바야흐로 터놓으니 흉은 가고 길이 온다는 뜻이다.

| 天風姤卦 |
천 풍 구 괘

진정한 만남

1. 도덕적 사귐이 최고의 만남이다 : 구괘

정이천은 택천쾌괘(䷪) 다음에 천풍구괘(䷫)가 오는 이유를 다음과 같이 말한다.

> 姤는 序卦에 夬는 決也니 決必有遇라 故受之以姤하니
> 구   서괘   쾌   결야   결필유우   고수지이구
>
> 姤는 遇也라 하니라 決은 判也니 物之決判則有遇合이니
> 구   우야   결   판야   물지결판즉유우합
>
> 本合則何遇리오 姤所以次夬也라 爲卦乾上巽下하니
> 본합즉하우   구소이차쾌야   위괘건상손하
>
> 以二體言之하면 風行天下하니 天之下者는 萬物也라
> 이이체언지   풍행천하   천지하자   만물야
>
> 風之行에 无不經觸하니 乃遇之象이오 又一陰始生於下하니
> 풍지행   무불경촉   내우지상   우일음시생어하
>
> 陰與陽遇也라 故爲姤라
> 음여양우야   고위구

"구괘는 「서괘전」에 '쾌는 나뉨이니 나뉘면 반드시 만남이 있다. 그러므로 구괘로 이어받았으니, 구는 만남이다'라고 했다. 결은 나뉨이니 물건은 나뉘면 만남이 있으니, 본래부터 합해졌으면 무슨 만남이 있겠는가. 구괘가 이런 까닭에 쾌괘의 다음이 된 것이다. 괘의 형성은 건이 위에 있고 손이 아래에 있으니, 두 실체로 말하면 바람이 하늘 아래에서 움직이니 하늘 아래는 만물이다. 바람이 움직임에 경유하고 접촉하지 않음이 없으니, 바로 만나는 모습이다. 또한 하나의 음이 아래에서 처음 생겨나니 음과 양이 만나는 것이다. 그러므로 '구'라 한 것이다."

구姤는 만날 '우遇'의 뜻으로 오랫동안 헤어졌다 다시 만난다는 해후邂逅와 같은 말이다. 낮이 지나면 밤이 오고, 뜨거운 여름이 지나면 서늘한 가을이 온다. 양의 시대가 가면 음의 시대가 돌아온다. 남녀간의 애틋한 사

랑도 식으면 냉각기가 오듯이, 자연과 인생살이는 순환한다. 쾌괘의 가장 위에 놓여 있던 음의 불씨가 되살아나 구괘의 초효로 부활하였다. 이는 택 천쾌괘(䷪) 상효가 아래로 내려와 천풍구괘(䷫) 초효로 자리잡은 형상이 다. 그것은 쾌괘를 180° 뒤집어놓으면 구괘가 되는 원리와 상통한다.

구괘는 위가 하늘[乾: ☰]이고, 아래는 바람[巽: ☴]으로 이루어져 있다. 그 리고 하늘 아래에서 바람이 불어 땅 위의 만물과 만나는 과정을 소개한다. 소식괘 이론에 따르면, 구괘는 음의 기운이 처음 시작되는 5월에 닿는다. 쾌괘가 강함[剛]의 끝이라면, 구괘는 부드러움[柔]의 시작이다. 끝과 시작 이 맞물려 순환한다는 논리다. 또한 쾌괘가 소인을 제거하여 군자와 소인 을 나누는[分] 논리에 착안했다면, 구괘는 남자와 여자가 만나는[合] 논제 가 주요 핵심이다.[1] 쾌괘와 구괘는 천지가 영허, 소식, 손익, 상하, 분합의 복잡한 형식으로 조직화되어 움직인다는 것을 알려 주고 있다.

쾌괘와 구괘 사이에 건괘(䷀)가 생략되었으나, 『주역』은 변화의 영속성 을 괘의 배열에 안배했다. 세상의 어느 하나도 역의 원리에서 벗어나 존재 할 수 없다는 뜻이다. 구괘는 음이 밑에서 처음으로 자라나 새로운 시대를 맞이하는 형상이다. 『주역』 24번 지뢰복괘地雷復卦(䷗)가 동지冬至라면, 44 번 천풍구괘天風姤卦(䷫)는 하지夏至이다. 전자가 양의 씨앗이 발아되어 싹 트는 모습이라면, 후자는 음의 씨앗이 밑에서 처음으로 싹트는 모습이다. 그것은 하지와 동지가 반대편에서 마주보면서 서로의 존재 근거가 되는 원리를 담고 있다.

하지와 동지를 비롯하여 남녀, 음양, 강유, 선악, 군자와 소인 등은 대 립쌍을 이루어 변화의 창조적 힘으로 작용한다. 서양의 칼 구스타브 융 Carl Gustav Jung(1875-1961)은 각종 대립쌍들이 갖는 근원적 관계를 아니마

---

1) 정이천은 『易程傳』에서 "姤遇也, 決判也, 物之決判則有遇合."이라고 하여 구괘의 의미에 대 해 헤어짐[決]과 만남[遇], 나뉨[判]과 결합[合]으로 대비시켰다. 즉 자연은 나뉨과 결합이라는 분합의 형식으로 움직인다는 것이다.

anima와 아니무스animus로 정리한 바 있다. "아니마는 남성의 마음 속에 숨은 모든 여성적인 심리적 경향들이 인격화된 것이다. 여성에서 무의식이 남성으로 인격화된 아니무스는 남성에서 아니마가 그런 것처럼 좋고 나쁜 양면성 모두를 보여준다. 그들은 곧잘 숨은 '거룩한' 확신의 형태를 취하는 경향으로 나타난다."[2]

서로 대립적으로 마주쳤다가 다시 만나는 현상은 우연이 아니라 필연이다. 불교의 '옷깃 하나 스치는 것도 인연'이라는 말은 인과율의 논리라면, 『주역』은 인과율을 포월包越할 뿐만 아니라 대립쌍의 통일을 설명하는 동양의 논리학이다. 이별은 만남을 위한 서곡이므로 슬퍼할 필요가 없으며, 만남의 기쁨 역시 오래가지 않는다. 그렇다고 『주역』은 한 번도 허무주의에 찬동한 적이 없다.

2. 구괘 : 올바른 만남이란 무엇인가

姤는 女壯이니 勿用取女니라
구　여장　물용취녀

구는 여자가 장성함이니 여자를 취하지 말라.

'장壯'은 힘센 또는 강건한 힘을 뜻하고, '취取'는 아내를 맞아들이다 또는 장가들다는 의미의 '취娶'와 같다. 구괘는 하나의 음이 다섯 양을 만나는 양태로서 다섯 남자를 상대하는 한 여자의 강력한 음 기운을 형상화했다. 왈가닥이 험난한 현실을 부닥치면서 후천적으로 드세졌다면, 구괘에서 말하는 여자는 태생적으로 억센 음 기운을 타고난 여자를 가리킨다. 지나치게 억세거나 굳센 여자는 남성들조차 상대하기 매우 벅차다는 뜻이다.

하괘[巽: ☴]의 초효는 괘 성립의 주인공[主爻]으로서 나이가 든 장녀.

2) 칼 구스타브 융/이부영 외, 『인간과 무의식의 상징』(서울: 집문당, 1995), 182-195쪽 참조.

모양새는 비록 미약한 듯이 보이지만, 점차 다섯 양을 차례대로 밀어내는 강력한 에너지를 함축하고 있다. 그래서 괘사는 이런 여자에게 장가들어서 좋을 것이 없다고 했다. '장가들지 말라[勿用取女]'는 말은 몽괘蒙卦 3효에도 나온다. 몽괘의 3효는 상효와 배필을 이루어야 마땅한데도 불구하고 이웃인 2효에게 마음을 둔다. 그것은 마치 발정한 암퇘지가 발을 동동 구르면서 미친 듯이 수퇘지에게 달려드는 꼴이다. 부정한 행동을 하는 여자와의 혼인을 경계하는 깨우침이다.

그렇다면 『주역』은 선천적으로 거센 여자를 왜 평생 같은 이불 덮고 살 수 없는 부적격자로 단정짓는가? 괘사는 괘의 형태에 근거해서 한 여자가 다섯 남자를 거뜬하게 상대하는 내용으로 말했을 뿐, 그 근저에는 올바른 남녀의 교제라는 교훈이 짙게 깔려 있다. 주자는 "한 음이 다섯 양을 만났으니, 여자의 덕이 바르지 않고 강성함이 심한 것이니 스스로 배필로 취하면 반드시 양(남자)를 해친다"[3]라고 풀이하여, 정숙한 여인네와의 혼인을 정당한 조건으로 삼았다. 맑고 올바른 여성[貞淑]이 건전한 사회를 형성할 수 있다는 시대상의 요건이었다.

『주역』에는 혼인을 권장하는 괘가 있고, 혼인을 금지하라는 괘가 있다. 31번 택산함괘澤山咸卦의 '취녀길取女吉'과 53번 풍산점괘風山漸卦의 '여귀길女歸吉'은 혼인을 권장하는 예증이고, 44번 천풍구괘와 54번 뇌택귀매괘雷澤歸妹卦의 '정흉征凶'은 혼인을 금지하는 내용이다. 혼인을 경계한 까닭은 약간의 결격 사유를 지적한 것이지, 혼인 자체를 부정한 것은 아니다. 남녀의 혼인을 부정하면 생명의 단절을 가져오기 때문에 천지의 근본 정신에 어긋난다.

☪ '결혼은 감옥 생활의 시작'이라고 외치는 현대판 독신주의를 『주역』은 긍정하지 않는다.

---

3) 『周易本義』 姤卦, "又一陰而遇五陽, 則女德不貞而壯之甚也, 取以自配, 必害乎陽."

3. 단전 : 하늘과 땅의 만남은 일종의 신성한 교감 행위

象曰 姤는 遇也니 柔遇剛也라 勿用取女는
단왈 구 우야 유우강야 물용취녀

不可與長也일새라 天地相遇하니 品物이 咸章也오
불가여장야 천지상우 품물 함장야

剛遇中正하니 天下에 大行也니 姤之時義大矣哉라
강우중정 천하 대행야 구지시의대의재

단전에 이르기를 구는 만남이니 유가 강을 만난 것이다. '여자를 취하지 말라'는 것은 함께 오래할 수 없기 때문이다. 하늘과 땅이 서로 만나니 온갖 사물이 모두 빛남이요, 강한 것이 중정을 만나니 천하에 크게 행함이니, 구의 때와 의의가 위대하도다.

'구'는 만남이라는 뜻 이외에도 결합, 교제, 결혼 등의 뜻이 있다. 구괘는 만남(교감)을 통해 생명이 지속되어야 하는 이유를 괘의 구성 원리로 설명한다. '유가 강을 만남'에서 유는 초효를 가리키고 강은 나머지 다섯 양을 뜻하는데, 이것은 괘의 구조를 사실의 차원에서 해명한 내용이다. 그리고 '지나치게 억센 여자에게 장가들지 말라'는 명제에 대해 「단전」은 가정 불화의 원인을 부정不貞한 여인 탓이라고 풀이했다. 하지만 여자의 자궁을 빌리지 않고는 후손을 기약할 수 없다. 이런 연유에서 공자는 곧바로 음양 교감의 당위성을 제시했던 것이다. 혼인은 천지의 정신을 대신하는 남녀의 만남이기 때문에 괘사는 남녀의 부적절한 만남(혼인)에 대해 반대 의사를 천명했을 따름이다.

하늘과 땅의 만남은 생명을 낳기 위한 일종의 신성한 교감 행위다. 천지는 유형무형의 생명체를 일구어낸다. 군자와 소인을 구별하지 않고 키운다. 소인이 군자로 변화되는 것은 사람의 몫이고, 군자가 소인으로 전락하는 것 역시 사람의 책임이다. '천지의 교감[天地相遇]'이 형이상학적 원리라면, '온갖 사물이 빛남[品物咸章]'은 천지가 생명 의지를 대지 위에 활짝 꽃피워 밝게 드러나는 자연 현상을 뜻한다.

구괘의 진정한 주인공은 5효이다. 5효는 양이 양 자리에 있고[正], 상괘의 중용[中]이다. 강건한 성품의 군주가 중정의 덕을 갖추었다[剛遇中正]. 강유를 겸비한 군주는 천하에 책임 정치를 구현해야 한다. 더욱이 호시절(때 = 시간)을 만나 아무런 걸림돌이 없다. 하지만 뛰어난 영웅도 때를 만나지 못하면 그 뜻을 펼칠 수 없고, 경륜이 풍부한 도덕 군자도 때를 만나지 못하면 아무 소용이 없는 것이다.

『주역』은 괘효의 중정, 도덕적 중정, 시간의 중정 등을 말한다. 구괘에서 말하는 시의時義는 시간의 중정을 가리키는 용어다. 다만 전통 철학에서는 가뭄에 꼭 필요할 때 내리는 비를 '시간의 중정'으로 비유한 것이 고작였다. 하지만 조선의 김일부는 현행 시간의 근거인 시간성을 의미하는 '중정中正'을 말했다. 정역사상에서 말하는 중정은 가치론적 개념이라기보다는 존재론적 개념이다. 『정역』은 시간의 흐름을 섭리하는 핵심체(본체 = 中)를 하도낙서의 중앙에 배치된 10과 5로 규정했다.

이 본체의 현실적인 시간적 전개(작용)는 1년 365¼일로 나타난다. 1년 365¼일은 음양의 불균형에 의한 억음존양抑陰尊陽의 산물이다. 그런데 천지는 조양율음調陽律陰의 과정을 거쳐 음양의 균형이 잡히면 1년 360일이 형성된다고 김일부는 추론했다. 따라서 360은 시간의 전개에 불가피하게 따르는 음양의 균형과 불균형을 구분하는 척도[正]인 셈이다. 천지는 일정한 시간대를 중심으로 자기 항상성恒常性을 확인하는 운동이 일어나는 데, 이것이 바로 선천과 후천의 교체 사건이다. 김일부는 시간론에 '중정' 개념을 도입하여 선후천론을 수립했던 것이다. 그것은 매우 독창적이면서 파격적인 이론이 아닐 수 없다.

☆ '구괘의 때와 의의가 위대하도다[姤之時義大矣哉]'라는 말의 핵심은 생명체가 존재하는 목적과 순환하는 과정은 시간이 주재主宰한다는 것을 밝힌 점에 있다. 천지 자체를 비롯하여 자연과 인간의 문제와 천하사 역시 시간

의 섭리에서 예외일 수 없다. 시간의 리듬에 발맞추어 "천지가 서로 만나니 온갖 사물이 모두 빛나는[天地相遇, 品物咸章也]" 성숙된 자연의 여건은 현실 역사로 직결된다[天下大行也]는 것이다.

4. 상전 : 법령을 공표하여 인권의 사각 지대가 생기지 않도록 해야

象曰 天下有風이 **姤**니 **后以**하여 **施命誥四方**하나니라
상 왈 천 하 유 풍　　구　　후 이　　　시 명 고 사 방

상전에 이르기를 하늘 아래에 바람 있는 것이 '구'이다. 임금이 이를 본받아 명을 베풀고 사방에 고한다.

물리적 차원에서 보면, 바람은 천지가 빚어내는 에너지 흐름의 현상이다. 바람은 생명체에게 숨결을 불어넣어 천지가 살아 있음을 증거하는 실체이다. 바람은 널리 퍼져 온갖 사물과 접촉하여 교감을 활성화시키는 동력이다. 바람은 온 천지에 생명 에너지를 배달하는 전달체인 것이다.

『주역』은 세상사람 모두가 바람의 아들이 되기를 원한다. 『주역』에서 바람의 역할은 매우 중요하다. 하늘은 바람을 통해서 만물에게 진리의 정보를 전달한다. 흔히 바람의 흐름을 풍류風流라 하고, 바람이 내 몸과 사회에 체질화된 상태를 풍습風習 또는 풍속風俗이라 한다. 자연이 내뿜는 바람의 속성에 의거하여 군주는 하늘의 명령을 받들어 널리 알려야 한다. 만물은 바람을 통해 하늘과 만나고, 군주와 백성은 명령을 통해서 만나는 것이다.

64괘 중에서 대부분의 「상전」은 군자 혹은 대인을 내세웠는데, 유독 11번째 지천태괘와 구괘에서만 임금 '후后'가 등장한다. 임금은 하늘을 대신해서 백성을 직접 만나야 하는 소임이 있다. 가르칠, 훈계할 '고誥'는 공표한다는 뜻이다. 임금은 하늘의 뜻을 알기 쉬운 문건으로 만들어 사방에 알려야 한다.

☖ 「상전」의 문법은 자연과 인간과 당위의 문제로 연결되어 있다.

5. 초효 : 음양의 만남은 영원히 지속한다

初六은 **繫于金柅**면 **貞**이 **吉**코 **有攸往**이면 **見凶**하리니
초육 계우금니 정 길 유유왕 견흉

羸豕孚蹢躅하니라
이시부척촉

象曰 繫于金柅는 **柔道牽也**일새라
상왈 계우금니 유도견야

초육은 쇠말뚝에 매면 올바르게 함이 길하고 가는 바를 두면 흉함을 볼
것이니, 여윈 돼지가 믿고 뛴다. 상전에 이르기를 '쇠말뚝에 매는 것'은
부드러움의 도리를 견제해야 하기 때문이다.

'금니金柅'는 수레를 멈추게 하는 쇠로 만든 제동 장치(브레이크)다. '이羸'
는 여위어 파리하다는 뜻이고, '척蹢'과 '촉躅'은 '척촉躑躅'과 같은 뜻으로
뛰다라는 동사다. 초효는 구괘에서 단 하나의 음인 '여자를 취하지 말라
[勿用取女]'는 거친 여자 주인공이다. 천방지축으로 날뛰는 듯한 남성 같은
여자는 붙들어 매어 움직이지 못하도록 해야 한다. 그것도 나무로 만든 말
뚝이 아니라, 견고한 쇠말뚝으로 말이다.

초효는 나머지 다섯 양과 상대하는 굳센 음이다. 그냥두면 장차 기운이
더욱 거세져 말썽부릴 것이 뻔하다. 그러니까 앞으로 더 이상 뻗어나갈 수
없도록 쇠로 만든 브레이크 작동시켜 억제한다. 제멋대로 두면 흉한 일이
생기기 때문이다[有攸往, 見凶]. 소인배가 맘껏 활개 치면 군자는 움추려들
기 마련이다. 초효의 기세를 제동걸지 않고 수수방관하면 야윈 암돼지가
이리저리 날뛰어 엉망으로 만드는 일이 벌어진다.

🏠 야구에서도 발 빠른 1루 주자가 2루로 도루하지 못하도록 투수는 이따
금씩 견제구를 던져 주자의 발을 꽁꽁 묶어야 한다. 감독의 싸인 없이 주자
맘대로 뛰면 아웃되어 경기를 망칠 확률이 높다. 감독과 코치는 상대편 투
수의 습관 및 경기의 판세를 잘 파악하여 주자를 잘 이끌어야 한다[柔道牽

也]. 마찬가지로 초효 음이 강성해지면 나머지 양을 해치므로 처음부터 잘 견제할 필요가 있다. 이는 사태가 악화될 징조를 먼저 깨달아 미리 예방해야 한다는 가르침이다.

6. 2효 : 만남의 규범은 옳음이다

九二는 **包有魚**면 **无咎**하리니 **不利賓**하니라
구 이   포 유 어   무 구   불 리 빈

象曰 包有魚는 **義不及賓也**라
상 왈 포 유 어   의 불 급 빈 야

구이는 꾸러미에 물고기가 있으면 허물이 없을 것이니, 손님에게는 이롭지 않다. 상전에 이르기를 '꾸러미에 물고기가 있음'은 손님에게 의리가 미치지 않는 것이다.

물건을 싼다는 '포[包]'는 꾸러미[苞]를 뜻하는 글자다. 2효는 하괘의 충용인데도 불구하고 초효 때문에 곤욕을 치른다. 초효는 본래 4효와 상응 관계를 이루는데, 오히려 2효의 먹이감이 된 꼴이다. 2효는 초효와 가장 가깝기 때문이다. 2효는 나머지 네 효의 선봉에서 초효와 만나고 있다. 그것은 정도를 벗어난 대가를 톡톡히 치르는 모양새다.

'손님[賓]'은 2효를 제외한 다른 양들을 가리킨다. 여러 손님들에게 상처난 물고기를 대접할 수 없는 까닭은 비리와 부패로부터의 전염을 사전에 방지하기 위한 수단이다. 이웃사촌인 2효 남자와 사귀었던 여자가 4효와 다시 만나는 일은 몰래 더블 데이트하는 모습이다. 이미 남자 경험이 복잡한 여자는 4효를 비롯한 다른 남자에게는 불쾌한 상대인 것이다.

초효와 2효는 음양짝을 이룬다. 2효는 비록 음 자리에 양이 있으나[不正], 하괘의 중용에 자리잡고 있기 때문에 올곧은 심성을 갖추었다. 따라서 2효 군자는 상한 먹이감이 손님들의 입에 들어가지 않도록 막아야할 책임이 있다. 강력한 음의 성장을 2효에서부터 제지해야 하고, 다른 곳으

로 번지지 않도록 할 필요가 있다.

초효가 처음으로 만난 남자는 2효이다. 초효와 4효가 먼 친척 관계라면, 초효와 2효는 이웃사촌이다. 이웃사촌이 먼 친척보다 낫다는 말이 있듯이, 초효가 2효에 포용되면 허물이 생기지 않는다. 그렇다고 초효에 의해 몸과 마음이 더럽혀진 물고기를 손님 접대용으로 사용하면 곤란하다.

☖ 구괘의 주제어는 '만남'이다.

7. 3효 : 위태로움을 아는 것 자체가 행운

九三은 臀无膚나 其行은 次且니 厲하면 无大咎리라
구 삼　둔 무 부　기 행　자 저　여　　무 대 구
象曰 其行次且는 行未牽也라
상 왈 기 행 자 저　행 미 견 야

구삼은 볼기짝에 살이 없으나 그 행실은 머뭇거리니, 위태롭게 여기면 큰 허물이 없을 것이다. 상전에 이르기를 '그 행실이 머뭇거림'은 행실을 견제하지 못한 것이다.

'볼기짝에 살이 없으나 그 행실은 머뭇거림[臀无膚, 其行, 次且]'이라는 말은 이미 쾌괘 4효에 나왔다. 쾌괘를 180° 뒤집어엎으면 구괘가 되기 때문에 구괘 3효는 쾌괘 4효에서 온 것이다. 3효는 양이 양 자리에 있으나[正], 중용을 지나쳐 강성함이 너무 굳세다. 3효 역시 음을 사모하지만, 하나 밖에 없는 음은 이미 2효의 품에 안겼다.

3효는 상효와 상응 관계가 아니다. 초효에게 마음이 쏠리지만 2효가 가로막고 있다. 2효 방해꾼만 없었다면 초효를 만날 수 있다. 껄끄러운 2효 어깨에 앉아 있으므로 볼기짝이 뭉그러져 불편하기 짝이 없다. 초효에 대한 애정을 포기하고 가면 좋으련만 한 가닥 미련이 남아 있다. 머뭇거리는 행보로 비쳐진다. 초효 음을 두고 뭇 남성들이 목매고 있는 이때! 다행스럽게도 3효는 직접 음과 접촉하지 않는다. 아래로는 2효가 가로막고, 위로는 전부 양이기 때문이다. 위태로운 처지는 아니다. 위태롭다는 사실을 아는 것 자체부터가 큰 행운이다. 그래서 '위태롭게 여기면 큰 허물이 없으리라[厲, 无大咎]'고 했던 것이다.

☆ 3효가 나갈 듯 말 듯 하는 주저하는 것은 초효 음의 유혹의 손길 때문이다. 흔히 '머뭇거림'은 우유부단한 성격을 대변하는 부정적 이미지를 풍긴다. 지금은 홀로 나아가는 것이 좋은 시간이다. 3효 혼자 고독을 씹으면서 소인배들의 짓거리에 동참하지 않으려는 의지의 소산이다.

8. 4효 : 민심을 잃으면 모든 것을 잃는다

九四는 **包无魚**니 **起凶**하리라
구 사　포 유 어　기 흉
象曰 无魚之凶은 **遠民也**일새라
상 왈　무 어 지 흉　원 민 야

구사는 꾸러미에 물고기가 없으니, 흉이 일어날 것이다. 상전에 이르기를 '물고기가 없는 흉함'은 백성을 멀리하기 때문이다.

꾸러미에는 물고기가 없다. 4효는 짝꿍을 잃어버려 꾸러미를 채울 물고기가 있을 턱이 없다. 초효와 상응함에도 불구하고 초효는 이미 2효에게 몸과 마음을 맡겼다. 여기에는 두 가지가 이유가 있다. 내부 요인으로는 4효 자체가 중용을 얻지 못했고, 부정不正의 위치에서 초효와 만날 자질을 갖추지 못했고, 외부 요인으로는 약혼자인 초효가 4효를 버리고 2효와 먼저 혼인을 했기 때문이다. 이런 여건에서 초효를 원망하여 2효와 애정 싸움을 벌인다면 틀림없이 흉한 일이 생기는 것은 불을 보듯 뻔하다.

초효는 2효에 눈이 멀어 4효에게 눈길 한 번 주지 않는다. 이는 간접적인 원인 탓일 수도 있으나, 실제로는 4효 자체의 기질에서 비롯된다. 4효는 공간적으로 음위陰位이고, 시간적으로는 양의 얼굴이기 때문이다. 게

다가 4효 신하는 초효 백성의 마음을 헤아리지도 않았다.

🎲 민심에 무관심한 신하에 대해 백성들이 등을 돌리는 것은 당연하다. 민심을 배반한 신하는 머지않아 군주에게서도 버림받는다.

9. 5효 : 하늘의 뜻을 행위의 근거로 삼으면 복이 저절로 온다

九五는 **以杞包瓜**니 **含章**이면 **有隕自天**이리라
구 오 이 기 포 과 함 장 유 운 자 천

象曰 九五含章은 **中正也**오 **有隕自天**은 **志不舍命也**일새라
상 왈 구 오 함 장 중 정 야 유 운 자 천 지 불 사 명 야

구오는 버들잎으로 참외를 감싸니, 빛나는 것을 머금으면 하늘로부터 떨어지는 것이 있을 것이다. 상전에 이르기를 '구오가 빛나는 것을 머금음'은 중정이요, '하늘로부터 떨어지는 것이 있음'은 뜻이 천명을 버리지 않기 때문이다.

'기杞'는 버들고리, 구기자나무 또는 박달나무이고, '과瓜'는 오이 또는 참외를 뜻한다. 잎이 큰 버들잎으로 참외를 싸는 일은 무척 쉽다. 오이는 땅에 착 들러붙어 자라는 초효를 상징하고, 버들은 높은 데 있는 5효를 상징한다. 참외는 동그란 모양으로 땅바닥에서 커 단맛이 나지만 깨지기 쉬운 과일이다. 군주는 사랑하는 마음을 가슴에 품어[含章] 백성들을 보듬어 안아야 한다. 즉 넓은 치마폭으로 조그마한 물건을 감싸 안는 것처럼 한없는 포용력을 발휘하라는 가르침이다.

5효는 구괘의 주인공[主爻 = 中正]으로서 천하에 어진 정치를 베풀어야 하는 존재다. 군주는 인재를 등용하여 천하를 경영하는 책임자다. 높은 지위에 있는 군주는 직접 아래로 내려가 세상에 묻혀 있는 인재를 벤치 마킹해야 한다. 인재를 아끼는 리더쉽을 발휘하는 경영자(CEO)가 되어야 역사에 누를 끼치지 않는다. 군주는 권위를 내세우지 않고 몸을 낮춰야 한다.

天風姤卦
천풍구괘

"천리마는 어느 곳, 어디에나 있지만 천리마를 구분할 수 있는 눈을 틔워야 한다"는 말이 있듯이, 현자를 얻으려면 안목을 키우고 마음을 얻어야 하는 것이다.

2효와 4효는 초효를 물고기라 부른 데 비해서, 5효는 다스림의 대상으로 여겨 '포包'를 감싸 안는다고 했다. 초효 백성을 멀리서 구경하는 군주가 되어서는 안 된다. 삶의 현장에 직접 뛰어드는 군주여야 마땅하다. '강건한 성격에 중정의 덕을 갖추어[剛遇中正]' 천하에 왕도가 구현된다는 것은 이를 두고 한 말이다. '중정'은 천명의 내용이다. 하늘은 말이 없다. 다만 하늘은 천명을 뜻으로 드러낼 뿐이다. 군주가 하늘의 뜻을 아름다운 본성으로 삼으면 하늘로부터 복이 저절로 내려온다. 천명의 깨달음은 개인의 차원에서 머물러서는 안 된다. 반드시 현자를 등용하여 세상에 하늘의 뜻을 구현해야 한다. 의리역義理易의 대가 정이천程伊川의 말을 빌려보자.

"명은 천리이고, 버릴 사舍는 어김이다. 지극한 정성과 중정으로 몸을 굽혀 현자를 구해서 뜻을 두는 것이 천리에 부합한다. 이런 까닭에 하늘로부터 떨어짐이 있으면 반드시 얻을 것이다."[4]

사람을 귀중하게 여기는 마음을 거슬리면 성공할 수 없다. 부정부패의 온상에 해당되는 소인을 다스리는 방법에는 힘과 덕이 있다. 하지만 힘으로 다스리는 데는 한계가 있다. 오로지 내면의 덕의 힘으로 포용하는 것이 가장 위력이 있다. 아름다운 덕을 갖추어[含章][5] 타인을 포용하면 의외의 소득이 따른다[有隕自天]. 새로운 국면이 열린다는 뜻이다.

🏵 인간 시장을 움직이는 것은 마음이다.

---

4) 『易程傳』姤卦, "命天理也, 舍違也. 至誠中正, 屈己求賢, 存志合於天理, 所以有隕自天, 必得之矣."
5) '아름답게 빛나는 덕을 갖춤[含章]'은 坤卦 3효에도 나타난다.

10. 상효 : 인간은 사회적 동물이다

上九는 **姤其角**이라 **吝**하니 **无咎**니라
상구　　구기각　　　인　　무구

象曰 姤其角은 **上窮**하야 **吝也**라
상왈 구기각　　상궁　　　인야

상구는 그 뿔에 만남이다. 인색하니 허물이 없다. 상전에 이르기를 '그 뿔에 만남'은 위가 궁하여 인색한 것이다.

뿔은 머리 위에 난 딱딱한 돌출부로서 몸의 외진 곳에 있다. 상효는 양의 끝으로 벼슬이 없는 자리를 뜻한다. 만남의 시대에서 초효와 거리가 너무 멀어 접근하기 어렵고, 파트너인 3효와도 감응이 불가능하여 외로운 신세다. 뿔에서의 만남 자체는 아무런 의미가 없다. 4효처럼 물고기를 잃는 흉함이 없을 뿐만 아니라 하늘에서 내리는 복도 없다. 단 하나인 음은 벌써 2효와의 달콤한 만남을 즐기고 있으니 허공만 바라보고 있는 형국이다.

상효의 입장에서 초효는 가까이 하기에는 너무 멀다. 아예 교제할 수 없는 상황이기 때문에 인색하다. 만남이 성사되지 않으므로 힘든 샅바 싸움도 필요 없다. 그만큼 구설수에 오르지 않으므로 허물이 생기지도 않는다. 하지만 시간의 법칙에 떠밀려 높이 올라왔다. 세상과 동떨어져 사는 것은 인간임을 포기하는 행위일 수도 있음을 깨우치고 있다.

☖ 세상과 등지면서 사는 것은 인간임을 포기하는 행위다.

❁❁❁

정역사상의 연구자 이상룡李象龍은 구괘의 성격을 다음과 같이 설명한다.

☴ 姤는 **在文爲女后**니 **后**는 **君也**라 **君遇長女**는 **陽陰之和也**오
구　재문위여후　후　군야　군우장녀　양음지화야

且有女后가 **幹父之事**니 **政於月窟之義也**라
차유여후　간부지사　정어월굴지의야

爲卦與復正相反하니 而復爲小人在上이나 姤爲君子在上也니
위괘여복정상반　　이복위소인재상　　구위군자재상야

則午會文明之象이며 己闢之於先天이면 復姤也라
즉오회문명지상　　기천지어선천　　복구야

而親比而相說之道가 莫切於陽陰이니 故로 次於比也라
이친비이상열지도　　막절어양음　　고　차어비야

구는 문자로는 여자 임금이다. 후는 임금으로 임금이 장녀를 만난
것은 음양의 화합을 뜻한다. 또한 여자 임금이 아버지의 일을 주관
하는 것은 달집에서 정사政事하는 것을 의미한다. 괘의 형성은 복괘
와 상반되는데 복괘가 소인이 위에 있다면, 구괘는 군자가 위에 있
는 오회午會 문명의 모습이다. 기기가 선천에 열리면 복괘와 구괘요,
서로 친밀하고 서로 기뻐하는 이치는 음양만큼 절실한 것이 없으므
로 (구괘가) 비괘 다음이 된 것이다.

象曰 姤, 女壯, 勿用取女는 抑陰之辭也라
상왈 구 여장 물용취녀　억음지사야

단전 "여자가 장성함이니 여자를 취하지 말라"는 것은 음을 억누
르는 말이다.

象曰 后以, 施命誥四方은 大闢會上에 无遠不及也라
상왈 후이　시명고사방　　대벽회상　　무원불급야

상전 "임금이 이를 본받아 명을 베풀고 사방에 고한다"는 것은
대개벽 시대에 멀지라도 미치지 못하는 것이 없다는 뜻이다.

初六, 繫于金柅, 貞, 吉, 有攸往, 見凶은 乾金有革에
초 육 계 우 금 니 정 길 유 유 왕 견 흉　건 금 유 혁

止而待之也오 羸豕孚蹢躅은 用亥有時也라
지 이 대 지 야　　이 시 부 척 촉　　용 해 유 시 야

초효 "쇠말뚝에 매면 올바르게 함이 길하고 가는 바를 두면 흉함
을 볼 것이다"는 것은 강력한 건금乾金이 변혁할 때는 멈추어 기다

리라는 것이요, "여윈 돼지가 믿고 뛴다"는 것은 해亥를 (으뜸으로) 쓸 시간대가 있다는 뜻이다.

九二, 包有魚, 无咎, 不利賓은 海錯漸少하니 賓不網利也라
구이 포유어 무구 불리빈 해착점소 빈불망리야

2효 "꾸러미에 물고기가 있으면 허물이 없을 것이니, 손님에게는 이롭지 않다"는 것은 바다가 점차 작아져 손님이 이롭지 않은 법칙이라는 뜻이다.

九三, 臀无膚, 其行, 次且, 厲, 无大咎는 秋來見蘇也라
구삼 둔무부 기행 차저 여 무대구 추래견소야

3효 "볼기짝에 살이 없으나 그 행실은 머뭇거리니, 위태롭게 여기면 큰 허물이 없을 것이다"는 것은 가을이 다가와 다시 (만물이) 소생하는 것을 본다는 뜻이다.

九四, 包无魚, 起凶은 上違乎天하고 下失乎民也라
구사 포무어 기흉 상위호천 하실호민야

4효 "꾸러미에 물고기가 없으니 흉이 일어날 것이다"라는 것은 위로는 하늘에 어긋나고 아래로는 백성을 잃는다는 뜻이다.

九五, 以杞包瓜, 含章, 有隕自天은 夏之已至어늘 聖人得位也라
구오 이기포과 함장 유운자천 하지이지 성인득위야

5효 "버들잎으로 참외를 감싸니, 빛나는 것을 머금으면 하늘로부터 떨어지는 것이 있을 것이다"는 것은 여름이 이미 이르렀거늘 성인이 자리를 얻는다는 뜻이다.

上九, 姤其角, 吝, 无咎는 頭東近南하니 角變无光也라
상구 구기각 인 무구 두동근남 각변무광야

상효 "그 뿔에 만남이다. 인색하나 허물이 없다"는 것은 머리는

남쪽에 가까운 동쪽에 있으므로 뿔이 변하여 광채가 없다는 뜻이
다.

| 澤地萃卦 |

택 지 췌 괘

올바른 모임의 원칙

1. 사람의 마음을 모으는 방법 : 췌괘

정이천은 천풍구괘(䷫) 다음에 택지췌괘(䷬)가 오는 이유를 다음과 같이
말한다.

萃는 序卦에 姤者는 遇也니 物相遇而后聚라 故受之以萃하니
췌   서괘 구자   우야   물상우이후취   고수지이췌

萃者는 聚也라 하니라 物相會遇則成群하니 萃所以次姤也라
췌자   취야   물상회우즉성군   췌소이차구야

爲卦兌上坤下하니 澤上於地는 水之聚也라 故爲萃라
위괘태상곤하   택상어지   수지취야   고위췌

不言澤在地上而云澤上於地는 言上於地면
불언택재지상이운택상어지   언상어지

則爲方聚之義也일새라
즉위방취지의야

"췌괘는 「서괘전」에 '구는 만남이니 물건은 서로 만난 뒤에 모인다.
그러므로 췌괘로 이어받았으니, 췌는 모임이다'라고 하였다. 물건
이 서로 만나면 무리를 이루니, 췌괘가 구괘의 다음이 된 까닭이다.
괘의 형성은 태가 위에 있고 곤이 아래에 있으니, 연못이 땅 위에 올
라가 있으면 물이 모이므로 췌라 한 것이다. 연못이 땅 위에 있다고
말하지 않고, 연못이 땅 위에 올라가 있다고 한 것은 땅 위로 올라
가 있다고 말하면 모이는 뜻이 되기 때문이다."

'췌'는 문자적으로 '모으다'라는 능동형과 '모이다[聚]'라는 수동형이 함
께 쓰이는 글자다. 췌는 풀 초艸 밑에 병졸 졸卒이 덧붙여진 합성어다. 풀
들이 모여 숲을 이루고 많은 병졸들이 모여 군대를 이루듯이, 췌괘는 사람
모으는 독특한 방법을 설명하고 있다.

췌괘는 위가 연못[兌: ☱]이고, 아래는 땅[地: ☷]이다. 삽으로 땅에다가 연
못을 파면 물이 여러 곳에서 솟아나와 모여든다. 연못을 중심으로 물이 계
속 고이기 때문에 괘의 형상 역시 아래 위의 네 음효 사이에 양효 둘이 모

여 있는 모습이다. 이처럼 『주역』은 자연 현상에 의거하여 인간이 어떻게 모여서 살아야 하는가의 지혜를 도출했던 것이다.

2. 췌괘 : 단합의 방법과 그 효흉성을 제시하다

萃는 (**亨**)**王假有廟**니 **利見大人**하니 **亨**하니 **利貞**하니라
췌　　형　왕격유묘　　이견대인　　　형　　　이정

用大牲이 **吉**하니 **利有攸往**하니라
용대생　길　　　이유유왕

췌는 (형통하니)[1] 왕이 사당을 두어 지극히 함이니, 대인을 보는 것이 이롭고 형통하니 올바르게 하는 것이 이롭다. 큰 희생을 쓰는 것이 길하니, 갈 바를 둠이 이롭다.

'췌'는 한 곳으로 뜻과 힘을 모아 뭉치는 것을 가리킨다. '격假'은 이를 격格 또는 지至와 같은 뜻이고, 있을 '유有'는 어조사 '어於'와 같다. '묘廟'는 조상의 위패를 모셔놓고 제사드리는 집(사당)이다. 종묘는 조상의 얼과 넋이 서려 있는 신성한 공간이다.[2] 종묘는 조상신과의 감응을 통해 핏줄의 정신적 연대감을 이끌어낼 수 있는 최고의 장소다. 옛날의 왕들이 백성들의 힘을 결집하기 위해 가장 먼저 한 것은 종묘에서 직접 모임을 주관하는 일이었다. 왕의 발걸음에 어찌 신하들이 빠지겠는가? 왕이 일정한 날짜에

1) '형통하다[亨]'라는 글자에 대해 정이천은 여분의 글자라 했다. "萃下有亨字, 羨文也. 亨字自在下, 與渙不同."(『易程傳』 萃卦). 주자 역시 쓸데없이 들어간 문자라고 하여 읽지 않았다. "亨字, 衍文."(『周易本義』 萃卦)

2) 이정호, 『周易正義』(서울: 아세아문화사, 1980), 91-92쪽 참조. "가정에는 家廟가 있고 국가에 宗廟가 있다. 그것은 정신적 지주로서의 至聖所다. 정신적 집약처요 공동의 광장이 '廟'이다. 묘는 영혼의 집약체로서 大聖殿이다. 신성한 묘를 받드는 데에는 세 가지 요소가 있다. 王과 大人과 大牲이 바로 그것이다. 백성과 인류를 대표하여 孝享하는 이는 王이고, 민중을 萃聚하여 신앙과 교리를 지도하는 이는 大人이다. 믿음과 정성의 표시로 바치는 제물은 大牲이다. 大牲은 종래의 牛羊 즉 큰 犧牲을 말하지만 오늘날에는 피의 제물 대신에 赤誠이 담긴 간소한 禴祭라도 충분하다. 왜냐하면 하나님은 피를 원하지 않고 정성과 믿음을 구하기 때문이다. 우리는 이제 말씀[道, 眞理]으로 살아야 한다."

종묘로 나아가는 일은 국가의 중요한 정치 행위라고 할 수 있다.

제사는 혈연 의식을 굳건히 하는 장점이 있다. 왕은 이 점을 확대하여 신하와 백성들의 마음을 하나로 결집시키는 국정의 주요 행사로 격상시켰다. 정신적 이념과 유형무형의 자산을 하나로 묶는[萃] 작업은 국운 융성의 지름길이기 때문이다.[3]

췌괘는 국력의 증진을 극대화할 수 있는 유능한 지도자의 출현을 희망했다. 왕은 조상의 영혼과 인간의 정신을 결합하여 국가의 통치 이념을 모으고, 대인은 종교적 이정표를 세워 백성들이 나아갈 바를 제시했다. 왕과 대인은 고대 제정일치의 시대에 정치와 종교적 관심사를 통일할 수 있는 그들의 구심체로서 강력한 리더쉽은 법령의 공정성에서 비롯된다[利貞].

동양은 일찍부터 다양한 형태의 제사 문화가 융성하였다. 부모와 조상의 제사를 받드는 가묘家廟, 국가에 공로를 세운 사람들의 넋을 기리는 제사, 학문에 이바지했던 성현들을 받드는 문묘文廟, 마지막으로 생명의 본원인 하늘에 제사지내는 천제天祭가 있다. 여기서 가장 규모가 크고 뜻깊은 제사는 왕이 직접 주관하여 올리는 '체禘'가 있다.

하늘에 제사를 지낼 때는 언제나 큰 소를 올렸다. 소는 하늘 아래의 모든 것을 대표하는 상징체이므로 「설괘전」은 곤괘坤卦를 소라고 규정했다.[4] 큰 소를 희생물로 삼은 것은 바로 몸과 마음을 모두 최고신에게 바친다는 뜻이다.

왕이 제사를 올릴 때에는 커다란 희생물을 바쳐 조상신의 강림을 기원했다. 희생양은 인간이 지은 죄를 대신 치르는 대속물이 아니다. 죽은 조

---

3) 배옥영, 『周代의 上帝意識과 儒學思想』(서울: 다른 생각, 2003), 107쪽. "조상신에 대한 예는 종묘에서 행하는 敬으로 나타나게 되었고, 인간에 대한 통치는 궁궐에서 和로 이루어지게 되었다. 종묘의 예는 백성을 다스리는 근원이 되었다."

4) 『周易』,「說卦傳」11장, "坤爲地, 爲母, 爲布, 爲釜, 爲吝嗇, 爲均, 爲子母牛, 爲大輿, 爲文, 爲衆, 爲柄이요 其於地也에 爲黑이라" 곤의 성격은 다양하다. 이를 번역하면 땅, 어머니, 삼베, 가마솥, 인색함, 균등함, 새끼를 많이 낳아 기르는 어미소, 큰 수레, 글월 문文, 무리, 자루, 땅의 색깔로서의 검은색 등이다.

상을 산 사람처럼 여겨 맛있는 음식을 드시라는 바램에서 예의로 희생을 바쳤던 것이다. 그것은 조상을 인격신으로 여긴 증거이지, 동물을 희생시켜서 자신의 편안함을 도모하는 수단만은 아니다.

✿ 『주역』은 사회와 국가를 괴롭히는 악마나 재난을 다른 무엇인가에 전가 轉嫁하는 서양의 종교관과는 본질적으로 다르다.[5]

3. 단전 : 천명에 순응하는 태도로 민심을 모아야

象曰 萃는 聚也니 順以說하고 剛中而應이라
단 왈 췌 취 야   순 이 열   강 중 이 응
故로 聚也나라 王假有廟는 致孝享也오 利見大人亨은
고   취 야   왕 격 유 묘   치 효 향 야   이 견 대 인 형
聚以正也일새오 用大牲吉利有攸往은 順天命也니
취 이 정 야   용 대 생 길 이 유 유 왕   순 천 명 야
觀其所聚而天地萬物之情을 可見矣리라
관 기 소 취 이 천 지 만 물 지 정   가 견 의

단전에 이르기를 췌는 모으는 것이니, 순응해서 기뻐하고 강한 것이 적중하여 상응한다. 그러므로 모인다. '왕이 사당을 두어 지극함'은 효성을 다하여 제사를 모심이요, '대인을 보는 것이 이롭고 형통함'은 모으는 것을 옳음으로 하기 때문이요, '큰 희생을 쓰는 것이 길하니 갈 바를 둠이 이로움'은 천명에 순응하는 것이니, 그 모이는 바를 보아서 천지만물의 실정을 가히 볼 수 있을 것이다.

「단전」은 사람 모으는 가장 좋은 방법은 기쁘게 순응하는 태도라고 했다. 상괘[兌: ☱]는 열린 마음과 기쁜 얼굴로 마중하는 이치를, 하괘[地: ☷]

---

5) 제임스 프레이저/이경덕, 『황금가지』(서울: 까치, 1995), 272쪽. "중세의 그리스트 교에서 악마는 인간 생활의 질서와 풍습을 끊임없이 위협하는 존재라고 여겼다. 그 때문에 인간은 정기적으로 악마를 추방해야만 했다. 온갖 재앙의 화신으로서의 악마의 사악한 모습은 인간에게 혐오감을 불러일으켰다. 악마가 동물의 모습을 하고 있는 것은 동물이 자주 제물로 바쳐졌다는 것을 말해주고 있다."

는 상대방을 먼저 배려하고 순응하는 화합의 표본을 뜻한다. 문제는 가슴 속 깊은 곳에서부터 순응하는 마음이 우러나와야 한다는 점이다. 췌괘는 5효와 2효가 각각 상괘와 하괘의 중정中正을 이루는 까닭에 안팎으로 '모임[萃]'의 여건이 조성되어[剛中而應] 만사형통의 조건은 정도라고 밝혔다.

왕은 백성을 억누르고 폭력을 행사하는 냉혈 군주여서는 곤란하다. 효성스런 마음으로 조상 섬기기를 산 부모처럼 모시고, 백성을 자식 사랑하는 것처럼 따뜻하고 공정한 군주여야 한다. 그리고 지도자[大人]는 뜨거운 가슴과 냉철한 두뇌를 갖춰야 한다. 올바른 마음과 방법으로 사람을 모아야 환영받는 지도자가 될 수 있다[利見大人亨, 聚以正也].

종묘에서 지내는 제사에 희생물을 바치는 이유는 하늘의 명령을 따르기 위한 절차와 의례 때문이다. 희생물의 크기와 내용물에 따라 천명이 취소되지는 않는다. 그만큼 정성스런 마음이 중요하다. 풍성한 제사가 끝난 뒤에는 먹고 마시는 가운데 산 사람들의 친목이 이루어진다. '음복飮福'이란 제도는 하늘이 내려주는 복을 먹는다는 뜻이다. 동양의 제사 문화는 하늘의 뜻을 헤아리기 위해 발달했던 것이다.

종교적 심성을 가진 인간의 눈에 비친 하늘은 단지 푸르고 푸른 비인격적 하늘이 아니라, 성스러운 가치로 가득 찬 숭배의 대상이다. "큰 희생을 쓰는 것이 길하니 갈 바를 둠이 이로움"에서 '큰 희생을 쓴다'는 것은 하늘에게 최대의 경배를 올리라는 것이고, '갈 바를 둠이 이롭다'는 것은 하늘을 숭배하라는 명령을 뜻한다. 하늘[天]은 인간을 비롯한 모든 생명체의 시원으로서 절대 권능을 행사할 수 있는 지고무상至高無上의 존재이다. 하지만 '하늘[天] = 상제上帝'라는 종교 형태는 후대에 이르러 조상신을 받드는 것이 곧 상제를 신앙하는 형태로 변질되었다. 즉 신앙 대상인 인격적 상제의 의미는 축소되었고, 하늘은 도덕성의 근거 또는 이 세계를 성립시키는 근원적 원리로 추상화되는 길을 걸었다.

국가의 통치권자[王]는 종묘에서 조상을 받드는 행사를 통해 천하의 민심을 모으는 방법으로 활용하였다. 그것은 정치와 종교의 일원화를 바탕으로 정신의 단결을 유도하는 방안이기 때문이다. 종교 지도자[大人]는 항상 조상에 대한 경건한 자세와 올바른 도리로써 사람을 모으고 가르치므로[聚以正] 만백성의 추앙을 받았다.

☯ 만물이 흩어졌다 다시 모이는 방식은 합당한 질서로 이루어진다. 사물이 어떻게 모이는가에 대한 이치를 깨달으면 천지와 만물의 속살을 훤히 들여다볼 수 있다. 『주역』은 만물이 모이고 흩어지는 원리를 깨달은 다음에 효성스런 마음과 올바른 방법, 천명에 순응하는 태도로 민심을 모아야 한다고 가르친다.

4. 상전 : 불의의 사태를 사전에 방지할 대안을 마련하라

象曰 澤上於地萃니 君子以하여 除戎器하여 戒不虞하나니라
상 왈 택 상 어 지 췌　군 자 이　　제 융 기　　계 불 우

상전에 이르기를 연못이 땅 위에 올라가 있는 것이 췌이다. 군자는 이를 본받아 병장기를 수리하여 헤아리지 못할 것을 경계한다.

췌괘의 구성은 땅 위에 연못이 있는 모습이다. 이는 겉으로 보기에는 자연스런 현상이다. 하지만 가득 찬 연못물은 흘러넘치게 마련이다. 연못물의 수압은 둑마저도 붕괴시켜버리고, 세차게 넘친 물은 하류를 휩쓸어버려 수재민을 고통으로 허덕이게 만든다.

췌괘는 내우외환의 변고를 미리 대비하라고 깨우친다. 물이 넘치면 둑이 무너지고, 둑이 무너지면 물난리가 일어나 위급한 상황이 닥쳐온다. 사람과 물건이 많이 모이면 모일수록 의견 충돌과 다툼이 많이 생긴다. 군자는 이 점을 본받아 평소에 뜻밖의 상황에 대비하고, 불의의 사태를 미리 방지하여 사전에 대안을 마련하고 조율을 튼튼히 해야 한다.

부지런한 농부는 매일 호미를 씻어 농사일을 준비한다. 수리 시설의 관

리와 군사 장비의 정비는 국력의 증강과 밀접한 연관이 있다. 적군이 침입한 뒤에 무기를 손질한다는 것은 아무 소용이 없다. 병장기 손질과 군사 훈련은 한 번의 전쟁을 대비하기 위한 최소한의 준비일 따름이다.

✿ 췌괘는 유비무환의 정신을 일깨운다.

5. 초효 : 건전한 교제에 힘써야

初六은 **有孚**나 **不終**이면 **乃亂乃萃**하릴새
초육　유부　부종　　　내란내췌

若號하면 **一握爲笑**하리니 **勿恤**코 **往**하면 **无咎**리라
약호　　일악위소　　　물휼　왕　　무구

象曰 乃亂乃萃는 **其志亂也**일새라
상왈 내란내췌　　기지란야

초육은 믿음이 있으나 끝까지 아니하면 어수선하면서 모인다. 호소하듯이 부르면 일단에 의해 비웃음이 되니, 근심하지 않고 가면 허물이 없을 것이다. 상전에 이르기를 '어수선하면서 모임'은 그 뜻이 혼란스럽기 때문이다.

　초효는 모임의 시발점으로서 4효와 상응 관계를 이룬다. 뚝심으로 4효와 손을 맞잡아야함에도 불구하고 훼방꾼 2효와 3효가 가로막는다. 그래서 4효에 대한 신뢰감은 있으나, 초지일관 밀고 가지 못한다[有孚, 不終]. 문제는 2효와 3효가 초효에게 여자들끼리도 잘 살 수 있다고 꼬드기는 까닭에 잠시 정신이 흩트러진 가운데 동거한다[乃亂乃萃]. 마음 한켠으로는 남자에게 시집가는 것이 옳다는 것을 알기 때문에 4효에게 울부짖듯이 호소한다. 그러니까 2효와 3효는 내심으로는 동료를 잃을까봐 걱정하면서도 겉으로는 비웃는다.

　초효는 조롱거리를 한 번의 웃음으로 날려버린다. 여자들과의 부적절한 관계를 청산하고 4효 남자와의 만남을 서둘러야 좋다. 비난받을 때는 실

컷 비난받는 것도 어수선한 상황을 극복하는 좋은 방법이다. 비난을 피하려다 오히려 정신만 혼란스럽다. 과거에 발목이 잡히지 않도록 정신을 똑바로 차려야 한다[勿恤]. 비정상적 교제는 스스로의 마음을 어지럽히는 원인이다[乃亂乃萃, 其志亂也]. 스스로 그 굴레를 벗겨야 할 것이다.

🔯 비정상적인 만남은 마음을 괴롭힌다.

6. 2효 : 중용은 단합을 이루는 열쇠

六二는 引하면 **吉**하여 **无咎**하리니 **孚乃利用禴**이리라
육 이 인   길   무 구   부 내 이 용 약

象曰 引吉无咎는 中하야 **未變也**일새라
상 왈 인 길 무 구 중   미 변 야

육이는 이끌면 길하여 허물이 없으므로 믿음이 있어서 간소한 제사를 올리는 것이 이로울 것이다. 상전에 이르기를 '이끌면 길하여 허물이 없다'는 것은 중도를 지켜 변하지 않기 때문이다.

2효는 음이 음 자리에 있으면서[正], 하괘의 중용을 지켜[中] 상괘의 5효와 최상의 관계를 맺는다. 2효 자체가 중정을 이루고 있는데다가 5효의 리드를 받으면 발걸음이 한결 가벼워 탄력을 받을 수 있다. 2효와 5효의 결합에 대해서 누구도 방해할 수 없다. 몸과 마음을 정결히 하고 준비를 마쳤기 때문에 허물이 없다.

간략히 제사지낼 '약禴'은 종묘에서 지내는 봄 제사를 가리킨다. 봄은 먹을 것이 가장 부족한 때다. 예로부터 춘궁기는 나라님도 어쩌지 못했다. 입에 풀칠하기도 힘든데 제물이야 오죽하겠는가? 정성스런 마음으로 냉수 한 그릇을 제물로 바쳐도 조상의 영혼들이 흔쾌히 허락한다는 뜻이다. 성의만 있다면 약제禴祭와 같은 제사도 허물되지 않는다. 간략하게 차린 제사일수록 정성이 듬뿍 담겨야 한다.

2효는 초효와 3효 음에 둘러싸여 헤매고 있는 형국이다. 이 둘은 2효가 5효와 만나지 못하도록 훼방놓는다. 오히려 2효는 훼방꾼마저 감화시키는 능력을 갖췄다. 게다가 강건한 5효의 인도가 있으므로 길하다. 2효의 마음도 변하지 않고, 5효 마음 역시 불변이다. 마음이 왔다갔다 하는 사람이라면 5효 임금도 아예 인도조차 하지 않았을 것이다.

✿ 막혔던 일을 뚫을 수 있는 지름길은 변함없는 마음씨인 것이다.

7. 3효 : 잘못된 만남도 만남이다

六三은 **萃如嗟如**라 **无攸利**하니 **往**하면 **无咎**어니와
육삼   췌여차여   무유리   왕   무구

小吝하니라
소린

象曰 往无咎는 **上**이 **巽也**일새라
상왈 왕무구   상   손야

육삼은 모으는 것에 한숨 쉬며 탄식함이다. 이로운 바가 없으니, 가면 허물이 없거니와 조금은 인색하다. 상전에 이르기를 '가서 허물이 없다'는 것은 위가 받아주기 때문이다.

3효는 음이 양 자리에 있고[不正], 상괘의 중용도 아니며[不中], 상효와도 상응 관계가 아니다. 이웃에 있는 4효는 초효의 상대자이므로 가까이 하기에는 너무 멀다. 같은 음인 2효는 5효와 짝을 이루어 아무런 대꾸도 없다. 만나려고 해도 사람구경조차 할 수 없어 너무나 슬퍼 눈물이 앞을 가리는 상황이다.

지금은 모임의 계절이다. 3효의 짝은 상효다. 상효는 여자의 몸으로서 3효의 파트너가 되기에는 모양새가 썩 좋지 않다. 그렇다고 나무랄 수는 없다. 조금 문제는 있으나, 잠시 여자와 함께하는 것은 큰 허물이 아니다. 3효에게 책임을 돌릴 수는 없는 상황이다.

✿ 3효의 처지는 너무도 서글프고 인색해서 이롭지 않다. 누가 도와주지 않고는 힘들다. 그나마 같은 음인 상효가 받아준다. 상효 역시 유일한 짝은 3효이기 때문이다. 상효는 3효의 부족함을 알고서 아무런 조건 없이 순수한 마음으로 받아들인다.

8. 4효 : 중간 관리자는 상하의 소통을 책임져야

九四는 **大吉**이라야 **无咎**리라
구 사　　　대 길　　　　무 구

象曰 大吉无咎는 **位不當也**일새라
상 왈　대 길 무 구　　　위 부 당 야

구사는 크게 길하여야 허물이 없을 것이다. 상전에 이르기를 '크게 길하여 허물이 없음'은 그 위치가 마땅치 않기 때문이다.

4효는 부정不正인데다가 중용도 아니다. 크게 길하다고 한 까닭은 무엇인가? 췌괘의 주인공은 5효이다. 5효는 군주이고, 4효는 신하 자리다. 군주와 이웃한 4효 신하는 권한을 물려받아 모임의 주도권을 행사할 수 있고, 또한 하괘의 음들과도 친숙하므로 그 모임을 활성화시킬 수 있다. 이처럼 신하는 백성과 군주의 마음을 헤아려 위아래를 소통시키는 중매자인 것이다.

『주역』은 많은 곳에서 허물이 없기 때문에 크게 길하다고 했는데, 여기서는 크게 상서로워야 허물이 생기지 않는다고 했다. 그것은 4효 신하는 애당초 자신의 한계를 알고 있는 까닭에[位不當也] 5효의 지시에 의존하여 모임을 주도하는 지혜를 발휘하기 때문이다.

✿ 신하가 크게 길한 이유는 신하 단독의 힘에서 나온 것이 아니라, 군주가 그 배후에서 신하에게 힘을 실어주기 때문이다.

澤地萃卦
택
지
췌
괘

9. 5효 : 지도자의 덕목은 포부가 크고 언제나 옳아야

九五는 **萃有位**코 **无咎**하나 **匪孚**어든 **元永貞**이면
구오　췌유위　무구　　비부　　원영정

悔亡하리라
회망

象曰 萃有位는 **志未光也**일새라
상왈 췌유위　　지미광야

구오는 모으는 일에 위치가 있고 허물은 없으나, 믿지 않거든 크게 변함 없이 곧으면(원대하고 영구불변하고 옳아야) 후회가 없을 것이다. 상전에 이르기를 '모으는 일에 위치가 있다'는 것은 뜻이 빛나지 않기 때문이다.

　5효는 모임을 주관하는 실질적인 주인공이다. 이미 객관적인 여건이 성숙되었고, 시간 역시 5효에게 모임의 지휘권을 허용했다. 이 시대의 주인, 군주는 신하와 백성을 이끌고 갈 최고 지도자이다. 하지만 세상은 그리 만만치 않다. 괜스레 트집 잡거나 의심 품는 자들이 많기 때문이다. 거기에 신경을 곤두세울 필요는 없다. 군주 특유의 세 가지 덕목으로 뚝심 있게 밀고 나가면 될 것이다.

　군주가 펼쳐야 할 천하 경영의 야심찬 프로젝트인 동시에 불멸의 덕목은 '원대함, 영구불변함, 올바름[元, 永, 貞]'[6]이다. 이를 갖추지 않고는 백성 앞에 설 자격이 없다. 원대한 이상과 영구적인 정책과 올바른 판단으로 정치를 실행하면 후회할 일은 저절로 소멸된다. 정책이 아침과 저녁에 다르면 아무도 믿지 않는다. 군주는 누구나 부러워하는 권력과 명예를 비롯한 모든 것을 소유했으나[萃有位], 권세와 위엄을 자랑해서는 안 된다. 현재의 위치에 만족하여 백성들에게 믿음을 심어주지 못한다면 쓸모가 없다.

　과거 동양의 군주에게 주어진 권한은 막강했다. 권력과 영토, 심지어 백성의 목숨까지도 한 손에 거머쥔 하늘 그 자체였다. 군주 한 사람의 판단

---

6) 水地比卦 괘사에도 '元永貞'이 등장한다.

착오는 자신의 영욕에 그치는 것이 아니라 나라의 운명마저도 결판난다. 영광의 뒤안길에는 불안의 그림자가 항상 뒤따랐던 것이다. 통치는 파워 게임이 아니라 도덕의 힘이 빛을 발휘하기 때문이다.

✿ 군주의 도덕성에 문제가 생기면 곧바로 국가 전체의 결집력이 와해되기 까닭에 나라에 큰 빚을 지게 된다. 권세, 명예, 돈은 스스로를 멍들게 하는 원인이다.

10. 상효 : 지독한 고독은 절대자와 만날 수 있는 좋은 기회다

上六은 齎咨涕洟니 无咎니라
상육　자자체이　무구
象曰 齎咨涕洟는 未安上也라
상왈 자자체이　미안상야

상육은 한탄하면서 눈물콧물 흘림이니, 허물할 데가 없다. 상전에 이르기를 '한탄하면서 눈물콧물 흘림'은 위에서 편안하지 않은 것이다.

상효는 췌괘의 끝자락으로서 누구와도 짝을 이루지 못한다. 초효와 4 효, 2효와 5효는 감응을 이루는데 비해 상효는 스스로의 처지를 슬퍼하는 외기러기 신세다. 자齎와 자咨는 한숨지으며 탄식한다는 뜻이며, 체涕는 눈물흘리다, '이洟'는 콧물 흘린다는 글자다. 서글픔도 모자라 얼굴에 눈물과 콧물이 뒤범벅된 모습이다. 누가 뒤에서 부추겨 이 지경까지 온 것이 아니라 지나친 욕심이 빚어낸 탓이다. 누구를 원망하랴.

외로움이 사무치면 하염없이 눈물만 쏟는다. 마음의 질병은 우울증으로 번진다. 처절한 외로움은 절대자와 만날 수 있는 절호의 기회다. 하지만 췌괘 상효에서 말하는 소인의 상처는 치유 불가능하다. 마음병의 원인은 과욕에서 비롯되었음을 스스로 느끼고 있다. 짝꿍인 3효가 옆에 있어주는 것만으로도 위안이 되련만 스스로가 거절하여 원망을 돌릴 수도 없다. 3효가 앞에 있을 때는 한없이 작아 보였지만, 3효가 떠난 빈자리는 너

澤地萃卦
택지췌괘

무 커 보인다. 높은 자리에서 노닐다보니까 옆에 아무도 없고 심지어 따르는 이도 없다.

유명한 고적지도 사람이 살지 않으면 썰렁하다. 사람냄새가 묻어나야 유적지 답사도 가슴에 와 닿는다고 했다. 췌괘는 사람냄새가 물씬 풍기는 단합의 원칙을 얘기한다. 체괘는 우선 이념의 단합을 말한다. 괘사의 '왕격유묘王假有廟'가 바로 그것이다. 그리고 조상을 받드는데 쓰이는 재물을 아끼지 말라고 했다. 마지막으로 일상 생활과 국방에 쓰일 장비를 미리미리 손질해야 한다는 정치와 사회적 단합도 언급했다.

☖ 정당한 단합은 언제나 옳음[貞 = 正]이라는 가치가 가장 앞선다.

정역사상의 연구자 이상룡李象龍은 췌괘의 성격을 다음과 같이 설명한다.

䷬ 萃는 聚也니 故로 在文從艸從卒이니 艸는 彙之盛也오
　　취 취야 고 재문종초종졸 초 휘지성야

卒은 羣之成也라 爲卦地上生金而金聚金兵이니
졸 군지성야 위괘지상생금이금취금병

象升平日久하여 糵芽其間이니 故로 萃所以次升也라
상승평일구 얼아기간 고 췌소이차승야

췌는 모으다는 뜻이다. 문자적으로 풀 초艸와 병졸 졸卒에서 온 것이니 풀 초는 무리가 풍성한 것이고, 병졸 졸은 무리가 형성된다는 뜻이다. 괘의 형성이 땅 위에 쇠를 낳으면 쇠는 병장기를 모아 태평세월이 오래되면 그루터기에 싹이 트는 것을 상징하기 때문에 췌괘가 승괘 다음이 된 것이다.

彖曰 萃, 亨, 王假有廟는 化家而國하고 國有先廟也오
단왈 췌 형 왕격유묘 화가이국 국유선묘야

利見大人은 天下治也오 用大牲, 吉은 昭告于天이나
이견대인 천하치야 용대생 길 소고우천

往正不享也라
왕정불향야

단전 "췌는 형통하니 왕이 사당을 두어 지극히 한다"는 것은 가정이 변하여 국가가 되고 국가에는 조상을 모시는 사당이 있다는 것이요, "대인을 보는 것이 이롭다"는 것은 천하가 다스려진다는 것이요, "큰 희생을 쓰는 것이 길하다"는 것은 하늘에 고하지만 가는 것이 올바르기 때문에 제사지내지 않는다는 뜻이다.

象曰 君子以, 除戎器, 戎不虞는 安不敢忘危也라
상왈 군자이 제융기 융불우 안불감망위야

상전 "군자는 이를 본받아 병장기를 수리하여 헤아리지 못할 것을 경계한다"는 것은 편안할 때 감히 위험에 빠지는 것을 잊지 않는다는 뜻이다.

初六, 有孚, 不終, 乃亂乃萃는 民困義渝하고 群聚亂作也오
초육 유부 부종 내란내췌 민곤의투 군취란작야
若號, 一握爲笑, 勿恤, 往, 无咎는 嘯聚自下나 見笑而終圖也라
약호 일악위소 물휼 왕 무구 소취자하 견소이종도야

초효 "믿음이 있으나 끝까지 아니하면 어수선하면서 모인다"는 것은 백성들은 곤욕스럽고 정의가 달라져 무리가 모여 혼란을 일으킨다는 것이요, "호소하듯이 부르면 일단에 의해 비웃음이 되니, 근심하지 않고 가면 허물이 없을 것이다"라는 것은 아래로부터 꾸짖음이 모이나 비웃음이 끝마치는 것을 본다는 뜻이다.

六二, 引, 吉, 无咎, 孚乃利用禴은 引類以誠하여 享王以禮也라
육이 인 길 무구 부내이용약 인류이성 향왕이례야

2효 "이끌면 길하여 허물이 없으므로 믿음이 있어서 간소한 제사를 올리는 것이 이로울 것이다"라는 것은 동류를 이끌어 정성스럽게 하여 예로써 왕에게 제사드리는 것을 뜻한다.

六三, 萃如嗟如, 无有利, 往, 无咎, 小吝은 窮縮乃歸니
육삼 췌여차여 무유리 왕 무구 소린 궁축내귀

見幾暗也라
견기암야

3효 "모으는 것에 한숨 쉬며 탄식함이다. 이로운 바가 없으니
가면 허물이 없거니와 조금은 인색하다"는 말은 궁색하여 줄어든
채로 돌아가니 어두운 기미를 본다는 뜻이다.

九四, 大吉, 无咎는 位極人臣이 小心翼翼也라
구사 대길 무구 위극인신 소심익익야

4효 "크게 길하여야 허물이 없을 것이다"라는 것은 최고 위치에
오른 신하가 세심하고 조심성이 많다는 뜻이다.

九五, 萃有位, 无咎, 匪孚, 元永貞, 悔亡은 信未周徧天下일새
구오 췌유위 무구 비부 원영정 회망 신미주편천하

니 習亂唯行仁政者라야 可以救之也라
습란유행인정자 가이구지야

5효 "모으는 일에 위치가 있고 허물은 없으나, 믿지 않거든 크게
변함없이 곧으면 후회가 없을 것이다"라는 것은 믿음이 천하에 두
루 퍼지지 않았기 때문에 혼란을 다스려 오직 인정을 베풀 수 있는
사람만이 구제할 수 있다는 뜻이다.

上六, 齎咨涕洟, 无咎는 天人已絕이어늘 覆亼誰咎아
상육 자자체이 무구 천인이절 복망수구

상효 "한탄하면서 눈물콧물 흘림이니 허물할 데가 없다"는 것은
천인이 이미 끊어졌거늘 엎어진 것을 누구를 허물하랴!

|地風升卦|

지 풍 승 괘

시간과 대인, 그리고 상승

1. 저 높은 곳을 향하여 : 승괘

정이천은 택지췌괘澤地萃卦(䷬) 다음에 지풍승괘地風升卦(䷭)가 오는 이유를 다음과 같이 말한다.

升은 序卦에 萃者는 聚也니 聚而上者를 謂之升이라
승　서괘　췌자　취야　취이상자　위지승

故受之以升이라 하니라 物之積聚而益高大는 聚而上也라
고수지이승　　　　물지적축이익고대　취이상야

故爲升이니 所以次於萃也라 爲卦坤上巽下하여 木在地下하니
고위승　소이차어췌야　위괘곤상손하　목재지하

爲地中生木이라 木生地中하여 長而益高는 爲升之象也라
위지중생목　목생지중　장이익고　위승지상야

"승괘는 「서괘전」에 '췌는 모임이니 모여서 올라가는 것을 승이라 일컫는다. 그러므로 승괘로 이어받았다'고 하였다. 물건이 쌓이고 모여 더욱 높아지고 커짐은 모여서 올라가는 것이다. 그러므로 승이라 한 것이니, 이런 까닭에 췌괘 다음이 된 것이다. 괘의 형성은 곤이 위에 있고, 손이 아래에 있어 나무가 땅 아래에 있으니, 땅 가운데 나무가 자람이 된다. 나무가 땅에서 생겨 자라서 더욱 높아짐은 승괘의 모습이다."

'승升'은 올라간다는 의미로서 상승세를 타면서 전진하다, 승진하다 등의 낱말이 파생되었다. 헤어짐(쾌괘) → 만남(구괘) → 모임(췌괘) → 오름(승괘)이라는 절차를 밟으면서 세상이 둥글어간다는 사실이 괘의 배열에 반영되어 있다. 췌괘를 180° 뒤집어엎으면 승괘가 된다는 것은 곧 세계는 역전과 반전을 거듭하면서 발전한다는 논리가 숨겨져 있음을 발견할 수 있다. 승괘의 구성은 위가 땅[地: ☷]이고, 아래는 바람[巽: ☴]이다. 「설괘전」에 따르면, 손은 바람 이외에도 나무[木]의 뜻이 있다.[1] 땅 밑에서부터 점차 나무가 자

---

1) 『周易』 「說卦傳」 11장, "巽爲木, 爲風, 爲長女, 爲繩直, 爲工, 爲白, 爲長, 爲高, 爲進退, 爲不果,

라는 성장 과정을 형상화한 것이 승괘다. 또한 하루가 다르게 자라는 나무처럼 사람 역시 점점 높은 지위로 승진하는 과정도 비유하고 있다.

승괘에서 가장 밑에 있는 음효는 나무의 뿌리를, 위의 두 양효는 줄기를 상징한다. 나무는 뿌리가 영양분을 흡수하여 줄기를 통해 가지와 잎과 열매로 전달한다. 하루에 한 달 치 크기 만큼 자라는 식물은 없다. 유전자 조작이 없는 한 나무는 비약적으로 성장하지 않는다. 씨앗에서 발아된 어린 싹은 특별한 변수가 없다면 날마다 반드시 위를 향해 키가 큰다. 승괘는 낮은 곳에서 높은 곳을 지향하여 점진적으로 올라감(상승: 升)을 말한다.

미시와 거시 세계를 통틀어 사물이 모이면[萃聚] 밀도가 높아져 새로운 국면으로 접어들기 마련이다. 물건이 쌓이거나, 힘을 모아 단결하면 발전한다. 부드러운 것은 강성해지고, 작은 것이 커지는 일체의 생성 과정을 『주역』은 '오름[升]'이라 했다. 천진난만한 어린아이가 성숙한 인격체로 변모하고, 약소국이 강대국으로 진입하는 과정을 '있음에서 됨'으로의 변화라 말할 수 있는 것이다.

2. 승괘 : 대인 출현의 문제를 제시하다

升은 元亨하니 用見大人호대 勿恤코 南征하면 吉하리라
승　 원형　　　용견대인　　　　 물휼　 남정　 길

승은 크게 형통하니, 대인을 만나보되 근심하지 말고 남쪽으로 가면 길할 것이다.

괘사는 보기 드물게 긍정적인 언어로 이루어져 있다. 승괘는 탄탄대로와 같은 상승세와 고공 행진을 말한다[元亨]. 그 다음으로 할 일은 대인을

爲臭. 其於人也, 爲寡髮, 爲廣顙, 爲多白眼, 爲近利市三倍. 其究爲躁卦." 이를 번역하면 다음과 같다. '손'은 나무, 바람, 장녀, 먹줄의 곧음, 장인[工匠], 흰색, 길이가 긺[長], 높음, 진퇴, 과단성이 없음, 냄새를 가리킨다. 인간적으로는 머리숱이 적음, 이마가 넓음, 눈에 흰자위가 많음, 이익을 가까이 하여 시장에서 새 배의 이익을 취함이다. 구극적으로 성급함을 표상하는 괘이다.

찾아가는 일이다. 대인은 동양인의 영원한 우상이었다. 지금은 문명의 길잡이로서 문화 영웅인 대인이 부활되어야 마땅한 시기다.

신화학자 조셉 켐벨은 현대인의 저주를 무기력하고 강요된 삶으로부터 빚어진 발기 불능, 불감증, 보편적 질서로부터의 소외감으로 둘러싸인 침체 상황이라고 했다. 그의 말에 귀 기울여보자. "영웅은 삶을 자기보다 큰 것에 바친 사람이다. 영웅들은 우리보다 앞서 이 여행을 다녀왔다. 영웅은 여느 인간의 영적인 삶의 범주를 훨씬 넘어서 온갖 시련과 계시와 의식의 변모를 통하여 새롭게 태어난 다음에 현실로 귀환했다. 나폴레옹은 지도자이지만 진정한 영웅은 아니다. 그는 인류를 위해 봉사한 것이 아니라, 프랑스의 영광을 위한 정복자였다. 영웅주의에는 도덕적 목표가 있어야 한다. 영웅은 생사의 갈림길을 경험하고 보다 깊은 세계, 먼 세계에 들어가 인류가 열망하는 사유의 통찰이라는 홍익弘益의 탐색을 거쳐야 한다. 민족 영웅 또는 지역영웅은 자기가 속한 민족이나 지역을 섬기지만 마호멧, 예수, 석가 같은 우주적인 영웅은 이 세상 너머에서 인류에게 유용한 메시지를 가져 왔다. 이러한 종교의 영웅들은 신의 신비를 가져 온 것이지, 신의 청사진을 가져 온 것이 아니다."[2]

대인은 현실에 대한 명확한 시대 인식과 미래에 대한 통찰력을 갖춘 사람이다. 괘사에서 말한 '대인을 만나보다[用見大人]'라는 문장의 시제는 현재 시간에서 말한 대인이고, '대인을 보는 것이 이롭다[利見大人]'는 아직 다가오지 않은 미래 시간의 입장에서 언급한 대인임을 유의할 필요가 있다. 이런 의미에서 대인은 인류에게 꿈을 심어주는 영원 불멸의 존재이다. 따라서 시간에 대한 통각이 없다면 대인을 만날 수 없고, 미래의 밝은 전망을 확보할 수 없는 것이다.

때(시간)와 부합하는 대인의 행동에는 걸림이 없다. 주자는 그 이유를 괘의 변화[卦變說]에서 찾았다. 승괘의 뿌리는 뇌수해괘雷水解卦(䷧)에 있다는

---

2) 조셉 켐벨/이윤기, 『신화의 힘』(서울: 이끌리오, 2003), 228-303쪽 참조.

것이다. 해괘의 3효 음이 위로 올라가고, 4효 양은 내려와 자리바꿈을 통해 승괘가 형성된다.[3] 부드러운 음[柔爻]이 올라가는 현상[升] 자체에 이미 형통의 뜻이 내포되어 있다. 때에 알맞기 때문에 곧바로 '남쪽으로 가는 것(정벌: 南征)' 또한 길하다. 이에 대한 풀이는 두 가지가 있다. 하나는 2효 대인이 남쪽으로 5효 군주를 뵈러 가는 것이고, 다른 하나는 역사적 사건과 얽힌 해석이 그것이다. 『주역』이라는 텍스트가 만들어진 것은 정권 교체로 몸살을 앓던 은말주초殷末周初의 시기였다. 주나라 문왕이 은나라를 공격하기 위해 남쪽으로 진군한다는 뜻이 '남정南征'이다. 그것은 수많은 영웅이 등장하는 지화명이괘地火明夷卦 3효에 나타난 '남쪽으로 사냥하다[南狩 = 南征]'는 말이 증명한다. 이는 때에 알맞는 현실 인식에 입각하여 과감하게 돌진하면 반드시 대업을 성취할 수 있다는 것을 비유적으로 설명한 대목이다.

✡ 승괘에 따르면, 크게 형통할 수 있는 비결은 대인을 만나는 일이다. 『주역』은 대인의 출현을 염원한 만큼 괘사의 주제는 대인 대망론待望論이라 할 수 있다. 대인은 죽은 관념의 미라가 아니다. 그는 문명과 종교와 도덕의 새로운 지평을 활짝 여는 문화 영웅이다. 대인이 되려면 우선 뚜렷한 목표와 모범이 될 만한 스승을 찾아야 한다. 문왕은 요순堯舜을 모범으로 목표를 세웠고, 공자 역시 주공周公을 평생의 스승으로 삼아 뜻을 세웠다. 승괘에서 5효는 군주, 2효는 대인이다. 부드러운 심성을 소유한 5효 군주가 2효 대인에게 자문을 구하여 정치에 임하라는 얘기다.

3. 단전 : 대인, 인류에게 꿈을 심어주다

彖曰 柔以時升**하여** 巽而順**하고** 剛中而應**이라**
단왈 유이시승　　손이순　　강중이응

是以大亨이라 用見大人勿恤**은** 有慶也**오** 南征吉**은**
시이대형　　용견대인물휼　　유경야　　남정길

---

3) 『周易本義』升卦 卦辭, "升進而上也. 卦自解來, 柔上四居, 內巽外順, 九二剛中而五應之."

志行也라
지 행 야

단전에 이르기를 유가 때에 알맞게(시간의 본성에 알맞도록) 위로 올라가 공손하고 순응하며, 강한 것이 적중하여 상응한다. 이 때문에 크게 형통한다. '대인을 만나보되 근심하지 않음'은 경사로운 일이 있음이요, '남쪽으로 가면 길함'은 뜻이 행해지는 것이다.

『주역』은 우주론과 시간론을 바탕으로 천지의 변화, 역사와 문명을 비롯한 인간사의 제반 문제를 풀어나간다. 「단전」은 시간의 질서에 맞추어 행동 양식을 결정할 것을 주문한다. '유가 때에 알맞게(시간의 본성에 알맞도록) 위로 올라간다[柔以時升]'는 명제에 대해서, 주자는 괘의 변화 법칙에 의거하여 승괘의 명칭이 생긴 것으로 보았다.[4] 이밖에도 승괘의 상괘[坤: ☷] 음효 셋은 무한한 가능성이 열린(open) 모습이기 때문에 유순한 법칙이 시간 흐름의 대세와 일치하여 상승한다는 견해도 있다.

승괘의 구성은 아래가 공손함을 상징하는 바람[巽: ☴]이고, 위는 순응의 원리를 상징하는 땅[地: ☷]이다. 안으로 공손하고 밖으로는 순응하면서 세상사에 참여하는 것이 승괘의 전체 모습이라면, 그 내부에서는 2효 강剛이 5효 유柔와 상응하여 승괘의 시스템을 작동시킨다. 이같이 내외부 조직이 물샐틈없이 맞물려 돌아가므로 모든 일이 순조롭게 크게 형통하는 것이다[大亨].

혁괘 「상전」은 천지 변화의 이법과 역사 법칙을 꿰뚫어 '시간의 본성을 밝힌[治歷明時]' 존재를 군자[5]라고 했다. 역사를 배후에서 움직이는 근원적 존재는 시간이므로 '역사학[歷] = 시간론[曆]'이라는 등식이 성립한다. 달력(calendar)의 구성 법칙을 헤아리는 일은 천문학이 담당해야 할 몫이라면, 캘린더 구성의 근거를 밝히는 작업은 대인의 인류사적 사명이다. 전

---

4) 『周易本義』升卦 「彖傳」, "以卦變, 釋卦名."
5) 『周易』 革卦 「彖傳」, "象曰 澤中有火革, 君子以, 治歷明時."

자는 과학의 세계이고, 후자는 철학의 세계이다. 시간의 메카니즘을 분석하는 것과 시간의 존재론적 근거(시간성)를 파헤치는 것을 혼동해서는 안 된다. 더 나아가 범주 착오의 오류를 범해서도 안 된다. 서양 철학사는 사물의 세계와 존재 자체를 다루는 분야를 구분하는 수많은 논쟁을 겪었다. 천문학 차원에서 시간의 문제를 고민하여 쌓은 업적은 매우 화려하다. 하지만 시간의 본질을 추구하는 일이야말로 주역학의 극치라고 할 수 있다.

인류 최고 지성인의 출현은 절망으로부터 한 줄기 빛을 선사했다. 그것은 인류 최대의 선물이며 경사스러운 일이다[用見大人勿恤, 有慶也]. 영광과 축복은 마음으로부터 우러나오는 즐거움이라기보다는 하늘로부터 내려오는 경사라 할 수 있다. 승괘는 "남쪽으로 가면 길하여 뜻이 이루어진다[南征吉, 志行也]"라고 하여 대인이 목표한 의도가 성취될 수 있다고 했다. 하늘의 계시와 명령에 따르는 실천이 바로 대인의 목표가 실현되는 첫걸음이다.

왜 남쪽으로 방향을 틀어야 하는가? 이에 대한 해석은 두 가지가 있다. 하나는 궁중 의례의 문제다. 군주는 남쪽을 향하여 신하를 바라보고, 신하는 북쪽을 향하여 군주를 뵙고 조회한다는 전통적 견해가 바로 그것이다. 다른 하나는 은나라와 주나라의 지정학적인 관계에서 비롯된 해석이 있다. 이러한 풀이보다는 천지의 생성과 목적과 방향을 제시한 문왕팔괘도와 연관시켜 이해하는 것이 가장 합당하다. 문왕팔괘도를 살펴보자.

문왕팔괘도

문왕팔괘도의 구조와 승괘의 구성 및 '남쪽으로의 진행'이라는 3박자는 논리적 일관성을 유지한다. 승괘의 하괘는 4손四巽이고, 상괘는 2곤二坤이며, 그 중앙에는 남쪽을 뜻하는 9리九離가 자리잡고 있다. 하괘가 전진하여 상괘로 상승하려면 반드시 남쪽[九離]을 경과하지 않으면 불가능하다. 이런 연유에서 승괘의 여섯 효 모두는 '남쪽으로 가면 길하다[南征吉]'는 내용을 설명한 체계라고 할 수 있다.

☆ 승괘에서 말하는 대인은 누구이며, 대인의 역할은 무엇인가? 대인은 인류를 위해 큰 업적을 이룬 사람, 문명의 청사진을 그린 사람, 새로운 시대를 연 사람, 미래를 개척할 수 있는 대안과 비전을 제시한 사람, 인류에게 새로운 삶의 양식을 제공한 사람, 시간의 본성을 깨달음의 눈으로 밝힌 사람만이 대인의 자격을 가질 수 있다. 이러한 조건에 가장 잘 부합하는 적격자는 『주역』49번 택화혁괘澤火革卦에 나타난 군자라고 할 수 있다.

4. 상전 : 『주역』, 하학상달下學上達의 지식을 취하다

象曰 地中生木이 **升**이니 **君子以**하여 **順德**하여
상 왈 지 중 생 목　 승　　 군 자 이　　　 순 덕

積小以高大하나니라
적 소 이 고 대

상전에 이르기를 땅 속에서 나무가 생기는 것이 승이다. 군자는 이를 본받아 덕에 순응하여 작은 것을 쌓아서 높고 크게 한다.

「상전」은 나무의 일생에 빗대어 인간의 행위 법칙을 연역한다. 식물은 땅에서 생겨나 위로 성장하듯이, 사람은 진리의 본원인 하늘을 향해 나아가야 한다는 것이다. 하늘을 본받는다는 것은 확고부동한 도덕 법칙을 세운다는 뜻이다. 도덕은 진리의 원형[道]이 인간의 본성으로 주체화된 상태[德]를 뜻하는 말이다. 공자는 하늘과 땅의 위대한 생명 의지를 도라고 했다. 이를 삶의 방식으로 본받는 것이 곧 순응[順]이다. 그리고 그 구체적

방법론은 점진적인 학습이다. 이는 천지의 대도[地中生木] → 순응하는 인식[順德] → 실천 방법[積小以高大]의 삼단 논법으로 정리할 수 있다.

유교의 지식론은 주역학과 일맥상통한다. 유교의 학문 방법론은 밑에서부터 차근차근 배워서 궁극적인 경지에 도달하는 것을 지향한다. 공자는 "하늘을 원망하지 않으며 사람을 탓하지 않고, 아래로 배워서 위로 통달했으니, 나를 아는 자는 하늘일 뿐인저!" "군자는 위로 궁극적인 경지에 도달하고, 소인은 아래로 하찮은 데에 도달한다"[6]고 했다. 군자는 아래로 인간사를 배워서 위로는 천지의 대도를 통달하는 일에 힘쓴다. 알기 쉬운 것부터 배워 나중에는 깊은 이치를 깨닫는 방법이 바로 유교의 지식관이다.

공자는 군자와 소인을 확연하게 구분했지만, '상달'과 '하학'은 별개의 문제가 아니다. 하학 없는 상달은 공중누각空中樓閣과 같고, 상달 없는 하학은 잡학雜學에 불과하다. 상달과 하학은 유기적 관계를 맺는다. 일상적 삶을 팽개치고 현실과 단절된 삶을 추구하는 것은 창살 없는 감옥에 갇힌 수도원의 삶과 다를 게 없다.

☘ 현실을 떠난 지식과 진리를 『주역』은 달갑게 여기지 않는다.

5. 초효 : 『주역』의 중요한 주제는 믿음[允, 孚]이다

> **初六**은 **允升**이니 **大吉**하니라
> 초육　윤승　　대길
> **象曰 允升大吉**은 **上合志也**라
> 상왈 윤승대길　　상합지야
>
> 초육은 믿음을 가지고 오름이니, 크게 길하다. 상전에 이르기를 '믿음을 가지고 올라 크게 길함'은 위와 뜻이 합하는 것이다.

승괘 초효는 음이 양의 위치에 있고[不正], 하괘의 중용도 아닌데다가 4

---

6) 『論語』「憲問」, "不怨天, 不尤人. 下學而上達, 知我者其天乎!" "君子上達, 小人下達."

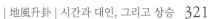
지
풍
승
괘

地
風
升
卦

효와도 상응하지 않는다. 어두운 땅 속에서 생명이 움튼 나무의 뿌리는 하늘을 향해 치솟는 줄기와 연결되어 영양분을 나른다. 뿌리가 줄기를 믿고[允] 수분과 영양분을 위로 올리는 형상을 비유한 것이다. 줄기는 뿌리의 든든한 후원자다. 후원자가 과연 누구인가라는 문제에 대해 엇갈린 해석이 있다. 정이천은 2효라 하고, 주자는 2효와 3효라고 했다.[7]

초효는 하괘의 주인공으로서 공손의 미덕을 갖추었다. 뿌리와 줄기와 잎은 나무의 한 몸이다. 서로가 믿지 못하면 곧바로 말라 죽는다. 초효는 2효와 3효와 함께 평생 뜻을 같이하는 동반자다. 믿음이 깨지면 아무 것도 이루어지지 않는다. 초효[陰]는 2효[陽]와 3효[陽]를 믿고 따르면서 쉽게 올라갈 수 있다. 그러니까 크게 길할 수밖에 없는 것이다.

☖ 믿음이 없으면 만사불성이다.

6. 2효 : 믿음과 정성은 승진의 열쇠

九二는 **孚乃利用禴**이니 **无咎**리라
구 이 　 부 내 이 용 약 　 　 무 구
象曰 九二之孚는 **有喜也**라
상 왈 구 이 지 부 　 유 희 야

구이는 믿어서 간소한 제사를 올리는 것이 이로우니, 허물이 없을 것이다. 상전에 이르기를 '구이의 믿음'은 기쁨이 있는 것이다.

2효는 양이 음 자리에 있으나[不正], 하괘의 중용을 지키면서 양 에너지가 부족한 초효의 상승을 도와주는데 유익하다. 더욱이 5효와 상응하는 그 역할이 사뭇 중대하므로 「단전」은 "강한 것이 적중하여 상응한다. 이

---

7) ①『易程傳』升卦 初爻, "初以柔居巽體之下, 又巽之主, 上承於九二之剛, 巽之至者也. 二以剛中之德, 上應於君, 當升之任者也. 允者信從也. 初之柔巽, 唯信從於二, 信二而從之同升, 乃大吉也."
②『周易本義』升卦 初爻, "初以柔順居下, 巽之主也, 當升之時, 巽於二陽, 占者如之, 則信能升而大吉矣."

때문에 크게 형통한다[剛中而應, 是以大亨]"고 했던 것이다. 하괘[巽: ☴]의 중용인 2효는 5효를 공손하게 모셔야 한다.

자신을 자중자애하고 상대방을 믿으면 세상은 기쁨으로 넘칠 것이다. 「단전」의 "대인을 만나보되 근심하지 않음은 경사로운 일이 있다[用見大人 勿恤, 有慶也]"는 말은 이를 두고 한 발언이다. 『주역』 26번 산천대축괘山天 大畜卦(☶☰) 4효에도 '기쁨이 있다[有喜 = 有慶]'라는 말이 나온다. 믿음의 가치는 돈으로 환산할 수 없는 무형의 자산이다. 이런 연유에서 승괘 효사는 한결같이 믿음과 연관된 내용으로 이루어져 있다. 초효의 윤允, 2효의 부孚, 3효의 무소의无所疑, 4효의 순사順事, 5효의 득지得志 등은 모두 믿음을 색다르게 표현한 용어들이다.

췌괘 2효와 마찬가지로 승괘 2효 역시 간략한 제사를 언급한다. 전자의 주제가 만남였다면, 후자의 주제는 믿음과 공경하는 마음으로 따르라는 내용이다. 여름제사[禴]에 쓰이는 제물로는 과일과 마른 포가 적격이다. 생고기는 더운 날씨 때문에 썩기 쉽기 때문이다. 떠들썩한 의식이나 풍성한 제물보다는 지극한 정성과 믿음 하나면 된다.

☆ 기쁨이 넘치는 모임[萃]과 오름[升]은 복잡한 격식에 얽매임이 아니라, 믿음[允, 孚]이 최고의 참가비인 셈이다.

7. 3효 : 믿음과 정성에 의한 교감은 의심을 씻어낸다

九三은 **升虛邑**이로다
구 삼　승 허 읍

象曰 升虛邑은 **无所疑也**라
상 왈 승 허 읍　무 소 의 야

구삼은 빈 읍에 오름이로다. 상전에 이르기를 '빈 읍에 오름'은 의심할 바가 없는 것이다.

3효는 양이 양 자리에 있고[正], 상효와 상응한다. '허읍虛邑'은 사람냄새를 전혀 느낄 수 없는 고을을 뜻한다. 3효를 넘어선 상괘[坤: ☷]는 막대기의 가운데가 빈 효들로 구성되어 있다. 양체는 속이 가득 찬[實] 반면에, 음체는 속이 비었다[虛]. 건괘[乾: ☰]가 에너지의 충만을 뜻한다면, 곤괘[坤: ☷]은 포용력을 상징한다. 3효는 상효와 결합하여 텅빈 마을에 쉽게 진입하는 형세다.

3효 양과 상효 음은 서로에게 의심의 눈초리를 보내지 않는다. 막강함 힘을 소유한 3효는 상괘의 음 전체, 부분으로는 상효와 상응하므로 천연의 배필이다. 거침없이[勿恤] 위로 나아갈 수 있다[吉].

✿ 군대로 말하면 무혈 입성이요, 축구로 말하면 골키퍼 없는 찬스로 비유할 수 있다.

8. 4효 : 천명에 대한 믿음과 순응은 마음병의 치료약

六四는 王用亨于岐山이면 吉코 无咎하리라
육 사 · 왕 용 향 우 기 산　　길　무 구
象曰 王用亨于岐山은 順事也라
상 왈 왕 용 향 우 기 산　순 사 야

육사는 왕이 기산에서 제사를 지내면 길하고 허물이 없을 것이다. 상전에 이르기를 '왕이 기산에서 제사를 지냄'은 (하늘의 일에) 순응하여 섬기는 것이다.

'기산岐山'은 문왕이 왕업의 기초를 쌓았던 도읍지 서쪽에 있는 산의 이름이다. 동쪽에 위치한 은나라 왕이 폭정을 일삼았기 때문에 백성들은 고통에 허덕이고 있었다. 4효는 신하의 자리로서 문왕이 아직은 왕위에 공식으로 오르지 않았음을 상징한다. 문왕은 은나라에 순종하는 태도를 보이기 위해 기산에서 산천에 제사를 올릴뿐, 하늘을 섬기는 제사[天祭]는 드리지 않았다.

4효에서만 유독 오름[升]에 대해서 언급이 없다. 문왕에게는 모셔야 할 군주인 은나라의 주왕紂王이 존재했기 때문이다. 그런데도 역심을 품고 왕위에 오른다면 반역에 해당되는 까닭에 자신의 정성을 하늘에 쏟았던 것이다. 당시 천하의 주도권은 문왕의 손아귀에 있었다. 그럼에도 문왕은 천명을 받지 않았다고 판단하여 천제를 드리지 않고, 기산에서 간소한 제사를 드렸던 것이다. 이런 연유에서 공자는 "천하의 ⅔를 차지하고서도 여전히 은나라를 섬긴 주나라의 덕은 지극하다고 할 수 있다"[8]고 칭찬한 바 있다.

'순사順事'에서 '사事'는 하늘의 섭리에 순응한다는 것과 나라의 근간인 백성을 섬긴다는 이중적 의미가 있다. 여기서는 천명을 받아들이려고 마음의 자세를 가다듬는 태도로 보는 것이 옳다. 천명은 한 치의 거짓이 없는 진리의 본원이므로 순수한 믿음의 대상이다.

☖ 논쟁은 의심으로부터 자유롭지 못하지만, 믿음과 순응은 천명에 대한 의심을 말끔히 해소하는 최상의 치료약이다.

9. 5효 : 올바름이 결여된 승진은 허상에 불과하다

六五는 **貞**이라야 **吉**하리니 **升階**로다
육 오 　　정 　　　길 　　　승계

象曰 貞吉升階는 **大得志也**리라
상왈 정길승계 　　대득지야

육오는 올바르게 해야 길하리니, 섬돌(층계)에 오르도다. 상전에 이르기를 '올바르게 해야 길하고 섬돌에 오름'은 뜻을 크게 얻을 것이다.

'승계升階'는 존엄한 계단에 오르다, 또는 천자에 등극하다는 뜻이다. 5효는 음이 양 자리에 있으나[不正位], 상괘의 중용이며, 강건한 신하를 표상하는 2효와 상응한다. 그것은 수많은 현자와 신하들의 지지를 얻어 높

8) 『論語』 「泰伯」, "三分天下有其二, 以服事殷, 周之德, 其可謂至也已矣."

地風升卦
지풍승괘

은 지위에 오름을 표상한다. 그 전제 조건은 올바름[貞＝正]이다.

섬돌에 오를 수 있는 자는 모름지기 강유를 겸비해야 한다. 5효는 비록 양 에너지가 부족한 음효이지만 내부로는 이를 자동 조절할 수 있는 중용을 지키고 있고, 외부로는 파트너인 2효가 보충하고 있다. 게다가 공정성이 담보되어 있는 까닭에 스스로 설정한 목적을 완수할 수 있는 것이다.

☖ 정도를 걸어야 하늘과 소통할 수 있고, 백성들이 믿고 따른다.

10. 상효 : 정도는 나쁜 길로 빠지지 않게 하는 안전 신호등이다

上六은 冥升이니 利于不息之貞하니라
상 육 명 승 이 우 불 식 지 정

象曰 冥升在上하니 消不富也로다
상 왈 명 승 재 상 소 불 부 야

상육은 어둡게 오름이니, 끊임없는 올바름이 이롭다. 상전에 이르기를 '어둡게 오름'은 위에 있으니, 사라져 부자가 아니로다.

상효는 분별력을 잃은 상태의 오름을 얘기한다. '어둡다[冥]'는 어리석다는 뜻이다. 산의 정상에 올랐으면 반드시 내려와야 한다. 그런데도 무턱대고 올랐으니 추락하는 길밖에 없다. 하지만 효사는 떨어진다고 말하지 않고 끊임없는 정직의 길을 외친다. 고속 승진에 매달리다 보니까 주변과 뒤돌아볼 겨를이 없었다. 다행스럽게도 타인에게 상처를 주지 않았기 때문에 흉하거나 허물은 없다는 뜻이다.

정도를 지킨다면 더 이상의 재앙은 생기지 않는다. 정도는 나쁜 길로 빠지지 않게 하는 삶의 안전판이다. 췌괘의 주제어는 '모음[萃]'이고, 승괘의 주제어는 '오름[升]'이다. 끝간 줄 모르고 모으거나 오르면 탈이 나게 마련이다. 췌괘 상효는 각각 눈물 흘리면서 한탄한다고 했고, 승괘는 마음이 어리석어진다고 경고했다. 특히 고속 승진 뒤에는 경질 혹은 은퇴의 길이

기다리고 있다. 그래서 공자는 '욕심 부리지 말라[不富]!'고 경고했던 것이다. 모든 실패는 지나친 욕심과 어리석음에서 비롯된다. 나중에 후회하지 않기 위해서는 제3의 깨어 있는 눈이 필요하다. 하루아침에 깨달음의 눈이 열리지 않는다. 끊임없는 자기 정진의 길을 걸어야 할 것이다.

승괘는 나무의 일생에 빗대어 상승은 점진적으로 이루어져야 한다고 했다. 나무는 속도 위반하면서 성장하지 않는다. 나무는 자연의 순리와 시간의 흐름에 순응하면서 자란다. 싹이 여물지 않았는데, 잎과 꽃과 열매가 열리는 법은 없다. 자연의 객관 법칙을 어긋나게 발전하는 사물은 존재하지 않는다. 밥 한 술에 배부른 사람은 없고, 태산이 아무리 높다한들 하늘 아래의 산에 불과하다. 작은 것이 모여야 큰 것을 이룰 수 있고, 낮은 것을 쌓아야 높은 것을 이룰 수 있다.

☼ 성공의 열쇠는 점진적인 전진일 따름이다. 이런 이유에서 승괘에는 허물[咎], 흉함[凶], 뉘우침[悔], 인색[吝] 등의 부정적인 표현이 등장하지 않는 것이다.

정역사상의 연구자 이상룡李象龍은 승괘의 성격을 다음과 같이 설명한다.

䷭升은 聚而上者也니 故로 在文從十從千이니
　　승　취이상자야　　고　　재문종십종천

千은 十數之聚요 十은 合爲升하여 布縷成升是也라
천　십수지취　십　합위승　　　재루성승시야

夫先天之復姤는 兩儀之天政也며 后天之升无妄은
부선천지복구　　양의지천정야　후천지승무망

四象之地政也니 而地數之十无極과 日法之一千四百四十分을
사상지지정야　이지수지십무극　일법지일천사백사십분

聚之면 上元升之无量而物皆感化니 故로 升所以次咸也라
취지　상원승지무량이물개감화　고　승소이차함야

승은 모여서 위로 올라간다는 뜻이다. 그러므로 문자적으로 열 '십'

과 천 '천'의 합성어로서 천은 십수의 모임이요, 십은 합해서 올라가 베와 명주가 피륙을 이루는 것이다. 무릇 선천의 복괘와 구괘는 양의兩儀가 만드는 하늘의 정사이며, 후천의 승괘와 무망괘는 4상이 만드는 땅의 정사이다. 지수의 10무극과 날짜를 세는 1,440분을 모으면 으뜸 가는 승괘의 무량한 세상에서 만물이 모두 감화하기 때문에 승괘가 함괘 다음이 된 것이다.

象曰 升, 元亨, 用見大人, 勿恤은 善萬象而涵育하여
단왈 승 원형 용견대인 물휼 선만상이함육

旣見聖이어늘 何憂也哉아 南征, 吉은 坤升宮南하여
기견성 하우야재 남정 길 곤승궁남

風化化之也라
풍화화지야

단전 "승은 크게 형통하니, 대인을 만나보되 근심하지 말라"는 것은 만물을 잘 함육하여 이미 성인을 보았는데, 무슨 근심이리오. "남쪽으로 가면 길할 것이다"는 것은 곤坤괘 남방 집으로 올라 바람(☴)의 교화를 한다는 뜻이다.

象曰 君子以, 順德, 積小以高大는 二球六旬은 先小后大也라
상왈 군자이 순덕 적소이고대 이구육순 선소후대야

상전 "군자는 이를 본받아 덕에 순응하여 작은 것을 쌓아서 높고 크게 한다"는 것은 두 번 둥글어 60일이 되는 것은 앞은 작지만 뒤는 크다는 뜻이다.

初六, 允升, 大吉은 信而行之하여 與之合德也라
초육 윤승 대길 신이행지 여지합덕야

초효 "믿음을 가지고 오름이니 크게 길하다"는 것은 믿음을 가지고 실천하여 합덕할 수 있다는 뜻이다.

九二, 孚乃利用禴, 无咎는 乃信化无告이니 朔而夏享也라
구이　부내이용약　무구　　내신화무고　　　삭이하향야

2효 "믿어서 간소한 제사를 올리는 것이 이로우니 허물이 없을 것이다"라는 말은 믿음이 변해서 알려주지 않으니, 초하루에 여름 제사를 지낸다는 것이다.

九三, 升虛邑은 前有丑闢也라
구삼　승허읍　　전유축벽야

3효 "빈 읍에 오른다"는 것은 앞으로 축丑으로 열리는 세상이 있다는 뜻이다.

六四, 王用享于岐山, 吉, 无咎는 演易順時는 文王維新也라
육사　왕용향우기산　길　무구　　연역순시　　문왕유신야

4효 "왕이 기산에서 제사를 지내면 길하고 허물이 없을 것이다"는 말은 시간의 법도에 순응하여 역易을 부연 설명한 것은 문왕의 유신維新이다.

六五, 貞, 吉, 升階는 踐東阼尙賓師也라
육오　정　길　승계　　천동조상빈사야

5효 "올바르게 해야 길하리니, 섬돌에 오른다"는 것은 동쪽으로 옮겨 천자의 자리를 상징하는 섬돌에 올라 빈사賓師를 숭상하는 것이다.

上六, 冥升, 利于不息之貞은 倒生喬木이니 有晦其根也라
상육　명승　이우불식지정　　도생교목　　　유회기근야

상효 "어둡게 오름이니, 끊임없는 올바름이 이롭다"는 것은 (향나무처럼) 높이 자라는 나무를 거꾸로 낳음은 그믐이 뿌리라는 뜻이다.

地風升卦 지풍승괘

| 澤水困卦 |

택 수 곤 괘

곤경에 대처하는 지혜

1. 세상은 상승과 하강을 반복하면서 발전한다 : 승괘

정이천은 지풍승괘地風升卦(䷭) 다음에 택수곤괘澤水困卦(䷮)가 오는 이유를 다음과 같이 말한다.

困은 序卦에 升而不已면 必困이라 故受之以困이라 하니라
곤　서괘　승이불이　필곤　　고수지이곤

升者는 自下而上이니 自下升上은 以力進也니 不已면 必困矣라
승자　자하이상　　자하승상　이력진야　불이　필곤의

故升之後에 受之以困也니 困者는 憊乏之義라
고승지후　수지이곤야　곤자　비핍지의

爲卦兌上而坎下하니 水居澤上이면 則澤中有水也어늘
위괘태상이감하　　수거택상　　즉택중유수야

乃在澤下하니 枯涸无水之象이니 爲困乏之義라
내재택하　　고학무수지상　위곤핍지의

又兌以陰在上하고 坎以陽居下하며
우태이음재상　　감이양거하

與上六在二陽之上而九二陷於二陰之中하니
여상육재이양지상이구이함어이음지중

皆陰柔揜於陽剛이니 所以爲困也라 君子爲小人所揜蔽는
개음유엄어양강　　소이위곤야　군자위소인소엄폐

窮困之時也라
궁곤지시야

"곤괘는 「서괘전」에 '올라가고 그치지 않으면 반드시 곤란하다. 그러므로 곤괘로 이어받았다'고 하였다. 승은 아래로부터 올라가는 것이니, 아래로부터 위로 오름은 힘으로써 나아감이니 그치지 않으면 반드시 곤란하다. 그러므로 승괘 뒤에 곤괘로 이어받은 까닭이니, 곤은 피곤함(고달픔)의 뜻이다. 괘의 형성은 태가 위에 있고 감이 아래에 있으니, 물이 연못 위에 있으면 연못 가운데 물이 있는 것인데 이에 연못 아래에 있으니, 연못이 말라 물이 없는 모습으로 곤핍의 뜻이 된다. 또한 태가 음으로 위에 있고 감이 양으로 아래에 있으며, 상육이 두 양의 위에 있고 구이가 두 음의 가운데 빠져 있어

모두 음유가 양강을 가린 것이니, 이런 까닭에 곤이라 한 것이다.
군자가 소인에게 엄폐당하는 곤궁한 때이다."

증권이 상한가를 치면 곧바로 곤두박질치기 시작한다. 사물은 상승세를
타면 하강 곡선으로 이어진다. 상승세를 무한 질주하면 폭발하기 때문이
다. 세상은 상승과 하강을 순환하면서 발전한다. 그래서 승괘 다음에 곤
괘가 배열된 것이다. 『주역』에는 이른바 '4대난괘四大難卦'가 있다. 수뢰둔
괘水雷屯卦, 중수감괘重水坎卦, 수산건괘水山蹇卦, 택수곤괘澤水困卦가 바로 그것
이다. 이들은 공통적으로 물[水]이 들어갔다. 『주역』에서의 물은 생명 탄생
의 모체인 동시에 험난함을 상징하기 때문에 물[水]이 들어간 괘들은 대체
로 힘든 상황을 얘기한다.

'곤困'은 나무가 꽉 막힌 공간에 갇힌 형상을 본뜬 글자다. 매우 힘들어
고통스럽고 곤란한 상태를 뜻한다. 연못 위에 물이 있는 것이 자연스런 현
상인데, 곤괘(☱)는 거꾸로 위가 연못[兌: ☱]이고, 아래는 물[坎: ☵]로서 물
이 겹쳐 있는 모습이다. 아래 위에 물이 겹친 형상인데도 그 물이 다 빠져
나가 한 줌의 물도 없는 것을 형용한다.

『주역』은 음이 소인이고 양은 군자라고 전제한다. 곤괘는 소인에 의해
군자가 곤경한 처지에 빠지는 형국을 말한다. 이는 택수곤괘(☱)의 구조가
대변한다. 상효(음, 소인)로 인해 4효와 5효(군자)가 곤욕을 치르고, 2효(군
자)는 초효와 3효에 의해 곤욕을 치르는 것을 말한다. 『주역』 60번 수택절
괘水澤節卦(☵)가 자연의 절도에 부합하는 것이라면, 택수곤괘는 자연 법칙
에 어긋나 곤궁한 상태에 빠지는 것을 형상화한 것이다.

2. 곤괘 : 믿음으로 곤경을 돌파하라

困은 **亨**코 **貞**하니 **大人**이라(야) **吉**코 **无咎**하니 **有言**이면
곤　　형　　정　　　대인　　　　　길　　무구　　　유언

不信하리라
불 신

곤은 형통하고 올바르니 대인이라야 길하고 허물이 없으니, 말이 있으면 믿지 않을 것이다.

곤은 곤궁, 고난, 위난을 뜻하는 글자다. 글자꼴은 나무가 '□(= 위圍의 옛 글자)' 안에 갇혀서 더 이상 성장할 수 없는 것을 가리킨다. 사방이 꽉 막혀 숨이 차 괴로워하는 모습이다. 곤괘의 구성은 아래위가 물(연못과 물)이지만, 그 물이 고갈되어 없다. 그것은 양효인 2효와 4효와 5효가 음효에 둘러싸여(물에 빠져) 자유롭게 움직일 수 없는 형상이다.

『주역』은 곤괘에서 역설逆說(paradox)의 극치를 보여준다. 먼저 '곤궁'과 '형통'의 상반된 상황을 설정한 다음에 특유의 '궁즉통窮則通'의 논리를 설파한다. 곤괘는 오랫동안 곤궁에 허덕이다보면 이성이 마비되는 것이 보통인데도 결국에는 형통할 수 있다고 했다. 불행 다음에는 행복, 재앙 뒤에는 길과 복이 기다리고 있다는 극적인 반전을 얘기한다.

곤괘에서 말하는 지금은 곤궁과 험난함의 수난기이다. 대인이 아무리 도덕과 정의를 외친들 소인들은 불신한다. 소인들은 이익이 없으면 그 진실성[信]마저 의심한다는 것이다. '침묵이 금이다'라는 말은 이 때에 적용된다. 왕필王弼은 신중한 언어 사용을 지적한 바 있다. "곤경에 처해서 내뱉는 말이 타인에게 신뢰받지 못하는 때이니, 말을 할 때가 아닌데도 말로써 곤경에서 벗어나려고 한다면 반드시 궁색할 것이다."[1]

소인은 곤경에 맞부딪치면 스스로 허물지어 몸과 마음을 망친다. 하지만 대인은 곤경에 처할수록 원칙을 존중한다. 어려운 상황을 어떻게 대처하느냐에 따라 대인과 소인이 차별화되는 것이다. 대인과 소인을 판가름하는 기준은 덕德이다. 공자는 9덕괘九德卦 이론을 밝힌 「계사전」에서 군자

---

1) 『周易注』, "處困而言, 不見信之時也. 非行言之時, 而欲用言以免, 必窮者也."

와 소인을 판별하는 근거는 '덕'에 있으며, 군자와 대인은 곤궁함을 극복하여 막힌 곳을 능동적으로 뚫을 뿐만 아니라 어려울수록 타인에 대한 원망을 적게 하는 사람이라고 했다.[2]

✿『주역』은 판타지 소설처럼 역설의 논리를 전가의 보도로 삼지 않았다. 오히려 곤괘는 올바름[貞]과 대인이라는 조건을 붙인다.

3. 단전 : 군자, 양심의 등불

彖曰 困은 **剛揜也**니 **險以說**하여 **困而不失其所亨**하니
단왈 곤   강엄야   험이열   곤이불실기소형

其唯君子乎인저 **貞大人吉**은 **以剛中也**오 **有言不信**은
기유군자호   정대인길   이강중야   유언불신

尙口乃窮也라
상구내궁야

단전에 이르기를 곤은 강이 가려짐이니 험난하되 기뻐하며, 곤궁하지만 그 형통한 바를 잃지 아니하니 오직 군자일 뿐인저! '올바른 대인이 길함'은 강으로 중도를 실현함이요, '말이 있으면 믿지 못함'은 입을 숭상함이 궁해진 것이다.

곤괘에서 강剛은 2효와 4효와 5효의 양효를 가리킨다. 이 세 양이 음에 의해 가려져 그 힘을 발휘하지 못한다는 것이다. 이는 소인의 기세에 억눌려 군자의 역할이 제대로 수행될 수 없음을 뜻한다. 그러나 군자는 소인이 득세할수록 고개를 숙이지 않고 기쁜 마음으로 내일을 기약한다. 군자는 암흑기에도 양심의 등불이 되어 사회에 희망의 빛을 비춘다.

인생은 고난으로 가득 차 있다. 세상에 곤경이 없는 곳이 없지만, 군자가 문제를 풀어나가는 태도는 소인과 다르다. 곤경에 굴복하여 의기소침하지 않고, 사고의 전환을 통해 곤경을 극복한다. 오직 군자만이 어떤 곤

---

2)『周易』「繫辭傳」하편 7장, "困, 德之辨也. … 困, 窮而通, … 困以寡怨."

澤水困卦
택수곤괘

경이 닥쳐와도 흔들리지 않는 마음가짐과 절도 있는 행동으로 헤쳐나간다. 군자는 곤경을 자기계발의 좋은 기회로 삼는 까닭에 군자의 올곧은 정신을 높이 평가받을 수밖에 없다.

곤괘는 험난과 고통의 세월에서도[하괘: 坎] 하늘의 섭리에 기꺼이 순응하여 천명을 실천하는 것을 더없는 기쁨으로 여기는[상괘: 兌] 군자의 기상을 형상화했다. 몸은 비록 춥고 배고파 고달프더라도 하늘을 우러러 부끄러움이 없기 때문에 마음은 저절로 기쁘다. 그것은 곤경을 기쁜 마음으로 감내하는 즐거움이다. 순간의 영예는 불행의 씨앗이지만, 곤경은 미래에 대한 투자이기 때문이다.

대인이 곤궁한 처지에서도 올바르게 실천할 수 있는 것은 천도와 직결된 중도中道의 가치를 가슴에 새겼기 때문이다. 5효는 상괘의 중용, 하괘의 2효 역시 중용이므로 대인은 하늘의 뜻을 받든다. 대인은 샛길로 눈길을 돌리지 않고, 중용을 실천한다. 더욱이 주변 상황에 좌고우면하지 않는다.

예전부터 지식인은 논쟁을 즐겼다. 논쟁에 이기기 위해서 현란한 언어 능력의 배양에 힘쓴다. 그러나 공자는 눌변가訥辯家임을 자랑스럽게 여겼고, 맹자 또한 자신은 달변가達辯家가 아님을 강조했다. 『주역』은 궁지에 몰렸다고 구차한 변명을 늘어놓는 것에 찬성하지 않는다. 다변多辯과 궤변詭辯은 진리에 대한 모독인 까닭이다. 하늘의 언어는 침묵이다. 공자는 "하늘이 무슨 말을 하더냐? 4시가 운행하고 만물이 자라나니 하늘이 무슨 말을 하더냐?"[3]라고 말했다. 침묵 이상의 언어는 없다.

☆『주역』은 언어 자체를 부정하지는 않는다. 언어 체계는 수단일 뿐이다. 오로지 언어(말)에 매달려 타인을 변화시킬 수 있다는 것을 경계한 교훈이다.

---

3) 『論語』「陽貨」, "天何言哉, 四時行焉, 百物生焉, 天何言哉."

4. 상전 : 군자, 목숨과 진리를 양립시키지 않다

象曰 澤无水困이니 君子以하여 致命遂志하나니라
상왈 택무수곤　　군자이　　치명수지

상전에 이르기를 연못에 물이 없는 것이 곤이다. 군자는 이를 본받아 목숨을 다하여 뜻을 이룬다.

공자는 괘의 형태에서 힌트를 얻어 곤경에 빠졌을지라도 목숨을 바쳐 자신의 뜻을 실현해야 한다는 고귀한 지혜를 도출했다. 군자는 목숨과 진리를 양립시키지 않는다. 군자는 도덕적 가치를 지키기 위해 몸과 마음을 아끼지 않는다. 군자는 진리 앞에서 고개를 숙일지언정 권력에 굴복하지 않는 용기를 보인다. 공자는 "뜻있는 선비와 어진 자는 살기를 구하느라 인을 해치는 일이 없고, 몸을 희생해서 인仁을 이루는 일은 있다"[4]고 했다. 맹자는 "물고기도 내가 바라는 바이며 곰발바닥도 내가 바라는 바이지만, 두 가지를 함께 얻을 수 없다면 물고기를 버리고 곰발바닥을 취하겠다. 삶 역시 내가 바라는 바이고, 의義 역시 내가 바라는 바이지만, 두 가지를 함께 얻을 수 없다면 나는 삶(목숨)을 버리고 의를 취하겠다"[5]고 단언했다.

극도로 곤란한 환경에서도 목숨을 기꺼이 희생해서라도 목표를 달성하라[致命遂志]는 말은 지성계에 던지는 소중한 화두이다. 소인들은 소중한 가치를 하루아침에 뒤바꾼다. '살신성인殺身成仁'하지 않고 '살인성신殺仁成身'하며, '사생취의舍生取義'하지 않고 '사의취생舍義取生'한다. 논개論介(?-1593)는 나라가 온통 망가지는 처절한[困] 상황에서 고귀한 생명을 바쳤다. 그녀가 왜병 장수의 몸을 껴안고 강물에 뛰어들어 순절한 사건[致命遂志]은 조선의 자존심이었다.

---

4)『論語』「衛靈公」, "志士仁人, 無求生以害仁, 有殺身以成仁."
5)『孟子』「告子章」上, "魚我所欲也, 熊掌亦我所欲也, 二者不可得兼, 舍魚而取熊掌者也. 生亦我所欲也, 義亦我所欲也, 二者不可得兼, 舍生而取義者也."

澤水困卦 택수곤괘

군자는 어려움에는 앞장서고, 영예는 남보다 뒤에 선다. 그는 꽃길을 걷는 자가 아니라 가시밭길을 달갑게 받아들인다. 사람들은 늘 성공과 명예를 추구한다. 그래서 위대한 성과와 소유를 언급한 『주역』 14번 화천대유괘火天大有卦의 삶을 선호하는지도 모른다. 하지만 대유괘 전체는 처음부터 끝까지 조심하고 경계하라는 내용으로 이루어져 있음을 상기할 때, 역경과 고난은 사람을 담금질하는 최고의 음식인 셈이다. 곤괘의 여섯 효는 모두 곤궁을 설명하고 있다.

군자는 예스맨(yes man)이 아니다. 언제 어디서든 '아니오(no)'라고 당당하게 밝혀 힘과 타협하지 않고 불의에 맞선다. 역사는 수많은 권력자들이 군자 앞에서는 초라한 대장부에 지나지 않았던 증빙을 남기고 있지 않은가!

☼ 군자는 구차한 삶을 구걸하지 않는다. 목숨을 헌신짝처럼 던져 진리와 정의를 수호한다.

5. 초효 : 곤경 탈출의 걸림돌은 유약함이다

初六은 **臀困于株木**이라 **入于幽谷**하여 **三歲**라도 **不覿**이로다
초 육　　둔곤우주목　　　입우유곡　　　삼 세　　부 적

象曰 入于幽谷은 **幽不明也**라
상왈 입우유곡　　유불명야

초육은 궁둥이가 나무 등걸에 걸려 곤궁하다. 그윽한 골짜기에 들어가 3년이 지나도 보지 못하도다. 상전에 이르기를 '그윽한 골짜기에 들어감'은 어리석어 밝지 못한 것이다.

초효는 양 자리에 음이 있고[不正], 하괘의 중용도 아니다[不中]. 또한 구덩이에 해당되는 감괘의 가장 밑에 있어 유약하다. 게다가 나무가 잘려나간 그루터기[株木]에 앉아 있으려니까 궁둥이가 아파서 견디기가 괴롭다. 위는 강력한 양효가 버티고 있고, 뒤로 꽁무니를 내리자니 물러설 곳도 없는 고약한 환경이다. 짝인 4효와 교감하려고 시도해도 아직은 힘이 부족

하다.

궁둥이가 곤궁하다는 말은 몸을 움직일 수 없을 정도로 혼자 힘으로는 벅차다는 뜻이다. 4효의 지원을 받으면 좋으련만 4효 자체도 3효 음에 가려져 실제적인 도움을 줄 수 없는 처지다. 따라서 자신의 몸 하나도 단속할 수 없기 때문에 초효를 곤경에서 벗어나게 할 수 없다. 둘 다 처량한 신세가 아닐 수 없다.

🌸초효는 더더욱 스스로가 움츠려들어 깊은 골짜기 들어가 숨는다고 말한다. 3년이라는 긴 시간을 도피하여 재기를 시도한다. 오히려 어두컴컴한 감옥 같은 곳에서 보내는 고통의 세월로 변질될 줄이야! 그것은 자신이 현명하게 대처하지 못한 어리석은 결과일 따름이다.

6. 2효 : 군자는 생활고에 무릎 꿇지 않는다

九二는 **困于酒食**이나 **朱紱**이 **方來**하리니 **利用亨祀**니
구 이　곤 우 주 식　　주 불　방 래　　　이 용 향 사
征이면 **凶**하니 **无咎**니라
정　　흉　　무 구
象曰 困于酒食은 **中**이라 **有慶也**리라
상 왈 곤 우 주 식　중　　유 경 야

구이는 술과 음식에 곤궁하지만 주불이 바야흐로 올 것이니, 제사를 올리는 것이 이롭고 가면 흉하여 허물할 데가 없다. 상전에 이르기를 '술과 음식에 고달픔'은 중도를 실행하는 것이다. 경사가 있을 것이다.

2효는 양이 음 자리에 있으나[不正], 하괘의 중용[中]으로서 5효와 함께 곤괘의 주인공이다. 2효는 강건한 덕을 갖춘 군자이지만, 초효와 3효(소인)에 둘러싸여 고통을 당하는 형국이다. 먹거리가 궁핍하여 배를 주리는 때이다. 당장은 술과 밥이 없어 굶주릴지라도 드높은 기개는 배고프지 않다. 배를 움켜쥐고 잠시 고통에 허덕이지만, 머지않아 5효 군주가 찾아온다. 군

자를 참모로 발탁하기 위해 군주가 잔뜩 선물을 가지고 온다는 것이다.

붉은 색 인끈을 뜻하는 주불朱紱은 앞으로 늘어뜨려 무릎을 덮는 고대의 제복을 가리킨다. 5효 군주가 2효 군자에게 관직과 녹봉을 내려 인재로 등용한다는 반가운 소식을 상징한다. 군자는 고달픈 생활고에 무릎 꿇지 않는다는 교훈이다. 우리는 오직 진리에 대한 궁핍에 대해서 만큼은 항상 갈급증을 느껴야 할 것이다.

제사 문화가 고도의 정치색을 띤 문화로 변모된 흔적이 효사에 반영되어 있다. 단지 복받으려는 욕심으로 사당에 올라가면 그 순간부터 신명神明은 감응하지 않는다. 그리고 관직에 대한 야망을 채우려고 군주에게 인사 청탁을 하거나 혹은 부정한 뇌물 공세를 편다면 반드시 물의를 일으켜 곤욕을 치를 것이다[征, 凶]. 그것은 자신이 불러들인 허물이기 때문에 누구를 탓할 수가 없기 때문이다.

군자가 한동안 술과 밥걱정하느라 힘들지만, 자존심을 꺾지 않았으므로 즐겁고 경사스런 일이 생긴다. 소인은 곤경에서 벗어나고자 양심과 영혼을 싼값에 판다. 군자는 시련과 곤경에 맞부닥쳤을 때 오히려 그 진면모가 드러난다. "고난은 인생을 위대하게 만든다. 고난을 견딤으로써 생명은 진화한다. 핍박을 받음으로 대적을 포용하는 관대가 생기고, 궁핍과 형벌을 참음으로 자유와 고귀를 얻을 수 있다. 고난이 주는 손해와 아픔은 한때나, 보람과 뜻은 영원하다. 고난 없는 인생은 상상할 수 없다. 그래서 간디는 '고난은 생명의 한 원리다'라고 외쳤다."[6]

군자는 항상 미래를 대비했다. 평소 배운 바를 다시 가다듬으면서 사회에 이바지할 기회를 기다리고, 정성들여 조상과 하늘에 제사를 올렸다. 정갈한 마음으로 제사드리면 조상신의 보살핌을 받을 수 있다는 것이다. 군주와 조상신에게 정성껏 마음을 바쳐야 감응이 온다. 준비가 덜되거나 마음이 깨끗하지 못한 상태로 나아가면 흉하다.

6) 김진, 『너 자신을 혁명하라(함석헌 명상집)』(서울: 오늘의 책, 2003), 145쪽 참조.

7. 3효 : 매순간 깨어 있어라!

六三은 **困于石**하며 **據于蒺藜**라 **入于其宮**이라도
육 삼　　곤 우 석　　　거 우 질 려　　　입 우 기 궁

不見其妻니 **凶**토다
불 견 기 처　　흉

象曰 據于蒺藜는 **乘剛也**일새오 **入于其宮不見其妻**는
상 왈 거 우 질 려　　　승 강 야　　　　입 우 기 궁 불 견 기 처

不祥也라
불 상 야

육삼은 돌에 곤궁하며 가시덤불에 거처함이다. 그 집에 들어가더라도 아내를 보지 못하니 흉하도다. 상전에 이르기를 '가시덤불에 거처함'은 강을 올라탔기 때문이요, '그 집에 들어가더라도 아내를 못봄'은 상서롭지 못한 것이다.

3효로 넘어오면 상황이 악화된다. 3효는 양 자리에 음이 있고[不正], 중용도 아니며[不中], 상효와도 상응하지 못한다. 더욱이 2효와 4효의 양 틈 속에서 곤경을 치른다. 위로는 커다란 돌이 가로막고, 아래로는 납가새 혹은 찔레 같은 가시나무 사이에 끼어 있다.

큰 돌[石]은 4효, 가시나무[蒺藜]는 2효를 가리킨다. 앞으로 나아가면 암벽에 부딪치고, 뒤로는 가시덤불에 올라타 매우 절망적이다. 그래서 파트너에 손짓을 보냈으나, 똑같은 음이기 때문에 거절당한다. 발길을 돌려 집으로 왔으나, 아내는 이미 가출하여 종적을 알 수 없다. 아내가 떠난 빈방이 썰렁한데, 집안은 온통 바위와 가시덩쿨로 휩싸여 흉물스럽다.

3효는 가시나무에 앉아 있는 모양을 음이 양 위에 올라탔다[乘剛也]고 표현했다. 『주역』은 곳곳에서 음유陰柔가 양강陽剛을 올라타 앉은 형세를 매우 불길한 징조로 간주한다. 말 그대로 아주 불편한 가시방석이다. 공자

澤水困卦 택수곤괘

는 3효에 대해 특별한 관심을 가지고 다음과 같이 풀었다. "곤궁할 바가 아닌데도 곤궁하니 이름이 반드시 욕될 것이요, 앉을 곳이 아닌데도 앉으니 몸이 반드시 위태로울 것이다. 이미 욕되고 또한 위태로워 죽을 시기가 장차 이르니, 아내를 볼 수 있으랴?"[7]

왜 공자는 곤괘 3효에 대해 부정적인 해석을 했는가? 3효는 하괘에서 상괘로 넘어가는 건널목이기 때문에 종일토록 근신하면서 노력해야 하는 시기라고 깨우친다. 예컨대 건괘乾卦 3효는 "군자가 하루종일 온 힘을 다하고 저녁에도 근심하고 두려워하면 위태로우나 허물은 없으리라"고 했다. 그리고 지산겸괘地山謙卦 3효 역시 "수고로우면서도 겸손함이니, 군자가 (종신토록) 마침이 있으니 길하다"[8]라고 했다.

하지만 곤괘는 건괘와 겸괘와는 다르게 진퇴양난의 처지이므로 공자는 애처로운 의견을 표명했던 것이다. 특히 3효 자체가 음(여성)인데도 불구하고 '아내'가 등장한다. 그것은 여성의 눈에 비친 여성이 아내로 보이지 않을 정도로 윤리 강상이 극도로 타락한 현상이라고 할 수도 있다.

🔯 매순간 깨어있는 정신만이 흉을 막는 방법이다.

8. 4효 : 서로 도와야 곤경을 벗어나기 쉽다

九四는 **來徐徐**는 **困于金車**일새니 **吝**하나 **有終**이리라
구 사   내 서 서   곤 우 금 거   인   유 종

象曰 來徐徐는 **志在下也**니 **雖不當位**나 **有與也**니라
상 왈 내 서 서   지 재 하 야   수 부 당 위   유 여 야

구사는 오는 것이 느릿느릿함은 쇠수레에 곤궁하기 때문이니, 인색하지만 끝마침이 있을 것이다. 상전에 이르기를 '오는 것이 느릿느릿함'은 뜻이 아래에 있음이니, 비록 위치가 마땅치 않으나 함께함이 있는 것이다.

---

7) 『周易』, 「繫辭傳」 하편 5장, "子曰 非所困而困焉, 名必辱, 非所據而據焉, 身必危, 旣辱且危, 死期將至, 妻其可得見耶."
8) ① "君子終日乾乾, 夕惕若, 厲, 无咎." ② "勞謙, 君子有終, 吉."

4효는 양이 음 자리에 있고[不正], 상괘의 밑바닥으로서 중용이 아니지만[不中] 초효와 정응正應 관계다. 강건한 에너지를 소유했으나, 현재의 위치가 올바르지 않다. 백지장도 맞들면 낫다는 말이 있듯이, 지금은 서로 도와야 곤궁을 면할 수 있다. 깊은 골짜기로 은둔한 초효를 지원하려 해도 4효가 손을 뻗을 수 없다. 내부적으로 부정부중不正不中의 위상인 데다가, 외부적으로는 강력한 2효가 가로막고 있기 때문이다.

초효의 심정으로는 빨리 오고 싶지만, 쇠로 만든 수레가 버티고 있는 까닭에 천천히[徐徐] 올 수밖에 없다. 힘이 부족하여 뛰어넘을 수 없다는 뜻이다. 세상에는 쉬운 일이 없다. 급할수록 돌아가라고 했다. 엄청난 장애물이 가로막고 있는 상황은 일시적인 곤궁에 지나지 않는다. 초효와 4효의 음양 관계는 누구도 억지로 떼어놓을 수 없다. 더욱이 5효 군주 밑에 있는 신하는 초효 백성의 고통을 구제해야 하는 책무가 무겁다.

도움을 받는 것은 일종의 빚이다. 하지만 도움과 사랑은 베풀 때 그 가치가 한층 빛난다. 그래서 '뜻이 아래에 있다[志在下也]'고 했던 것이다. 4효는 자신의 위치마저 흔들리고 있고, 안팎의 고초가 있음에도 불구하고 초효에게 한없는 도움을 베푼다. 초효에게 사랑을 주는 과정에서 부족했던 음陰 에너지를 보완할 수 있는 보너스를 얻게 되는 행운이 온다.

🕊 공자의 현실 참여에 대해 당시 사람들은 무모하다고 비판했다. 그러나 공자는 암살과 죽음을 무릅쓰고 인류 구원의 참뜻을 구현해보고자 천하를 유력했다. 송宋의 환퇴桓魋는 공자를 죽이려고 음모를 꾸몄다. 공자는 "하늘이 나에게 덕을 주셨으니, 환퇴가 나를 어찌 하겠는가"9)라고 하여 덤덤하게 넘기고 위대한 인간사랑의 발길을 멈추지 않았다. 하늘이 내려준 사명을 실천하는 자신을 해칠 수는 없다고 스스로를 위로했던 것이다.

9)『論語』「述而」, "子曰 天生德於予, 桓魋其如予何!"

澤水困卦 택수곤괘

9. 5효 : 어려운 때일수록 중용과 정도를 지켜야

九五는 **劓刖**이니 **困于赤紱**하나 **乃徐有說**하리니
구오 의월 곤우적불 내서유열
利用祭祀니라
이용제사
象曰 劓刖은 **志未得也**오 **乃徐有說**은 **以中直也**오
상왈 의월 지미득야 내서유열 이중직야
利用祭祀는 **受福也**리라
이용제사 수복야

구오는 코를 베이고 발꿈치를 베임이니 적불에 곤궁하나, 차츰 기쁨이 있으리니 제사를 지냄이 이롭다. 상전에 이르기를 '코와 발꿈치 베임'은 뜻을 얻지 못함이요, '차츰 기쁨이 있음'은 중용과 정직을 씀이요, '제사 지냄이 이로움'은 복을 받게 될 것이다.

'의劓'는 코를 베는 형벌이고, '월刖'은 발꿈치를 베는 끔찍한 형벌을 뜻한다. '적불赤紱'은 신하가 입는 붉은 색의 무릎 덮개를 가리킨다. '주불朱紱'과 '적불'은 군주와 신하를 식별하는 복장이다. 5효는 곤괘의 주인공으로서 중정中正의 위상을 확보하고 있다. 5효는 비록 존엄한 군주의 자리이지만, 예외 없이 곤궁한 처지에 몰린다. 지금은 군자[陽]가 소인[陰]에게 억눌려 곤욕을 당하는 때이기 때문에 극악한 형벌이 나타난다.

5효 군주는 좋은 자질과 덕을 갖추었으나, 상효가 코를 베이고 초효 역시 발꿈치가 잘리는 지독한 형벌을 목격할 수밖에 없다. 코가 없으면 얼굴을 들고 바깥에 다닐 수 없고, 발이 없으면 아예 움직일 수조차 없다. 그만큼 군주를 옆에서 도와줄 인재가 모자라다는 것이다. '적불에 곤궁하다'는 것은 바로 2효 신하의 신변에 이상이 생겼다는 뜻이다. 그것은 2효 신하에 대한 5효 군주가 심각한 인재난을 겪는 것을 의미하고, 반대로 '주불'은 5효 군주의 2효 신하에 대한 은혜를 뜻한다.

군주가 처음에는 혹독한 곤경에서 헤어나기 힘들었다. 하지만 중정의

성품과 교화 덕분에 한참 꼬였던 사태가 서서히 바뀌어 풀린다. 이른바 해빙 정국이다. 여론과 민심을 하나로 통합하는 의식이 바로 제사 문화다. 2효에서는 '향사亨祀[= 享祀]'라 했고, 5효에서는 '제사祭祀'라 했다. 전자는 군주보다 낮은 신분의 신하가 지내는 것을, 후자는 군주가 하늘에 지내는 제사를 비롯한 국가적인 큰 제사를 뜻한다. 군주가 제사를 지내는 목적은 음복蔭福을 받기 위한 수단이며, 더 나아가 민심 수습을 통한 국정의 안정에 있다는 뜻이다.

'코와 발꿈치가 베인다'는 말은 간악한 소인들의 방해로 인해 천하를 구원하려는 의지가 좌절됨을 뜻한다. 그리고 '서서히 기쁘다'는 것은 중정의 덕을 갖춘 군주가 현명한 신하를 얻어 상황이 차츰 호전된다는 뜻이다. '지성으로 제사지냄이 이롭다'는 것은 군주와 신하와 천하 모두가 복을 받는다는 것을 가리킨다. 정치는 꿈틀거리는 생물이다. 정치를 움직이는 것은 사람이다. 군주의 리더쉽은 인재 등용으로 판가름난다. 먼저 현자를 찾아 먼 곳을 마다하지 않고 발 벗고 나서는 자세가 중요하다.

⚙ 한 번 등용한 인재는 의심하지 않고 실무를 맡겨야 한다. 인재를 믿어야 정치가 안정되기 때문이다.

10. 상효 : 회개는 자신에 대한 의식 혁명이다

上六은 **困于葛藟**와 **于臲卼**이니 **曰動悔**라 하여 **有悔**면
상육　곤우갈류　우얼올　왈동회　　유회

征하여 **吉**하리라
정　길

象曰 困于葛藟는 **未當也**오 **動悔有悔**는 **吉行也**라
상왈 곤우갈류　미당야　동회유회　길행야

상육은 칡넝쿨과 위태로운 곳에 곤궁함이니, '움직이면 후회한다'고 말하니 뉘우침이 있으면 가서 길할 것이다. 상전에 이르기를 '칡넝쿨과 위태로운 곳에 곤궁함'은 마땅치 않음이요, '움직이면 뉘우치고 후회하는 일

이 생긴다'는 것은 길함을 행한 것이다.

칡넝쿨 '갈葛', 등나무 넝쿨 '류虆'는 서로 얽히고 설킨 갈등 상태를 뜻하며, '얼올臲卼'은 마구 흔들려 위태로운 모양을 뜻하는 글자다. 상효는 질기게 얽힌 칡넝쿨과 비탈진 위험한 곳에 푹 빠진 모습을 형용한다. 상효는 곤궁함의 끝자락으로서 한계 상황에 도달했다. 이미 4효와 5효 양강陽剛을 올라탔고, 후원자마저 없어 선 자리가 위험하기 짝이 없다. 그런데 곤괘 상효에서만 '길하다'고 했다. 상황이 반전될 기미를 암시한다. 다만 뉘우침[悔改]이 전제 조건이다. 회개는 자신에 대한 본질적 개혁을 의미한다. 『주역』을 지은 성인은 절망의 끝에서 희망의 불씨를 지펴 곤궁과 궁핍을 벗어날 수 있는 지혜를 가르친다. 다름 아니라 철저한 자기 반성과 뉘우침[悔]이다. 『주역』의 핵심은 '천선개과遷善改過'이다. 흔히 사람들은 바삐 움직일수록 허물 짓기 때문에 곤경의 칡넝쿨에 발목을 잡힌다. 움직이면서 뉘우치고 뉘우치면서 움직이는 것이 바로 회개의 방법이다. 지극히 평범한 가르침이다. 근엄한 수도원에 찾아가 고해성사하는 것도 중요하지만, 곤괘는 오히려 일상생활에서 회개하라고 일깨운다.

곤괘의 주제는 곤경을 어떻게 대처하고, 극복할 수 있는가의 문제로 압축할 수 있다. 『주역』의 회개론은 애당초 없는 죄 또는 근본악根本惡, 원죄를 회개하라는 기독교의 주장과는 다르게 인식해야 한다. 왜냐하면 『주역』 전반에 인간은 본래부터 선하다는 성선설이 전제되어 있기 때문이다. 삶을 부딪치면서 저지르는 죄악 혹은 모르고 짓는 허물은 벗어던지면 된다. 고난과 곤경을 이겨내기 위해서는 날마다 회개하고, 잠든 영혼을 일깨워 그 능력을 배양해야 한다.

곤경을 겪지 않고는 큰 인물이 될 수 없다. 맹자孟子(BCE 372-BCE 289)는 『주역』에 관해 구체적으로 언급한 바가 없다. 그렇다고 『주역』을 전혀 몰랐다고 단정할 수는 없다. 맹자처럼 『주역』을 잘 아는 이는 드물었다.[10] 『맹자』에는 곤괘와 유사한 발언이 있을 뿐만 아니라, 모든 사람에게 참다운 교훈을 주고 있다. "하늘이 장차 이 사람에게 큰 임무를 내리려 할 때에는 반드시 먼저 그 마음과 뜻을 지치게 하고, 근육과 뼈마디를 수고롭게 하며, 그 몸을 굶주리게 하며, 그 생활을 궁핍에 빠뜨려 하는 일마다 어지럽게 하니, 이는 그 마음을 두들겨서 참을성을 길러 주어 지금까지 할 수 없었던 일도 할 수 있게 하기 위함이다. 사람들은 언제나 과오를 저지르고 난 뒤에 능히 고치고, 마음이 곤궁하고 생각해본 뒤에 이루는 바가 있다."[11]

소강절邵康節(1011-1077)은 "학문이 즐거움에 이르지 않으면 학문이라고 할 수 없다"[12]고 하여 자신의 거처를 안락와安樂窩라 불렀고, 스스로의 호를 안락선생安樂先生이라 지었다. 그는 마음의 고난을 떨쳐버리고 학문을 통해 안락의 경지에 도달했다. 안락의 방법을 통하지 않고는 진정한 학문이라고 할 수 없다는 것이다.

☆ 경찰관이 소지한 수갑은 손목을 움직이면 움직일수록 더욱 옥죈다고 한다. 칡넝쿨은 순식간에 퍼져 온 산을 뒤덮는 것으로 유명하다. 칡넝쿨에 휘감기는 까닭은 부당한 행위를 저질렀기 때문이다. 부당한 짓을 진실로 회개하면 허물을 씻을 수 있을 것이다.

··· 🌼 ···

정역사상의 연구자 이상룡李象龍은 곤괘의 성격을 다음과 같이 설명한다.

☰ 困字는 困字而來니 困은 圓廩也라 廩中无禾는 困乏之義니
　곤자　　 곤자이래　　곤은　원름야　　능중무화　　곤핍지의
故로 說文曰悴也라 하니 力乏窮蹙이라 爲卦水在澤下하니
고　　설문왈췌야　　　　역핍궁축　　　위괘수재택하

10) 『皇極經世書』「先儒紀述邵子各論贊」, "康節嘗說老子得易之體, 孟子得易之用."
11) 『孟子』「告子章」下, "天降大任於是人也, 必先苦其心志, 勞其筋骨, 餓其體膚, 空乏其身, 行拂亂其所爲, 所以動心忍性, 增益其所不能. 人恒過然後能改, 困於心, 衡於慮而後作."
12) 『皇極經世書』「外篇」, "學不至於樂, 不可謂之學."

枯涸无水니 其唯子丑終始之會에 水竭土旺하고
고 학 무 수　　기 유 자 축 종 시 지 회　　수 갈 토 왕

火明金革之象也라 而變困爲亨은 在乎隨時從道일새니
화 명 금 혁 지 상 야　　이 변 곤 위 형　　재 호 수 시 종 도

困所以次隨也라
곤 소 이 차 수 야

곤 자는 곳집 균에서 온 것으로 곤은 둥그런 곳집이다. 곳집에 곡
물이 없음은 부족해서 가난하다는 뜻이므로 『설문』은 '파리하다'고
했는데, 힘이 부족해 곤궁하다는 뜻이다. 괘의 형성은 물이 연못 아
래에 있으나 말라서 물이 없는 형상이다. 오직 (선천) 자子와 (후천)
축丑이 끝마치고 새롭게 시작하는 시대에 물이 마르고 토 기운은 왕
성해 불이 밝고 금이 혁신하는 형상이다. 곤궁이 변해서 형통하는
것은 시간의 섭리에 따라 도를 따르는 것에 있기 때문에 곤괘가 수
괘 다음이 된 것이다.

象曰 困, 亨, 貞, 大人, 吉, 无咎는 處困得中也오 有言, 不信은
단 왈 곤　형　정　대 인　길　무 구　　처 곤 득 중 야　　유 언　불 신

逆推元會로되 衆所不知也라
역 추 원 회　　　중 소 부 지 야

단전　"곤은 형통하고 올바르니 대인이라야 길하고 허물이 없다"
는 것은 곤궁에 처해서도 중용을 얻었다는 것이요, "말이 있으면 믿
지 않을 것이다"는 것은 거슬려서 궁극의 본질을 추산해도 많은 사
람들이 모른다는 뜻이다.

象曰 君子以, 致命遂志는 復命承龍也라
상 왈 군 자 이　치 명 수 지　　복 명 승 룡 야

상전　"군자는 이를 본받아 목숨을 다하여 뜻을 이룬다"는 것은
천명을 회복하여 용을 계승한다는 말이다.

初六, 臀困于株木은 民受刑木也오 入于幽谷, 三歲, 不覿은
초육 둔곤우주목 민수형목야 입우유곡 삼세 부적

隱倫卓往이 久而不出也라
은륜탁왕 구이불출야

초효 "궁둥이가 나무 등걸에 걸려 곤궁하다"는 것은 백성들이 형벌을 받는다는 것이요, "그윽한 골짜기에 들어가 3년이 지나도 보지 못한다"는 것은 인륜을 숨기고 가는 것이 오래되어 나오지 못한다는 뜻이다.

九二, 困于酒食, 朱紱, 方來는 躬耕而食하니 愼出處也오
구이 곤우주식 주불 방래 궁경이식 신출처야

利用享祀, 貞, 凶, 无咎는 質之神明하여 不變所守也라
이용향사 정 흉 무구 질지신명 불변소수야

2효 "술과 음식에 곤궁하지만 주불이 바야흐로 올 것이다"라는 것은 힘들여 농사지어 먹으니 출처가 신중한 것이요, "제사를 올리는 것이 이롭고 가면 흉하여 허물할 데가 없다"는 것은 신명에게 질정하여 지켜야 할 바를 바꾸지 않는다는 것이다.

六三, 困于石, 據于蒺藜는 進退麗難也오 入于其宮, 不見其妻,
육삼 곤우석 거우질려 진퇴이난야 입우기궁 불견기처

凶은 困于兵燹하니 喪其配耦也라
흉 곤우병선 상기배우야

3효 "돌에 곤궁하며 가시덤불에 거처함"이라는 것은 진퇴하기가 어렵다는 것이요, "그 집에 들어가더라도 아내를 보지 못하니 흉하다"는 것은 난리로 인한 불로 배우자를 잃는다는 뜻이다.

九四, 來徐徐, 困于金車, 吝,
구사 내서서 곤우금거 인

有終은 金火旣易而未推始佩終隨也라
유종 금화기역이미추시패종수야

4효 "오는 것이 느릿느릿함은 쇠수레에 곤궁하기 때문이니, 인

| 澤水困卦 | 곤경에 대처하는 지혜 | 349

색하지만 끝마침이 있을 것이다"라는 말은 금화가 이미 바뀌었으나 아직 시패종수始佩終隨를 추구하지 못한 것이다.[13]

九五, 劓刖은 用肉刑하여 以威天下也오 困于赤紱, 乃徐有說은
구오 의월 용육형   이위천하야 곤우적불 내서유열

悴於求賢하고 逸於得賢也며 利用祭祀는 終主神民也라
췌어구현   일어득현야   이용제사   종주신민야

5효 "코를 베이고 발꿈치를 베임"은 육체에 가하는 형벌을 써서 천하를 위엄으로 다스리는 것이요, "적불에 곤궁하나, 차츰 기쁨이 있다"는 것은 현자 구하는 것을 근심하고 현자를 얻어서는 숨으며, "제사를 지냄이 이롭다"는 것은 마침내 신민神民을 주관한다는 뜻이다.

上六, 困于葛藟, 于臲卼은 水涸草蔓하여 難行也오 曰動悔,
상육 곤우갈류 우얼올   수학초만   난행야   왈동회

有悔, 征, 吉은 口險覺悔하여 宜續行也라
유회 정 길   구험각회   의속행야

상효 "칡넝쿨과 위태로운 곳에 곤궁함이다"라는 것은 물이 말라 풀과 넝쿨로 인해 나아가기 어렵다는 것이요, "'움직이면 후회한다'고 말하니 뉘우침이 있으면 가서 길할 것이다"라는 것은 말이 어려워 뉘우치고 깨닫는 것을 계속 실행하는 것이 마땅하다는 뜻이다.

---

13) '始佩終隨'에 대한 의미 파악이 매우 어렵다.

| 水風井卦 |

수 풍 정 괘

목마른 자, 모두 오라!

1. 우물, 바뀌야 할 것과 바뀌지 말아야 할 것: 정괘

정이천은 택수곤괘澤水困卦(☲☵) 다음에 수풍정괘水風井卦(☵☴)가 오는 이유를 다음과 같이 말한다.

井은 序卦에 困乎上者는 必反下라 故受之以井이라 하니라
정　서괘　곤호상자　필반하　고수지이정

承上升而不已必困爲言하니 謂上升不已而困이면
승상승이불이필곤위언　위상승불이이곤

則必反於下也라 物之在下者莫如井하니 井所以次困也라
즉필반어하야　물지재하자막여정　정소이차곤야

爲卦坎上巽下하니 坎은 水也며 巽之象則木也오
위괘감상손하　감　수야　손지상즉목야

巽之義則入也라 木은 器之象이니 木入於水下而上乎水는
손지의즉입야　목　기지상　목입어수하이상호수

汲井之象也라
급정지상야

"정괘는 「서괘전」에 '위에서 곤궁한 것은 반드시 아래로 돌아온다. 그러므로 정괘로 이어받았다'고 하였다. 위로 올라가서 그치지 않으면 반드시 곤궁함을 이어서 말했으니, 위로 올라가기를 멈추지 않아 곤궁하면 반드시 아래로 돌아옴을 말한 것이다. 물건이 아래에 있는 것은 우물만한 것이 없으니, 정괘가 이런 까닭에 곤괘의 다음이 된 것이다. 괘의 형성이 감은 위에 있고 손이 아래에 있으니, 감은 물이며 손의 형상은 나무이고 손의 뜻은 들어감이다. 나무는 그릇의 모양이니, 나무가 물 아래로 들어가서 물을 퍼올림은 우물을 긷는 모습이다."

'정井'은 생명의 젖줄을 뜻하는 우물, 근원, 새로움을 잃지 않는 원천을 표상하는 글자다. 예로부터 우물터는 신성한 공간이라기보다는 생활의 활력소를 불러일으키는 장소이자 여론 형성의 집합체였다. 아낙네들이 모여서 쌀과 푸성귀를 씻거나 빨래를 하면서 삶의 애환을 나누는 정겨운 터전이었다. 기쁘고 슬픈 일을 함께 나누면서 가족과 마을의 번영을 위해서 힘을 합치는 동기를 부여받는 공동체의 산실이었다.

택수곤괘澤水困卦(☵)를 180° 뒤집어엎으면 수풍정괘(☴)가 된다. 곤경에 빠지는 원인도 물이고, 곤경에서 벗어나게 하는 효과적인 처방 역시 물이라는 것이다. 곤괘와 정괘는 물의 두 얼굴을 설명한다. 전자가 물이 말라버린 지경이라면, 후자는 아무리 퍼 써도 고갈되지 않는 생명수가 펑펑 솟는 우물을 상징한다. 괘의 구성에서 위는 물[坎: ☵], 아래는 바람[風: ☴]이다. 손巽은 바람 이외에도 들어가다[入]는 뜻이 있다.

옹달샘은 마셔도 마르지 않는 진리처럼 무한하다. 우물에서 목마른 자가 목을 축일 수 있듯이, 진리는 삶의 용기와 향기를 꽃피우는 생명수와 같다. 우물과 진리는 인간 삶의 향방을 결정짓는다. 물의 효용성 때문에 인류는 우물을 중심으로 동네를 형성하고 역사와 문명을 살찌워 왔다.

서양 철학자 탈레스는 물을 만물의 아르케(arche)라고 하여 만물 형성의 근원자로 인식하였다. 2005년 국제연합이 정한 '세계 물의 날'의 주제는 "생명을 위한 물"이었다. 물 사용은 인간의 기본 인권이다. 만물의 근본이자 인류의 생존을 주관하는 물을 공급받고 적재적소에 설치된 위생 시설을 이용하는 것은 건강을 보장하는 권리이다. 매년 3월 22일은 '세계 물의 날'이다.

동양인과 서양인의 물에 대한 인식의 차이는 각별하다. 동양인들은 산이 많으면 물도 많고, 산이 신비로우면 물도 신비롭다는 자연관을 가졌다. 하지만 현대 서양인은 COD(화학적 산소 요구량), TOC(유기물 속 탄소량), 물의 경도 등과 같은 구체적인 수질 화학 지표에 근거해 물을 평가한다. 동양인과 서양인의 물 인식은 전체와 부분으로 사물을 바라보는 시각차에서 두드러진다. 동양인은 서양인보다 더욱 전면적이고, 깊고, 많은 문화적 요소를 포함한다. 동양과 서양의 물 인식에는 각각의 의미와 가치가 있으며, 한계가 있다. 지금은 양자가 상호 보완할 필요가 있다. 다음은 물을 연구하는 전문가들이 동서양의 물 인식을 설명한 비교표이다.[1]

동 양	서 양
전체	부분
자연 존중	자연 개조
자연 화합	자연 장악
생태生態 치수治水	인공人工 치수治水
물의 퇴화	수질 오염
천천泉	광광鑛
뚫기[疏]	막기
곡선	직선
동動	정靜
물의 혼魂	물의 형形

고대인들은 우물 '정井'자에 담긴 지혜에서 땅을 구획 정리하는 토지 제도를 만들었다. '정井'의 중심부를 공전公田으로 삼아 여덟 가구가 공동으로 가장 먼저 농사지어 세금으로 나라에 바치는 정전법井田法이 바로 그것이다. 중심부 외곽의 여덟 방위에 있는 땅은 사전私田으로서 여덟 가구의 백성들이 힘써 일구어 경제를 활성화시켰다. 이는 우물을 중심으로 사람이 모여 사는 형태를 본받은 것이다.

2. 정괘 : 사회는 변해도 우물의 효용성은 변하지 않는다

井은 **改邑**호대 **不改井**이니 **无喪无得**하며 **往來井井**하나니
정 개읍   불개정   무상무득   왕래정정

汔至亦未繘井이니 **羸其瓶**이면 **凶**하니라
흘지역미율정   이기병   흉

1) 리푸씽/김종일, 『물은 약인가, 독인가』(서울: 눈과 마음, 2007), 24-53쪽 참조.

정은 마을은 바꾸되 우물은 바뀌지 못하니, 잃는 것도 없고 얻는 것도 없으며, 오가는 이가 샘물을 퍼서 먹는다. 또한 거의 이름에 (두레박줄이) 우물물에 닿지 못함이니, 그 두레박을 깨면 흉하다.

괘사는 진리의 성격을 우물의 효용성과 기능성에 맞추어 설명하고 있다. 괘사의 '마을은 바꾸되 우물은 바뀌지 못한다'는 말은 무한한 영감을 불러일으키는 대목이다. 우물을 둘러싼 인간의 역사와 사회는 변하여도 우물은 변하지 않는다고 했다. 세상에는 바뀌어야 할 것과 바뀌지 말아야 할 것이 있다는 시사점이다. 시간이 흘러감에 따라 사회는 변모한다. 동네 사람이 바뀌어도, 장터가 화려하게 번성해도, 농촌이 도시로 변해도 우물은 언제나 그 자리에 있다. 모든 사람이 떠나가도 우물은 마냥 제모습을 간직한다. 우물은 옮길 수 없는 생명의 원천이라는 뜻이다.

'잃는 것도 없고 얻는 것도 없다'는 것은 샘물이 늘거나 줄어들지 않음을 표현한 말이다. '왕往'은 물을 퍼가는 사람, '래來'는 물을 길러 오는 사람을 가리킨다. 그리고 앞의 '정井'은 동사이며, 뒤의 '정井'은 명사로 새겨야 한다. 즉 사회의 변화와 상관없이 우물은 지속적으로 사용된다는 뜻이다.[2] 정치와 군사적 변혁 때문에 우물을 짊어지고서 옮겨 다닐 수는 없다. 심지어 도읍지는 옮길 수는 있어도 우물을 택배로 옮기기는 불가능하다. 이는 결국 진리의 성격과 흡사하게 우물의 영원성, 개방성, 효용성을 뜻하는 말이다.

우물은 동네사람은 물론이고 갈증을 느끼는 길손에게 더없이 소중한 곳이다. 오는 사람은 물이 필요해서 오고, 가는 사람 역시 물을 떠서 집으로

---

2) 余敦康, 『周易現代解讀』(北京: 華夏出版社, 2006), 243쪽 참조. "우물은 구체적 사물이다. 정괘에서 말하는 우물[井]에는 본체와 작용의 양면성이 있다. '잃는 것도 없고 얻는 것도 없다[无喪无得]'는 우물의 생명수는 항구 불변의 본체요, '우물은 길러서 옹색하지 않음[井, 養而不窮也]'은 우물이 길러내는 공능의 무궁한 작용을 뜻한다. 양자는 상호 의존의 관계가 성립한다. 본체는 우물 자체가 소유한 객관성, 작용의 공능은 인간이 이용하여 발휘되는 것이다. 따라서 인간의 주관적 능동성을 떠나서는 어떠한 공능도 논의될 수 없다."

돌아가 밥을 짓는다. 우물은 오고가는 사람이 모여드는 공공 장소이다. '흘汔'은 가깝다는 글자로서 '흘지汔至'는 우물에 가까이 왔다는 뜻이다. '율繘'은 두레박줄인데, 샘물을 푸기 위해서는 두레박줄이 길어야 한다. 줄이 짧을 경우에는 물을 퍼올릴 수 없으며, 심지어 두레박을 깨버리면(이羸는 깨다, 병瓶은 두레박을 가리키는 글자다) 물을 마실 수 없기 때문에 흉하다.

두레박이 깨지면 물이 샌다. 새로운 두레박으로 바꾸어야 마땅하다. 정치가 부패하면 백성이 고통받는다. 그렇다고 백성을 바꿀 수는 없다. 관리와 정치가가 교체되어야 한다. 이러한 이치를 정괘는 마을은 옮길 수 있어도 우물은 바뀔 수 없다고 한 것이다. 따라서 정괘는 개혁의 정당성을 간접적으로 밝히고 있다.

🔯 정괘 다음에 세상의 모든 것이 개혁되는 과정과 당위성을 얘기하는 택화혁괘澤火革卦가 온다. 따라서 정괘는 개혁의 예고편이라 할 수 있다.

3. 단전 : 관리가 바뀌어야지 백성을 바꿀 수는 없다

象曰 巽乎水而上水井이니 井은 養而不窮也하니라
단 왈 손 호 수 이 상 수 정   정   양 이 불 궁 야

改邑不改井은 乃以剛中也오 汔至亦未繘井은 未有功也오
개 읍 불 개 정   내 이 강 중 야   흘 지 역 미 율 정   미 유 공 야

羸其瓶이라 是以凶也라
이 기 병   시 이 흉 야

단전에 이르기를 물에 들어가서 물을 퍼올리는 것이 정이니, 우물은 길러서 옹색하지 않은 것이다. '마을은 바꾸되 우물은 바꿔지 못함'은 강으로써 중도를 지킴이요, '거의 이름에 두레박줄이 우물물에 닿지 못함'은 공이 있지 못함이요, '두레박을 깨면 흉한 것이다.'

물은 무한 자원이다. 진리가 모든 사람의 몫이듯이 우물의 주인은 따로 없다. 물장수로 큰 돈 벌려다 역사의 죄인으로 몰린 사람이 있다. 동학혁

명의 불씨를 댕겨 조선을 불행의 나락으로 이끌었던 고부 군수 조병갑趙秉甲(?-?)은 만석보萬石洑를 중축하여 물세를 올리려다 혼구녕이 났다. 차라리 주막을 차려 물장사나 술장사로 대박을 터뜨렸으면 좋았으련만 매우 안타깝다. '손巽'은 들어간다[入]는 글자다. 두레박을 물 속에 넣어 퍼 올린다는 뜻이다. 그래서 요즈음도 사람이 먹는 물을 상수上水라 하고, 설거지한 뒤에 버리는 물을 하수下水라 부르는 것이다. 하수는 먹을 수 없다.

진리는 파고파도 다 쓸 수 없다. 우물 역시 긷고 길어도 무궁무진하다. 한 번 길으면 다시 솟아오른다. 물의 쓰임새는 영원하다. '마을은 옮길 수 있어도 우물은 옮길 수 없다'는 말은 강건한 2효와 5효가 각각 하괘와 상괘의 중도中道(중용)를 지키고 있는 것을 뜻한다. 중용은 치우치거나 편벽됨이 없는 우물의 공평성과 항구 불변성을 지칭한다. 『주역』은 정괘에 나타난 중용을 통하여 우물과 진리의 성격을 대비시키고 있다. 『주역』을 비롯한 유교 경전에 등장하는 중용의 용법을 설명하면 다음의 9가지로 정리할 수 있다.

① 변화에의 역동적 적응[隨時以處中], ② 변화 가운데 불변적 법칙성[不易之謂庸], ③ 사물의 대립적 양면성의 변증법적 지양과 통일 그리고 조화[執其兩端, 擇乎中庸], ④ 구체적 상황 내에서의 최적의 선택[時中], ⑤ 이상적 가치 또는 최적의 가치의 지속적 실천[恒久性], ⑥ 주관과 객관 또는 의식과 대상간의 조화와 합일[合內外之道], ⑦ 우주의 객관 질서 또는 자연 법칙, 사회 규범(표준)과의 합법칙적 일치[中道], ⑧ 일상의 범상한 생활 가운데서의 이상적 진리 추구[平常性], ⑨ 선입견이나 이해 관계가 배제된 합리적 인식과 선택 및 실천 등이다.[3)]

현재 문명화된 도시의 지하에는 상수도와 하수도가 그물망처럼 얽혀 있다. 상수도는 현대식 우물이다. 요즈음 식으로 말하면 두레박줄은 수도관

---

3) 장승구, 「중용의 덕과 지혜 그리고 그 정치사회적 의미」 『중용의 덕과 합리성』(서울: 청계, 2004), 16-17쪽 참조.

이고, 두레박은 수도꼭지일 것이다. 수도관에는 항상 수도물이 흐르고 있다. 수도꼭지를 틀지 않으면 물이 나오지 않는 것과 마찬가지로 두레박으로 물을 퍼 올리지 않으면 소용 없다. 「단전」에 따르면, 두레박 줄이 짧아 우물 바닥에 미치지 못하면 '아무런 쓸모가 없다[未有功也]'고 했다. 두레박질을 하면 약간의 물이라도 얻어야한다는 뜻이다. 힘써 일했으면 최소한의 성과는 있어야 할 것이다.

☼ 물을 퍼 올리기는커녕 두레박마저 깨뜨린다면 흉밖에 더 있겠는가! 새로움은 전혀 기대할 수 없다. 개혁의 실패를 시사한다. 그 이유는 준비 부족이다. 두레박줄은 짧고, 두레박 역시 튼튼하지 못한 총체적 부실이기 때문이다. 게다가 물을 퍼 올리는 사람마저 준비가 덜 되어 있다. 망하는 수밖에 없는 것이다. 당연히 「상전」은 완벽한 준비를 권고하는 내용이 나온다.

4. 상전 : 생명을 길러내는 우물을 본받아 서로 도우면서 살아가야

象曰 木上有水井이니 **君子以**하여 **勞民勸相**하나니라
상 왈 목 상 유 수 정　　　군 자 이　　　노 민 권 상

상전에 이르기를 나무 위에 물이 있는 것이 정이다. 군자는 이를 본받아 백성을 위로하여 권장하고 돕는다.

「상전」에는 고대인들의 생활사가 고스란히 담겨 있다. 예전에는 물 긷는 틀과 두레박을 나무로 만들었다. 「상전」에서 얘기하는 나무[木]는 두레박 틀을 지시한다. 아직도 시골에서는 전통 방식의 우물이 남아 있다. 두레박 틀에 두레박을 견고하게 매달아 물 긷는 방법은 다양한 상상력을 불러일으키는 것이다.

우물은 생활의 근간이며 중심이고 활력소였다. 우물은 특정인의 소유물이 아니라, 동네사람의 공동 재산였다. 특히 우물터는 공동 생활의 터전이다. 공동체 의식을 심어주는 공간이기 때문이다. 『주역』은 물을 길어서 생

명을 길러내는 모습에서 서로 도와 살아가는 지혜를 도출했다.

'노勞'는 일하다, 힘쓰다는 뜻이라기보다는 노고를 위로하다는 것으로 새기는 것이 좋다. '권勸'은 생업에 충실함을 권장하는 것, 즉 농업에 힘쓰도록 하는 일을 가리킨다. '상相'은 서로 돕게 하는 일을 의미한다. 우물이 사람을 길러내는 이치를 본받아 군자는 백성들의 노고를 위로하고 서로 도우면서 살아가는 규범을 삶의 질서로 받아들였다.

이러한 마을 공동체의 아름다운 미풍양속은 수많은 우여곡절을 겪으면서 후대에 이르러 향약鄕約의 결성으로 나타났다. 향약은 유교적인 규범 문화의 정착에 크게 공헌하였다. "우리나라의 조광조趙光祖 등은 주자학적 이상 사회의 실현, 즉 하은주夏殷周 3대의 이상 사회 구현을 급히 서둘렀는데, 민속을 단속하는 향약은 그 좋은 방편으로 간주되어 전국적인 실시를 역설하였다. 향약은 중국의『여씨향약呂氏鄕約』의 4대 강령인 덕업상권德業相勸, 과실상규過失相規, 예속상교禮俗相交, 환난상휼患難相恤의 취지를 우리 실정에 맞도록 첨삭하여 조선의 향약을 마련한 이황李滉과 이이李珥 등의 노력으로 수용되어 널리 보급되었다. 율곡은 '지금은 양민養民이 먼저요, 교민敎民은 다음이다'라는 명언을 남겼다."[4]

향약의 조문에는 자제들을 잘 가르치고, 공사를 엄격히 구분하여 실행하고, 친한 사람과 화목하게 지내며, 웃사람을 잘 모시고, 청렴과 절개를 지키며, 남의 어려운 일을 구해주고, 다른 사람의 과실을 규제하며, 의로운 일을 행하고 해로운 일을 없애며, 관직에 있으면 그 직분을 잘 수행해야한다는 내용으로 구성되었다. 이는 향약의 핵심을 사회 윤리로 확대하였던 것이다.

✿ 특히 주자는 향촌 공동체의 질서를 유지하기 위한 방법으로 효제孝悌와 충서忠恕 등의 가르침을 통하여 구성원의 교화를 강조하였다.

4) 한국정신문화연구원,『한국민족문화대백과사전(23권)』(서울: 웅진출판, 1996), 663-666쪽 참조.

5. 초효 : 시간의 흐름에 적절히 대응하라

初六은 **井泥不食**이라 **舊井**에 **无禽**이로다
　초육　정니불식　구정　무금

象曰 井泥不食은 **下也**일새오 **舊井无禽**은 **時舍也**라
　상왈 정니불식　하야　구정무금　시사야

초육은 우물이 진흙이기 때문에 먹지 못한다. 옛 우물에 새가 없도다. 상전에 이르기를 '우물이 진흙이기 때문에 먹지 못함'은 아래인 까닭이요, '옛 우물에 새가 없음'은 때(시간)가 버린 것이다.

초효는 음이 양 자리에 있고[不正], 4효와 상응하지 않는다. 음은 무거워 가라앉고, 양은 가벼워 위로 올라가는 속성을 지녔다. 양이 올라가지 못한다는 것은 샘물이 더 이상 솟아나지 않음을 의미한다. 우물 밑바닥은 진흙뻘이 되어 음료수로는 사용 불가라고 낙인찍혔다. 더구나 새가 마시는 물의 양은 매우 적음에도 불구하고 새가 먹을 수 없을 정도의 오래된 상태라면 우물로서의 생명은 끝났다[舊井 = 廢井].

초효의 압권은 "옛 우물에 새가 없음'은 시간의 버림[時舍]이라는 말에 있다. 세상의 온갖 사물은 모두가 시간의 자식이다. 시간의 흐름에 적절하게 대응하지 못하면 사회와 역사가 용납하지 않는다는 뜻이다. 그만큼 객관적 상황 파악이 늦으면 불리하다는 가르침이다. 이는 시간의 본질이 무엇인가라는 물음이라기보다는 개혁의 시기를 놓쳐서는 안 된다는 교훈이다. 먹지 못하는 우물은 빨리 고쳐야 한다. 다시 말해서 개혁의 시기는 빠르면 빠를수록 자신과 타인에게 유리하다는 것이다. 개혁의 시기를 놓치는 것은 차라리 개혁하지 않는 것보다 못하다.

진흙으로 범벅이 된 우물은 이미 바닥을 드러냈다. 물이 탁하고 더러우면 아무런 쓸모가 없다. 새에게서조차 버림받은 우물이라는 뜻은 덕 없는 사람(초효)이 타인에게서 외면당한다는 사실을 암시하는 것이다.

6. 2효 : 내부와 외부가 손을 맞잡아야 성공하기 쉽다

九二는 **井谷**이라 **射鮒**요 **甕敝漏**로다
구 이　　정 곡　　석 부　　옹 폐 루

象曰 井谷射鮒는 **无與也**일새라
상 왈 정 곡 석 부　　무 여 야

구이는 우물이 골짜기이다. 붕어가 쏘고 동이가 깨져서 새는구나. 상전에 이르기를 '우물이 골짜기이고 붕어가 쏜다'는 것은 함께하는 존재가 없기 때문이다.

어린이들이 즐겨 부르는 동요는 깊은 산속의 옹달샘 물이 좋다고 했다. 샘물의 위에 있는 물이 가장 맑기 때문이다. 2효는 양이 음 자리에 있으나 [不正], 하괘의 중용[中]을 지키고 있다. 『주역』에서 중용이 나오면 대부분의 효사는 긍정적인 내용을 말하고 있으나, 정괘는 예외다. 2효는 중간 정도만 솟다가 그치므로 골짜기 물이라 했다[井谷]. 골짜기 물이란 물이 위로 솟다가 중간에서 새버리는 우물을 형용한다.

쏠 석射, 붕어 부鮒의 '석부'는 붕어가 입으로 물을 쏟아낸다는 뜻이다. 고작 붕어나 참개구리, 머구리 등과 같은 작은 물고기들이 입으로 물을 쏘면서 장난치는 자그마한 우물을 상징한다. 마치 물을 가득 담은 독이 깨져 물이 부족한 우물과 흡사한 모습이다. 초효는 진흙이어서 못 마시는 물이라면, 2효 역시 손길이 닿지 않는 우물에 지나지 않는다.

2효의 상대방인 5효는 중정中正의 자격을 갖췄으나, 아쉽게도 2효와는 음양의 감응을 이루지 못한다. 각각 하괘와 상괘의 중용[中]이지만, 2효는 아래에 있는 자격 미달의 우물인 반면에 5효는 최상의 조건을 갖추었다. 차선의 조건을 갖춘 파트너이지만, 손발이 맞지 않고 있다. 예컨대 정부와 국회가 제대로 화합을 이루지 못하여 오히려 백성들에게 부담을 주는 양

상이다.

🔹 붕어와 같은 잔챙이들이 판치는 우물은 제구실을 못한다. 물이 위로 솟지 않아 수량이 부족하다. 물이 필요한 사람에게 유익해야함에도 불구하고 작은 물고기들의 놀이터에 불과한 우물은 그 기능을 이미 상실했다.

7. 3효 : 유능한 군주는 사람 보는 눈이 밝아야 한다

九三은 井渫不食하여 爲我心惻하여 可用汲이니 王明하면
구 삼   정 설 불 식   위 아 심 측   가 용 급   왕 명
幷受其福하리라
병 수 기 복
象曰 井渫不食은 行을 惻也오 求王明은 受福也라
상 왈 정 설 불 식   행   측 야   구 왕 명   수 복 야

구삼은 우물을 청소해서 맑아졌지만 먹지 못해서, 내 마음이 슬프게 되어 물을 길어 쓸 만 하니, 왕이 밝으면 아울러 그 복을 받을 것이다. 상전에 이르기를 '우물을 청소해서 맑아졌지만 먹지 못함'은 그냥 행함을 슬퍼함이요, '왕의 밝음'을 구함은 복을 받는 것이다.

'설渫'은 더러운 오물을 제거하여 우물이 깨끗해졌음을 뜻하는 글자다. 3효는 양이 양 자리[正]에 있는 이유 하나만이라도 우물이 제 역할을 할 수 있음을 상징한다. 비록 중용도 아니지만 상효와 상응하여 우물의 기능을 회복했다. 아쉽게도 먹어주는 사람이 없어 마음이 슬프다. '나[我]'는 3효 자신을, '마음이 아픈 것[心惻]'은 3효 자신과 파트너인 상효가 3효의 처지 때문에 가슴아파하는 심정을 가리킨다.

음료수로 사용할 수 있는 맑은 물을 아무도 마시지 않는다는 것은 대임을 맡을 자격이 갖춰진 인재가 왕에게 발탁되지 못함을 비유한 것이다. 식수로 판정된 물을 마시지 않는 이유는 사람들이 어리석기 때문이다. 그것은 사람보는 눈이 어두운 군왕이 유능한 인재를 등용하지 못했던 것에서

비롯된 것이다. 뛰어난 인재가 적재적소에서 능력을 발휘한다면 온 나라의 기쁨이 아닐 수 없다. 왕이 밝은 눈으로 새로운 인재를 등용한다면 새로운 시대가 열릴 것을 시사하는 발언이다.

맑고 깨끗한 물을 쏟아내는 우물이 구실을 못하는 것조차 슬픈 일인데, 하물며 유능한 인재가 세상에 버려진다면 나라의 불행이다. 물은 목마른 사람이 찾기 마련이다.

🜊 우물이 사람을 기르는 것처럼 현명한 왕은 유능한 인재를 널리 구하여 나라와 백성들을 기를 수 있는 기회를 제공할 의무가 있는 것이다.

8. 4효 : 내일을 위해 부족한 자질을 보완하라

六四는 **井甃**면 **无咎**리라
육사　　정추　　무구

象曰 井甃无咎는 **脩井也**일새라
상왈 정추무구　　수정야

육사는 우물을 샘치면 허물이 없을 것이다. 상전에 이르기를 '우물을 샘치면 허물이 없음'은 우물을 닦기 때문이다.

4효는 음이 음 자리에 있으나[正], 초효와 상응하지 못하여 상황이 썩 좋지 않다. 무언가 새로운 변화가 필요하다. '추甃'는 벽돌을 뜻하는 글자다. 그것은 우물이 이물질로 더러워졌거나 우물 안의 내벽이 무너졌을 때 돌을 다시 쌓는 것을 일컫는다.

우물벽을 손질하는 것은 미래를 준비하기 위해서다. 자신이 크게 쓰일 날을 대비하고, 개혁의 완성을 위해 자신을 닦는 일이다. '우물을 수리하고 보수한다'는 것은 부족한 자질을 보완하면서 개혁의 선두주자로 나서도 후회하는 일이 없도록 만전을 기한다는 뜻이다.

🜊 개혁하려면 먼저 자신을 닦아야 할 것이다.

9. 5효 : 깨끗한 물은 진리의 본원을 표상한다

九五는 **井洌寒泉食**이로다
구오　정렬한천식

象曰 寒泉之食은 **中正也**일새라
상왈 한천지식　중정야

구오는 우물이 맑고 찬 샘물을 먹도다. 상전에 이르기를 '찬 샘물을 먹음'
은 중정이기 때문이다.

5효는 양이 양 자리에 있고, 상괘의 중용인데다가 정괘의 주인공[主爻]
이다. '열洌'은 맑은[潔] 물, '한寒'은 손이 시릴 정도의 차가운 물을 뜻한다.
'한천寒泉'은 스트레쓰를 한 방에 날라버릴 수 있는 차갑고 미네랄이 풍부
한 물이다. 어둠에서 샘솟는 물은 북방수北方水가 아니면 맑고 신선하고 차
갑지 않다.

불교에서는 세상의 온갖 시름을 잊고 해탈에 이르는 깨달음의 물을 감
로수甘露水라 했고, 기독교에서는 '넥타(nectar)'라 표현하여 하나님의 축복
을 받고나서 마시는 물이라 했다. 정괘 역시 맑고 찬 물을 '중정中正'이라는
특유의 언표를 사용하여 최고의 찬사를 덧붙였다. 이가 시리도록 차갑고,
맑고 맛있는 물을 대중들이 즐겨 마신다는 것은 곧 이 우물이 인류를 구
제할 수 있음을 암시하는 내용이라 할 수 있다. 목마른 자에게 꿀 맛같은
물을 제공하여 세상 사람들에게 은택을 베푸는 새롭고 신선한 우물이다.

5효는 생명수의 공급처이자 진리의 본원을 표상한다. 김일부가 제자들
을 양성하면서 마지막 생애를 보낸 곳은 계룡산 정상 부근의 국사봉國師峰
이다. 국사봉에는 용바위와 거북바위가 있다. 용바위는 하도河圖를, 거북
바위는 낙서洛書를 상징하는 절묘한 형상을 하고 있다. 거북바위 밑에는
가슴을 시원하게 해주는 물이 솟아나고 있어 신비감을 더해주고 있다. 공
부에 지친 학자들에게는 더없는 안식처이고, 등산객에는 시원한 냉수 한
잔으로 피로를 단숨에 풀어준다.

🜊 5효에서 말하는 차가운 물[寒泉]이 최상급일 수 있는 이유는 간단하다. 중정의 미덕을 소유했기 때문이다.

10. 상효 : 세상의 완성은 믿음으로

上六은 **井收勿幕**고 **有孚**라 **元吉**이니라
상육　　정수물막　　유부　　원길

象曰 元吉在上이 **大成也**라
상왈　원길재상　　대성야

상육은 우물을 거두어서 덮지 않고 믿음을 둔다. 크게 길하다. 상전에 이르기를 '크게 길함'이 위에 있음은 크게 이룩함이다.

상효는 음이 음 자리에 있고[正], 3효와 상응한다. 상효는 물이 꼭대기까지 차오른 우물의 도리[井道]를 완성한 자리라고 할 수 있다. 예전에는 물을 퍼 올린 다음에는 더러운 먼지가 들어가지 않도록 헝겊이나 나무로 만든 뚜껑을 우물에 덮었다.

'뚜껑을 덮지 말라[勿幕]'는 것은 온 세상 사람들이 우물의 혜택을 누리게 하라는 배려의 말이다. 군왕은 백성들의 가려운 곳을 긁어줘야 할 뿐만 아니라 자유롭게 물을 사용할 수 있도록 우물을 폐쇄해서는 안 된다는 뜻이다. 이것이 바로 우물의 존재하는 이유다. 우물은 항상 개방되어야 하고, 우물의 사용은 신분의 격차를 막론하고 누구에게나 허용되어야 마땅하다. 그래야만 위아래의 믿음[孚]이 형성될 수 있으며, 마침내 크게 길할 수 있는 것이다.

상효에서 크게 길하다고 말한 까닭은 아래로부터 물이 쉼 없이 솟아나 우물의 쓰임새가 크게 성취되기 때문이다. 우물은 세상의 중심이다. 배고픈 자, 목마른 자들이 모여들어 삶의 자유와 행복을 누릴 수 있는 곳이다. 세상의 꿈이 성취될 수 있는[大成] 신성한 공간이다.

☼ 64괘 대부분의 상효들은 허무하다거나 더 이상 나아갈 곳이 없는 끝장을 얘기했으나, 이곳 수풍정괘水風井卦와 화풍정괘火風鼎卦는 무한한 공능이 실현되는 아름다운 끝맺음을 설명하고 있다. 강의 앞물은 뒷물에 의해 밀려난다. 아래에서 솟은 물은 윗물을 넘치게 만든다. 마냥 샘솟는 우물은 사람들로 하여금 새로운 변혁을 준비하는 의식의 개혁을 촉구한다.

정역사상의 연구자 이상룡李象龍은 정괘의 성격을 다음과 같이 설명한다.

☰ 井字는 象穴地出水之處가 方且正也라 故로 鑿地曰井이오
　　　정자　 상혈지출수지처 　　방차정야 　고 　착지왈정

得水曰泉이라 하니 泉은 在文爲白水也라
득수왈천 　　　　　천 　재문위백수야

爲卦水在上木在下하니 判木鳌井하여 綆水上出之象이라
위괘수재상목재하 　　　판목추정 　　경수상출지상

又天一壬水가 萬折必東하여 灌漑天下之田하니 畫井徹助也라
우천일임수 　　만절필동 　　관개천하지전 　　획정철조야

而井之小則民困하고 大則民樂이니 井所以次困也라
이정시소즉민곤 　　대즉민락 　　정소이차곤야

정 자는 땅을 파면 물 나오는 곳이 네모지고 똑바른 것을 상징하는 까닭에 땅을 판 것이 '우물'이고, 물을 얻는 것을 '샘'이라 하므로 샘은 문자적으로 '흰 물'이다. 괘의 형성은 물이 위에 있고, 나무가 아래에 있다. 나무를 갈라서 우물 벽을 쌓아 두레박 물이 위로 나오는 모습이다. 또한 천일天一의 임수壬水가 만 번 꺾여도 동쪽으로 흘러 천하의 모든 밭에 물 댈 수 있으므로 우물 정 자로 구획정리해서 세금을 걷는 다. 우물이 적으면 백성이 곤궁하고, 크면 백성이 즐거우므로 정괘가 곤괘 다음이 된 것이다.

象曰 井, 改邑, 不改井, 无喪无得, 往來井井은 天命靡常하니
단왈 정 개읍 불개정 무상무득 왕래정정 　천명미상

井地則仍舊也오 汔至亦未繘井, 羸其瓶,
정지즉잉구야   흘지역미율정   이기병

凶은 幾成濟天下之功이나 而由口興戎也라
흉   기성제천하지공   이유구흥융야

단전 "정은 마을은 바꾸되 우물은 바뀌지 못하니, 잃는 것도 없고 얻는 것도 없으며, 오가는 이가 샘물을 퍼서 먹는다"는 것은 천명이 항상되지 않아 우물 정 자로 땅을 정리하는 것은 옛 제도를 따른다는 것이요, "거의 이름에 (두레박줄이) 우물물에 닿지 못함이니, 그 두레박을 깨면 흉하다"는 것은 거의 천하를 구제하는 공로를 이루었으나, 말로 말미암아 싸움이 일어난다는 뜻이다.

象曰 君子以, 勞民勸相은 作爲田制하여 使民相助也라
상왈 군자이   노민권상   작위전제   사민상조야

상전 "군자는 이를 본받아 백성을 위로하여 권장하고 돕는다"는 것은 정전제를 만들어 백성들이 서로 돕도록하는 것이다.

初六, 井泥不食은 水涸泥陷하여 不得遽耕也오 舊井, 无禽은
초육 정니불식   수학니함   부득거경야   구정 무금

人物鮮少也라
인물선소야

초효 "우물이 진흙이기 때문에 먹지 못한다"는 것은 물이 말라 진흙에 빠져 경작할 수 없다는 것이요, "옛 우물에 새가 없다"는 것은 인물이 적다는 뜻이다.

九二, 井谷, 射鮒는 習隱漁樵也오 甕敝漏는 尾穴漸泄也라
구이 정곡 석부   습은어초야   옹폐루   미혈점설야

2효 "우물이 골짜기이고, 붕어가 쏜다"는 것은 숨는 것을 익힌 어부와 나무꾼이요, "동이가 깨져서 샌다"는 것은 꼬리가 파여져 점점 샌다는 뜻이다.

九三, 井渫不食, 爲我心惻, 可用汲은 潔身居下하니
구삼 정설불식 위아심측 가용급 결신거하

上必汲引也오 王明, 竝受其福은 君旣聰明하여 俱得祿位也라
상필급인야 왕명 병수기복 군기총명 구득녹위야

3효 "우물을 청소해서 맑아졌지만 먹지 못해서, 내 마음이 슬프게 되어 물을 길어 쓸 만 하다"는 것은 깨끗한 몸으로 아래에 거하니 위에서 반드시 물을 길어준다는 것이요, "왕이 밝으면 아울러 그 복을 받을 것이다"라는 것은 임금이 이미 총명하므로 녹봉과 작위를 함께 갖춘다는 뜻이다.

六四, 井甃는 治水理井也라
육사 정추 치수리정야

4효 '우물을 샘친다'는 것은 물을 다스리고 우물을 정리한다는 뜻이다.

九五, 井洌寒泉食은 君臨天下에 食公田也라
구오 정렬한천식 군림천하 식공전야

5효 "우물이 맑고 찬 샘물을 먹는다"는 것은 천하에 군림하여 공전으로 먹는다는 뜻이다.

上六, 井收勿幕은 坎口不揜이면 澤流天下也라
상육 정수물막 감구불언 택류천하야

상효 "우물을 거두어서 덮지 않는다"는 것은 물의 입구를 막지 않으면 천하에 물이 흐를 것이라는 뜻이다.

| 澤火革卦 |

택 화 혁 괘

진정한 개혁이란 무엇인가

1. 진정한 개혁 : 혁괘

정이천은 수풍정괘水風井卦(䷯) 다음에 택화혁괘澤火革卦(䷰)가 오는 이유를 다음과 같이 말한다.

革은 序卦에 井道는 不可不革이라 故受之以革이라 하니라
혁 서괘 정도 불가불혁 고수지이혁

井之爲物이 存之則穢敗하고 易之則淸潔하니 不可不革者也라
정지위물 존지즉예패 역지즉청결 불가불혁자야

故井之後에 受之以革也니라 爲卦兌上離下하니 澤中有火也라
고정지후 수지이혁야 위괘태상리하 택중유화야

革은 變革也니 水火는 相息之物이니 水滅火하고 火涸水하여
혁 변혁야 수화 상식지물 수멸화 화학수

相變革者也라 火之性은 上하고 水之性은 下하니 若相違行이면
상변혁자야 화지성 상 수지성 하 약상위행

則睽而已어늘 乃火在下고 水在上하여 相就而相剋하니
즉규이이 내화재하 수재상 상취이상극

相滅息者也니 所以爲革也라 又二女同居而其歸各異하여
상멸식자야 소이위혁야 우이녀동거이기귀각이

其志不同하니 爲不相得也라 故爲革也라
기지부동 위불상득야 고위혁야

"혁괘는 「서괘전」에 '우물의 도는 변혁하지 않을 수 없다. 그러므로 혁괘로 이어받았다'고 하였다. 우물이란 물건은 그대로 두면 썩고, 바꾸면 청결해지니 변혁하지 않을 수 없는 것이다. 이런 까닭에 정괘 뒤에 혁괘가 이은 것이다. 괘의 형성은 태가 위에 있고 리가 아래에 있으니, 연못 가운데 불이 있는 모습이다. 혁은 변혁이니 물과 불은 서로 소멸시키는 물건이니, 물은 불을 끄고 불은 물을 말려서 서로 변혁하는 것이다. 불의 성질은 위로 올라가고 물의 성질은 아래로 내려가니, 만일 서로 어긋나면 규睽가 될 뿐인데, 이에 불이 아래에 있고 물이 위에 있어 서로가 찾아가 서로 이기니, 서로 소멸하는 까닭에 혁이라 한 것이다. 또한 두 여자가 한 곳에 같이 살지만

그 돌아감이 각기 달라서 뜻이 같지 않으니, 이는 서로 뜻이 맞지 않은 것이다. 그러므로 혁이라 한 것이다."

'혁革'은 변혁, 변동, 변모, 개혁, 변화, 혁신, 혁명 등의 새로운 국면을 열망하는 정감이 담긴 단어다. 오늘날 혁신(innovation)은 사회 모든 분야에서 조직의 능률을 높이는데 없어서는 안 되는 최고의 가치로 대접받고 있다. 대체로 혁명이란 단어는 정권의 급격한 교체를 비롯한 정치와 사회의 변동을 의미하는 것으로만 인식되었다. 혁명가들은 사회의 안정이라는 명목으로 목숨을 걸고 혁명을 일으켰다. 혁명에 성공하면 영웅, 실패하면 역적이라는 말이 표현하듯이 구체제를 무너뜨리고 신체제를 세운다는 혁명은 밝음(긍정)과 부정(어두움)의 양면성을 띠는 것은 당연하다.

전통적으로 하늘의 뜻에 어긋나는 혁명은 일체 용납하지 않았던 것이 동양의 혁명관였다. 아무리 폭력을 일삼는 정권이라도 하늘이 명을 내리지 않았다면 혁명을 일으키지 않는 것이 불문율이다. 그만큼 하늘의 뜻이 혁명의 열쇠였던 것이다. 하늘의 뜻은 혁명의 도덕성과 깊은 연관성이 있다. 도덕적으로 문제가 있는 혁명은 쿠데타에 불과하기 때문이다.

혁괘의 구조는 위가 연못[兌: ☱], 아래는 불[火: ☲]이다. 동양의 우주론, 특히 오행론五行論에서 물과 불은 천지를 움직이는 두 개의 축(axis)을 형성한다. 물이 만물 창조의 근원이라면, 불은 창조된 만물을 활성화시키는 동력이다. 천지가 끊임없이 순환하고 지속하는 이유는 물과 불의 조직적인 운동에 의해서 가능하다. 물과 불은 대극적인 구조로 존재한다. 물이 북방수北方水라면, 불은 남방화南方火다. 공간적으로 남북의 위치에 있으면서 서로에게 운동을 자극시켜 만물을 생성하는 두 개의 동력원이다.

물과 불의 결합으로 나타나는 상극相剋에는 두 얼굴이 있다. 하나는 불이 위로 올라가고 물은 아래로 내려가 음양이 화합하지 않는 화택규괘(☲☱)의 형상이다. 다른 하나는 무거운 물은 아래로 내려오고, 가벼운 불은 위로 올라가 음양이 화합하는 택화혁괘(䷰)의 양상이다. 전자가 질시와 반목으로 얼룩진 상극이라면, 후자는 겉으로는 화택규괘와 마찬가지로 상극 현상을 보이지만, 내부적으로는 물과 불의 극적인 결합으로 새로운 변화가 꿈틀거리고 있다는 점을 차별적으로 인식해야 한다.

2. 혁괘 : 천지 변화와 의식 혁명

革은 **己日(巳日)**이라야 **乃孚**하리니 **元亨**코 **利貞**하여
혁　기일 이일　　　　내부　　　원형　　이정

悔亡하니라
회 망

혁은 기일이라야(날이 차야, 하루가 지나야) 믿으리니, 크게 형통하고 올바르게 함이 이로우니, 뉘우칠 일이 없다.

변화가 일어나는 시기를 '날이 차야 또는 하루가 지나야[己日]'로 번역하느냐, 아니면 '기일己日'로 번역하는 옳은가의 문제는 주역사에 수많은 논쟁을 남겼다. 전자가 변화와 혁명의 추상적 당위성을 얘기했다면, 후자는 특정한 날짜를 시사하는 것으로 지적한다.

정이천을 비롯한 대부분의 성리학자들은 '하루가 지나야[己日]'로 해석하여 일정한 시간이 흘러 여건이 무르익어야 한다는 것으로 인식했다. 하지만 선후천론의 시각에서 보면 '이巳'는 '기己'로 고쳐 읽어야 한다. 전통의 오행론과 60갑자 이론을 결합하여 선천이 후천으로 뒤바뀐다는 학설을 주장한 것이 바로 김일부가 제창한 선후천론의 요체이다. 간지에서 천간의 갑, 을, 병, 정, 무는 하루에서는 오전이고 선천이다. 기, 경, 신, 임, 계는 오후이고 후천이다. 선천은 '무'로 끝나고, 후천은 '기'로 시작한다.

김일부의 선후천론은 그 전거를 철저히 『주역』에 둔다. 즉 산풍고괘山風蠱卦 「단전」의 '선갑삼일先甲三日, 후갑삼일後甲三日'과 중풍손괘重風巽卦 5효의 '선경삼일先庚三日, 후경삼일後庚三日'에 근거하여 '선천은 갑기야반甲己夜半에

생갑자生甲子하고, 후천은 기갑야반己甲夜半에 생계해生癸亥'라는 원칙을 수립하여 60갑자의 시스템이 근원적으로 재정립됨을 논증하였다. 그것은 하늘과 땅에 대한 인식의 패러다임이 바뀌어야 한다는 기존의 천도에 대한 인식의 혁명을 주장한 것이 아니다. 하늘과 땅의 구조가 근본적으로 바뀐다는 천지의 패러다임의 전환을 알리는 선언문이다.

천지가 최초로 생겨난 상태를 규정하는 '갑'이 새로운 천지로 바뀐 이후에는 '기'로 새롭게 시작된다는 뜻이다. 구체적으로 말해서 선천 천지비天地否의 세상에서는 '갑'을 으뜸(첫머리)으로 삼았다면, 후천 지천태地天泰의 세상에서는 '기'를 으뜸으로 삼는다는 것이다. 새하늘 새땅이 열리는 천지 변화의 첫날은 '기일己日'이기 때문에 누구나가 희망하고 믿을 수 있다는 미래적 시간[己日乃孚]에서 규정한 발언인 것이다.

동양의 사상가들은 사회 개혁을 비롯한 정치적 국면 전환의 근거를 혁괘에서 찾았다. 하지만 혁괘가 말하는 개혁과 혁명은 일상적인 사회 변혁을 얘기하는 것이 아니라, 천지 자체의 개혁과 혁신을 말하는 데 있다. 대부분의 사상가들은 이 점을 간과하고 있다. 이는 『주역』을 바라보는 시각차에 비롯되었다. 필자는 특히 선후천론의 핵심이 혁괘에 담겨 있다고 본다.

괘사에서 말하는 날[日]은 날짜, 날수 등에 한정시켜서는 곤란하다. 때로는 해[年], 달[月], 날[日]을 가리키는 등 다양한 방면에서 들여다보는 것이 옳다. 결국 '기일己日'은 새로운 달력을 구성하는 메카니즘의 중심을 뜻한다. 단적으로 말해서 선천의 '갑기甲己'의 질서가 후천에는 '기갑己甲'의 질서로 바뀐다는 것이 그 핵심이다. 천간과 지지가 결합된 6갑은 만물의 형식과 내용을 이루는 시간의 질서를 뜻한다. 시간 질서의 전환은 자연과 문명과 역사를 비롯한 모든 것의 근간이 뒤바뀌는 것으로 직결된다. 따라서 혁괘에서 말하는 '혁'은 천지의 시공간적 틀이 바뀐다는 천지 변화를 비롯하여 일체의 사회 개혁과 인간 개혁을 함축한다.

그러면 혁괘의 핵심이 천지 변화에 있다고 주장하는 근거는 어디에 있는가? 건괘乾卦「단전」에서 "건도乾道[=天道]가 변화하여 모든 사물의 본성과 사명을 올바르게 하니 각종 사물 현상과 가치들을 보존하면서도 이들을 하나로 통합하고 커다란 화합을 이루어 이에 이롭고 올바르게 하니라[乾道變化, 各正性命, 保合大和, 乃利貞]"고 했다. 선후천론에서는 건도가 운행함에 따라 만물의 생성이 이루어진다는 명제를 건도 자체가 곤도로 변화한다로 해석한다. 이것이 진정한 의미에서의 천도天道[=乾道]에서 지도地道[=坤道]로의 개혁이고 혁명인 것이다.

또한 건괘「문언전」4절의 4효에서는 "혹 뛰어오르거나 연못에 있다'는 것은 건도가 혁신함이[或躍在淵, 乾道乃革]"이라고 하여 건도의 개혁을 언급했다. 괘에서 초효부터 3효까지는 선천이고, 4효부터 상효까지는 후천이다. 3효는 선천의 막바지이고, 4효는 후천의 시초이기 때문에 건도가 변화하여 곤도로 변화됨을 암시했던 것이다. 혁괘에서 말하는 혁명에는 천지 자체의 변화 이외에도 사회 변화, 문명 변화와 인간 의식의 혁명 등이 내포되어 있다.

✡ 혁괘가 말하는 개혁에는 천지 자체의 변화[己日]와 인간의식의 혁명이 내포되어 있다.

3. 단전 : 신천지를 열망하며

象曰 革은 水火相息하며 二女同居호대 其志不相得이
단왈 혁　　수화상식　　　이녀동거　　　기지불상득

曰革이라 己日乃孚는 革而信之라 文明以說하여
왈혁　　　기일내부　　혁이신지　　문명이열

大亨以正하니 革而當할새 其悔乃亡하니라
대형이정　　혁이당　　기회내망

天地革而四時成하며 湯武革命하여 順乎天而應乎人하니
천지혁이사시성　　　탕무혁명　　순호천이응호인

革之時大矣哉라
혁지시대의재

단전에 이르기를 혁은 물과 불이 서로 소멸하며, 두 여자가 동거하지만 그 뜻을 얻지 못함이 혁이다. '기일이라야 믿을 수 있음'은 고쳐서 믿게 하는 것이다. 하늘의 질서가 밝게 빛나 기뻐하여 크게 형통하고 올바르니, 고쳐서 마땅하기 때문에 뉘우침이 없어진다. 천지가 바뀌어 사시가 이루어지며, 탕무가 혁명하여 하늘의 질서에 순응하고 사람의 법도에 순응하니, 혁의 시간의 정신이 위대하도다.

천지가 변화를 일으키는 동력원은 물과 불이다. 물은 불기운을 끄고, 불은 물을 끓여 수분을 없앤다. 물은 불을 꺼버리고, 불은 물을 바짝 말려 서로가 서로를 죽임으로써 형태를 바꿔버린다. 물과 불은 상식相想, 상극相剋, 상멸相滅의 관계로 존재한다. 상극은 만물을 창조하는 힘이다. 혁괘에서 말하는 상식[상극]은 물이 위에 있고 불은 아래에 있다. 무거운 물은 아래로 내려오고 가벼운 불은 위로 올라가 음양이 교합하여 새로움을 창조하는 혁명을 말한다.

천지가 상극으로 움직이는 목적은 무엇인가. 김일부는 상극이 상생으로 체용이 전환됨을 금화교역이라는 특수 용어를 사용하여 새로운 천지의 탄생을 논증했다. 하도낙서의 도상에서 상괘인 연못[兌: ☱]은 서방의 금金에 해당하고, 하괘인 불[離: ☲]은 남방의 화火에 속한다. 하도(상생)와 낙서(상극)의 도상에서는 금화가 서로 바뀌어 있다. 금화가 바뀌는 이치인 선후천 변화는 문왕괘도와 정역괘도에 고스란히 투영되어 있다.

한동석은 금화교역의 필연성을 다음과 같이 말한다.

"문왕괘는 지축이 경사진 모습에서 취한 것이고, 정역괘도는 지축이 정립된다는 입장에서 취상한 것이다. 문왕괘도의 시대, 즉 현실의 금화교역은 불완전한 교역이므로 변화가 불측하지만, 정역괘도의 시대는 변화가 정상이므로 평화 시대가 온다고 본 것이다. 낙서의 출현에 의해서 상극의 모습이 제시되었다면, 하도의 출현에 의해 상생의 모습이 제시되었다. 하도에는 2·7화가 남방에 있고, 4·9금은 서방에 있다. 하지만 낙서에 4·9금이 남방에 와 있고, 2·7화가 서방에 가 있는 것은 금이 불火를 싸기 위해서 그 위치가 바뀌어 있는 것이다."[1]

금과 화가 그 순서를 바꾸는 것은 단순한 위치 이동의 문제가 아니라 천지 자체가 뒤바뀌는 엄청난 사건이다. 금화교역의 목적은 천지가 옷을 갈아입는다는 것이다. 『주역』 12번의 천지비天地否의 세상이 11번 괘에서 말하는 지천태地天泰의 세상으로 전환되면 시공간의 근본 틀이 완전히 새롭게 구성됨을 시사한다. 그것은 시간에 대한 인식론적인 패러다임의 전환이 아니라 존재론적인 전환을 제안하는 상전벽해의 논리이다.

선후천변화라는 생명의 율동상을 형상화하여 표현한 금화교역은 '우주의 자기 조직화 원리'라 할 수 있다. 그것은 우주 질서에 아로박혀 있는 자기 창조, 자기 변화하는 하늘과 땅의 이치인 것이다.

혁괘에서 말하는 물불[水火]은 서로를 용납하지 않는 갈등과 모순과 대립을 뜻한다. 상괘 태兌(☱)는 소녀少女, 하괘 리離(☲)는 중녀中女다. 두 자매는 어려서 부모의 사랑을 받으면서 함께 살지만, 각각 시집간 이후로는 운명이 바뀌기 때문에 여자의 일생으로서는 '혁명'이 아닐 수 없다.

'기일' 중심의 천지 시스템이 변화되어야 만물이 제자리를 잡기 때문에 모두가 믿는다[己日乃孚, 革而信之].[2] 캘린더 구성근거의 본질적인 전환은 천간지지(6갑)의 시스템이 변형되는 것으로 나타난다. 인류사에 일어났던 수많은 혁명은 나름대로의 객관적 상황과 이유가 정당해야 신뢰받을 수 있듯이, 천지 변화는 시간의 본성에 알맞은 시간대에 이루어져야 만물이 믿고서 따른다.

천지가 개혁하기 때문에 혁괘 괘사에는 천도의 덕성인 '원형이정元亨利貞'

---

1) 한동석, 『우주변화의 원리』(서울: 대원출판, 2001), 250-261쪽 참조.
2) 믿을 '부孚'는 계란에서 병아리가 부화되어 나오는 것을 뜻하는 글자다. 계란은 어미닭이 낳으며, 다시 어미닭이 계란을 품어야 병아리로 깨어난다. 병아리는 두 단계를 거쳐서 생명체로 태어나기 때문에 '거듭 혹은 믿음'이란 말이 부여되는 것이다.

이 등장하며, 천지가 변화하여 거듭 태어난 세상은 '크게 형통하고 운행하여 올바르게 된다[大亨以正]'고 했다. 전자가 천도의 원형이라면, 후자는 천도가 거듭 태어난 결과적 표현체다.

개혁과 혁명의 실패, 혹은 혁신의 중단은 백성들에게 고통과 시련을 안긴다. 하지만 개혁할 것은 개혁해야 바람직한 미래를 기대할 수 있다. 암덩어리를 도려내지 않으면 온몸에 퍼진다. 퍼진 다음에 수술해봐야 소용없다. 정당한 개혁과 혁명은 원망과 후회를 한꺼번에 날려버린다. 혁괘는 선천의 묵은 기운이 남겼던 온갖 갈등과 모순과 대립이 해원된다[其悔乃亡]고 하였다.

개혁과 혁명의 방법은 무엇인가? 혁괘의 하괘는 하늘의 밝은 품성(문명), 상괘는 기쁨을 상징한다. 안으로는 밝으면서 훌륭한 덕과 옳고 그름에 대한 분명한 판단력을 갖춘다. 밖으로는 온화한 성품으로 타인의 마음과 화순하여 기쁨을 함께하는 여유를 갖는다. 이를 바탕으로 삼는 개혁은 정도에 어긋나지 않는다. 따라서 개혁과 혁명은 천명에 순응하는 행위와 다르지 않다.

혁명은 천지가 운행하는 도리에 부합해야 한다. 천지는 춘하추동 사계절이 돌아가는 이치를 거슬리면서 운행한 적이 없다. 천지는 인간 행위의 준거이기 때문에 혁명 역시 천지의 이법에 어긋나서는 안 된다. 『주역』은 천지가 둥글어가는 이치를 하늘의 마음[天心]이라 했고, 하늘의 마음과 하나되려는 인간의 순수하고 갸륵한 정성을 인심人心이라 불렀다. 과거의 성인들은 천지의 의지를 하나의 역사적 소명의식으로 받아들였다. 특히 위정자들은 정치적 혁명의 정당성을 천심과 인심에서 찾으려고 고뇌했던 것이다.

천지의 '원형이정'이라는 끊임없는 혁신 운동은 정치적 혁명의 방법론으로 직결된다. 은나라의 탕왕湯王이 하나라의 걸왕桀王을 무너뜨리고, 주나라의 무왕武王이 은나라의 주왕紂王을 무너뜨린 사건 역시 천심에 부합한 행위이기 때문에 혁명의 정당성에 거슬리는 행위가 아니었다. 그것은 하나라와 은나라에게 잠시 맡겼던 천명을 교체하는 혁명이다. 혁명의 조건은 천심과 민심의 향배에 부합하는 데 있다. 「단전」에 따르면, 탕무 혁명은 천명에 순응한 사건였고, 백성이 원해서 이루어진 혁명이기 때문에 참혹한 권력 투쟁의 산물이 아니다. 탕무 혁명은 천명에 따른 행위이기 때문에 하등 도덕적으로 문제될 것이 없다는 것이다.

♟ 혁명은 천지가 운행하는 이치에 부합해야 정당성을 확보할 수 있다.

4. 상전 : 새로운 시간 질서

象曰 澤中有火革이니 **君子以**하여 **治歷明時**하나니라
상 왈 택 중 유 화 혁　　군 자 이　　치 력 명 시

상전에 이르기를 연못 속에 불이 있는 것이 혁이니, 군자는 이를 본받아 책력을 다스리고 때(시간 질서)를 밝힌다.

서양의 역사는 '부활절을 계산한 캘린더 작성의 역사'라는 말이 있듯이, 인류 문명은 캘린더 제작의 경험을 통해서 발전되어 왔다고 할 수 있다. 합당한 캘린더를 만들기 위해서는 고도의 수학(대수학과 기하학), 천문학이 동원되었기 때문이다. 해와 달은 무정한 천체로만 인식되지 않았다. 그것은 수많은 시인과 묵객들의 소재였으며, 보통 사람에게는 삶의 풍족함을 가져다주는 은혜로운 존재였다.

'역歷'은 역사를 배후에서 움직이도록 하는 시간[曆]과 동일한 의미다. 과거에는 '력曆'을 책력, 달력을 구성하는 법칙으로 인식했다. 역歷은 곧 역曆이다.

"군자는 책력을 바르게 제정하여 춘하추동 4시의 변혁을 명백히 한다. 4시의 변혁에 따르는 것은 천도에 따라 인사人事를 다스리는 근본이다. 낮과 밤은 하루의 변혁이고, 그믐과 초하루는 한 달의 변혁이며, 춘분·하지·추분·동지는 계절의 변혁이다. 옛날의 왕들은 천명을 받아 천하를 통일하

면 반드시 책력을 고쳤다."[3]

  자연의 변화와 역사의 진행은 모두 시간의 범위 안에서 일어나는 필연 법칙이기 때문에 역학易學은 곧 역학曆學인 것이다. 이를 종합하면 역易 = 역歷 = 역曆이라는 등식이 성립한다. 한대漢代에는 괘의 이론과 자연 현상을 일치시켜 『주역』을 해석하는 학문이 발달하였다. 이것이 곧 괘기설卦氣說[= 卦氣易學]이다. 『주역』[易]과 캘린더[曆]가 결합된 세계관이다. 괘기역학은 상수로 우주 원리와 그 변화를 절기節氣의 변화, 즉 음양소식陰陽消息으로 설명하는 체계이다. 달리 표현하면 1년 12달을 순환하는 24절기와 배합하여 우주의 합법칙성을 설명한다.

  "달력에서 사용하는 기본 시간 단위는 날 − 지구가 자전하는 기간, 인간의 눈높이에서 관찰한다면 태양이 하늘에서 그 운행을 완료하고, 본래 지점으로 돌아오는 데에 걸리는 시간 − 이다. 하루는 천체 시계의 똑딱소리라고 할 수 있다. 하루는 인간의 생태, 그리고 다른 생물의 생태와 깊은 연관을 맺는 시간이다. 달력은 날을 더 긴 단위인 달로 묶어주고, 달을 더 긴 단위인 해로 묶어주는 일람표이다. 한 달은 한밤의 호롱불인 달의 운동을 토대로 하는데, 달은 정기적으로 차고 이운다. 태음력은 달이 지구를 한 바퀴 도는 주기인데, 여성의 월경 주기와 가깝다. 부활과 다산성을 연상시키며 어둠 속에서 빛을 주는 달은 감성과 의미를 맺는다. 연인들은 달을 보며 기쁨을 나누고, 시인들은 달에게 노래를 바치며, 개들은 달을 보고 짖고, 미치광이는 보름이 되면 미쳐 날뛴다. 보름달 밤은 한밤에 길을 떠나거나 오래도록 그 빛을 찬미하는 시간인 것이다."[4]

  천지일월과 성신의 운행으로 인해 생명체가 태어나서 자라나고 늙는다. 천체의 운행을 관찰하는 행위는 인간이 스스로가 시간적 존재임을 깨닫도록 한다. 만일 천지일월과 성신이 없다면 생로병사도 없을 것이다. 인간은

---

3) 박일봉, 『주역』(서울: 육문사, 1989), 420쪽.
4) E. G 리처즈/이민아, 『시간의 지도: 달력』(서울: 까치, 2003), 14-15쪽.

만물을 마구 먹어치우는 시간의 이빨에 속수무책이다. 유형 무형의 모든 사물은 시간의 먹잇감이다. 시간의 법칙인 생로병사를 비껴갈 수 있는 존재는 아무 것도 없다. 시간은 사물 형성의 근거이자 내용이며 형식이면서 힘이다. 시간과 공간은 자연과 사회와 인류 역사의 근원적 터전이다. 따라서 천체의 운행은 인간 삶의 시간적 리듬인 것이다. 결국 천문天文의 인간화가 인문세계人文世界라고 할 수 있다.

정역사상은 자연과 문명과 역사에 대해 새로운 패러다임을 제시한다. '상극에서 상생'이라는 우주사와, '윤력閏曆에서 정력正曆'으로의 시간사를 일관되게 설명한다. 이는 세계에서 그 유례를 찾을 수 없는 독창적인 사유이다. 동서양 철학에서 시간론을 하나의 주제로 삼는 경우가 많았으나(아우구스티누스의 종교적 고백의 시간론, 칸트를 비롯한 철학자들의 관념적 시간론, 스티븐 호킹 같은 물리학자들의 이론, 심리학적, 생물학적, 실존론적 견해 등), 시간의 꼬리가 떨어져나간다는 시간의 질적 전환(1년 365¼의 윤력閏曆에서 1년 360일의 정력正曆에로)으로 인한 새로운 우주의 탄생을 논의하지는 못했다.

정역사상의 핵심은 시간론에 있다. 도덕 형이상학 중심의 중국 역학과의 차별화에 성공함으로써 한국 철학의 독창성을 드높였다. 그것은 선천과 후천의 캘린더 시스템(선천의 '갑기甲己' 질서에서 후천의 '기갑己甲' 질서로의 전환)이 바뀐다는 파천황적 선언에 다름 아니다. 이를 정역은 도수度數(하늘과 땅의 걸음걸이 대한 고도의 수리/하늘의 원리가 땅에서 이루어진다는 개념)로써 추론하였다. 들뢰즈의 표현처럼, '시간의 주름'을 헤집고 '이념의 속살'을 벗겨냈던 것이다.

『정역』은 우주관과 시간관이 어우러진 합작품이다. 이를 하나의 도표로 융합한 하도낙서는 하늘이 계시한 진리의 표현체이며, 또한 진리에 대한 인식의 극한까지 들여다본 종교성의 신비를 나타낸다. 하도낙서의 시간적 표현체가 십간십이지로 이루어진 60갑자이다. 하도낙서와 60갑자는 조직론의 극치이다. 도수의 조직으로 디자인된 것이 바로 이 세상이라는 뜻이다. 서양의 기독교는 "태초에 말씀이 계셨다"고 했다면, 동양에서는 이미 갑자, 을축으로 시작해서 계해로 끝나는 합리적 조직론이 존재했다. 이렇게 정치한 조직론을 바탕으로 시간의 구조와 선후천 변화를 소통시킨 것이 바로 정역사상이다.

✡ 군자의 책무는 사물 형성의 근거이자 형식인 동시에 내용인 시간성의 원리를 밝히는 데 있다.

5. 초효 : 기축己丑으로 시작하는 후천

初九는 **鞏用黃牛之革**이니라
초구 공용황우지혁

象曰 鞏用黃牛는 **不可以有爲也**일새라
상왈 공용황우 불가 이유위야

초구는 굳게 지키기를 누런 소가죽으로 묶는 것같이 한다. 상전에 이르기를 '굳게 지키기를 누런 소가죽을 사용함'은 인위적 행위를 해서는 안 되기 때문이다.

'공鞏'은 묶을, 굳다는 뜻이고, '혁革'은 동물의 털을 제거한 가죽, '피皮'는 털을 제거하지 않은 가죽을 뜻한다. 초효는 양이 양 자리에 있으나[正], 중용을 이루지 못하고[不中], 4효와 상응하지 않는다. 개혁과 혁명의 시기이지만 아직은 때가 무르익지 않았기 때문에 질긴 가죽처럼 뜻을 확고하게 다지면서 성급히 나서지 말라는 가르침이다.

혁명과 개혁은 결코 쉬운 일이 아니다. 객관적 여건과 민심의 부응과 혁명가의 준비가 필수 요건이기 때문이다. 효사는 질긴 가죽처럼 확고한 마음자세와 함께 신중한 행위를 제시했다. '황우黃牛'는 누른 소를 가리키는데, 누른색은 하도낙서의 중앙, 오행에서는 '토土'를 뜻한다. 특히 소는 곤괘坤卦의 덕성인 유순한 중도를 상징한다. 가죽처럼 강건한 끈기와 동시에 소의 유순한 성질을 겸비하면서 혁명을 대비해야 한다.

이를 선후천론의 입장에서 천간지지의 조직을 풀어보자. '황黃'은 중中이므로 천간으로는 '무기戊己'에 해당되며, 소는 지지로는 축丑이다. 천간을 선후천으로 나누면 선천은 무戊에서 끝맺고 후천은 기己에서 시작하므로 혁괘 괘사는 기일己日과 황우黃牛라 했던 것이다. 천간의 기己와 지지의 축丑을 결합하면 '기축己丑'이 된다.[5] 선천 6갑이 갑자甲子에서 시작했다면, 후천은 기축己丑에서 새롭게 시작한다는 것이 초효에 암시되어 있는 것이다. 선천의 6갑과 후천의 6갑을 정리하면 다음과 같다.

〈선천 육갑 시스템〉

甲子	乙丑	丙寅	丁卯	戊辰	己巳	庚午	辛未	壬申	癸酉
甲戌	乙亥	丙子	丁丑	戊寅	己卯	庚辰	辛巳	壬午	癸未
甲申	乙酉	丙戌	丁亥	戊子	己丑	庚寅	辛卯	壬辰	癸巳
甲午	乙未	丙申	丁酉	戊戌	己亥	庚子	辛丑	壬寅	癸卯
甲辰	乙巳	丙午	丁未	戊申	己酉	庚戌	辛亥	壬子	癸丑
甲寅	乙卯	丙辰	丁巳	戊午	己未	庚申	辛酉	壬戌	癸亥

〈후천 육갑 시스템〉

己丑	庚寅	辛卯	壬辰	癸巳	甲午	乙未	丙申	丁酉	戊戌
己亥	庚子	辛丑	壬寅	癸卯	甲辰	乙巳	丙午	丁未	戊申
己酉	庚戌	辛亥	壬子	癸丑	甲寅	乙卯	丙辰	丁巳	戊午
己未	庚申	辛酉	壬戌	癸亥	甲子	乙丑	丙寅	丁卯	戊辰
己巳	庚午	辛未	壬申	癸酉	甲戌	乙亥	丙子	丁丑	戊寅
己卯	庚辰	辛巳	壬午	癸未	甲申	乙酉	丙戌	丁亥	戊子

5) ①『正易』「十五一言」"化翁親視監化事", "嗚呼! 丑宮得旺, 子宮退位.." ②『도전』2:144:4, "하루는 상제님께서 말씀하시기를 '후천은 丑板이니라' 하시니라."

혁명의 실패로 인해 쌓인 원한의 역사는 인류에게 뼈아픈 교훈을 남겼다. 혁명의 가담자들은 비밀을 공고히 지켜 흔적과 냄새를 풍겨서는 안 된다. 혁명의 성공은 치밀한 전략과 빈틈없는 준비에 달려 있는 것이다. 하지만 공자에 따르면, 혁명은 인간의 노력과 힘[有爲]에 의존한다고 말하지 않고, 스스로 그러한 자연의 변화에 맡긴다고 은근히 말하고 있다[不可以有爲也].

🔹 혁명의 성공은 치밀한 전략과 빈틈없는 준비에 달려 있다.

6. 2효 : 개혁의 시기가 무르익다

六二는 **己日**이어야 **乃革之**니 **征**이면 **吉**하여 **无咎**하리라
육 이   기 일   내 혁 지   정   길   무 구

象曰 己日革之는 **行有嘉也**라
상 왈 기 일 혁 지   행 유 가 야

육이는 기일이라야 개혁할 수 있으니, 가면 길하여 허물이 없을 것이다.
상전에 이르기를 '기일에 개혁함'은 가는 일에 아름다운 결과가 있다.

2효는 음이 음 자리에 있고[正], 하괘의 중도[中]이며, 5효와 상응한다. 2효는 초효가 찬양하는 '황우黃牛'로서의 중용이다. 2효는 밝음과 문명의 덕을 갖춘 개혁의 주체이다. 게다가 5효와는 최상의 짝을 이루어 혁명의 객관적 조건을 모두 갖췄다.

낡고 묵은 것을 갈아 치우는 날이 밝았다. 시기 또한 무르익었기 때문에 혁명의 깃발을 높이 세워도 좋다[己日, 乃革之]. 머뭇거리거나 주저하면 기회를 놓쳐 후회할 것이다. 혁명이 필요한 때에 혁명하므로 허물이 없다. 더욱이 외부 지원자인 양효인 5효가 튼튼하게 버텨주고 있기 때문에 강력한 힘으로 밀어부쳐야 한다.

2효는 하괘의 중도로서 밝고 아름다운 문명의 주인공이다. 불을 뜻하는

리괘離卦(☲)는 문왕괘도에서 남방의 불을 상징하고, '원형이정元亨利貞'의 4덕에서 만물의 화려한 성장을 뜻하는 여름철의 '형亨'에 해당하므로 건괘「문언전」에서는 '형이란 아름다움의 모임[亨者嘉之會也]'라 했던 것이다. 또한 형亨은 질서에 부합하는 예禮에 해당하기 때문에 혁명 역시 절차에 알맞게 수행해야 마땅하다. 더욱 중요한 사실은 혁명 이후에도 아름다움의 극치에 걸맞는 질서가 세워질 것을 예고하고 있다.

🔯 개혁의 시기가 무르익으면 혁명의 깃발을 높이 세워야 한다.

7. 3효 : 개혁의 3단 변화

九三은 **征**이면 **凶**하니 **貞厲**할지니 **革言**이 **三就**면 **有孚**리라
구 삼　정　흉　정 려　혁 언　삼 취　유 부

象曰 革言三就어니 **又何之矣**리오
상 왈 혁 언 삼 취　　우 하 지 의

구삼은 가면 흉하니, 정도를 지켜 위험에 대비해야 한다. 개혁한다는 말이 세 번 나아가면 믿음이 있을 것이다. 상전에 이르기를 '개혁한다는 말이 세 번 거쳤으니' 다시 어디로 가겠는가.

3효는 양이 양 자리에 있으나[正], 하괘의 중도를 넘어섰다[不中]. 양 에너지가 지나치게 세다. 혁명의 당위성만을 믿고 너무 서두르기 때문에 다른 사람이 아무리 올바른 마음을 지녔다고 인정할지라도 사태는 위태롭기 짝이 없다.

구체제를 뒤엎고 신체제를 세우는 혁명은 아무렇게나 이루어지지 않는다. 자신의 위상을 점검하여 혁명에 대한 올바른 방법을 재삼 숙고해야 하고, 신중하게 행동해야 한다. 무턱대고 혁명을 일으켜서는 안 된다. 여러 차례의 자문을 얻은 다음에 실행해야 믿음과 확신을 얻을 수 있다.

'고친다는 말이 세 번 나아감[革言三就]'이라는 명제를 선후천론의 시각

에서 해석하면, 천지 변화는 세 번에 걸쳐서 진화한다는 말씀으로 풀이할 수 있다. 왜냐하면 '또한 어디로 갈 것인가'라는 물음에는 '반드시 세 차례의 변화를 거쳐서 가야 한다[又何之矣]'는 반어법이 뒤따르기 때문이다. 이에 대한 『주역』 학자들의 풀이는 다섯 가지로 요약할 수 있다. ① 치밀한 계획을 세운 다음에, 세 번 정도의 여론의 지지를 받아야 한다. ② 초효, 2효, 3효의 세 단계, ③ 초효로부터 3효는 각각 천도天道, 지도地道, 인도人道를 가리킨다. ④ 복희팔괘도 → 문왕팔괘도 → 정역팔괘도로의 3단 변화 ⑤ 『정역』에서 말하는 원역原曆 → 윤역閏曆 → 정역正曆으로의 3단 변화 등이 있다.

선후천론은 천지가 생生[伏犧卦圖, 原曆]에서 장長[文王卦圖, 閏曆]의 단계를 지난 다음, 다시 성成[正易卦圖, 正曆]의 단계를 거쳐 진화한다고 입장을 취한다. 생장성의 세 단계를 지나야 비로소 천지변화의 완성을 암시했던 것이다. 따라서 ④와 ⑤의 견해가 혁괘에서 말하는 본질적 의미와 가장 부합하는 해석이라 할 수 있는 것이다.

☆ 혁명에 대한 올바른 방법을 재삼 숙고하고, 신중하게 행동해야 한다.

8. 4효 : 개혁의 성공 - 굳건한 믿음

九四는 **悔亡**하니 **有孚**면 **改命**하여 **吉**하리라
구사　　회망　　유부　　개명　　길
象曰 改命之吉은 **信志也**일새라
상왈 개명지길　　신지야

구사는 뉘우침이 사라지니, 믿음이 있으면 하늘의 명을 바꾸어 길할 것이다. 상전에 이르기를 '하늘의 명을 바꾸어 길함'은 뜻을 믿기 때문이다.

고칠 '개改'와 바꿀 '혁革'은 같은 의미의 글자다. 4효는 양이 음 자리에 있고[不正], 중용도 아니므로 허물이 많은 위치이다. 하지만 하괘를 지나

상괘로 넘어와 개혁을 서둘러야 하는 시기다. 상괘의 물과 하괘의 불이 격돌하여 능동적으로 개혁이 진행되어야 하는 양상을 드러내고 있다. 지금은 천명이 바뀌는 시간이라고 4효는 진단하고 있는 것이다.

3효가 혁명의 당위성을 언급했다면[革言三就], 4효는 하늘의 명이 바뀐다[改命]고 했다. 동양에서 말하는 혁명과 개혁이라는 말은 혁괘 3효와 4효에서 비롯되었다. 3효의 '혁革'과 4효의 '명命'이 결합하여 혁명이 만들어졌고, 4효의 '개改'와 3효의 '혁革'이 결합하여 개혁이라는 단어가 만들어졌다.

4효는 5효 군주의 신임을 받는 신하다. 또한 4효 자체는 9九의 양과 4四의 음을 겸비했고, 강유가 균형잡혔다. 4효 신하는 군주 앞에서 혁명을 주도하는 풍운아다. 세상 사람들이 그를 믿어야만 혁명을 단행할 수 있고, 성공할 수 있다[吉]. 혁명은 개인의 특기로만 성공할 수 없다. 혁명의 조건은 하늘과 민심을 진정으로 받드는 믿음[信志]에서 비롯된다.

☆ 혁명의 성공 여부는 하늘의 뜻을 받드는 믿음에서 출발한다.

9. 5효 : 대인의 믿음직한 혁명

九五는 **大人**이 **虎變**이니 **未占**에 **有孚**니라
구 오　　대 인　 호 변　　미 점 　유 부
象曰 大人虎變은 **其文**이 **炳也**라
상 왈 대 인 호 변　 기 문 　병 야

구오는 대인이 호랑이처럼 변하니, 점을 치지 않아도 믿음이 있다. 상전에 이르기를 '대인이 호랑이처럼 변함'은 그 무늬가 빛남이다.

5효는 혁괘의 주효主爻로서 대인의 늠름한 위용을 멋지게 묘사했다. 5효는 양이 양 자리에 있고[正], 상괘의 중용일 뿐만 아니라 2효와도 상응하는 최고의 조건을 갖춘 혁명의 지도자이다. 대인은 자기 혁신에 과감하고, 나아가 사회를 개혁하여 인류에게 공헌하는 존재이다. 대인은 개인의 영

광 혹은 임시 미봉책의 혁명을 일으키는 소인과는 다르게 현실을 대청소하여 새로운 환경을 조성하는 위대한 인물이다.

5효에 왜 호랑이[虎]가 등장하는가. 문왕괘도와 정역괘도는 공통적으로 서쪽에 태兌(☱)가 있으며, 서방은 흰색을 뜻한다. 동양의 전통 문양은 북쪽에 현무玄武, 남쪽에 주작朱雀, 동방에 청룡靑龍, 서방에 백호白虎가 배치하여 순환 우주론을 형상화했다. 예전부터 호랑이는 백수百獸의 왕 또는 산군山君으로 불렸다. 여름에 듬성듬성 났던 호랑이털이 가을이 되면 윤기 있게 바뀌는 양상을 '호변虎變'이라 했다. 혁명은 호랑이의 털갈이처럼 겉과 속이 완전히 다르게 변해야 한다는 뜻이다. 혁명은 물샐틈없이 뜯어고쳐야지 땜질식으로 수선하듯이 하면 안 된다. 지금은 속도 전쟁의 시대다. 혁명은 뜸들이지 말고 속전속결로 이루어져야 한다.

대인이 기획한 혁명은 하늘과 사람의 바람에 순응해야 성공할 수 있다. 의심스러운 일을 신탁神託에 의존하거나 직접 점쟁이에게 상담하는 일은 전혀 필요 없다. 대인의 혁명 이념과 의지가 호랑이 몸에 새겨진 무늬와 같이 선명하게 드러나므로 모든 사람이 한결같이 따른다.

호랑이 몸의 '무늬가 밝게 빛난다[其文炳也]'는 표현은 실제로는 5효 대인의 위풍당당한 중정中正의 덕이 아름답다고 칭찬한 것이다. 털갈이를 마친 호랑이 몸채가 산 색깔을 더욱 돋보이게 한다는 말이 있듯이, 대인의 혁명에 의해 문물 제도가 새롭게 변모하고 그 공덕이 찬란하여 환영받을 수 있는 것이다.

☗ 하늘과 사람의 바램에 근거하여 대인이 추진하는 속전속결의 혁명은 정당하다.

10. 상효 : 두 마음을 품는 소인

上六은 **君子**는 **豹變**이오 **小人**은 **革面**이니 **征**이면 **凶**코
상 육　　군 자　　표 변　　　소 인　　혁 면　　정　　　흉

居貞이면 **吉**하리라
거 정   길

象曰 君子豹變은 **其文**이 **蔚也**오 **小人革面**은
상왈 군자표변   기문   위야   소인혁면

順以從君也라
순 이 종 군 야

상육은 군자는 표범처럼 변하고 소인은 낯빛만 고치니, 가면 흉하고 정도
를 지키면 길할 것이다. 상전에 이르기를 '군자가 표범처럼 변함'은 그 무
늬가 성함이요, '소인이 낯빛만 고침'은 순응하여 군주를 따르는 것이다.

　상효는 혁명이 종료된 상황을 언급한다. 5효는 대인과 '호변虎變'을 얘기
했다면, 상효는 군자와 '표변豹變'을 말한다. 5효는 전면적인 개혁의 단행
을, 상효는 개혁이 성공한 뒤에 그 업적을 튼튼하게 계승하고 유지하는 방
법을 설명한다. 개혁 뒤에 또 다른 개혁을 시도하는 것만큼 어리석은 일은
없다. 불순물을 자꾸 솎아내다 보면 남는 것이 하나도 없게 마련이다. 개
혁의 뒷마무리가 개혁보다 더 중요한 것이다.

　호랑이와 마찬가지로 표범 역시 가을에 털갈이 하는 동물이다. 호랑이
무늬는 선이 굵고 선명하여 아름답지만, 표범 무늬는 성글고 오밀조밀하
여 구성지다. 이처럼 호변과 표변은 개혁과 혁신의 특징을 명료하게 구분
짓는다. 호랑이와 용은 위엄있는 대인의 표상이요, 표범은 날쌘 군자의 표
상이다. 표범이 털갈이 하여 빛나는 문채를 자랑하듯이, 군자는 개혁이 완
수된 후에 자기 혁신에 앞장서고 새로운 사회 건설에 이바지해야 한다.
"군자는 대인이 이룩한 개혁의 대업을 이어받아 더욱 세련되고 치밀하게
다듬으며, 각종 법률과 제도라는 형식을 빌려 개혁의 성과를 더욱 굳건하
게 하고 세부적인 면까지 다듬어 나가야 하는"[6] 책임이 있다.

　그러나 소인은 두 마음을 품는다. 겉으로는 개혁에 동참하는 표정을 지
으면서 대세를 따르는 척 한다[小人革面]. 하지만 속 마음을 전혀 뜯어고칠

---

6) 쑨 잉퀘이, 앞의 책, 739쪽 참조.

의사를 보이지 않으면서 시늉만 낸다. 그렇다고 소인을 강제로 복종시키려고 소동을 일으키면 흉한 일이 생긴다. 소인을 다독거려 올바르게 처신하도록 유도하는 것이 훨씬 낫다.

털갈이를 방금 끝낸 표범의 무늬는 성대하다. 마음의 심층에 켜켜이 쌓인 의식의 찌꺼기를 털어낸 군자의 의식개혁은 그 아름다운 덕성의 향기가 멀리 퍼진다. 소인은 낯빛만 바꾸어 군주에게 복종하는 흉내만 낸다. 소인의 변화는 표변表變이고, 군자의 변화는 표변豹變이다. 마음에서 우러나오는 진정한 양심의 변화를 가리키는 긍정적 의식혁명이다.

호랑이와 표범의 털갈이는 눈이 부시도록 아름답다. "예수는 요셉의 아들에서 하느님의 아들이 되어 돌아왔다. 예수의 고향 갈릴레아 사람들은 예수의 '군자표변'을 그대로 받아들이지 않았다. 몸으로 미천한 예수라고 멸시하고 배척했다. 군자가 표변豹變한 것이 아니라 표변해서 군자가 된 것이다. 짐승의 제나[自我]로 살다가 하느님의 아들인 얼나[靈我]로 생명의 혁명이 일어난 것이다. 상전桑田이 벽해碧海로 바뀐 것이 아니라 땅의 나라가 하늘나라로 바뀐 것이요, 멸망의 생명이 영원의 생명으로 바뀐 것이다. 사람은 모름지기 '군자표변'해야 한다. 짐승으로 태어나 짐승이기를 거부하는 것이다.[7]

🔯 군자의 의식 혁명이 뿜어내는 덕성의 향기는 멀리 퍼져나간다.

정역사상의 연구자 이상룡李象龍은 혁괘의 성격을 다음과 같이 설명한다.

革은 變革也라 故舜典曰鳥獸希革이라 하고
혁   변혁야   고순전왈조수희혁

洪範曰金曰從革이라 하니 皆變革之道也니라
홍범왈금왈종혁   개변혁지도야

7) 박영호, 『다석사상으로 본 유교(다석사상전집 6)』(서울: 두레, 2002), 452-455쪽 참조.

其爲字從黃從甲이라 甲은 鞏固之物이오 黃은 皮毛之色일새
기위자종황종갑　갑　견고지물　황　모피지색

故玉篇曰 革去毛生皮요 又曰甲胄金革이라 하니라 盖兌는
고옥편왈 혁거모생피 우왈갑주금혁 하니라 개태

水也金也오 水火相息而變革者는 河圖之象이오
수야금야　수화상식이변혁자　하도지상

金火正易而變革者는 洛書之理也라 革卦可謂易曆之關鍵也라
금화정역이변혁자　낙서지리야 혁괘가위역력지관건야

己는 夫天地曆數有時乎變革而器亦隨而遷替이니
기　부천지역수유시호변혁이기역수이천체

革所以次鼎也라
혁소이차정야

'혁'은 변혁이다. 그래서 「순전」은 '새와 짐승이 털갈이 하는 것'이라 하고, 「홍범」은 '금金은 쫓으며 변화한다'고 한 것은 변혁의 도를 뜻한다. 글자의 구성은 누를 황黃과 갑甲의 합성어로 갑은 견고한 물건을, 황은 모피의 색깔을 뜻한다. 옥편은 '짐승가죽에서 털을 벗겨내어 가공한 가죽' 또는 '갑주甲胄는 가을에 변한다'고 말했다. 대개 태兌는 수水와 금金이요, 물과 불이 서로를 꺼 변혁하는 것은 하도의 모습이다. 금과 화가 서로 자리를 바꾸어 정역正易이 되어 변혁하는 것은 낙서의 이치이다. 혁괘는 역易과 역曆의 원리를 풀어내는 열쇠라고 말할 수 있다. '기己'는 천지의 역수曆數가 일정한 시간대에 변혁하고 실의 사물 역시 교체되므로 혁괘가 정괘 다음에 위치하는 것이다.

象曰 革, 己日, 乃孚, 元亨, 利貞, 悔亡은 歲在六巳이어늘
단왈 혁 기일 내부 원형 이정 회망 세재육사

陽曆必信也라 天地革而四時成은 乾之坤하여
양력필신야 천지혁이사시성 건지곤

坤之乾而爲泰일새 當朞无閏也라
곤지건이위태 당기무윤야

단전 "혁은 기일이라야 믿으리니, 크게 형통하고 올바르게 함이 이로우니, 뉘우칠 일이 없다"는 말은 달력이 6과 사巳에 있기 때문

에 양력의 사용을 반드시 믿을 것이라는 뜻이다. '천지가 바뀌어 사시가 이루어진다'는 것은 건이 곤으로 바뀌고, 곤은 건으로 바뀌어 천지가 태평해지는 까닭에 1년 날수에 윤달이 없어진다는 뜻이다.

象曰 君子以, 治歷明時는 閏陰正陽하여 以合天時也라
상왈 군자이 치력명시 윤음정양   이합천시야

상전 "군자는 이를 본받아 책력을 다스리고 때(시간질서)를 밝힌다"는 것은 음력이 양력으로 바로잡혀 하늘의 시간에 부응한다는 뜻이다.

初九, 鞏用黃牛之革은 固而且하고 正而需이니 己丑也라
초구 공용황우지혁   고이차   정이수   기축야

초효 초구는 굳게 지키기를 누런 소가죽으로 묶는 것같이 한다"는 것은 굳건하게 거듭하며 올바르게 기다린다는 것으로 '기축'의 세상을 뜻한다.

六二, 己日, 乃革之, 征, 吉, 无咎는 行之有譽也리라
육이 기일 내혁지 정 길 무구   행지유예야

2효 "육이는 기일이라야 개혁할 수 있으니, 가면 길하여 허물이 없을 것이다"라는 것은 개혁을 실천하면 명예가 있을 것이라는 뜻이다.

九三, 征, 凶, 貞厲는 處變愼惕也오 革言, 三就, 有孚는
구삼 정 흉 정려   처변신척야   혁언 삼취 유부

三變而正하여 乃信也라
삼변이정   내신야

3효 "구삼은 가면 흉하니, 정도를 지켜 위험에 대비해야 한다"는 것은 변화를 맞이하여 신중하고 두려워한다는 것이고, "개혁한다는 말이 세 번 나아가면 믿음이 있을 것"이라는 말은 세 번 변하

여 올바르게 되어 믿을 수 있다는 뜻이다.

九四, 改命, 吉은 金火交際에 當革而革之也라
구사 개명 길 금화교제 당혁이혁지야

4효 "구사는 하늘의 명을 바꾸어 길할 것이다"는 말은 금화가 교역할 즈음에는 마땅히 개혁하고 개혁하라는 뜻이다.

九五, 大人, 虎變은 恂慄也오 未占, 有孚는 默騭也라
구오 대인 호변 순율야 미점 유부 묵즐야

5효 '구오는 대인이 호랑이처럼 변함'은 진실로 두려워하는 것이요, '점을 치지 않아도 믿음이 있다'는 말은 침묵하여 오르는 것을 뜻한다.

上六, 君子, 豹變은 莫測也오 小人, 革面은 變而雍하여
상육 군자 표변 막측야 소인 혁면 변이옹

无不化也라
무불화야

상효 '상육은 군자가 표범처럼 변함'은 헤아릴 수 없음이요, '소인은 낯빛만 고친다'는 말은 변해서 화합하고 진실로 변화함을 뜻한다.

|火風鼎卦|
화 풍 정 괘

개혁을 완성하는 방법

1. 이 세상을 어떻게 안정시킬 것인가? : 정괘

정이천은 택화혁괘澤火革卦(䷰) 다음에 화풍정괘火風鼎卦(䷱)가 오는 이유를 다음과 같이 말한다.

鼎은 序卦에 革物者莫若鼎이라 故受之以鼎이라 하니라
정　서괘　혁물자막약정　　고수지이정

鼎之爲用은 所以革物也니 變腥而爲熟하고 易堅而爲柔라
정지위용　소이혁물야　변성이위숙　　역견이위유

水火不可同處也어늘 能使相合爲用而不相害하면 是能革物也니
수화불가동처야　　능사상합위용이불상해　　시능혁물야

鼎所以次革也라 爲卦上離下巽하니 所以爲鼎은
정소이차혁야　위괘상리하손　　소이위정

則取其象焉이오 取其義焉이오 取其象者有二하니
즉취기상언　취기의언　취가상자유이

以全體言之하면 則下植爲足이오 中實爲腹이니
이전체언지　즉하식위족　중실위복

受物在中之象이오 對峙於上者는 耳也오 橫亘乎上者는 鉉也니
수물재중지상　대치어상자　이야　횡긍호상자　현야

鼎之象也며 以上下二體言之하면 則中虛在上하고
정지상야　이상하이체언지　즉중허재상

下有足以承之하니 亦鼎之象也라 取其義하면 則木從火也라
하유족이승지　역정지상야　취기의　즉목종화야

巽은 入也니 順從之義니 以木從火는 爲然之象이며 火之用은
손　입야　순종지의　이목종화　위연지상　화지용

唯燔與烹이니 燔不可器라 故取烹象而爲鼎하니 以木巽火는
유번여팽　번불가기　고취팽상이위정　　이목손화

烹飪之象也라 制器는 取其象也어늘 乃象器以爲卦乎아
팽임지상야　제기　취기상야　　내상기이위괘호

曰制器取於象也나 象存乎卦而卦不必先器라 聖人制器에
왈제기취어상야　상존호괘이괘불필선기　성인제기

不待見卦而後知象이로되 以衆人之不能知象也라
부대견괘이후지상　　이중인지불능지상야

故設卦以示之하시니 卦器之先後는 不害於義也니라
고설괘이시지　　괘기지선후　불해어의야

或疑鼎非自然之象이오 乃人爲也라 하니 日固人爲也나
혹 의 정 비 자 연 지 상   내 인 위 야   왈 고 인 위 야

然烹飪은 可以成物이오 形制如是則可用이니 此非人爲요
연 팽 임   가 이 성 물   형 제 여 시 즉 가 용   차 비 인 위

自然也니 在井亦然이라 器雖在卦先이나
자 연 야   재 정 역 연   기 수 재 괘 선

而所取者乃卦之象이오 卦復用器以爲義也니라
이 소 취 자 내 괘 지 상   괘 부 용 기 이 위 의 야

"정괘는 「서괘전」에 '물건을 변혁하는 것은 솥 만한 것이 없다. 그러므로 정괘로 이어받았다'고 하였다. 솥의 쓰임새는 물건을 변혁하는 것이니, 날고기를 변하여 익게 하고, 단단한 것을 바꾸어 부드럽게 만든다. 물과 불은 함께 거처할 수 없는데 서로 합하여 쓰임이 되어 서로 해치지 않게 하면 이는 물건을 변혁하는 것이니, 이런 까닭에 정괘가 혁괘 다음이 된 것이다. 괘의 형성에서 위는 리이고 아래는 손이니, 솥이 된 까닭은 그 형상을 취하고 그 뜻을 취한 것이다. 형상을 취한 것이 두 가지가 있는데 전체로 말하면 아래에 세워진 것은 발이 되고, 가운데 채워진 것은 배가 되니 물건을 받아 가운데에 두는 모습이요, 위에 대치하고 있는 것은 귀이고 맨 위에 가로 뻗쳐있는 것은 고리이니 솥의 모습이다. 상하의 두 실체로서 말하면 가운데 빈 것이 위에 있고, 아래에 발이 있어 받드니 또한 솥의 형상이다. 그 뜻을 취하면 나무가 불을 따르는 것이다. 손은 들어감이니 순종하는 뜻이니, 나무가 불에 순종함은 불태우는 모습이다. 불의 쓰임은 오직 굽는 것과 삶는 것인데, 굽는 것은 기물을 필요로 하지 않으므로 삶는 모습을 취하여 솥이라 했으니, 나무로써 불에 순종함은 음식을 삶아 요리하는 모습이다. 기물을 만드는 것에서 그 모습을 취했는데, 기물을 형상하여 괘를 만들었다는 말인가? 기물을 만드는 모습에서 취했으나 그 형상이 괘에 있는 것이요, 괘가 반드시 기물보다 먼저 있었던 것은 아니다. 성인이 기물을 만

들 때에 괘를 본 뒤에 모습을 안 것은 아니지만 사람들이 형상을 모르기 때문에 괘를 만들어 보여주신 것이니, 괘와 기물의 선후는 의미를 방해하지 않는다. 혹자는 의심하기를 '솥은 자연의 형상이 아니요 바로 인간이 만든 것이다'라고 하므로 다음과 같이 대답하였다. '진실로 인위이지만 음식을 삶아 요리하여 물건을 만들 수 있고, 만들어진 기물의 형상이 이와 같으면 사용할 수 있으니, 이는 인위가 아니라 자연이니, 정괘鼎卦에 있어서도 또한 그러하다. 기물이 비록 괘보다 먼저 있었으나 취한 것은 바로 괘의 형상이요, 괘는 다시 기물을 사용하여 뜻을 삼은 것이다.'"

정괘의 구조는 위가 불[離: ☲], 아래는 바람[風: ☴]이다. '정'은 음식을 익히는 솥을 뜻하는 글자다. 『주역』을 지은 성인은 정괘의 생김새에 힌트를 얻어 솥을 만들었다고 한다. 초효는 다리가 셋인 솥의 발, 2효와 3효와 4효는 솥의 배, 5효는 솥의 두 귀, 상효는 솥의 고리에 해당된다. 일종의 현대판 측면도인 셈이다. 솥에 물을 붓고 음식을 넣은 다음에, 솥 아래 나무(巽은 바람인 동시에 나무를 뜻한다)에 불을 지피고 바람을 불어넣으면 솥 안의 물과 음식이 부글부글 끓으면서 익는다. 날 것을 솥에서 익히면 새로운 형태로 변모한다. 그래서 『주역』은 혁괘 다음에 정괘를 배치한 것이다.

택화혁괘를 180° 뒤집어 엎으면 화풍정괘가 된다. 전자가 개혁과 혁명을 외쳤다면, 후자는 개혁과 혁명을 통해 이룬 성과를 완결짓는다는 의미가 담겨 있다. 「잡괘전」은 "혁은 옛 것을 고친다는 것이요, 정은 새로운 것을 취함이다"[1]라고 했다. 혁괘는 케케묵고 낡은 것을 제거하는 혁신을, 정괘는 새로운 안정을 굳히라고 말했다. 솥에 들어간 음식물은 새로운 성질로 거듭 태어난다. 쌀이 밥으로, 날 것은 익힌 것으로, 딱딱한 것은 물렁물렁한 것으로 변하여 먹기 좋은 음식물로 식탁에 올라 입맛을 돋군다.

1) 『周易』 「雜卦傳」, "革去故也, 鼎取新也."

정괘가 『주역』 50번에 위치하는 이유를 찾아보자. 주지하다시피 동양의 수리 철학은 하도낙서에 뿌리를 두고 있다. 하도수 55 + 낙서수 45 = 100을 이룬다. 100은 완성수를 의미하는데, 이 100을 음양으로 나누면 50이 된다. 50은 대연지수大衍之數 49와 태극수 1을 더한 수이다. 대연지수는 만물의 복잡다단한 변화 작용을 설명하는 이론이다. 따라서 50은 음양 조화를 이루는 평형수라고 할 수 있다.

솥鼎은 화로처럼 세 개의 다리가 붙어 있다. 고구려, 백제, 신라 3국이 정립鼎立되어 한반도 정세가 안정되었다는 역사가의 평가처럼 솥은 평안과 조화를 뜻한다. 솥의 용도는 제왕의 권위를 상징하는 보물였던 적이 있었다. 솥[鼎]은 최고 권력자의 위엄을 상징하는 존귀한 물건이므로 매우 정밀한 법도에 따라 제작되었던 까닭에 법상法相으로도 불렸다.

한무제漢武帝가 원정元鼎(BC 113) 가을에 옹현雍縣으로 행차하여 교사를 거행할 때, 공손경公孫卿은 황제黃帝의 보정寶鼎 고사에 의거하여 태산泰山 봉선封禪과 태일太− 제천祭天을 동시에 주청하였다.[2]

"한나라의 흥성은 황제가 보정을 얻었던 시기에 해당한다. 한왕조의 성자聖者는 고조의 손자 혹은 증손자대에 나올 것이다. 보정의 출현은 신의 뜻과 상통한 것이므로 봉선封禪을 거행해야 한다. 과거에 등봉登封을 시도한 왕이 72왕이나 되었지만 오직 황제만이 태산 봉선에 성공하였다. 한왕 역시 태산 봉선하여야 하는데 봉선하면 신선神僊이 되어 등천登天할 것이다."[3]

때로는 솥에다 법령을 새겨 법의 엄정함을 알렸고, 세 발과 불뚝 튀어나온 배와 두 귀가 달린 기이한 형상에 무서운 그림을 그려 악귀를 쫓는 기구로 사용되기도 했다. 이밖에도 솥에 붙은 세 개의 발에 재물과 명예와 장수를 바라는 인간의 염원을 담았으며, 또한 서로 조화롭게 제 위치를 지켜야 한다는 메시지 역할도 했다. 솥에 대한 다양한 전설들이 전해져 내려

---

2) 김일권, 『동양의 천문사상- 인간의 역사』(서울: 예문서원, 2008), 68쪽 참조.
3) 『史記』 「封禪書」

오지만, 정괘는 음식을 삶고 요리하는 생활 도구의 활용을 중심으로 논의를 전개하고 있다.

2. 정괘 : 개혁 이후 가장 시급한 일은 안정이다

鼎은 **元(吉)亨**하니라
정　원길형

정은 크게 (길하여)[4] 형통한다.

정괘 괘사의 내용은 매우 짧다. 앞의 혁괘는 '크게 형통하여 올바르게 함이 이롭다[元亨利貞]'고 했다. 그 전제 조건으로 특정한 날짜인 '기일'에 개혁을 단행하면 모든 사람들의 믿음을 얻을 수 있고[己日乃孚], 결과적으로 온갖 회한이 사라질 것[悔]이라는 희망을 언급했다. 하지만 정괘는 아무런 조건을 달지 않고 '크게 (길하여) 형통한다[元吉亨]'고 했다. 전자가 새로운 환경을 만들기 위해 어려운 개혁의 과정을 거쳐야 한다는 조건부였다면, 후자는 개혁 이후의 현실을 안정적으로 운영해야 하는 실제 상황이기 때문이다.

정괘의 형태는 요리 기구인 솥 모양을 닮았다. 초효는 솥의 발[足], 2효와 3효와 4효는 음식물이 가득 찬 배[腹], 5효는 귀[耳], 상효는 고리[鉉]의 형상과 흡사하다. 공자는 솥의 효용성에 의거하여 나무에 불을 지펴 밥을 익히는 것이라고 풀이했다. 亨亨은 삶을 烹烹으로 읽어야 한다. 예전에는 형통할 형亨, 제사지낼 향亨, 삶을 팽烹 세 글자를 같은 의미로 사용했다. '나무에 불을 지펴서 밥을 삶는다[以木巽火亨飪也]'는 말은 솥의 쓰임새에 비유하여 설명한 것이다.

🔯 낡고 묵은 것은 털어내고, 새로운 것을 도입하여 안정의 길로 들어서는 것이 형통이다.

---

4) 정이천과 주자는 '길'은 쓸데없이 들어간 글자라 했다. "다만 원형이라 말해야 하니, '길'자는 연문이다. 단전에 다시 원형이라 했으니, 연문이 분명하다.[止當云元亨, 文衍吉字. 彖, 復止云元亨, 其衍, 明矣.]" "길은 연문이다[吉, 衍文也.]"

3. 단전 : 성인의 임무는 현인의 양성에 있다

彖曰 鼎은 象也니 **以木巽火亨飪也**니 **聖人**이 **亨**하여
상왈 정   상야   이목손화팽임야   성인   팽

以享上帝하고 **而大亨**하여 **以養聖賢**하니라
이향상제   이대팽   이양성현

巽而耳目이 **聰明**하며 **柔進而上行**하고 **得中而應乎剛**이라
손이이목   총명   유진이상행   득중이응호강

是以元亨하니라
시이원형

단전에 이르기를 정은 형상이니, 나무에 불을 지펴서 밥을 삶으니, 성인
이 삶아서 상제님께 제사를 올리고 크게 삶아서 성현을 기른다. 공손하
고 귀와 눈이 총명하며, 유가 나아가 위로 행하고 중도를 얻어서 강에 응
함이라. 이로써 크게 형통하는 것이다.

정괘井卦와 혁괘革卦와 정괘鼎卦는 일련의 연속성을 갖는다. 정괘井卦는 우
물의 도리로써 백성을 기르는養民 개혁과 혁신을 예고했다면, 정괘鼎卦는
개혁 뒤의 안정된 상태에서 성인聖人이 상제님께 제사올리고 성현의 양성養
聖賢을 통해 천하를 교화하려는 뜻을 밝히고 있다. 성인은 신성한 솥으로
밥을 짓고 희생물을 삶아 생명을 주신 상제의 은혜에 보답하는 의식을 가
장 먼저 치른다.

『주역』에는 고대 문화의 흔적을 엿볼 수 있는 상제 신앙이 드물게 나타
난다.[5] 『주역』은 상제와의 만남인 제사를 성인이 받들어야 할 대사大事로
간주했으며, 인간의 삶을 영광과 축복으로 인도하는 길례吉禮로 인식했다.
주자는 "상제께 제향함[6]은 정성을 귀중하게 여기니 송아지를 쓸 따름이

---

5) 『周易』 16번 뇌지예괘(䷏) 「상전」은 상제에게 제사올리는 것을 가장 중요한 행사로 여기고
있다. "상전에 이르기를 우레가 땅에서 떨치고 나오는 것이 예이니, 선왕이 이를 본받아 음악
을 짓고 덕을 높여서 성대하게 상제님께 올리고, 조고를 배향하느니라.[象曰 雷出地奮, 豫, 先
王以, 作樂崇德, 殷薦之上帝, 以配祖考.]
6) 이욱, 「제사의 종교적 의미에 대한 고찰」 『유교사상연구』제 16집(한국유교학회, 2002),

요, 현자를 봉양함은 옹손(아침밥과 저녁밥)과 뇌례牢禮(짐승을 잡아 성대히 올리는 것)를 지극히 해야 한다. 그러므로 '대팽'이라 말한 것이다"[7]라고 하여 상제를 받드는 제사는 정성이 소중하기 때문에 어린 송아지를 통째로 삶아 올렸다고 해석했다. 성인은 상제 신앙과 군자와 현자의 양성을 책임진 존재이다. 다만 상제는 한 분이고, 길러내야 할 현자는 다수이기 때문에 '대팽'이라 한 것이다.

정괘의 하괘는 공손을 뜻하는 손巽이고, 상괘는 밝음을 뜻하는 리離이다. 안으로는 공손한 미덕이 있고, 밖으로는 눈과 귀가 밝은 지혜가 있다. 귀 밝은 것을 총聰, 눈 밝은 것을 명明이라 한다. 총명이란 육체의 감각 기관인 눈과 귀가 특별히 발달했다는 것이 아니라, 소리 없는 하늘의 소리[天聲]를 들을 수 있고 색깔 없는 하늘의 무늬[天文]를 볼 수 있는 군자의 능력을 가리킨다. 따라서 솥의 가장 큰 기능은 이목총명한 군자를 양성하는 데 있는 것이다.[8]

"유가 나아가 위로 행하고 중도를 얻어서 강에 응함이라[柔進而上行, 得中而應乎剛]"는 명제는 도대체 무슨 뜻일까. 하괘는 바람이고, 상괘는 불이다. 바람은 화력을 북돋아 솥을 달구고, 불은 음식물을 익힌다. 하괘에서 상괘로 넘어와야 비로소 쌀이 밥으로 변할 수 있다. 정괘는 이러한 원리를 '유가 나아가 위로 행한다'고 표현했던 것이다. 바람은 그 역할을 가장 잘 조성하는 기능을 발휘한다.

84-88쪽 참조. "원래 '제祭'라는 글자는 인간이 고기를 손으로 들고 신께 받치는 것을 형상화한 것이다. 또한 '제'는 도살[殺]과 해체와 진열[肆]의 의미를 지닌다. 희생을 살육하여 해체하고 그 고기를 신에게 늘어놓는 것을 뜻한다. 그러므로 제사에서 제물은 가장 중요할 뿐만 아니라 그 본질적 성격을 드러내는 요소이다. 제례에 사용되는 희생은 소, 양, 닭, 개, 돼지의 다섯 종류의 가축이다. 일반적으로 소, 양, 돼지가 자주 사용되었으며, 이 중 소가 귀한 것으로 여겨졌다."

7) 『周易本意』, "享帝貴誠, 用犢而已. 養賢則饗飧牢禮, 當極其盛. 故曰大烹."
8) 이정호, 『주역정의』(서울: 아세아문화사, 1980), 105쪽 참조, "九二·九三·九四의 鼎實·雉膏·公餗 등은 총명군자가 먹고 자라야 할 정신적 육체적 식량의 정수를 말한 것이다."

다시 말해서 상괘 불[離: ☲]이 바람[巽: ☴]으로 바뀌면 중풍손괘重風巽卦(☴)가 형성된다. 중풍손괘 4효가 위로 올라가면 화풍정괘의 상괘인 리괘(☲)가 되어 솥의 형상을 이루며, 거꾸로 중풍손괘 5효가 4효로 내려와도 마찬가지다. 따라서 4효가 위로 올라가 중도를 얻어 하괘의 2효 양과 상응한다. 그 결과 아래로는 공손하고 위로는 총명한 덕을 갖추고, 또한 5효와 2효가 상응하여 크게 형통할 수 있는 것이다.

☆ 정괘는 혁명 뒤의 안정된 정치 상황에서 성인이 가장 먼저 상제님께 제사올리고, 그 다음의 책무로서 현인의 양성을 통해 천하를 교화하는 의지를 밝히고 있다.

4. 상전 : 군자는 천명을 현실에 구현해야

象曰 木上有火鼎이니 君子以하여 正位하여 凝命하나니라
상 왈 목 상 유 화 정　　군 자 이　　정 위　　응 명

상전에 이르기를 나무 위에 불이 있는 것이 정이니, 군자는 이를 본받아 위치를 올바르게 해서 하늘의 명을 응결하는 것이다.

'나무 위에 불이 있다'는 말은 정괘의 형상에 비유하여 설명한 것이다. 나무에 불을 댕겨서 음식을 조리하는 이치를 뜻한다. 정괘는 양이 양 자리에 있는 3효를 제외하고는 모두가 부정위不正位이다. 예컨대 책상과 의자 등은 어느 한쪽으로 기울면 불안하다. 만약 가스레인지 위의 솥이 기울게 걸려 있다면 음식이 설익거나 쏟아질 것이다. 그만큼 우리네 시골 잔칫집에서 쓰이는 솥은 투박하지만, 무게감이 있고 안정된 모양새를 취하고 있다.

군자는 솥[鼎]의 묵직한 모습을 본떠 항상 자신의 위상을 단정하고 장중하게 다듬어야 한다. '정위正位'는 언제 어디서나 역사적 사명을 잊지 않고 자신을 되돌아보면서 올바른 자세를 견지하는 것이고, '응명凝命'은 하늘이 자신에게 부여한 사명을 엄수한다는 뜻이다. 하늘이 군자에게 내린 인

류사적 사명을 삶의 목표로 삼는 행위가 '응명'이다. 즉 군자는 천명이 현실에 구현되도록 힘써야 할 책무가 있는 것이다.

정역사상은 '정위正位'를 인간학적 의미를 넘어서 우주론적 개념으로 확대한다. 「설괘전」의 '천지가 생겨난 이래 처음으로 그 위치가 정해졌다[天地定位][9]'는 명제는 건남곤북乾南坤北의 복희괘도를 가리킨다. 한편 '천지가 올바르게 제자리를 잡으면[天地正位]' 정역괘의 이른바 건북곤남乾北坤南의 새로운 질서가 성립한다. 이는 천지가 근원적으로 바뀐다는 소식을 알리고 있다.

🔯 군자는 솥의 묵직하고 안정된 모습을 본받아 하늘이 부여한 역사적 사명을 엄수하는 존재이다.

5. 초효 : 과거의 잘못은 과감하게 버려라

初六은 **鼎**이 **顚趾**나 **利出否**하니 **得妾**하면 **以其子无咎**리라
초육 정 전지 이출비 득첩 이기자무구

象曰 鼎顚趾나 **未悖也**오 **利出否**는 **以從貴也**라
상왈 정전지 미패야 이출비 이종귀야

초육은 솥의 발꿈치가 엎어졌으나 비색한 것을 내놓는 것이 이로우니, 첩을 얻으면 그 자식이 허물이 없어질 것이다. 상전에 이르기를 '솥의 발꿈치가 엎어지나' 법도에 어긋나지 않음이요, '비색한 것을 내놓음이 이로움'은 귀함을 따름이다.

---

9) 『周易』「繫辭傳」上 1장에서는 '天尊地卑, 乾坤定矣.'라고 했으며, 소강절에 의해 복희팔괘도를 설명한 것으로 판명된 「설괘전」 3장에서는 "天地定位, 山澤通氣, 雷風相薄, 水火不相射, 八卦相錯."이라고 했다. 정역에 따르면, 위 두 인용문은 한 번 생겨난 천지는 바뀔 수 없다(선천: 중국 역학은 빅뱅 이후 최초로 태어난 '아기우주'는 팽창 과정을 거듭하면서 현재에 이르렀다는 학설을 견지한다. 김일부에 의해 새롭게 수립된 한국 역학은 선천과 후천이 순환하면서 우주는 진화한다는 이론을 주장한다)는 것이 전제되어 있다. 김일부는 복희괘의 질서에서 문왕괘의 질서로, 다시 일정한 시간대에 문왕괘의 질서에서 정역괘의 질서로 바뀌면(후천) 하늘의 원리가 땅에서 이루어져 天地否가 地天泰의 양상으로 새롭게 정립되는 이치를 밝혔다.

초효는 천진난만한 어린이들의 얘기처럼 아주 재미있게 구성되어 있다. 솥이 뒤집히는 일은 불길한 사건이다. 세 개의 다리 중에서 하나가 부러져 균형을 잃고 발이 하늘을 향한다. 다리가 부러진 솥은 쓸모없다는 말이 아니라, 이미 오래된 음식물을 버리려고 엎어 놓았기 때문이다. 한때는 주부들이 가장 갖고 싶어하던 물건 중의 하나가 코끼리 밥통이다. 새로 밥을 짓기 위해서는 밥통을 뒤집어 그 안을 씻어내야 한다. '비否'는 나쁘고 더러운 것을 뜻한다. 그렇지 않고 어제 먹던 밥에다 다시 밥을 지으면 엉망진창이 될 것이 뻔하다. 솥 안에 있는 찌꺼기를 버리기 위해서는 반드시 솥을 엎어야 한다.

솥은 쌀을 보관하는 뒤주가 아니다. 솥의 용도는 오래된 것을 버리고 새로운 것을 받아들이는데 있다. 더러운 것은 버려야 이롭다[利出否]. 초효는 과거를 청산하고 새롭게 출발할 것을 일깨운다. 신체제를 세우기 위해서는 과거의 잘못을 털어내야 발목이 잡히지 않는다. 그러니까 솥의 다리가 위를 향하는 것은 당연하다.

솥의 발이 망가져서 엎어진 것이 아니라, 새로운 음식을 만들기 위해서 솥을 뒤집어 깨끗이 청소하려는 이유 때문이었다. 초효는 4효와 상응한다. 정괘는 초효가 4효와 상응하려는 목적을 솥이 엎어졌다고 표현했던 것이다. 첩을 얻는 행위는 결단코 칭찬받을 일이 아니다. 더구나 권장 사항이 될 수도 없다. 하지만 첩이 아들을 낳아 핏줄을 잇는 것은 나쁜 일이 아니다. 이는 솥이 엎어져 전화위복이 된 것을 비유한 것이다.

정실 부인이 아기를 낳지 못하여 첩을 얻는다. 봉건 시대에나 통용될 수 있는 발언이 분명하다. 자식을 낳지 못하는 것은 허물이 아니다. 불륜을 저질러 자식을 낳는 것과 자식을 낳기 위해 첩을 얻는 것은 문제가 다르다. 첩을 들인다는 것은 새로운 것을 받아들인다는 뜻이므로 솥을 뒤집는 일은 법도에 어긋나지 않는다. 초효가 자신의 짝인 4효 양陽의 귀중한 뜻을 따르는 일이기 때문이다.

☼ 솥의 용도는 새로운 것을 받아들이는데 있다. 잘못된 관습은 털어버리고 새롭게 출발해야 미래를 기약할 수 있다.

6. 2효 : 초지일관의 마음을 지켜라

九二는 **鼎有實**이나 **我仇有疾**하니 **不我能卽**이면 **吉**하리라
구 이　　정 유 실　　　아 구 유 질　　　불 아 능 즉　　길

象曰 鼎有實이나 **愼所之也**니 **我仇有疾**은 **終无尤也**리라
상 왈 정 유 실　　　신 소 지 야　　아 구 유 질　　종 무 우 야

구이는 솥에 실물이 있으나 내 원수가 병이 생기니, 내가 능히 나아가지 않으면 길한 것이다. 상전에 이르기를 '솥에 음식물이 있으나' 삼가서 가는 바이니, '내 원수가 병이 생김'은 마침내 허물이 없어질 것이다.

2효는 양이 음 자리에 있으나[不正], 하괘의 중도를 지키고 있고 위로는 5효와 상응한다. 초효는 솥을 비웠으나, 2효 양陽은 솥에 내용물이 가득 찬 모습을 상징한다. 갑자기 초효 여자[仇= 짝]가 2효 남자에게 상사병[疾]을 알리면서 바짝 다가온다. 이 둘은 맺어질 수 없는 관계이다.

2효는 중용의 덕을 갖춘 남자다. 초효 여자의 유혹에 빠지거나 마음이 흔들려서는 안 된다. 반드시 파트너인 5효와 만날 약속을 지켜야 하기 때문에 2효에 대한 초효는 원수가 되는 것이다. 초효의 끈질긴 유혹을 뿌리치고 5효에게 가야만 길할 수 있는 것이다.

2효는 먹음직한 음식이 가득 찬 형상인데, 그렇다고 함부로 먹지도 못한다. 초효에게 발길을 돌리지 말고, 하늘이 맺어준 배필인 5효에게 신중하게 행선지를 잡아야 한다. 자신을 짝사랑하는 초효 여자가 병들지라도[我仇有疾] 원래의 약혼자를 찾아나서면 마침내 허물이 생기지 않는다는 것이다.

☼ 중용의 미덕을 지켜야만 정의의 실천도 따뜻해진다

7. 3효 : 주변 여건에 흔들리지 말라

九三은 **鼎耳革**하여 **其行**이 **塞**하여 **雉膏**를 **不食**하나 **方雨**하여
구삼   정이혁   기행   색   치고   불식   방우

虧悔終吉이리라
휴 회 종 길

象曰 鼎耳革은 **失其義也**일새라
상 왈 정 이 혁   실 기 의 야

구삼은 솥귀가 바뀌어 그 행함이 막혀 꿩의 기름을 먹지 못하나, 바야흐
로 비가 내려서 후회가 없어지고 마침내 길할 것이다. 상전에 이르기를
'솥귀가 바뀜'은 그 뜻을 잃기 때문이다.

3효는 양이 양 자리에 있으나[正], 중도를 벗어나 굳셈이 지나친 양상이
다. 솥귀를 변화시키도록 에너지가 너무 넘치기 때문에 맛있는 음식을 먹
을 수 없는 형국에 이르렀다. 원래 귀는 추위와 더위에 민감하다. 3효의
짝꿍인 상효를 비롯하여 불을 상징하는 상괘 솥은 세찬 불길로 달구어져
음식이 부글부글 끓고, 솥귀는 잡을 수 없을 정도로 뜨겁다. 이를 솥귀가
바뀌었다[鼎耳革]고 표현한 것이다.

『주역』은 지나치거나 그렇다고 부족하지 않은 중용의 미덕을 최고의 가
치로 삼는다. 하지만 3효의 상황은 비정상이다. 정괘의 주인공[主爻] 5효
와 상응 관계를 이루지 못하기 때문에 솥귀를 잃어버린 꼴이다. 더욱이 3
효는 하괘에서 상괘로 넘어가지 직전의 접점인데도 불구하고 솥은 뜨겁고
솥귀가 바뀌었으니(떨어짐) 옮길 수도 없는 처지다.

솥귀가 없어지고 갈 길이 막혔다[其行塞]는 것은 곧 5효 군주가 등용하지
않음을 형용한 말이다. '치雉'는 꿩, '고膏'는 기름을 뜻하는 글자로서 '치고'
는 기름기가 철철 넘치는 꿩고기를 가리킨다. 맛있는 꿩고기를 먹지 못한
다[雉膏不食]는 것은 5효 군주로부터 녹봉을 받지 못하는 것을 뜻한다.

처음에 3효 양은 5효 음을 만나지 못하여 가슴 속에 회한을 품고 있었다.

그러나 올바른 마음가짐으로 자신을 지켜 나중에는 5효 군주의 눈에 띄어 차츰 회한이 사라져 좋은 일이 생길 것이라고 했다. 『주역』은 양(3효)과 음(5효)이 만나 화합함으로써 상황이 역전되는 것을 '비가 내린다[方雨]'고 표현한다. '솥귀가 바뀜은 그 뜻을 잃기 때문이다[鼎耳革, 失其義也]'라는 말은 매우 의미심장한 내용이다. 솥귀가 떨어진 것은 도리를 잃어버렸기 때문이라고 풀이하여 5효 군주와의 화합을 강조하는 것이 보통이었다.

이는 선후천론의 시각에서 해명하는 것이 보다 타당하다. 3효는 후천으로 넘어가기 직전인 선천의 막바지인 까닭에 어쩔 수 없이 도리를 잃는다. 따라서 인간이면 누구나 뉘우치는 삶을 살 수밖에 없고, 음양이 근본적으로 균형이 잡히는 후천의 새로운 환경이 조성될 것을 기대하면서 정도를 걸어야 하는 것이다.

☒ 올바른 마음가짐이 만사형통의 지름길이다.

8. 4효 : 의무와 책임 소재는 타인에게 양도할 수 없다

九四는 **鼎**이 **折足**하여 **覆公餗**하니 **其形**이 **渥**이라 **凶**토다
구사   정   절족   복공속   기형   악   흉

象曰 覆公餗하니 **信如何也**오
상왈 복공속   신여하야

구사는 솥이 다리가 부러져서 공의 밥을 엎으니, 그 얼굴이 젖음이다. 상전에 이르기를 '공의 밥을 엎음'은 믿음이 과연 어떠한고.

'복覆'은 뒤엎는 것, '속餗'은 고기와 야채를 섞어서 끓인 죽을 뜻한다. 4효는 양이 음 자리에 있고不正, 중용은 아니지만 초효와 상응한다. 초효는 더러운 것을 씻기 위해 솥을 엎었지만, 4효에서는 군주에게 드릴 죽을 쏟는 상황을 얘기한다.

4효는 5효 군주 밑에서 중책을 맡은 신하다. 그럼에도 짝꿍인 초효의 지원을 받으려다 맡은 바 책임을 소홀히 하다가 솥의 다리가 부러져 군주

가 먹을 음식을 쏟았다. 무거운 형벌을 감내해야 하는 형국이다. 뒷감당이 두렵고 무섭다. '얼굴을 붉혀 부끄러워 하는 모습[其形渥]'의 대목을 정이천은 '무안하여 땀이 줄줄 흐른다'[10]고 했으며, 주자는 조열지晁說之(1059-1129)의 견해를 받아들여 '무거운 형벌'로 풀이했다.[11]

공자는 4효의 뜻을 매우 중시했다. "덕은 아주 엷은데 지위는 높고, 지혜는 작은데 도모하는 것은 크며, 힘은 작은데 맡는 일이 무거우면 거의 예외 없이 불행을 겪을 수밖에 없다! 역에서는 '솥의 다리가 부서지고 뜨거운 음식이 쏟아져 얼굴이 젖어 엉망이 되었으니 흉하다'고 하니, 이는 자신의 임무를 제대로 수행할 수 없음을 말한 것이다."[12]

애당초 4효와 상응하는 초효는 음유陰柔 소인이다. 큰일을 맡을 수 없는 소인의 능력은 솥의 다리가 부러진 양상과 흡사하다. 사람보는 안목이 부족한 신하가 소인과 가깝게 지내다가 대사를 망쳐 군주에게 대접할 음식을 엎지르는 것과 같다. 신하는 무거운 형벌로 징계받는다. 소인만을 믿은 4효 신하는 화를 피할 수 없는 것이다.

☖ 소인과 가깝게 지내다가 책임을 다하지 못한 사람은 무거운 형벌을 면할 수 없다.

9. 5효 : 중용으로 천하를 먹여 살려야

六五는 鼎黃耳金鉉이니 利貞하니라
육 오　　정 황 이 금 현　　이 정

10) 『易程傳』, "천하의 임무를 담당하는 대신의 위치에서 등용한 바가 훌륭한 사람이 아니어서, 복패함에 이르면 이는 그 임무를 감당하지 못한 것이니 부끄러움이 심한 것이다. '기형악'은 무안하여 땀이 흐름을 이르니, 그 흉함을 알만 하다.[居大臣之位, 當天下之任而所用非人, 至於覆敗, 乃不勝其任, 可羞愧之甚也. 其形渥, 謂赧汗也, 其凶可知.]"
11) 『周易本意』, "형악은 여러 책에 형옥으로 되어 있으며, 무거운 형벌이라고 했으니, 이제 그 말을 따른다.[形渥, 諸本, 作刑剭, 謂重刑也, 今從之.]"
12) 『周易』, 「繫辭傳」 하편 5장, "子曰 德薄而位尊, 知小而謀大, 力小而任重, 鮮不及矣, 易曰鼎折足, 覆公餗, 其形渥. 凶, 言不勝其任也."

象曰 鼎黃耳는 中以爲實也라
상왈 정황이 중이위실야

오는 솥에 누런 솥귀와 쇠고리이니, 올바르게 함이 이롭다. 상전에 이르기를 '솥에 누런 솥귀'는 중도를 실질로 삼은 것이다.

5효는 음이 양 자리에 있으나[不正], 상괘의 중도이며 2효와 상응하는 정괘의 주효主爻이다. 솥은 모든 것을 삶아서 만백성이 먹고 살게 하는 이로운 도구이다. 그것은 솥 속에 들어간 다양한 견해를 한 곳에 모아 통일하는 기능을 상징한다. 만물의 다양성을 통일하려면 연결고리가 있어야한다. 귀는 만물의 소리를 듣는 기관이고, 고리는 수많은 소리를 하나로 꿰뚫어 통일하는 핵심이다. 이런 까닭에 5효는 솥귀[耳]와 쇠고리[金鉉]를 동시에 언급하는 것이다.

5효는 정괘를 성립시키는 주효이기 때문에 '누런 귀[黃耳]'라 했다. 오행에서 중앙에 위치한 '토土'는 노란색이다. 토는 수화목금의 핵심으로서 수화목금의 운행을 중앙에서 조절하는 심장부에 해당한다. 그리고 매우 단단한 쇠고리[金鉉]는 5효가 비록 음이지만 양인 2효와 상응하므로 결국 5효 자체는 강유를 겸비하고 있음을 뜻한다. 쇠 '금'은 단단함을, 고리는 귀를 꿰뚫어 솥을 옮길 수 있는 수단이다.

쇠는 부러지기 쉬운 반면에 버들가지는 유연하여 부러지지 않는다는 속담이 있다. 5효와 2효는 각각 중도로써 상응하는 관계. 5효는 그 근본이 음이기 때문에 올바름을 굳게 지켜야 좋다[利貞]. 쇠고리는 과연 2효인가, 상효인가에 대한 학설로는 두 가지가 있다. 주자는 후자의 입장을 취한다. 상효는 옥으로 만든 고리[玉鉉]를 말하는데, 솥을 옮기는 고리는 두 개가 있다는 뜻이다. 하나는 5효의 쇠고리, 다른 하나는 상효의 옥고리가 그것이다. 따라서 주자의 견해가 보다 합리적이라 할 수 있다.

『주역』은 중용의 효용성의 극대화를 칭송한다. 5효의 '중용을 실질로 삼는다[鼎黃耳, 中以爲實也]는 말이 바로 그것이다. 솥은 용광로와 유사하다. 온갖 쇠들이 펄펄 끓는 용광로에 들어가서는 쇳물이 되어 나온다. 솥에서 나온 음식물[中道 = 中庸]이 천하를 먹여살리는 효과를 형상화한 것이다. 이처럼 중용의 가치는 위대하고 또 위대한 것이다.

☆『주역』은 솥에서 나온 음식물조차도 중용을 바탕으로 삼아야 그 효용성이 크고 위대하다고 가르친다.

10. 상효 : 강유의 조화는 상황을 역전시키는 양약

上九는 **鼎玉鉉**이니 **大吉**하여 **无不利**니라
상 구　정 옥 현　　대 길　　무 불 리

象曰 玉鉉在上은 **剛柔節也**일새라
상 왈 옥 현 재 상　강 유 절 야

상구는 솥에 옥고리이니, 크게 길해서 이롭지 아니함이 없는 것이다. 상전에 이르기를 '옥고리'가 위에 있음은 강유를 조절했기 때문이다.

상효는 양이 음 자리에 있고[不正], 상괘의 중도도 아니다. 대부분의 상효는 부정적 내용으로 일관되어 있으나, 정괘는 예외다. 앞의 수풍정괘와 마찬가지로 화풍정괘 상효 역시 길한 내용이다. 우물물과 솥 안의 음식물은 천하사람 모두가 먹을 수 있으므로 크게 길하여 이롭지 않음이 없다.[13] 우물과 솥은 효용의 극대화를 꾀할 수 있는 뜻을 함축하고 있는 것이다.

'옥'은 굳으면서도 부드러운 돌덩이다. '옥고리[玉鉉]'는 불에 달궈진 솥

---

13) 장시앙핑/박정철, 『역과 인류사유』(서울: 이학사, 2007), 141-142쪽 참조 "주역의 긍정적 가치 평가 용어 중에 눈여겨볼 만한 것은 '큰 허물은 없다无大咎'[2회]와 '이롭지 않음이 없다无不利'[13회]이다. 이들은 모두 중성적 가치에 가까운 미묘한 평가이다. '큰 허물은 없다'의 경우는 관련된 행위의 부정적 현실을 이미 인식하면서도 사건 전체에 대해 그 행위가 미치는 영향이 비교적 작다는 것을 의식한 것이다. '이롭지 않음이 없다'의 경우는 희망적인 의미를 갖지만 모종의 부정적인 가능성을 인식한 것이다. 이것은 『주역』의 가치 체계 속에서 이미 진행형 가치 평가가 있었음을 말하는 것이다. 긍정과 부정 가치의 임계 상황에 대해 중성적 평가만 한 것이 아니라, 플러스에서 마이너스로 이동하는 가치 평가도 했다는 것을 보여준다."

이 뜨겁기 때문에 열 전달력이 낮은 옥으로 만든 손잡이로 솥을 들거나 옮기기 쉬운 장점이 있다. 옥고리는 강과 유 어느 쪽에 치우치지 않는 특징이 있다. 양[剛: 시간]와 음[柔: 공간 = 陰位]이라는 강유가 조화를 이루고 있기 때문이다.

'옥고리가 위에 있음은 강유를 조절했기 때문이다[玉鉉在上, 剛柔節也]'라는 명제는 수많은 영감을 불러일으킨다. '강剛'은 뜨거운 열熱이고 양이다. '유柔'는 차가울 한寒이고 음이다. 옥은 뜨거운 것과 차가운 것을 잘 조절하는 기능을 한다. 인간사에서도 강유의 조절이 성공의 열쇠임을 가르친다. 따라서 옥은 참된 조화와 화합을 상징한다.

☗ 항심의 가장 큰 적은 조급증이다.

정역사상의 연구자 이상룡李象龍은 정괘의 성격을 다음과 같이 설명한다.

☄ 此鼎制取其象이니 故其爲字는 上離目이오 下巽股라
　　차 정 제 취 기 상　　고 기 위 자　　상 리 목　　　하 손 고

目은 象中虛하고 股는 合牉片二字일새
　목　　상 중 허　　　고　　합 상 편 이 자

牉片卽判巽木而爲之者也라 鼎有三足有兩耳니
　상 편 즉 판 손 목 이 위 지 자 야　　정 유 삼 족 유 양 이

對峙於上鉉橫亘乎其上하여 貫耳擧鼎者也라 夫鼎은 重器니
　대 치 어 상 현 횡 긍 호 기 상　　관 이 거 정 자 야　　부 정　　중 기

大人濟屯而定之라 故鼎所以次屯也라
　대 인 제 둔 이 정 지　　고 정 소 이 차 둔 야

☄ '정鼎'은 솥 모양에서 취한 글자로 위는 눈[離], 아래는 넓적다리[巽]를 상징한다. 눈[目]은 중앙이 비어 있으며, 넓적다리[股]는 평상 상牉과 조각 편片의 합성어다. 상편牉片은 곧 바람을 뜻하는 손巽과 동방의 목[木]을 구분하기 위해 만든 글자다. 솥에는 세 개의 발과 두 개의 귀가 있다. 대치하는 형상의 솥귀는 위를 향해 옆으로 뻗어

있으므로 솥귀를 꿰어 솥을 들어 올리는 것이다. 솥은 무거운 물건이다. 대인은 어려움[屯]을 제도하는 존재이기 때문에 정괘가 둔괘 다음에 위치하는 것이다.

彖曰 鼎, 元(吉)亨은 烹飪而歆而養하여 三極之道諧矣라
단왈 정 원 길 형 팽임이흠이양 삼극지도해의

단전 '정은 크게 (길하여) 형통한다'는 말은 음식을 잘 삶아 익혀 제사음식으로 올려서 길러내는 것으로 삼극의 도가 잘 화합하는 것을 뜻한다

象曰 君子以, 正位, 凝命은 不違天命也라
상왈 군자이 정위 응명 불위천명야

상전 "군자는 이를 본받아 위치를 올바르게 해서 하늘의 명을 응결한다"는 것은 천명을 거슬리지 않는다는 말이다.

初六, 鼎, 顚趾, 利出否, 得妾, 以其子无咎는 賤反爲貴요
초육 정 전지 이출비 득첩 이기자무구 천반위귀
飜倒之幸也라
번도지행야

초효 "초육은 솥의 발꿈치가 엎어졌으나 비색한 것을 내놓는 것이 이로우니, 첩을 얻으면 그 자식이 허물이 없을 것이다"는 말은 천한 것이 귀한 것으로 바뀌는 행운을 뜻한다.

九二, 鼎有實, 我仇有疾, 不我能卽, 吉은 聖人之大寶를
구이 정유실 아구유질 불아능즉 길 성인지대보
人不敢問也라
인불감문야

2효 "구이는 솥에 실물이 있으나 내 원수가 병이 생기니, 내가 능히 나아가지 않으면 길할 것이다"라는 것은 성인의 중요한 보물

에 대해 감히 묻지 못하는 것을 지적한 말이다.

九三, 鼎耳革, 其行, 塞, 雉膏, 不食은 舊鼎既遷이어늘
구삼 정이혁 기행 색 치고 불식 구정기천

義不食祿也오 方雨, 虧悔終吉은 志在興隆也라
의불식록야 방우 휴회종길 지재흥륭야

3효 "구삼은 솥귀가 바뀌어 그 행함이 막혀 꿩의 기름을 먹지 못함"은 옛 솥이 이미 옮겨졌으므로 의리상 녹봉을 먹지 않는다는 것이며, "바야흐로 비가 내려서 후회가 없어지고 마침내 길할 것이다"는 것은 뜻이 흥성함에 있다는 말이다.

九四, 鼎, 折足, 覆公餗, 其形, 渥. 凶은 冒祿耽位하여
구사 정 절족 복공속 기형 악 흉 모록탐위

侮賢嫉能하며 覆國而顏厚也라
모현질능 북국이안후야

4효 "구사는 솥이 다리가 부러져서 공의 밥을 엎으니, 그 얼굴이 젖음이라. 흉하다"는 것은 녹봉과 벼슬을 탐하여 현명한 이를 업신여기고 능력 있는 이를 질투하여 나라를 뒤집고도 얼굴빛이 두꺼운 것을 뜻한다.

六五, 鼎黃耳金鉉, 利貞은 曆數在己이어늘 金火而革也라
육오 정황이금현 이정 력수재기 금화이혁야

5효 "육오는 솥에 누런 솥귀와 쇠고리이니, 올바르게 함이 이롭다"는 것은 역수가 갑기甲己에서 기갑己甲으로 바뀔 시간대이므로 금화가 교체가 됨을 가리킨다.

上九, 鼎玉鉉은 百神享之也라
상구 정옥현 백신향지야

상효 '상구는 솥에 옥고리가 있음'은 백신百神을 받드는 것이다.

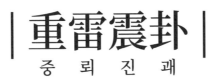

|重雷震卦|
중 뢰 진 괘

안전으로 들어서는 길

1. 만물을 낳는 으뜸 : 진괘

정이천은 화풍정괘火風鼎卦(䷱) 다음에 중뢰진괘重雷震卦(䷲)가 오는 이유를 다음과 같이 말한다.

> 震은 序卦에 主器者莫若長子라 故受之以震이라 하니라
> 진　서괘　주기자막약장자　고수지이진
>
> 鼎者는 器也니 震爲長男이라 故取主器之義而繼鼎之後라
> 정자　기야　진위장남　고취주기지의이계정지후
>
> 長子는 傳國家繼位號者也라 故爲主器之主하니 序卦에
> 장자　전국가계위호자야　고위주기지주　서괘
>
> 取其一義之大者하여 爲相繼之義하니라 震之爲卦는 一陽이
> 취기일의지대자　위상계지의　진지위괘　일양
>
> 生於二陰之下하니 動而上者也라 故爲震이라 震은 動也어늘
> 생어이음지하　동이상자야　고위진　진　동야
>
> 不曰動者는 震有動而奮發震驚之義일새라 乾坤之交가
> 불왈동자　진유동이분발진경지의　건곤지교
>
> 一索而成震하니 生物之長也라 故爲長男이라 其象則爲震이오
> 일색이성진　생물지장야　고위장남　기상즉위진
>
> 其義則爲動이니 雷有震奮之象이오 動爲驚懼之義라
> 기의즉위동　뇌유진분지상　동위경구지의

"진괘는 「서괘전」에 '기물을 주관하는 자는 맏아들 만한 이가 없다. 그러므로 진괘로 이어받았다'고 하였다. 정은 기물이니, 진은 맏아들(장남)이 되므로 기물을 주관하는 뜻을 취하여 정괘의 뒤를 이었다. 맏아들은 국가를 전하고 직위와 칭호를 계승하는 사람이다. 그러므로 기물을 주관하는 주인이 되었으니, 「서괘전」에는 한 뜻의 큰 것만을 취하여 서로 잇는 뜻으로 삼은 것이다. 괘의 형성은 하나의 양이 두 음의 아래에 생겼으니, 움직여 올라가는 것이다. 그러므로 진이라 하였다. 진은 움직임인데, 움직임이라 말하지 않은 것은 진에는 움직이고 분발하며 놀람이라는 뜻이 있기 때문이다. 건곤의 사귐이 한 번 찾아 진을 이루니, 사물을 낳는 으뜸이다. 그러므로 맏아들(장

남)이 되었다. 그 형상은 우레이고 그 뜻은 움직임이니, 우레는 움직이고 놀라는 모습이 있고, 움직임은 놀라서 두려워하는 뜻이 된다."

진괘의 구조는 위가 우레[震: ☳], 아래 역시 우레[震: ☳]이다. '진震'은 움직이다, 떨쳐 일어나다는 뜻이다. 하늘과 땅이 교감하여 최초로 생겨난 양 에너지가 우레이다. 갓난아기가 산모의 자궁에서 나오면서 '응아!'라고 소리지르면서 세상에 신고하는 소리와 마찬가지로 우레는 만물 탄생의 첫 신호탄이다. 복희괘는 안에서 밖을 지향하면서 만물의 탄생을 알리는 기호를 형상화했는데, 그것은 한 집안의 맏아들[長男]에 해당한다.

우레는 창세 신화에서 주연 배우로 활약한다. "우레의 신은 세계 각국의 신화에서 독특한 지위를 차지한다. 우레는 공포와 위엄을 상징하기 때문에 최고신의 전유물처럼 되어 있다. 서양과 동양의 최고신인 제우스와 황제黃帝는 우레의 신을 겸하고 있다. 동양 신화에서 우레의 신은 뇌신雷神, 뇌사雷師 혹은 뇌공雷公 등으로 불린다. 본래 남신이지만 번개만을 분리해서 여신의 전모電母를 숭배하기도 한다. 초나라 지역에서는 풍륭風隆이라고도 불렸는데, 이것은 우레 소리를 본뜬 것이다. 바람, 비, 구름, 우레 등의 신은 모두 강우降雨와 관련된 신들이다."[1]

하늘에서 내리는 우레와 번개는 뇌성벽력雷聲霹靂이고, 땅에서 요동치는 우레는 지진地震이다. 하늘이 천둥과 번개를 내리치면서 세상을 깜짝 놀라게 하는 형상이 바로 '진震'이다. 힘찬 우레는 번개와 비를 동반한다. 우레의 진정한 동무는 번개불[火]이다. 그것은 『주역』 21번 화뢰서합괘火雷噬嗑卦(☲☳)와 55번 뇌화풍괘雷火豐卦(☳☲)가 증명한다.[2]

진괘는 정괘 다음에 온다. 그래서 「서괘전」은 "기물(그릇)을 주관하는 자

---

1) 정재서, 『이야기 동양신화』(서울: 황금부엉이, 2004), 98쪽.
2) ① "우레와 번개가 서합이니, 선왕이 이를 본받아 벌을 밝히고 법을 잘 정비하느니라[象曰 雷電噬嗑, 先王以, 明罰勅法.]" ② "우레와 번개가 모두 이르는 것이 풍이니, 군자는 이를 본받아 감옥 일을 끊고 형벌을 이루느니라.[象曰 雷電皆至豐, 君子以, 折獄致刑.]"

는 맡아들 만한 이가 없다"고 했다. 여기서 말하는 기물은 솥[鼎]을 가리킨다. 솥은 단순히 음식을 익히는 그릇이 아니라, 제사지낼 때 쓰는 신성한 그릇을 뜻한다. 제기祭器를 준비하고 제사를 주관하는 일은 장남의 몫이다.

2. 진괘 : 자연(우레)의 인간화와 인간(장남)의 자연화

震은 **亨**하니 **震來**에 **虩虩**이면 **笑言**이 **啞啞**이리니 **震驚百里**애
진　형　　진래　　혁혁　　　소언　　액액　　　　진경백리

不喪匕鬯하나니라
불상비창

진은 형통하니 우레가 올 때는 깜짝 놀라고 놀래서 (우레가 그친 다음에는) 웃음소리 깔깔거리니, 우레가 백 리까지 깜짝 놀라게 함에 (제주가) 비창을 잃지 않는 것이다.

우레는 형통한다. 하늘과 땅이 처음으로 교감하여 우레라는 맏아들을 낳았다. 천지는 우레를 출생 신고한 다음에 지속적으로 팽창과 발전을 거듭하기 때문에 형통한다. 우레는 가장 높은 곳에서 앞이 훤히 트인 땅을 지향하므로 형통할 수밖에 없다.

우레는 아무런 경고 없이 갑자기 들이닥치기 때문에 무섭다. 세상에서 가장 무서운 것은 '우르릉 꽝!' 하는 천둥소리일 것이다. 우레가 한 번 진동하면 어른들도 두려워 몸을 움츠린다. 평소 죄하고는 거리가 먼 사람도 그 소리를 꺼리는데, 심지어 죄지은 이는 오금을 못추릴 정도로 두려움에 떤다. 천둥은 하늘의 뜻을 거역한 사람에게 내리는 심판으로 여겨졌다. 천둥은 일종의 하늘의 경찰관이다. 악행을 단속하고 단죄하는 것이 천둥의 역할이다. 전설에서는 벼락맞아 죽는 것을 가장 치욕스런 일로 받아들인다.[3]

---

3) 마노 다카야/이만옥, 『도교의 신들』(서울: 들녘, 2001), 218-219쪽. "雷神(= 雷公)은 악행

우레소리는 한없이 널리 퍼진다. 사방 백리를 공포와 두려움의 도가니로 휘감는다. 멀리 떨어진 사람을 놀라게 하고, 가까운 사람들로 하여금 겁먹게 한다. 천둥과 번개는 엄청난 폭풍우와 바람을 수반한다. 공포의 대상이다. 번개는 단 한번의 불칼로 거목을 쓰러뜨리고, 비바람은 한 해의 농작물을 순식간에 휩쓸고 지나가버린다. 수마가 할퀴고 간 뒤의 자연은 다시 침묵으로 돌아서면서 언제 그랬느냐는 듯이 생기를 북돋는다.

'혁鵝'은 파리를 잡어먹는 거미가 두려워한다는 뜻인데, '혁혁鵝鵝'은 무섭고 두려워하면서 사방을 두리번거리는 모습을 본뜬 의태어다. 하지만 천둥이 멎으면 깔깔대면서 웃는 때가 온다[笑言啞啞]. 진괘는 우레를 통해 두려움과 웃음을 병행시켜 고난과 행복의 이중적 의미를 담고 있다. 우레는 자연의 경이로운 현상과 함께 신비로운 생명의 지속성을 상징한다.

'비匕'는 제사드릴 때 국을 뜨는 큰 숟가락을 뜻한다. 솥에서 삶은 제물을 꺼내 신에게 바치기 위해 상 위에 올려놓을 때 필요한 숟가락[匕]이다. '창鬯'은 울금향鬱金香을 넣어 빚은 귀한 술로써 신을 부를 때[降神] 주로 쓴다. 울창주는 검은 기장으로 빚은 술에 울금향의 풀을 섞어 만든다. 동양에서는 향기가 독특한 울창주를 땅에 부어 신이 강림하도록 하는 용도로 사용하는 전통이 있었다.[4] 대추나무로 만든 숟가락과 울창주는 제사 의식을 주관하는 주인공[祭主= 장남]이 직접 사용하는 신성한 도구이기 때문에 우레소리에 놀라 땅에 떨어뜨려서는 안 된다[震驚百里, 不喪匕鬯]. 어떠한 두려움에도 굴복하지 말고 맡은 바 책임을 다해야 한다는 뜻이다. 우레는 하늘에 대한 정성이 지극한 사람은 해치지 않는다는 믿음이 짙게 깔려 있

을 저지른 인간의 생명을 빼앗는 집행관의 직분을 가지고 있으며, 그의 상사는 인간 행동의 선악을 판단하는 천둥 관련 최고신인 雷帝다. 도교에서 뇌제를 지칭하는 정식 명칭는 '九天應元雷聲普化天尊'이다."

4) 『禮記』「郊特牲」, "주나라 사람들은 냄새를 숭상한다. 그래서 울창주를 땅에 부어 냄새나게 한다. 또한 울금향 풀을 두드려 짠 즙에 울창주를 화합하여 그 냄새가 아래로 연천에 사무치게 한다. 강신하는 옥 주전자의 자루로 규장을 사용하는 것은 옥의 기운을 쓰기 위한 것이다.[周人相臭, 灌用鬯臭, 鬱合鬯, 臭陰達於淵泉, 灌以圭璋, 用玉氣也.]"

다. 제사를 주관하는 일은 장남만이 누리는 특권이지만, 정치적 권위와 종교적 경건성을 잊지 말라는 깨우침인 것이다.

🔯 우레에 대한 두려움과 웃음을 통해 인간의 도덕적 각성을 촉구하고 있다.

3. 단전 : 자연의 소리가 곧 진리의 음성

象曰 震은 **亨**하니 **震來虩虩**은 **恐致福也**오
단왈 진 형 진래혁혁 공치복야

笑言啞啞은 **後有則也**라 **震驚百里**는 **驚遠而懼邇也**니
소언액액 후유칙야 진경백리 경원이구이야

出可以守宗廟社稷하여 **以爲祭主也**리라
출가이수종묘사직 이위제주야

단전에 이르기를 진은 형통하니 '우레가 올 때는 깜짝 놀라고 놀람'은 두려워하여 복을 이룸이요, '웃음소리 깔깔거림'은 뒤에 법칙이 있음이다. '우레가 백 리까지 깜짝 놀라게 함'은 먼 곳을 놀라게 하고 가까운 곳은 두려워하게 함이니, 나가서는 충분히 종묘사직을 지켜서 제주가 될 것이다.

『주역』 64괘 중에서 진괘 「단전」은 괘사의 내용을 그대로 인용한다. 우레는 공포의 소리에 그치는 것이 아니라, 복을 이르게 하는 하늘의 피뢰침으로 작용하기도 한다. 공포는 현실적으로 존재하는 우레라는 실체로부터 나오는 무서움이다. 하지만 실존 철학에 따르면, 불안은 뚜렷한 대상이 없는데도 불구하고 의식의 심층에서 우러나와 원초적인 두려움을 엄습하게 만든다. 천둥은 하늘의 징계인 동시에 죄에서 벗어나게 하는 하늘의 선물인 셈이다.

천둥은 항상 두려움의 대상만은 아니다. 오히려 행복을 담보해주는 원인으로 작동한다. 다만 조건이 있다. 자신의 허물을 낱낱이 뉘우쳐 새로운 삶을 살아야 하는 각오가 뒤따라야 한다는 점이다. 하늘이 천둥으로 징계

의 표시를 내렸는데도 회개하지 않는다면 두려움은 복으로 바뀌지 않는다. 천둥과 번개칼의 무서운 공격을 받지 않으려면 마음가짐과 삶의 방식을 올바르게 가져야 한다. 도교에서는 우레의 신은 사람의 마음을 꿰뚫어 보는 거울로 들여다보고 징계해야 하는 사람에게 천둥과 번개로 내리친다고 가르쳤다.

자신의 삶을 반성하고 뉘우치면 우레의 공포는 복을 받는 지침으로 전환될 수 있다. 우레는 올바른 삶으로 이끄는 등대로 작용한다. 마음먹기에 따라 천둥[天動]과 번뜩이는 번개 또는 하늘과 땅이 붕괴될 지경의 공포와 두려움마저 선풍기의 미풍처럼 가볍게 넘길 수 있다. 두려움을 웃음으로 변질시키는 열쇠는 우레에 있는 것이 아니라, 인간의 결심[後有則也]에 달린 것이다.

"우레가 백 리까지 깜짝 놀라게 하여 먼 곳의 사람을 놀라게 하고 가까운 곳의 사람을 두려워하게 한다[震驚百里, 驚遠而懼邇也]"는 대목은 우레의 위력을 실감나게 하는 표현이다. 엄청난 비바람을 수반하는 천둥에 모든 사람이 두려움에 떨지라도 맏아들(장남)은 제사에 쓸 숟가락을 떨어뜨려서는 안 된다. 또한 천둥소리에 놀래서 울창주를 쏟지 않는 두둑한 배짱과 아울러 담대한 정신을 갖추어야 한다.

종묘사직은 나라를 세우고 이끌었던 조상들의 신주를 모신 사당이다. 장남은 강인한 정신력과 고매한 인격을 갖추어야 수많은 곤경과 위기 속에서도 종묘사직을 지킬 수 있다. 조그마한 사건에도 휘둘리거나, 큰일에 허둥지둥 정신을 잃는다면 종묘와 사직을 받들 수 없다. 종묘와 사직을 지키는 일은 나라와 왕실의 안녕과 직결된다. 따라서 장남은 국가적으로나 종교적으로 위기를 기회로 바꿀 수 있는 자질을 키워야 한다.

☖ 회개하라! 그러면 두려움이 행복으로 바뀔 것이다.

4. 상전 : 깊이 반성하고 성찰하여 심신을 닦아라

象曰 洊雷震이니 **君子以**하여 **恐懼修省**하나니라
상왈 천뢰진　　　군자이　　공구수신

상전에 이르기를 거듭하는 우레가 진이니, 군자는 이를 본받아 놀라고
두려워하여 자신을 닦고 반성하는 것이다.

　괘의 위아래 모두가 진震(☳)이라는 뜻이다. '천洊'은 거듭 '중重'과 의미
가 같은 글자다. 계속 밀려오는 거친 파도처럼 우레가 거듭해서 내리친다
는 것은 하늘의 노여움이 이루 헤아릴 수 없음을 가리킨다. 하늘이 우레를
거듭해서 내려보내는 까닭은 인간으로 하여금 허물을 깨닫는 기회를 주기
위해서다. 그런데도 거짓된 행동과 과오를 고치지 않는다면 어떤 재앙이
닥칠지는 아무도 모른다.

　허물은 또다른 허물을 낳아 하나의 습관으로 고착되기 쉽다. 공자는 자
연의 경고음에 민감하게 반응했다. 공자의 언행을 기록한 『논어』는 "빠른
천둥이나 사나운 바람에도 반드시 얼굴빛이 변했다"[5]고 했다. 공자가 얼
굴빛이 변한 이유에 대해 주자는 하늘의 노함을 공경했기 때문이라고 주
석을 달았다. 만일 모진 바람과 빠른 우레와 극심한 비가 있으면 반드시
변하여 비록 밤일지라도 일어나서 의관을 똑바로 하고 앉았다고 전한다.[6]
공자는 지축을 울리는 천둥이나 사나운 비바람을 만나면 스스로를 가다
듬는 모범을 보였던 것이다.

　군자는 우레가 세상을 진동하는 현상을 본받아 자신을 반성하여 새로운
인간으로 거듭 태어나는 자세를 확립한다. 평소 과오를 저질렀는가를 항상
두려워하고, 깊이 반성하고 성찰하여 심신을 닦는다. 「상전」의 문법을 분
석하면, 자연에 대한 사실 판단[洊雷震]이 가치 판단[君子'以']으로 전환하고,

5) 『論語』 「鄕黨」, "迅雷風烈, 必變."
6) 『論語集註』, "必變者, 所以敬天之怒. 記曰若有疾風迅雷甚雨, 則必變, 雖夜必興, 衣服冠而坐."

이를 다시 당위 법칙[恐懼修省]으로 도출하는 형식을 취하고 있다. 『주역』의 「상전」은 이 세 문제를 동일한 사건으로 읽어내는 특징을 보여준다.

✡ 자연의 경고음(우레)은 새로운 인간으로 다시 태어나라는 하늘의 메시지다.

5. 초효 : 자연은 인간 주체화의 모델

初九는 **震來虩虩**이라야 **後**애 **笑言啞啞**이리니 **吉**하니라
초구 진 래 혁 혁   후   소 언 액 액   길

象曰 震來虩虩은 **恐致福也**오 **笑言啞啞**은 **後有則也**라
상 왈 진 래 혁 혁   공 치 복 야   소 언 액 액   후 유 칙 야

초구는 우레가 올 때는 깜짝 놀라고 놀라야 뒤에 웃음소리가 깔깔거리니 길할 것이다. 상전에 이르기를 '우레가 올 때는 깜짝 놀라고 놀람'은 두려워하여 복을 이룸이요, '웃음소리 깔깔거림'은 뒤에 법칙이 있음이다.

괘사의 내용은 초효의 내용에 그대로 이어진다. 다만 '길'이라는 글자 하나가 덧붙여졌을 뿐이다. 초효는 진괘 전체의 주효主爻로서 천둥을 몰고 오는 주인공이다. 초효는 양이 양 자리에 있는正 우레가 일어나는 진원지에 해당한다.

우레가 쳤는데도 두려워하지 않는 사람은 귀머거리일 것이다. 위기를 만나면 그 사람의 능력이 드러난다. 허둥지둥 정신 못차리는 부류가 있고, 침착하게 대처하는 부류가 있다. 초효는 미리부터 방심하지 않고 조심하는 태도를 높이 산다. 그래서 효사를 지은 주공은 괘사를 지은 아버지 문왕의 말을 인용하면서 '길'이라는 글자를 덧붙였을 따름이다.

『주역』은 자연의 경고인 우레를 인간에 대한 도덕성 검증이라고 간주했다. 자연의 인간화의 전범이다. 자연 현상을 도덕적으로 두려워하는 마음으로 받아들이면 상황은 역전된다. 공포에서 마음의 안정과 행복으로 전환된다. 이러한 태도가 개인의 삶의 규범과 좌우명으로 자리잡게 되면 가

슴에는 항상 웃음꽃이 핀다.

⚛ 우레는 도덕성을 검증하는 하늘의 경찰관이다.

6. 2효 : 중용이라야 잃은 것을 되찾을 수 있다

六二는 **震來厲**라 **億喪貝**하여 **躋于九陵**이니 **勿逐**하면
육 이　　진 래 려　　억 상 패　　　제 우 구 릉　　　　물 축

七日에 **得**하리라
칠 일　　득

象曰 震來厲는 **乘剛也**일새라
상 왈 진 래 려　　승 강 야

육이는 우레가 닥침에 위태한 것이다. 재물 잃을 것을 헤아려 언덕에 오
름이니, 쫓지 않으면 7일만에 얻을 것이다. 상전에 이르기를 '우레가 닥침
에 위태함'은 강을 탔기 때문이다.

　2효는 음이 음 자리에 있고[正], 하괘의 중용을 얻고 있다[中]. 초효는 강
력한 에너지인 우레와 진동이 힘차게 위로 올라오는 형세다. 그러니까 우
레가 닥쳐오면 위태롭다. 감각 능력이 뛰어난 개미와 쥐는 지진이 오는 것
을 미리 알아채 며칠 전부터 도망간다고 알려져 있다. 지진은 모든 것을
한꺼번에 삼켜버리는 위태로운 징조이다.
　'억億'이라는 글자에 대해서는 이설이 분분하다. 우번虞翻은 '안타깝다'는
의미로 읽었고, 간보干寶는 감탄사 '아아!'로 새겼고, 정현鄭玄은 숫자인 '억'
으로 풀이했다. 정이천은 헤아릴 '탁度'으로, 주자는 그 의미를 '잘 모르겠
다'고 했다.[7] 분명히 우레가 닥치는 것은 외부로부터 기인한다. 하지만 위
험을 감지하고 느껴 대비하는 일은 마음에서 비롯된다. 2효는 중용을 지
키는 까닭에 어려운 상황을 대처할 수 있다.

---

7) ① 孫星衍, 『周易集解疏』, "虞翻曰億, 惜辭也." "干寶曰 億, 歎辭也." "鄭康成曰 十萬曰億. ②
『易程傳』, "億, 度也." ③ 『周易本意』, "億字, 未詳."

지혜로운 이는 미리 재물 잃을 것을 헤아려 높은 산언덕으로 피난한다. 목숨과 재물은 양립할 수 없다. 사람 나고 돈 났지 돈 나고 사람 나는 일은 없다. 재물은 벌면 다시 모을 수 있으나, 목숨을 걸고 재앙과 승부를 거는 행위는 어리석다. 재물을 쫓는다고 모여지는 것은 아니다. 중정의 덕을 갖춘 2효 군자는 돈에 눈멀지 않기 때문에 재물을 잃어도 마음이 동요되지 않는다. 재물은 이레만에 돌아온다고 했다. 이레(7일)에 대해서도 여러 견해들이 있다. 진震(☳)은 일곱 수이기 때문에 7일, 또는 일곱 달(7달), 일곱 해(7년)이라는 풀이가 파생되기도 한다. 하지만 초효에서 상효를 거쳐 다시 초효로 돌아오는 기간은 7일이라는 견해가 가장 설득력이 있다.

초효와 2효의 관계를 '음이 양을 올라탔다[乘剛]'고 했다. 『주역』은 이렇게 양[剛] 위에 음[柔]이 있는 현상을 꺼린다. '억음존양抑陰尊陽'의 논리가 적용되었기 때문이다. 지푸라기 하나 잡을 힘도 없는 사람이 호랑이 등에 업힌 꼴이라 위험하기 짝이 없다. 공포를 몰고오는 우레를 정면으로 막기는 불가능하다. 멀리 피하는 것이 상책이다.

☆ 목숨과 재물은 양립할 수 없다. 목숨 걸고 길흉과 승부 거는 행위는 어리석다.

7. 3효 : 두려워하는 마음으로 재앙을 피하라

六三은 **震蘇蘇**니 **震行**하면 **无眚**하리라
육 삼　　진 소 소　　진 행　　　　무 생

象曰 震蘇蘇는 **位不當也**일새라
상 왈 진 소 소　　위 부 당 야

육삼은 우레가 두렵고 불안하니 움직여서 가면 재앙이 없을 것이다. 상전에 이르기를 '우레가 두렵고 불안함'은 위치가 마땅치 않기 때문이다.

3효는 음이 양 자리에 있고[不正], 하괘의 중용을 지나쳤으며[不中], 상효와도 상응하지 못해 꽤 불안한 상황이다. '소소蘇蘇'는 겁에 질린 나머지

정신을 잃어 까무러칠 지경에서 간신히 깨어난다는 뜻이다. 가슴이 두근 거리며 불안한 이유는 자신의 위치가 옳지 못하기 때문이다.

2효는 음이 양을 탔기 때문에 위태로운 반면에, 3효는 직접 음이 양을 올라타지는 않았다. 중간에 2효가 완충 역할을 하고 있으므로 크나큰 재앙은 생기지 않는다. 까무러쳤다가 깨어나면 재빨리 그 자리에서 벗어나라는 지침이다. 계속 그곳에서 머물면 재앙을 피할 방법이 없다.

🏛 행복과 불행은 어떻게 중용을 지키느냐에 달려 있다.

8. 4효 : 시간의 적절성에 맞추어 진퇴를 결정하라

九四는 震이 遂泥라
구 사　　진　수 니

象曰 震遂泥는 未光也로다
상 왈 진 수 니　　미 광 야

구사는 우레가 드디어 진흙에 빠지는 것이다. 상전에 이르기를 '우레가 드디어 진흙에 빠짐'은 빛나지 못함이로다.

4효는 진괘의 조연으로서 양이 음 자리에 있고[不正], 상괘의 밑바닥에 있다[不中]. 주연과 조연, 즉 초효는 '길하다'고 한 반면에 4효는 왜 진흙창에 빠졌다고 했는가? 위로 두 개의 음, 아래로도 두 개의 음에 둘러싸인 형국이다. 4효는 양의 신분인데도 불구하고 네 개의 음에 둘러싸여 제대로 힘쓰지 못하기 때문에 효사는 진흙덩이에 빠진 모습이라고 했다. 더구나 짝인 초효 역시 두 개의 음에 의해 가로막혀 도와주지 못하므로 단독으로 밀고나갈 여력조차 없다.

우레는 물리적으로 계산 불가능할 정도로 엄청난 에너지 발산한다. 번갯불이 먼저 번쩍인 뒤에 고막을 찢을 듯한 천둥이 울린다. 하지만 4효는 초효로부터 멀리 떨어져 있을 뿐만 아니라 진흙구덩이에 빠진 형국이므로 빛나지 못한다. 우레의 위력이 훨씬 반감하여 제구실을 못함을 상징한다.

🀰 꽉 막힌 상황에서는 잠시 멈추는 것도 삶의 지혜다.

9. 5효 : 중용이 보약이다

六五는 震이 往來厲하니 億하여 无喪有事니라
　　육 오　진　왕 래 려　　억　　무 상 유 사

象曰 震往來厲는 危行也오 其事在中하니 大无喪也니라
상 왈 진 왕 래 려　위 행 야　기 사 재 중　　대 무 상 야

육오는 우레가 가고 옴에 위태로우니, 일이 있는 자는 헤아려서 잃음이
없다. 상전에 이르기를 '우레가 가고 옴에 위태로움'은 위험하게 행함이
요, 그 일이 중용에 있으니 크게 상함이 없는 것이다.

우레가 가고 온다[往來]에서 '가는' 우레는 초효를 가리키고, '오는' 우레
는 힘이 약화된 4효를 가리킨다. '일이 있는 사람[有事]'에서 있을 유有를
어조사로 해석하는 이가 있으며, 어떤 이는 '숟가락이나 울창주를 떨어뜨
리지 않는다[无喪]'는 말과 연계된 종묘사직에 제사드리는 일이라 보는 사
람도 있다. 후자의 견해가 합당하다.

5효는 음이 양 자리에 있으나[不正], 상괘의 중용[中]이다. 중용의 덕을
갖췄기 때문에 비록 올바른 위치에 있지 않더라도 정도에 어긋나지는 않
는다. 정도는 중도(중용)의 범주에 함축되는 덕목이다. 이는 『주역』이 강조
하는 '시간의 원리에 적중하는 태도[時中]'가 아닐 수 없다.

정이천은 정도와 중도의 관계를 아주 상세하게 논의하고 있다. "육오는
비록 음으로서 양의 자리에 거처하여 자리가 마땅치 않아 부정이 되지만,
유로써 강의 자리에 거처하고 또한 득중하므로 중덕을 얻고 있다. 중을 잃
지 않으면 정에서 어긋나지 않으니, 중(용)이 귀한 까닭이다. 여러 괘에서
2효와 5효는 비록 자리가 마땅치 않더라도 중용을 아름답다고 여긴 경우

가 많고, 3효와 4효는 자리가 마땅할지라도 혹 중용에 지나친 경우가 있으니, 중용(중도)이 항상 정도보다 중요하기 때문이다. 대개 중용이면 정도에서 어긋나지 않고, 정도가 반드시 중용이라고는 할 수 없다. 천하의 이치가 중용보다 더 좋은 것이 없으니, 육이와 육오에서 볼 수 있다."[8]

✿ 중용은 보약이 틀림없으나 함부로 먹는 만병통치약으로 남용해서는 곤란하다.

10. 상효 : 재난 막는 방법은 유비무환이 최고다

上六은 震이 索索하여 視矍矍이니 征이면 凶하니
상육 진 삭삭 시확확 정 흉

震不于其躬이오 于其隣이면 无咎리니 婚媾는 有言이리라
진불우기궁 우기린 무구 혼구 유언

象曰 震索索은 中未得也일새오 雖凶无咎는 畏隣戒也라
상왈 진삭삭 중미득야 수흉무구 외린계야

상육은 우레가 진동할 때 너무 무서워 발을 떼지 못하여 두 눈을 두리번거리니, 가면 흉하니, 우레의 진동이 그 몸에 미치지 않고 그 이웃에 이르면 허물이 없으리니, 혼인하는데 말이 있을 것이다. 상전에 이르기를 '(우레의) 진동에 너무 무서워 발을 떼지 못함'은 중용을 얻지 못했기 때문이요, 비록 '흉하지만 허물이 없다'함은 이웃을 경계함을 두려워하기 때문이다.

'삭삭索索'은 천지를 뒤흔드는 우레의 진동 때문에 넋이 나가 걸음을 떼지 못하는 모양을 본뜬 의태어다. 다만 맥이 풀려 사방을 두리번거리기만 할뿐 불안하기 짝이 없다. 혼이 빠져 무작정 앞으로 나가면 낭패만 볼뿐 이득될 것이 전혀 없다[征, 凶]. 앞으로 나아가려도 우레, 물러서려도 우레소리가 두렵다. 움직이면 움직일수록 점점 사태는 꼬인다.

---

8)『易程傳』, "六五雖以陰居陽, 不當位爲不正, 然以柔居剛, 又得中, 乃有中德者也. 不失中則不違於正矣, 所以中爲貴也. 諸卦二五, 雖不當位, 多以中爲美, 三四雖當位, 或以不中爲過, 中常重於正也, 蓋中則不違於正, 正不必中也. 天下之理莫善於中, 於六二六五, 可見."

상효는 그나마 음이 음 자리에 있기 때문에 정도를 지키고 있다. 우레의 위력이 소멸 직전의 상태에서 상효까지 직접 다가오지 않고[震不于其躬], 이웃인 5효에 많은 피해를 입히는 형국이다. 상효는 진괘의 극한이다. 우레의 고향인 초효로부터 거리가 멀다. 비록 우레의 위력을 직접 실감할 수 없을지라도, 그 여파가 이웃인 5효에 미쳤다고 여기고 자중하면 허물은 생기지 않는다. 이럴 때 유비무환의 정신으로 대비해야만 피해가 없다. 사건이 일어난 뒤에 수습하려면 때는 이미 늦었다.

혼구婚媾는 결혼을 신청하는 상효의 짝인 3효를 가리킨다. 3효와 상효는 같은 음이기 때문에 합당한 관계는 아니다. 그러니까 구설수에 오른다[有言]. 원망투의 말이 많다는 뜻이다. 이런 연유에서 움직이면 흉하다[征, 凶]라고 했던 것이다.

☆ 불안과 공포는 내면의 공경심으로 떨쳐내는 것이 좋다.

정역사상의 연구자 이상룡李象龍은 진괘의 성격을 다음과 같이 설명한다.

震은 在文爲雨辰이오 辰은 東方也라 震動東北이니
진   재문위우진   진   동방야   진동동북

陰陽和而爲雨之義也라 爲卦上下皆雷有奮發이오
음양화이위우지의야   위괘상하개뇌유분발

震動而上下驚懼之象也며 又主器莫若長子일새
진동이상하경구지상야   우주기막약장자

而宮四則不能主器이니 宗六然后에 乃主器라
이궁사즉불능주기   종육연후   내주기

易所謂復則无妄是也라 宗長主器는 止一不變者요
역소위복즉무망시야   종장주기   지일불변자

无極宮之體象이니 震所以次艮也라
무극궁지체상   진소이차간야

'진'은 문자적으로 비 우雨와 날(별) 신(진辰)의 합성어로서 진은 동방을 가리킨다. 우레가 동북방에서 움직여 음양이 조화를 이루어 비가 된다는 뜻이다. 괘의 구성은 상하 모두가 우레로서 떨쳐 일어나는 양상이다. 우레가 움직여 상하가 놀래고 두려워하는 모습이다. 또한 제사 그릇을 주관하는 사람은 맏아들만한 이가 없으며, 4방을 두르면 제사 그릇을 주관할 수 없고 육남매의 맏이가 된 이후에야 제사 그릇을 주관할 수 있는 것이다. 역易의 이른바 되돌아 온 것[復]이 곧 무망 无妄이다. 장남이 제사 그릇을 주관하는 것이 불변이라는 것은 무극궁 无極宮의 본체를 형상화한 것이므로 진괘가 간괘 다음이 된 까닭이다.

象曰 震, 亨은 帝出乎震이오 亨은 莫大焉이라 震來, 虩虩,
단왈 진 형 제출호진 형 막대언 진래 혁혁

笑言, 啞啞은 天威方怒를 自以爲安也오 震驚百里, 不喪匕鬯은
소언 액액 천위방로 자이위안야 진경백리 불상비창

倒地飜天하여 得主宗噐也라
도지번천 득주종기야

단전 '진은 형통한다'는 것은 상제의 손길이 진의 방위에서 나와 형통함이 막대하다는 뜻이다. "우레가 올 때는 깜짝 놀라고 놀래서 (우레가 그친 다음에는) 웃음소리 깔깔거린다"는 말은 하늘이 위엄으로 바야흐로 진노하는 것을 스스로 편안하게 삼는다는 뜻이다. "우레가 백 리까지 깜짝 놀라게 함에 (제주가) 비창을 잃지 않는다"는 말은 땅이 뒤집어지고 하늘이 엎어져도 제주가 제사 그릇을 얻는 것을 가리킨다.

象曰 君子以, 恐懼修省은 敬天作人也라
상왈 군자이 공구수성 경천작인야

상전 "군자는 이를 본받아 놀라고 두려워하여 자신을 닦고 반성한다"는 말은 하늘을 공경하여 사람다운 사람이 되는 것을 뜻한다.

初九, 震來虩虩, 後, 笑言啞啞, 吉은 危然后에 安也라
초구 진래혁혁 후 소언액액 길 위연후 안야

초효 "우레가 올 때는 깜짝 놀라고 놀라야 뒤에 웃음소리가 깔깔
거리니 길하다"는 말은 위험한 뒤에 편안해진다는 뜻이다.

六二, 震來厲. 億喪貝는 動以大闢으로 億國革命也오
육이 진래려 억상패 동이대벽 억국혁명야

蹐于九陵, 勿逐, 七日, 得은 □✗盪動하여 己日에야 乃正也니라
제우구릉 물축 칠일 득 탕동 기일 내정야

2효 "우레가 닥침에 위태함이다. 재물 잃을 것을 헤아림"은 움직
여서 크게 열려서[大闢] 모든 나라가 혁명하는 것을 가리킨다. "언덕
에 오름이니, 쫓지 않으면 7일만에 얻을 것이다"라는 말은 노양과
노음(□✗)이 끓을 듯이 움직여 기로 시작하는 날[日]부터 올바르
게 된다는 뜻이다.

六三, 震蘇蘇, 震行, 无眚은 散而復蘇하고 恩威幷摯也라
육삼 진소소 진행 무생 산이부소 은위병지야

3효 "우레가 두렵고 불안하니 움직여서 가면 재앙이 없을 것이
다"라는 말은 흩어지고 다시 두려워함은 은혜와 두려움이 함께 이
른다는 뜻이다.

九四, 震, 遂泥는 海變成泥也라
구사 진 수니 해변성니야

4효 "우레가 드디어 진흙 구덩이에 빠짐이다"라는 것은 바다가
진흙덩이로 변하는 것을 말한다.

六五, 震, 往來厲, 億, 无喪有事는 往征來服하여 惕厲甚矣오
육오 진 왕래려 억 무상유사 왕정래복 척려심의

而百億君長이 濟世安民也라
이 백억군장 제세안민야

5효 "우레가 가고 옴에 위태로우니, 일이 있는 자는 헤아려서 잃음이 없다"는 것은 가서는 정복하고 와서는 복종하여 두려워하고 위태롭게 여기는 것이 심함을 뜻한다. 수많은 인군과 어른이 세상을 구제하고 백성을 편안하게 하는 것을 뜻한다.

上六, 震, 索索, 視矍矍, 征, 凶은 天下消索而不安이니
상육 진 삭삭 시확확 정 흉 천하소삭이불안

宜其更張也오 震不于其躬, 于其隣, 无咎, 婚媾, 有言은
의기경장야 진불우기궁 우기린 무구 혼구 유언

動不由我하니 何嫌多口乎리오
동불유아 하혐다구호

상효 "우레가 진동할 때 너무 무서워 발을 떼지 못하여 두 눈을 두리번거리니, 가면 흉하다"는 것은 천하가 쇠약해져 불안하므로 바뀌어야 마땅하다. "우레의 진동이 그 몸에 미치지 않고 그 이웃에 이르면 허물이 없으리니, 혼인하는데 말이 있을 것이다"는 것은 움직임이 나에게서 말미암지 않으면 여자에게 어찌 말이 많겠는가?

|重山艮卦|

중 산 간 괘

그침과 움직임의 미학

1. 움직임에서 멈춤으로 : 간괘

정이천은 중뢰진괘重雷震卦(☳☳) 다음에 중산간괘重山艮卦(☶☶)가 오는 이유
를 다음과 같이 말한다.

艮은 序卦에 震者는 動也니 物不可以終動하여 止之라
간　서괘　진자　동야　물불가이종동　　지지

故受之以艮하니 艮은 止也라 하니라 動靜相因하여
고수지이간　　간　지야　　　　동정상인

動則有靜하고 靜則有動하여 物无常動之理하니 艮所以次震也라
동즉유정　　정즉유동　　物무상동지리　　간소이차진야

艮者는 止也어늘 不曰止者는 艮은 山之象이니
간자　지야　　불왈지자　간　산지상

有安重堅實之義하여 非止義可盡也일새라 乾坤之交가
유안중견실지의　　비지의가진야　　건곤지교

三索而成艮하여 一陽이 居二陰之上하니 陽은 動而上進之物이니
삼색이성간　　일양　거이음지상　　양　동이상진지물

旣至於上이면 則止矣요 陰者는 靜也니 上止而下靜이라
기지어상　　즉지의　음자　정야　상지이하정

故爲艮也라 然則與畜止之義何異요 曰畜止者는 制畜之義니
고위간야　　연즉여축지지의하이　왈축지자　제축지의

力止之也오 艮止者는 安止之義니 止其所也라
역지지야　간지자　안지지의　지기소야

"간괘는 「서괘전」에 '진은 움직임이니, 사물은 끝내 움직일 수 없어
멈춘(그친)다. 그러므로 간괘로 이어받았으니 간은 멈춤이다'라 하
였다. 동정은 서로 원인이 되어 움직이면 고요함이 있고, 고요하면
움직임이 있어 사물은 항상 움직이는 이치가 없으니, 간괘가 이런
까닭에 진괘의 다음이 된 것이다. 간은 그침인데, '그침止'이라 말하
지 않은 것은 간은 산의 형상이니, 안정되고 무겁고 견실한 뜻이 있
어 '그침'의 의미로 다할 수 없기 때문이다. 건곤의 사귐이 세 번을
거쳐 간을 이루어 하나의 양이 두 음 위에 있으니, 양은 움직여 위
로 나아가는 사물이니, 이미 위에 이르면 그친다. 음은 고요함이니,

위는 그치고 아래는 고요하다. 그러므로 간이라 한 것이다. 그렇다면 '축지畜止'의 뜻과는 무엇이 다른가. '축지'는 억제하고 저저하는 뜻이니 힘으로 제지함이요, '간지艮止'는 그침을 편안히 여기는 뜻이니, 그 자리에 그치는 것이다."

『주역』에서 간괘만큼 무한한 상상력과 영감을 불러일으키는 괘는 없다. 『주역』을 애독했던 우리 조상들은 간괘의 가르침에 따라 자신들의 호에 '간' 혹은 '산'을 붙이는 멋진 전통을 만들었다. 위아래 모두가 산이 겹친 모습을 본뜬 까닭에 중산간괘라 불린다. 앞의 중뢰진괘를 180° 뒤집어엎으면 간괘이다. 진괘가 움직임[動]을 얘기했다면, 간괘는 고요함[靜]을 말한다. 동정은 시간적으로나 공간적으로 떨어져 존재한 적이 없다. 움직임 가운데 고요함이 내재해 있고, 고요함 속에서 움직임이 싹터 이 세상은 둥글어간다. 이런 연유에서 중뢰진괘 다음에 동정動靜을 함께 언급하는 간괘가 뒤따르는 것이다.

　진괘와 간괘의 형상은 정반대이다. 전자는 양효가 밑에서 최초로 생긴 형태인데 비해서, 후자는 양효가 가장 위로 올라가 그친(멈춘) 형상이다. 간괘는 땅[坤: ☷]에서 처음으로 생긴 양 에너지[震: ☳]가 높이 올라가 극한까지 도달한 산의 모습[艮: ☶]이다. 만물은 탄생된 이후로 요동치면서 팽창과 발전을 거듭한다. 그 과정이 끝나면 안정기에 돌입하는데, 간은 멈춤과 그침[止]을 뜻한다. 그러나 천지의 운동이 서서히 멈춘다면 이 세상은 카오스 상태로 돌입할 것이다. 『주역』은 간괘에 천지가 새롭게 재창조한다는 선후천의 이치를 숨겨 놓았다. 이것이 바로 『주역』의 독특한 이론인 종시론終始論이다.

　종시론은 『주역』의 시간론인 동시에 우주론이며 역사 철학과 문명론의 이론적 근거이기 때문에 간괘는 64괘 중에서 가장 중요하다고 할 수 있다. 간괘의 원리는 원문에 대한 이해도 중요하지만, 「설괘전」을 비롯한 여러 이론 또는 직간접적으로 연관된 내용들을 종합적으로 고찰할 때 비로소 『주역』의 전모가 밝혀질 수 있다.

'간'은 원래 8괘의 하나이다. 『주역』은 건, 태, 이, 진, 손, 감, 간, 곤의 8괘로 우주의 기원과 생성 및 발전 과정을 설명한다. 각각의 괘에는 그 특색이 있다. 이들의 유기적 조합으로 64괘가 형성되며, 이들을 어떻게 풀이하느냐에 따라 별도의 학설이 성립되어 『주역』의 다양성을 꽃피워 왔다. 64괘의 조합은 매우 질서있게 배열되어 있다. 그 질서를 어떤 방향으로 읽어가느냐에 의해 다양한 설명이 가능한 까닭에 『주역』에 대한 정통성과 비정통성, 신비주의와 합리주의로 나뉜다.

복희팔괘에서 문왕팔괘로 이어져 왔다는 것이 주역학의 전통적 시각이다. 조선조 말기에 정역팔괘도가 출현함으로써 『주역』을 이해하는 방식이 이웃나라 중국과는 전혀 달라지게 되었다. 그것은 천지가 생, 장, 성이라는 과정을 거쳐 완수된다는 이론이다. 복희팔괘도는 천지 탄생[生]의 단계, 문왕팔괘도는 성장[長]의 단계, 정역팔괘도는 완성[成]의 단계를 표상한다. 『정역』은 천지에 대한 목적론적 성격을 한층 강화시키고, 그 구조와 과정을 설명하는 가운데 새로운 이념이 보강됨으로써 전통의 주역관을 뛰어넘는 논리를 갖추게 되었던 것이다. 복희팔괘도는 태초에 우주가 생성되는 모습을, 문왕팔괘도는 만물이 성장하는 모습을, 정역팔괘도는 분열 팽창에서 수렴 통일의 과정을 거쳐 우주가 성숙하는 이치를 밝혔다.

복희팔괘도와 문왕팔괘도와 정역팔괘도의 두드러진 차이점은 남북축과 동서축에서 찾을 수 있다. 복희팔괘도의 남북축은 천지비天地否의 형상을, 정역팔괘도의 남북축은 지천태地天泰의 형상을 취한다. '막힐 비否'는 입 구口 자 위에 아니 불不 자가 있다. 그 입을 꽉 막고 있는 모습이 바로 '천지비'다. 천은 양을, 지는 음을 상징한다. 양 기운은 위로 올라가고 음 기운은 아래로 내려가면, 음양은 더욱더 간격이 벌어져 조화를 이룰 수 없기 때문에 '천지비괘'에서 만물의 비정상적 진화를 엿볼 수 있다. 하지만 정역팔괘도는 음 기운은 아래로 내려오고 양 기운은 위로 올라가 음양이 교접하여 정상적 조화를 이루는 형상을 띤다.

문왕팔괘도는 남북축이 '감리'로, 동서축은 '진태'로 이루어져 있다. 물불을 상징하는 감리가 중심축을 이루는 체계는 만물이 성장 일변도로 나아감을 표상한다. 그리고 동서의 '진태'(장남과 소녀의 불균형한 배합)는 감리의 운동을 정상적으로 콘트롤할 수 있는 능력이 원초적으로 부재함을 반영한다. 이것이 바로 천지 운행의 기우뚱한 모습이며, 그것을 표상하는 시스템이 바로 문왕팔괘도이다. 하지만 정역팔괘도에서는 지천태의 남북축이 중심이 되어 소남소녀의 간태가 동서에서 대응하는 방식을 취하고 있다. 특히 문왕팔괘도와 정역팔괘도의 배열을 비교하면, 문왕괘의 '진'이 '간'으로 바뀌면[震變爲艮] 정역팔괘도가 된다. 즉 '간'이 어디에 자리잡는가에 따라 괘도의 전체 배열과 시스템이 전환되는 것을 알 수 있는 것이다.

소강절에 의해 '문왕팔괘도'라고 규정된 「설괘전」 5장에는 매우 의미심장한 내용이 담겨 있다. "(천지의 주재자인) 상제는 진에서 만물을 발동시키며('상제의 조화권은 진에서부터 나타나며'라는 해석도 가능하다), 손에서 가지런히 하고, 리에서 서로 보고, 곤에서 수고로우며, 태에서 기뻐하고, 건에서 싸우고, 감에서 위로하고, 간에서 말씀(logos)이 이루어진다. 간은 동북방의 괘이니, 만물이 완성되어 마치는 바이며 또한 만물이 이루어져 처음으로 시작되는 바이기 때문에 '말씀이 간에서 완성된다'라고 한 것이다."[1]

『시경』이나 『서경』에 자주 나타나는 천지의 궁극적 존재인 상제上帝, 제帝, 천제天帝 등의 용어가 괘의 형성 원리에 등장함에 주목해야 한다. 상제(제, 천제)는 동양의 신관에서 말하는 조물주, 또는 인격적 주재자를 가리킨다. 특히 '말씀이 간에서 이루어진다[成言乎艮]'는 말은 천지의 진리가

---

1) "帝出乎震, 齊乎巽, 相見乎離, 致役乎坤, 說言乎兌, 戰乎乾, 勞乎坎, 成言乎艮. 艮東北方之卦也, 萬物之所成終而所成始也, 故曰成言乎艮."

간방위에서 완성된다[2]는 혁명적인 명제인데, 이에 대해 과거의 학자들은 거의 주목하지 않았다. 그렇다면 이 구절의 본질적 의미는 무엇인가.

「설괘전」에 의하면, 문왕팔괘도는 '진'에서 시작하여 '간'에서 끝맺는다. '상제의 활동은 진에서부터 나타난다[帝出乎震]'는 명제에서 상제의 주재 권능은 '진'에 깃들어 있으므로 문왕팔괘도는 '진' 방위에서 출발함은 당연하다. 진의 방위에서 시작한 『주역』은 장남의 권위로 세상을 떨친다. 하지만 정역에서는 '3은 1과 5의 중앙이다[三은 一五의 중이라]'라고 했다. 정역에서 말하는 열린 세계가 10의 세계(하도의 세계)라면, 문왕팔괘도의 3 진三震은 그 절반인 5의 '중'에 지나지 않는다. 그만큼 상극 질서(낙서)를 반영하는 문왕팔괘도는 좁고 답답하기 짝이 없는 닫혀진 세상이다. 이런 연유에서 『주역』은 열린 세상을 암시하는 64번째의 화수미제괘火水未濟卦 (6+4=10의 세계를 지향한다)로 끝맺어 『정역』의 출현을 예고하는 셈이다.

『정역』은 '8은 15의 중앙이다'[3]라고 하였다. '8간'은 선천의 3진과는 다르게, '십건오곤十乾五坤' 즉 '천지십오天地十五'의 중앙에 위치한다. '8간'은 후천의 시작점이 되어 물과 불[水火]이 순환 반복함으로써 선천 '3진[震]' 의 세계를 마감하고, 새롭게 열리는 무극대도의 세계로 줄달음친다. 따라서 문왕팔괘도에서 정역팔괘도로의 전환은 3진에서 8간으로의 진화라고 할 수 있다. '진변위간震變爲艮(문왕괘의 '진'의 위치가 정역괘의 '간'으로 전환)' 하여 동서축의 간태가 화합하는 세계는 그 무대가 얼마나 광대무변한 것 인가를 짐작하고도 남는다.

---

2) "'천지가 간방으로부터 시작되었다' 하나 그것은 그릇된 말이요, 24방위에서 '한꺼번에' 이루어진 것이니라."(『도전』 6:51:3) '천지가 간방으로부터 시작되었다'는 말은 선천 개벽이 끝마치고 새로운 후천이 시작되는 곳이 바로 '간방'이라는 뜻이다. 선천 개벽과 후천 개벽을 구분해야 한다.
3) 『正易』 「十一一言」 「十一歸體詩」, "八, 十五中之中."

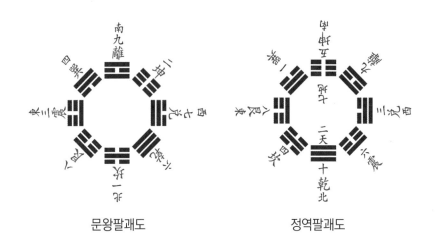

문왕팔괘도   정역팔괘도

이런 의미에서 선천의 '진震'이 그 방위조차 '천지 안의 세계[天地有形]' 즉 '인간의 이성 또는 지구 중심'으로 설정한 반면에, 후천의 '간艮'은 '천지 바깥의 세계[天地無形]'까지 관통하는, 즉 '우주의 중심'에 설정하여 천지 질서와 인간 본성의 근본적인 변화의 가능성을 제시했던 것이다. 김일부는 「대역서大易序」에서 "복희씨는 거칠게 괘를 그었고, 문왕은 교묘하게 괘를 그었으니, 하늘과 땅이 기울어진 지 2,800년이다"[4]라고 하여 선천은 기우뚱한 상태로 발전하여 극도의 갈등 현상이 빚어지는 세상임을 설명한 바 있다.

만물의 완성도를 표상하는 정역팔괘도에서 간은 8, 태는 3으로 수식화되어 있다. 형식적인 합(10 + 1)은 분명히 11이지만, 그 실질적 의미로는 11에서의 10은 무극, 1은 태극이다. 선천에서의 무극은 현상계의 배후에서 천지 창조의 본원으로 자리잡아 태극으로 하여금 자신의 역할을 대신하게 했지만, 후천에서는 직접 전면에 등장하여 새로운 천지를 여는 창조적 조화의 본체로 작동한다. 김일부는 '십일귀체十一歸體'를 비롯한 다양한 논리를 개발하여 선천에서 후천으로의 전환을 성공적으로 수립했다.[5]

---

4) 『正易』 「大易序」, "夫子親筆吾己藏, 道通天地無形外. 伏羲粗畫文王巧, 天地傾危二千八百年."
5) 『正易』 상편 「十五一言」의 짝인 「十一一言」의 결론은 "十一吟"에 있다. "십일음"에는 '금화교역'의 결과로 나타나는 11가지의 공덕을 찬양하고 있다. ① 十一歸體, ② 五八尊空, ③ 九二

『정역』에서 말하는 '십일귀체'는 결국 '십일성도十一成道'를 뜻한다. 굳이 구분한다면 십일귀체는 구체적인 결과적 변화를, 십일성도는 그 원리를 가리킨다고 하겠다. 김일부는 '십일성도'에 의한 우주의 공덕은 한량없이 크고 위대하다고 하여 후천의 이상세계를 탄복하였다. 이밖에도 '십일귀체'와 같은 의미로 쓴 것을 소개하면 '십일일언十一一言(무극과 태극의 한마디 말씀, 무극과 태극이 하나로 합하는 말씀)', 무극과 태극이 하나로 합하는 이치와 그것이 구체화되는 광경에 감탄하여 읊은 시인 "십일귀체시"와 "십일음十一吟", '무극이태극십일無極而太極十一', '십일지덕이천도十一地德而天道' 등이 있다.

우리는 3과 8의 상수론적인 성격에 주목할 필요가 있다. 11은 3과 8의 합인데, 3은 1과 5의 존재론적 '중中'이고, 8은 하도낙서의 센터에 있는 무극과 황극의 합수인 15의 '중中'이다. 또한 5운五運이 6기六氣로 변화해도 11이 되는 동일한 현상으로 나타난다. 선천의 5황극이 후천의 6황극으로 변해도 11이다. 이를 간략히 도표화하면 다음과 같다.

損 度數	1	2	3	4	5	6	7	8	9	10
順數	10	9	8	7	6	5	4	3	2	1
逆數	1	2	3	4	5	6	7	8	9	10
上下合	11	11	11	11	11	11	11	11	11	11

'간'은 만물을 끝맺고 다시 시작하는 생명의 근원 자리이다.[6] 새질서와 새생명이 열리는 '새마당'의 옴빠로스다. 그것은 생사의 교차로, 삶과 죽음의 정거장인 동시에 보금자리다. 왜냐하면 간은 나무의 뿌리인 동시에

錯綜, ④ 火明金淸, ⑤ 天地淸明, ⑥ 日月光華, ⑦ 琉璃世界, ⑧ 上帝照臨, ⑨ 于于而而, ⑩ 正正方方, ⑪ 好好無量 등이 그것이다.
6)『周易』「說卦傳」6장, "終萬物始萬物者莫盛乎艮, 故水火相逮, 雷風不相悖, 山澤通氣然後, 能變化旣成萬物也."

열매이며, 생명을 지속시키는 불멸의 씨앗이기 때문이다. 이런 까닭에 정역은 8간艮에서 출발하여 7지七地로 끝맺는다.

2. 간괘 : 간괘의 핵심은 시중時中의 정신

艮其背면 **不獲其身**하며 **行其庭**하여도 **不見其人**하여
간 기 배   불 획 기 신   행 기 정   불 견 기 인
无咎리라
무 구

그 등에 그치면 그 몸을 얻지 못하며, 뜰을 걸어도 그 사람을 보지 못하여 허물이 없을 것이다.

'간'에 대해 「설괘전」은 다양한 의미로 풀이했다. '간'은 듬직한 몸무게로 멈추어 있는 산이요, 지름길[徑路]이요, 하나의 양이 땅[坤土] 위에 있는 형상인 작은 돌이요, 드나드는 큰 문[門闕][7]이요, 과일과 나무열매[果蓏]요, 궁중의 문을 지키는 혼시閽寺요, 손끝으로 물건을 잘 쥐어 머무르게 할 수 있는 손가락[指]이요, 개[狗]요. 쥐[鼠: 두 음이 아래에 엎드려 양을 보고 멈춘 모습]요, 부리가 단단한 검은 새인 검훼黔喙요, 나무로는 단단하고 마디가 많은 것을 본뜬 것이다.

산은 대지의 지붕이다. 산은 꿈쩍 하지 않는다. 산이 움직이지 않는 모습은 사람의 몸체로는 '등[背]'에 해당된다. 대체로 육체의 모든 기관들은 움직이는데 반해서 등은 고정된 채 멈춰 있다. 사람은 눈으로 직접 등을 볼 수 없다. 등은 상체를 버텨주면서도 자신의 역할을 생색내는 법이 없다. '등'은 손발이나 목처럼 관절이 없기 때문에 언제나 그칠(멈출) 만한 그 장소를 지킨다. 등이 없는 육체를 상상해보라. 끔찍하다.

'그 몸을 얻지 못한다[不獲其身]'는 말은 혼과 넋이 나간 육체는 있어도

7) 『정역』의 창시자 김일부의 제자인 金貞鉉은 간괘의 '문궐'을 금화교역이 이루어지는 '金火門' 또는 '開闢門'의 뜻으로 새긴다.

없는 것과 마찬가지라는 뜻이다. 고귀한 정신을 고스란히 담은 육신의 실체, 의식의 심층부에 자리잡은 그 본질[身]을 깨우치지 못했다는 의미이다. '등'은 몸의 일부분을 이루지만, 깨우침은 자신의 몫이다. 그렇다고 심신 이원론의 관점에서 읽어서는 안 된다. 육체를 정신의 감옥 또는 불결한 고기덩어리로 간주하듯이 말이다.

인간은 항상 정면을 바라보면서 역동적으로 생활한다. 등짝은 오히려 정태적이다. 눈은 좋은 색을 선호하고, 입은 맛있는 음식을 선호하고, 귀는 아름다운 소리를 선호하지만 등짝은 감각과는 거리가 멀다. 등짝은 감각 기능에 매몰되지 않는 가치 중립의 몸통이다. 그것은 욕망의 굴레를 벗어나 '주관적 자아'를 초월한 상태를 뜻한다. 등짝은 육체를 잊고 욕망도 씻어냈음을 상징한다. 내부가 정화되면 외부의 유혹에 휘둘리지 않는다. 이는 등짝의 비유를 통해 욕망에 따라 인식하고 활동하지 말라는 것이다.

'그 몸을 얻지 못한다[不獲其身]'는 말은 개인이 진리의 눈을 싹틔우는 단계라면, "뜰을 걸어도 그 사람을 보지 못하여 허물이 없다[行其庭, 不見其人, 无咎]"는 말은 진리를 바깥으로 옮겨야 한다는 당위성을 뜻한다. 전자가 잠에서 깨어나는 단계라면, 후자는 감각의 세계 즉 일상의 삶에서 깨어나라는 가르침이라고 할 수 있다. 그래서 유학자들은 간괘가 뜻하는 윤리의 소중함과 함께 『주역』의 주제는 마음학임을 알려주고 있는 것이다.

☆『주역』과 유교의 가르침은 간괘의 내용으로 집약할 수 있다.

3. 단전 : 시간의 본성에 부합하는 멈춤과 그침

象曰 艮은 止也니 時止則止하고 時行則行하여
단왈 간 지야 시지즉지 시행즉행

動靜不失其時其道光明이니 艮其背는 止其所也일새라
동정불실기시기도광명 간기배 지기소야

上下敵應하여 不相與也일새
상하적응 불상여야

是以不獲其身行其庭不見其人无咎也라
시 이 불 획 기 신 행 기 정 불 견 기 인 무 구 야

단전에 이르기를 간은 그침이니, 때가 그칠 만하면 그치고 때가 행할 만하면 행하여 움직이고 고요함에 그 때를 잃지 않아 그 도가 환하게 밝음이니, '그 등에 그침'은 그곳에 그치기 때문이다. 상하가 적으로 상응하여 서로 더불지 못하기 때문에 '그 몸을 얻지 못하며, 뜰을 걸어도 그 사람을 보지 못하여 허물이 없을 것이다.'

현대인들은 시간에 쫓겨 살면서 느림의 여유나 속도와의 싸움을 즐기고 있다. 느림과 빠름의 어정쩡한 절충주의는 간괘의 가르침과 어긋난다. 간괘는 오직 시간의 본성과 일치된 행위를 최고로 꼽는다. 시간은 지공무사 至公無私하다. 뜨락을 함께 거니는 동료에게도 사사로운 감정으로 편애하지 않는 행위는 시간의 정신과 부합한다. 한때는 불교에 심취했던 주렴계周濂溪(1017-1073)는 엄청난 부피를 자랑하는『법화경法華經』도 '간'이라는 글자 하나로 모두 풀 수 있다고 장담했다.[8]

성인은 간괘의 원리에 근거하여 교화를 베풀었다고 주렴계는 말했다. 그 요체는 곧 중용[中]이다. "성인이 가르침을 세워서 사람들로 하여금 스스로 악을 바꾸게 했으며, 스스로 중용에 이르러 그치게 하였다."[9] 중도는 두 얼굴을 갖는다. 이미 드러난 중용과 아직 드러나지 않은 중용이 그것이다. 성리학에서는 이를 현상적 차원과 본질적 차원으로 구분한다. 전자에 따르면 어머니가 돌아가시면 펑펑 울고, 자식이 상장을 받으면 기뻐하는 것은 넘치거나 모자람이 없는 '시중'의 정신과 일치한다. 이때의 중은 조화[和]이다.

간괘는 중용과 시간을 결합시켜 설명한다. 여기에는 조건이 있다. 그것은 바로 '시중時中'이다. 멈추는 것이 옳으면 멈추고, 행동하는 것이 옳으면

---

8)『周子全書』권18「遺事」, "一部法華經, 只消一箇艮字可了."
9)『通書解』권7「師」"故聖人入敎, 俾人自易其惡, 自至其中而止矣."

행동해야 한다. 멈춰야 할 때는 나아가거나, 나아갈 때는 멈추는 것은 시간의 정신에 위배된다[不中]. 멈춤과 그침을 뜻하는 '지止' 위에 한 일- 자를 붙이면 옳을 정[中正]이다. 따라서 '시중'은 존재와 인식과 가치와 행위가 조화된 역동적 개념이라면, 중정은 정태적 개념이다.

간괘는 '동정動靜'에 시간이라는 생명력을 불어넣는다. 만약 동정에 시간이 배제되면 물리적 운동에 지나지 않는다. 반대로 시간에 사람냄새가 물씬 담긴 행위가 배제되면 쇠로 만든 시계의 숫자판에 불과하다. 『주역』의 시간은 항상 가치 문제가 수반되기 때문에 '간괘의 원리가 현실에 밝게 빛난다[其道光明]'고 했던 것이다.

정이천은 『맹자』를 인용하여 공자의 행동거지 하나하나가 '시중'의 구현이었다고 했다. "군자는 때[시간]를 귀중하게 여기니, 중니의 '행지구속行止久速'이 그것이다. 간의 실체는 독실하여 광명한 뜻이 있다."[10] 맹자는 공자를 백이, 이윤, 유하혜를 차별화하면서 공자는 시간의 정신[時中]을 꿰뚫은 성인이라고 칭송했다. "속히 떠날 만하면 떠나고, 오래 머물 만하면 오래 머물며, (관직에서) 물러날 만하면 물러나고, 벼슬할 만하면 벼슬한 것은 공자이시다. … 공자는 때를 알아서 알맞게 해 나가셨던 분이다. 그래서 공자를 집대성한 분이라 부르는 것이다."[11]

간괘의 핵심은 '시중時中'에 있다. 청나라의 혜동惠棟(1696-1758)은 '시중'의 위대성을 다음과 같이 말한다.

"역은 참으로 심오하다. 그러나 한마디로 말하면 시중時中이다. 「단전」에 '時'에 대하여 말한 곳은 24괘, '中'에 대하여 말한 곳은 35괘이며, 「상전」에서 '時'에 대하여 말한 곳은 6괘, '中'에 대하여 말한 곳은 36괘이다. 時에 대하여 말한 곳에서 … 時行, 대체로 待時, 時變, 時用, 時義, 時發, 時舍,

---

10)『易程傳』, "君子所貴乎時, 仲尼行止久速是也. 艮體篤實, 有光明之義."
11)『孟子』「萬章章」下, "可以速而速, 可以久而久, 可以處而處, 可以仕而仕, 孔子也. … 孔子, 聖之時者也. 孔子之謂集大成."

時極이라 했고, 中에 대하여 말한 곳에서는 中正, 正中, 大中, 中道, 中行, 行中, 剛中, 柔中이라 하였다. 또 蒙卦에서는 時中하라고 했다."[12]

자사子思는 『중용』에서 공자의 학문의 결론은 '군자와 시중[君子而時中]'이라고 밝혔고, 맹자 또한 공자를 '시간의 정신을 꿰뚫은 성인[聖之時者]'이라고 극찬하였다. 동양의 중中 사상이 요순에서 시작되었다면, 이러한 '중'의 '시간적인 적합성[時中]'의 뜻은 공자에 의해 처음으로 밝혀졌다. '시중'은 『주역』의 근간이다. 예컨대 산지박괘山地剝卦 「단전」은 '군자는 줄고 불고 차고 비는 하늘의 운행을 숭상한다[君子尚消息盈虛, 天行也]'라 했고, 뇌화풍괘雷火豐卦 「단전」은 '천지가 차고 비는 운동은 시간과 더불어 줄고 부는데, 하물며 인간이며 하물며 귀신이랴![天地盈虛, 與時消息, 而況於人乎, 況於鬼神乎]'라고 말했다. 이는 '시중時中'의 구체적인 표현이다.

상수학에서는 특정한 시점(시간)과 특정한 공간이 만나는 특이점을 '궁宮'으로 표현했다. 궁은 갓머리 '宀' 지붕 아래 천간[口]과 지지[口]가 하나로 결합된 모습을 본뜬 글자다. 그것은 인간의 의지로 바꿀 수 없는 자연의 이치이기 때문에 '시중'의 범주 안으로 들어올 수 없다. 하지만 천간과 지지의 조합으로 만들어진 특정한 시공, 예컨대 '갑자'라든가 '임진'이라는 날짜에 농사 시기를 결정하거나 혼인날을 택일하는 방법 등의 사회적인 시간으로 발전하기에 이른다.[13]

간괘는 상하 모두가 산(☶)이다. 초효와 4효, 2효와 5효는 음끼리 상대하고, 3효와 상효는 양끼리 상대하는 적대적 관계[敵應]이다. 음양이 교감하지 못하기 때문에 왕성한 활동을 기대할 수 없다[不上與也]. 그것은 주관적 판단과 억측에 사로잡혀 진정한 자아 혹은 주체성을 확보할 수 없다

12) 곽신환, 『주역의 이해』(서울: 서광사, 1990), 260쪽 재인용.
13) 이창익, 『조선후기 역서의 우주론적 복합성에 대한 연구』(서울대 박사논문, 2005), 11쪽. "曆書는 인간적인 시간, 우주적인 시간, 사회적인 시간 등의 이종의 시간들이 조우하고 교차하여 형성되는 조합적인 시간, 혹은 종합적인 시간을 표현한다." 그것은 인간화된 시간, 즉 사회화된 시간을 뜻한다.

[不獲其身]는 것을 가리킨다. 더욱이 밖으로는 타인의 마음을 읽을 수 없을 뿐만 아니라 심지어 교류도 불가능하다. 그러나 지켜야 할 것은 반드시 지키기 때문에 허물이 생기지 않는 것이다.

✿ '시중'이 존재와 인식과 가치와 행위가 조화된 역동적 개념이라면, '중정'은 정태적 개념이다.

4. 상전 : 하늘의 뜻을 실천하려는 노력은 군자의 의무

象曰 兼山이 艮이니 君子以하여 思不出其位하나니라
상왈 겸 산   간   군 자 이   사 불 출 기 위

상전에 이르기를 산이 연이어 있는 것이 간이니, 군자는 이를 본받아 생각이 그 위치에서 벗어나지 않는 것이다.

'겸산兼山'은 두 개의 산이 나란히 있다는 뜻이다. 괘의 위 아래에 산[艮: ☶]이 겹쳐 있어 매우 안정된 모양을 이루어 그칠(멈출) 자리에 그친 형상이다. 산은 항상 그 자리에서 움직이지 않고 우뚝 솟아 있다. 산은 타인의 영역을 침범하지 않고 자신의 공간을 말없이 지킨다.

간괘 「상전」의 핵심은 '생각[思]'과 '지위[位]'에 있다. 여기서 말하는 지위는 단순한 벼슬 따위에 한정되지 않는다. 시간이 '중中'을 얻어야 하는 것처럼, 군자 역시 올바른 자리[正位]를 얻어야 마땅하다. '성인의 큰 보물은 지위'[14]라는 의미에서 보면, 시간과 대응하는 지위는 하늘이 부여한 선험적인 명령[命]이다. 군자는 하늘이 부여한 자신의 위상을 사무치게 새겨야 한다. 여기서 벗어난 일체의 사특한 생각은 올바르지 않다.

'위位'는 곧 역사적 사명과 결부된 일종의 분수를 뜻한다. 분수에 넘치거나 모자라는 행위는 역사에 죄를 짓는 일이다. "지위가 없음을 근심하지 말고, 지위에 설 만한 자질을 갖출 것을 근심해야 한다. 자기를 알아주지 않

---

14) 『周易』 「繫辭傳」 下 1장, "聖人之大寶曰位."

음을 근심하지 말고, 알아줄 만한 자질을 갖추기에 힘써야 한다."[15] 때와 지위는 하늘의 일이지만, 이를 깨닫고 실천하려는 덕성은 군자의 책무이다.

🏵 군자는 천명을 역사적 사명으로 사무치게 새겨야 한다.

5. 초효 : 군자여! 앉으나 서나 올바름으로 무장하라

初六은 艮其趾라 无咎하니 利永貞하니라
초 육　　 간 기 지　　 무 구　　　　 이 영 정

象曰 艮其趾는 未失正也라
상 왈 간 기 지　　 미 실 정 야

초육은 발꿈치에 그침이다. 허물이 없으니, 오래도록 올바르게 함이 이롭다. 상전에 이르기를 '발꿈치에 그침'은 올바름을 잃지 않은 것이다.

초효는 사람의 발로 비유할 수 있다. 사람이 움직이려면 우선 먼저 발을 떼야 한다. 발걸음을 옮기려 해도 아직은 힘이 미약하다. '발에서부터 그친다'는 말은 움직이지 않아야 좋다는 것을 알고 애당초 움직이지 않는 것을 뜻한다.

초효는 음의 실체로서 양의 위치에 있으므로 부적합하다[不正]. 부적합하다는 사실을 깨닫는 자체로도 큰 허물은 없다. 허물없다는 것을 결코 자랑삼아서는 안 된다. 진정으로 정도를 꾸준히 지켜야 제구실을 할 수 있다.

🏵 올바름[正道]은 인간 삶의 목표인 동시에 과정이다.

6. 2효 : 군자는 진리가 펼쳐지지 않는 것을 근심해야

六二는 艮其腓니 不拯其隨라 其心不快로다
육 이　　 간 기 비　　 부 증 기 수　　 기 심 불 쾌

象曰 不拯其隨는 未退聽也일새라
상 왈 부 증 기 수　　 미 퇴 청 야

---

15) 『論語』 「里仁」, "不患無位, 患所以立, 不患莫己知, 求爲可知也."

육이는 장딴지에 그침이니, 구원하지 못하고 따르는 것이다. 그 마음이 상쾌하지 못하도다. 상전에 이르기를 '구원하지 못하고 따름'은 물러나 듣지 않기 때문이다.

'비腓'는 장딴지, '증拯'은 건지다 또는 구원하다는 글자다. 2효는 비록 음이 음 자리에 있으나[正], 위로는 5효 음과 감응하지 못하여 힘쓸 수 없다. 그것은 장딴지의 역할과 흡사하다. 장딴지는 스스로 움직이지 못한다. 다만 허리 밑에 있는 넓적다리가 움직이는 대로 움직일 따름이다. 장딴지는 자율성이 없는 까닭에 하괘의 주인공인 3효의 움직임에 수동적으로 따라갈 수밖에 없다.

2효는 모든 조건을 갖춘 중정이다. 아쉽게도 스스로는 유약한데다가 주변의 여건이 여의치 않다. 허리가 움직이면 장딴지는 싫은 내색도 못한다. 3효를 구제하지도 못하고 오히려 막무가내 3효를 따라야만 하는 운명이다. 허리 움직임에 무조건 따르는 것이 썩 내키지 않아 마음은 불쾌할 뿐이다.

허리는 장딴지의 속셈을 모른다. 장딴지는 중정의 덕을 갖추었으나, 허리의 움직임에 피동적으로 따라간다. 장딴지로서는 속수무책이다. 허리는 장딴지의 충언을 무시한다. 오히려 한 걸음 물러나 귀를 틀어막고 아예 듣지 않는다[未退聽也]. 그것은 육신에 대한 걱정이 아니라, 진리[道]가 펼쳐지지 않았기 때문에 생기는 근심을 묘사한 것이다.

🏛 군자가 되는 요건은 육신의 안위보다는 천지의 일을 통찰하고 체험하는 것에 있다.

7. 3효 : 다양한 의견을 조정하는 지혜를 배워야

九三은 **艮其限**이라 **列其夤**이니 **厲薰心**이로다
구 삼　간 기 한　열 기 인　여 훈 심

象曰 艮其限이라 **危薰心也**라
상 왈 간 기 한　위 훈 심 야

구삼은 허리에 그침이다. 등살을 벌리니 위태하여 마음이 찌는 듯하도다. 상전에 이르기를 '허리에 그침이다.' 위험하여 '찌는 듯하도다.'

'한限'은 상체와 하체를 유연하게 연결하는 허리를 뜻하고, '열裂'은 벌릴 또는 끊을 열裂과 같은 뜻이다. '인夤'은 등뼈 좌우에 붙은 근육과 살을 의미하며, '훈薰'은 연기로 그슬리거나 찌다는 뜻이다. 상효가 간괘의 주인공이라면, 3효는 작은 주인공으로서 상괘와 하괘를 소통시키는 연결고리이다.

3효는 양이 양 자리에 있으나[正], 힘이 지나쳐 한쪽으로 기울어진 모양새다. 게다가 중용도 아니다. 엄연히 산의 황제(상효)가 존재함에도 불구하고 황태자(3효)가 너무 날뛰는 형세다. 3효 양 하나가 음효들을 중앙에서 가로막고 있다. 3효는 아래의 두 음과 위 두 음을 끊어 그 사이를 더 벌림으로써 소통을 방해하는 꼴이다. 상하를 잘 조정하는 구심점이 되어야 하는데도 불구하고 역효과를 빚어내는 것과 흡사하다. 3효는 음양의 갈등을 부추겨 등살이 좌우로 벌어지는 양상으로 표현했다.

축구에서 중원의 마술사로 불리는 미들 필더의 역할은 막중하다. 그는 공수의 속도를 조절하면서 공격진과 수비진을 이끈다. 미들 필더는 공격과 수비를 부드럽게 조화시켜 힘의 균형을 극대화시키는 임무를 맡는다. 하지만 단독 플레이로 아군의 분열을 조장하여 팀을 패배로 몰아간다면 미들 필더(허리)는 있으나마나할 것이다. 3효는 중간자만이 가지는 친화력 [中和]의 중요성을 망각하여 생기는, 즉 허리가 제구실을 못하여 일어나는 폐단을 지적하였다.

✿ 트러블 메이커에서 트러블 코디네이터로!

8. 4효 : 몸과 마음은 둘이 아니다

六四는 **艮其身**이니 **无咎**니라
육 사 간 기 신 무 구

象曰 艮其身은 止諸躬也라
상왈 간 기 신　지 저 궁 야

육사는 몸에 그침이니 허물이 없는 것이다. 상전에 이르기를 '몸에 그침'
은 그 몸에 그침이다.

'신身'은 허리 위의 몸통을 가리키고, '저諸'는 어디에[之於]라는 조사로서
'저'로 읽어야 한다. 4효는 음이 음 자리 있으면서 정도를 지킨다[正]. 이미
친화력을 상실한 단계를 넘어섰기 때문에 그칠 곳을 알아서 그치므로 허
물이 생기지 않는다. 비록 자신이 처한 위치는 적당하지만, 4효는 성품이
유약한 신하에 비견된다. 신하는 모름지기 군주의 잘잘못을 지적하여 천
하의 안녕을 도모해야 하는데, 우유부단한 성격에 때문에 몸을 아껴서 제
자리만을 고수한다.

4효는 허리를 지나 가슴 부위의 심장을 가리킨다. 심장은 몸의 엔진이
다. 불규칙하게 움직이는 엔진은 쓸모없다. 엔진이 움직일 때는 소음이 일
어난다. 약한 동력의 엔진은 안정적일 수는 있으나, 막강한 힘을 발휘할
수 없다. 안정만을 추구하는 신하는 개인적 허물은 없을지언정 사회적으
로는 도움이 안 된다는 뜻이다.

한의학에서는 마음이 머무는 자리를 심장心臟이라 한다. 심장에서 나온
마음이 육체를 주재하여 몸을 움직이게 만든다. 몸을 움직이는 마음이 바
로 '간'의 마음이다. "'신身'은 몸이 펴있는 형태로 그쳐 있음을 말한 것이
고, '지저궁야止諸躬也'은 몸을 구부려 엎드려 있는 형태로 그쳐 있음을 말
한 것이다. 따라서 4효는 굴신屈伸하면서 그쳐 있음을 뜻한다. '함咸'의 마
음 자리가 '간'의 몸자리다. 함은 감응인 까닭에 마음을 주로 하고, '간'은
반신半身인 까닭에 몸을 주로 했을 뿐이다."[16] 몸과 마음은 둘이 아니라 심
신일원心身一元으로 작용한다. 몸과 마음은 별개의 존재가 아니다. 몸이 가

---

16) 이정호, 『주역정의』(서울: 아세아문화사, 1980), 113-115쪽 참조.

면 마음도 따라가고, 마음이 그치면 몸 역시 그친다. 몸과 마음이 소통하는 조화의 경계를 발견할 수 있다.

☆ 몸과 마음을 소통하는 조화의 경계에 들어서야

9. 5효 : 중용으로 부정함을 고치고 조화하라

六五는 **艮其輔**라 **言有序**니 **悔亡**하리라
육오　간기보　언유서　회망

象曰 艮其輔는 **以中**으로 **正也**라
상왈 간기보　이중　정야

육오는 볼에 그침이다. 말에는 질서가 있으니 후회가 없을 것이다. 상전에 이르기를 '볼에 그침'은 중용으로써 올바르게 하는 것이다.

5효는 음이 양 자리에 있으나[不正], 상괘의 중용을 얻었다. 얼굴 두 볼(뺨) 한가운데에 입이 있다. 입으로 말할 때는 볼이 저절로 움직인다. 볼에서 그친다[艮其輔]는 것은 입에서 그친다는 말과 같다. 입에서 그친다는 것은 말을 함부로 내뱉어서는 안 된다는 뜻이다. 그렇다고 꿀먹은 벙어리처럼 침묵으로 일관하는 것은 자포자기의 행위다.

입은 언어의 도구이다. 말해야 할 때는 말하고, 말하지 말아야 할 때 말해서는 안 된다. 말할 때는 말하지 않고, 말해서 안 될 때 말하는 것은 올바른 태도가 아니다. 말을 할 경우는 일단 조리있게 해야 한다. 그렇지 않으면 말로 인한 재앙이 뒤따른다.『명심보감明心寶鑑』에는 몸과 말에 관한 유익한 얘기가 있다.

"입과 혀는 화와 근심을 불러들이는 문이고 몸을 망치는 도끼와 같다. 사람을 이롭게 하는 말은 솜처럼 따뜻하고, 사람을 해치는 말은 가시처럼 날카로우니, 사람을 이롭게 하는 한마디 말은 천금같이 무겁고, 사람을 해치는 한마디 말은 칼로 베는 것같이 아프다. 입은 사람을 다치게 하는 도

끼이고, 말은 혀를 끊는 칼과 같으니, 입을 다물고 혀를 깊이 감추면 몸이 어디에서나 편안하다." "말이 이치에 맞지 않으면 차라리 말을 하지 않는 것만 못하다. 한마디 말이 이치에 맞지 않으면 많은 말을 해도 소용이 없다."[17]

언어는 극도로 자제해야 한다. 앞뒤를 가리고, 경중을 따져서 법도에 알맞게 말하면 괜찮다. 5효는 음이 양 자리에 있기 때문에 정도가 아니지만[不正], 상괘의 중용을 얻고 있다. 중용으로써 부정을 보강하고 조화하라[以中, 正也]는 뜻이다. 중화中和의 품성 덕분으로 실언하지 않는 까닭에 뉘우치는 일이 생길 리 만무하다.

☖ 언어는 중용의 품성에 입각해서 사용되어야 마땅하다.

10. 상효 : 멈춤은 천지를 꿰뚫는 보편 원리

上九는 **敦艮**이니 **吉**하니라
상구 돈간 길

象曰 敦艮之吉은 **以厚終也**일새라
상왈 돈간지길 이후종야

상구는 돈독하게 그침이니 길하다. 상전에 이르기를 '돈독하게 그쳐 길함'은 두터움으로 마치기 때문이다.

상효는 양이 음 자리 있고[不正] 상괘의 중용을 지나쳤다. 64괘 상효의 대부분은 좋지 않는 상황을 말했으나, 간괘의 미덕은 그침 또는 멈춤이기 때문에 상효는 돈독하게 그쳐서 하나도 나무랄 바가 없다.

『주역』에서 돈독하다[敦]는 글자가 나오는 곳은 두 군데가 더 있다. 하나는 지택림괘地澤臨卦(☷☱) 상효의 '돈독하게 임한다[敦臨]'는 것이고, 다른

<hr/>

17) 『明心寶鑑』, 「言語篇」, "口舌者, 禍患之門, 滅身之斧也. 利人之言, 煖如綿絮, 傷人之言, 利如荊棘, 一言半句, 重値千金, 一語傷人, 痛如刀割. 口是傷人斧, 言是割舌刀, 閉口深藏舌, 安身處處牢." "言不中理, 不如不言. 一言不中, 千語無用."

하나는 지뢰복괘地雷復卦(䷗) 5효의 '돈독하게 회복함[敦復]'이 그것이다. 시간적 입장에서 그칠 때는 그치고 행할 때는 행하는 행위가 바로 '돈간'이다.[18] 『주역』과 『정역』을 평생 연구한 이정호는 함괘와 간괘의 공통점을 도표로 시각화했다.[19]

澤山咸 ☱上 ☶下	重山艮 ☶上 ☶下
上六, 咸其輔頰舌(볼, 뺨, 혀)	上九, 敦艮(종합, 통합)
九五, 咸其脢(등)	六五, 艮其輔(볼)
九四, 憧憧往來朋從爾思(마음)	六四, 艮其身(마음)
九三, 咸其股(넓적다리)	九三, 艮其限(허리)
六二, 咸其腓(장딴지)	六二, 艮其腓(장딴지)
初六, 咸其拇(엄지발가락)	初六, 艮其趾(발꿈치)

간괘에는 초효로부터 상효에 이르기까지 '그침[艮]'이라는 글자가 여섯 군데 있다. 그것은 유교의 학문 방법론과 인식의 문제를 다룬 『대학大學』의 요지에 반영된다. 여기서 눈여겨봐야 할 것은 『대학』 삼강령三綱領의 첫구절이 머뭄(그침, 멈춤: 止)으로 시작한다는 점이다. "대학의 도리는 밝은 덕을 밝히는데 있으며, 백성을 친하게 여기는데 있으며, 지극한 선에 머무름(그침)에 있다. 그침을 안 뒤에 정함이 있나니, 정한 뒤에 고요할 수 있고, 고요한 뒤에 편안할 수 있고, 편안한 뒤에 사유할 수 있고, 사유한 뒤에 얻

---

18) 간괘 상효가 양에서 음으로 변하면 地山謙卦(䷎)가 형성된다. 겸괘의 주인공[主爻]은 3효이다. 스스로를 낮추는 겸손의 미덕으로 그치면 길하다. "구삼은 수고로우면서도 겸손함이니, 군자가 [종신토록] 마침이 있으니 길하다.[九三, 勞謙, 君子有終, 吉.]" 간괘 상효와 겸괘 3효는 공통적으로 마칠 終으로 매듭짓고 있다.
19) 이정호, 앞의 책, 114쪽 참조

을 수 있다."[20]

　조선의 화담花潭 서경덕徐敬德(1489-1546)은 간괘의 원리와 『대학』을 결합하여 자연철학을 활짝 꽃피웠다. 그는 "군자가 배움을 귀하게 여김은 머무름을 알기 위해서다"라고 했다.[21] 서경덕이 말하는 '머무름[止]'은 "모든 우주적 존재 질서의 기본적 바탕이다. 인간 존재의 사회적 질서도 이 자연적 존재의 머무름의 성실한 표현에 지나지 않는다. 일물일사一物一事에도 성실하고 공경하는 마음으로 접하고 응하려는 주일무적主一無適의 자기 수련이다."[22]

　☗ 간괘는 인간 삶의 표본을 자연의 지평 위에 설정하고 있다.

───────────────────────

　정역사상의 연구사 이상룡李象龍은 간괘의 성격을 다음과 같이 설병한다.

　　艮은 在文從坤從止라 止는 山也오 坤은 土也라
　　간　　재문종곤종지　　지　산야　　곤　　토야

　　故其象爲山字與文併일새 取坤土而隆其上也오 又上下皆山이
　　고기상위산자여문병　　　취곤토이융기상야　　우상하개산

　　象天開之山이니 已崧而在上하고 地闢之山은 湧出而止下라
　　상천개지산　　　이숭이재상　　　지벽지산　　용출이지하

　　是固道統之終始와 萬物之生成之正方也니 而天下井井之道는
　　시고도통지종시　　만물지생성지정방야　　이천하정정지도

　　由艮始之라 艮所以次井也라
　　유간시지　　간소이차정야

　　'간'은 문자로는 땅 곤坤과 머물, 멈출 지止에서 왔다. 지는 산이고 곤은 토이기 때문에 그 모습이 산 자와 글이 똑같이 곤토坤土를 취하여

20) 『大學』, "大學之道, 在明明德, 在親民, 在止於至善. 知'止'而後有定, 定而後能靜, 靜而後能安, 安而後能慮, 慮而後能得."
21) 『花潭集』, 「送沈敎授序」, "君子之所貴乎學, 以其可以知'止'也."
22) 김형효, 「화담 서경덕의 자연철학에 대하여」 『동서철학에 대한 주체적 기록』(서울: 고려원, 1985), 79-86쪽 참조.

그 위를 융성하게 만들었다. 또한 상하 모두가 산이다. 하늘이 열린 산에 이미 우뚝 솟은 산이 위에 있으며, 땅이 열린 산은 샘솟듯 솟은 아래에 멈추어 있는 형상이다. 이것은 도통道統의 끝과 시작이요 만물이 생성하는 올바른 방위인 동시에 천하의 올바른 우물의 도리는 간괘로부터 비롯되는 것이다. 간괘가 정괘 다음이 된 까닭이다.

彖曰 艮其背, 不獲其身은 山起西北하여 未見全體也오
단왈 간기배 불획기신 산기서북 미견전체야

行其庭, 不見其人, 无咎는 家天下而化外夷也라
행기정 불견기인 무구 가천하이화외이야

"그 등에 그치면 그 몸을 얻지 못한다"는 것은 산이 서북쪽에서 일어나 전체를 볼 수 없다는 것이요, "뜰을 걸어도 그 사람을 보지 못하여 허물이 없을 것이다"라는 말은 가정과 천하가 오랑캐로 변한다는 뜻이다.

象曰 君子以, 思不出其位는 廣天下之思慮也라
상왈 군자이 사불출기위 광천하지사려야

상전 "군자는 이를 본받아 생각이 그 위치에서 벗어나지 아니한다"는 것은 천하가 넓어지기를 생각하는 근심이다.

初六, 艮其趾. 无咎, 利永貞은 肇判而止下로 限其水汐也라
초육 간기지 무구 이영정 조판이지하 한기수석야

초효 "초육은 발꿈치에 그침이다. 허물이 없으니 오래도록 올바르게 함이 이롭다"는 것은 천하가 넓어지기를 생각하는 근심이다.

六二, 艮其腓는 止爲中岳也오 不拯其隨. 其心不快는
육이 간기비 지위중악야 부증기수 기심불쾌

導山初載이나 不得隨出이니 所以不樂也라
도산초재 부득수출 소이불락야

| 重山艮卦 | 그침과 움직임의 미학 453

2효 '장딴지에 그침'은 중악中岳이 된 것이요, "구원하지 못하고 따라가니 마음이 상쾌하지 않다"는 것은 산을 이끌어 처음으로 실기 때문에 따르지 못하고 나오는 것이므로 즐겁지 않다는 뜻이다.

九三, 艮其限. 列其夤, 厲薰心은 水泄山峙하여 絶其限이오
구삼 간기한 열기인 여훈심 수설산치 절기한

夤은 凜慄也라
인 늠율야

3효 "허리에 그침이다. 등살을 벌리니 위태로워 마음이 찌는 듯하다"는 것은 물이 산언덕으로 새어 산 중간이 끊어진다는 것이요, 인夤은 두려워한다는 뜻이다.

六四, 艮其身, 无咎는 田彼菑墾也라
육사 간기신 무구 전피치간야

4효 "몸에 그침이니 허물이 없다"는 것은 저 묵정밭을 개간한다는 뜻이다.

六五, 艮其輔, 言有序는 生此艮國時하고 然后語之也라
육오 간기보 언유서 생차간국시 연후어지야

5효 "볼에 그침이다. 말에는 질서가 있다"는 것은 이 간방의 나라[艮國]가 된 후에 말하라는 뜻이다.

上九, 敦艮, 吉은 敦厚永終이 七小八大也일새라
상구 돈간 길 돈후영종 칠소팔대야

상효 "돈독하게 그침이니 길하다"는 것은 두텁게 오래도록 마치므로 7은 작고 8은 크다는 뜻이다.

|風山漸卦|
풍 산 점 괘

점진의 미덕

1. 매사를 순서에 맞게 처리하는 것이 좋다 : 점괘

정이천은 중산간괘重山艮卦(☶☶) 다음에 풍산점괘風山漸卦(☴☶)가 오는 이유를 다음과 같이 말한다.

漸은 序卦에 艮者는 止也니 物不可以終止라 故受之以漸하니
점   서괘   간자   지야   물불가이종지   고수지이점

漸者는 進也라 하니라 止必有進하니 屈伸消息之理也라
점자   진야   지필유진   굴신소식지리야

止之所生도 亦進也오 所反도 亦進也니 漸所以次艮也라
지지소생   역진야   소반   역진야   점소이차간야

進以序爲漸이니 今人이 以緩進爲漸하니 進以序하여
진이서위점   금인   이완진위점   진이서

不越次하니 所以緩也라 爲卦上巽下艮하여 山上有木하니
불월차   소이완야   위괘상손하간   산상유목

木之高而因山은 其高有因也니 其高有因이면 乃其進有序也니
목지고이인산   기고유인야   기고유인   내기진유서야

所以爲漸也라
소이위점야

"점괘는 「서괘전」에 '간은 그침이니, 사물은 끝내 그칠 수만은 없다. 그러므로 점괘로 이어받았으니, 점은 나아감이다'라고 하였다. 그치면 반드시 나아감이 있으니, 굴신과 소식의 이치이다. 그침이 낳는 것 또한 나아감이요 반대되는 것 역시 나아감이니, 점괘가 이런 까닭에 간괘의 다음이 된 것이다. 나아감을 순서대로 하는 것이 점이니, 지금 사람들이 느리게 나아감을 점진이라 하니, 나아감을 순서대로 하여 차례를 넘지 않는 까닭에 느린 것이다. 괘의 형성은 위는 손이고 아래는 간이어서 산 위에 나무가 있으니, 나무가 높으나 산을 따름은 그 높음이 연달아 있는 것이다. 높음이 연이어 있으면 바로 나아감에 차례가 있는 것이니, 이런 까닭에 점이라 한 것이다."

풍산점괘(☴☶)의 구조는 위가 바람[風: ☴], 아래는 산[艮: ☶]이다. 「설괘

전」에 따르면, 손巽[= 風]은 때로는 나무[木]가 되기 때문에 산 위의 나무가 점차로 커나가는 모습을 상징한다. 나아감[前進]에는 급진적으로 나아가는 것과 점진적으로 나아가는 것이 있는데, '점漸'은 후자의 의미로서 일정한 절차를 밟으면서 나아간다는 뜻이다. 그치면 반드시 나아감이 있으므로 간괘 다음에 점괘가 뒤따르는 것이다.

옷이 물에 젖으면 서서히 번져나간다[漸]. 그것은 돌변 혹은 급변이 아니라, 자연의 이치에 맞추어 소리 없이 조금씩 발전하는 양상을 의미한다. 이를 인륜에 빗대어 말하면 여자가 시집가는 절차와 유사하다. 나무는 비약적으로 크는 법이 없고 소녀가 갑자기 각시로 성장할 수 없듯이, 여자가 시집가는 것은 일정한 격식에 맞추어 치러야 유감이 생기지 않는다는 것이다. 『주역』은 여자가 시집가는 것을 일컬어 '귀歸'라 하고, 남자가 장가드는 것을 '취녀取女라 한다. 64괘에는 사랑과 시집 장가에 대해 얘기한 괘가 네 곳이 있다. 소녀와 소남이 짝을 이루는 택산함괘(☶), 장남과 장녀가 짝을 이루는 뇌풍항괘(☳), 장녀와 소남이 짝을 이루는 풍산점괘(☴), 장남과 소녀가 짝을 이루는 뇌택귀매괘(☳)가 그것이다. 함괘와 항괘는 정상적인 결합인 반면에, 점괘와 귀매괘는 비정상적인 결합을 얘기한다. 특히 점괘는 신랑이 연상의 각시와 혼인하는 경우를 말한다.

「잡괘전」에서 "점은 여자가 시집감이니, 남자를 기다려 가는 것이다"[1]라 했다. 여자는 시집가면 점차 시댁의 가풍에 가까워지는 반면, 친정은 시간이 지남에 따라 차츰 멀어지는 이치를 점괘는 짤막하게 얘기하고 있다. 혼인을 통하여 여자의 일생은 서서히 바뀐다. 그 과정을 설명한 것이 이른바 육례六禮이다. 규중 처녀가 여섯 단계의 예식을 치르면서 시집가는 것이 바로 육례이다. 혼례는 납채納采(신랑 집에서 신부 집에 혼인을 신청), 문명問名(신부의 이름을 정식으로 묻는 일), 납길納吉(신랑 집에서 혼인날을 정해서 신부 집에

1) 『周易』 「雜卦傳」, "漸, 女歸, 待男行也."

알림), 납폐納幣(사주단자의 교환 후 정혼 성립의 증거로 신랑 집에서 신부 집으로 폐물을 보내는 의식), 청기請期(= 초례醮禮: 혼인 날짜를 확인하는 절차 또는 혼례), 친영親迎(신랑이 신부집에서 혼인을 치른 후 신부를 맞아들이는 예)의 순서를 밟으면서 이루어진다.

2. 점괘 : 서두르지 말고 절차를 밟아라

漸은 **女歸吉**하니 **利貞**하니라
점   여귀길   이정

점은 여자가 시집가는 것이 길하니, 올바르게 하는 것이 이롭다.

요즈음은 독신 생활이 유행하는 시대다. 여성이라고 예외일 수는 없다. 독신이 판치면 세상은 애기울음 소리가 그쳐 삭막할 것이다. 점괘는 서두르지 않고 일정한 절차를 밟으면서 여자가 시집가는 것이 길하다고 했다. 격식을 생략한 채 혼인한다는 것은 여성으로서는 불행이다. 자식을 키운 다음에 면사포 쓰고 결혼식을 하는 것을 보면 여성의 심리 깊은 곳에서는 많은 축복을 받으면서 사랑을 확인하고 싶어 하는 욕망이 있는 것 같다.

무조건 여자가 시집가는 것이 길한 것은 아니다. 시집가서 올바른 행동을 해야 좋다. 시댁 살림을 불리면서 시부모 봉양에 정성을 쏟는 한편, 남편과 자식들 뒷바라지를 올바르게 해야 길하다. 새댁이 모든 것을 잘 할 수는 없다. 다만 순차적으로 점진하는 마음자세로 배우고 실천하면 된다 [漸之進也, 女歸吉也].

🎴 여성의 권익만 앞세우고 책임을 소홀히 한다면 주변의 사람이 불편할 것이다.

3. 단전 : 정도는 개인과 사회를 정화시키는 최고의 방법이다

象曰 漸之進也는 **女歸**의 **吉也**라 **進得位**하니 **往有功也**오
단왈 점지진야 여귀 길야 진득위 왕유공야

進以正하니 **可以正邦也**니 **其位**는 **剛得中也**라 **止而巽**할새
진이정 가이정방야 기위 강득중야 지이손

動不窮也라
동불궁야

단전에 이르기를 점의 나아감은 여자가 시집가는 것이 길하다. 나아가 위치를 얻으니 가서 공이 있음이요, 올바름으로 나아가니 나라를 올바르게 할 수 있으니, 그 위치는 강이 중도를 얻은 것이다. 멈추면서 공손하기 때문에 움직여도 궁색하지 않은 것이다.

점괘는 위가 장녀[風: ☴]이므로 음이고, 아래는 소남[山: ☶]으로서 양이므로 전체적으로는 음양짝을 이룬다. 2효와 4효는 각각 음이 음 자리에 있고, 3효와 5효 역시 양이 양 자리에 있기 때문에 득정得正[= 得位]이다. 또한 2효와 3효는 이웃에서 음양짝을 이루고, 4효와 5효도 이웃에서 음양짝을 이루고 있다. 그런데 초효와 상효는 올바른 위치에 있지 않지만, 양이 음 위에 있기 때문에 음양 법칙에 어긋나지 않는다[進得位].

장녀[風: ☴]가 혼인 후 친정을 떠나 신랑 집으로 들어가(2효의 중정의 자리) 시댁 분위기에 맞추어 공로를 세운다[進得位, 往有功也]. 신부가 자리를 얻는다[得位]는 말은 곧 집안의 주인이 된다는 뜻이다. 예로부터 여자는 세 가지 조건을 갖추어야 한다는 말이 있다. 시집가기 전에는 여성의 덕德을 닦고, 시집가서는 한 집안의 안주인이 되는 것[得位]이고, 아내와 어머니 역할을 충실히 하는 것[往有功也]이다. 이처럼 『주역』은 '덕德, 위位, 공功'을 내세워 여성의 역할을 강조했다.

정도는 개인과 사회를 정화시키는 유일한 방법이다[進以正, 可以正邦也]. 점괘에서 2효와 5효가 중정中正을 이룬다. 5효는 한 나라를 책임진 군주의

자리로서 군왕은 정도의 길을 걸어야만 나라를 올바르게 다스릴 수 있다. 사특한 마음가짐으로는 문화의 나라를 일으킬 수는 없다는 뜻이다.

　하괘는 그침[山 = 止: ☶]이고, 상괘는 공손하고 유순한[風 = 巽: ☴] 성격을 지닌다. 안으로는 산처럼 듬직하고 밖으로는 공손한 태도로 타인과 접촉하기 때문에 언제 어디서 무슨 일을 하든지 궁색한 지경에 빠지지 않는다. 아래에서는 섣불리 움직이고 않고, 위에서는 공손하게 움직이는 것이 바로 점진의 방법이다.

　점괘는 만물의 발전 법칙을 '점진'이라고 규정한다. 이는 학문을 익히는 『대학』의 방법과 일맥상통한다. 격물 → 치지 → 성의 → 정심 → 수신 → 제가 → 치국 → 평천하의 순서대로 차근차근 이루어 나가야 한다고 했다. 논리의 비약이란 있을 수 없다. 정도를 지켜야 이롭다는 근거가 여기에 있는 것이다.

🕉 틀림과 오류[不正]를 바로잡을[正] 수 있는 길은 점진적 방법이 최고일 것이다.

4. 상전 : 덕 쌓기에 게으름 피우지 말라

象曰 山上有木이 **漸**이니 **君子以**하여 **居賢德**하여
상 왈 산 상 유 목　점　군 자 이　　거 현 덕
善俗하나니라
선 속

상전에 이르기를 산 위에 나무가 있는 것이 점이다. 군자가 이를 본받아 현명한 덕에 거처하여 풍속을 선하게 한다.

　점괘는 묘목이 점차 자라나 큰 나무로 성장하는 양상을 본뜬 것이다. 민둥산에 묘목을 옮겨 심었다고 금방 푸른 산이 되지 않는다. 나무는 추위와 더위를 이기면서 나이테를 남긴다. 군자는 나무가 자라는 모습을 본받

아서 조금씩 덕을 쌓아 나아가고, 세상의 풍속이 선으로 전환되도록 힘쓴다. 인생 역시 덕행을 얼마큼 실천했느냐에 따라 경륜이 무르익는다.

군자는 나무가 자라는 모습에서 천지가 어질다[賢]는 뜻을 읽어내고, 덕을 길러야 한다는 소명 의식을 통감하는 존재다. 군자는 개인적 도덕의 가치[居賢德]를 사회화하는 책임[善俗]이 있다. "군자는 옛날에 있었던 현명한 사람을 말하는 것이 아니다. 어느 시대이든 현명하게 사는 사람이 곧 군자요 대인이요 대장부이다. 그러므로 군자는 낡은 인간상이 아니라 항상 살아 있는 인간상이다."[2]

군자는 현명하고 후덕한 반면에 소인은 꾀는 많으나 덕이 부족하다. 소인은 급진적 성장을 도모한다. 소인은 점괘가 말하는 점진적 지혜를 비아냥거리기 일쑤이다. 군자는 욕심내지 않고 날마다 덕 쌓기를 멈추지 않고, 세상을 도덕의 나라로 만들려고 힘쓴다. 이런 연유에서 점괘에 교화를 뜻하는 바람[風]이 등장하는 것이다.

☖ 덕 쌓기에 게으르지 않고, 악을 선으로 바꾸는 일에 노력하면 누구든지 군자가 될 자격이 있다.

5. 초효 : 정도를 굳게 지키면 허물이 생기지 않는다

初六은 **鴻漸于干**이니 **小子厲**하여 **有言**이나 **无咎**니라
초 육　　홍 점 우 간　　소 자 려　　유 언　　무 구

象曰 小子之厲나 **義无咎也**니라
상 왈 소 자 지 려　　의 무 구 야

초육은 기러기가 물가에 나아감이니, 어린아이가 위태로워 말이 있으나 허물이 없다. 상전에 이르기를 '어린아이가 위태로우나' 의로워 허물이 없다.

2) 윤재근, 『한권으로 읽는 주역』(서울: 동학사, 2001), 367쪽.

점괘에 등장하는 자연물은 여자와 나무와 기러기다. 기러기는 철새로서 창공을 나를 때에는 대열을 지어 절서정연하게 날갯짓을 한다. 기러기는 유별나게 부부애가 좋다고 알려져 있다. 점괘에서 특별히 기러기를 얘기하는 까닭은 질서와 조화를 상징하는 것 이외에도 음이 양을 쫓는 이치 때문이다. 지금도 전통 혼례식에는 신랑이 신부 집에 기러기 한 쌍을 가지고 가서 상 위에 올려 놓고 절하는 '전안례奠雁禮가 남아 있다.

큰 기러기를 홍鴻, 작은 기러기를 안雁이라 한다. 기러기는 주로 물가에서 생활하는 새이다. 아기 기러기는 물가에서 자라나 나중에는 물가와 하늘을 오가며 산다. 계절에 따라 이동할 때, 늙은 기러기가 앞장서면 나머지 기러기들이 대열에서 이탈하는 새가 한 마리도 없을 정도로 질서를 잘 지킨다. 초효는 점진하는 출발점이다. 아직은 음이 양 자리에 있고[不正] 4효와도 상응하지 못하여 유약하다. 날기가 두려워 미뭇거리는 형상을 이런 '기러기가 물가에 나아감[鴻漸于干]'이라 표현했다.

'소자小子'는 어린 기러기에 비유한 소남[艮: ☶]을 가리킨다. '소자'는 힘 없고 지혜가 부족한 어린애를 뜻한다. 아기 기러기가 물가에서 놀다가 날으려고 했으나 무서워 날개를 접는다. 비록 하늘을 훨훨 날지 못하지만 물속에 빠지지는 않아 허물이 없다. 잔뜩 겁먹고 날지 못하자 다른 기러기들은 봇물이 터질 듯이 비난을 퍼붓는다.

✡ 어린 기러기는 비난 따위에 신경을 곤두세울 필요가 없다. 능력에 따라 서두르지 않고 천천히 나아가면 된다. 스스로가 부족함을 깨닫고 정도를 지키면 몇 마디 비난은 대수롭지 않게 넘길 수 있다. 조급하게 날다가 날개가 꺾이는 것보다는 시간을 두고 힘을 기르는 편이 훨씬 좋다.

6. 2효 : 욕심은 버리고 안전판을 구축하라

六二는 鴻漸于磐이라 飮食이 衎衎하니 吉하니라
육 이   홍 점 우 반   음 식   간 간   길

象曰 飮食衎衎은 不素飽也라
상왈 음식간간   불소포야

육이는 기러기가 너럭바위에 나아가는 것이다. 마시고 먹는 것이 즐겁고 즐거우니 길하다. 상전에 이르기를 '마시고 먹는 것이 즐겁고 즐거움'은 공연히 배부르게 하지 않는 것이다.

'반磐'은 바닥이 판판한 너럭바위를 뜻하고, '간간衎衎'은 즐겁고 화락한 모양을 뜻하는 의태어다. '소素'는 본래를 의미하는 글자다. 2효는 음이 음 자리에 있고 하괘의 중용을 얻었다[中正]. 물가에서 놀던 기러기가 편안한 너럭바위에 앉았다. 기러기 발은 물건을 움켜잡기 어려운 물갈퀴이기 때문에 넓고 평평한 반석이라야 걸어 다니기가 편안하다.

몸은 한없이 편안하여 마음에 거리낌이 없다. 더욱이 아는 친구들을 불러 먹고 마시면서 즐긴다. 혼례식이 끝난 다음에 친척과 동료들을 초청하여 잔치를 열어 음식을 맛있게 먹는 것과 같은 뜻이다. 게다가 2효 신하가 5효 군주와 음양짝을 이루어 즐거움은 두 배로 증가하여 춤이 저절로 나오는 형국이다.

좋은 사람들과 어울려 음식과 술 마시는 것보다 즐거운 일은 없다. 알맞게 먹는 음식과 술은 보약이 될 수 있지만 과식은 금물이다. 우울증이나 신경 과민에서 비롯된 폭식은 거식증 또는 배탈을 가져 온다. 흥청망청 잔치를 열어 과음과 과식을 일삼는다면 광란으로 변질되고 말 것이다.

🛡 2효는 쓸데없이 배불리 먹는 것을 경계하고 있다.

7. 3효 : 늦다고 조급하게 행동하면 일을 그르친다

九三은 鴻漸于陸이니 夫征이면 不復하고 婦孕이라도 不育하여
구삼   홍점우륙   부정   불복   부잉   불육

凶하니 利禦寇하니라
흉   이 어 구

象曰 夫征不復은 **離群**하여 **醜也**오 **婦孕不育**은 **失其道也**오
상왈 부정불복　이군　　추야　부잉불육　　실기도야

利用禦寇는 **順相保也**라
이용어구　　순상보야

구삼은 기러기가 뭍에 나아감이니, 지아비가 가면 돌아오지 못하고 지어
미가 임신하더라도 기르지 못하여 흉하니, 도적을 막는 것이 이롭다. 상
전에 이르기를 '지아비가 가면 돌아오지 못함'은 무리를 떠나서 추한 것
이요, '지어미가 임신하더라도 기르지 못함'은 그 도를 잃음이요, '도적을
막는 것이 이로움'은 순하게 서로 지키는 것이다.

　3효는 양이 양 자리에 있으나[正], 중용을 지나쳐 에너지가 넘칠 뿐만 아
니라 상효와 상응하지 못한다. 지금은 점진하는 때이다. 기러기는 물가나
하늘에서는 편안하지만, 땅 위나 나뭇가지에 앉아 있으면 불편을 느끼는
동물이다. 기러기가 뭍으로 나아간다는 것은 불편한 곳으로 진입한다는
뜻이다. 그것은 바로 3효 양이 만나서는 안 될 4효 음과 만나는 것을 비유
한 것이다.

　3효 양이 원하는 짝은 상효 음이다. 3효는 상효가 양인 까닭에 음을 가
까운 4효에서 찾는다. 주역학에서는 이를 '친비親比'라는 특수 용어를 붙
인다. 하지만 이들의 관계는 정당한 관계가 아니다. 이러한 부정한 만남의
주체인 3효에 대해 '남편이 나가면 집으로 돌아올 줄 모른다[夫征不復]'라
고 표현했으며, 또한 부적절한 관계로 맺어진 불륜의 산물로서 '지어미가
임신하더라도 기르지 못하여 흉하다[婦孕不育, 凶]'라고 형용했다. 한 가정
의 남편은 바람피우고, 또다른 가정의 아내는 불륜을 저질러 화목한 가정
이 파괴되는 지경에 이르렀다. 가정의 붕괴는 불행으로 직결되어 흉할 수
밖에 없는 것이다. 그것은 사람이 구덩이 빠져 사경에 헤매는 글자 형태
[凶]가 증명한다.

　가족을 배반하고 다른 남자의 씨앗을 받아 임신했기 때문에 아이를 낳

아 정당하게 기를 수 없다. 어른들의 불장난으로 죄 없는 태아가 고통을 받는 꼴이다. 부정한 짓은 반드시 구설수에 오르기 마련이다. 『주역』은 이를 도적이 침입한다고 묘사했다. 왜 도적이 쳐들어올까? 물건을 탐내서 도둑질하려고 들어오는 것은 나의 책임은 아니다. 하지만 내 스스로 잘못을 저질러 도적을 불러들이는 것은 내 책임이다. 3효가 자발적으로 4효와 불륜을 맺는 것은 스스로 도적을 불러들이는 것이다. 애당초 만남이 이루어져는 안 되는 관계라고 할 수 있다.

"지아비가 집을 떠나 돌아오지 않음은 무리를 떠나서 추악한 행위"라는 말의 '무리'는 하괘 초효와 2효를 하나로 묶는 가족을 가리킨다. 사랑하는 아내와 자식을 팽개치고 외도하는 남편의 행실은 부끄러운 일이다[離群醜也]. 집에 남은 아내와 가족들은 가장을 얼마나 원망하겠는가. 그리고 믿음직한 남편을 배반하고 외간 남자와 정을 통하여 임신하는 행실은 여자의 도리를 잃은 것이다[婦孕不育, 失其道也]. 남자와 여자가 각각 집을 떠나는 일은 가정을 포기하는 행위다. 여자가 아이를 낳고도 끝까지 책임지지 못하는 것은 세상의 모든 어머니를 모독하는 일이 아닐 수 없다.

소년소녀 가장의 출현을 비롯하여 가출 청소년들이 길거리에서 방황하면서 일으키는 사회 문제는 전적으로 어른들의 책임이다. '도적을 막음이 이롭다[利用禦寇]'는 것은 부모들이 사회적인 인간 관계를 맺으면서 도와야 한다는 뜻이지, 불륜의 음양 관계로 만나서는 안 된다는 가르침이다.

☆ 어른들의 불륜은 자녀 교육에 치명적이다.

8. 4효 : 공손한 행위가 주위 사람을 편안하게 만들다

六四는 **鴻漸于木**이니 **或得其桷**이면 **无咎**리라
육사 홍점우목 혹득기각 무구

象曰 或得其桷은 **順以巽也**일새라
상 왈 혹 득 기 각 순 이 손 야

육사는 기러기가 나무에 나아감이니, 혹시 평평한 나무가지를 얻으면 허물이 없을 것이다. 상전에 이르기를 '혹시 평평한 나무가지를 얻음'은 순해서 공손하기 때문이다.

4효는 중용이 아니지만 음이 음 자리에 있다[正]. 물새인 기러기는 나무에 앉는 것이 매우 서툴러 불안하다. '각(桷)'은 네모진 서까래로서 기러기가 잠시 앉기에는 안성맞춤이다. 너럭바위 만큼은 편안하지 않지만 평평한 나뭇가지라면 괜찮다.

다행스럽게 기러기가 널찍한 나뭇가지에 앉아서 편안한 것은 군자가 공손하게 행동하면 자신은 무탈하고, 주위 사람을 편안하게 만드는 일과 비슷하다. 4효는 정당한 위치에서 양강인 5효를 잘 받들어 윗사람에게는 공손하게, 아랫사람에게는 겸손의 미덕으로 대응하므로 안정과 평안을 유지할 수 있는 것이다.

✿ 어디에 있더라도 주변인을 안심하게 만들면 환영받는다.

9. 5효 : 부(반, 비)도덕은 도덕을 이길 수 없다

九五는 **鴻漸于陵**이니 **婦三歲**를 **不孕**하나 **終莫之勝**이라
구 오　　홍 점 우 릉　　　부 삼 세　　불 잉　　　종 막 지 승

吉하리라
길

象曰 終莫之勝吉은 **得所願也**라
상 왈 종 막 지 승 길　　득 소 원 야

구오는 기러기가 언덕에 나아감이니, 지어미가 3년을 임신하지 못하나 마침내 이길 수 없는지라, 길할 것이다. 상전에 이르기를 '마침내 이길 수 없어 길함'은 소원을 얻는 것이다.

5효는 양이 양 자리에 있고, 상괘의 중용을 얻고 있다[中正]. 기러기가

마침내 언덕에 나아가는 형상이라고 했다. 5효와 2효의 관계는 남자와 여자, 군주와 신하, 상괘와 하괘의 중용을 이룬다. 강건 중정의 5효와 유순 중정의 2효는 최상의 음양짝이다. 이들의 원앙 관계를 3효와 4효가 중간에서 지독하게 훼방을 놓는다. 특히 4효는 5효에게 적극적인 애정 표현을 과시하고, 3효는 2효가 5효를 만나지 못하도록 노골적인 질투심을 보내고 있다. 이런 연유에서 3년이라는 긴 세월 동안 애간장을 태우면서 별거 생활을 해야만 했다.

하늘을 봐야 별을 딴다는 말이 있다. 훼방꾼 때문에 생이별의 서러움을 잘 견뎌낸 2효와 5효는 중정의 덕으로 재회의 기쁨을 누린다. 악은 선을 이기지 못한다. 그 누구도 5효와 2효의 사랑을 더 이상 갈라놓을 수 없다[終莫之勝]. 온갖 방해를 극복한 다음의 밀월은 꿀보다 더 달콤하다[吉]는 뜻이다.

먹구름이 하늘을 영원히 가릴 수 없듯이, 악이 세상을 어둡게 하는 것은 일시적인 현상일 뿐이다. 3년은 결코 짧지 않은 시간이다. 고통의 긴 시절을 뚫고 중정의 덕을 쌓으면 밝은 미래가 웃음의 손짓을 내밀며 기다린다. 원하는 바를 다 얻을 수 있다는 뜻이다[得所願也].

☆ 불의는 정의를 이길 수 없고, 부도덕은 도덕에 오금을 못 추린다.

10. 상효 : 질서정연하게 하늘을 나는 기러기의 삶을 닮아라

上九는 **鴻漸于逵**니 **其羽可用爲儀**니 **吉**하니라
상구 홍점우규 기우가용위의 길

象曰 其羽可用爲儀吉은 **不可亂也**일새라
상왈 기우가용위의길 불가란야

상구는 기러기가 하늘에 나아감이니, 그 깃은 모범으로 삼을 만하니 길하다. 상전에 이르기를 '그 깃은 모범으로 삼을 만하여 길함'은 어지럽지 않기 때문이다.

‘규逵’는 전통 『주역』에는 3효에 나온 땅 ‘육陸’으로 되어 있으나, ‘규’로 읽는 것이 옳다. 정이천은 호원胡瑗(993-1059)[3]의 견해를 받아들여 ‘규’로 고쳤고, 주자 역시 이견을 보태지 않았다.[4] 규는 구름 위 창공에 훤하게 트인 큰 길[雲路], 사통팔달의 큰 거리를 뜻한다. 따라서 상효는 더없이 높은 자리로서 하늘의 거리와 같은 의미다.[5]

상효는 점괘의 끝자락으로서 기러기가 하늘 높이 나는 것을 상징한다. 기러기가 물가[干] → 너럭바위[磐] → 뭍[陸] → 나뭇가지[木] → 언덕[陵]을 거치면서 하늘의 고속도로를 훨훨 날아 목적지[逵]에 도달한 것을 형용한다. 어른 기러기의 안내로 질서정연하게 날개를 활짝 펴고 하늘을 맘껏 나는 모습은 인간이 모범으로 삼기에 충분하다.

가을 하늘을 수놓으면서 북쪽을 향해 날아가는 기러기 떼의 위용은 동물의 세계에서도 신비의 대상이다. 맨 앞에서 길을 안내하는 늙은 기러기는 입에 갈대를 물어 그물을 피한다는 그 지혜로움은 조류학자들 조차도 혀를 내두르게 한다. 기품 있는 날갯짓은 군인들의 제식 행렬에 뒤지지 않는다. 특히 새의 깃털은 덕행의 징표이다. 지금도 사관생도들의 모자에도 깃털을 장식하여 질서의 품격을 자랑하듯이 말이다.

🏵 점진적 발전을 강조하는 점괘는 생물학에서 얘기하는 진화의 법칙에 맞추어 기러기의 자연 질서와 인간의 혼인 절차를 설명한다.

---

3) 자는 翼之로 安定先生으로 불린다.
4) ①『易程傳』, “安定胡公, 以陸爲逵, 逵雲路也, 謂虛空之中. 爾雅, 九達謂之逵, 逵, 通達无阻蔽之義也.” ②『周易本義』, “胡氏程氏皆云陸當作逵, 謂雲路也, 今以韻讀之, 良是.”
5) ‘규’는 天山大畜卦 상효에 나오는 ‘구衢’와 흡사한 개념이다. ‘衢’는 하늘의 거리, 무한하게 펼쳐진 시간과 공간의 까르푸(네거리), 신호등이 전혀 필요 없는 천상의 질서, 십자가로 이루어져 사방이 훤하게 뚫린 사거리 등을 의미하는 궁극의 경지를 가리키는 용어다. 가는 곳마다 형통하지 않음이 없다.

정역사상의 연구자 이상룡李象龍은 점괘의 성격을 다음과 같이 설명한다.

☷ 漸은 在文從水從斬이니 截而濟水者가 驗其淺深이나
　　점　　재문종수종참　　　절이제수자　　험기천심

不可遽進之義也라 爲卦與蠱相反이나 而義則同이라
불가거진지의야　　위괘여고상반　　　이의즉동

風敎聲樂하니 蠱壞於艮方而終之者는 先天也오 風動之休는
풍교성악　　　고괴어간방이종지자　　선천야　　풍동지휴

起自艮國而始之하고 東漸西被에 訖于天下者는 后天也라
기자간국이시지　　　동점서피　　흘우천하자　　후천야

且万折于歸之水하여 其來者漸이니 漸次於歸妹也라
차만절우귀지수　　　기래자점　　점차어귀매야

점은 문자적으로 물 수水와 벨 참斬에서 온 것으로 결단코 물을 건너려는 자가 깊고 얕음을 시험하나 앞으로 나아가지 못한다는 뜻이다. 괘의 형성은 고괘와 상반되지만 그 의미는 동일하다. 바람으로 가르치고 소리를 즐기므로 간방에서 무너져 끝나는 것은 선천이요, 바람의 움직임이 멈춤은 간방의 나라에서 일어나기 시작하여 동쪽에서 점점 서쪽으로 영향을 끼쳐 천하에 이르게 하는 것은 후천이다. 만 번 꺾여도 물로 돌아가 다시 오는 것이 '점'이므로 점괘가 귀매괘 다음이 된 것이다.

彖曰 漸, 女歸吉, 利貞은 男女正位也라
단왈 점　여귀길　이정　　남녀정위야

단전 "점은 여자가 시집가는 것이 길하니, 올바르게 하는 것이 이롭다"는 말은 남녀가 올바른 위치로 자리잡는다는 뜻이다.

象曰 君子以, 居賢德, 善俗은 宅仁由義也니 天下之風俗也라
상왈 군자이　거현덕　선속　　택인유의야　　천하지풍속야

상전 "군자가 이를 본받아 현명한 덕에 거처하여 풍속을 선하게 한다"는 것은 인으로 살고 의에 말미암는 것은 천하의 풍속이다.

初六, 鴻漸于干은 无海天空에 遵彼江干也오 小者厲, 有言,
초육 홍점우간 무해천공 준피강간야 소자려 유언

无咎는 雖有怨言이나 於我无咎也라
무구 수유원언 어아무구야

초효 "기러기가 물가에 나아감"은 바다 없는 하늘에서 저 강물가를 좇음이요, "어린아이가 위태로워 말이 있으나 허물이 없다"는 것은 비록 원망하는 말이 있으나, 나에게는 허물이 없다는 뜻이다.

六二, 鴻漸于盤, 飮食, 衎衎, 吉은 天下措安하여 含哺樂天也라
육이 홍점우반 음식 간간 길 천하조안 함포락천야

2효 "기러기가 너럭바위에 나아가는 것이다. 마시고 먹는 것이 즐겁고 즐거우니 길하다"는 것은 천하가 편안해져 먹으면서 하늘을 즐긴다는 뜻이다.

九三, 鴻漸于陸은 水泄地堅也오 夫征, 不復, 婦孕, 不育, 凶은
구삼 홍점우륙 수설지견야 부정 불복 부잉 불육 흉

一終一始로 兵燹慘矣며 利禦寇는 陣以三極하여 化被歸順也라
일종일시 병선참의 이어구 진이삼극 화피귀순야

3효 "기러기가 뭍에 나아감"은 물이 빠져 땅이 견고해진다는 것이요, "지아비가 가면 돌아오지 못하고 지어미가 임신하더라도 기르지 못하여 흉하다"는 것은 한 번은 끝맺고 한 번은 시작하는 전쟁의 참혹함이요, "도적을 막는 것이 이롭다"는 것은 3극이 베풀어져 (만물이) 이상 세계로 귀순하는 것을 뜻한다.

六四, 鴻漸于木, 或得其桷, 无咎는 火激水濫하니
육사 홍점우목 혹득기각 무구 화격수람

升高而避之也라
승고이피지야

4효 "기러기가 나무에 나아감이니, 혹시 평평한 나무가지를 얻

으면 허물이 없을 것이다"라는 말은 불이 격렬해지고 물은 넘쳐나 높은 곳에 올라 피난하는 것이다.

九五, 鴻漸于陵은 水猶未平하여 止于邱陵也오 婦三歲, 不孕,
구오 홍점우릉   수유미평   지우구릉야   부삼세 불잉

終莫之勝, 吉은 經歲乃種이니 淡必勝醎也라
종막지승 길   경세내종   담필승함야

5효 "기러기가 언덕에 나아감"은 물이 도리어 평안을 되찾지 못해 언덕에 머무는 것이요, "지어미가 3년을 임신하지 못하나 마침내 이길 수 없는지라, 길할 것이다"라는 것은 세상을 경영하기 위해 씨 뿌리는 것으로서 담백함이 소금맛을 이긴다는 뜻이다.

上九, 鴻漸于逵는 水土已平也오 其羽可用爲儀,
상구 홍점우규   수토이평야   기우가용위의

吉은 萬區文章하여 儀于中邦也라
길   만구문장   의우중방야

상효 "기러기가 하늘에 나아감"은 수토水土가 이미 평안해졌다(후천이 온다는 뜻)는 것이요, "그 깃은 모범으로 삼을 만하니 길하다"는 것은 세상의 글이 빛나 사방의 모범이 된다는 뜻이다.

|雷澤歸妹卦|
뇌 택 귀 매 괘

시집가는 길

1. 시집 장가, 천지의 생명을 잇다 : 귀매괘

정이천은 풍산점괘風山漸卦(☶☴) 다음에 뇌택귀매괘雷澤歸妹卦(☳☱)가 오는 이유를 다음과 같이 말한다.

歸妹는 序卦에 漸者는 進也니 進必有所歸라 故로
귀매　서괘　점자　진야　진필유소귀　고

受之以歸妹라 하니라 進則必有所至라 故漸有歸義하니
수지이귀매　　　진즉필유소지　고점유귀의

歸妹所以繼漸也라 歸妹者는 女之歸也니 妹는 少女之稱이라
귀매소이계점야　귀매자　여지귀야　매　소녀지칭

爲卦震上兌下하니 以少女從長男也라 男動而女說하고
위괘진상태하　이소녀종장남야　남동이여열

又以說而動하니 皆男說女女從男之義라
우이열이동　개남열녀여종남지의

卦有男女配合之義者四하니 咸恒漸歸妹也라
괘유남녀배합지의자사·　함항점귀매야

咸은 男女之相感也니 男下女하여 二氣感應하고 止而說하니
함　남녀지상감야　남하녀　이기감응　지이열

男女之情相感之象이오 恒은 常也니 男上女下하고
남녀지정상감지상　항　상야　남상여하

巽順而動하며 陰陽皆相應하니 是男女居室夫婦唱隨之常道요
손순이동　음양개상응　시남녀거실부부창수지상도

漸은 女歸之得其正也니 男下女而各得正位하고
점　여귀지득기정야　남하녀이각득정위

止靜而巽順하여 其進有漸하니 男女配合이 得其道也오
지정이손순　기진유점　남녀배합　득기도야

歸妹는 女之嫁歸也니 男上女下하여 女從男也而有說少之義라
귀매　여지가귀야　남상여하　여종남야이유열소지의

以說而動하니 動以說이면 則不得其正矣라 故位皆不當이라
이열이동　동이열　즉부득기정의　고위개부당

初與上은 雖當陰陽之位하나 而陽在下하고 陰在上하니
초여상　수당음양지위　이양재하　음재상

亦不當位也니 與漸正相對라 咸恒은 夫婦之道요 漸歸妹는
역부당위야　여점정상대　함항　부부지도　점귀매

女歸之義라 咸與歸妹는 男女之情也니 咸은 止而說하고
여귀지의　함여귀매　남녀지정야　함　지이열

歸妹는 動於說하니 皆以說也오 恒與漸은 夫婦之義也니
귀매　동어열　개이열야　항여점　부부지의야

恒은 巽而動하고 漸은 止而巽하니 皆以巽順也니 男女之道와
항　손이동　점　지이손　개이손순야　남녀지도

夫婦之義가 備於是矣라 歸妹는 爲卦澤上有雷하니
부부지의　비어시의　귀매　위괘택상유뢰

雷震而澤動은 從之象也니 物之隨動이 莫如水라
뇌진이택동　종지상야　물지수동　막여수

男動於上而女從之는 嫁歸從男之象이며 震은 長男이오
남동어상이여종지　가귀종남지상　손　장남

兌는 少女니 少女從長男은 以說而動이니 動而相說也라
태　소녀　소녀종장남　이열이동　동이상열야

人之所說者少女라 故云妹하니 爲女歸之象이오
인지소열자소녀　고운매　위여귀지상

又有長男說少女之義라 故爲歸妹也라
우유장남열소녀지의　고위귀매야

"귀매괘는 「서괘전」에 '점은 나아감이니, 나아가면 반드시 돌아오는 바가 있다. 그러므로 귀매괘로 이어받았다'고 하였다. 나아가면 반드시 이르는 바가 있다. 그러므로 점에는 돌아가는 뜻이 있으니, 귀매괘가 점괘를 이어받은 까닭이다. 귀매는 여자가 시집감이니, 매는 소녀의 명칭이다. 괘의 형성은 진이 위에 있고 태가 아래에 있으니, 소녀가 장남을 따르는 것이다. 남자는 움직이고 여자는 기뻐하며 또한 기쁨으로 움직이니, 이는 모두 남자가 여자를 기뻐하고 여자가 남자를 따르는 뜻이다. 괘에는 남녀 배합의 뜻이 넷 있는데, 함괘·항괘·점괘·귀매괘이다. 함은 남녀가 서로 느끼는 것이니, 남자가 여자에게 낮추어 음양 두 기운이 감응하여 그치고 기뻐하니 남녀의 정이 서로 느끼는 형상이다. 항은 떳떳함이니 남자가 위에 있고 여자가 아래에 있으며, 공손하고 순응하여 움직이며 음양이 서로 감응하니, 이는 남녀가 집에 거처하고 남편이 선창하면 아내가

따르는 떳떳한 도이다. 점은 여가가 시집감에 그 올바름을 얻은 것이니, 남자가 여자에게 낮추어 각각 정위를 얻었으며, 그쳐서 고요하고 공손하게 순응하여 그 나아감에 점진이 있으니, 남녀의 배합이 도를 얻은 것이다. 귀매는 여자가 시집가는 것이니, 남자가 위에 있고 여자가 아래에 있어 여자가 남자를 따르고 소녀를 기뻐하는 뜻이 있다. 기쁨으로 움직이니, 움직이기를 기쁨으로 하면 올바름을 얻지 못한다. 그러므로 자리가 모두 마땅하지 않은 것이다. 초효와 상효는 비록 음양의 자리에 마땅하나 양이 아래에 있고 음이 위에 있으니, 또한 자리가 마땅하지 않은 것이니 점괘와 정반대이다. 함괘와 항괘는 부부의 도이고, 점괘와 귀매괘는 여자가 시집가는 뜻이다. 함괘와 귀매괘는 남녀의 정이니, 함은 그치고 기뻐하며 귀매는 기쁨으로 움직이니 이는 모두 기쁨으로 한 것이다. 항괘와 점괘는 부부의 의리이니, 항은 공손으로 움직이고, 점은 그치면서 공손하니, 이는 모두 공손과 순응한 것이니, 남녀의 도와 부부의 의리가 여기에 구비되었다. 귀매는 괘의 형성이 연못 위에 우레가 있으니, 우레가 진동함에 연못물이 움직임은 따르는 형상이니, 물건이 움직임을 따르는 것이 물보다 더한 것이 없다. 남자가 위에서 움직임에 여자가 따름은 여자가 시집가서 남자를 따르는 모습이며, 진은 장남이고 태는 소녀이니, 소녀가 장남을 따름은 기쁨으로 움직이니, 움직여 서로 기뻐하는 것이다. 사람이 기뻐하는 것은 소녀이므로 '매'라 말했으니, 여자가 시집가는 모습이고 또한 장남이 소녀를 기쁘게 하는 뜻이 된다. 그러므로 귀매라 한 것이다."

　　귀매괘의 구성은 위가 우레[震: ☳], 아래는 연못[兌: ☱]이다. 점괘(䷴)는 장녀와 소남의 혼인을, 귀매괘는 소녀와 장남의 혼인을 말한다. 그런데 점괘가 6례의 절차를 갖추어 여자가 시집가는 떳떳한 혼인을 얘기했다면,

후자는 지엄한 절차를 무시하고 여자가 시집가는 결점 투성이의 혼인을 말한다. 점괘를 180° 뒤집어엎으면 귀매괘(䷥)가 성립된다. 이처럼 『주역』은 질서와 무질서의 반복을 통해 세상이 움직인다는 것을 괘의 배열로 설명하고 있는 것이다.

'귀매歸妹'는 누이동생[妹, 少女]이 시집가다[歸]라는 뜻이다. 돌아갈 '귀歸'에는 다양한 의미가 담겨 있다. 여자가 시집간다는 것은 '돌아갈 곳으로 돌아간다', 친정에서 평생 살아야 할 시댁으로 들어간다는 뜻이다. "여자가 고향, 뿌리, 근본으로 돌아가는 것이다. 여자에게는 시집이 자기의 근본이다."[1] 그래서 점괘는 "여자가 시집가는 것이 길하다[女歸吉]"라고 했던 것이다.

2. 귀매괘 : 도덕을 파괴하는 혼인은 무리가 뒤따른다

歸妹는 **征**하면 **凶**하니 **无攸利**하니라
귀 매　　정　　흉　　　무 유 리

귀매는 가면 흉하니, 이로울 바가 없다.

딸자식이 좋은 신랑을 만나 결혼하는 것은 세상 모든 부모의 희망이다. 귀매괘는 어린 소녀가 장남에게 시집가는 형상이다. 그런데 왜 시집가는 것이 흉하다고 했을까? 괘의 형태에 비정상적인 혼인의 의미가 반영되어 있다. 상괘는 장남[震: 움직임]이고 하괘는 소녀[兌: 기쁨]인데, 그것은 여자가 좋아서 남자를 쫓아가는 모양새다. 남자가 여자에게 애정 공세를 펴는 것이 보통인데, 오히려 어린 소녀가 남자에게 '오빠!' 하고 외치면서 달려드는 형국이다.

원래 소녀의 짝은 택산함괘澤山咸卦(䷞)의 소남이다. 소녀가 나이 많은 장남에게 시집가는 것은 어색하다. 귀매괘 여섯 효의 구성도 마찬가지다. 2

---

1) 김홍호, 『주역강해(2)』(서울: 사색, 2003), 364쪽.

효, 3효, 4효, 5효는 모두 제자리를 찾지 못하여 정도를 거스르고 있다. 특히 3효와 5효는 각각 음[柔]이 양[剛]의 상위에 있는데, 그것은 여자가 남자를 올라탄 형세이기 때문에 전통적 부부 관계의 덕목인 부창부수夫唱婦隨에 어긋난다.

괘의 형상은 자연의 이법을 본받았다는 점에서 귀매괘는 잘못된 혼인을 강행하면 이로울 바가 없다고 했다. 어린 소녀는 혼인에 대한 교육마저 부실했고, 심지어 태생적으로 선천적 구제 불능성 남자 밝힘증과 아울러 약간은 음란한 기질까지 있기 때문에 귀매괘「단전」을 제외하고는 부정적인 평가로 이루어져 있다. 유독 귀매괘는 『주역』 64괘 중 천지비괘天地否卦(▤)와 함께 가장 나쁜 내용으로 가득 차 있다.

예전에는 부부의 애정도 중요했지만, 존경심을 표현하기 위해서도 서로가 존댓말을 썼다. 하지만 귀매괘는 남녀간의 윤리보다는 육체적 애정 또는 사회적인 제도와 연관된 혼인을 말하고 있다. 예컨대 일부다처제에서 비롯된 소실, 첩 등은 가혹할 정도로 여성에게 순결과 정절을 강요했던 유산이었다.

🔯 실제로 『주역』에는 본처는 귀하고 소실은 천하다는 여권 불평등의 문제가 함축되어 있다.

3. 단전 : 혼인은 천지에 보은하는 존엄한 의식

彖曰 歸妹는 天地之大義也니 天地不交而萬物이
단왈 귀매 천지지대의야 천지불교이만물

不興하나니 歸妹는 人之終始也라 說以動하여 所歸妹也니
불흥 귀매 인지종시야 열이동 소귀매야

征凶은 位不當也오 无攸利는 柔乘剛也일새라
정흉 위부당야 무유리 유승강야

단전에 이르기를 귀매는 천지의 위대한 의리이니, 천지가 사귀지 않으면

만물이 흥성하지 않나니 귀매는 인류의 끝마침과 시작이다. 기쁨으로써

움직여서 시집가는 바가 누이동생이니, '가면 흉함'은 위치가 마땅치 않음이요, '이로울 바가 없음'은 유가 강을 탔기 때문이다.

『주역』은 혼인 자체를 부정한 적이 없다. 다만 부적합한 혼인을 경계할 따름이다. 이는 공자가 지은 「단전」에 이르러 극명하게 드러난다. 공자는 비록 비정상적인 혼인으로 인한 폐단은 있을지라도 인류의 생명은 지속되어야 한다는 당위성을 우주론으로 뒷받침했다. 공자는 여자가 시집가는 일, 즉 남녀의 결합은 천지의 위대한 일을 완수하는 일이라고 보았다. 왜냐하면 하늘과 땅이 교합하는 자체부터가 생명을 일궈내는 위대한 창조 행위이기 때문이다. 천지가 사귀지 않는다면 생명의 지속적 창조는 불가능하다.

인간은 천지가 빚어낸 만물의 영장이다. 인간 역시 교합하지 않으면 인류의 미래는 기대할 수 없다. 여자가 시집가는 일은 인륜에 속하지만, 자식 낳는 일은 천륜에 해당된다. 남녀의 결합은 종족 번식과 함께 천륜과 인륜의 확대라는 신성한 의무에 속한다. 따라서 귀매괘는 생명의 존엄성과 인륜의 위대한 시작을 일깨운다.

처녀와 총각이 만나 혼인하는 것은 동물의 짝짓기 행위와 다르다. 동물의 짝짓기는 종족 번식에 목적이 있다. 하지만 인간의 종족 번식은 천지의 창조 활동에 보은하는 존엄한 행위로서 대대로 이어진다. 처녀의 끝은 어머니의 시작이고, 총각의 끝은 아버지의 시작이고, 부모의 끝은 자식의 시작으로 연결된다. 끝이 시작을 잉태하여 끊임없이 지속하는 운동이 바로 천지의 정신이다.

천지가 붕괴되지 않는 근본 이유는 시작과 끝이 맞물려 영원히 순환하기 때문이다. 하늘과 땅의 결합은 곧 남자와 여자가 결합하는 이치와 다르지 않다. 천지의 운행 방식과 인간 삶의 방식은 맞물려 있다. 이들의 연결 고리가 '종시론終始論'이다. 『주역』에서 말하는 종시론은 천지의 역사와

雷澤歸妹卦
뇌택귀매괘

인류사와 문명사와 시간사를 관통하는 원리이다. '영허소식盈虛消息'이 변화의 과정을 말한 것이라면, '종시'는 시간적인 지속성을 뜻한다. 따라서 『주역』을 종말론으로 단정짓는 것은 무리가 있다. 『주역』은 생명의 연속과 변화를 강조하기 때문이다.

어머니가 자식을 낳아 대를 잇는 행위는 천지가 만물을 생성하는 것 만큼이나 위대하다. 그래서 공자는 귀매괘 괘사의 내용이 불길함에도 불구하고 혼인 행위가 멈춰서는 안 된다고 말했던 것이다. 혼인하는 순간부터 여자의 일생이 바뀐다. 혼인은 독신의 끝인 동시에 새로운 생활의 시작이므로 기쁨으로 맞이해야 옳다.

귀매괘의 주인공은 시집가는 소녀이다. 소녀의 이상적 짝은 소남이어야 한다. 소녀가 기쁨을 주체하지 못한 나머지 이성을 잃고 장남의 움직임을 능가한다면 문제가 있다. 여성의 미덕을 갖추어 시집기는 것이 상례이긴 만 기쁨과 쾌락을 기준으로 혼인한다는 것은 신랑에 대한 결례가 아닐 수 없다.

공자는 다시 괘사의 내용을 반복하여 불합리한 혼인을 경고한다. 장남과 소녀가 결합하는 괘에는 택뢰수괘澤雷隨卦(☱☳)와 귀매괘가 있는데, 전자는 장남이 소녀를 무리 없이 이끌어가는 형상이라면, 후자는 소녀가 장남을 좋아하여 무턱대고 시집가려는 모습이다. 또한 전자는 3효와 4효를 제외한 효들이 정당한 위치에 있으며, 2효와 5효의 관계 역시 최상이다. 하지만 귀매괘는 2효, 3효, 4효, 5효가 음양이 뒤바뀌어 자리잡고 있다. 그리고 3효와 5효는 여자가 남자를 깔아뭉개고 앉아 있는 모습, 아내가 남편을 무시하는 형상으로서 '남존여비'의 가치관과 충돌하는 형태를 취하고 있다. 그것은 정상적인 절차를 벗어나 시집가면 흉하다는 사실을 지적한 것이다.

🕎「계사전」 상편 1장의 '하늘은 높고 땅은 낮다[天尊地卑]'는 내용이 비록 우주론의 명제라고 할지라도 귀매괘 괘사에는 남존여비의 관념이 남아 있다. 『주역』은 시종일관 양[剛]이 음[柔]에 앞서 가는 것을 합당하다고 견지

한다. 굳이 『소학』에 나오는 칠거지악七去之惡을 들먹이지 않더라도 『주역』은 원론적 입장에서 전통의 규범을 어기면서 시집가는 여성에 대해서는 가차 없는 비난을 퍼붓고 혐오한다.

4. 상전 : 가정의 불화는 사회 불안을 가져오는 원흉

象曰 澤上有雷歸妹니 君子以하여 永終하여 知敝하나니라
상 왈 택 상 유 뢰 귀 매　　군 자 이　　　영 종　　　지 폐

상전에 이르기를 연못 위에 우레가 있는 것이 귀매이다. 군자는 이를 본받아 길이 마쳐서 헤어지는 폐단을 아는 것이다.

우레가 위에서 우렁차게 울려 연못이 물결치는 모습을 형상화한 것이 바로 귀매괘이다. 세상의 모든 여자는 기쁘게[兌: 연못] 움직여[震: 우레] 시집간다. 『예기』는 다음과 같이 혼인의 의미를 규정하고 있다. "혼례는 장차 두 성씨의 좋은 것을 결합하여 위로는 종묘를 섬기며, 아래로는 후세를 이으려고 하는 것에 있다. 그러므로 군자는 이것을 소중하게 여긴다. … 공경하고 삼가서 혼례를 중시하고 올바르게 하는 까닭이다."[2] 후대에 쓰여진 『예기』에는 혼인의 개념을 자유분방한 연애 결혼보다는 생물학적 우성의 결합으로 설명하고 있다. 혼인의 일차적 목적은 사당에 모신 조상들을 받들고, 다음 세대를 존속시키기 위한 것이라고 천명했다.

한 번 맺은 부부의 인연은 죽음이 갈라 놓을 때까지 지속되어야 마땅하다. 검은머리가 파뿌리되더라도 언약을 지켜야 한다. 월하노인月下老人이 짝지워 준 이상 헤어져서는 안 된다. 늙어 죽는 순간까지 변함없이 함께 하는 것이 '영종永終'이며, 불화로 인해 헤어진 다음의 불행을 미리 아는 것이 '지폐知敝'다. 이혼을 결심해서는 안 된다는 뜻이다. 요즘에는 늙어서나마 배우자로부터 해방되고 싶은 욕구에서 비롯된 황혼 이혼이 들먹이고

---

2) 『禮記』「昏義」, "昏禮者, 將合二姓之好, 上以事宗廟, 而下以繼後世也. 故君子重之, … 所以敬愼重正昏禮也."

있다. 늙을수록 서로가 아껴주는 사랑이 아쉽다.

첫 단추가 잘못 꿰어지면 옷 상태가 어그러진다. 부정한 마음이 싹튼 부부 관계는 오래가지 못한다는 말이다. 상대방의 단점마저 너그러운 마음으로 인정한다면 부부의 애틋한 감정은 새록새록 솟아날 것이다. 뇌풍항괘 5효 「상전」은 "부인은 올바라서 길하니 하나를 좇아서 마치기 때문이요, 남편은 (나라의) 의를 제재하거늘 (집안의) 부인을 좇으면 흉함이라"고 했다.[3] 남편은 설거지보다는 바깥일에 종사하고, 아내는 가정에 충실하는 것이 최상이다.

☪ 부부의 도리는 처음부터 올바르게 실천해야 끝까지 영속할 수 있다. 그릇된 도리를 좇거나 육욕의 늪에 사로잡히면 가정사는 파국의 길로 들어선다. 가정의 불화는 사회의 불안을 가져 오는 원흉이다.

5. 초효 : 본분 지키는 일은 운명에의 굴복이 아니라 편안한 순응이다

初九는 歸妹以娣니 跛能履라 征이면 吉하리라
초 구 귀 매 이 제 파 능 리 정 길

象曰 歸妹以娣나 以恒也오 跛能履吉은 相承也일새라
상 왈 귀 매 이 제 이 항 야 파 능 리 길 상 승 야

초구는 누이동생 시집보내는 것을 제로써 함이니, 절름발이가 능히 밟음이다. 가면 길할 것이다. 상전에 이르기를 '누이동생 시집보내는 것을 제로써 함'은 항상성으로 함이요, '절름발이가 능히 밟아 길함'은 서로 이어받기 때문이다.

원시 사회의 혼인 제도는 혈연으로 얽혀 있다. '제娣'는 언니가 시집가면 동생 역시 언니의 남편인 형부에게 시집가는 것을 뜻한다. '여자[女]와 동생[弟]의 합성어인 '제'라는 글자에는 언니와 동생이 함께 시집가는 사회 풍습이 반영되어 있다. 이때의 언니와 동생의 관계는 외동서, 질제姪娣, 잉

---

3) "象曰 婦人貞吉, 從一而終也. 夫子制義, 從婦凶也."

첩媵妾 등으로 불린다.

"잉첩이란 고대 중국에서 여자가 시집갈 때 함께 데리고 가는 조카나 여동생을 말한다. 정현鄭玄(127-200)은 『의례儀禮』 「사혼례士婚禮」의 내용에 대해서 고대의 무리 혼인[群婚]에서 개체 혼인으로 이행하는 시기의 혼인 형태일 것이라고 풀이하였다. 주周 왕조에 이르러 종법 제도가 정착되어 적자와 서자의 구별이 엄격해졌다. 여기에 맞추어 잉첩에도 적잉첩과 서잉첩의 구별도 만들어졌다. 보통 소국이 대국에게 잘 보이기 위해 여자를 시집보낼 때, 적자 여동생[嫡妹]을 잉첩으로 데리고 가 바쳤다. 이에 비해 대등한 지위의 남자에게 시집갈 때는 서자 여동생[庶妹]을 데리고 시집가는 전통이 생겼다."[4]

초효는 양으로 맨 아래에 있으면서 4효와 상응하지 않는다. 합당한 짝이 없기 때문에 정실 부인의 자격은 없다. 다만 언니의 여동생으로서 형부의 첩이 되는 운명을 안고 자신의 분수에 맞게 처신한다. 절름발이가 잰걸음으로 걷듯이, 소실이 정실 부인을 뒤따라가면 편안하다. 그것은 운명에의 굴복이 아니라 편안한 순응이다. 하늘이 내린 고질병과 맞서 싸우느냐, 친구로 삼아 적응하는 것이 투병 생활에 도움이 되느냐는 각자의 판단에 달렸듯이 말이다.

'항恒'은 항상 정도를 지키는 정숙한 미덕을 뜻한다. 정실 부인 언니를 질투하지 않고 남편과 가정을 잘 꾸린다. 부모와 사회를 원망하지 않고, 주어진 현실에 순응하여 나무랄 데가 전혀 없는 최고의 여성상이다.

🏠 초효는 비록 잉첩의 비천한 신분으로 시집가지만 스스로의 몫을 잘 챙기는 현명한 여인을 상징한다.

---

4) 이영자, 『중국여성 잔혹풍속사』(서울: 에티터, 2003), 35-37쪽 참조. 남자에게만 일방적으로 여자에 대한 무제한의 소유권을 허용하는 잉첩 제도에서 '첩'이 생겼다고 한다. 이영자 교수는 요임금이 두 딸 娥皇과 女英을 모두 舜에게 시집보낸 것을 잉첩 제도의 기원으로 보는 듯한 주장을 한다. 殷商 시대에 이르러 잉첩 제도는 상당히 성행했다.(앞의 책, 35-36쪽 참조.)

6. 2효 : 여성의 미덕은 변함 없음에 있다

九二는 眇能視니 利幽人之貞하니라
구 이　묘 능 시　이 유 인 지 정

象曰 利幽人之貞은 未變常也라
상 왈 이 유 인 지 정　미 변 상 야

구이는 애꾸눈이 능히 보는 것이니, 유인의 올바름이 이롭다. 상전에 이르기를 '유인의 올바름이 이로움'은 떳떳함을 변치 않는 것이다.

2효는 양이 음 자리에 있으나[不正], 하괘의 중용이며 5효와 상응하기 때문에 초효보다는 객관적인 여건이 좋아졌다. 다만 절름발이에서 애꾸눈을 바뀌었을 따름이다. 절름발이와 애꾸눈은 천택리괘天澤履卦(☰)에 3효에 나오는 귀절이다. 3효는 음이 양의 위치에 있고, 중용의 길에서 벗어나 있다. 3효의 위상은 유약하기 짝이 없는데도 양 에너지가 넘쳐 흐른다. 비정상적 구조이다. 그러니까 애꾸눈과 절뚝발이가 등장하는 것이다. 애꾸눈은 『주역』 38번 화택규괘火澤暌卦에, 절뚝발이는 39번 수산건괘水山蹇卦에 비유된다.

우리 속담에 시집살이 3년은 들어도 못 들은 체, 보아도 못 본 체, 알아도 모르는 체 하라는 말이 있다. 그것은 두 눈으로 잘 보이는 것조차도 애꾸눈으로 보는 것처럼 행동하라는 지침이다. '유인幽人'은 남의 주목을 받지 않는 조용한 곳에 숨어 사는 사람을 뜻한다. 부인은 남편이 못났다고 설치는 것보다는 정신을 똑바로 차리고 가정사를 잘 이끌어야 한다. 전면보다는 배후에 살면서 정도를 지키면 편안하다는 것이다.

천택리괘天澤履卦(☰) 2효에도 칩거하는 사람[幽人]이 등장한다. "2효는 밟는 도가 탄탄하니 은거한 사람이라야 바르고 길하다. 상전에 이르기를 '은거한 사람이라야 바르고 길하다'는 것은 중을 얻어 스스로 어지럽히지 않는 것이다."[5] 비록 양이 음 자리에 있지만, 중용의 덕을 갖추고 있다는

---

5) "九二, 履道坦坦, 幽人, 貞, 吉. 象曰 幽人貞吉, 中不自亂也."

점이 리괘 2효와 귀매괘 2효가 동일하다. 전자가 중용을 지키는 까닭에 탄탄대로를 걷는다면, 후자는 중용의 예禮를 몸소 실천하는 까닭에 이롭다는 것이 다를 뿐이다.

초효의 잉첩에게 요구되는 덕목이 '항상성[恒]'이듯이, 2효 정부인의 덕목 역시 '변함 없음[常]'이다. 이 둘의 결합이 일정불변의 '항상恒常'이다. 여성으로서의 상도常道를 망각한다는 것은 자신의 불행일 뿐만 아니라 가정의 붕괴로 직결된다는 점을 명심해야 할 것이다.

☆『주역』에서의 여성은 정부인이든 잉첩이든간에 '분수 지킴'이 존중된다.

7. 3효 : 분수에 어긋난 행위는 불행으로 직결된다

六三은 歸妹以須니 反歸以娣니라
육삼 귀매이수 반귀이제
象曰 歸妹以須는 未當也일새라
상왈 귀매이수 미당야

육삼은 누이동생을 시집보내는 데 천하게 함이니, 도리어 돌아가서 '제'로써 하는 것이다. 상전에 이르기를 '누이동생 시집보냄을 천하게 함'은 마땅치 않기 때문이다.

'수須'는 천한 여자[賤妾]로서 잉첩보다 낮은 신분의 여성을 뜻한다[須女]. 3효는 음이 양 자리에 있고[不正], 하괘의 중용을 벗어나 있으며, 상효와 상응하지 않는 최악의 조건을 갖춘 모습이다. 특히 3효는 하괘의 주인공인 소녀로서 기쁨[說]만을 탐닉하여 정절이라곤 도저히 찾을 수 없는 못된 여자를 상징한다.

마지막 남은 길은 오직 잉첩으로 시집가는 것뿐이다. 왜냐하면 시간적으로는 다시 시집가기를 기다려야 하고[須], 공간적으로 여자가 남자의 위치에 있기 때문이다[未當]. 이를 주자는 다음과 같이 풀이한다. "3

효는 음유로서 중정하지 못하고 또한 기쁨의 주체가 되었으니, 여자가 올바르지 않으면 사람이 취하는 자가 없다. 그러므로 갈 곳을 얻지 못하여 돌아와 잉첩이 되는 양상이다. 혹자는 말하기를 '수須는 천한 여자다'라고 했다."[6]

🃟 못된 여자이기 때문에 누구도 신부로 맞이하는 것을 꺼린다. 신부감으로는 기피 대상이다. 고약한 심술로 소문나 여성의 부드러움이라곤 전혀 찾을 수 없다. 더구나 음[柔]이 양[剛]을 타고 있는 까닭에 주제넘게도 남자 알기를 우습게 여긴다.

8. 4효 : 기다림은 여유의 미덕을 배우도록 한다

九四는 **歸妹愆期**니 **遲歸有時**니라
구 사   귀 매 건 기   지 귀 유 시

象曰 愆期之志는 **有待而行也**라
상 왈 건 기 지 지   유 대 이 행 야

구사는 누이동생을 시집보내는 데에 기약을 어김이니, 늦게 돌아가는 것에 때가 있다. 상전에 이르기를 '기약을 어기는 뜻'은 기다린 다음에 행하는 것이다.

'건愆'은 어기다는 글자이고, '건기愆期'는 혼인 시기를 놓친 것을 뜻한다. '지귀유시遲歸有時'는 혼인이 늦었다고 초조해하지 않고 좋은 혼인 상대를 기다린다는 뜻이다. 4효는 양이 음 자리에 있고[不正], 상괘의 중용도 아니며[不中], 초효와도 상응하지 않는다. 3효 천한 여자가 시집못가 안달 난 심정을 표출했다면, 4효는 시간을 두고 마땅한 혼인처를 천천히 기다리는 현명한 여자를 상징한다.

결점이 있어서 혼인을 고의로 늦춘 것이 아니라, 좋은 짝을 구하기 위해

---

6) 『周易本義』, "六三, 陰柔而不中正, 又爲說之主, 女之不正, 人莫之取者也. 故爲未得所適而反歸 爲娣之象. 或曰 須, 女之賤者."

서 잠시 시간을 기다리는 것일 따름이다. 나이 먹은 여자라고 아무한테나 시집가는 것은 자존심이 허락하지 않는다. 적당한 배우자가 나타나면 곧장 결혼할 준비가 끝난 상태이다. 3효가 누구에게나 꼬리치는 여자라면, 4효는 남자 하나만 빼놓고 모든 조건을 갖춘 예비 숙녀라고 할 수 있다.

🏵 귀매괘의 주제는 혼인이므로 하괘에서 상괘로 넘어왔다는 것은 혼인 시기를 놓쳤다는 것을 시사한다.

9. 5효 : 겸손한 행위는 돈으로 살 수 없는 아름다움이다

六五는 帝乙歸妹니 其君之袂不如其娣之袂良하니
육오   제을귀매   기군지메불여기제지메량

月幾望이면 吉하리라
월기망   길

象曰 帝乙歸妹不如其娣之袂良也는 其位在中하여
상왈 제을귀매불여기제지메량야   기위재중

以貴行也라
이귀행야

육오는 제을이 누이동생을 시집보내는 것이니, 소군의 소매가 제의 소매의 좋은 것만 같지 못하니, 거의 보름달이면 길할 것이다. 상전에 이르기를 '제을이 누이동생을 시집보내는 것이니, 소군의 소매가 제의 소매의 좋은 것만 같지 못함'은 그 위치가 중도에 있어 귀한 행동을 하는 것이다.

'제을帝乙'은 상商의 마지막 왕 주紂인 제신帝辛의 아버지를 가리킨다. 상나라에서는 태어난 해를 기준으로 이름을 삼는 전통이 있기 때문에 '제을' 또는 '제신'이라는 명칭이 생겼다. '군君'은 제을의 누이동생 혹은 딸로서 '소군小君'을 뜻하는데, 여기서는 '제娣'와 동일한 의미이다. '메袂'는 옷소매, '량良'은 좋다 또는 화려하다는 뜻으로 사용되었다.

5효는 음이 비록 양의 자리에 있으나[不正], 상괘의 중용이며 2효와 음양짝을 이룬다. 2효가 신하이고 5효가 군주라고 할 때, 제을이라는 군주가 자신의 누이를 신하에게 시집보내는 정치적 사건이다.[7] 제을의 누이동생은 공주의 신분이지만 유순하고 중정의 미덕을 갖추었다. 그녀는 화려한 겉치장보다는 내면적인 아름다움을 존중했다. 혼인식에 공주가 입을 예복이 잉첩의 옷보다 검소한 차림새였다는 사실은 왕실과 신부의 정신건강을 한층 돋보이게 한다.

보름달이 여인의 교태를 묘사한다면, 만월에 못 미치는 14일 달은 포근하게 감싸 안는 겸손을 상징한다. 자신보다 낮은 신분의 신하(신랑)를 배려하는 마음씨가 더욱 아름답다. 의상은 화려하지 않지만 부덕婦德은 오히려 빛난다. 평생의 반려자인 남편의 입장을 고려하는 멋진 행실은 화려한 옷보다 훨씬 값지다.

☝ 값비싼 옷과 귀금속은 돈으로 살 수 있지만, 남을 생각하는 속내는 다이아몬드로도 바꿀 수 없다. 최고급 웨딩드레스로 치장한 호화판 혼례식보다는 순수한 사랑으로 맺어지는 검소한 결합이 아름답고, 신분의 차이를 뛰어넘는 신랑신부의 앞날은 행복이 넘칠 것이다.

10. 상효 : 조상의 영혼이 싫어하는 부부의 인연은 사회도 용납하지 않는다

上六은 **女承筐无實**이라 **士刲羊无血**이니 **无攸利**하니라
상 육   여 승 광 무 실   사 규 양 무 혈   무 유 리

象曰 上六无實은 **承虛筐也**라
상 왈 상 육 무 실   승 허 광 야

상육은 여자가 실물이 없는 광주리를 이어 받는 것이다. 선비가 양을 찔러서 피가 없으니, 이로운 바가 없다. 상전에 이르기를 '상육이 실물 없

---

7) 地天泰卦 5효에도 제을이 누이동생을 시집보내는 기록이 있다. "육오는 제을이 누이동생을 시집보내는 것이니, 이로써 복이 되며 크게 길할 것이다. 상전에 이르기를 '이로써 복이 되며 크게 길하다'는 것은 중도로써 원하는 것을 행하기 때문이다.[六五, 帝乙歸妹, 以祉, 元吉. 象曰 以祉元吉, 中以行願也.]" 제을이 신하와 혈연 관계를 맺어 신하가 배반하지 않도록 충성을 다짐받는 고도의 정략적 계산이 깔려 있다.

음'은 빈 광주리를 머리에 이은 것이다.

상효는 시집가는 귀매괘의 마지막을 장식하는 자리로서 아래로 3효와 상응하지 못한다. 대나무로 만든 광주리는 여자가 시집갈 때 폐백으로 밤과 대추를 담는 그릇이다. 남자가 제사에 사용하려고 양을 잡았으나 피가 없다. 양의 피는 조상신이 강림할 때 사용하는 제물인데, 피가 없다는 것은 제사를 받들 수 없다는 말로서 3효 여자와 상효 남자의 혼인이 성사될 수 없음을 뜻한다.

밤나무에 싹이 돋아난다는 것은 뿌리가 썩지 않았다는 증거로서 조상의 영혼이 후손들의 핏줄에 살아 있음을 상징한다. 꽃이 피는 대추나무는 반드시 열매를 맺으므로 부부가 합궁하면 반드시 자식을 낳는 것을 뜻한다. 지금도 폐백에서 시부모가 밤과 대추를 며느리 치맛자락에 주는 까닭은 자식을 많이 낳아 대를 잇고, 제사를 잘 모시라는 의미가 담겨 있기 때문이다. 하지만 광주리에 밤과 대추가 없다는 것은 며느리 자격이 없다는 것을 뜻한다. 열매 없는 광주리를 지닌 여자와 피가 나지 양을 제물로 쓴 남자는 제사를 받들 정성이 없는 부정한 남녀이기 때문에 부부로 맺어질 수 없다.

상효는 음이 음 자리에 있고 상응하는 3효 역시 음인 까닭에 양의 흔적을 어디에서도 찾을 수 없다. 대추와 밤이 없다는 것은 곧 시댁에서 싫어한다는 뜻이며, 죽은 양 혹은 마른 양을 희생으로 삼아 피가 나지 않았다는 것은 제사받들 자격이 없다는 것이다. 시댁이 싫어하고 처가에서 싫어하는 남녀는 혼인해서는 안 된다. 폐백에서 밤과 대추를 받지 못함은 조상의 영혼이 싫어한다는 것이며, 부부의 인연이 없다는 것은 사회가 용납하지 않는다는 뜻이다.

귀매괘는 남성보다는 여성의 역할에 큰 비중을 둔다. 그 핵심은 정도正道이다. 초효의 잉첩, 2효의 칩거하는 여인, 3효의 천한 여자, 4효의 혼인 시기를 놓친 여자, 5효의 공주, 상효의 빈 광주를 받은 여자 등을 등장시켜 여성들에게 올바름[正]의 덕목을 갖추라고 강조한다.

🔯 누이동생이 시집가는 주제를 말하는 귀매괘는 남녀의 결합이 천지의 대의임을 밝히고 있다.

＊＊＊

정역사상의 연구자 이상룡李象龍은 귀매괘의 성격을 다음과 같이 설명한다.

☲☱ 歸는 在文爲婦女가 歸于夫家而止也오 妹女弟는
　　귀　　재문위부녀　　귀우부가이지야　　매녀제
未成婚之稱也라 爲卦配之以長男少女有野合之義라
미성혼지칭야　　위괘배지이장남소녀유야합지의
且澤水之性就下하고 決必有歸니 故로 次於夫也라
차택수지성취하　　결필유귀　　고　차어쾌야

'귀'는 문자적으로 아내가 시댁으로 돌아가 멈추는 것이요, 매는 아직 혼인하지 않은 여동생을 지칭한다. 괘의 형성은 장남과 소녀가 야합하는 의미로 배합되었다. 연못물의 본성은 아래로 내려가고 터놓으면 반드시 돌아갈 곳이 있기 때문에 (귀매괘가) 쾌괘 다음이 된 것이다.

象曰 歸妹, 征, 凶, 无攸利는 二幼三成하니 待其正偶也라
단왈 귀매 정 흉 무유리　　이유삼성　　대기정우야

> **단전** "귀매는 가면 흉하니, 이로울 바가 없다"는 것은 둘은 어리고 셋은 컸으므로[8] 올바른 짝을 기다리라는 뜻이다.

象曰 君子以, 永終, 知敝는 定有六禮也라
상왈 군자이 영종 지폐　　정유육례야

---

8) '二幼三成'이 무엇인지 잘 모르겠다. 혹시 2년의 시간은 아직 시기가 무르익지 않았고, 3년은 되어야 한다는 뜻은 아닌지?

상전 "군자는 이를 본받아 길이 마쳐서 헤어지는 폐단을 안다"는 것은 육례에 정해진 법도가 있다는 뜻이다.

初九, 歸妹以娣, 跛能履, 征, 吉은 娣雖有疾이나 宜其家人也라
초구 귀매이제 파능리 정 길   제수유질   의기가인야

초효 "누이동생 시집보내는 것을 제로써 함이니, 절름발이가 능히 밟음이다. 가면 길할 것이다"라는 것은 비록 누이동생에게 질병이 있으나, 가인을 맞이함이 마땅하다는 뜻이다.

九二, 眇能視, 利幽人之貞은 苟有其德인댄 何嫌獨眼乎아
구이 묘능시 이유인지정   구유기덕   하혐독안호

2효 "애꾸눈이 능히 보는 것이니, 유인의 올바름이 이롭다"는 것은 진실로 덕이 있는데 어찌 애꾸눈을 미워하리요?

六三, 歸妹以須, 反歸以娣는 爲夫所棄也라
육삼 귀매이수 반귀이제   위부소기야

3효 "누이동생을 시집보내는 데 천하게 함이니, 도리어 돌아가서 '제'로써 한다"는 말은 남편에게 버림받은 것이다.

九四, 歸妹愆期, 遲歸有時는 男宜宅室이어늘 女何先嫁乎아
구사 귀매건기 지귀유시   남의택실   여하선가호

4효 "누이동생을 시집보내는 데에 기약을 어김이니, 늦게 돌아가는 것에 때가 있다"는 것은 남자가 집을 마련해야 하거늘 여자가 어떻게 먼저 시집갈 수 있겠는가.

六五, 帝乙歸妹는 帝于乙元의 婚姻以時也오
육오 제을귀매   제우을원   혼인이시야
其君之袂不如其妹之袂良은 冠衣文物이 燦之於后天也며
기군지몌불여기매지몌량   의관문물   찬지어후천야
月幾望, 吉은 月魂成午하니 天地交感也라
월기망 길   월혼성오   천지교감야

5효 "제을이 누이동생을 시집보낸다"는 것은 을원 임금이 때에 맞게 혼인하는 것이요,[9] "소군의 소매가 제의 소매의 좋은 것만 같지 못하다"는 것은 의관 문물이 후천에 빛난다는 뜻이여, "거의 보름달이면 길할 것이다"라는 것은 달의 혼이 오午에서 이루어져 하늘과 땅이 교감한다는 말이다.

上六, 女承筐无實, 士刲羊无血, 无攸利는 夫婦失和하니
상육　여승광무실　사규양무혈　무유리　　부부실화

家道索矣라
가도색의

상효 "여자가 실물이 없는 광주리를 이어 받는 것이다. 선비가 양을 찔러서 피가 없으니, 이로운 바가 없다"는 것은 부부가 화목을 잃어 집안의 법도가 궁색해진다는 뜻이다.

---

9) ① 임금이 '을원'에서(于를 처소격으로 보는 경우) 때에 알맞게 혼인한다는 번역이 가능하다. ② '우을원'이 帝의 이름이거나, 혹은 乙元을 년호 비슷한 호칭으로 보는 경우가 있다. 이는 더 많은 자료 조사와 연구가 필요한 문제이다.

雷火豐卦
뇌 화 풍 괘

풍요를 넘어서

1. 종교와 인문의 융합 : 풍괘

정이천은 뇌택귀매괘雷澤歸妹卦(䷵) 다음에 뇌화풍괘雷火豐卦(䷶)가 오는 이유를 다음과 같이 말한다.

豐은 序卦에 得其所歸者는 必大라 故受之以豐이라 하니라
풍　서괘　득기소귀자　필대　고수지이풍

物所歸聚면 必成其大라 故歸妹之後에 受之以豐也니
물소귀취　필성기대　고귀매지후　수지이풍야

豐은 盛大之義라 爲卦震上離下하니 震은 動也요 離는 明也라
풍　성대지의　위괘진상리하　진　동야　리　명야

以明而動하고 動而能明은 皆致豐之道니 明足以照하고
이명이동　동이능명　개치풍지도　명족이조

動足以亨然後에 能致豐大也라
동족이형연후　능치풍대야

"풍은 「서괘전」에 '돌아갈 곳을 얻는 자는 반드시 커진다. 그러므로 풍괘로 이어받았다'고 하였다. 물건이 돌아가 모이면 반드시 그 큼을 이룬다. 그러므로 귀매괘 뒤에 풍괘로 이어받은 것이니, 풍은 성대하다는 뜻이다. 괘의 형성은 진이 위에 있고 리가 아래에 있으니, 진은 움직임이요 리는 밝음이다. 밝음으로써 움직이고 움직이되 능히 밝음은 모두 풍성함을 이루는 도이니, 밝음이 비출 수 있고, 움직임이 형통할 수 있은 뒤에 풍대함을 이룬다."

뇌화풍괘(䷶)의 구성은 위가 우레[震: ☳]이고, 아래는 불[離: ☲]이다. 하늘에서는 우레와 벼락이 내리치고 땅에서는 불이 활활 타오르는 이미지가 곧 풍괘의 외형적 모습이다. 우레는 생명을 약동시키는 추진력이며, 불은 태양이 밝게 빛나는 형상으로서 문명이 극도로 발달하는 과정을 시사한다. 자연에서는 생명의 창조에 가속도가 붙고, 현실에서는 문화가 활짝 꽃피는 뜻을 형상화한 것이 풍괘다. 유교에서 강조하는 예禮는 신神과 결부되어 나타난다. '예'라는 글자는 보일 시示와 풍豐의 합성어다. '풍豐'에는

가을걷이를 마치고 잘 익은 오곡을 신들에게 바치는 풍성함과 공경스런 마음이 담겨 있다.

허신許慎(30-124, 후한의 문자학자)의 『설문해자說文解字』에 "시는 신을 모시는 것이고, 시부示部에 속한 글자는 모두 시示를 따른다"고 했다.[1] '시示'는 신을 섬기는 행위가 담긴 뜻이며, 풍은 예를 봉행하는 그릇이라는 뜻이다. 또한 허신은 "예는 실천함이니, 신을 섬겨 복이 이르도록 하는 바이다. 시示를 따르고 풍豊을 따르며, 풍豊은 소리를 나타낸다"[2]고 하여 종교적 의미는 약화시키고 윤리적 측면을 부각시켰다.

허신이 '풍豊'은 예를 행하는 그릇을 본뜬 글자라고 풀이한 것과는 다르게, 왕국유王國維(1877-1927)는 근대에 발견된 갑골문 연구의 성과에 힘입어 옥玉을 그릇에 담아 신인神人에게 올리는 그릇을 풍이라 했다. 갑골문이 최초로 사용되었던 은상殷商의 문화는 종교적 색채가 짙었다. 주周에 이르러 신의 일과 관련된 시示와 풍豊이 합해져서 예禮라는 글자가 만들어졌던 것이다.[3] 특히 '두豆'는 신에게 제물을 받칠 때 사용하는 제기祭器라는 점에서도 '풍'의 원형은 신을 섬기는 행위에서 비롯된 것이라 할 수 있다.

2. 풍괘 : 내일을 위해 풍성의 고삐를 더욱 조여야

豐은 亨하니 王이아(이라야) 假之하나니 勿憂흘던(인댄)
풍　　형　　왕　　　　　격지　　　　물우

宜日中이니라
의 일 중

풍은 형통하니 왕이어야만 지극히 하나니, 근심치 않으면 마땅히 해가 중천에서 빛난다.

풍은 풍성하다는 뜻이다. 풍은 질적으로는 충만하고, 양적으로는 커지

1) "示, 神事也, 凡示之屬皆ㅆ示."
2) "禮, 履也. 所以事神致福也. ㅆ示ㅆ豊. 豊亦聲."
3) 유일환, 『孔子學에서의 禮에 관한 연구』(대전: 충남대 박사논문, 2003), 9-12쪽 참조.

기 때문에 형통한다는 의미가 파생되었다. 그것은 제정일치 시대의 제왕이 종교와 정치의 실권을 지니고 공명정대한 마음으로 밝은 정치를 시행하면 세상이 온통이 밝아질 수 있다는 의미를 반영하고 있다. '격假'은 지극하다, 성심성의를 다한다[至] 뜻이다. 왕은 패도보다는 왕도를 실천하려는 의지를 품은 일종의 철인왕哲人王(Philosopher - King)을 가리킨다.

'일중日中'은 하루 중에서 빛이 가장 밝은 순간인 낮 12시, 즉 정오이다. 정오는 태양이 하늘의 가장 높은 지점에 솟아 그림자가 가장 작게 생기는 때이다. 중천에 뜬 태양은 세상을 하나도 남김없이 환하게 밝혀준다. 이처럼 지상의 지존인 왕은 위대한 정치력을 발휘하여 풍성한 시대를 펼쳐야 한다. 정치 행위를 자연의 섭리에 위배되지 않도록 하는 것이 왕의 책무라면, 자연의 절도가 무엇인가라는 것을 아는 것은 국가의 번영과 직결된 문제이므로 『주역』은 자연의 절도성[日中]과 정치 행위의 일치[宜]를 강조한다.

'근심하지 말라[勿憂]'는 말은 근심이 전제된 발언이다. 이 세상은 온통 근심거리와 우환으로 가득 차 있다. 그렇다고 세상이 온통 불안과 고통으로 얼룩져 있다는 것은 아니다. 행복과 불행, 우환과 기쁨, 선과 악, 길과 흉은 형제처럼 가깝다. 불행과 우환과 흉함을 미리 생각하여 일을 중단하는 사태가 있어서는 안 된다는 뜻이다. 성대한 형세를 지속시키는 고삐를 더더욱 조여야 한다는 깨우침이다.

왜 정오의 문제가 풍괘에서 등장하는가? 불과 우레가 결합된 『주역』 21번 화뢰서합괘火雷噬嗑卦(䷔)에 대한 「계사전」 하편 2장의 해석에 '한낮[日中]'이 등장하는 것은 우연이 아니다. 서합괘가 교역의 과정을 논의했다면, 풍괘는 교역을 끝마친 상태를 설명했다.

🪬 놀라운 대칭성으로 이루어진 하도의 천지지수天地之數 55를 표상하는 55번에 풍괘가 배열되어 있음은 상수론적 풀이가 아니면 해독이 불가능하다.[4]

---

4) 이정호, 『周易正義』(서울: 아세아문화사, 1980), 119쪽. "주역도 55豐 56旅에 이르면 거의 그 막바지에 도달한 감이 있다. 『주역』이 실지로는 64未濟에서 끝나지만 57巽 58兌에서 끝까지는

3. 단전 : 생명은 중용의 이치를 바탕으로 순환한다

象曰 豐은 大也니 明以動이라 故로 豐이니 王假之는
단왈 풍   대야   명이동   고   풍   왕격지

尙大也오 勿憂宜日中은 宜照天下也라 日中則昃하며
상대야   물우의일중   의조천하야   일중즉측

月盈則食하나니 天地盈虛도 與時消息이온 而況於人乎며
월영즉식   천지영허   여시소식   이황어인호

況於鬼神乎여
황어귀신호

단전에 이르기를 풍은 큼이니, 밝음으로써 움직이는 것이다. 그러므로 풍
이니, '왕이어야만 지극히 한다'는 것은 큰 것을 숭상함이요, '근심치 않
으면 마땅히 해가 중천에 빛난다'는 것은 천하를 마땅히 비춤이다. 해가
중천에 이르면 곧 기울어지며 달이 차면 이지러지나니, 천지가 가득 차고
비움도 시간과 더불어 줄고 불어나는데, 하물며 사람이며 귀신이랴!

「단전」은 괘의 구성에 의거하여 '풍'을 성대함, 큼[大], 풍성함으로 풀이
했다. 상괘는 움직임[震: ☳]이고, 하괘는 밝음[離: ☲]이다. 위에서는 생명의
창조를 알리는 우레가 울리고, 아래에서는 광명의 불꽃이 위를 향해 타오
르는 형상이다. 따라서 밝음과 광명으로 움직이기 때문에 그 과정은 물론
결과가 좋다는 얘기다.

세상이 풍성함은 밝은 정치가 구현되기 때문이다. 어두운 마음으로 세상
을 다스리면 천하는 혼란에 빠지고, 밝은 마음으로 세상을 다스려야 따뜻한
통치의 손길이 닿을 수 있다. 왕의 정치력이 측근들에게는 한없이 부드러운
반면에, 반대파에게는 가혹한 탄압을 가하거나 인정을 베풀지 않는다면 정

終末의 混亂相과 新天地에의 渡彼岸에 관한 교량적 역할을 하고 있기 때문에 내용적으로는 豐
旅에서 거의 끝이 났다고 해야 할 것이다. 豐은 그 괘체가 ☳上 ☲下로 되어 있어 마치 噬嗑의
상하괘를 바꿔 놓은 것과 같아, 噬嗑의 '日中爲市'가 豐에서는 '日中斗', '日中見沫' 등의 '宜日
中'으로 되어 있고, 噬嗑의 '明罰勅法'이 豐에서는 '折獄致刑'으로 되어 있는 등 유사점이 많다."

국은 꽁꽁 얼어붙을 수밖에 없다. 왕은 기국이 커야[尙大也]⁵⁾ 유능한 인재를 발탁해서 포용의 정치력을 발휘할 수 있다. 만약 아부하는 자에게만 기회를 주고, 직언하는 자에게는 형벌을 내리는 좀생이 왕은 자격 미달이다.

「단전」은 천지와 천체의 순환을 비롯한 역사의 주기적인 반복을 강조한다. 다양한 천문 현상 중에서 인류의 생활에 직접 영향을 주는 것은 태양과 달의 운행이다. 태양은 지상의 모든 생명체에게 1년과 하루의 생체 리듬을 갖도록 한다. 달의 운행은 30일이라는 주기적 리듬 감각을 부여한다. '하루'라는 길이를 중심으로 한 달(30), 1년(12달)을 조합한 천문학적 역법을 만드는 기초가 되었다.

태양이 중천에 이르면 곧 기울고, 달이 차면 다시 이지러진다. 열흘 가는 꽃이 없다는 '화무십일홍花無十日紅'이라는 격언이 있다. 천지 자체를 비롯하여 태양계의 중심축인 해와 달은 시간의 법칙에 의존하여 돌아간다. 시간의 법칙은 곧 생명의 법칙이다. 심지어 귀신과 인간 역시 시간의 법칙을 비껴갈 수 없다. 따라서 『주역』을 시간 생물학 혹은 생물학적 시간관이라

---

5) 정진홍, 『인문의 숲에서 경영을 만나다』(서울: 21세기북스. 2008), 21-25쪽 참조. "강희제 康熙帝(1661-1722 재위)는 중국 역사상 최고의 성군으로 불린다. 나라를 세운 사람은 증조부 누르하치였지만, 진정한 盛世를 이룩한 청나라의 실질적 창업주는 강희제였다. 그는 핏줄과 관련된 완강한 저항의 벽을 뚫고 한족의 에너지를 새로운 국가 건설에 동원해내는 놀라운 리더십을 발휘했다. 강희제의 믿기지 않는 리더십의 원천에는 무엇보다 인재를 중히 여기는 마음이 있었다. 그는 청왕조가 유지되고 발전하려면 한족의 참여가 절실하다는 것을 알았다. 만주족과 한족 사이의 갈등을 씻고 화해와 통합을 이룰 수 있는 방안을 끊임없이 고민했다. 그 결과 강희제는 1670년 '만주족과 한족이 함께 鄕飮酒禮를 거행토록 하라'고 명하여 滿漢全席이라는 대연회 자리를 마련했다. 당시까지만 해도 한족과 만주족은 조상신을 따로 섬겼고, 따라서 향음주례를 함께 한다는 것은 서로에 대한 불경에 다름 아니었다. 그러나 강희제는 요리 비법, 색상, 맛과 향, 건강식이라는 4가지 기준을 적용해 최종 선발된 총 108가지의 만주족의 滿食과 한족의 漢食을 한상에 차려놓은 뒤, 등용되지 않은 사대부를 포함한 한족 관리와 만주족 관리들이 함께 식사를 하며 자연스럽게 화합하도록 했다. 사실 만주족과 한족의 민족적 갈등과 불화는 만식과 한식의 차이 만큼이나 컸지만, 이 황실 대연회는 '음식을 통한 국가 통합'이라는 강희제의 유연한 전략을 잘 보여주는 비장의 카드였다. '강희-옹정-건륭 3대 133년'이라는 청나라 황금기는 '만한전석'을 통해 만주족의 기상과 한족의 문화가 상승 작용을 일으킨 결과였다."

고 단정해도 틀리지 않는다.[6]

천지는 거대한 생명체이다. 해는 한복판에 들어서자마자 곧바로 기울고, 달은 만월이 되면 이내 이지러지기 시작한다. 하늘과 땅이 차고 비는 것은 시간과 더불어 숨쉬는 천지의 호흡 작용이다. 사람은 호흡을 멈추면 죽는다. 하지만 시간의 수레바퀴는 멈춘 적이 없다. 시간은 병들어 쉰 적이 없다. 시공간 안에 존재하는 만물이 시간의 흐름에서 벗어날 수 없다면 사람과 귀신을 말해서 무엇하랴.

동양의 영원한 베스트셀러는 『삼국지』이다. 삼국지의 첫머리는 "천하 대사가 나뉜 지 오래되면 반드시 합쳐지고, 합쳐서 오래되면 반드시 나뉜다"는 말로 시작한다. 나관중羅貫中(133?-1400)은 수많은 영웅들이 벌이는 각축전을 통해 위·오·촉의 흥망성쇠를 말했다. 태양과 달은 '소식영허'라는 객관적 원리에 의거하여 운행한다. 그 기준과 근거와 핵심이 바로 천지의 중도[中]로서 소식영허의 조화는 시간의 본성[7]에 근거하여 이루어진다. 풍괘는 천지 안에서 일어나는 모든 생명체는 중용의 보편적 원리를 바탕으로 순환한다고 가르친다.

성리학자 정이천의 말에 귀기울여보자. "영허는 성쇠요 소식은 진퇴를 뜻한다. 천지의 운행 역시 시간에 따라 진퇴한다. 귀신은 조화의 자취를 일컫는데, 만물의 성쇠에서 사라지고 불어남을 볼 수 있다. 풍성한 때에 이러한 훈계를 한 것은 '중'을 지켜서 지나치게 성함에 이르지 않고자 함이니, 풍에

6) 움베르토 에코 외/김석희, 『시간박물관』(서울: 푸른숲, 2000), 215-221쪽 참조. "인간의 삶은 여러 유형의 시계에 의해 여러 방식으로 지배받고 있다. 인체는 유기체의 리듬을 조절하는 '시계'의 지배를 받는다. 예컨대 여성의 생리 주기는 평균 29.5일인데, 이것은 삭망월과 정확히 일치한다. 또한 인간의 수면은 24.8 시간의 주기에 따른다. 이 기간은 생물학적 주기의 리듬에 해당된다."

7) 김일부는 수리론으로 시간의 내부 구조를 간증한 『정역』을 저술했는데, 그는 『주역』과 유교의 '中'을 시간론으로 풀이했다. 1년 360일이 시간의 '중'이라면, 태양력 365¼일 또는 태음력 354일은 '중'에서 벗어난 상태를 상징한다. 우주는 시간의 파노라마를 겪으면서 1년 360일로 돌아가려는 운동을 한다('正'의 운동을 지향)고 했다.

雷火豐卦
뇌화풍괘

대처하는 도리가 어찌 쉬우리오."[8] 주자 역시 "(단전은) 이는 또 괘사 밖에 있는 뜻을 발명한 것이니, 중을 넘어서는 안 된다는 것을 말한 것이다."[9]

🔯 한문에서 마땅할 '의宜'는 당위론적 언어로서 영어로는 'ought to'일 것이다. 그것은 가치 지향성의 도덕적 명령과 유사성이 있다. 'must'가 가치 중립의 강제성이 담긴 단어라면, 'ought to'는 인간의 의지와 양심이 개입되어 나타난 현실적 당위를 뜻한다. 『주역』의 자연학은 애당초 인간학의 근거로서 요청된 사회적 실천의 유효성이 담지되어 있다.

4. 상전 : 형벌의 판결과 집행은 공정하게 집행되어야

象曰 雷電皆至豐이니 **君子以**하여 **折獄致刑**하나니라
상 왈 뇌 전 개 지 풍   군 자 이   절 옥 치 형

상전에 이르기를 우레와 번개가 모두 이르는 것이 풍이다. 군자는 이를 본받아 감옥 일을 끊고 형벌을 이룬다.

천둥[雷]과 번개[電]는 에너지와 빛을 생산하는 힘이다. 아인슈타인은 E = mc²이라는 우주의 방정식을 고안하는 천재성을 드러냈다. 우레와 번개는 음전기와 양전기가 맞부닥치면서 일어나는 자연계의 현상이다. 인간의 눈에는 번개불이 먼저 보인 다음에 우레소리가 들릴 뿐, 우레와 번개는 동시에 발생한다.

서합괘 「단전」에서도 '우레와 번개가 합하여 빛난다[雷電, 合而章]'고 했다. 우레와 번개는 생명의 약동과 비약을 불러오는 자연의 선물이다[噬嗑, 亨]. 자연이 베푼 선물인 우렁찬 우레는 위엄과 권위, 밝고밝은 번개는 공명정대함을 상징한다. 누구나 장마철 한 여름 밤중에 천둥과 번개가 내리칠 때의 엄청난 위력을 실감했을 것이다. 군자는 이러한 자연 현상을 본받

---

8) 『易程傳』, "盈虛謂盛衰, 消息謂進退, 天地之運亦隨時進退也. 鬼神, 謂造化之迹, 於萬物盛衰, 可見其消息也. 於豐盛之時而爲此誡, 欲其守中, 不至過盛, 處豐之道豈易也哉."
9) 『周易本義』, "此又發明卦辭外意, 言不可過中也."

아 법 집행을 엄정하게 대처하는 지혜를 배운다.

'절折'은 끊다, 판단하다는 글자로서 법령에 근거해 형벌을 올바르게 처결한다는 뜻이다. '절옥折獄'은 감옥문을 열어부순다는 의미가 아니라, 죄의 유무를 판단하여 공정한 재판을 진행한다는 뜻이다. 소송이 걸리면 재판관은 명명백백하게 죄의 유무와 경중을 밝혀 판결하고, 행정관은 엄정하게 재판 결과를 집행한다. 공정한 판결과 명확한 처벌은 사회의 안정을 앞당기는 지름길이다. 고무줄 판결과 부당한 처벌은 민심의 동요를 일으키는 잣대다. 지위, 신분, 빈부의 격차를 떠나 법의 공평성이 지켜질 때 비로소 법의 권위가 바로선다. 법 집행이 힘 있는 자에게는 솜방망이, 힘 없는 자에게는 철퇴로 작용할 때는 법령은 무용지물로 변질될 것이다.

범죄 없는 마을, 감옥이 줄어드는 사회, 법률 서비스가 잘 지켜지는 나라의 미래는 밝다. 법률이 복잡다단해지고 변호사들이 판친다면 병든 사회다. 법 앞에서 누구나 평등하다는 것은 초등학생들도 다 안다. 법 집행의 불공정이 중학생들에게조차 인지된다면 그 사회가 썩었다는 징조다. 잘못된 법은 고치면 된다. 하지만 법을 운용하고 집행하는 사람의 마음이 먼저 깨끗해져야 맑고 밝은 사회가 기대될 수 있다.

☼ 노자는 인위적인 노력이 없는 '무위지치無爲之治'와 다스리는 백성이 적은 나라[小國寡民]를 부르짖었다. 하지만 『주역』은 법에 대한 원론을 얘기하지 않는다. 오히려 재판의 공정성과 준엄한 집행이 가장 시급한 문제라고 지적한다. 그만큼 유교는 역사와 사회에 대한 책임을 통감하여 공정하고 투명한 사회의 건설을 외친다.

5. 초효 : 풍요에 이르는 길은 조화와 화합과 균형이다

初九는 遇其配主호대 雖旬이나 无咎하니 往하면 有尙이리라
초구　우기배주　　수순　　무구하니　왕　　유상

象曰 雖旬无咎니 過旬이면 災也리라
상왈　수순무구니　과순이면　재야리라

초구는 그 짝이 되는 주인을 만나되 비록 동등하나 허물이 없으니, 가면 숭상함이 있을 것이다. 상전에 이르기를 '비록 동등하나 허물이 없으니' 동등함이 지나치면 재앙일 것이다.

초효는 양이 양 자리에 있고[正], 중용이 아니며[不中], 같은 양인 4효와 감응하지 않는다. 지금은 풍요로움이 넘치는 시대로서 어둠에 가려 혜택을 누리지 못하는 사람이 있어서는 안 되는 때이다. 분배의 공평과 균등이 보장되어야 한다. 이것을 강조하기 위해서 서로 배척의 관계인 초효가 천생연분의 짝(4효)을 얻었다고 했다. 이 둘은 대립과 반목을 넘어서 풍요의 세계로 나아가는 중요한 파트너인 것이다.

'순旬'이라는 글자를 어떻게 해석하느냐에 따라 내용이 달라지는 까닭에 예전부터 학자들은 다양한 견해를 내놓았다. 청나라의 이도평李道平은 과거의 학설들을 모아 합리적인 해석을 시도하려고 애썼다. 우번虞翻은 4효가 양에서 음으로 바뀌면 곤坤이 되어 초효와 감응할 수 있고, 곤의 수는 10이라 했다. 『설문』에서는 10일을 '순'이라 했는데, 곤의 수는 10이고, '이離'는 태양을 상징하는 까닭에 '순'이라 했다. 정현鄭玄은 '순'을 균등으로 풀이했다. 이도평은 납갑법에 의거하여 '진震'은 경庚에, '이離'는 기己에 대입시켰다. '경'에서부터 '기'에 이르기까지는 10일이 걸리기 때문에 '순旬'이 등장한다고 풀이했다.[10]

한편 정이천은 4효에 나오는 '이주夷主'와의 관계성에 주목한다. 그는 같은 양효인 초효와 4효는 대등 내지는 동등한 관계로 규정한다. 초효와 4효는 짝을 이루어 풍성의 시대를 이끌어갈 핵심이기 때문에 상대방을 존중하여 주인이라고 표현했던 것이다.[11] 따라서 주인 주主 자는 우리 말로

---

10) 李道平, 『周易集解纂疏』(北京: 中華書局, 1994), 482-483쪽 참조.
11) 『易程傳』, "우레와 번개가 동시에 이름은 풍을 이룬 양상이요, 밝음과 움직임이 서로 의지함은 풍을 이루는 도이다. 밝음이 아니면 비출 수 없고 움직임이 없으면 행할 수 없으니, 서로를 필요로 함이 형체와 그림자 같고, 서로 의지함이 속과 겉 같다. 초구는 밝음의 처음이고 구

번역하면 '님'이 될 것이다.

　서로를 배척하는 긴장과 상극은 풍요를 앞당기는 필요악이다. 긴장 속에서 균형을 유지하는 방식이 바로 양이 양을 만나는 일[遇其配主]이다. 그러나 지나치게 팽팽한 대립과 긴장은 균형을 깨뜨려 풍요를 파괴로 변질시키는 원인으로 작동한다[象日 雖旬无咎, 過旬災也]. 인류 역사상 무조건적인 균등과 평등은 존재한 적이 없었고, 존재하지도 않고, 존재할 수도 없다.

　『주역』은 양과 양 또는 음과 음의 동성 연애를 반기지 않는다. 하지만 예외는 있다. 초효와 4효가 비록 양이지만 밝음과 움직임으로 풍요를 창출하는 대등한 동반자일 때는 다르다는 것이다. 정이천은 이들의 관계를 오월동주吳越同舟로 묘사했다. 매우 적절한 형용이 아닐 수 없다. 그가 오월동주로 표현한 이유는 균형의 원리 때문이다. 균형이 깨졌을 때는 팽팽한 긴장이 조성될 뿐이다. 풍요에 이르는 길은 조화와 화합과 균형이다.

　✿ 오월동주는 어제의 적이 잠시 무기를 내려놓고 손을 맞잡는 격이다. 어제의 적이 오늘의 동지가 되고, 오늘의 동지가 언제 적으로 돌변할 지는 아무도 모르는 것이 국제 관계인 것이다.

雷火豐卦
뇌화풍괘

6. 2효 : 마음의 문을 여는 것은 열쇠가 아니라 믿음이다

六二는 **豐其蔀**라 **日中見斗**니 **往**하면 **得疑疾**하리니
육이　　풍기부　　일중견두　　왕　　　득의질

有孚發若하면 **吉**하리라
유부발약　　　　길

사는 움직임의 처음이니, 마땅히 서로 필요로 삼아 그 쓰임을 이루어야 한다. 그러므로 대등하나 서로 감응하는 것이다. 자리가 서로 상응하고 쓰임이 서로 의지한다. 그러므로 초효가 4효를 일러 '배주'라 하였으니, 자기가 짝하는 것이다. '배'는 비록 짝을 일컬으나 나아가는 자이니, 하늘에 짝하여 군자를 짝한다는 것과 같다. 그러므로 초효는 4효에 대하여 '배'라 이르고, 4효는 초효에 대하여 '이'라 이른 것이다.[雷電皆至, 成豐之象, 明動相資, 致豐之道. 非明无以照, 非動无以行, 相須猶形影, 相資猶表裏. 初九明之初, 九四動之初, 宜相須以成其用. 故雖旬而相應. 位則相應, 用則相資. 故初謂四爲配主, 己所配也. 配雖匹稱, 然就之者也, 如配天以配君子. 故初於四云配, 四於初云夷也.]"

象曰 有孚發若은 信以發志也라
상왈 유부발약   신 이 발 지 야

육이는 덮개를 크게 하는 것이다. 한낮에 북두성을 보니 가면 의심병을
얻을 것이니, 믿음을 두어 펼치면 길할 것이다. 상전에 이르기를 '믿음을
두어 펼침'은 믿음으로써 뜻을 펼치는 것이다.

2효는 음이 음 자리에 있고[正], 하괘의 중용[中]이지만 5효와는 상응하
지 않는다. 효사의 내용은 2효 자체의 시공간적 위상보다는 5효와의 관계
를 중시하고 있음을 발견할 수 있다. 2효는 밝음[離: ☲]의 주체임에도 불
구하고 풍성함을 모두 덮는 지경이라고 표현했다. 음이 양 자리에 있는[不
正] 5효 군왕의 통솔력이 아주 어둡기 때문이다. 그것은 마음의 눈이 어두
운 군왕이 밝은 신하의 능력을 제대로 분별할 수 없는 것을 의미한다.

군왕이 신하를 분간할 수 없는 극도의 상황을 한낮이 캄캄해지도록 커다
란 차양으로 덮어놓은 것으로 표현했다. '부蔀'는 햇빛 또는 비바람을 막기
위해 치는 거적, 덮개, 포장을 뜻하는 글자다. '두斗'는 밤하늘을 수놓는 북
두칠성을 가리킨다. 한낮의 해가 밝은데도 북두칠성이 보인다는 것은 그만
큼 어둠이 극심하다는 것을 말한다. 그것은 정치적 암흑 세상을 비유한 것
으로, 군왕 한 사람의 실정은 곧바로 천하를 암울하게 만든다는 교훈이다.

'약若'은 조사이고, '발약發若'은 덮은 것을 거두는 모양을 뜻하는 어휘다.
군왕의 어리석음에서 비롯된 암흑 세상에서 신하가 선택할 수 있는 방법
은 오로지 군왕을 감격시키는 믿음의 정성뿐이다. 믿음과 정성은 굳게 닫
혔던 사람의 마음의 문을 여는 관건이다.

두드려라! 두드리면 반드시 문은 열린다. 마음의 문을 여는 도구는 쇳대
가 아니라 믿음[孚 = 信]이다. 상대방을 감동시키려면 먼저 자신의 믿음[孚]
이 굳어야 하고, 이것이 외부로 표출되어 상대방에게 전달될 정도의 감응
이 이루어지면 '신信'이 된다. 『주역』은 마음을 움직이는 것은 성실한 뜻과

믿음 이외의 덕목은 없다고 본다. 암울한 시대일수록 신뢰를 쌓아 상호간의 불신을 무너뜨려야 할 것이다.

신학이 철학을 지배했다는 이유에서 서양의 중세는 암흑 시대로 불렸다. 종교와 학문의 균형이 깨져 종교적 가치관이 절대화되고, 정치와 도덕과 사회는 노예로 전락하는 현상으로 나타났기 때문이다. 5효의 어두운 군왕은 자신이 어리석다는 사실 자체를 인식하지 못한다. 만약 2효 신하가 현명함을 핑계로 삼아 군왕에게 관직을 얻으려 나아간다면 의혹만 받을 뿐이다.

🌣 약점이 많은 군왕은 의심의 눈초리로 신하를 바라본다. 적극적으로 나아갈수록 신하에게 돌아오는 것은 군왕으로부터의 미움이다.

7. 3효 : 스스로 낮추고 정도를 지키면 허물 짓지 않는다

雷火豐卦 뇌화풍괘

九三은 豐其沛라 日中見沫요 折其右肱이니 无咎니라
구삼　 풍기패　 일중견매요 절기우굉　 무구

象曰 豐其沛라 不可大事也오 折其右肱이라 終不可用也라
상왈 풍기패　 불가대사야오 절기우굉　 종불가용야

구삼은 그 깃발을 크게 함이다. 한낮에 매성을 봄이요, 그 오른팔이 부러졌으니 허물할 데가 없다. 상전에 이르기를 '깃발을 크게 함이다.' 대사는 할 수 없을 것이요, '오른팔이 부러졌음이다.' 마침내 사용하지 못하는 것이다.

'패沛[= 패旆]'는 덮어서 가리는 용도로 쓰이는 깃발[旗], 휘장, 장막이라는 뜻이다. '매沫'는 북두성 뒤에 있는 이름조차 없을 정도로 작은 별을 가리킨다. 3효는 양이 양 자리에 있으나[正], 하괘의 중용이 아니다[不中]. 3효에게 희망은 짝인 상효의 역할에 있다. 상효는 비록 3효와 감응하지만, 전체적으로는 풍괘의 끝인데다가 역동성을 상징하는 우레(상괘의 震: ☳)의 힘이 극소화된 자리이기 때문이다. 3효는 무기력한 짝과 상응해야 하는 형국이다.

3효의 처지는 암울한 시대를 살아가는 불행한 남자를 상징한다. 2효에서는 그나마 북두성을 볼 수 있었으나, 3효로 넘어오면 아예 암흑으로 바뀐다. 한낮에도 불빛이 희미한 매성沫星이 보인다면 얼마나 끔찍한 상황인가를 짐작하고도 남는다. 너무 어두워 발 한 짝도 옮길 수가 없다. 2효보다도 상황이 더 악화되었다. 뛰어난 재능이 있음에도 불구하고 시대를 잘못 만나 오른팔이 부러진 꼴이다. 새가 날개를 다치면 날 수 없듯이, 오른팔이 부러지면 숟가락도 들 수 없는 형국이다.

인간사 새옹지마塞翁之馬라 했던가. 오른팔이 부러져 천방지축 날뛸 수 없다. 전화위복轉禍爲福이 일어나 타인의 질투와 시기로부터 자유롭다. 수레가 앞으로 나아가지 못한다고 마부는 수레를 때려야 하는가, 소를 채찍질해야 하는가. 답답한 심정이다. 오른팔은 자신이 부러뜨린 것인가, 아니면 남이 부러뜨린 것인가? 세상이 자신을 알아주지 않으면 스스로 물러나 정도를 지켜야 할 때가 있다. 세상과 남을 원망할 필요가 없다.

☆ 아무 일도 하지 않는 것이 오히려 무모한 일을 하는 것보다 유익하다.

8. 4효 : 양심 세력과 손잡아 난관을 극복하라

九四는 **豐其蔀**라 **日中見斗**니 **遇其夷主**하면 **吉**하리라
구 사　풍 기 부　일 중 견 두　우 기 이 주　길

象日 豐其蔀는 **位不當也**일새오 **日中見斗**는 **幽不明也**일새오
상 왈 풍 기 부　위 부 당 야　　일 중 견 두　유 불 명 야

遇其夷主는 **吉行也**라
우 기 이 주　길 행 야

구사는 덮개를 크게 하는 것이다. 한낮에 북두성을 보는 것이니, 짝이 되는 주인을 만나면 길할 것이다. 상전에 이르기를 '덮개를 크게 함'은 그 위치가 마땅하지 않기 때문이요, '한낮에 북두성을 봄'은 어두워서 밝지 않기 때문이요, '짝이 되는 주인을 만나는 것'은 길행이다.

4효는 양이 음 자리에 있고[不正], 상괘의 중용도 아니며, 초효와 감응하지 않는다. 4효의 내용은 초효와 거의 흡사하다. 다만 '배주配主'가 '이주夷主'로 바뀌었을 따름이다. 4효는 역동성을 상징하는 상괘[震: ☳]의 주인공이다. 아래에서 위를 지향하면 '배주'이고, 위에서 아래를 지향하면 '이주'이다. 이 둘은 아주 비슷한 결점이 있는 까닭에 서로가 손을 맞잡을 수 있다. 초효 양이 양 자리에 있는 것이 4효보다 낮지만, 아래에 존재하는 점은 4효보다 못하다. 4효는 양이 음 자리에 있는 것이 초효보다 못하지만, 위에 존재하는 것은 초효보다 낫다.

4효 바로 위에 있는 5효 군왕은 어리석기 때문에 신하는 대낮에 북두성을 보는 것처럼 암울할 수밖에 없다. 영웅이 영웅을 알아보고 바둑에서도 고수가 고수를 알아본다는 말이 있듯이, 초효와 4효는 어둠을 헤쳐나가는 영웅이다. 어려운 때일수록 양심 세력이 힘을 합해 난관을 극복해야 한다. 잃어버린 광명과 영광을 되찾기 위해서는 초효와 같이 강직한 인물인 '이주'를 찾아 나서야 한다.

🏛 초효와 4효는 동반자이지 경쟁자가 아니다. 두 사람의 결합은 희망의 불씨를 되살릴 수 있지만, 만약 권력 투쟁의 경쟁자로 갈라선다면 불행으로 치달을 것이다. 두 사람의 결합 혹은 결별은 사태 해결의 중대한 갈림길인 셈이다. 지금은 시기가 여의치 않다. 4효는 중정中正을 얻지 못했기 때문에 한낮에 북두성을 보는 것처럼 지극히 암울한 상황이다. 이러한 국면을 타개하기 위해서는 '오월동주'의 심정으로 동반자인 '이주'와 손을 맞잡는 수밖에 없다.

9. 5효 : 어둠의 장막을 걷어 밝은 세상이 오도록 최선을 다하라

六五는 來章이면 有慶譽하야 吉하리라
육오   내장   유경예   길

象日 六五之吉은 有慶也라
상왈 육오지길   유경야

육오는 빛나는 것을 오게 하면 경사와 명예가 있어 길할 것이다. 상전에 이르기를 '육오의 길함'은 경사가 있는 것이다.

5효는 음이 양 자리에 있으나[不正], 상괘의 중용이고, 2효와의 감응은 좋지 않다. 5효는 어리석은 군왕이므로 풍요의 시대를 이끌어갈 리더쉽이 부족하다. 하지만 능력이 뛰어난 인물을 발탁하면 개인의 명예를 드높일 수 있고, 국가적으로는 경사스런 일이다.

'장章'은 아름다운, 빛나다는 뜻으로 훌륭한 인품을 지닌 2효 현인을 가리킨다. 2효는 중정의 덕성과 문명의 지혜[離: ☲]를 갖춘 주인공이다. 과거에는 세상이 알아주지 않아 세상과 담을 쌓고 은둔의 삶을 살았다. 이제야 뜻을 펼칠 수 있는 절호의 기회가 왔다. 군왕의 부름을 받아 어둠의 장막을 걷어치우고 밝은 세상이 열리도록 최선을 다하면 명예와 경사가 뒤따른다.

2효에서는 현인이 먼저 어리석은 군왕을 찾아가 벼슬을 구하면 군왕을 비롯한 타인들의 의심의 눈총을 산다고 했다. 따라서 군왕에 대한 믿음 하나만으로 시간을 벌어야 할 따름이다. 현인은 군왕을 신뢰하고, 군왕은 현인을 초빙한다.

☼ 군왕은 인재를 얻어서 좋고, 현인은 군왕으로부터의 신임을 한 몸에 받아 모두가 경사롭다.

10. 상효 : 상대방에게 먼저 굳게 닫힌 마음의 빗장을 열어라

上六은 **豐其屋**하고 **蔀其家**라 **闚其戶**하니 **闃其无人**하여
상 육   풍 기 옥   부 기 가   규 기 호   격 기 무 인

三歲라도 **不覿**이로소니 **凶**하니라
삼 세   부 적   흉

象曰 豐其屋은 **天際翔也**오 **窺其戶闃其无人**은 **自藏也**라
상 왈 풍 기 옥   천 제 상 야   규 기 호 격 기 무 인   자 장 야

상육은 집을 성대하게 치장하고 집을 덮는다. 그 집을 엿보니 고요하여

사람이 없어서 3년이라도 보지 못하니 흉하다. 상전에 이르기를 '그 집을 성대하게 치장함'은 하늘 끝까지 비상함이요, '그 집을 엿보니 고요하여 사람이 없음'은 스스로 감춘 것이다.

상효는 음이 음 자리에 있으나[正], 풍괘의 끝자락에 있고[不中], 3효와는 감응한다. 그런데 풍괘는 유별나게 상효에서만 흉하다고 했다. 극도로 풍성함을 넘어서면 쇠퇴의 길로 접어드는 것을 암시하기 때문이다. 따라서 움직임[震: ☳]의 극점에서 성대함을 믿고 함부로 욕심부리고 우쭐거려 허풍떠는 행동을 경고하는 것이다.

'옥屋'은 옥상 혹은 지붕을, '가家'는 실내 혹은 집안을 뜻하는 글자다. 집을 넓게 확장하고, 화려하고 고급스럽게 치장했다. 하지만 집안은 넓은 포장으로 덮어 놓은 것처럼 캄캄하다. 외화내빈外華內貧이랄까. 건물의 규모는 크고 호화롭지만 문틈으로 집안을 엿보아도 썰렁하기 이를 데 없다. 냉기만 흐를뿐 사람냄새가 전혀 나지 않아 폐허처럼 고요하다. 3년 동안 사람이 찾지 않으니 먼지만 켜켜이 쌓여 흉하다. 금방 귀신이라도 나올 요량이다.

남이 찾지 않은 이유는 스스로에게 문제가 있기 때문이다. 타인이 먼저 고개 숙이기를 바라고, 남을 인정하지 않는 지나친 독선주의가 낳은 폐단이다. 남이 하는 사랑은 불륜이고, 자신이 하는 사랑은 로맨스라 판단하는 아집은 고립을 가져온다. 먼저 굳게 닫힌 마음의 빗장과 대화의 창구를 열어야 상대방이 찾아온다.

🏠 지붕을 높게 올려 하늘에 닿을 정도의 고대광실에도 사람이 없어 쓸쓸하다. 도란도란 얘기소리가 그친 지 오래다. 손님이 없어 객실이 텅 빈 최고급 호텔과 흡사하다. 대문을 활짝 열었는데도 불구하고 적막강산이다. 그것은 풍요를 독점하려는 욕심이 빚어낸 결과이다. 누구를 탓하리오. '혼자 점심먹지 말라'는 격언처럼 한 조각의 떡도 나누어 먹어야 정이 생기는 법이다. 풍요의 극단 속에 이미 쇠락의 조짐이 배태되어 있음을 깨우치고 있다.

정역사상의 연구자 이상룡李象龍은 풍괘의 성격을 다음과 같이 설명한다.

䷶ 豊字는 象豈之屬이니 陽者有足而下小上大也라
　　풍자　　상기지속　　　양자유족이하소상대야

故로 說文曰豆屬이라 하니라 爲卦雷動火旺하니
고　　설문왈두속　　　　　　위괘뇌동화왕

午會中節之時也라 萬物風動而嘉會하고
오회중절지시야　　만물풍동이가회

晝日而舒而極長盛大光明하니 豈有加於此哉리오
주일이서이극장성대광명　　　기유가어차재

時和而年豐하고 人壽而豐富하며 俎豆之禮와 文明之樂이
시화이년풍　　　인수이풍부　　조두지례　　문명지악

動之斯和之義也라 且遯而藏하고 聚而豐은 物之情也니
동지사화지의야　　차돈이장　　　취이풍　　물지정야

故로 此卦次於遯也라
고　　차괘차어돈야

풍 자는 그릇 종류를 상징하는데, 양이 풍족하여 아래는 작고 위
는 큰 것이기 때문에 『설문』은 '콩 종류'라 했던 것이다. 괘의 형성
은 우레가 움직여 불은 왕성하니 오회午會의 중앙 지점에 들어선 시
절이다. 만물이 바람처럼 움직여 아름답게 모이고, 낮에는 서서히
자라 성대하게 빛나므로 여기에 더 보탤 것이 있으랴? 시절이 화합
하여 매년 풍년이고 사람은 장수하여 부귀하고 제사 예절과 문명의
음악이 움직여 화합한다는 뜻이다. 또한 물러나서는 저장하고 모여
서 풍부함은 만물의 실정이므로 풍괘가 돈괘 다음이 된 것이다.

象曰 豐, 亨, 王, 假之, 勿憂는 富有天下하니 何憂之有也오
단왈 풍 형 왕 격지 물우　　부유천하　　　하우지유야

宜日中은 日月歸極也오 日中則昃, 月盈則食은 閏會也라
의일중　　일월귀극야　　일중즉측　월영즉식　　윤회야

단전　"풍은 형통하니 왕이어야만 지극히 하나니, 근심치 않는다"

는 것은 천하가 부유하므로 어찌 근심이 있겠는가? "마땅히 해가 중천에서 빛난다"라는 것은 일월이 극한으로 돌아가는 것이고, "해가 중천에 이르면 기울고, 달이 가득 차면 월식月蝕"은 윤역 시대를 가리킨다.

象曰 君子以, 折獄致刑은 囹圄乃空也라
상왈 군자이 절옥치형 영어내공야

상전 "군자는 이를 본받아 감옥 일을 끊고 형벌을 이룬다"는 것은 감옥을 텅비게 한다는 뜻이다.

初九, 遇其配主는 己甲互宅也오 雖旬, 无咎는 雖曰大變革이
초구 우기배주 기갑호택야 수순 무구 수왈대변혁

三百六旬而已也라
삼백육순이이야

초효 "그 짝이 되는 주인을 만난다"는 것은 기己와 갑甲이 서로의 집[12]이라는 뜻이요, "비록 동등하나 허물이 없다"는 것은 비록 '대변혁'을 말하더라도 360일 따름이다.

六二, 豊其蔀, 日中見斗는 良目判非라도 泥闇不見也오
육이 풍기부 일중견두 양목판비 니운불견야

往, 得疑疾은 疑不疑追하여 悔莫及也리라
왕 득의질 의불의추 회막급야

2효 "덮개를 크게 하는 것이다. 한낮에 북두성을 본다"는 것은 좋은 눈으로 그릇됨을 판별할지라도 윤역이기 때문에 볼 수 없다는 것이요, "가면 의심병을 얻는다"는 것은 의심으로 의심치 않음을 좇아 후회가 막급하다는 뜻이다.

---

12) 선천은 양인 甲으로 시작하고, 후천은 음인 己로 시작한다. 결국 甲과 己는 서로의 존재 근거라는 뜻이다.

九三, 豊其沛, 日中見沬는 火熾水竭하고 沛然下泄하니
구삼 풍기패 일중견매 화치수갈 패연하설

只存漚沬也오 折其右肱, 无咎는 決西南也라
지존구매야 절기우굉 무구 결서남야

3효 "그 깃발을 크게 함이다. 한낮에 매성을 본다"는 것은 불이
치열하여 물은 마르고 시원스레 아래로 쏟음은 거품만이 남아 있을
뿐이요, "오른팔이 부러졌으니 허물할 데가 없다"는 것은 서남방으
로 터놓았다는 뜻이다.

九四, 遇其夷主, 吉은 无不利也라
구사 우기이주 길 무불리야

4효 "짝이 되는 주인을 만나면 길할 것이다"라는 말은 이롭지
않음이 없다는 것이다.

六五, 來章, 有慶譽, 吉은 平章하니 百姓而无爲也라
육오 내장 유경예 길 평장 백성이무위야

5효 "빛나는 것을 오게 하면 경사와 명예가 있어 길할 것이다"
라는 것은 공명정대한 정치로 인해 백성들이 일을 억지로 하지 않
는다는 뜻이다.

上六, 豊其屋, 籠其家는 峻宇雕牆하니 昏暗也오 闚其戶,
상육 풍기옥 부기가 준우조장 혼암야 규기호

閴其无人, 三歲, 不覿, 凶은 國破君亡하여 終无義士也라
격기무인 삼세 부적 흉 국파군망 종무의사야

상효 "집을 성대하게 치장하고 집을 덮는다"는 것은 집을 크게
짓고 높은 담장을 만드니 어둡다는 것이요, "그 집을 엿보니 고요하
여 사람이 없어서 3년이라도 보지 못하니 흉하다"라는 말은 나라는
망하고 임금은 죽어 마침내 의로운 선비가 없다는 뜻이다.

| 火山旅卦 |
화 산 여 괘

인생은 나그네 길

1. 여행의 길 : 여괘

정이천은 뇌화풍괘雷火豐卦(䷶) 다음에 화산여괘火山旅卦(䷷)가 오는 이유를 다음과 같이 말한다.

旅는 序卦에 豐은 大也니 窮大者는 必失其居라
여　서괘　풍　대야　궁대자　필실기거

故受之以旅라 하니라 豐盛이 至於窮極이면 則必失其所安이니
고수지이여　　풍성　지어궁극　즉필실기소안

旅所以次豐也라 爲卦離上艮下하니 山은 止而不遷하고
여소이차풍야　위괘리상간하　산　지이불천

火는 行而不居하여 違去不處之象이라 故爲旅也오 又麗乎外는
화　행이불거　위거불처지상　고위여야　우리호외

亦旅之象이라
역여지상

"여는 「서괘전」에 '풍은 큼이니, 큼을 지극히 크게 한 자는 반드시 거처를 잃는다. 그러므로 여괘로 이어받았다'고 하였다. 풍성함이 궁극함에 이르면 반드시 편안한 바를 잃으니, 이런 까닭에 여괘가 풍괘의 다음이 된 것이다. 괘의 형성은 리가 위에 있고 간이 아래에 있으니, 산은 멈추어 옮기지 않고 불은 움직여 머물지 아니하여 떠나가서 거처하지 않는 모습이다. 그러므로 여괘가 되었다. 또한 밖에 걸려 있음은 또한 나그네의 모습이다."

뇌화풍괘를 180° 뒤집어 엎으면 화산여괘가 된다. 풍성함이 극도에 달하면 흩어진다[物極必反]는 이치가 괘의 배열에 담겨 있다. 여괘의 구성은 위가 불[離: ☲]이고, 아래는 산[艮: ☶]이다. 산 위에 불이 있는 형상이다. 산은 고정된 반면에 불은 이리저리 옮겨 다닌다. 산이 움직이지 않는 집이라면, 불은 집을 떠나 이곳저곳으로 돌아다니는 나그네와 같다. 산은 굳건하게 자기 자리를 지키고 있으나, 자주 이동하는 불은 위험하다. 여괘는 시간의 파도를 타면서 묘기 부리는 길손인 인간은 어떠한 삶을 살아야 하

는가의 물음을 던지고 있다.

'여旅'는 미지의 곳을 찾아 떠나는 여행을 뜻한다.[1] 집을 떠나 새로운 세상을 찾아나서는 여행은 가슴 설레는 일이다. 옛 사람들은 자연을 벗 삼아 머리를 식히면서 잠시 세속 일을 잊고 재충전을 했다. 여행을 통해 새롭게 태어난 성인은 수두룩하다. 예수는 거친 광야에서, 석가는 인도의 뜨거운 햇빛을 온몸으로 견디면서 수행하여 마침내 부처로 거듭 태어났으며, 공자는 천하를 여행하면서 이상적인 정치를 실현하고자 노력했다. 오늘도 내일의 꿈을 키우기 위해서 젊은이들은 해외로 쏟아져나간다.

세계는 넓고 갈 곳은 수없이 많다. 여행가들은 여행에 등급 매기기를 좋아한다. 경치를 보러가는 것, 유적지 관광, 낯선 사람과 만나 교류하는 순서로 등급을 매긴다. 하지만 새로운 세상을 경험하면서 진리와 인생이 무엇인가를 되새겨보는 보는 일에 가장 높은 점수를 줄 수 있다. 여행을 통해 인간은 자신을 발견하는 기회를 갖는다는 점에서 매우 유익하다.

그럼에도 단순 목적의 맛 여행, 쇼핑 여행, 트레킹 관광, 골프 여행 등으로 공항은 하루종일 북새통을 이루는 것이 요즘의 풍속도라 매우 안타깝다. 인터넷에는 수많은 여행사들이 각종 여행 상품을 소개하면서 손님을 부르고 있다. 하지만 돈 한 푼 없이 떠도는 무전 여행이 가장 스릴 넘친다. 온갖 고난과 에피소드가 가미된 여행이야말로 세상과 소통하는 진정한 여행의 방법이다. 우리 한국인이 자랑할 만한 고전이 있다. 괴테의『이탈리아기행』을 능가하는 것으로 평가받는 박지원의『열하일기熱河日記』가 바로 그것이다. 그것은 온갖 고초를 겪으면서 청나라의 눈부신 문명을 목격하고 화려한 문체로 기록한 여행담이다.[2]

---

1) HUA-CHING NI,『THE BOOK OF CHANGES AND THE UNCHANGING TRUTH』(Santa Monica: Sevenstar, 1999), p.553. 倪化淸은 화산여괘의 주제를 '여행(traveling)'이라 했다.
2)『열하일기』에 대한 새로운 지평을 연 책이 있어 소개한다. 고미숙,『열하일기』(웃음과 역설의 유쾌한 시공간), 서울: 그린비, 2006, 17-30쪽 참조. "『열하일기』는 여행의 기록이지만 강

여권 하나 달랑 손에 쥐고 쾌락을 쫓아 환락가를 헤매는 여행은 천박하기 짝이 없다. 천천히 산책하면서 천지와 무언의 대화를 나누는 여행이 최고다. 천지는 무엇이고, 나는 누구인가를 뒤돌아보았던 조상들의 맛깔난 나들이는 멋진 유산이다. 선인들은 곧잘 인생은 지상으로 잠시 소풍나왔다가 다시 하늘고향으로 돌아가는 여행길[旅路]이라고 표현했다. 한국 불교의 대들보인 진묵대사震黙大師(1562-1633)의 유명한 계송偈頌에는 하늘과 땅을 가슴에 품은 드넓은 기개와 깨달음의 혼이 서려 있다.

하늘 이불, 땅 자리, 산 베개   [天衾地席山爲枕]
달 촛불, 구름 병풍, 바다를 술동이 삼아   [月燭雲屛海作樽]
크게 취하여 살포시 일어나 더덩실 춤추노라니   [大醉居然仍起舞]
긴 소맷자락 곤륜산에 걸릴까 저어하노라   [却嫌長衫掛崑崙]

옛 노래에 '노세노세 젊어노세'란 말이 있다. 오는 세월은 천하장사도 막을 수 없고, 백일 동안 지지 않고 피는 꽃은 어디에도 없다. 세상과 자신을 원망하면서 지팡이 하나를 재산삼아 동가식서가숙했던 떠돌이 시인 김병연金炳淵(1807-1863)에 얽힌 얘기가 있다. 엄동설한의 아침, 눈 속에 삿갓 하나 받치고 동쪽에서 불끈 솟는 해를 바라보며 다시 길 찾아 떠나는 나그네 신세를 읊은 내용이다.

천황이 돌아가셨느냐, 인황이 돌아가셨느냐   [天皇崩乎人皇崩]
온갖 나무들과 청산들이 모두 흰 상복을 입었네   [万樹靑山皆被服]
날이 밝아 태양이 문상을 오자   [明日若使陽來弔]
집집마다 처마끝에 눈물이 뚝뚝 떨어지는구나   [家家擔前淚滴滴]

렬한 '액션'의 흐름으로 이질적인 대상들과의 '찐한' 접속이고, 침묵하고 있던 사물들이 살아 움직이는 발견의 현장이며, 새로운 담론이 펼쳐지는 경이의 장이다. 멜로디의 수많은 변주가 일어나는 텍스트, 그것이 『열하일기』다."

김삿갓은 들판과 바위와 냇가와 산 등, 온 세상이 흰눈을 뒤집어쓴 모습을 '상복'이라고 형용하였다. 그리고 태양은 천황이 돌아가셨다는 부고장을 속도 빠른 이메일로 받고서는 햇빛으로 부조금을 대신했다. 차가웠던 눈은 햇빛을 받자마자 아뜨거라 하면서 녹아내린다. 태양은 말없이 문상을 하거만, 애꿎게도 겨울의 비서실장인 고드름이 녹아 눈물을 흘리면서 꾸벅꾸벅 절한다고 천재적 재기를 마음껏 발휘하였던 것이다.

　시대를 앞서간 선각자, 신라의 뛰어난 학자이자 비운의 정치가였던 고운孤雲 최치원崔致遠(857-?)은 유불선에 두루 통달한 문장가였다. 젊은 나이에 당나라에 유학해서 '토황소격문討黃巢檄文'을 지어 신라인의 명예를 드높였다. 신라로 돌아온 뒤에는 진성여왕에게 시무책을 올려 정치 개혁을 추진하였으나, 높은 신분제의 벽에 가로막혀 자신의 뜻을 현실정치에 펼치지 못하고 깊은 좌절을 안은 채, 역사의 뒤안길로 사라졌다. 최치원이 이룩한 학문과 문장의 경지는 높았으나, 난세를 살아간 그의 삶은 불행했다.

동으로 서로 떠돌며 먼지 나는 길에서　　　　[東飄西轉路岐塵]
나 홀로 여윈 말 타고 얼마나 고생했던가　　　[獨策羸駼幾苦辛]
돌아감이 좋은 줄 모르지 않네만　　　　　　　[不是不知歸去好]
돌아간들 내 집은 가난하거늘　　　　　　　　[只緣歸去又家貧][3]

　여행을 즐겼던 유명 인사들의 체험담은 꿈을 살찌운다. "인간에게 정처 없이 떠도는 것처럼 고통스러운 것은 없다."(호메로스/오디세이) "여행은 인간을 겸허하게 만든다. 세상에서 인간이 차지하고 있는 입장이 얼마나 하

火山旅卦 화산여괘

---

3) 김수영 편역, 『최치원 선집(새벽에 홀로 깨어)』(서울: 돌베개, 2011), 53쪽, "최치원은 열 두 살이던 868년, 당나라에 유학 가서 단 6년 만에 빈공과에 급제하였고, 그로부터 2년 뒤에 溧水縣尉라는 관직에 제수되었다. 이는 약관의 외국인에게는 이례적인 대우였으나, 보다 큰 포부를 품었던 최치원은 그 이듬해에 벼슬을 내놓고 博學宏詞科라는 시험에 응시하고자 장안의 終南山에 들어가 공부하였다. 그러나 뜻을 이루기 전에 모아놓은 양식과 돈이 떨어져 다시 일자리를 구해야 하는 고달픈 처지에 놓이게 되었다. 이 시는 이런 상황 속에서 창작된 듯하다."

찮은가를 두고두고 깨닫게 하기 때문이다."(플로베르/서간집) "참된 여행자에게는 항상 방랑하는 즐거움, 모험심과 탐험에 대한 유혹이 있게 마련이다. 여행한다는 것은 방랑한다는 뜻이고, 방랑이 아닌 것은 여행이라고 할 수 없다."(임어당) "여행량旅行量은 인생량人生量이다."(오소백/단상) "객수客愁란 말이 있듯이 동양인의 여행은 곧 고향을 못 잊어 하는 시름이며, 생활에서의 추방을 뜻하는 외로움이다."(이어령/이것이 오늘의 세대다) "세계는 나의 학교, 여행이라는 과정에서 나는 수없는 신기로운 일을 배우는 유쾌한 소학생이다."(김기림/태양의 풍속)[4]

2. 여괘 : 즐기는 여행보다는 마음 챙기는 여행이 최고

旅는 小亨코 旅貞하여 吉하니라
여 　소 형 　여 정 　길

여는 조금 형통하고, 나그네는 올바르게 해야 길하다.

산에 불이 나면 등산객은 살 길을 찾느라 분주하듯이, 집 떠난 길손은 고생이 몸에 뱄다. 길 닿는 대로 걷는 나그네의 삶은 언제나 불안정하고 주변의 낯선 환경과 씨름해야 하는 고달픈 인생사다. 여괘는 나그네의 삶에 비유하여 인간사를 얘기하고 있다. 오죽하면 "인생은 나그네길"이라는 노래가 가슴에 와 닿겠는가.

나그네는 홈 팬들의 응원 없이 시합하는 축구 선수와 같다. 어웨이 게임하는 선수는 외롭고 고독하다. 나그네는 집을 떠나 떠돌이 생활을 하기 때문에 크게 형통할 수 없다. 어웨이 시합에서 무승부면 본전인 것처럼, 나그네는 단지 숙식만 보장되면 무난하여 조금은 형통한다. 배고프고 춥다고 남의 집에 들어가 음식과 옷을 훔친다면 도둑이다. 세상을 조롱했던 김삿갓이 쉰 밥을 얻어먹고 얼마나 곤욕치렀던가를 보더라도 나그네 신세는

4) 이어령 편저, 『문장백과대사전』(서울: 금성출판사, 1988), 1325-1328쪽.

늘 처량하다.

남의 집 처마 밑에서 소나기를 피하는 나그네는 서글프다. 휘영청 밝은 달이 떠오른 날에는 처자식 생각에 눈물이 앞을 가린다. 붙박이 삶이 사무치게 그립다. 유랑하는 나그네의 타향살이는 날마다 끼니와 잠자리 걱정이 끊이지 않는다. 빌어 먹는 처지에 음식타령을 할 수도 없다. 그렇다고 나쁜 짓을 일삼거나 함부로 몸을 굴려서는 안 된다.

인생은 나그네 길이다. 어디서 왔다가 어디로 가는 지조차 모르는 벌거숭이다. 빈손으로 왔다가 빈손으로 돌아간다. 강물이 흘러가듯 소리 없이 무덤으로 향하는 게 인생살이다. 객지에 나서면 행동 하나하나가 서툴 수밖에 없다. 때로는 이국적 풍경에 푹 빠져 정신이 해이질 수도 있으나, 현실은 언제나 냉혹하다. 먹고 자고 싸는 것이 늘 걱정이다. 그렇다고 지켜야 할 도리를 저버려서는 안 된다. 최소한의 도리는 지켜야 옳다.

보금자리를 떠나 걷고 걷는 여로는 매우 고달프고 힘겹다. 튼튼한 다리 하나가 전재산이다. 정든 집과 가족을 떠나 남에게 의지하면서 살아가는 삶은 늘 일정하지 않다. 향수병에 젖어도 돌아가 쉴 곳이 없어 막막하다. 불규칙한 생활에 익숙해지면 원칙은 불편하게 느끼기 마련이다. 원칙이 무너지면 도덕 의식이 마비되기 쉽다. 괘사는 여행자에게 올바른 행위가 요구된다면, 일반인 역시 올곧은[貞] 마음이 중요하다고 강조한다.

🌸 인생 여행에서 가장 중요한 덕목은 올곧은 마음이다.

3. 단전 : 힘들고 어려울수록 중용을 지켜야 옳다

象曰 旅小亨은 柔得中乎外而順乎剛하고 止而麗乎明이라
단왈 여소형 유득중호외이순호강 지이리호명
是以小亨旅貞吉也니 旅之時義大矣哉라
시이소형여정길야 여지시의대의재
단전에 이르기를 '여는 조금 형통함'은 유가 바깥에서 중용을 얻어 강에 순응하고, 그치고 밝은 데에 걸림이다. 이로써 '조금 형통하고 나그네는 올바르게 해야 길함이니' 여의 때와 의의가 크도다.

여행의 필수품은 외환 카드가 아니라 겸손과 정직이다. 세상이 좁다고 카드를 마구 긁으면서 쏘다니는 것은 소모적인 낭비일 뿐이다. 여괘는 '조금은 형통한다'는 단서를 붙인다. 타지에 나가서는 으스대지 말고 몸을 낮추어야 한다. 단순히 텃세가 무서워서가 아니라, 그 지역의 정서에 따라야 하기 때문이다.

여괘에서 5효는 유순한 중정을 갖추어 밖으로 4효와 상효의 강건한 힘에 순응하는 덕성을 발휘하는 것을 말한다. 여괘의 주인공은 5효이다. 음이 비록 양 자리에 있으나, 상괘의 중용을 얻어 부드러운 것이 굳센 것에 순응하는 원칙을 지키고 있다[柔得中乎外而順乎剛]. 순응은 종속이 아니다. 종속이 노예 관계라면, 순응은 음양 관계이다. 굳센 것이 존재하지 않는다면, 부드러운 것 역시 존재할 수 없다. 부드러움은 결코 절대적 약자가 아니다. 굳셈 또한 절대적 강자가 아니다. 이 둘은 조화를 이루는 존재 근거이다. 따라서 부드러움과 굳셈[剛柔]은 영원한 타자가 아니라 역동적 균형을 이루는 조화의 파트너인 것이다.

나그네의 행동 지침은 묵중한 처신과 밝은 마음가짐이다[止而麗乎明]. 나그네는 안으로 산처럼 듬직한 태도, 밖으로는 불처럼 밝고 지혜롭게 처신해야 조금은 형통하여 길할 수 있다. 가벼운 언동은 상대방의 자존심을 무너뜨려 신체의 위협으로 되돌아올 수 있다. 여행에서 제멋대로 행동하는 것은 금물이다. 특히 해외 여행에서는 그 나라의 문화와 법을 존중해야 한다. 관광 수입으로 먹고사는 타국의 법령을 무시한다면 외교적인 마찰을 일으켜 추방당하기 쉽다.

나그네는 떠돌이 인생이다. 하염없이 객지를 떠도는 처량한 신세일망정 스스로 망가져서는 안 된다. 힘들고 어려운 때일수록 분수를 지켜야 한다.

그것을 지탱해주는 유일한 지침이 바로 중도이며 시간의 정신이다. 이런 이유에서 여괘는 시간 의식을 핵심으로 내세우고 있다.

"중은 한 가지 법칙이 아니라, 나그네에게는 나그네의 중도가 있는 것이다. 멈춤이 밝음에 걸려 있으면 때의 마땅함을 잃지 않으니, 그런 뒤에야 나그네에 처하는 도를 얻게 된다. 천하의 일은 때[시간]에 따라 각각 그 마땅함에 맞게 해야 하는데, '여'는 대처하기가 어려우므로 그 때와 의리가 크다고 말한 것이다."[5]

시간은 인생의 여행 가이드이다. 가이드의 안내에 따라 인간은 각자의 여로를 떠나는 승객이다. 승객이 시간 가이드의 안내에 벗어난 여행길로 접어들면 길을 잃는다. 종교에서는 여행 시간표를 잃어버리면 지옥의 문턱에 들어선다고 경고한다. 『주역』은 이 차안此岸에서 때[시간]의 정신에 어긋난 행위는 중용을 망각하는 생활로 간주한다. 차안에서 허비한 도덕과 시간이 피안에서 구제될 수 있다는 내세 중심의 사유는 찾을 수 없다. 그만큼 현실 중심의 시간관이 반영되어 있다.

☆ 인생사의 험난함을 극복할 수 있는 최상의 지침은 시간의 본성의 안내를 받아 중용을 실천하는 것에 있다.

4. 상전 : 백성을 모시는 통치자가 최고의 리더

象曰 山上有火旅니 君子以하여 明愼用刑하며
상 왈 산 상 유 화 여   군 자 이   명 신 용 형

而不留獄하나니라
이 불 류 옥

상전에 이르기를 산 위에 불이 있는 것이 여이니, 군자는 이를 본받아 형벌을 밝고 신중하게 하며, 감옥에 계속 가두는 것을 없게 하는 것이다.

火山旅卦 화산여괘

---

5)『易程傳』, "中非一揆, 旅有旅之中也. 止麗於明, 則不失時宜然後, 得處旅之道. 天下之事當隨時各適其宜, 而旅爲難處. 故稱其時義之大."

산 위에 불이 있는 것이 '여괘'의 외형적 의미이다. 산불은 잘 옮겨 붙는다. 산불이 한곳에 오래 머물지 않는 모습은 나그네가 일정한 거처 없이 자주 옮겨 다니는 것과 흡사하다. 군자는 이러한 이치를 깨달아 형벌의 경중을 밝게 헤아리고, 그 집행에는 신중에 신중을 거듭한다. 처벌할 자는 곧바로 처벌하고, 용서할 자는 곧바로 방면하여 재판을 질질 끌지 않는다.

재판은 환한 불처럼 밝게 하고, 형벌은 산처럼 엄중히 한다. 피의자를 감옥에 오랫동안 가둬놓고 재판을 고의로 지연시켜서는 안 된다. 나그네는 돈과 힘이 없는 약자다. 약자에게 불리하도록 구류 기간을 연장한다면, 민생을 외면한 고무줄 재판으로 오해받을 수 있다. 증거가 불충분한 피의자를 단지 의심간다는 심증 하나만으로 풀어주지 않는 것은 합당하지 않다.

「상전」은 괘의 구성을 바탕으로 인간의 행위 규범을 도출한다. '명신용형明愼用刑'은 환한 불꽃을 상징하는 리괘離卦(☲)의 이치에서, '불류옥不留獄'은 멈춤을 상징하는 간괘艮卦(☶)의 이치에 근거하여 신속한 재판과 신체 구속의 신중성을 제시했다. 백성을 법정 근처에서 오래 머물지 않도록 하는 것이 민생의 첩경이다. 나그네 인생을 죄인 다루듯이 해서는 안 된다는 가르침이다. 백성은 한없는 모심의 대상 또는 통치의 대상만은 아니다. 모심과 통제를 적절하게 조정할 수 있으면 성공한 통치자가 되고도 남는다.

황제의 권력은 사람을 살릴 수도 죽일 수도 있다. 황제는 조정의 관료들이 저지른 행정상의 실수들은 바로잡을 수 있지만, 이미 처형된 죄인들은 결코 되살릴 수 없다는 사실을 알고 있다. 때로는 본보기로 죄인을 처형함으로써 나머지 사람들이 도덕심을 함양하도록 고무시킬 수 있다는 것도 알고 있다.

강희제는 여괘를 읽고 감탄했다. "산의 고요함이란 형벌을 내릴 때 신중해야 함을 의미한다. 초목에 붙은 불이 급속히 번지듯이, 긴급을 요하는 소송 사건을 신속하게 처리해야 한다. 나는 이 부분을 읽으면서 통치자는 형벌을 사용하는데 정확하고 신중해야 할 필요가 있다고 생각하였다. 통치자의 의도는 앞으로는 더 이상 형벌을 가하는 일이 없게 하기 위해서 지금 형벌을 내리는 것이다."[6] 그는 당시의 불가피한 형벌이 마지막 형벌이라 인식하고 최대한 삼갔다. 강희제는 결코 『주역』에 싫증내지 않았으며, 예언서 또는 도덕적 원리를 제공하는 근원으로 활용하여 『주역』을 평생 손에서 떼지 않았다고 한다.

☆ 사회 지도층은 형벌의 경중을 밝게 헤아리고, 형벌의 집행은 신중에 신중을 거듭해야 옳다.

5. 초효 : '나' 자신을 안 다음에 삶의 길을 찾아라

初六은 **旅瑣瑣**니 **斯其所取災**니라
초육　여쇄쇄　사기소취재

象曰 旅瑣瑣는 **志窮**하여 **災也**라
상왈 여쇄쇄　지궁　　재야

초육은 나그네가 옹졸하고 행색이 초라하니, 재앙을 불러들이는 것이다.
상전에 이르기를 '나그네가 옹졸하고 행색이 초라함'은 뜻이 궁색해서 재앙이다.

'쇄쇄瑣瑣'는 자질구레하고, 좀스럽고 째째한 모양을 뜻한다. 초효는 음이 양 자리에 있고[不正], 중용에 미치지 못한다. 초효는 여행의 출발점으로서 성격이 나약하고 식견이 좁은 나그네를 상징한다. 사전 준비도 전혀 없고, 얄팍한 속셈으로 여행길에 나서면 재앙을 스스로 불러들일 수밖에 없다.

초효는 나그네가 사랑하는 가족과 헤어져 옹색한 보따리를 짊어지고 문전걸식하면서 터덜터덜 나서는 꼴이다. 거지 행색에 떼 자국이 선명한 바가지 하나만 들고 떠돌면 행려병자로 오인한 사람들에게 돌팔매 맞고 곤욕을 치를 수도 있다. 사람은 어디를 가나 대범하게 처신해야 함에도 불구하고 눈앞의 이익을 쫓는다면 경멸당하기 십상이다.

6) 조너선 스펜스/이준갑, 『강희제』(서울: 이산, 2001), 79쪽 참조.

겉모습이 후줄근한 나그네가 되고 싶어 하는 사람은 아무도 없다. 나그네의 마음 쓰임새가 좀스럽고, 그 뜻이 옹색하면 되는 일이 하나도 없다. 초효는 4효와 감응하지만, 4효는 초효에게 신경 쓸 겨를이 없다. 양이 음 자리에 있고[不正], 불길이 이리저리 옮기는 형국인 까닭에 스스로를 단속하지 못하여 파트너에게 도움줄 처지가 아니기 때문이다. 초효는 실망하여 더욱 초라해질 수밖에 없다. 이는 대세의 흐름에서 벗어나지 말라는 가르침이다.

☼ 나는 누구이고 지금은 어디에 있는가를 아는 것이 중요하다.

6. 2효 : 지나친 욕심은 재앙의 원인이다

六二는 **旅卽次**하여 **懷其資**하고 **得童僕貞**이로다
　육 이　　여 즉 차　　　회 기 사　　　득 동 복 정
象曰 得童僕貞은 **終无尤也**리라
　상 왈　득 동 복 정　　종 무 우 야

육이는 나그네가 여관에 들어가 노자돈을 품고 어린 종의 올바름을 얻도다. 상전에 이르기를 '어린 종의 올바름을 얻음'은 마침내 허물이 없을 것이다.

'차次'는 나그네가 하룻밤 묵는 여인숙, '즉卽'은 머문다, '자資'는 여비, '복僕'은 하인을 뜻하는 글자다. 나그네가 포근한 여관방에 머물면서 주머니가 두둑할 정도의 노자돈이 생기고, 심지어 서비스가 만점인 어린 심부름꾼까지 얻었다는 것은 올바르게 처신했기 때문에 생긴 행운이다.

2효는 음이 음 자리에 있고, 하괘의 중용[中正]으로서 여괘의 여섯 효 중에서 가장 좋은 내용을 이룬다. 쌓인 여독을 풀 수 있는 여인숙에 들어간 나그네에게 의외의 여비까지 생겼으니 마음이 편안하고, 벨보이의 정성어린 룸 서비스까지 받으니 한결 푸근하다. 맛있는 음식과 따뜻한 목욕물,

잠시 동안은 돈 걱정할 필요가 없는 든든한 지갑과 하인의 친절한 안내는 길손의 피로를 한꺼번에 날려버린다.

　독일 속담에 "나그네에게 가장 무거운 짐은 속인 빈 지갑이다"라는 말이 있다. 또한 "남자는 여행하다가 곤란에 부딪치면 돈주머니 속을 들여다보고 여자는 거울을 들여다본다"는 말이 있듯이, 지갑을 가득 채운 여비는 나그네로 하여금 잠깐 동안 부자로 만든다. 멋진 호텔에 묵는 길손이 체크카드와 룸 서비스에 중독되면 더 이상 길손이 아니다. 화려한 숙식과 돈은 고독한 방랑자를 타락하게 만든다. 명예와 이익과 야심이 넘치면 재앙이 서서히 다가온다. 반드시 중정의 도리를 지켜야 허물이 생기지 않는다.

🔯 돈과 물질욕은 타락으로 이끄는 주범이다.

7. 3효 : 중용을 벗어난 행동 뒤의 결과에 책임져라

九三은 **旅焚其次**하고 **喪其童僕貞**이니 **厲**하니라
구 삼　여 분 기 차　　상 기 동 복 정　　여

象曰 旅焚其次하니 **亦以傷矣**오 **以旅與下**하니 **其義喪也**라
상 왈 여 분 기 차　　역 이 상 의　　이 여 여 하　　기 의 상 야

구삼은 나그네가 여관을 불태우고(여행하는데 객사가 불타고),[7] 어린 종의 올바름을 잃으니 위태하다. 상전에 이르기를 '나그네가 여관을 불태움'이니 또한 상하고, 나그네가 아래와 함께함이니 그 의리를 잃은 것이다.

　3효는 양이 양 자리에 있으나[正], 중용을 지나쳐[不中] 산 꼭대기[艮: ☶]에 있는 모양이다. 갑작스런 화재로 인해 객사에 한바탕 소동이 일어난다. 꿈나라를 헤매던 투숙객들이 속옷차림으로 난리를 치른다. 게다가 투숙객의 안전을 책임진 종업원마저 저 살자고 도망가는 바람에 위태롭다. 투숙

火山旅卦 화산여괘

---

7) '旅焚其次'에 대한 한글 번역을 두 가지이다. 하나는 '나그네가 여관을 불태우고'이며, 다른 하나는 '여행하는데 객사가 불탄다'이다. 전자에 따르면, 나그네는 경찰에 붙잡혀 구속될 방화범이다.

객은 다른 손님들을 위하여 유순한 행동을 해야 한다. 술 먹고 고성방가하면서 거만한 말투로 심부름꾼을 괴롭힌다면 모두가 등을 돌리고 외면할 것이다. 공동 생활에서는 조용한 말씨와 겸손한 행실이 대접받는다. 화재에 대비한 비상구를 가르쳐줄 수 있는 종업원이 난폭한 나그네를 홀로 남기고 줄행랑쳤으니 화상당할 일만 남았다.

여관에서 몸만 빠져나오면 될 것인데, 왜 다칠까? 센 양 기운만 믿고 어린 하인들(초효와 2효)을 거칠게 대하니까 설령 화재가 없어도 못 본 척 했을텐데, 불이 나자마자 나그네의 목숨은 차치하고 먼저 사라졌다. 실제로 나그네 신세나 하인들 처지는 매일반이다. 동병상린의 심정으로 어린 하인들을 감싸 안아도 부족한데, 오히려 노예 다루듯이 했으니 어쩌면 도망가는 것이 당연하다.

여인숙은 불타버리고 여행객의 편안한 휴식을 책임진 일꾼들이 도망쳤다. 그것은 중용을 벗어난 행동 뒤에는 혹독한 결과가 뒤따른다는 것을 일깨우는 내용이다. 스스로의 본분을 망각하고 남을 무시하는 행위는 자신의 불행으로 끝나는 것이 아니라 다른 사람까지도 피해를 입히는 경우가 허다하다. 여괘는 중용의 소중함을 새삼 가르치고 있는 것이다.

✡ 중용은 모든 행위의 척도와 준거이자 황금률이다.

8. 4효 : 물질은 마음을 앞설 수 없다

九四는 **旅于處**하고 **得其資斧**하나 **我心**이 **不快**로다
구 사　　　 여 우 처　　　 득 기 자 부　　 아 심　　 불 쾌

象日 旅于處는 **未得位也**니 **得其資斧**하나 **心未快也**라
상 왈 여 우 처　　 미 득 위 야　　 득 기 자 부　　 심 미 쾌 야

구나는 나그네가 거처하고 노자돈과 도끼를 얻으나, 내 마음은 불쾌하다. 상전에 이르기를 '나그네가 거처함'은 위치를 얻지 못함이니, '노자돈과 도끼를 얻음'은 마음이 유쾌하지 않은 것이다.

4효는 음 자리에 양이 있고[不正], 중용에 미치지 못한다. '도끼[斧]'는 떠돌이에게 필요한 최소한의 호신용 무기이며, 한편으로는 깊은 산 속에서 나뭇가지를 잘라서 임시로 거처할 숙소를 만들 때 사용하는 작은 도끼를 가리킨다.

4효가 비록 양이지만 음의 자리에 있다는 것은 곧 강유를 겸비했다는 뜻이다. 겉으로는 굳세지만 부드럽게 겸양을 실천하여 스스로를 낮춘다. 거친 나그네 생활에 종지부를 찍지 않고 잠시 머물다가 떠날 만하면 곧바로 떠나는 삶을 운명으로 받아들인다. 머지않아 몇 푼의 여비와 휴대용 손도끼를 들고 다시 떠나야 한다. 기약 없는 떠돌이 생활은 나그네로 하여금 항상 심기를 불편하게 만든다[我心不快].

나그네가 어렵게 얻은 임시 거처는 한낱 임시일 뿐 정식은 아니다[旅于處, 未得位也]. 짝꿍인 초효는 좋은 감응의 상대이건만 힘이 미약하여 큰 도움이 안 된다. 그렇다고 5효의 강력한 지원도 받을 수 없는 처지다. 단 며칠이면 바닥날 용돈은 큰 위안이 되지 못한다. '마음이 흔쾌하지 않다'는 하소연이 나올 만하다. 나그네 설움은 나그네만이 안다.

☆ 몸은 바깥 여행이 가능하지만 마음은 항상 몸의 중심에 있어야 참된 삶을 영위할 수 있다.

9.5효 : 중용은 큰 것을 얻게 하는 열쇠

六五는 **射雉一矢亡**이라 **終以譽命**이리라
육오　　사치일시망　　　종이예명

象曰 終以譽命은 **上逮也**일새라
상왈 종이예명　　　상체야

육오는 꿩을 쏴 화살 하나를 잃는 것이다. 마침내 명예와 복록으로 함이다. 상전에 이르기를 '마침내 명예와 복록으로 한다'는 것은 위에 미치기 때문이다.

5효는 음이 양 자리에 있으나[不正], 상괘의 중용[中]인 동시에 여괘의 주인공[主爻]이다. 특히 상괘[離: ☲]는 찬란한 문명을 표상한다.[8] 꿩은 화려하고 밝은 무늬를 가진 새로서 예전부터 임금을 처음 만날 때는 꿩을 바치는 관습이 존재했다.

대부분의 64괘에서 5효는 보통 군주를 가리킨다. 하지만 여괘의 주제는 나그네이므로 5효를 떠돌이 군주로 규정할 수는 없다. 이런 이유에서 여괘 5효는 직접 군주를 언급하지 않았다. 단지 "하나의 화살로 모든 꿩들을 꿰뚫었다[射雉一矢亡]"고 했을 뿐이다. 이 명제에 대해 꿩을 겨냥하여 화살을 쏘았으나 꿩이 화살을 꽂은 채 날아갔다는 풀이가 있고, 화살 하나로 모든 꿩을 잡았다는 풀이가 있다. 비록 화살 하나를 잃었지만, 비명횡사할 뻔한 꿩이 다시 살아난 것을 기쁘게 여기는 것이 여행객의 마음이라는 것은 전지의 입장이다. 수많은 고난과 역경을 겪은 나그네가 중용의 덕을 실천하여 끝내 명예와 복록을 얻는다는 것은 후자의 입장이다.

5효의 핵심은 '한 개의 화살 잃음'과 '꿩을 잡음, 명예와 복록을 얻음'으로 요약할 수 있다. 다시 말해서 작은 것은 잃고 큰 것은 얻는 효과가 있다. 희귀한 꿩을 군주에게 바쳐 명예와 복록을 얻는다는 뜻이 아니다. 나그네일망정 문명의 덕성으로 중도를 실현한다는 소문이 윗사람에 알려진 선행의 결과로 명예와 복록을 얻은 것이지, 하나의 화살로 여러 마리의 꿩을 잡는 명사수로 꼽혀 포상을 받았다는 의미는 아니다.

🔯 중용은 온갖 고난을 이겨낼 수 있는 힘이다.

---

8) 정이천과 주자는 꿩을 '문명의 새'로 규정한다. ①『易程傳』, "'이'는 꿩으로서 문명의 물건이니, 꿩을 쏴 맞춘다는 것은 문명의 도에서 법칙을 취하여 반드시 합함을 이른다. 예컨대 꿩을 쏴 하나의 화살에 죽게 하여 발사함에 적중하지 않음이 없듯이 한다면 마침내 '여명'을 이를 것이니, 여는 훌륭한 명성이고 명은 복록이다[離爲雉, 文明之物, 射雉謂取則於文明之道而必合. 如射雉一矢而亡之, 發无不中, 則終能致譽命也, 譽令聞也, 命福祿也.]" ②『周易本意』, "꿩은 문명의 물건이니, 이괘의 형상이다. 육오가 유순하고 문명하며 또한 중도를 얻어 이괘의 주체가 되었다.[雉文明之物, 離之象也. 六五柔順文明, 又得中道, 爲離之主.]"

10. 상효 : 천명을 알지 못하면 집 떠난 새와 같다

上九는 **鳥焚其巢**니 **旅人**이 **先笑後號咷**라 **喪牛于易**니
상구 조분기소 여인 선소후호도 상우우이

凶하니라
흉

象曰 以旅在上하니 **其義焚也**요 **喪牛于易**하니
상왈 이여재상 기의분야 상우우이

終莫之聞也로다
종막지문야

상구는 새가 그 집을 태우니, 나그네가 먼저는 웃고 뒤에는 울부짖는 것이
다. 소를 쉽게 잃으니 흉하다. 상전에 이르기를 나그네가 위에 있으니, 그
의리를 불사르는 것이요, '소를 쉽게 잃음'은 마침내 듣는 것이 없음이로다.

상효는 양이 음 자리에 있고[不正], 중용을 벗어나 여괘의 끝자락에 도달
했다. 나그네로서는 너무 높은 자리에 올랐다. 여행에 나서면 유순해야 함
에도 불구하고 오랜 떠돌이 생활에 인정이 메마른 나머지 교만한 태도로
활개친다. 스스로 망치는 것을 새가 자신의 집을 불태운다고 묘사했다.

사람은 누구나 죽는다. 태어나면 반드시 죽는 것이 생명의 법칙이다. 인
생이 얼마나 고달프면 갓난아기가 엄마 뱃속에서 나올 때 '아앙'하고 울면
서 나오는가? 사람은 손에 쥔 것 없이 태어나 빈 손으로 돌아간다. 사람을
지탱하는 것은 몸과 정신이다. 몸은 영혼과 정신이 깃드는 그릇이다. 사람
이 죽으면 영혼은 몸체를 떠나 하늘로 올라간다. 탄생이 몸과 정신의 결합
이라면, 죽음은 몸과 정신의 이별이다.

여괘는 나그네를 새에 비유했다. 인간에게 집은 먹고 자는 보금자리라
면, 둥지는 새의 집터. 보금자리를 불사르고 떠난 새는 둥지를 어디에
틀까? 방화범으로 낙인찍힌 새는 쉼터를 지을까? 젊어서 맘껏 목청을 돋
구어 지저귀던 정든 둥지를 불사르고 날아갈 곳은 어디인가? 이를 효사는
"나그네가 먼저는 웃고 뒤에는 울부짖는다[鳥焚其巢, 旅人先笑後號咷]"고

표현했다. 즉 여괘는 나그네를 대신해서 젊음과 늙음, 삶과 죽음이라는 절묘한 대비를 통해 애달픈 인생길을 묘사하고 있는 것이다.

신화에서는 진리를 상징하는 동물을 새라고 여긴다. 새는 문명과 진리를 보듬는 신성한 동물이다. 여괘의 상괘[離: ☲]는 자연적 의미로는 불과 태양을, 나무로는 가운데가 비고 위가 마른 '과상고'[9]이고, 동물로는 '소'에 해당한다. '나그네가 처음에는 웃고 나중에는 대성통곡하면서 울부짖는다'는 명제는 선후천론의 시각에서 읽어야 앞뒤 문맥이 제대로 통한다.[10] 여괘 상효를 선후천론 입장에서 해석한 사람은 이정호李正浩(1913-2004) 박사가 최초이다.

"리離는 새, 둥주리, 불, 소를 뜻한다. 간산艮山 위에 집을 짓고 오순도순 살아왔다. 그러던 것이 종말이 다가오매 어느 날 갑자기 살던 집을 불사르고 그렇게 좋아하며 웃고 즐기던 산을 뒤로, 家藏什物은 물론 재산도 부리던 童僕도 기르던 소도 다 놓아두고 잃어버리고 어디론지 슬피 울며 떠나가니 다시는 그 행방의 소문조차 듣지 못하는 것이다. 이것이 '旅人이 先笑後號咷라' 하는 것이다. 떠나간 새의 행방은 과연 어디며 그 잃어버린 소는 또 어디로 갔을까. 이것이 궁금하다. 易은 불사의 새[鳥]요, 소는 유순의 덕을 지닌 짐승이다. 아주 영영 죽어 없어질 이치는 만무하다. 앞으로 겪을 무수한 고난과 무한 환란에도 용케 살아남아 거센 파도의 고해를 건느고 독한 공해의 대기 속을 지나서 아지랑이 하늘거리고 花歌三章 춤을 추는 또 하나의 艮山 위에 十數八卦 소[牛]에 싣고 새[新·鳥]집 지러 간 것일까? 속담에 물찌끼는 있어도 불찌끼는 없다더니 알뜰히도 타버렸다. 六二에서 얻은 旅次와 路資와 童僕을 九三에서 燒失하고 잃어버려 남은 것은 둥주리와 한 마리의 암소러니 이제 그것마저 태워버리고 잃어버리니 이 세

9) 『周易』,「說卦傳」 11장, "離爲火爲日 … 其於木也, 爲科上槁."
10) 天火同人卦 5효에는 "구오는 동인(타인과의 화합함)이 먼저는 울부짖고 나중에 웃으니 [九五, 同人, 先號咷而後笑.]"라고 웃음과 울음이 뒤바뀌어 있다.

상은 본시 空手來空手去라지만 다 갚지 않고는 떠나지 못하는 것일까."[11]

이는 종말 현상을 얘기하는 것은 아닐까? 지독한 논리의 비약이라고 반박할 수도 있다. 그 동안 『주역』을 바라보는 시각이 너무 협소했다. 선후천론에서 '소[牛]'는 후천의 새로운 판板을 지칭하는 단어이다. 보통은 소를 유순한 동물로 인식하여 소를 여행 중에 잃어버렸으니 매우 흉한 징조라고 해석했다. 또한 갈 곳 없는 나그네가 옛날을 그리면서 인생의 허무함을 읊은 대목이라고 주장한 것도 무리는 아니다. 해석의 여지는 무궁무진하다.

『주역』의 핵심은 천명은 아는 것으로 집약할 수 있다. 천명이란 무엇인가? 원론적으로는 하늘과 땅의 의지를 파악하는 것일 것이다. 성리학자들은 「설괘전」의 '궁리진성이지어명窮理盡性以至於命'을, 도덕론자들은 도덕성의 회복이라고 외칠 것이다. 이들을 통합할 수 있는 통일 이론은 시간론임이 틀림없다.

나그네의 덕목은 겸손이다. 교만은 보름달과 같아 점점 작아지지만, 겸손은 초승달과 같아 점점 커진다. 교만의 극치는 불행을 가져오고, 겸손은 눈에 보이지 않는 이득을 가져온다. 교만한 자는 집이 타고 있는 줄도 모르다가 다 타버리고 난 뒤에야 비로소 대성통곡한다. 엎지러진 물은 되담을 수 없고, 불탄 집은 원형으로 되살릴 수 없다.

11) 이정호, 『주역정의』(서울: 아세아문화사, 1980), 121-122쪽 참조. 이정호의 관심사는 언제나 정역연구를 지향했다. 『주역정의』「서문」에 있는 그의 공부과정을 옮긴다. "나의 周易研究는 正易으로부터 시작하였다. 先天에서 後天을 전망한 것이 아니라 거꾸로 後天에서 先天을 回顧한 것이다. 말하자면 倒生逆成의 길을 밟은 셈이다. 이 책자는 一夫正易과 예수 福音의 後天思想을 토대로 하여 先天周易을 재인식한 것이다." 이정호의 학문관을 기념한 논문이 있다. "鶴山(이정호)이 이해한 『주역』은 정역의 프리즘을 통해본 것이다. 그가 주안점을 둔 것은 후천개벽과 그 사회, 그 윤리 등이었다. 그리고 이에 따른 無極, 皇極, 尊空 등과 같은 기존개념의 새로운 이해와 새로운 개념의 도출이었다. 또한 천지자연의 至變과 그에 수반하는 인간의 변화, 종교의 일치와 상호이해의 증진, 천하대동의 一家 구성 등등이다. 학산은 이들 『정역』이 지향하는 사상과 이념이 『주역』속에 어떻게 숨겨져 있는지를 밝히려 했다. 그것이 그의 『주역』연구의 동기이다. 그런데 이런 방식의 『주역』연구는 비판의 여지가 있다. 어떤 특정의 목적이나 선입견을 갖고 『주역』을 해석하는 것이며, 이런 경우 종종 『주역』에 대한 오해, 誤導가 발생하기 쉽다."(곽신환, 「鶴山 李正浩의 易學研究」, 동양철학 제 26집, 2006, 59쪽 참조.)

자동차 예절의 근본은 양보 운전이다. 남보다 1분 앞서 가려다 교통사고가 다반사로 일어난다. 양보와 겸손은 안전을 가져온다. 이것이 운전자와 나그네에게만 적용되는 인생의 원칙이겠는가? 둥지 잃은 새와 잃어버린 소는 거들먹거리는 나그네의 말로를 비유한 것이다. 교만한 나그네가 타향에서 객사했는데, 아무도 그 사실을 알지 못하더라도 누구를 탓하리오.

☖ 길손도 겸손한데 하물며 평범한 사람이랴!

정역사상의 연구자 이상룡李象龍은 여괘의 성격을 다음과 같이 설명한다.

旅字는 取人止旗下며 旗下之人은 軍旅也오 覉旅也라
여자 취인지기하 기하지인 군려야 기려야

故軍伍之五百人曰旅라 하니라 爲卦离上艮下하고
고군오지오백인왈여 위괘리상간하

火起山上이라 盖軍人所在之處는 火明斥堠登高指揮니
화기산상 개군인소재지처 화명척후등고지휘

傳所謂起火巴山之類是也라 且兵火熾盛이면 則人皆離散이니
전소위기화파산지류시야 차병화치성 즉인개이산

不克家食이 亦寄旅之象也라 而物之豊富는 人之所欲이나
불극가식 역기려지상야 이물지풍부 인지소욕

至有以師旅相爭이니 故此卦次於豊也라
지유이사려상쟁 고차괘차어풍야

'여'라는 글자는 사람이 깃발 아래에 멈춘 것을 취한 것이다. 깃발 아래의 사람은 군사들이[12] 나들이[覉旅] 하는 것이므로 군대가 500명을 하나의 조를 이루는 것을 '여'라 한다. 괘의 구성은 불이 산 위에서 일어나는 리괘가 위에 있고, 간괘가 아래에 있다. 대개 군대의 진지는 적들의 형편을 살필 수 있는 봉화대 같이 높고 밝은 지형에 올라 지휘해야 하는데 고전에서 말하는 불이 일어나는 파산巴山[13] 과 같은 곳

---

12) '旅'는 500명을 一隊로 하는 군대의 조직을 뜻한다.
13) 四川城 重慶 지방에 있는 산 이름.

이 바로 그것이다. 봉화의 불길이 치열하게 성행하면 사람들이 모두 흩어지게 마련이다. '집에서 밥먹지 못하다[不克家食]' 역시 나그네가 머무는 모양이다. 그런데 물건이 풍부함은 사람의 욕심이지만 군인과 나그네가 서로 다투므로 여괘가 풍괘豐卦 다음이 된 까닭이다.

彖曰 旅, 小亨은 兵不可窮極이라야 大用也오
단왈 여 소형 병불가궁극   대용야

旅貞, 吉은 師行以中正也일새라
여정 길 사행이중정야

단전 '여는 조금 형통한다'는 것은 전쟁은 끝까지 가지 말아야 크게 쓰일 수 있다는 것이다. "나그네는 올바르게 해야 길하다"는 것은 군대가 전진함에 중정中正을 쓰기 때문이다.

象曰 君子以, 明愼用刑, 而不留獄은 聲而討之요 不可姑息也라
상왈 군자이 명신용형 이불류옥 성이토지 불가고식야

상전 "군자는 이를 본받아 형벌을 밝게 신중하게 하며, 감옥에 계속 가두는 것을 없게 한다"는 것은 소리로만 죄를 다스려 당장에 탈이 없고 편안한 것을 뜻한다.

初六, 旅瑣々는 陰柔不才로 軍政煩苛也라
초육 여쇄쇄 음유부재 군정번가야

초효 '나그네가 옹졸하고 행색이 초라함'은 부드러운 음이 사납고 번거로운 군정軍政을 맡기에는 재주가 모자란 것을 가리킨다.

六二, 旅即次, 懷其資, 得童僕貞은 師行而糧食하여
육이 여즉차 회기자 득동복정 사행이양식

安其所舍而幕僚貞正也라
안기소사이막료정정야

2효 "나그네가 여관에 들어가 노자돈을 품고 어린 종의 올바름

을 얻도다"라는 것은 군대의 행진에 식량이 가득 차 거처가 편안하고 참모가 곧고 올바름을 뜻한다.

九三, 旅焚其次, 喪其童僕貞, 厲는 動以失幾也라
구삼 여분기차 상기동복정 여 동이실기야

3효 "나그네가 여관을 불태우고(여행하는데 객사가 불타고), 어린 종의 올바름을 잃으니 위태하다"는 것은 움직여 기회를 잃어버림을 가리킨다.

九四, 旅于處, 得其資斧, 我心不快는 志在得位也라
구사 여우처 득기자부 아심불쾌 지재득위야

4효 "나그네가 거처하고 노자돈과 도끼를 얻었으나, 내 마음이 불쾌하다"는 것은 뜻이 지위를 얻는 것에 있음을 뜻한다.

六五, 射雉一矢亡은 跋扈權貴하여 一擧而赫除也라
육오 사치일시망 발호권귀 일거이혁제야

5효 "꿩을 쏴 화살 하나를 잃는다"는 것은 권력이나 귀함을 쫓는 것을 넘어서 한꺼번에 눈에 띄도록 제거하는 것을 뜻한다.

上九, 鳥焚其巢는 兵猶火不戢自焚也오 先笑后號咷는
상구 조분기소 병유화부집자분야 선소후호도

兵驕見敗也오 喪牛于易는 上元王師欲攻이면 則必凶也라
병교견패야 상우우이 상원왕사욕공 즉필흉야

상효 '새가 그 집을 태운다'는 것은 전쟁이 마치 불이 저절로 꺼지지 못하고 타는 것 같다는 뜻이다. "먼저는 웃고 뒤에는 울부짖음"은 군사들이 교만하여 패하는 것을 본다는 뜻이다. '소를 쉽게 잃으니 흉하다'는 것은 상원上元의 왕의 군대가 공격하려고 한다면 반드시 흉하다는 뜻이다.

|重風巽卦|

중 풍 손 괘

공손의 가치

1. 바람, 천명의 전달자 : 손괘

정이천은 화산여괘火山旅卦(☶☲) 다음에 중풍손괘重風巽卦(☴☴)가 오는 이유를 다음과 같이 말한다.

> 巽은 序卦에 旅而无所容이라 故受之以巽하니
> 손   서괘   여이무소용   고수지이손
>
> 巽者는 入也라 하니라 羈旅親寡에 非巽順이면 何所取容이리오
> 손자   입야   기려친과   비손순   하소취용
>
> 苟能巽順이면 雖旅困之中이라도 何往而不能入이리오
> 구능손순   수여곤지중   하왕이불능입
>
> 巽所以次旅라 爲卦一陰이 在二陽之下하여 巽順於陽하니
> 손소이차여   위괘일음   재이양지하   손순어양
>
> 所以爲巽也라
> 소이위손야

"손은 「서괘전」에 '나그네가 되어 용납될 곳이 없으므로 손괘로 이어받았으니, 손은 들어감이다'라고 하였다. 나그네가 되어 친한 사람이 적을 때에 공손과 순응이 아니면 어찌 용납될 수 있겠는가. 진실로 공손하고 순응하면 비록 나그네가 곤궁한 처지에서도 어디 간들 들어가지 못하겠는가. 이런 까닭에 손괘가 여괘 다음이 된 것이다. 괘의 형성은 하나의 음이 두 양의 아래에 있어 양에게 공손하고 순응하니, 손이 되는 것이다."

중풍손괘는 일차적으로 먼 여행을 떠났던 나그네가 집으로 들어간다는 뜻이 괘의 배열에 반영되어 있다. 손괘는 위 아래 모두가 바람[風], 들어가다[入], 공손을 뜻하는 손巽(☴)이 겹쳐져 있는 모습이다. 또한 하나의 음이 두 개의 양을 잘 받든다는 의미도 있다. 상하괘 모두가 음이 양에게 순응하는 양상인 까닭에 공손과 겸손의 명칭이 붙여졌다.

『주역』에서 바람은 우주가 살아 있음을 증거하는 실체다. 생명을 북돋우는 에너지[氣]를 상징하는 바람은 어느 곳이든 스며든다. 고요한 바람은

존재하지 않는다. 바람은 움직임을 본질로 삼아 이 세상을 춘하추동 사계절로 돌아가도록 하는 힘이다. 변화를 일으키는 두 개의 힘이 바로 음양이다. 음양은 고정된 실체가 아니다. 음양은 움직임과 고요함을 번갈아가며 우주에 숨결을 불어넣는다. 『주역』은 한 번은 들이쉬고 한 번은 내쉬는 우주의 호흡을 바람이라 일컫는다.

2. 손괘 : 대인의 출현을 희망하다

巽은 **小亨**하니 **利有攸往**하며 **利見大人**하니라
손 소 형 이 유 유 왕 이 견 대 인

손은 조금 형통하니, 가는 바를 둠이 이로우며 대인을 보는 것이 이롭다.

바람은 어디든지 잘 파고든다. 바람은 이곳에서 저곳으로 힘을 전달하여 변화를 일으키는 원동력이다. 기상학은 바람이라는 공기의 움직임을 풍향과 풍속의 질량으로 표시한다. 바람은 하늘과 땅 사이에서 생겨난 생명력을 동서남북 모든 곳에 전달하여 만물에 생기를 불어넣는 특성이 있다.

손괘[巽: ☴]는 아래에 음이, 위에는 양이 자리잡고 있는 음괘陰卦다. 초효와 4효는 손괘를 구성하는 주인공이다. 『주역』에서 음이 주체일 때는 크게 형통할 수 없다고 단정한다[巽, 小亨]. 음은 부드럽고 약한 성질이므로 양에 비교해서 사물의 큰 발전을 주도할 수 없다는 뜻이다. 음이 양에 순응하는 것이 자연의 법칙이기 때문에 괘사는 작은 성취를 이룬다고 했다.

손巽은 의미상 겸손과 공경을 뜻한다. 양에 대한 초효와 4효의 공손, 굳셈에 대한 부드러움의 순응은 생명체 구성의 근간이다. 이 둘은 대립과 상극의 관계가 아니라 조화와 상생의 관계로 존재한다. 굳셈을 얻지 못하면 부드러움은 자립할 수 없고, 양을 얻지 못한 음은 홀로 살아갈 수 없다. 마찬가지로 여자가 남자 없이는 자식을 만들 수 없는 이치와 똑같다.

초효는 2효 현자를 따르고, 4효는 5효 군주를 따르면서 성장을 도모해

야 한다. 독단적으로 일을 성사시키려는 시도는 실패를 거듭할 뿐이다. 괘사의 '나아가면 이롭다[利有攸往]'는 말은 유순한 사람은 강건한 것을 쫓아서 상생의 정신을 발휘하라는 권고이다. 스스로를 낮추면서 다른 사람을 포용하는 깔끔한 일 처리로 전진하면 더 큰 발전을 이룰 수 있다는 것이다.

공손은 성공의 특수한 조건이 될 수 있으나 만능일 수는 없다. 공손은 자칫 나약한 단점을 드러내기 때문이다. 성공에 이르는 목표를 설정했다고 목표가 달성되는 것은 아니다. 위대한 지도자의 안내가 있을 때에 비로소 완벽한 조건을 갖출 수 있다. 그래서 손괘는 지속적인 노력과 함께 앞에서 이끌어줄 강력한 리더쉽을 지닌 대인이 필요하다고 강조하였다.

☆『주역』은 음을 소인, 군자와 대인을 양으로 규정한다. 초효 소인은 2효 군자를, 4효 소인은 5효 군주의 통솔을 받는 것이 이롭다. 손괘는 강력한 대인의 출현을 희망하고 있다.

3. 단전 : 공손은 모든 사람의 실천 덕목

象曰 重巽으로 **以申命**하나니 **剛**이 **巽乎中正而志行**하며
단왈 중손   이신명   강   손호중정이지행

柔皆順乎剛이라 **是以小亨**하니 **利有攸往**하며
유개순호강   시이소형   이유유왕

利見大人하니라
이견대인

단전에 이르기를 거듭 공손함으로 하늘의 명을 펼치니, 강이 중정에 공손해서 뜻이 행해지며 유가 모두 강에 순응한 것이다. 그러므로 '조금 형통하니, 가는 바를 둠이 이로우며 대인을 보는 것이 이롭다.'

「단전」은 괘사에 철학적 의미를 붙인 아주 짧은 해설서다. 손괘는 상하 모두가 하나의 음이 두 개의 양 아래에 바짝 엎드려 공손하게 받드는 형

상이다. 아랫사람이 윗사람에게 공손하다는 뜻 이외에도 하늘의 명령인 진리 앞에 공손해야 한다는 당위성을 말한다. '명을 거듭해서 펼친다[申命]'에서의 명령은 이 지상에 진리를 반드시 펼쳐야 한다는 확고한 실천을 촉구하는 메시지다.

손괘에서 말하는 '명'은 다양한 의미가 있으나, 하늘이 인간에게 내린 역사적 사명으로 압축할 수 있다. 불순한 마음으로 천명을 받드는 행위는 일체 용납될 수 없다. 천명을 가슴 깊이 새겨 실천 의지를 불태우고, 군주의 명령을 삼가 받들어 백성들에게 편안한 정치를 베푸는 마음을 사무치게 품어야 한다. 공손은 아랫사람만의 덕목은 아니다. 윗사람도 아랫사람을 대할 때는 반드시 공손해야 한다. 공손은 모든 사람이 지켜야 할 보편적인 실천 덕목인 것이다.

손괘의 5효는 강건한 덕성을 표상한다. 5효는 양이 양 자리에 있으면서 중용을 갖춘[中正] 손괘의 실질적인 주인공[主爻]이다. 겉으로만 양강陽剛의 힘을 과시해서는 안 된다. 오히려 내면적인 중정의 품성이 더 중요하다. 둘 중에 어느 하나라도 결핍되면 균형이 깨진다. 부드러운 음은 굳건한 양에 순응하고, 굳센 양은 부드러움을 포용해야 한다. 즉 초효는 2효에게, 4효는 5효에게 순응해야 강유의 교감이 이루어져 중정의 이념이 세상에 펼쳐질 수 있는 것이다.

☆ 공손의 덕목이 만능일 수는 없다. 공손의 감화력 이외에도 지속적인 실천 의지와 대인의 강력한 지도력이라는 3박자가 갖추어졌을 때 비로소 크게 형통할 수 있는 발판이 마련될 수 있기 때문이다. 중정의 덕목을 갖추어 앞으로 나아가야 이롭고[利有攸往], 음이 양을 따르는 공손의 도리에 맞추어 소인을 버리고 훌륭한 대인을 쫓아야 작은 형통이 큰 형통으로 바뀔 수 있는 전환점이 확보될 수 있다.

4. 상전 : 군자의 사명은 천명을 실천하는 것에 있다

象曰 隨風이 巽이니 君子以하여 申命行事하나니라
상왈 수풍 손 군자이 신명행사

상전에 이르기를 따르는 바람이 손이다. 군자는 이를 본받아 하늘의 명을 거듭해서 일을 행한다.

『주역』에서 하늘의 명과 군주의 명령이 언급될 때는 항상 바람이 등장한다. 바람은 무언의 명령을 전달하는 하늘의 전령사다. 64괘 중에서 바람[風]이 들어갈 때만 하늘의 명령[天命]이 등장하는 것이 그 증거다. 명령을 내리는 주체는 하늘이고, 바람은 천명을 만물에게 전달하는 배달부다.

군자는 하늘의 명령을 지상에 구현시켜야 하는 책임이 있다. 손괘는 군자의 실존적 사명을 구체적으로 설명하기 시작한다. 군자는 이 세상에 도덕의 바람을 일으키는 풍운아다. 군자는 하늘의 명령이 곧 진리의 정언명법이라는 소명 의식을 품고 실천한다. '신명申命'은 하늘의 명령[天命]을 거듭해서 밝히고 구현해야 한다는 내면에서 우러나오는 의무감의 표출이다.

군자는 사랑하고 아끼는 마음으로 백성을 어루만져야 한다. 공자는 강권과 폭력으로 얼룩진 세상과 도덕의 나라를 극단적으로 대비시켰다. 계강자가 공자에게 정치의 요체에 대해 물었다. "만일 무도한 자를 죽여서 백성들이 올바른 도에 나아가게 한다면 어떻습니까?" 공자는 대답하기를 "그대는 정치를 하는데 어찌 살인의 방법을 쓰려고 하는가. 그대가 선하고자 하면 백성들도 선해질 것이니, 군자의 덕은 바람이요 소인의 덕은 풀이다. 풀에 바람이 불면 반드시 쓰러지는 것이다"라고 단호하게 말했다.[1]

바람은 사람의 마음을 고동치게 하는 마력이 있다. 바람은 연이어 일어난다[重風巽]. 앞바람은 뒷바람에 밀려 계속 불어온다. 바람 따라 또다른

---

1) 『論語』「顏淵」, "季康子問政於孔子曰 如殺無道, 以就有道, 何如. 孔子對曰 子爲政焉用殺. 子欲善, 而民善矣, 君子之德風, 小人之德草. 草上之風, 必偃."

바람이 일어나기 때문에 '수풍隨風'이라 했다. 봄바람은 살그머니 다가와 여인네의 마음을 들뜨게 만들고, 서늘한 가을바람이 불어 길바닥 위에 떨어지는 낙엽은 뭇 남성들을 시인으로 만든다.

☆ 자연풍은 4계절을 실감나게 하지만, 사람의 마음을 움직이는 바람은 덕풍德風이다. 유교는 덕치를 지향한다.

5. 초효 : 때로는 무인의 옳음을 배워라

初六은 **進退**니 **利武人之貞**이니라
초육　　진퇴　　이 무 인 지 정

象曰 進退는 **志疑也**오 **利武人之貞**은 **志治也**라
상 왈 진 퇴　　지 의 야　　이 무 인 지 정　　지 치 야

초육은 나아가고 물러남이니, 무인의 곧음이 이롭다. 상전에 이르기를 '나아가고 물러남'은 뜻이 의심스러움이요, '무인의 곧음이 이로움'은 뜻이 다스려지는 것이다.

초효는 손괘를 구성하는 근거이자 주체이지만, 음이 양 자리에 있고[不正] 아직은 중용에 근접하지 못했다. 맨 아래에 있기 때문에 진퇴를 분명하게 결정하지 못하고 망설이는 모습이다. '과공비례過恭非禮'는 손괘 초효를 두고 한 말이다. 과감한 결단력이 부족한 것을 공손한 범절로 포장하려는 심리가 감추어져 있다. 지나친 공손은 자기 비하로 굴절되기 쉽다.

초효는 2효의 강건한 굳셈에 눌려 지레 겁먹고 주저주저하는 양상이다. 마치 총칼을 옆에 찬 군인들의 군화발이 무서워 움츠려드는 모양새와 유사하다. 우유부단한 성격을 고치고, 과감성을 보완하여 체질을 강화할 필요가 있다. 초효가 진퇴를 결단하지 못하는 까닭은 지나칠 정도로 스스로를 낮추는 고질병 때문이다. 공손과 겸손이라는 실천의 덕목에 발목잡혀 일을 그르치는 행위는 어리석기 짝이 없다.

『주역』에서 무인武人 같은 용맹한 기질로 마인드 콘트롤의 주제로 삼은
것은 매우 의외이다. 무력으로 상대방을 겁주거나 깔아뭉개라는 지침이 아
니라, 현실을 외면한 도덕주의자의 나약한 실천력을 고발한 것이다. 가출
과 출가는 엄연히 다르다. 가출은 집을 뛰쳐나가는 무모한 용기라면, 출가
는 자신을 던져서 천하와 인류를 구원하려는 목표를 실현하기 위한 위대한
결단력의 산물이다. 출가는 용기와 정의감에서 비롯된 무인의 결단력과 일
맥상통한다. 그것은 정신적 혼돈과 의심에서 해방되었을 때 가능하다.

🔯 무인의 장점은 용맹 정진이고, 그 단점은 옳고 그름에 대한 판단력의 부
족이다. 무인에게는 용맹 정진이 믿음의 대상이다. 그들은 믿음을 믿음의
대상으로 여긴다는 점이 크나큰 폐단이다. 이런 연유에서 공자는 무인에게
도 올바름[貞＝正]의 가치를 앞세웠던 것이다. 즉 무인의 곧은 용기를 배워
야지 맹목적인 용맹 자체를 배우는데 그쳐서는 안 된다는 것이다.

6. 2효 : 강유의 겸비는 중용의 필수 덕목이다

九二는 **巽在牀下**니 **用史巫紛若**하면 **吉**코 **无咎**리라
　구이　　손재상하　　용사무분약　　　길　　무구
象曰 紛若之吉은 **得中也**일새라
　상왈 분약지길　　득중야

구이는 공손함이 상 아래에 있으니, 사관과 무당을 씀이 어지러운 듯하
면 길하고 허물이 없을 것이다. 상전에 이르기를 '어지러운 듯하여 길함'
은 중도를 얻었기 때문이다.

2효는 양이 음 자리에 있으나[不正], 하괘의 중용[中]을 지키고 있다. '상
牀'은 침대의 일종인 평상으로서 초효를 상징한다. 2효는 평상 밑으로 들
어가 납작 엎드려 고개를 숙이는 모양이다. 평상 위에 누워 잠자는 것이
정상인데도 불구하고 오히려 평상 아래로 내려가 숨기 때문에 편안하지
않다. 그것은 공손이 지나쳐 극도로 비굴한 태도가 아닐 수 없다. 천성적

인 아부꾼에게는 지극히 편안할 지도 모른다.

'사史'는 제사지낼 때 신에게 고하는 제문을 짓는 사람, 혹은 점占에 관한 일체의 사무를 관장하고 기록하는 사람을 일컫는다. '무巫'는 신의 의지를 받아내리는 의식을 집행하거나 흥을 돋구어 춤추는 무당을 뜻한다. 이들은 각각 인간의 정성과 뜻을 신에게 전달하고, 신의 뜻을 인간에게 알리는 역할을 담당했다. 사관과 무당은 시끌벅적한 마당판을 벌인다. 그들은 분위기 메이커이다. '분약紛若'은 번잡하다, 많다는 뜻으로 빈번하게 말이 많은 상태를 가리키는 의태어다.

2효가 침상 아래서 몸을 낮추는 이유는 5효 군주에게 자신의 진면모를 보여주기 위한 액션이다. 타인들의 의심의 눈초리를 잠재우기 위해 침상 아래에 엎드린 것은 2차 목적이고, 귀신과 의사 소통에 뛰어난 사관과 무당들로 하여금 5효 군주에게 의사를 타진하려는 것이 진실한 목적이다. 마침내 군주에게 진심이 전달되었기 때문에 길하여 더 이상의 허물이 생기지 않는다는 것이다.

☆ 축문 읽는 사관이나 주문을 외는 무당은 일종의 야단법석꾼이다. 모든 것을 사관과 무당에게 전적으로 의탁해서는 안 된다. 그만큼 자기 관리에 철저하고 밖으로는 활발한 인적 교류를 기반으로 멀리 떨어진 5효 군주와의 교감에 성공할 수 있음을 뜻한다. 2효는 진정한 군자이다. 자신을 낮췄으나 비굴하지 않고, 군주에게 간접적으로 손을 내밀었으나 아첨꾼으로 손가락질 받지 않는다. 이는 강유를 겸비하고 중용의 가치를 잃지 않았기 때문이다[得中也].

7. 3효 : 진정으로 공손하라

九三은 頻巽이니 吝하니라
구 삼 빈 손   인

象曰 頻巽之吝은 志窮也라
상 왈 빈 손 지 린   지 궁 야

구삼은 자주 공손함이니, 인색하다. 상전에 이르기를 '자주 공손하여 인
색함'은 뜻이 궁한 것이다.

이맛살을 찡그릴 빈顰과 같은 의미인 '빈頻'은 자주라는 부사로 쓰였다.
3효는 양이 양 자리에 있으나[正], 중용을 넘어섰다. 부드러운 손길이 필요
한 때에 이마를 찡그리면서 공손한 제스처를 자주 반복한다는 것은 겉으
로만 흉내내는 짝퉁 공손이 아닐 수 없다. 결과는 인색하다.

상대를 존경하는 마음은 전혀 없이 무언가 어색한 표정을 지으면서 손
을 비벼대는 행태는 자타 모두가 어색하다. 3효는 양 기운이 넘쳐[過中] 오
만불손한 자세로 마지못해 공손한 척 하는 행태가 깔려 있다. 상황에 따
라 억지 춘향이 놀이를 하려니까 스스로가 부끄럽다. 그것은 변태적인 공
손이다. 마음 따로 얼굴 따로의 살살이 공손은 공허하다.

진실은 영원하지만 가식은 오래가지 않는다. 마음으로 전달되는 진심과
일시적인 공손은 상대방이 먼저 알아챘다. 이런 점에서 '마음 가지 않는
곳에는 사물도 없다[不誠無物]'는 명제는 관념이 아니라 살아 있는 진리라
고 할 수 있다. 의지가 궁색하면 마음도 궁색하고, 마음의 궁색은 표정으
로 드러나기 때문에 상대방은 불쾌할 따름이다.

☼ 진실과 허위는 만천하에 드러난다.

8. 4효 : 인재를 소중히 여겨야

六四는 悔亡하니 田獲三品이로다
육사 　 회망 　 　 전획삼품

象曰 田獲三品은 有功也라
상왈 전획삼품 　 유공야

육사는 후회가 없어지니, 사냥하여 삼품을 얻도다. 상전에 이르기를 '사
냥하여 삼품을 얻음'은 공이 있는 것이다.

4효는 음이 음 자리에 있으나[正], 초효와 상응하지 못한다. 또한 3효와 5효 양의 틈바구니에 빠져 회한이 있는 형국이다. 하지만 4효는 손괘 구성의 작은 주인공으로서 위로는 양인 5효를 잘 받들어 공손의 도리를 지키고 있다. 4효 신하가 5효 군주를 진정으로 받들기 때문에 뉘우침이 사라진다는 것이다. 회한이 소멸된다[悔亡]는 말은 새로운 상황이 전개될 조짐을 뜻한다.

'전田'은 밭을 뜻하는 글자가 아니라 사냥하다[佃]는 동사로 새겨야 한다. '사냥하여 많은 짐승을 사로잡았다[田獲三品]'는 것은 새로운 국면 전환을 맞이한다는 뜻이다. '삼품'에 대해 정이천과 주자는『예기』를 인용하여 간두乾豆, 빈객賓客, 충포充庖로 등급을 매겼다. 간두는 종묘의 제사 때 사용할 마른 고기, 빈객은 손님에게 접대할 고기, 충포는 궁궐의 부엌에 보관할 고기를 가리킨다.[2]

옛날에는 사냥하여 얼굴에 상처 입은 짐승의 고기는 바치지 않았고, 옆구리에 화살이 맞아 털이 빠진 것 역시 제사상에 올리지 않았고, 어린 짐승의 고기 또한 바치지 않았던 것이 관례였다. 그리고 화살에 맞고 지나간 부위에 따라 상품, 중품, 하품의 등급을 매겨 분류했다. 화살이 왼쪽 옆구리에서 오른쪽 어깨를 관통한 최상품[上殺]은 간두로 만들어 종묘 제사에 올리고, 오른쪽 귀밑을 관통한 중등품[中殺]은 빈객에게 대접하고, 화살이 왼쪽 넓적다리를 지나 오른쪽 어깨뼈(갈빗대)를 관통한 하등품[下殺]은 궁중의 푸줏간에 채우는 전통이 생겼다.

산과 들판에서 질 좋은 사냥감을 포획하여 공로를 세움으로써 그 동안의 회한이 한꺼번에 상쇄되었다. 그것은 손괘의 작은 주인공인 4효 신하가 지극한 정성으로 5효 군주를 잘 받들어 모신 공로에서 빚어진 것이지, 전문 사냥꾼의 도움에 기인한 것은 아니다.

---

2)『禮記』「王制」, "天子諸侯無事, 則歲三田, 一爲乾豆, 二爲賓客, 三爲充君之庖."

♟ 사냥에는 여러 종류의 사냥이 있듯이, 독서광에게는 양질의 책이 사냥감이다. 책에 미친 이덕무李德懋(1741-1793)는 조선의 전문 책 사냥꾼으로 이름을 날렸다.[3] 무언가 미치지 않고는 최고의 경지에 도달할 수 없다[不狂不及]는 교훈이다. 4효가 말하고자 하는 의도는 짐승 사냥이 아니라, 뛰어난 능력자를 발굴하는 인재 사냥에 있다고 하겠다.

9. 5효 : 중정, 후회를 없게 만드는 마음

九五는 **貞**이면 **吉**하여 **悔亡**하여 **无不利**니 **无初有終**이라
구 오 정 길 회망 무불리 무초유종

先庚三日하며 **後庚**三日이면 **吉**하리라
선 경 삼 일 후 경 삼 일 길

象曰 九五之吉은 **位正中也**일새라
상왈 구오지길 위중정야

구오는 올바르면 길하여 뉘우침이 사라져 이롭지 않음이 없으니, 처음은 없으나 마침은 있다. 경에 앞서 3일 하며 경을 뒤로 3일 하면 길할 것이다. 상전에 이르기를 '구오의 길함'은 위치가 옳고 적중하기 때문이다.

5효는 양이 양 자리에 있고[正], 상괘의 중용이며[中], 손괘 전체를 이끌어가는 실질적 주인공이다. 5효가 비록 올바른 위치를 고수하고 있지만, 양효이기 때문에 공손해야 한다는 전제가 붙었다. 하지만 중정의 성품으로 그 한계를 조절할 수 있는 있으므로 결국에는 회한이 사라져 이로운 일이 생긴다고 단언했다.

---

3) 권정원 편역, 『책에 미친 바보 - 이덕무 산문선』(서울: 미다스북스, 2004), 20쪽. "실학자로 널리 알려진 이덕무는 庶孼로 태어나 사회적으로 소외당하는 삶을 살았다. 더구나 운명처럼 따라다니던 가난과 병마는 그를 내성적인 인간형으로 만들었다. 세상과 어울려 세속적인 영화를 바라기보다는 자신의 내면적인 가치와 행복을 추구하고자 노력했다. 그 최선의 방책이 바로 독서였다. 그는 일생동안 오직 책을 대하는 일에 전념했기에 평생 읽은 책이 이만 권이 넘고 스스로 베껴둔 책도 수백 권에 이른다." 이덕무는 사람들이 '책만 보는 바보[看書痴]'라고 부른 것을 기쁘게 받아들였다.

손괘의 가르침은 백지 상태로 태어난 인간이 하나하나씩 배워서 잘못을 고친 다음에 점차 본성을 회복할 수 있다는 성선설의 입장과 똑같다. 특히 산택손괘山澤損卦(☰☱)「상전」의 "성냄을 징계하며 욕심을 막는다[懲忿窒欲]"와 풍뢰익괘風雷益卦(☳☴)「상전」의 "선을 보면 옮기고 허물이 있으면 고친다[見善則遷, 有過則改]"는 개과천선을 윤리적으로 해석하는 것이 정통으로 인정되었다.

처음에는 회한이 생겨 근심이 떨어지지 않으나 나중에는 유종의 미[无初有終]를 거둘 수 있다는 논지가 무리 없이 연결되기 때문이다. 지극히 당연한 해석이다. 그것은 기껏해야 동양 전통의 심성론으로 해명하는 경우가 고작이다. 게다가 생활 시간표를 만들어 실천하면 상당한 효과가 있을 것이라는 취지로 그 외연을 넓혔다. 그것은 바로 동양인의 시계였던 60갑자에 맞추어 풀이하는 평범한 해석이다.

"'경庚'을 고칠 '경更'으로 풀어 '먼저 3일 개혁하고 나중에 다시 3일을 개혁한다[先庚三日, 後庚三日]'로 새겨야 옳다. 빌헬름, 후앙, 클리어리, 블러퍼드 등은 모두 '경庚' 자를 변경, 변혁, 개혁(Änderung, changing, change)으로 번역했다. 먼저 3일간의 개혁은 헛수고로 끝나고 나중 3일간의 개혁은 성공해서 유의미하다. 따라서 '무초유종无初有終'은 '먼저 3일 개혁하고 나중에 다시 3일을 개혁한' 결과를 구체적으로 밝혀주는 점사다. 그 결과는 길하다고 했으니, 이 효는 단적으로 길한 효이다. 이 해석만이 서례로 실증된다."[4]

하지만 약간은 생뚱맞고 곤혹스런 '선경삼일, 후경삼일'의 명제가 왜 등장하는가의 물음이 부각된다. 이는 산풍고괘山風蠱卦(☴☶)「단전」의 '갑에 앞서 3일 하고, 갑에 뒤져 3일 한다[先甲三日, 後甲三日]'와 세팅시켜 이해해야 옳다. 이러한 안목으로 『주역』을 들여다보고, 오랫동안 답보 상태에 머물

---

4) 황태연, 『실증주역』(서울: 청계, 2008), 850쪽.

렀던 주역학의 신선한 물꼬를 튼 이가 바로 『정역』을 지은 김일부이다. 그는 손괘와 고괘의 명제를 결합하여 선천이 후천으로 전환하는 근본 이유를 밝혀 세상을 깜짝 놀라게 했다. 이런 점에서 보면 기존의 해석들은 고괘 따로, 손괘 따로 해석하는 단편적인 이론에 불과했다.

『주역』에 근거하여 선후천 전환의 근거를 비롯한 그 과정의 정당성을 체계적으로 밝힌 점에서 『정역』과 『주역』은 별개의 이론이 아니라는 점을 김일부는 잊지 않았다. 다만 『주역』은 선천과 후천 개념을 제시했을 따름이며, 김일부는 그것을 낱낱이 해부하여 선후천론으로 재결합한 『정역』으로 주역계에 혜성같이 데뷔하였다.[5]

6갑이 대부분 사주와 택일을 비롯한 시간표 작성 용도로 사용되었기 때문에 단순한 자연의 프로그램으로만 인식해서는 옳지 않다. 김일부는 과거 동양인들이 가볍게 지나쳤던 6갑의 원리와 논리를 이용하여 선후천론을 수립했기 때문이다. 그는 과거와 현재와 미래를 관통하는 시간 흐름의 목적과 과정이 6갑 시스템에 우주사와 시간사와 문명사의 통일적 문제로 압축되어 있음을 깨달았다. 이때 『주역』의 고괘와 손괘의 '선후갑 3일'과 '선후경 3일'이 큰 몫을 했다.

김일부는 '말썽 많은 선천달이 그려가는 그림자의 행방을 찾아보라[影動天心月]'는 스승의 권유를 받고 『주역』과 『서전』을 다독과 정독하는 방법으로 끊임없는 노력을 기울였다. 그 결과 "천지는 갑기甲己의 질서로부터

---

5) 정역사상은 『주역』을 해석한 수많은 주석서의 하나에 지나지 않는다는 혹평은 성급한 판단이다. 또한 『주역』의 신비로운 세계를 들여다보는 안내서로 평가하는 것도 옳지 않다. 정역사상의 위상은 새롭고 종합적인 시각에서 조명되어야 마땅하다. 마냥 우리 것이 소중하다는 정서에 호소하고 싶지는 않다. 우선 정역사상은 고괘와 손괘를 결합시켜 그 이론을 소통시킨 것은 독창성을 뛰어넘어 합리성을 구축했다는 점에서도 주역사의 한 페이지를 장식하는 위대한 쾌거였다. 이정호는 평생 정역사상의 보편성을 밝히기 위해 노력했다. 그는 젊어서부터 『정역』의 입장에서 『주역』 공부를 했다. 그의 입김은 아직도 충남대학교 철학과에 서려 있다. 그의 학통은 故 柳南相(전 충남대 교수)에 계승되었고, 그 후학들이 전통을 이어받으려 연구에 전념하고 있다. 지금은 정역사상의 현대화 작업을 통해 외연과 내포를 확대 심화할 단계에 접어들었음을 실감한다.

기갑己甲의 질서로 바뀌는 동시에 일월은 회삭晦朔의 전도로 인하여 16일이 초하루로 전환되고, 1년은 360일의 무윤역無閏曆으로 변화됨을 예견했다."[6] 그것은 선천의 윤역과 후천의 무윤역을 끝맺고 다시 시작하는 종시終始의 법칙에 의해 작동한다. 김일부는 손괘 5효의 내용에 힌트를 얻어 시간의 속살을 벗겨내는 데 성공했다.

고괘(䷑)의 5효가 변하면 손괘의 형태가 되고, 손괘(䷸)의 5효가 변하면 고괘의 형태가 되는 동질성을 발견할 수 있다. 고괘 「단전」이 선천의 끝맺음과 시작[終始]를 말했다면, 손괘 5효는 후천의 시작과 끝맺음[始終]을 설명했다고 할 수 있다. '선경삼일'은 경자를 중심으로 정유, 무술, 기해이다. '후경삼일'은 경자를 중심으로 신축, 임인, 계묘이다. 고괘의 '선갑3일'에서 낙서의 본고향이 '신유'라면, '후갑3일'은 신축과 임인을 거친 정묘이다. 손괘의 '선경3일'은 고괘의 '후갑3일'인 정묘에서 끝나면 다시 시작하는 원리에 의해서 정묘와 정유가 맞물리는 하도의 본고향에 닿는다. 이를 도표로 정리하면 다음과 같다.

先甲三日, 後甲三日	辛酉 – 壬戌 – 癸亥 – 甲子 – 乙丑 – 丙寅 – 丁卯
先庚三日, 後庚三日	丁酉 – 戊戌 – 己亥 – 庚子 – 辛丑 – 壬寅 – 癸卯

『주역』은 '삼오착종三五錯綜'을 말했으나, 『정역』은 신유에서 정유로 변화하는 '구이착종九二錯綜'의 원리를 계발하여 선후천 전환 이론의 정립에 성공했다. 그러면 『정역』에서 말하는 '구이착종'은 무엇인가? 『정역』은 시종일관 '뒤집기 논리'를 견지한다. 선천의 '갑과 기 사이의 한 밤중에 갑자가 생겨난다[甲己夜半에 生甲子]'가 후천에는 '기와 갑 사이의 한 밤중에 계해가 생겨난다[己甲夜半에 生癸亥]'는 원칙에 의해 선천과 후천을 이루는 근

6) 이정호, 『正易研究』(서울: 국제대학출판부, 1983), 201쪽.

본 틀이 완전히 바뀐다. 그것은 상극에서 상극으로, 낙서에서 하도로, 건남곤북에서 건북곤남의 형태로 바뀌는 천지 자체의 근원적 변화를 뜻한다. 선천에 갑자가 생긴 곳에서 계해가 생겨나는 파천황의 논리가 바로 '구이착종'[7]이다.

甲子	乙丑	丙寅	丁卯	戊辰	己巳	庚午	辛未	壬申	癸酉
甲戌	乙亥	丙子	丁丑	戊寅	己卯	庚辰	辛巳	壬午	癸未
甲申	乙酉	丙戌	丁亥	戊子	己丑	庚寅	辛卯	壬辰	癸巳
甲午	乙未	丙申	丁酉	戊戌	己亥	庚子	辛丑	壬寅	癸卯
甲辰	乙巳	丙午	丁未	戊申	己酉	庚戌	辛亥	壬子	癸丑
甲寅	乙卯	丙辰	丁巳	戊午	己未	庚申	辛酉	壬戌	癸亥

己丑	庚寅	辛卯	壬辰	癸巳	甲午	乙未	丙申	丁酉	戊戌
己亥	庚子	辛丑	壬寅	癸卯	甲辰	乙巳	丙午	丁未	戊申
己酉	庚戌	辛亥	壬子	癸丑	甲寅	乙卯	丙辰	丁巳	戊午
己未	庚申	辛酉	壬戌	癸亥	甲子	乙丑	丙寅	丁卯	戊辰
己巳	庚午	辛未	壬申	癸酉	甲戌	乙亥	丙子	丁丑	戊寅
己卯	庚辰	辛巳	壬午	癸未	甲申	乙酉	丙戌	丁亥	戊子

'갑'에서 시작하여 '경'에 이르는 시간은 7일이 걸린다. 그것은 복괘에 나오는 '7일을 주기적 단위로 하는 회복의 원칙[七日來復]'에 부합한다. 또한 『주역』 57번 손괘는 6갑의 순서에서 '경신庚申'에 닿는다. 바꿀 '경'과 펼칠 '신'이다. 선천이 후천으로 바뀌어[庚], 새로운 세계가 펼쳐진다[申]는 의미가 숨겨져 있다. 이런 이유에서 '선경삼일, 후경삼일'을 말하는 손괘

7) 이정호, 앞의 책 149쪽. "구이착종이야말로 金火正易 전체의 대동맥이다."

역시 57번에 배열된 것이다.

　고괘 「단전」은 '선갑삼일, 후갑삼일'에 대해서 '끝마치고 다시 시작하는 것이 하늘의 운행이다[終則有始, 天行也]'라고 했다. 선갑3일이 신유로부터 임술을 거쳐 계해로 마치기 때문에 하늘의 운행이 천간으로는 계(亥)에서 끝나기 때문이다. 다시 갑자에서 다시 출발하여 을축과 병인을 거쳐 정묘에 닿는다. 고괘가 '종시의 논리'라면, 손괘는 '처음은 없고 마침은 있다[无初有終]'는 '시종의 논리'가 적용된다. '선경삼일, 후경삼일'은 경자를 중심으로 정유, 무술, 기해, 경자, 신축, 임인, 계묘의 순서이다. 손괘는 갑, 을, 병이 없는 '정'에서 출발하기 때문에 '처음이 없다[无初]'라고 했다. 그러나 '후경삼일'은 신축, 임인, 계묘의 '계'로 끝맺기 때문에 '마침은 있다[有終]'는 고괘의 원리를 이어받는 계승의 원리가 작동하는 것이다.

　손괘 역시 고괘와 마찬가지로 '계'로 끝난다는 점이 동일하다. 그러니까 6갑 시스템 내부에는 본질적으로 선천과 후천의 원리가 담지되어 있다는 뜻이다. 결국 선경삼일의 정유는 '무초'이고, 후경삼일의 계묘는 '유종'이므로 '무초유종'은 고괘와 연계해서 풀어야 옳다. 따라서 성인이 지은 『주역』을 어느 하나의 내용에 한정해서 이해한다면 오류를 범하기 쉽다. 손괘와 고괘를 연결해서 해석하는 안목이 틔어야 하듯이, 『주역』에 대한 종합적인 시각을 확보하는 것이야말로 선후천론의 종지에 접근하는 열쇠인 것이다.

　☖ 고괘와 손괘, 선후천 원리를 담지하다.

10. 상효 : 지나친 공손은 비굴하다

上九는 **巽在牀下**하여 **喪其資斧**니 **貞**에 **凶**하니라
상구　손재상하　　상기자부　정　흉

象曰 巽在牀下는 **上窮也**오 **喪其資斧**는 **正乎**아 **凶也**라
상왈 손재상하　상궁야　상기자부　정호　흉야

상구는 공손한 것이 침상 아래에 있어서 몸에 지닌 도끼를 잃으니, 올바름

을 고집하므로 흉하다. 상전에 이르기를 '공손한 것이 침상 아래에 있음'
은 위에서 궁함이요, '몸에 지닌 도끼를 잃음'은 옳음인가? 흉한 것이다.

손괘의 가장 위에 자리잡은 상효는 양이 음 자리에 있고[不正], 중용을 한
참 지나쳤다[不中]. 2효가 초효 아래에 엎드린 것과 마찬가지로 상효는 4효
아래에 무릎을 꿇은 것과 비슷한 모습이다. 상층부가 하층부에게 몸을 낮
추어 항복한 꼴이다. 날카로운 도끼를 뜻하는 자부資斧를 잃어버렸다는 것
은 밑천이자 마지막 남은 양심마저 던져버린 비굴함의 극치를 상징한다.

상효는 자존심을 팽개친데다가 굳세었던 올바름마저도 잃었다. 심지어
영혼까지도 팔아버리는 형국이다. 지금까지 자신을 지켜준 작위와 녹봉
[資]은 물론 과감한 결단의 징표였던 도끼를 상실하여 가진 것이라고는 넋
나간 몸 하나뿐이다. 공손은 아첨과 비굴로 비쳐질 뿐 주위 사람 모두 고
개를 돌리는 비참한 신세다.

공손이 지나치면 비굴만이 기다린다. 공손은 처세술의 유연한 방식임
에 분명하다. 하지만 지나친 것은 모자람만 못하다는 말이 있듯이, 정도를
벗어난 아첨과 비굴은 마주잡은 손마저도 부끄러울 지경이다. 흉할 수밖
에 없다. '옳음인가, 흉함이다[正乎, 凶也]'에 대해 정이천은 '올바르랴? 흉
하다'라고 읽었고, 주자는 '올바르지 않으면 반드시 흉하다'라고 읽었다.[8]
주자의 독법이 정이천의 그것보다 훨씬 강력하다.

🕉 노하우 하나만으로도 상층부 생활을 유지했으나, 노하우가 새로운 기
술로 대체되었다면 휴지통에 들어갈 일만 남았다. 자신의 주장을 당당하게
내뱉지 못하고 굽신거리면서 지문이 닳을 정도로 비벼댄다고 통할 리 만무
하다. 자존심을 지켜 떳떳하게 맞서는 것만 못하다. 올바른 언행만이 자존
심을 지키는 유일한 방도임을 망각한 꼴불견이다.

8) ① 『易程傳』, "손은 본래 선행이기 때문에 의심하기를 '정도라 할 수 있겠는가?'라 했고, 다
시 결단하기를 '흉하다'한 것이다[巽, 本善行. 故疑之曰得爲正乎. 復斷之曰乃凶.]." ② 『周易本
義』, "'정호흉'은 반드시 흉함을 말한 것이다[正乎凶, 言必凶.]."

정역사상의 연구자 이상룡李象龍은 손괘의 성격을 다음과 같이 설명한다.

☴ 巽은 在文從巳從辰而重之니 辰은 土也오 巳는 己巳也라
　　손　　재문종사종진이중지　　진　토야　사　기사야

下象==虛而生風之義也라 爲卦上下皆風이니
하상음허이생풍지의야　위괘상하개풍

先后天之天風地風之運行也라 而巽變爲艮하고 艮變爲巽이니
선후천지천풍지풍지운행야　이손변위간　간변위손

故로 曆象之甲庚과 先后天之理가 互見於蠱卦矣라
고　역상지갑경　선후천지리　호현어고괘의

夫巽은 順也오 兌는 說也라 說而應之之道가 在乎巽順이니
부손　순야　태　열야　열이응지지도　재호손순

巽所以次兌也라
손소이차태야

손은 문자적으로 지지 사巳와 진辰을 거듭한 것이다. 진은 토요 사
는 기사를 뜻한다. 아래의 막대기가 빈 형상인 '=='는 바람을 낳는
다는 뜻이다. 괘의 형성은 상하 모두가 바람으로서 선후천의 하늘
바람과 땅 바람이 운행하는 것을 뜻한다. 손이 변하면 간이 되고,
간이 변하면 손이 되기 때문에 역법과 상수에서 말하는 갑甲이 경庚
으로 변하는 이치와 선후천 원리가 서로 교차하면서 고괘에 보인
다. 무릇 손은 순응함이요, 태는 기뻐하는 것이다. 기쁘게 감응하는
도가 공손과 순응에 있으므로 손괘가 태괘 다음이 된 것이다.

象曰 巽, 小亨은 居皇極之位也일새오 利有攸往, 利見大人은
단왈 손　소형　거황극지위야　　이유유왕 이견대인

天道廣運이 依人而行之也라
천도광운　의인이행지야

단전 "손은 조금 형통한다"는 것은 황극의 위치에 존재하기 때문
이요, "가는 바를 둠이 이로우며 대인을 보는 것이 이롭다"는 것은

천도가 널리 운행함은 인간에 의거하여 움직인다는 뜻이다.

象曰 君子以, 申命行事는 隨時申之也라
상왈 군자이 신명행사　수시신지야

> [상전] "군자는 이를 본받아 하늘의 명을 거듭해서 일을 행한다"는
> 것은 시간의 본성에 의거하여 펼친다는 뜻이다.

初六, 進退는 閏五正一也오 利武人之貞은 助己正位也라
초육　진퇴　윤오정일야　이무인지정　주기정위야

> [초효] "나아가고 물러남"은 5토 중심의 윤역閏易이 하나로 올바르
> 게 된다는 것이요, "무인의 곧음이 이롭다"는 (후천의) 기리를 도와
> 위치가 올바르게 된다는 뜻이다.

九二, 巽在牀下는 曆數未光也오 用史巫紛若, 吉,
구이　손재상하　역수미광야　용사무분약　길
无咎는 稽疑而致誠也라
무구　계의이치성야

> [2효] "공손함이 상 아래에 있다"는 것은 시간의 선험적 질서를
> 뜻하는 역수가 밝지 않음이요, "사관과 무당을 씀이 어지러운 듯하
> 면 길하고 허물이 없을 것이다"라는 것은 의심스러운 것을 헤아려
> 정성을 극진히 하는 것이다.

九三, 頻巽, 吝은 再斯可矣이어늘 何必三乎아
구삼　빈손　인　재사가의　　하필삼호

> [3효] "자주 공손함이니, 인색할 것이다"라는 것은 두 번으로 가
> 능한데, 하필 세 번이겠는가?

六四, 悔亡, 田獲三品은 巽以終始니 三極之道也라
육사　회망　전획삼품　손이종시　삼극지도야

4효 "후회가 없어지니, 사냥하여 삼품을 얻다"는 것은 손괘를 종시의 중심으로 삼는 것은 3극의 도를 뜻한다.

九五, 无初有終은 始无極終有象也오 先庚三日, 后庚三日,
구 오　무 초 유 종　시 무 극 종 유 상 야　선 경 삼 일　후 경 삼 일
吉은 會丁에 丁丑星用癸亥하니 陽曆成矣라
길　회 정　정 축 성 용 계 해　양 력 성 의

5효 "처음은 없으나 마침은 있다"는 것은 무극에서 시작하지만 마침은 형상이 있다는 것이요, "경에 앞서 3일 하며 경을 뒤로 3일 하면 길할 것이다"는 것은 사물을 이해하고 셈하는 방법에[9] 정축이 계해를 사용하므로[10] 양력이 완성된다는 것이다.

上九, 巽在牀下는 遜上反下也오 喪其資斧, 貞,
상 구　손 재 상 하　손 상 반 하 야　상 기 자 부　정
凶은 剛斷不足하니 雖善必凶也리라
흉　강 단 부 족　수 선 필 흉 야

상효 "공손한 것이 침상 아래에 있다"는 것은 위에서 겸손함을 아래로 돌리는 것이요, "몸에 지닌 도끼를 잃으니, 올바름을 고집하므로 흉하다"는 것은 강력하게 결단하는 것이 부족하므로 비록 선하지만 반드시 흉할 것이라는 뜻이다.

---

9) 會는 이해하다, 丁은 셈하다는 의미가 있다.
10) 선천이 甲子에서 시작했다면, 후천은 癸亥로부터 시작한다는 것이다.

|重澤兌卦|
중 택 태 괘

화합의 기쁨

1. 세상을 기쁘게 하는 방법 : 태괘

정이천은 중풍손괘重風巽卦(☴) 다음에 중택태괘重澤兌卦(☱)가 오는 이유를 다음과 같이 말한다.

> 兌는 序卦에 巽者는 入也니 入而後說之라 故受之以兌하니
> 태   서괘   손자   입야   입이후열지   고수지이태
>
> 兌者는 說也라 하니라 物相入則相說이오 相說則相入이니
> 태자   열야   물상입즉상열   상열즉상입
>
> 兌所以次巽也라
> 태소이차손야

"태괘는 「서괘전」에 '손은 들어감이니, 들어간 뒤에 기뻐한다. 그러므로 태괘로 이어받았으니, 태는 기뻐함이다'라고 하였다. 물건이 서로 들어가면 서로 기뻐하고 서로 기뻐하면 서로 들어가니, 태괘가 이런 까닭에 손괘 다음이 된 것이다."

중풍손괘(☴)를 180° 뒤집어엎으면 중택태괘(☱)가 형성된다. 태괘의 구성은 연못[兌: ☱]이 겹쳐져 기쁨이 연달아 생기는 모습이다. '태'는 입으로 숨을 뿜어내는 모양을 본뜬 글자다. '태'에는 연못과 소녀라는 뜻 이외에도 무당, 입과 혀, 훼손함, 붙었다가 떨어짐이라는 의미가 있다. 이외에도 땅에서는 강한 소금밭, 인간으로는 첩, 동물로는 양이라는 뜻으로 변형되었다.[1] 태괘는 가족 구성에서 집안에 웃음이 떠나지 않게 하는 재롱둥이 막내딸[少女]에 해당된다. 문왕팔괘도를 보면, (태)소녀는 서방에서 꿈을 키우면서 장차 새로운 시대를 이끌어갈 소남[艮少男]의 중요한 파트너로 자리잡고 있다.

태兌의 사전적 의미는 기쁠 열說이다. 표정은 마음의 얼굴이듯이, 기쁨은 마음의 표출이다. 태괘에서 말하는 기쁨은 자연을 춤추게 하는 강력한 용

---

1) 『周易』 「說卦傳」 11장, "兌, 爲澤爲少女爲巫爲口舌爲毁折爲附決, 其於地也, 爲剛鹵, 爲妾爲羊."

수철이다. 물이 고이지 않은 연못은 상상할 수 없다. 자연 전체를 대표하는 연못은 생명을 길러내어 만물에게 기쁨을 선사하는 동력원이다.[2)]

태괘(☱)는 두 개의 양이 안에 있고, 하나의 음이 밖에 있다. 안으로 양기운이 가득 차고, 밖으로는 음 기운이 부드럽게 감싸안는 형상이다. 동양인들은 겉은 부드럽고 안은 강한 외유내강형의 인간을 형용할 때 태괘를 모델로 삼았다. 외유내강은 자신에게는 엄정하고, 타인에게는 비단결처럼 부드럽게 처신한다는 뜻이다. 소인은 강자에게는 한없이 약하고, 약자에게는 야속하리만치 강하게 행동한다. 군자는 스스로의 마음단속에는 채찍질하는 반면에 타인을 아이스크림처럼 부드럽게 어루만지는 사람이다.

태괘는 상하 모두가 기뻐하는 뜻을 함축하고 있다. 혼자 기뻐하지 않고 여러 사람이 기쁨을 공유하면 엄청난 시너지 효과를 일으킨다. 세상에는 양약과 독약이 공존한다. 어떠한 기쁨도 등에 고통을 업고 있다는 그리스 속담처럼, 기쁨 뒤에는 슬픔이 도사리고 있음을 잊어서는 안 된다. 화합을 이루기 위한 과정에는 다양한 형태의 방해를 극복하라고 태괘는 가르친다.

2. 태괘 : 진리에 근거한 기쁨이 영원하다

兌는 亨하니 利貞하니라
태   형   이 정

태는 형통하니, 올바르게 함이 이롭다.

울음보다는 웃음이 좋고, 슬픔보다는 기쁨이 훨씬 좋다. 기쁨의 종류는 수없이 많다. 돈, 권력, 명예, 쾌락, 술 등 욕망을 즐겁게 하는 기쁨은 엔돌핀을 솟구치게 한다. 그러면 진정한 기쁨이란 무엇인가? 태괘의 기쁨은 곧음과 올바름[貞]에 뿌리를 두고 있다. 『주역』에서 말하는 올바름[貞=正]은 하

---

2) 한자에서 물이 흘러가는 모양을 본뜬 글자에 法이 있다. 물 수[氵]와 갈 거去가 결합된 글자로서 물이 순리대로 흐르는 현상을 본떴다. 불교에서는 '법'을 진리의 상징체로 본다.

늘의 진리에 근거한다. 진리에서 샘솟는 기쁨만이 영원무궁하다는 것이다.

형통과 올바름과 공익의 3박자가 조화롭게 맞물려야 진정한 화합이 이루어질 수 있다. 하괘 3효는 음의 신분으로 초효와 2효 양을 기쁘게 만들고, 상괘 상효 역시 4효와 5효를 기쁨으로 결속력을 강화한다. 손괘巽卦 혹은 태괘에서 음이 맡는 역할이 사뭇 다르다. 음이 양 밑에서 공손한 것이 손괘라면, 태괘는 도리어 음이 아래의 양들을 즐겁게 만든다는 점이 크게 다르다.

연못이 겹친 형태에서 위의 연못은 저수지, 아래 연못은 밑에서 솟아오르는 샘물로 비유할 수 있다. 여러 갈래의 물은 한 군데로 모여 호수를 이룬다. 뿌리를 달리했던 물들은 다투지 않고 서로를 기쁘게 맞이하면서 하나로 합한다. 사람의 마음은 화학적 방식으로 하나로 통합될 수 없다. 오로지 곧음과 올바름의 가치가 중심이 되었을 때 기쁨의 교류가 가능하다.

☖ 과거의 잘잘못을 잊고 열린 마음으로 기쁨을 주고받기 때문에 형통하고 이롭다.

3. 단전 : 함께하는 공생의 즐거움이 가장 크다

象曰 兌는 說也니 剛中而柔外하여 說以利貞이라
단왈 태 열야 강중이유외 열이이정

是以順乎天而應乎人하여 說以先民하면 民忘其勞하고
시이순호천이응호인 열이선민 민망기로

說以犯難하면 民忘其死하나니 說之大民勸矣哉라
열이범란 민망기사 열지대민권의재

단전에 이르기를 태는 기뻐하는 것이니, 강이 적중하고 유는 바깥에 있어 기쁜 마음으로 올바르게 함이 이롭다. 이로써 하늘의 섭리에 순응하고 사람의 도리에 순응하여 기쁜 마음으로 백성보다 앞장서 먼저 하면 백성들은 수고로움을 잊고, 기쁜 마음으로 어려운 일에 대처하면 백성들은 죽음마저 잊으니, 기뻐하는 마음의 위대함을 백성이 권한다.

'태'는 즐겁고 기쁘다[3]는 뜻이다. 「단전」은 우선 괘의 형태에서 형통과 기쁨과 이로움의 근거를 설명한다. 그것은 「단전」에서부터 역경易經에 대한 체계적 이해와 함께 본격적인 철학화가 시도되었음을 의미한다. 태괘 2효와 5효는 굳건히 중용을 지키고, 3효와 상효는 바깥에서 부드러움으로 순화시키며 둘러싸고 있다[剛中而柔外].

즐거워 웃음꽃이 피고 기쁜 까닭은 올바른 행위 뒤에는 반드시 이로움이 생기는 것을 알기 때문이다. 굳이 인과론을 들먹이지 않더라도 올바름이 원인라면 이로움은 결과다. 기쁨의 원리는 형이상의 세계와 형이하의 세계를 관통한다. 태괘에서 말하는 진정한 기쁨은 감각적 쾌락에서 비롯되는 것이 아니라, 자연과 인간 모두가 하늘이 베푸는 혜택과 공공의 이익을 누리는데 있다.

하늘의 섭리에 어긋나거나 인간의 정감에 위배되는 기쁨은 위선이다. 위선은 금방 폭로되어 외면당한다. 감각에 의존하는 기쁨은 시공간과 상황에 따라 달라지는 까닭에 상대성을 띨 수밖에 없다. 그것이 보편성을 띠기 위해서는 객관적 근거가 필요하다. 태괘는 2효와 5효의 중도[中] 또는 정도[正]를 내세운다. 더 나아가 백성의 심성에 감동의 물결을 일으킬 수 있는 조건을 덧붙였다[是以順乎天而應乎人]. 그것은 하늘의 섭리에 대한 외경심과 모든 사람을 사랑하는 '경천애인敬天愛人'의 정신일 것이다.

군자와 대인은 항상 백성들이 어떻게 하면 기뻐할까를 고민한다. 백성들 편에서 애환을 함께하려는 각오로 앞장서 일하면 백성들은 노동의 대가는커녕 수고로움을 아끼지 않는다[說以先民, 民忘其勞]. 또한 기쁜 마음으로 어려운 일에 몸소 뛰어들면 백성들 역시 죽음을 무릅쓰고 달려와 돕는다[說以犯難, 民忘其死]. 지도층이 앞장서면 백성들이 오히려 자발적으로 국면 전환의 선봉에 선다는 것이다.

---

3) '태'에 대해 『周易』 「說卦傳」 4장은 '태로써 기쁘게 하고[兌以說之]'라 했으며, 5장은 '서방 태에서 (하늘의) 말씀을 기뻐하고[說言乎兌]'라 했다.

重澤兌卦
중택태괘

맹자는 '홀로 즐김'과 '함께 즐김'의 묘미를 극적으로 대비시켰다. 문왕文王은 자신의 휴식처인 사냥터를 더 넓히라는 백성들의 함성을 물리치고 사냥터를 공원으로 만들어 '여민동락與民同樂'의 기쁨을 누렸다. 반면에 하나라의 걸왕桀王은 넓디넓은 사냥터에 온갖 희귀한 동물과 기이한 꽃들을 기르면서도 백성들에게 공개하지 않고 '홀로 즐겼다[獨樂].' 백성들은 자신을 영원불멸의 태양으로 비유한 폭정의 일인자 걸왕을 원망하면서 태양과 함께 죽겠다고 다짐한 재미있는 고사가 있다.[4] 서양의 네로황제와 어깨를 겨누는 걸왕의 말로는 비참했다. 문왕은 여전히 성군의 표상으로 역사가들의 입에 오르내린다. 이는 홀로 즐기는 기쁨은 허망하다는 교훈이다.

기쁨에는 작은 기쁨과 큰 기쁨이 있다. 전자는 홀로 즐기는 것이고, 후자는 여러 사람과 함께 즐기는 조화와 화해와 상생의 기쁨이다. 공룡을 날게 하고, 코끼리도 춤추게 하는 비결은 큰 기쁨에 있음은 물론이다. 세상을 비꼬는 말투로 기쁨은 혼자 누리고 슬픔은 함께하는 것이 인생사라는 속설도 있다. 냉소는 냉소로 끝나야 한다. 너의 슬픔은 괜찮고 나는 기뻐야 한다는 독점주의는 소통을 가로막는다. 너와 내가 함께하는 공동의 즐거움이 최고다. 태괘에서 말하는 공생과 공존의 가르침은 위대하다.

전쟁터에서 졸병에게는 '공격 앞으로!' 명령을 내린 다음, 번쩍이는 금빛 지휘봉을 들고 '용감하게' 지하벙커에서 커피 마시며 지휘하는 장군을 상상해보라. 나폴레옹은 포탄이 옆에 떨어져도 한 발짝도 꿈쩍하지 않았다고 한다. 용감해서가 아니라 솔선수범의 정신이 몸에 뱄기 때문이다. 군자와 소인의 행동 방식은 아주 극단적이다. 군자는 자기가 싫어하는 일을 남에게 시키지 않고 먼저 실천한다.

☆ 군자는 기쁨을 다른 사람보다 나중에 하고, 슬픔은 먼저 한다. 하지만

---

4) '홀로 즐김[獨樂]'과 '함께 즐김[與民同樂]'의 극명한 대비보다는 "저놈의 해는 언제 없어지려나, 내 차라리 너와 함께 죽으리라[時日害喪, 予及女偕亡.]"는 『서경』을 인용한 내용이 더 압권이다. 이는 『孟子』「梁惠王章」上에 나온다.

소인은 혼자 기쁨을 독점하고 슬픔은 다른 사람에게 떠넘긴다.

4. 상전 : 강론은 배움을 심화시키고, 배움은 지식을 넓힌다

象曰 麗澤이 兌니 君子以하여 朋友講習하나니라
상 왈 이 택　태　군 자 이　　붕 우 강 습

상전에 이르기를 걸려 있는 연못이 태이다. 군자는 이를 본받아 붕우와
더불어 강습한다.

태괘는 연못이 아래위로 연결되어 붙어 있는 형상이다. '리麗'[5]는 걸리
다, 붙는다, 서로 연결되어 있다는 뜻이다. 붙어있다는 말보다는 상하의
소통疏通(communication)이라는 번역이 훨씬 매끄럽다. 아래위 연못물의
동질성으로 인해 소통에 전혀 문제가 없다.

군자는 이러한 자연 현상의 배후에 있는 이치를 본받아 행동 방침을 결
정한다. 같은 스승 밑에서 배우는 동문을 '붕朋'이라 하고, 뜻을 함께하는
동지를 '우友'라 한다. 한 솥밥 먹는 동무면 얼마나 친하겠는가. 학우들과
독서와 토론을 통해 진리를 논하고 다시 복습하는 즐거움은 경제적 가치
로 환산할 수 없다.

'강습'은 진리(logos)를 기록한 경전을 체계적으로 강론하고[講], 이미 배
운 것을 다시 익혀 내일의 밑거름으로 활용한다는 뜻이다. 동문은 강론자
의 오류를 지적하여 강론자로 하여금 한 단계 성숙하는 계기를 만든다. 또
한 학습을 통해 지적 범위는 날로 증가한다. 강론은 배움의 내용을 심화
시키고, 배움은 강론 내용의 외연과 내포를 넓히는 지름길이다. 공자는 시
야가 넓은 공부가 되기 위한 방안으로 질의응답 형식의 강의와 배움의 반
복을 권장했다.[6]

---

5) 麗를 '려'로 읽는 사람도 있다.
6) ① 『論語』「公冶長」, "사람됨이 민첩하고 배우기를 좋아하며, 아랫사람에게 묻는 것을 부끄

태괘 「상전」은 배움의 기쁨과 즐거움[兌＝說＝悅], 붕우와의 만남을 얘기한 『논어』의 가르침과 일맥상통한다. "배우고 때때로 그것을 익히면 또한 기쁘지 아니한가? 벗이 있어 먼 곳으로부터 찾아오면 또한 즐겁지 않은가?"[7]라는 발언은 배움과 토론이 가장 큰 기쁨이라는 태괘의 주장과 일치하는 것이다.

☖ 국적은 바꿀 수 있으나 학적부는 바뀔 수 없다는 말이 있다. 동문은 이해타산을 초월하여 함께 배우고 토론한다. 때로는 혈연보다도 끈끈한 우정을 맺는다. 그들은 진리와 자연과 인생사에 대해 자유로운 대화의 광장을 펼치는 특권을 누린다.

5. 초효 : 스스로의 힘으로 화합하므로 마음은 절로 여유롭다

初九는 **和兌**니 **吉**하니라
초 구   화 태   길

象曰 和兌之吉은 **行未疑也**일새라
상 왈 화 태 지 길   행 미 의 야

초구는 화합해서 기뻐함이니 길하다. 상전에 이르기를 '화합해서 기뻐하여 길함'은 행하는 데 의심하지 않기 때문이다.

초효는 맨 아래에서 양이 양 자리를 지키고 있으나[正], 같은 양인 4효와 감응하지 못한다. 중용에 미치지 못함을 깨닫고 정도의 힘으로 화합하는 자신을 자랑스럽게 여긴다. 4효의 후원이 없는 까닭에 자력으로 화합을 시도하므로 마음은 절로 여유롭다.

러워 하지 않았다[敏而好學, 不恥下問.]"는 태도를 공자는 존중했다. ②『論語』「學而」, "배운 것을 묵묵히 기억하고, 배움을 싫증내지 않고, 남 가르치기를 게을리 하지 않는 것 중에서 어느 것이 나에게 있는가?[黙而識之, 學而不厭, 誨人不倦, 何有於我哉.]"
7)『論語』「學而」, "學而時習之, 不亦說乎. 有朋自遠方來, 不亦樂乎." 이에 대해 정이천은 "기쁨은 마음 속에 있는 것이고, 즐거움은 발산하여 몸 밖으로 드러남을 주로 한다[說在心, 樂主發散, 在外.]"고 주석을 달았다.

초효가 길하다는 것은 의지와 행동 모두가 올바르기 때문이다. 초효와 4
효는 같은 양이라는 이유 하나만으로도 화합이 필요하다. 그것은 화합을
위해서 개인의 사사로운 이익을 물리치는 군자의 행동 양식과 다를 바가
없다. 하지만 소인은 겉으로는 일치를 주장하면서도 화합에는 참여하지 않
는다.[8] 화합의 기쁨은 육체적 쾌락이나 물질적 행복보다 차원이 높다.

소인은 야누스의 두 얼굴로 행동한다. 때와 상황에 따라 탐욕의 검은 얼
굴 또는 화합의 밝은 얼굴로 바꾼다. 소인은 의심의 눈초리를 감추고 환
한 얼굴로 이익의 주판알을 튕긴다. 군자는 화합이 목적이고, 기쁨은 그
다음이다. 소인은 잔꾀를 부려 동일성을 외치면서 야합하여 이득을 챙기
지만, 화합은 아예 뒷전이다.

🌱 화합과 불화는 군자와 소인을 심판하는 기준이다. 군자는 기쁘게 화합
을 즐기지만, 소인은 불화를 기뻐한다.

6. 2효 : 하늘의 이치를 기쁨으로 믿는 마음이 진정한 믿음이다

九二는 **孚兌**니 **吉**코 **悔亡**하니라
구 이　　부 태　　　길　　회 망

象曰 孚兌之吉은 **信志也**일새라
상 왈 부 태 지 길　　신 지 야

구이는 믿어서 기뻐함이니, 길하고 뉘우침이 없다. 상전에 이르기를 '믿
어서 기뻐하여 길함'은 뜻을 믿기 때문이다.

2효는 양이 음 자리에 있으나[不正], 중용을 얻었다. 사전적 의미의 미쁠
'부孚'는 병아리가 알에서 깨 나온다는 글자다. 정이천은 "하늘의 도는 부
孚와 정貞이다"[9]라고 했다. '부孚'는 믿을 '신信'이다. 그것은 오행론에서 말

---

8) 이는 '君子和而不同, 小人同而不和'로 정리할 수 있다.
9) 『易程傳』 中孚卦「彖傳」, "중심에서 믿고 올바르면 하늘에 감응하니, 하늘의 도는 믿음과
올바름 뿐이다[中孚而貞, 則應乎天矣, 天之道, 孚貞而已.]" 이밖에도 "주자는 믿음[孚]를 통해

하는 중앙 '토土'와 '신信'이다. 토는 목화금수를 주재하고, 신은 인의예지를 통섭한다. 2효에서 말하는 '믿음[信 = 孚]'은 자연의 입장에서 '토의 마음 자리'요, 인격적 입장에서는 '신'이 인의예지의 근거라는 뜻이다. 따라서 2효는 실재하는 하늘의 이치[孚]를 기쁨으로 믿는[信心] 믿음의 소중함을 지적한 것이다.

초효는 소인을 의미하는 3효 음과 멀리 떨어져 의혹을 피할 수 있었다. 하지만 2효는 3효 소인과 가까워 위험하기 때문에 중용에 대한 믿음을 더욱 굳혀야 한다고 일깨운다. 믿음의 강도가 세면 셀수록 기쁨의 범위는 넓어져 상서로워 회한이 사라진다는 것이다.

3효 여자 옆에 있는 상황 자체가 아찔하다. 비록 곁을 떠났을지라도 그녀가 남긴 흔적이 마음의 영상으로 남아 더욱 혼란스럽다. '그대는 아직도 마음 속에 여인을 등에 업고 있는가?'라는 선불교의 유명한 화두가 있다. 번뇌와 형상의 얽매임으로부터 자유롭기 위해서는 마음의 깨침을 촉구하는 공안이다. 선불교는 내면 깊숙한 곳에서의 깨우침을 강조한다. 『주역』은 하늘의 섭리가 '중용[中] = 부孚(= 신信)'임을 기쁜 마음으로 믿고 실천하라고 가르친다. 이런 점에서 『주역』의 종교성은 태괘의 '부孚'와 '중용[中]'라는 개념을 통해 극명하게 드러난다.

불교와 『주역』의 공통점은 마음을 외부 사물에 빼앗겨서는 곤란하다는 것이다. 불교가 전적으로 마음에서 출발하는 유심론唯心論이라면, 『주역』은 천지를 가로지르는 핵심을 중용과 정도[中正]로 내세우는 점에서 객관적 실재론의 입장에 서 있다고 할 수 있다. 그렇다고 중용에 대한 인간의 주체적 자각을 경시하지 않는다.

☖ 태괘는 객관적 진리와 인식 주체로서의 인간을 통합하는 중심에 서서

개인적으로 수양을 완성할 수 있고, 『주역』의 목표인 '无咎'와 '福' 혹은 '吉'을 실현할 수 있고, 사회통합의 기반이 된다"고 풀이했다. 이는 백은기, 「"주역본의"에 나타난 '孚'에 관하여」 『주자 서거 800주년 기념 학술대회 자료집』(한국주역학회, 2000), 66쪽 참조.

7. 3효 : 부당하게 웃음짓는 기쁨은 혐오감을 불러일으킨다

六三은 **來兌**니 **凶**하니라
육 삼　　　내 태　　　흉

象曰 來兌之凶은 **位不當也**일새라
상 왈 내 태 지 흉　　 위 부 당 야

육삼은 와서 기뻐함이니 흉하다. 상전에 이르기를 '와서 기뻐함이 흉함'
은 위치가 마땅치 않기 때문이다.

　3효는 음이 양 자리에 있고[不正], 중용도 아니며[不中], 상효와 같은 음
이기 때문에 감응하지 못한다. 최악의 상황이다. 『주역』은 이따금씩 특수
용어를 사용한다. 밖에서 안으로 오는 것, 즉 상괘에서 하괘로 오는 것은
'래來'라 한다. 안에서 밖으로 가는 것, 즉 하괘에서 상괘로 가는 것은 '왕
往'이라 한다.

　3효는 여자이자 소인을 상징한다. 우리 속담의 굴러온 돌이 박힌 돌을
뺀다는 격으로 외부에서 와 하괘의 가장 높은 곳에서 초효와 2효 양들을
유혹한다. 3효는 지조 없는 여자로서 아무에게나 달라붙어 아양떤다. 모
든 여성을 모독하는 더러운 행동이다. 시내버스 손잡이를 아무나 잡듯이
말이다. 흉할 수밖에 없지 않은가.

　초효는 중용이 아니지만 정도를 지키고 있고, 2효는 정도는 아니지만
중용을 얻었다. 이 둘은 시간적인 타이밍이 알맞으면 공간적 상황이 여의
치 않고, 주변 여건은 호전되었지만 시기가 무르익지 않은 형국이다. 중용
과 정도를 얻지 못한 3효의 위상은 애당초 정당하지 않았다. 시간과 공간
이 허락하지 않고 행동마저 옳지 않아 어쩔 도리가 없는 것이다.

重澤兌卦
중택태괘

☖ 유니폼 차림으로 사무실 청소하는 여직원의 맑은 얼굴은 굳은 표정을 펴게 하는 매력이 있다. 짧은 치마를 무기 삼아 취객을 꼬드겨 기쁨을 사고 파는 행위는 눈살을 찌푸리게 한다. 어떤 변명도 통하지 않는다. 부당한 방법으로 기쁨을 세일하기 때문에 오히려 혐오감을 더할 뿐이다.

8. 4효 : 나를 던져 우리를 살리는 결단이 가장 큰 이문을 남기는 장사다

九四는 商兌未寧이니 介疾이면 有喜리라
구 사　　상 태 미 녕　　개 질　　유 희

象日 九四之喜는 有慶也라
상 왈 구 사 지 희　　유 경 야

구사는 기쁨을 헤아리지만 편안치 않음이니, 지조를 지켜 (사악함을) 미워 하면 기쁨이 있을 것이다. 상전에 이르기를 '구사의 기쁨'은 경사가 있는 것이다.

4효는 양이 음 자리에 있고[不正], 중용에 미치지 못하며, 초효와 감응이 안 된다. 더욱이 태괘 운용의 실질적 주인공인 5효와 가깝고, 3효 여자와 이웃하기 때문에 어디로 행선지를 정할지 몰라 갈팡질팡하는 좌불안석이 다. 오죽하면 기쁨조차 헤아린다고 했겠는가.

4효 신하는 5효 군주와 3효 소인 사이에서 이해 타산을 저울질한다. 그 것은 이익과 양심의 갈등 상태를 표현한 일종의 심리적 불안이다. '상商'은 미리 이익을 계산하여 헤아린다는 상량商量이다. 4효는 지금 5효와 3효 틈 바구니에서 양다리 걸치고 재빠르게 두뇌 회전에 골몰한다. 언젠가는 양 자택일할 순간이 다가온다.

절개를 지켜 사악한 것을 미워한다는 '개질介疾'은 오랜 심리적 방황은 빨 리 끝낼수록 좋다는 뜻이다. 4효 신하는 3효 소인의 유혹을 단호하게 끊 고, 5효 군주의 뜻을 따르기로 결정한다. 개인의 사사로운 이익과 공공의 이익 사이에서 고민하던 신하는 나를 던져 우리를 살리는 방향으로 결단했다. 그것은 우리 모두의 승리로서 천하에서 가장 큰 이문 남는 장사다.

☆ 잔머리를 굴리는 소인들을 물리치는 순간 인생은 바뀐다. 그것은 개인
의 차원을 넘어서 사회와 국가의 큰 경사로 직결되는 위대한 결심이다.

9. 5효 : 마음의 중정을 확보하면 항상 위풍당당하다

九五는 **孚于剝**이면 **有厲**리라
구 오　　부 우 박　　　유 려

象曰 孚于剝은 **位正當也**일새라
상 왈 부 우 박　　위 정 당 야

구오는 깎는 것을 믿으면 위태함이 있을 것이다. 상전에 이르기를 '깎는
것을 믿음'은 위치가 정당하기 때문이다.

　5효는 양이 양 자리에 있고[正], 중용[中]을 얻어 최상의 위치를 점유하
고 있다. 5효 군주의 주위에는 충신과 간신들이 뒤섞여 있다. 아첨꾼들은
뛰어난 변신술로 군주를 현혹하여 사로잡는 데 능숙하다. 그들은 온몸을
던져 군주의 마음을 통째로 훔치는 특기를 어김없이 발휘한다. 그들의 속
셈도 모르고 무조건 믿으면 위태롭다.

　'박剝'은 벗겨내다, 빼앗다, 박탈하다는 뜻으로서 상효 소인이 5효 군주
의 영혼을 훔치는 것을 가리킨다. 하괘 3효는 여자가 먼저 남자를 쫓아다
니며 아양 떠는 경우라면, 상괘 상효의 여자는 능란한 연기로 5효 군주의
도덕성과 권위를 야금야금 벗겨 흠집 낸다[孚于剝]는 뜻이다. 그래서 마음
을 빼앗기면 망할 징조라고 그 위험을 경고했던 것이다.

　처음에는 군주가 인재를 발탁했으나, 나중에는 오히려 인의 장막에 가
려 판단력이 마비되는 지경에 이른다. 군주는 충신과 아부꾼을 솎아내는
과정에서 자신의 본래면목을 되찾는다. 「상전」의 '위치가 정당하다[位正
當]'는 명제에 대한 해석은 두 가지로 나뉜다. 하나는 곤욕 치를 수밖에 없

는 '바로 그 자리'라는 것이고, 다른 하나는 중정의 덕성으로 '그 위치를
정당하게 확보한다'는 뜻이다.

🏛 원래 중정의 위상을 확보한 군주는 위풍당당하다.

10. 상효 : 마음을 활짝 열고 어울리는 삶이 가장 큰 기쁨이다

上六은 引兌라
상 육 　 인 태

象曰 上六引兌未光也라
상 왈 　 상 육 인 태 미 광 야

상육은 이끌어서 기뻐한다. 상전에 이르기를 '상육의 이끌어서 기뻐함'은
빛나지 못하는 것이다.

　상효는 음이 음 자리에 있으나[正], 이미 중용을 넘어섰고[不中], 3효와
감응하지 못할 뿐만 아니라 기뻐함의 종착지에 도달했다. 상효 소인의 뱃
속은 무슨 색깔인지를 전혀 분간할 수 없을 정도로 음험하기 짝이 없다.
온갖 감언이설과 교태로 군주의 시선을 끌어들여[引兌] 애간장을 녹이려
시도하지만, 중정의 품성을 갖춘 군주는 꿈쩍하지 않는다.

　백화점에 진열된 좋은 상품은 광고하지 않더라도 입소문을 듣고 소비자
가 직접 방문하여 구매하지만, 질 낮은 상품에는 전혀 손대지 않는 것을
우리 모두는 체험했다. 여자가 당당하면 남자를 유혹할 필요가 없다. 떳떳
하지 못한 여자가 온갖 수작을 부리지만 실패로 끝난다. 그 방법과 목적이
옳지 않기 때문이다.

　그리고 힘든 일은 솔선수범해야 상대방도 하던 일을 멈추고 기쁜 마음
으로 달려온다. 모든 책임은 자신에게서 비롯되는 것이지 남 탓으로 돌려
서는 안 된다. 마음의 빗장을 활짝 열고 어울리는 삶이 가장 큰 기쁨이다.
자신은 굳게 닫은 채 남보고 먼저 열라는 것은 도둑놈 심보다. 많은 사람

들이 오케스트라에 매료당하는 것은 여러 연주자들의 합심이 일궈내는 조화가 아름답기 때문이다. 그 조화의 아름다움에 관객은 아낌없는 박수를 보내는 것이다.

☗ 태괘의 주제는 기쁨이다. 합당한 목적과 방법을 동원해야 사람이 모인다.

정역사상의 연구자 이상룡李象龍은 태괘의 성격을 다음과 같이 설명한다.

䷹ 兌字는 取卦之文而中畫象老陽하고 體象則上下皆澤이니
　　태 자　취 괘 지 문 이 중 획 상 노 양　　체 상 즉 상 하 개 택

取坎水而塞其下流也라 夫先天卦位는 澤注東南하고
취 감 수 이 색 기 하 류 야　　부 선 천 괘 위　　택 주 동 남

其外堅塞하니 爲子會之天政이며
기 외 견 색　　위 자 회 지 천 정

至下渫退之爲丑會之地政也라 而兌는 西方之卦니
지 하 설 퇴 지 위 축 회 지 지 정 야　　이 태　　서 방 지 괘

四九之金이 金上金下하니 西南互宅之象也라 此蹇驗難進은
사 구 지 금　　금 상 금 하　　서 남 호 택 지 상 야　　차 건 험 난 진

莫如水澤之重複이니 故로 兌所以次蹇也라
막 여 수 택 지 중 복　　고　태 소 이 차 건 야

태 자는 괘의 무늬와 가운데 획이 노양을 상징하는 것을 취했고, 본질을 형상화함은 상하 모두가 연못이므로 감괘의 물이 아래로 흐르는 것이 막힘을 취한 것이다. 무릇 선천괘의 위치는 연못물이 동남쪽으로 흐르고, 그 바깥은 견고하게 막혀 있음은 (선천) 자회子會의 하늘이 베푸는 정사이며, 아래로 새 물러나는 것은 (후천) 축회丑會의 땅이 베푸는 정사이다. 태괘는 서방의 괘로서 4·9금이 위 아래를 차지하여 (낙서의 도상에서) 서방과 남방이 자리를 바꾸는 형상이다. 이처럼 절룩거리고 위험하여 나아가기 어려움은 물과 연못이 중복된 것만한 것이 없는 까닭에 태괘가 건괘 다음이 된 것이다.

彖曰 兌, 享10), 利貞은 水道得正也라
단왈 태 향 이정 수도득정야

단전 "태는 형통하니, 올바르게 함이 이롭다"는 것은 물의 길이
올바름을 얻은 것이다.

象曰 君子以, 朋友講習은 從革成器는 在乎鍛鍊也라
상왈 군자이 붕우강습 종혁성기 재호단련야

상전 "군자는 이를 본받아 붕우와 더불어 강습한다"는 것은 혁신
을 통해 그릇을 이룸은 단련에 달려 있다.

初九, 和兌, 吉은 下流通兌也라
초구 화태 길 하류통태야

초효 "화합해서 기뻐함이니 길하다"는 것은 아래가 흘러 통해서
기쁘다는 것이다.

九二, 孚兌, 吉, 悔亡은 信其將亨이니 何悔之有乎아
구이 부태 길 회망 신기장형 하회지유호

2효 "믿어서 기뻐함이니, 길하고 뉘우침이 없다"는 것은 장차 형
통할 것을 믿음이니 어찌 후회가 있으리오.

六三, 來兌, 凶은 水逆上行하니 无所不通也라
육삼 내태 흉 수역상행 무소불통야

3효 "와서 기뻐함이니 흉하다"는 것은 물이 거슬러 위로 올라가
므로 통하지 않는 것이 없다.

九四, 商兌未寧, 介疾, 有喜는 重金受鑠如疥이니
구사 상태미녕 개질 유희 중금수삭여개

而終必革新也라
이종필혁신야

10) 원문은 享이 아니라 亨이다.

4효　"기쁨을 헤아리지만 편안치 않음이니, 지조를 지켜 (사악함을) 미워하면 기쁨이 있을 것이다"라는 것은 거듭된 금이 옴처럼 녹으므로 마침내 혁신한다는 뜻이다.

九五, 孚于剝, 有厲는 搏水過顙也라
구오　부우박　유려　　단수과상야

5효　"깍는 것을 믿으면 위태함이 있을 것이다"는 것은 물을 쳐서 이마를 지나친다는 뜻이다.

上六, 引兌는 牽金南行也라
상육　인태　　견금남행야

상효　"이끌어서 기뻐한다"는 것은 금을 이끌어서 남쪽으로 간다는 뜻이다.

|風水渙卦|

풍 수 환 괘

흩어짐의 질서

1. 카오스와 코스모스의 피드백 : 환괘

정이천은 중택태괘重澤兌卦(䷹) 다음에 풍수환괘風水渙卦(䷺)가 오는 이유를 다음과 같이 말한다.

渙은 序卦에 兌者는 說也니 說而後散之라
환　서괘　태자　열야　열이후산지

故受之以渙이라 하니라 說則舒散也니 人之氣憂則結聚하고
고수지이환　　　열즉서산야　　인지기우즉결취

說則舒散이라 故說有散義하니 渙所以繼兌也라
열즉서산　　고열유산의　　환소이계태야

爲卦巽上坎下하니 風行於水上하여 水遇風則渙散이니
위괘손상감하　　풍행어수상　　수우풍즉환산

所以爲渙也라
소이위환야

"환은 「서괘전」에 '태는 기뻐함이니, 기쁨 뒤에는 흩어지므로 환괘로 이어받았다'라고 하였다. 기뻐하면 풀어지고 흩어지니, 사람의 기운은 근심하면 맺혀서 모이고, 기뻐하면 풀어지고 흩어진다. 그러므로 기뻐함에 흩어지는 뜻이 있는 까닭에 환괘가 태괘를 이어받은 것이다. 괘의 형성은 손이 위에 있고 감이 아래에 있으니, 바람이 물 위에 불어 물이 바람을 만나면 흩어지니, 이 때문에 환이라 한 것이다."

'환渙'은 모였다가 뿔뿔이 흩어져 해산한다는 뜻이다. 괘의 구성은 위가 바람[風: ☴]이고, 아래는 물[水: ☵]이다. 바람이 물 위에 불어 물결치면서 흩어지는 모습을 담아냈다. 바람이 불면 수면의 물결은 파문을 일으키면서 흩어진다. 앞에 나왔던 중택태괘는 화합의 기쁨과 동시에 소인들이 날뛰면서 벌이는 추악한 기쁨 뒤에는 분산이 뒤따른다고 말했다. 그렇다고 '환'은 흩어져 무질서의 상태로 돌입하는 파국의 직전 단계를 뜻하지는 않는다.

잔잔한 호수에 돌을 던져보라. 파문은 일정한 패턴을 이루면서 사방으로 퍼져나간다. 겨울철 호수물이 얼어붙은 단층을 현미경으로 관찰하면 물결이 요동쳤던 과거의 파문 정보를 얻을 수 있다. 그것은 흩어짐의 무질서 속에 이미 질서가 내포되어 있다는 환괘의 의미가 과학적 사실로 입증된 예증이 아닐 수 없다. 무질서의 질서, 현대판 카오스(chaos) 이론이 담지된 것은 아닐까. 왜냐하면 괘사에서 '흩어짐이 형통한다[渙, 亨]'는 명제는 혼돈에서 '되먹힘(feedback)'[1] 과정을 거쳐 새로운 질서에 도달된다는 논리가 전제되었기 때문이다.

카오스 이론은 종래의 과학의 연구 대상에서 제외되었던 불규칙한 현상의 배후에 감추어져 있는 규칙성을 찾는 이론이다. 노벨 화학상을 수상한 일리야 프리고진의 지적에 의하면, 과거의 과학이 연구했던 코스모스(Cosmos)는 카오스의 지극히 미세한 일부분에 지나지 않는다. "혼돈, 불규칙성, 비예측성 등은 단순한 잡음이 아니라 그 나름대로 어떤 법칙을 지니는 것은 아닐까라는 물음에서 카오스 이론은 출발한다. 심장의 고동과 사람의 생각들, 구름들, 폭풍, 은하계의 구조, 시의 착상, 매미 혹은 애벌레 수의 증감, 산불의 퍼짐, 해안선의 굽이침, 그리고 생명 자체의 기원과 진화에 대해 과학자들은 자연을 비추는 새로운 거울을 만들기 시작했다. 이것이 곧 혼돈의 거울, 요지경이다. 어떻게 질서가 혼돈으로 변하고, 또 다른 한 면에서 혼돈이 질서를 만들며, 이 두 세계의 경계가 되는 난해한 거울면에서 어떻게 역학계의 정량定量的 현상이 정성적定性的 특성으로 변화하는 이치를 연구하는 분야다."[2]

물 위에 바람이 불면 흩어졌다가 바람이 멈추면 원래의 상태를 회복한다. 환괘는 일방적인 흩어짐만 외치지 않고, 흩어지는 현상의 배후에는 모

---

1) 김상일, 『한의학과 러셀 역설해의』(서울: 지식산업사, 2005), 215-217쪽 참조. "피드백 이론에 따르면, '입력'은 '출력'에 따라 영향을 받는다. 이는 오행 구조의 상생상극 및 주객 전도와 관련되는 말이다. 주체가 객체로 된다는 것은 입력과 출력이 같게 된다는 말과 같다. … 상생상극을 하며 주객 전도를 하다가 처음과 끝이 마주치는 것과 같다."
2) 존 브리그스/김광태, 『혼돈의 과학』(서울: 범양사출판사, 1994), 14-15쪽 참조.

이는 질서가 꿈틀거리고 있다는 법칙을 말한다. 따라서 특정한 고정 관념, 즉 직선적 사유 또는 이분법적 사고로 잔뜩 무장하고 쌍방향으로 움직이는 『주역』의 세계에 접근하려는 용기는 무모하다. 종교와 철학과 과학과 예술을 통합하는 넓은 안목으로 이쪽과 저쪽, 차안과 피안 등을 종합적으로 들여다보아야 한다는 뜻이다.

환괘에는 음양의 상호 의존, 상반상성相反相成의 원리가 배태되어 있다. 음은 양에, 양은 음에 의존하여 존재하듯이 흩어짐과 모임은 시간의 순환 과정을 거치면서 질서를 유지한다. 흩어짐과 모임의 현상은 대립적으로 인식된다. 하지만 흩어짐의 이면에는 모임의 원리가 작동하고, 모임의 이면에는 흩어짐의 원리가 작동한다. 환괘는 흩어진(산만) 뒤에도 실망하지 않고 끊임없이 모임(집중)에 힘써야 한다는 것을 강조한다.

2. 환괘 : 정도는 '흩어짐'을 '모임'으로 전환시키는 열쇠

渙은 **亨**하니 **王假有廟**며 **利涉大川**하니 **利貞**하니라
환   형   왕격유묘   이섭대천   이정

환은 형통하니, 왕이 사당을 두는 것이 지극하며 큰 내를 건너는 것이 이로우니, 올바르게 함이 이롭다.

중택태괘(䷹)의 주된 내용은 화합의 기쁨보다는 더럽고 추악한 비굴이었다. 그러나 환괘(䷺)는 부적합한 기쁨을 비롯한 부당한 행위를 한꺼번에 흩뜨려 새로운 환경을 조성해야 한다는 당위성을 강조하고 있다. 관광객이 버린 쓰레기로 몸살을 겪는 여름철 피서지를 떠올리자. 폭풍우가 휩쓸어버리면 주위가 온통 깨끗해진 것을 목격했을 것이다. 가이아 이론을 들먹이지 않더라도 자연은 스스로의 몸덩이를 자율적으로 조정하는 기능을 지녔다. 자연의 일부인 인간 역시 흩어진 마음을 수습하여 정신차리는 노력이 필요하다는 것이다. 자연은 스스로의 방식으로 청소하지만, 인간은

마음닦기와 수양이라는 방식으로 청소한다는 점이 다를 뿐이다.

자식이 사랑스럽다고 다 큰 자식을 시집장가 보내지 않는 어리석은 부모는 없다. 부모가 딸을 시집보내고 아들을 장가보내는 것이 흩어짐의 방식이라면, 자식들이 손자들을 부모 품에 안기는 것은 모임의 방식이다. 흩어지지 않으면 숨이 막힌다. 흩어져야만 숨통이 트이고, 숨통이 트여야 다시 모여 새로운 분위기가 형성될 수 있다. 꽉 막혔던 상황을 뚫는 것이 바로 '형통'이다.

'왕이 사당을 두는 것이 지극하다[王假有廟]'는 말은 택지췌괘(䷬)에서도 나왔다. '격假'은 왕이 종묘에 납신다[至]는 뜻이다. 종묘는 조상의 얼이 서려 있는 신성한 공간이다. 옛날에는 민심이 이반하려는 조짐이 나타나면, 흩어진 민심을 다시 모으는 구심점을 종묘로 삼았던 전통이 생겼다. 왕이 종묘에 나서는 이유는 종교의 힘으로 관료와 백성의 힘을 한 곳으로 결집시켜 국가의 번영을 꾀하는 효과가 크기 때문이다.

'흩어짐'을 '모임'으로 전환시켜 형통함에 이르게 하는 관건은 정도를 지키는 데 있다. 만약 정도에 따라 행동하지 않으면 신령을 모독하게 되어 흉한 결과가 생길 것이다. 그러므로 괘사는 마지막에서 '정도를 지켜야 이롭다'고 매듭지었던 것이다. "'흩어짐'을 '형통'으로 바꾸는 힘은 세 가지 요건이 있다. 첫째는 정성을 다해 감동시키는 것이고, 둘째는 사람들의 마음을 결집시키는 것이며, 셋째는 행동을 반듯하게 함에 있다. 이 중 한가지만 부족해도 성공할 수 없다."[3]

🏵 왕은 종묘에서 제사를 주관하는 의례를 통하여 조상신의 보살핌을 모으고, 혈연 의식과 국가 의식을 불러일으켜 백성들의 흩어진 마음을 하나로 통합하여 난관을 극복한다. '큰 내는 건너는데 이롭다'는 말은 민중의 여망을 하나로 겹집하면 어떠한 난관이라도 충분히 돌파할 수 있음을 뜻하는 발언이다.

3) 쑨 잉케이, 앞의 책, 866-867쪽 참조.

風水渙卦
풍수환괘

3. 단전 : 흩어짐과 모임의 형통과 소통의 뿌리는 내부에 있다

象曰 渙亨은 **剛**이 **來而不窮**하고 **柔得位乎外而上同**할새라
<small>단왈 환형　강　내이불궁　유득위호외이상동</small>

王假有廟는 **王乃在中也**오 **利涉大川**은 **乘木**하여
<small>왕격유묘　왕내재중야　이섭대천　승목</small>

有功也라
<small>유공야</small>

단전에 이르기를 '환이 형통함'은 강이 와서 곤궁하지 않고, 유가 밖에서
위치를 얻고 위와 함께하기 때문이다. '왕이 사당을 두는 것이 지극함'은
왕이 적중함이요, '큰 내를 건너는 것이 이로움'은 나무를 타서 공이 있는
것이다.

환괘 괘사는 역설의 논리로 이루어져 있다. 흩어지면 흔적도 없이 무형
화되는 것이 아니라 곧바로 모임의 유형화로 다시 부활되어 나타난다는
이론이다. 흩어지기 이전의 상태로 회귀함과 동시에 형통하려면 반드시
연결고리가 필요하다. 흩어짐의 끝점과 모임의 시작점이 단절되어 있다면
형통은 불가능하다. 『주역』은 소통의 근거를 외부에서 빌려오지 않고 내
부 조직에서 찾는다.

이를 공자는 「단전」에서 강과 유의 교류와 괘의 변화를 통해 설명한다.
정이천은 환괘의 원형은 천지비괘(☷☰)라 주장했고, 주자는 환괘의 원형을
풍산점괘(☴☶)에서 찾았다. 정이천은 비괘 4효와 2효가 서로 자리바꿈하면
풍괘가 형성된다고 풀이한다. 4효는 아래로 내려와 감괘[水: ☵] 2효 강이
되어 자기 역할을 다하므로 곤궁하지 않고, 2효는 위로 올라가 손괘[風:
☴] 4효 유가 되어 5효에게 순종하면서 뜻을 함께 공유[剛, 來而不窮, 柔得
位乎外而上同]한다. 5효 군주는 상괘의 중정中正을, 4효 신하 역시 음이 음
자리[正]에서 자신의 직분에 걸맞는 위치[得位]에서 국정의 튼튼한 기반을
세우기 때문에 형통할 수 있다.

주자는 점괘 3효와 2효가 자리바꿈한 것이 환괘라고 주장한다. 3효 강은 아래로 내려와 감괘의 주인공인 2효가 되고, 2효 유가 위로 올라간 3효 유는 4효 유와 뜻을 결합한다는 논리다. 다시 말해서 3효 강은 내려와 2효 중을 얻어 막다른 골목까지 치닫지 않고[剛, 來而不窮], 2효는 3효로 변신하여 계속 유를 고수하면서 4효 유와 더불어 뜻을 함께 한다[柔得位乎外而上同]는 것이다.

환괘는 겉모습이 바뀌는 것은 일시적인 현상일 뿐 머지않아 원형을 회복한다는 희망의 원리가 내재되어 있다. 자연의 움직임 즉 흩어짐과 모임은 자연의 시계에 맞추어 순환하지만, 인생에서는 시간과 공간에 알맞는 실천이 뒤따라야 흩어짐을 모임으로 변환시킬 수 있다는 것이다.

자연이 중정中正의 축을 중심으로 움직인다면, 인간사는 왕을 중심으로 운용된다. 왕은 하늘과 땅과 인간을 소통시키는 중추적 존재이다. 그것은 왕王의 글자 형태에 반영되어 있다. 천지인 '三'을 수직으로 연결시키는 '丨'로 결합되어 있다. 왕이 종묘 제사를 받든다는 것은 종교와 정치의 한복판에서 하늘과 조상의 영혼을 감동시켜 민심의 향배를 결정짓는 주체[王乃在中也]라는 사실을 각인시킨다.

『주역』에는 '큰 내를 건너는 것이 이롭다[利涉大川]'는 말이 자주 등장한다. 그것은 험난한 고비를 건너간다는 뜻으로서 물[水, 坎卦: ☵]과 연관될 때는 어김없이 나타난다. 험난한 강물을 헤쳐 나가기를 위해서는 나무로 만든 배[乘木]를 타고 건너야 아무런 탈이 없다. 외형상 환괘의 하괘는 물을 가리키는 감괘(☵)이고, 상괘는 나무[木]를 가리키는 손괘(☴)로 구성되어 있다. 흘러가는 큰 내는 시간의 강을 의미한다.

☼ 배에는 작은 배와 큰 배가 있다. 불교의 가르침이 소승불교와 대승불교로 나뉘듯이, 혼자 타는 작은 배는 '소승小乘의 배'요, 고통에 허덕이는 전인류가 탈 수 있는 큰 배는 '대승大乘의 배'다. 작은 배로는 많은 승객을 태울 수 없다. 정원 초과일 때는 전복하고 만다. 큰 배를 만들어 상제와 조상을

모시는 정성의 마음과 민심을 감화시키는 큰 마음을 싣고 시간의 강을 건너야만 그 공로를 인정받을 수 있다.

4. 상전 : 민심 수습의 방안으로 상제께 제사 올리고, 종묘를 세우다

象曰 風行水上이 **渙**이니 **先王**이 **以**하여 **享于帝**하며
상 왈 풍 행 수 상 　 환 　 선 왕 　 이 　 　 향 우 제

立廟하니라
입 묘

상전에 이르기를 바람이 물 위에 부는 것이 환이다. 선왕이 이를 본받아 상제께 제사를 올리며 사당을 세운다.

환괘는 물 위에 바람이 불어 물결치는 모양을 형상화한 것이다. 물결이 사방으로 퍼지는 외형은 민심이 흩어지는 모습과 흡사하다. 옛날의 왕들은 흉흉한 민심을 수습하고 재결집하기 위한 방안으로 하늘에 제사를 올리고, 조상을 받드는 사당을 세우는 지혜를 발휘했다.

「상전」은 상제(천제)께 제사올리고 종묘를 세울 수 있는 존재는 왕이기 때문에 군자라 표현하지 않고 선왕이라 했다. 선왕은 환괘의 흩어지는 모습을 보고 갈래갈래 흩어진 민심을 취합하기 위해서 가장 먼저 상제에게 정성껏 제사모시고, 종묘를 세워 조상의 영혼이 깃들도록 하였다.

상제 또는 천제는 인간을 비롯한 만물을 빚어내고 주재하는 신앙 대상이다. 상제에게 제사를 올리는 것은 생명의 본원에 대한 최대의 보은 행위이다. 동양에서는 예로부터 제왕의 지위에 오른 왕들이 맨 처음 한 일은 상제께 제사를 모시는 것이었다[享于帝]. 그리고 나라를 창업한 왕의 혼령을 받들기 위해 사당을 세워 높은 뜻을 기렸다[立廟].

☖ 민심이 흩어지는 상황을 보고서도 적절한 조치를 취하지 않으면 분열과 혼란으로 치달을 것이다. 왕은 상제께 제사드릴 수 있는 유일한 존재는 자신뿐이라는 정통성을 재확립한 다음에 악화된 여론의 확산을 막고 민심을

수습할 수 있는 강구책이 필요했다. 그래서 종묘와 사직을 지키는 수단으로 신성한 건물을 세워 덕치의 발판을 마련했던 것이다.

5. 초효 : 흩어짐을 방지하려면 구원자와 손을 맞잡아야

初六은 **用拯**호대 **馬壯**하니 **吉**하니라
초 육   용 증   마 장   길

象曰 初六之吉은 **順也**일새라
상 왈 초 육 지 길   순 야

초육은 구원하되 말이 건장하니 길하다. 상전에 이르기를 '초육의 길함'은 순응하기 때문이다.

초효는 음이 양 자리에 있고[不正], 중용에 미치지 못하며[不中], 4효와 상응하지 않는 썩 좋지 않은 상황이다. 초효는 이제 막 흩어지려는 출발점이므로 흩어질 '환渙'이라는 단어조차 언급되지 않았다. 흩어지려는 조짐은 있으나, 아직 뚜렷한 현상은 보이지 않기 때문이다.

'증拯'은 건지다, 구원하다는 뜻이다. 흩어지면 죽고 뭉치면 산다는 구호처럼, 흩어지지 않으려면 누구와 손을 맞잡아야 한다. 4효는 초효와 같은 음이기 때문에 구원의 파트너가 될 수 없다. 자생 능력이 부족한 초효는 도움의 눈길을 먼 곳으로 돌리지 않고 이웃에 있는 2효 양에게서 찾는다.

2효는 비록 양이 음 자리에 있으나, 구원이 필요한 동료를 구출할 수 있는 양의 강건함과 중용의 조건을 갖췄다. 효사는 이를 '말이 건장하다'고 표현했다.[4] 2효의 건장한 말이 힘 없는 초효 음을 등에 태우고 구원한다는 것이다. 초효와 2효는 이웃사촌으로 전통 주역학에서는 '아주 가까운 사이[相比]'라 했다. 하나는 약자이고 다른 하나는 강자로서 피구원자와 구원자의 관계인 것이다.

---

4) '구원하되 말이 건장하다[用拯, 馬壯]'는 내용은 地火明夷卦 2효에도 나온다.

⚱ 약자는 강자에 의지해 흩어지는 곤경을 벗어날 수 있다. 만약 자존심 때문에 구원의 손길을 거절하면 신세를 망치기 때문에 자신을 던져서라도 구원자의 뜻에 따라야 한다. 그렇다고 마냥 2효의 구원에 무조건 순종을 의미하지는 않는다. 그것은 '지금은 흩어짐의 시대'라는 시간에의 순응, 음양의 결합을 통한 적극적 대처 방안이라 할 수 있다.

6. 2효 : '홀로 서기'보다는 '함께 서는 성공'이 좋다

九二는 **渙**애 **奔其机**면 **悔亡**하리라
구 이 환 분 기 궤 회 망

象曰 渙奔其机는 **得願也**라
상 왈 환 분 기 궤 득 원 야

구이는 흩어짐에 책상으로 달아나면 뉘우침이 없어질 것이다. 상전에 이르기를 '흩어짐에 책상으로 달아남'은 원하는 것을 얻은 것이다.

'분奔'은 달리다, 질주하다는 뜻이다. '궤机'는 편안한 의자라는 궤几와 같은 글자로서 편히 기댈 수 있는 책상 또는 사방침을 가리킨다. 초효는 흩어지려는 시초이기 때문에 2효의 건장한 말의 힘을 빌려 흩어지는 곤경을 면할 수 있었다. 하지만 2효로 넘어오면 흩어짐이 본격적으로 시작되므로 안전한 곳으로 피신하는 것이 최선책이다.

2효는 양이 음 자리에 있으나[不正], 중용을 지키고[中], 5효와는 감응하지 못한다. 흩어지는 시기에 회한이 없을 수 없다. 불안한 심리를 덜어내려고 의지할 만한 책상으로 달려가기 때문에 회한이 사라진다는 것이다. 그런데 책상이 과연 무엇인가라는 논란이 후대에 불거졌다. 정이천은 초효에 대한 2효가 건장한 말이라면, 2효에 대한 초효는 책상이 된다고 풀이했다. 초효와 2효, 즉 책상과 말은 흩어져 무력화되는 상황에 대처하고 협력하는 버팀목이라 할 수 있다.

'흩어짐'이 대세로 굳어진 이상 '홀로 서기'는 애당초 어렵다. 백짓장도

맞들면 낫다는 속담처럼, 초효와 2효는 서로가 의존해야 하는 음양 관계를 이룬다. 편안한 책상으로 달려간 2효는 부드럽고 넓은 마음을 소유한 초효 음에 의해 받아들여져 '함께 서기'에 성공한다. 그래서 뉘우치는 일이 사라지고 소원한 바를 얻게 되는 것이다.

☆ 흩어짐의 시초 단계에 있는 초효는 2효의 도움으로 길할 수 있지만, 흩어짐의 소용돌이에 접어든 2효는 초효의 도움에 의존해 회한이 사라지는 것이 다를 뿐이다.

7. 3효 : 욕망을 풀면 후회는 저절로 사라진다

六三은 **渙**애 **其躬**이 **无悔**니라
육 삼　 환　 기 궁　 무 회

象曰 渙其躬은 **志在外也**일새라
상 왈 환 기 궁　 지 재 외 야

육삼은 스스로의 몸을 흩뜨림에 뉘우침이 없다. 상전에 이르기를 '몸을 흩뜨림'은 뜻이 밖에 있기 때문이다.

3효는 음이 양 자리에 있고[不正], 중용을 지나쳤으나[不中], 상효와는 감응한다. 초효와 2효는 서로 의지하면서 어려움을 이겨나갔다. 하지만 3효는 이별의 시대임에도 불구하고 상효와 음양짝을 이루어 고비를 넘긴다.

'몸[躬]'이란 이기심으로 가득 찬 욕망 덩어리다. 이기심으로 자신을 돌보지 않고, 욕망의 옷을 벗어던져 상효의 뜻을 따른다. 이기심이 산산이 부서지면 남는 것은 오로지 순수한 의식뿐이다. 남을 흩뜨리지 않고 스스로 욕망의 쇠사슬을 풀어 생명과 진리의 길을 걷기 때문에 회한은 저절로 사라지는 것이다.

☆ 짝꿍인 상효는 3효의 뜻을 읽고 구원의 밧줄을 내린다. 3효는 밧줄을 타고 올라가 음양의 화합을 이룬다. 그동안 쌓였던 회한이 말끔히 사라진다. 음양의 결합(모임)을 통해 흩어지는 허무함을 방지할 수 있는 것이다.

風水渙卦
풍 수 환 괘

8. 4효 : 나를 버리는 것이 우리를 살리는 일

六四는 **渙**애 **其群**이라 **元吉**이니 **渙**애 **有丘匪夷所思**리라
육사 환 기군 원길 환 유구비이소사

象曰 渙其群元吉은 **光大也**라
상왈 환기군원길 광대야

육사는 무리를 흩뜨림이다. 크게 길하니 흩뜨려서 언덕 같은 무리를 이룸은 보통 사람이 생각할 바가 아니다. 상전에 이르기를 '무리를 흩뜨림에 크게 길함'은 빛나고 큰 것이다.

4효는 음이 음 자리에 있으나[正], 중용을 얻지 못했고[不中], 초효와 감응하지 않는다. 비록 중용은 아니지만, 「단전」은 유유[= 陰]가 바깥에서 제 위치를 얻어 5효 군주의 뜻을 따른다고 했다. 4효가 같은 음인 초효와 감응하지 않는다는 것은 사사롭게 패거리를 짓지 않는다는 뜻이 내포되어 있다.

4효는 정도의 본질이 무엇인지를 실감나게 보여준다. 4효 신하는 위로는 국가의 리더인 군주를 받들고, 아래로는 자신을 따르는 무리들에게 해산을 명령하여 사심 없는 태도를 몸소 실천한다. 민심을 하나로 모으는 방법으로 직접 사당혁파私黨革罷를 실시한다. 먼저 사사로운 모임을 흩뜨린 다음에 공적인 무리를 모으기 때문에 개혁의 구심점으로 더욱 돋보이는 것은 당연하다.

4효는 공정한 신하를 상징한다. 자신의 힘줄이었던 붕당을 자발적으로 해체하여 공조직을 살리고, 혼란의 불씨를 잠재워 군주를 공권력의 정점으로 만들고, 무리를 모아 국가의 번영을 꾀한다. 먼저 '무리를 흩뜨린[渙其群]' 다음에 '언덕 같은 무리를 모으는[渙有丘]' 뛰어난 전략은 보통 사람의 생각과 능력을 초월한다.

☷ 환괘는 개인 모두가 사소한 것을 버리고 대동 단결을 성취하는 일은 역

사에 길이 빛나는 위대한 사업이라고 했다[光大也]. 개인이 각자의 이익을 버리면 공공의 이익과 도의가 살아난다. 나를 죽이는 것이 우리를 살리는 일이다. 그것은 또한 소인이 사라져 군자의 세상이 되는 지름길이다.

9. 5효 : 정도는 위기에 대처하는 으뜸가는 덕목

九五는 **渙**에 **汗其大號**면 **渙**에 **王居**니 **无咎**리라
구 오   환   한기대호   환   왕거   무구

象曰 王居无咎는 **正位也**라
상왈 왕거무구   정위야

구오는 흩뜨림에 몸에서 땀 나듯이 크게 소리치면 흩어지는 시기에 왕이 지키니 허물이 없을 것이다. 상전에 이르기를 '왕이 거처하여 허물이 없음'은 위치가 올바른 것이다.

5효는 양이 양 자리에 있고[正], 중용을 얻어[中], 환괘의 주인공 역할을 톡톡히 한다. '한汗'에는 온몸이 땀으로 흠뻑 젖을 정도로 민심이 흩어지는 것을 구제한다는 뜻이 담겨 있다. 위대한 호령을 뜻하는 '대호大號'는 군주가 내리는 지엄한 명령 또는 조칙을 가리킨다. 비록 중정의 덕성과 정치적 권한을 손아귀에 쥔 군주일지라도 땀이 온몸을 적시듯 혼신을 기울여야 비로소 흩어진 민심을 다시 모을 수 있다는 뜻이다.

하지만 지금은 위기라는 사실을 백성들에게 호소한 다음에 지엄한 명령을 내려야 권위가 설 수 있다. 일방적인 명령은 일시적인 효과는 거둘 수 있으나 설득력이 모자라 약효가 오래가지 않는다. '뭉치면 산다'는 구호로 백성들의 마음을 누그러뜨리는 양동 작전을 펴야 한다. 흘린 땀은 땀구멍으로 다시 들어갈 수 없는 것처럼, 한 번 내린 명령은 취소할 수 없다. 명령을 취소하면 왕의 권위는 엄청난 손상을 입기 때문이다.

군주는 권력의 심장이다. 흩어짐을 모임으로 반전시키려면 강력한 리더십을 가진 지도자가 아니면 곤란하다[王居]. 하늘에는 두 개의 태양이 존

재하지 않는다. 지엄한 명령은 두 군데에서 나올 수 없다. 모든 책임은 군주에게서 비롯된다는 뜻이다. 하지만 군주 혼자 나라를 다스릴 수는 없다. 사심이 전혀 없이 한마음을 가진 4효 신하의 보필이 있어야 위기 극복이 가능할 것이다.

✡ 국가의 위기 관리에서 으뜸가는 덕목은 정도를 굳게 지켜려는 마음씨이다. 위기 관리의 방법론 등은 부차적인 것이다. 원칙과 변칙을 혼동해서는 안 된다는 뜻이다. 정도의 원칙을 버리고 변칙을 숭상한다면 조직이 붕괴되는 것은 시간 문제다.

10. 상효 : 절망과 희망은 자연의 순환 법칙

上九는 **渙**에 **其血**이 **去**하며 **逖**에 **出**하면 **无咎**리라
상 구 환 기 혈 거 척 출 무 구
象曰 渙其血은 **遠害也**라
상 왈 환 기 혈 원 해 야

상구는 흩어짐에 피가 가며, 두려운 곳에서 나가면 허물이 없을 것이다.
상전에 이르기를 '흩어짐에 피가 가면'은 해를 멀리한 것이다.

피 '혈血'은 상해傷害와 같은 뜻이며, 멀고 아득할 '적逖'은 두려워할 '척惕[5]과 같은 글자다. 상효는 양이 음 자리에 있고[不正], 중용을 벗어났으나[不中], 3효와 감응이 잘 이루어진다. 또한 상효는 흩어짐의 막바지에 있고, 험난함을 표상하는 하괘[坎: ☵]에서 멀리 떨어져 있다.

흩어짐의 극한에 이르러 피해 입는 것과는 거리가 한참 멀고, 근심과 두려움에서 벗어나 허물짓지 않는다. 흩어짐의 극한은 '물극필반物極必反'의 원리에 의해 다시 다스림의 세계로 접어든다. 그래서 환괘는 상해와 두려

---

5) 『周易本義』, "피는 상해를 일컫는다. '적'은 마땅히 '척'이 되어야 하니, 소축괘 4효와 같으니, 피를 흩으면 피가 제거되고 두려움을 흩뜨리면 두려움에서 벗어남을 말한 것이다.[血謂傷害. 逖當作惕, 與小畜六四同, 言渙其血則去, 渙其惕則出也.]"

움이 사라져 원래의 상태로 돌아간다는 것으로 결론짓는다. 그래서 환괘 다음에 만물의 절도성을 뜻하는 수택절괘(䷻)가 뒤따르는 것이다.

『주역』에서 감괘[水: ☵]는 험난한 강물을 상징한다. 험난한 곤궁에서 벗어남[去, 逃, 遠]은 간난으로부터의 탈출을 뜻한다. 그렇다고 영원한 해방은 아니다.『주역』은 험난함에 빠질 경우는 탈출을 독려하고, 험난에서 탈출하면 다시 험난함에 빠질 것을 경계했다.

🪷『주역』은 험난과 탈출의 교체, 절망과 희망, 흩어짐과 모임 등은 시간의 순환을 거치면서 움직인다는 논지를 펼친다.

정역사상의 연구자 이상룡李象龍은 환괘의 성격을 다음과 같이 설명한다.

䷺ 渙은 在文爲水奐이니 奐은 大也라 大水之險이
환 재문위수환 환 대야 대수지험

汎濫於天下者니 風以散之之義也라 且水漾澤上하고
범람어천하자 풍이산지지의야 차수양택상

塞下不流者는 節卦之象也오 而水得下渫하여 風又終之하여
색하불류자 절괘지상야 이수득하설 풍우종지

以散之者는 渙卦之象이니 渙次於節也라
이산지자 환괘지상 환차어절야

환은 문자적으로 물이 흩어진다는 것으로 환은 크다는 뜻이다. 큰 물은 위험하여 천하에 범람하므로 바람으로 흩으려는 뜻이다. 또한 물이 연못 위에서 출렁거리고 아래가 막혀 흐르지 않는 것은 절괘의 형상이다. 물이 아래로 새서 바람으로 마치고 흩는 것이 환괘의 형상이므로 절괘 다음이 된 것이다.

象曰 渙, 亨, 王假有廟는 中興而孚廟也오 利涉大川, 利貞은
단왈 환 형 왕격유묘 중흥이부묘야 이섭대천 이정

治水以正也라
치수이정야

"환은 형통하니, 왕이 사당을 두는 것이 지극하다"는 것은
중흥하여 사당에 믿음을 두는 것이며, "큰 내를 건너는 것이 이로우
니, 올바르게 함이 이롭다"는 것은 치수에 성공하여 올바르게 된다
는 뜻이다.

象曰 先王以, 享于帝, 立廟는 郊焉而神格하고 廟焉而鬼享也라
상왈 선왕이 향우제 입묘 교언이신격 묘언이귀향야

"선왕이 이를 본받아 상제께 제사를 올리며 사당을 세운
다"는 것은 교외에서 신을 섬기고 사당에서 귀신에 제사지낸다는
뜻이다.

初六, 用拯, 馬壯, 吉은 午旺子休也라
초육 용증 마장 길 오왕자휴야

"구원하되 말이 건장하니 길하다"는 것은 오午가 왕성하므
로 자子는 쉰다(변화의 시간대라는)는 뜻이다.

九二, 渙, 奔其機, 悔亡은 烈澤而糞之니 散者復合也라
구이 환 분기기 회망 열택이분지 산자부합야

"흩어짐에 책상으로 달아나면 뉘우침이 없어질 것이다"는
것은 연못이 세차 더러운 것을 떨쳐내므로 흩어진 것은 다시 합한
다는 뜻이다.

六三, 渙, 其躬, 无悔는 散而躬耕하니 可以頤養也라
육삼 환 기궁 무회 산이궁경 가이이양야

"스스로의 몸을 흩뜨림에 뉘우침이 없다"는 것은 흩어져 몸
소 경작하여 먹이고 기를 수 있다는 뜻이다.

六四, 渙, 其群, 元吉은 協謨濟時也오 渙, 有丘는
육사 환 기군 원길 협모제시야 환 유구

潮落山出也오 匪夷所思는 匪等夷之人의 思慮所及也라
조락산출야   비이소사   비등이지인   사려소급야

4효 "무리를 흩뜨림이다. 크게 길하다"는 것은 건널 시간을 협동해서 도모하는 것이요, "흩뜨려서 언덕 같은 무리를 이룸"은 밀물이 물러나 산이 나오는 것이며, "보통 사람이 생각할 바가 아니다"라는 것은 보통의 사람의 생각이 미칠 바가 아니라는 뜻이다.

九五, 渙, 汗其大號는 風伯一怒하면 敵皆汗踵也오 渙, 王居,
구오 환 한기대호   풍백일노   적개한종야   환 왕거

无咎는 仍其舊殿也라
무구   잉기구전야

5효 "흩뜨림에 몸에서 땀 나듯이 크게 소리친다"는 것은 풍백風伯이 한 번 화나면 적이 모두 발꿈치에 땀이 난다는 것이며, "흩어지는 시기에 왕이 지키니 허물이 없을 것이다"라는 것은 옛 궁궐에 산다는 것이다.

上九, 渙, 其血, 水去⁶⁾는 无害也오 逖, 出, 无咎는 遠征有勳也라
상구 환 기혈 수거   무해야   척 출 무구   원정유훈야

상효 "흩어짐에 피가 간다"는 것은 해로움이 없다는 것이며, "두려운 곳에서 나가면 허물이 없을 것이다"라는 것은 먼 곳을 가더라도 공훈이 있다는 뜻이다.

---

6) 본문은 "渙에 其血이 去하며"인데, 이상룡은 水去라고 했다. '水'도 무슨 글자인지 불분명하다.

|水澤節卦|
수 택 절 괘

자연의 리듬과
절제의 아름다움

1. 절도, 세상을 꿰뚫는 이법 : 절괘

정이천은 풍수환괘風水渙卦(☴☵) 다음에 수택절괘水澤節卦(☵☱)가 오는 이유를 다음과 같이 말한다.

> 節은 序卦에 渙者는 離也니 物不可以終離라
> 절　서괘　환자　　리야　　물불가이종리
>
> 故受之以節이라 하니라 物旣離散이면 則當節止之니
> 고수지이절　　　　　　물기이산　　　즉당절지지
>
> 節所以次渙也라 爲卦澤上有水하니 澤之容은 有限이라
> 절소이차환야　　위괘택상유수　　　택지용　　유한
>
> 澤上置水에 滿則不容이니 爲有節之象이라 故爲節이라
> 택상치수　　만즉불용　　　위유절지상　　　고위절

"절은 「서괘전」에 '환은 흩어짐이니 사물은 끝내 흩어질 수 없으므로 절괘로 이어받았다'라고 하였다. 사물이 이미 흩어지면 마땅히 절제하여 멈춰야 하니, 이런 까닭에 절괘가 환괘의 다음이 된 것이다. 괘의 형성은 연못 위에 물이 있으니, 연못의 용납에는 한계가 있다. 연못 위에 물을 둠에 가득 차면 용납하지 못하니, 절제가 있는 모습이다. 그러므로 '절'이라 한 것이다."

풍수환괘(☴☵)를 180° 뒤집어 엎으면 수택절괘(☵☱)가 된다. 절괘는 환괘와 다르게 만물이 흩어져 소멸로 치닫지 않도록 질서의 세계로 진입한다는 논리가 담겨 있다. 우리말에 '절節'과 연관된 단어는 수두룩하다. 적절한 조정과 의지를 뜻하는 절도, 절제, 절개, 절검, 절약, 절지, 절조, 절차, 예절, 수절, 정절, 사계절 등의 다양한 의미가 그것이다.

마디와 단락을 뜻하는 '절節'은 대나무와 밀접한 관계가 있다. '절'의 글자 뜻에 대해 문자학자 단옥재段玉裁(1735-1815)는 "대나무의 마디를 동여맨 모양"[1]이라고 풀이했다. 대나무의 마디는 성장이 잠시 정지되어 영양분

---

1) 湯可敬, 『說文解字今釋(上)』(湖南省: 岳麓書社, 1997), 617쪽. "節, 竹之約也. 竹節如纏束之

이 위로 올라가지 못하고 한군데에 응고하여 매듭지어진 부분을 말한다. 대나무의 성장 속도와 나이를 구분짓는 마디가 바로 '절節'이다.

또한 '절'에는 지나치거나 모자라지도 않게 보편적 준거에 부합한다는 '중절中節'의 뜻이 있다. 『중용』은 인간의 정서인 희노애락이 아직 겉으로 표출되기 이전은 '중中'이요, 현실적으로 드러나 모두가 절도에 들어맞는 것을 위대한 조화[和]라 했다.[2] 절괘에서는 중용에 합당한 조화를 '감절甘節'이라 하고, 억지로 중용에 꿰맞추려다 지나치거나 모자라면 괴롭기 때문에 '고절苦節'이라 표현했다.

절괘는 위가 물을 뜻하는 감괘坎卦(☵)이고, 아래는 연못을 뜻하는 태괘兌卦(☱)로 구성되어 있다. 절괘는 저수지에 물이 고여 있는 형상이다. 저수지 물이 넘치는 것[過]은 중용을 벗어남을, 물이 부족한 것[不及]은 중용에 미치지 못하는 것을 형용한다. 저수지는 물의 공급과 수요를 조절하는 것이 생명이다. 넘치거나 부족해서는 결코 안 된다. 절도를 잃으면 아무런 소용이 없다. 절괘는 물이 넘치면 하류로 흘려보내고, 부족하면 저장하는 중용의 지혜를 가르친다.

절괘는 수많은 영감과 상상력을 불러일으킨다. 자연의 리듬(절도)의 중요성을 일깨우는 절괘가 왜 60번에 위치하고 있는가? 『주역』 64괘에서 60은 어떤 의미를 지니는가? 전통 주역학에서는 우주의 본체인 건곤감리를 제외한 나머지 60은 운동의 규칙성을 설명하는 것으로 인식했다. 이밖에도 동양 수학에서 천간지지의 조합으로 이루어진 최소공배수, 즉 60진법의 발전과 연관해서 이해하는 방법이 더 옳다.

'철부지[節 + 不知]'의 어원은 4계절[節]이 규칙적으로 운행하는 이치를 모르는 사람이라는 뜻에서 비롯되었다. 『주역』이 64괘 384효로 이루어

狀." '約'은 동여 묶다는 纏束의 뜻이다.
2) 『中庸』, "喜怒哀樂之未發謂之中. 發而皆中節謂之和, 中也者天下之大本也. 和也者天下之達道也. 致中和, 天地位焉, 萬物育焉."

| 水澤節卦 | 자연의 리듬과 절제의 아름다움   595

水澤節卦
수택절괘

진 이유를 살펴보면, 달력(Calendar) 구성의 메카니즘과 깊은 연관이 있다. 태양력과 태음력을 나누는 기준은 360이고, 이 360에 24절기를 보태면 384가 형성된다. 360을 다시 6효로 나누면 60이 된다. 이 60은 6갑 원리다. 6갑을 수학적으로 보면 천지를 구성하는 근원적 시스템이며, 종교적으로 보면 조화옹造化翁[上帝]의 시계판이라 할 수 있다.

이정호박사는 이에 얽힌 궁금증을 명쾌하게 설명하고 있다.[3]

"'節'은 일종의 철이기도 하다. 철이란 계절의 뜻으로 1년 중 4시절을 말한다. 계절도 4시 유행에 있어 하나의 마디이기 때문이다. 우리말에 봄인지 여름인지 분간을 못하고, 옳은 것인지 그른 것인지, 할 것인지 말 것인지 도무지 구별을 못하는 것을 철을 모른다고 한다. 시절을 모른다는 뜻이다. 가치관이 정립되지 못한 사람을 철부지라 하는 것도 여기서 유래한 말이다. 철은 들어야 하고 절개는 지켜야 하되 '고절苦節'은 끝까지 밀고 나가지 말아야 할 것이다. '貞'이란 貞固幹事의 뜻이 있으니 끝까지 몰고가서 일을 마무리짓는 것이다. '苦節'의 경우에는 그래서는 안 된다는 것이다. 『주역』도 이제 제 60괘로 '절'에 다다랐다. 절은 그침[止]이다. 여기서 『주역』이 끝이 난 것이다. 앞에 中孚, 小過, 旣濟, 未濟의 네 괘가 있지만 이것은 이미 節止된 『주역』이 새로운 乾坤에로 항해 또는 飛去하는 교량(징검다리) 노릇을 할 뿐, 『주역』은 사실상 이상 60괘로 종지부를 찍는 것이다."[4]

2. 절괘 : 지나친 것을 조절하는 중용의 지혜

節은 亨하니 苦節은 不可貞이니라
절   형   고절   불가정

---

3) 김흥호, 앞의 책, 484-485쪽 참조. "정역의 대가 이정호는 주역의 괘가 64괘가 아니라 60괘로 끝을 맺는다고 했다. 절괘가 마지막 결론을 맺는 괘라는 것이다. 나도 이정호의 말이 옳다고 생각한다. 수택절이 『주역』의 결론이다. 주역의 결론은 中正이다."
4) 이정호, 『周易正義』(서울: 아세아문화사, 1980), 128-129쪽.

절은 형통하니, 괴로운 절제는 올바르지 않다.

환괘와 절괘 괘사의 공통점은 '형통한다'는 것이다. 환괘는 형통하기 위해서는 먼저 흩어지고, 반대로 절괘는 흩어지는 형국이 보이지 않는 손길의 다스림에 의해 형통한다고 했다. 자연과 인간이 형통하는 이유는 이 하늘과 땅은 합법칙적이고 합목적인 절도성으로 작동하고,[5] 사람은 합리적인 절도에 맞추어 살아가기 때문이다.

괘사는 절제의 두 측면을 말하는 것으로부터 시작한다. 도리에 합당한 절제는 형통하고, 도리에 어긋난 절제는 괴로움을 불러온다는 것이다.[6] 또한 중정을 확보한 5효의 경우는 형통하고, 지나친 절제에서 비롯된 괴로움은 상효의 경우라고 지적하면서 긍정과 부정의 양면성을 부각시켜 인간을 중정의 길로 인도한다.

'고절苦節'은 스스로의 몸과 마음에 족쇄를 채우는 자기 학대를 꼬집는 비유이다. 너무 깨끗한 물에는 물고기가 살 수 없다는 격언이 있다. 절도는 모자람을 채우라는 지침이라기보다는 차라리 지나침을 억제하여 중용의 길로 들어서게 하는 이치이다. 지나친 절도는 삶을 풍요롭게 하는 보약이 아니라, 삶을 괴롭히는 채찍인 것이다.

☷ 대나무는 선비의 올곧은 표상으로서 동양의 예술과 문화 코드로 작용했다. 지나치게 올곧은 대쪽은 쪼개진다.

---

5) 澤水困卦(☵)의 상괘와 하괘, 즉 그 내부 조직(상하)을 서로 바꾸면 수택절괘가 된다. 전자가 물로 인해 자율 조정의 능력을 상실하여 곤경을 치른다면, 후자는 자율 조정의 능력을 회복하여 형통할 수 있는 근거가 확보됨을 시사한다.
6) '苦節'에 대한 해석은 두 가지가 있다. 하나는 심신을 지나칠 정도로 괴롭히면서 정도를 지키려는 것은 옳지 않다는 것이다. 다른 하나는 몸을 망치면서 절제해서는 안 되므로 정도를 지켜야 한다는 것이다. 이는 '곧을 貞'에 얽힌 해석과 띄어쓰기에서 비롯된다. '貞'을 굳세게 고집하다, 또는 몸과 마음을 괴롭히는 절제는 옳지 않다로 풀이해야 한다. 정도를 지켜야 한다[苦節不可, 貞]로 띄어서 읽으면 된다.

3. 단전 : 고행을 기쁜 마음으로 조절하면서 즐겨라

彖曰 節亨은 **剛柔分而剛得中**할새오 **苦節不可貞**은
단왈 절형 　　강유분이강득중 　　　고절불가정

其道窮也일새라 **說而行險**하고 **當位以節**하고
기도궁야 　　　열이행험 　　　당위이절

中正以通하니라 **天地節而四時成**하나니 **節以制度**하여
중정이통 　　　천지절이사시성 　　　절이제도

不傷財하며 **不害民**하나니라
불상재 　　불해민

단전에 이르기를 '절제가 형통한다'는 것은 강과 유가 나뉘고 강이 중도를 얻었기 때문이요, '괴로운 절제는 올바르지 않음'은 그 도가 궁색하기 때문이다. 기쁨으로 험한 데 행하고, 절도에 맞추어 마땅한 위치에 있고 중정으로 통한다. 천지가 절도에 맞게 움직여 사시가 이루어지니, 마디에 맞게 도수를 지어서 재물을 상하지 아니하며 백성을 해롭게 하지 않는다.

공자는 합당한 절제가 형통하는 이유를 괘의 구성에 의거하여 설명한다. 첫째, 절괘(☵☱)의 여섯 효 중에서 강유, 즉 음양이 각각 세 개씩이라는 점에서 찾는다. 초효와 2효와 5효는 강이고, 3효와 4효와 상효는 유이기 때문에 강유는 3 : 3의 균형을 이룬다. 둘째, 5효는 양이 양 자리에 있고 상괘의 중용을 얻어 절괘를 운용하는 실질적인 주인공이며, 2효는 양이 비록 음 자리에 있으나 하괘의 중용을 얻어 강이 유를 이끌어가는 보조 역할을 하기 때문이다. 셋째, 상괘(☵)는 양괘이고 하괘(☱)는 음괘이므로 음양의 형평이 형통하는 이유라는 근거를 확보하였다.

하지만 극심한 자기 제어에서 비롯된 괴로운 절제[苦節]는 스스로를 구속하고, 우울증과 학대와 죽음에 이르게 하는 혐오증이다[苦節不可貞, 其道窮也]. 『주역』은 철저한 자기 부정을 통해 궁극의 경지에 도달하려는 방법에 동의하지 않는다. 극단적인 절제가 중용의 정신을 훼손한다는 것이 문제일 뿐만 아니라, 천지의 목적과 어긋나기 때문이라는 것이다.

고통과 고뇌[苦]는 기쁨과 즐거움[悅]과 상반되는 가치관을 낳는다. 긴 세월의 고통과 고뇌는 염세주의로 치닫게 만든다. 기쁨[說]은 이 세상을 살아갈 만한 가치가 있다는 낙관주의적 인생관을 낳는다. 그렇다고 과도한 기쁨을 절제하지 못하면 방종으로 흐르기 쉽다.[7] 인생은 고난의 행군이다. 밧줄 위에서 즐거움과 괴로움의 발길을 조심스럽게 디디면서 묘기를 펼쳐야 하는 것이 우리네 인생살이다. 하지만 절괘는 기쁘게 마음을 조절하여 험난한 고행을 즐기라고 권장한다[說而行險].

　절괘에 나타난 감미로운 절제[甘節]와 괴로운 절제[苦節]는 대조되는 표현이다. '고절'을 '감절'로 조절하는 최고의 원리는 중용이다. 5효는 양이 양 자리에 있을 뿐만 아니라 나머지 다섯 효들을 중용의 법도에서 벗어나지 않도록 조정 기능을 하는 핵심적 위상[當位以節]에 있다. 그것은 천지의 궁극적 본질이면서 만물이 형통할 수 있는 근거[中正以通]를 의미한다.

　'중中'이 천지인을 꿰뚫는 수직적인 보편 원리라면, '정正'은 그 보편 원리를 이 세상의 모든 사람이 지켜야 마땅한 도덕의 준거와 가치의 표준이라 할 수 있다. 그리고 '절'에는 우주론적 의미와 당위론적 의미가 있다. 전자는 절도節度이고, 후자는 절제라고 할 수 있다. 따라서 '절'은 우주와 인간과 사회에 두루 적용되는 보편적 개념인 것이다.

　하늘과 땅 역시 중정의 절도에 맞추어 둥글어간다[天地節而四時成]. 천지가 생겨난 이래로 만물은 천지로부터 품부받은 리듬 감각에 의존하여 진화를 거듭해 오늘날에 이르렀다. 천지의 순환 운동은 해와 달이 대표한다. 해와 달이 절도 있게 움직이기 때문에 4계절이 생겨났다. 가을은 여름을 앞질러갈 수 없고, 겨울 역시 봄을 앞질러갈 수는 없다. 봄, 여름, 가을, 겨울이 규칙적으로 순환하는 절도성을 토대로 인류는 달력을 창안하여 문

---

7) 여기에 청요리 집에서 밀가루 반죽하는 사람이 있다고 가정하자. 스스로의 직업에 만족하지 못하여 울상 지으면서 면발을 뽑는 사람과, 손님이 맛있게 먹는 것을 상상하면서 즐거운 마음으로 노래 부르면서 짜장면을 만드는 사람의 인생관은 천양지차이다. 절괘는 '苦'와 '說' 중에서 지나치게 어느 한쪽으로 기우는 단점을 지적한다.

水澤節卦 수택절괘

명을 일구워 왔다.

4계절은 자연의 지엄한 법칙일 뿐만 아니라, 삶의 질서와 사회 질서의 표준, 문명의 잣대로 존중되었다. 성인은 자연 법칙을 본받아 문물 제도를 비롯한 도덕적 규범을 세우고, 욕망을 조절하는 교과서인 경전을 만들어 [節以制度] 문화인을 양성했다.

빈부의 불균형과 권력의 쏠림 현상은 사회의 불안을 가중시킨다. 그래서 「상전」은 도덕적 규범과 제도를 통한 절제가 이루어지지 않아 백성들의 재산에 피해를 입어서는 안 되며[不傷財], 심지어 백성들의 신체에 손상을 끼쳐서는 더욱 안 된다[不害民]고 하여 절제 이외의 특효약은 없다고 경계했다. 공자는 "비용을 절약하고 백성을 사랑하라"[8]고 외쳐 백성에게 과중한 부담을 안기는 재정의 낭비는 국력의 약화를 가져온다고 가르쳤다. 이것이 바로 유교가 지향하는 왕도의 출발인 것이다.

✡ 도덕적 규범은 자율성에 근거한다는 점에서는 긍정적이지만, 강제성과 구속력이 없다는 단점이 있다. 또한 타율적 규범과 사회적 약속에 기초한 법률이 형성되는 빌미를 제공한다. 더 나아가 개인의 인권과 생명과 재산을 사회적 힘에 의존할 수밖에 없는 처지에 몰렸다.

4. 상전 : 군자, 문명 패러다임의 틀을 고안하는 원형을 찾다

象曰 澤上有水節이니 **君子**가 **以**하여 **制數度**하며
상 왈 택 상 유 수 절　　군 자　　이　　　제 수 도
議德行하나니라
의 덕 행

상전에 이르기를 연못 위에 물이 있는 것이 절이다. 군자가 이를 본받아 도수를 지으며 덕행을 의논한다.

'수數'를 동사로 새기면 '셈하다'라는 뜻이며, '도度'는 길이의 표준을 가

---

8) 『論語』「學而」, "節用而愛人."

늠질하는 '자'라는 뜻이다. 여기에서 법도와 제도라는 말이 파생되었다. 제도와 법도는 관습이나 법률 등의 규범과 사회 체제의 뜻으로 사용되었고, 더 나아가 '바로잡다'는 의미로도 널리 씌여졌다. '도度'에는 길이와 무게를 측량하는 도량형을 총칭하는 뜻도 있다. 온도, 습도, 강도, 순도, 각도, 속도, 난이도 등은 일정한 표준을 중심으로 이것과 저것을 구분하는 '잣대[度數]'라는 용어로 자리잡았다.

도수는 상수역학을 지탱하는 혈관이다. 그것은 굵직하게 걸어가는 하늘의 줄거리[天干]가 땅에서는 가지로 펼쳐진다[地支]는 뜻이 결합된 개념으로서 6갑의 세계에 생명을 불어넣어 순환하도록 한다. 도수는 특정한 시간과 공간, 이를테면 천간 갑甲과 지지 술戌이 만나는 갑술甲戌과 같은 60개의 집[宮]에 특수화된 질서를 부여한 것을 의미한다. 따라서 6갑 원리는 자연에 내재된 시간의 선험적 질서(프로그램)이라 할 수 있다. 그것은 인류의 문명과 역사의 운명을 들여다볼 수 있는 시공간의 원형인 동시에 시공간을 존립케 하는 메카니즘의 근저라고 할 수 있다.[9]

의리 역학자 정이천의 말에 귀기울여보자.

"군자가 절괘의 모양을 관찰하여 도수를 제정하여 세우니, 무릇 크고 작음과 가볍고 무거움과 높고 낮음과 무늬와 바탕에 모두 도수가 있으니, 이는 절제로 삼은 까닭이다. 수는 많고 적음이고, 도는 법제이다. '덕행을 의논한다'는 것은 마음 속에 간직함을 덕이라 하고 밖으로 발현함을 행위라 하니, 사람의 덕행이 의리에 마땅하면 절도에 들어맞는다. '의'는 헤아려서 절도에 알맞음을 구하는 것을 이른다."[10]

군자는 절괘의 괘상에서 사회 질서의 근간인 예절과 법도를 제정하여 절제의 표준으로 삼고, 모든 사람이 본받아 하는 기반을 마련할 책무가 있다.

---

9) 『正易』에서 말하는 도수는 '天度地數'의 약칭이다. 그것은 하늘의 원리가 땅에서 이루어지는 원리와 그 과정을 수리 철학적으로 규정한 개념이다.

10) 『易程傳』, "君子觀節之象, 以制立數度, 凡物之大小輕重高下文質, 皆有數度, 所以爲節也. 數多寡, 度法制. 議德行者, 存諸中爲德, 發於外爲行, 人之德行, 當義則中節. 議謂商度求中節也."

水澤節卦 수택절괘

☖ 군자는 절괘의 이치에서 문명의 발전을 꾀할 수 있는 패러다임을 짜고, 삶을 윤택하게 만들 수 있는 문화의 틀을 고안하는 존재이다.

4. 초효 : 신중한 언행이 군자의 길이다

初九는 **不出戶庭**이면 **无咎**리라
초구　불출호정　　무구

象曰 不出戶庭이나 **知通塞也**니라
상왈 불출호정　　지통색야

초구는 문과 뜰을 나서지 않으면 허물이 없을 것이다. 상전에 이르기를 '문과 뜰을 나서지 않으나' 통하고 막히는 것을 안다.

초효는 양이 양 자리에 있으나[正], 하괘의 중용에 미치지 못하고[不中] 4효와는 감응한다. '호戶'는 지게문, '정庭'은 집안에 있는 마당을 뜻한다. 초효는 방안에 들어앉아 집 밖에 나서지 말라고 훈계한다. 지게문을 열지 말고 마당에서도 서성대지 말라는 것은 세상에 나갈 준비는 끝났으나, 아직은 절제가 필요한 때라고 판단했기 때문이다.

초효는 '방콕맨'이 되어 문 열고 바깥구경에 만족하고, 뜰조차도 나서지 말라고 주문한다. 2효 양이 앞에서 가로막고 있기 때문에 행동을 절제하고 때를 기다려야 한다. 무턱대고 밖으로 나갔다가 낭패보느니 차라리 허물짓지 않기 위해 집안에 머무는 선택이 옳다는 것이다.

이는 화를 미연에 방지하는 매우 현명한 처세술이다. 외출 뒤에 벌어질 상황을 미리 파악하고 성큼 나서지 않는 뛰어난 지혜의 소유자이다. 현실이 자신을 받아줄 수 있는 열린 세상인가 막힌 세상인가를 깨닫고 밖으로 나가 활동하는 결심을 접는다.

지금은 이 세상에 도가 펼쳐지지 않음을 알고서 신중하게 절제하라는 초효의 가르침을 공자는 「계사전」에서 인용하고 있다. '문 밖에 나가지 않으니 허물이 없다'라는 말에 대해서 공자가 논평하기를 "난이 일어나는 것은 말이 그 씨앗(계단)이니, 임금이 기밀을 지키지 못하면 신하를 잃고 신하가 기밀을 지키지 못하면 몸을 잃으며, 어떤 일을 도모하면서 기밀을 지키지 못하면 해를 이루니, 이런 까닭에 군자는 삼가고 기밀해서 나가지 않는다."[11]

공자는 문 밖에 나가는 것 이상으로 언어 사용의 신중성을 강조한다. 집안에 앉아서도 문밖의 사정을 훤히 알기 때문에 말이 필요 없다. 말은 온갖 재앙을 불러오는 씨앗이기 때문이다. 함부로 내뱉은 말은 되담을 수 없고, 이미 새나간 기밀은 기밀로서의 가치를 상실한다. 말은 몸을 망치는 원인이다.

☖ 초효는 신중한 언행이 군자의 길이라고 일깨운다.

6. 2효 : 성공과 실패는 시간에 대한 인식이 결정한다

九二는 **不出門庭**이라 **凶**하니라
구 이 불 출 문 정 흉

象曰 不出門庭凶은 **失時極也**일새라
상 왈 불 출 문 정 흉 실 시 극 야

구이는 문과 뜰을 나서지 않아 흉하다. 상전에 이르기를 '문과 뜰을 나서지 않아 흉함'은 때를 잃음이 극심하기 때문이다.

'문정門庭'은 집안에 있는 마당에서부터 사립문까지를 뜻한다. '문과 뜰을 나서지 않는다'는 것은 초효와 마찬가지로 아직도 집안에 머물러 있는 형상이다. 문을 박차고 나가서 왕성하게 활동해야 하는데도 불구하고 방안퉁수가 되었으니 흉할 수밖에 없다.

초효는 밖으로 나가지 않아야 허물이 없다고 한 반면에, 2효는 밖으로 나가지 않기 때문에 흉하다고 했다. 2효는 양이 음 자리에 있으나[不正], 하괘의 중용을 얻어 세상에 나가야할 때가 이르렀음을 뜻한다. 상황이 벌

---

11) 『周易』, 「繫辭傳」 상편 8장, "不出戶庭, 无咎, 子曰 亂之所生也則言語以爲階, 君不密則失臣, 臣不密則失身, 幾事不密則害成, 是以君子愼密而不出也."

써 이전과는 급속도로 바뀌었는데도, 민첩하게 대응하지 못하고 외부로 진출하지 않으면 기회를 놓친다.

초효는 2효 양이 가로막고 있으므로 절제력을 발휘하여 움직이지 않았다. 하지만 두 개의 음(3효와 4효)이 2효 앞에서 반갑게 맞이함은 상황이 호전되었음을 뜻한다. 양이 음을 만나면 감응이 일어나 빨리 진출하면 할수록 이롭다. 주변 여건은 이미 성숙되었건만 때를 놓치면 만사불통이다.

대문은 활짝 열렸는데, 발걸음을 옮기지 않는 것은 절도를 잃은 것이다. '때를 잃음이 극심하다[失時極也]'는 것은 좋은 기회를 스스로 놓친[勿失好機] 꼴이다. 사업의 성공과 실패는 시기를 얼마나 잘 포착했느냐에 따라 결정되기 때문이다.

☆ '시기를 잃은[失時=失中]' 철부지는 아무도 못 말린다.

7. 3효 : 허물 짓지 않는 방법보다는 허물 고치는 지혜를 깨우쳐라

六三은 **不節若**이면 **則嗟若**하리니 **无咎**니라
육 삼 부 절 약 즉 차 약 무 구
象曰 不節之嗟를 **又誰咎也**리오
상 왈 부 절 지 차 우 수 구 야

육삼은 절제하지 않는 듯하면 곧바로 탄식하리니, 허물할 데가 없다. 상전에 이르기를 '절제하지 않아 탄식하는 것'을 또한 누구를 허물하리요.

'차嗟'는 탄식하다는 뜻이고, '약若'은 동사 뒤에 오는 어조사로 쓰여 아무런 의미가 없다. '무구无咎'는 허물이 아예 없다는 뜻이 아니라, 누구도 탓할 수 없다로 새겨야 옳다. 3효는 음이 양 자리에 있고[不正], 중용을 지나쳤으며[不中], 상효와 상응하지 않는 최악의 조건이다.

청의 이광지李光地(1642-1718)는 역학자 이언장李彦章(?-?)의 해석을 수록하여 소개했다. "임괘(䷒) 3효는 임의 도리를 잃어 이미 근심하고, 절괘

☳ 3효는 절도를 잃음에 탄식하여 모두 허물이 없게 된다. 역은 허물을 잘 고쳐서 선이 되게 하는 것이다."[12]

☷ 3효는 물이 넘쳐 흘러 조절할 때인데도 절제할 줄 모르는 모양을 상징하는 상괘[兌: ☱]의 끝에 있다. 나중에는 잘못을 스스로 깨닫고 눈물 흘리면서 한탄한다. 누구를 원망하고 탓할 수 있으랴! 스스로 일으킨 재앙일 따름이다.

8. 4효 : 음이 양을 따르는 것만큼 자연스런 것은 없다

六四는 **安節**이니 **亨**하니라
육사　안절　형

象曰 安節之亨은 **承上道也**라
상왈 안절지형　승상도야

육사는 편안한 절제이니 형통한다. 상전에 이르기를 '편안한 절제의 형통함'은 위의 도를 이어받는 것이다.

4효는 음이 음 자리에 있고[正], 상괘의 중용에 미치지 않으나[不中], 초효와 상응한다. 우리말에 마음이 초조하고 불안하여 어찌 할 줄 몰라 '안절부절安不節 못한다'란 말은 절괘 3효와 4효에 유래한다. 그것은 마음의 동요가 심해 갈피를 못잡는 상태를 꼬집는 표현이다. 중용이 아닌데도 편안한 절제라 하는 것은 무슨 이유일까. 그것은 음유의 자격으로 떳떳하게 5효 양강의 뜻을 공손히 순응하기 때문이다.

절괘의 주인공인 5효 군주의 뜻을 잘 받드는 4효 신하는 마음이 한결 편안하다. 음이 양을 따르는 것만큼 자연스런 것은 없다. 5효 군주(양)의 감화력에 4효 신하(음)가 화순하여 마음의 평정을 잃지 않는다[安節之亨, 承上道也].

12) 『周易折中』六三「集說」, "臨之六三, 失臨之道而旣憂之, 節之六三, 失節之道而嗟若, 皆得无咎, 易以補過爲善者也."

☼ 누가 억지로 시켜서 따르는 것은 타율이다. 자율적으로 순응하면 전혀 거리낄 것이 없다.

9. 5효 : 중용은 누구나 맛보고 느낄 수 있는 극치의 경계

九五는 **甘節**이라 **吉**하니 **往**하면 **有尙**하리라
구 오 감 절 길 왕 유 상

象曰 甘節之吉은 **居位中也**일새라
상 왈 감 절 지 길 거 위 중 야

구오는 즐겁게 절제함이다. 길하니 가면 숭상함이 있을 것이다. 상전에 이르기를 '즐겁게 절도를 지켜서 길함'은 중도의 위치에 거하기 때문이다.

달콤하고 즐거울 '감甘'은 괴로울 '고苦'와 반대되는 뜻이다. 5효는 양이 양 자리에 있고[正], 상괘의 중용[中]일 뿐만 아니라 절괘 전체를 운용하는 주인공이다. 공자는 「단전」에서 "절도에 맞추어 마땅한 위치에 있고, 중도와 정도를 지켜서 모든 일을 처리하면 두루 형통한다[當位以節, 中正以通]"고 하여 중용의 자각과 실천에 지대한 가치를 부여했다.

절괘는 달콤하고 아름다움[甘美]을 머금은 중용을 찬양한다. 중용의 실천은 즐겁고 아름답다. 중용은 누구나 맛보고 느낄 수 있는 극치의 경계다. 보통 사람은 중용의 미각에 관심을 갖지 않고 실천하지 않기 때문에 무감각할 따름이다. 누구나 실천하면 5효 군주처럼 숭상받을 수 있다[往, 有尙]는 뜻이다.

'감절'이 바로 '중절'이다. 5효는 오행에서 중앙의 토土 자리다. 맛을 오행에 배당하는 기원은 『서경』 "홍범"에서 유래했는데, 시대를 거슬러 내려오면서 음양오행 사상가들은 복잡다단한 학술로 발전시켰다. 이를 간략하게 도표화하면 다음과 같다.

오행	木	火	土	金	水
방위	東	南	中央	西	北
시간	春	夏		秋	冬
맛	酸	苦	甘	辛	鹹
색	靑	赤	黃	白	黑
소리	角	徵	宮	商	羽
오장	脾	肺	心	肝	腎

🌸 '편안한 절제'와 '감미로운 절제'는 개인과 전체라는 입장의 차이가 있다. 4효 신하는 5효 군주의 뜻에 순응하여 개인이 편안한 것이고, 5효 군주는 자신을 포함한 모든 백성들에게 중용의 절제를 실천하기 때문에 존경받는 것이다.

10. 상효 : 고통스런 절제는 마음 조절에 유효하지 않다

上六은 **苦節**이니 **貞**하면 **凶**코 **悔**면 **亡**하리라
상 육　고 절　　　정　　흉　회　망

象曰 苦節貞凶은 **其道窮也**라
상 왈 고 절 정 흉　　기 도 궁 야

상육은 괴로운 절제이니, 고집하면 흉하고 뉘우치면 없어질 것이다. 상전에 이르기를 '괴로운 절제를 고집하면 흉함'은 그 도가 궁색해진 것이다.

상효는 음이 음 자리에 있으나[正], 절괘의 막바지에서[不中] 온 힘을 쏟아부어 절제하지만 한계에 부딪쳐 괴로울 지경이다. 이러한 괴로운 절제를 지속적으로 붙잡으면 흉할 수밖에 없다. '정貞'은 올바르다는 뜻보다는 쓸데없는 절제를 최고의 목표로 설정하고 집착하는 것을 가리킨다. 고통스런 절제는 자신의 수양에 유효하지 않다는 사실을 깨닫고 개선하면 그동안의 괴로움을 사라진다.

기대감이 충족되지 않을 때 괴로움과 좌절이 생긴다. 괴로움이 생기지 않도록 저항하기 때문에 괴로움을 넘어서 고통으로 발전한다. 배부름의 포만감을 알고 싶다면 먼저 배고픔의 쓰라림을 먼저 알아야 하듯이, 괴로움의 쓴맛을 알아야 진정으로 단맛을 느낄 수 있다. 이러한 괴로운 절제를 감미로운 절제로 바꾸려면 스스로가 괴로움을 빚어내는 주체라는 사실을 인정하고 깨달아야 할 것이다.

상효에서 말하는 극도의 절제에서 비롯된 괴로움은 이미 절제의 도리가 한참 궁색해졌음을 뜻한다. 중용과 정도를 지키려는 지나친 집착도 일종의 질병이다. 이는 중용이 가장 경계하는 증세가 아닐 수 없다. 희망이 없으면 아예 절망도 없다. 희망이 있기 때문에 눈물도 흘리고 절망도 한다. 따라서 절괘는 '부절不節'을 '안절安節'로, 또는 '고절苦節'을 '감절甘節'로 전환시키라고 희망의 메시지를 던지고 있다.

마음의 속도를 조절하는 절제의 중용은 자연의 절도성(도수)과 일치할 때 최대의 효능을 발휘할 수 있다고 결론짓는다. 절괘에서 말하는 자연의 절도는 곧 중용이다. 자연의 진가를 모르는 사람이 바로 철부지[節 + 不知의 합성어]라는 것이다. 절괘는 중용의 정신을 망각하고 과욕을 부리면 재앙을 불러올 수 있다고 경계하여 유교 심학에 기초를 제공하였다.

🏵 절괘는 '지게문[戶]' → '사립문[門]' → '부절不節' → '안절安節' → '감절甘節' → '고절苦節'의 순서를 밟는 긍정과 부정의 변증법을 절제의 미학으로 승화시켰다.

정역사상의 연구자 이상룡李象龍은 절괘의 성격을 다음과 같이 설명한다.

䷁ 節은 在文從竹從卽이니 卽은 只也오 竹은 有節也라
　　절 　재문종죽종즉 　　즉 　지야 　죽 　유절야

凡事只宜有節하고 文不宜過分限하니
범사지의유절 　　문불의과분한

說文所謂竹節時節之節是也라 且畜聚之道가 雖極其廣大이나
설 문 소 위 죽 절 시 절 지 절 시 야　차 축 취 지 도　수 극 기 광 대

猶有分限節度니 故로 次於大畜也라
유 유 분 한 절 도　고　차 어 대 축 야

절은 문자적으로 대나무 죽과 곧 '즉卽'에서 온 것이다. 즉은 '다만,
뿐'이고, 대나무는 마디가 있다는 뜻이다. 무릇 일에는 단지 마땅한
절도가 있고, 글은 한계를 넘지 않아야 한다는 것이므로『설문』의
이른바 대나무의 마디 또는 시간의 마디를 뜻하는 절도를 가리킨
다. 또한 모으는 도리가 비록 광대하게 극대화되지만, 한계와 절도
가 있기 때문에 (절괘가) 대축괘 다음이 된 것이다.

彖曰 節, 亨, 苦節, 不可貞은 乾道革而水落이 而時而節하니
단 왈 절　형 고 절　불 가 정　건 도 혁 이 수 락　이 시 이 절

亦各有變也라
역 각 유 변 야

단전　"절은 형통하니, 괴로운 절제는 올바르지 않다"는 것은 건
도가 혁신하여 물이 빠지는 현상이 시간의 흐름과 절도에 부합하는
것 역시 각각 변화가 있다는 뜻이다.

象曰 君子以, 制數度, 議德行은 作曆授時하여 德化代行也라
상 왈 군 자 이　제 수 도　의 덕 행　작 력 수 시　덕 화 대 행 야

상전　"군자가 이를 본받아 도수를 지으며 덕행을 의논한다"는 말
은 책력을 만들어 시간을 알려주어 덕화를 대행하는 것이다.

初九, 不出戶庭, 无咎는 塞下不流니 脚出无益也라
초 구　불 출 호 정　무 구　색 하 불 류　각 출 무 익 야

초효　"문과 뜰을 나서지 않으면 허물이 없을 것이다"는 말은 아
래가 막혀 흐르지 못하니, 다리가 나와 무익하다는 뜻이다.

九二, 不出門庭, 凶은 二人同德이나 不合不吉也라
구이 불출문정 흉　이인동덕　　불합불길야

2효 "문과 뜰을 나서지 않아 흉하다"는 말은 두 사람의 덕이 같으나 합하지 못해 불길하다는 뜻이다.

六三, 不節若, 則嗟若, 无咎는 動必入險也라
육삼 부절약 즉차약 무구　동필입험야

3효 "절제하지 않는 듯하면 곧바로 탄식하리니, 허물할 데가 없다"는 말은 움직이면 반드시 위험에 빠진다는 뜻이다.

六四, 安節, 亨은 隨時擇君也라
육사 안절 형　수시택군야

4효 "편안한 절제이니 형통한다"는 것은 시간의 절도에 맞게 임금을 선택한다는 뜻이다.

九五, 甘節, 吉, 往, 有尙은 鹹泄甘湧하니 武節有功也라
구오 감절 길 왕 유상　함설감용　　무절유공야

5효 "즐겁게 절제함이다. 길하니 가면 숭상함이 있을 것이다"라는 것은 소금맛은 새고 단맛이 용솟음쳐 (문文에 대한 무武) 자연의 절도에 공로가 있다는 뜻이다.

上六, 苦節, 貞, 凶, 悔, 亡은 天命靡常이니 順之則有喜也라
상육 고절 정 흉 회 망　천명미상　　순지즉유희야

상효 "괴로운 절제이니, 고집하면 흉하고 뉘우치면 없어질 것이다"는 말은 천명은 일정하지 않으므로 순응하면 기쁜 일이 있다는 뜻이다.

|風澤中孚卦|
풍 택 중 부 괘

시간의 강, 믿음의 배

1. 줄탁동시啐啄同時의 믿음 : 중부괘

정이천은 수택절괘水澤節卦(䷁) 다음에 풍택중부괘風澤中孚卦(䷼)가 오는 이유를 다음과 같이 말한다.

中孚는 序卦에 節而信之라 故受之以中孚라 하니라
중부   서괘   절이신지   고수지이중부

節者는 爲之節制하여 使不得過越也라 信而後能行이니
절자   위지절제   사부득과월야   신이후능행

上能信守之면 下則信從之니 節而信之也니 中孚所以次節也라
상능신수지   하즉신종지   절이신지야   중부소이차절야

爲卦澤上有風하니 風行澤上而感于水中은 爲中孚之象이니
위괘택상유풍   풍행택상이감우수중   위중부지상

感은 謂感而動也라 內外皆實而中虛는 爲中孚之象이오
감   위감이동야   내외개실이중허   위중부지상

又二五皆陽中實이니 亦爲孚義라 在二體則中實이오
우이오개양중실   역위부의   재이체즉중실

在全體則中虛니 中虛는 信之本이오 中實은 信之質이라
재전체즉중허   중허   신지본   중실   신지질

"중부는 「서괘전」에 '절제하여 믿게 한다. 그러므로 중부괘로 이어받았다'고 하였다. 절은 절제하여 지나치지 않게 하는 것이다. 믿은 뒤에 행할 수 있다. 위에서 믿어 지키면 아래가 믿어 따르니, 절제하여 믿게 하는 까닭에 중부괘가 절괘의 다음이 된 것이다. 괘의 형성은 연못 위에 바람이 있으니, 바람이 연못 위에 불어 물 속을 감동시킴은 중부의 형상이니, 감은 감촉하여 움직이는 것을 일컫는다. 안과 밖이 모두 실하고 가운데가 비어 있음은 중부의 모습이고, 또한 2효와 5효가 모두 양이어서 중심이 실하니, 역시 믿음의 뜻이 된다. 두 실체로 보면 중심이 실하고, 전체로 보면 중심이 허하니, 중심이 허함은 믿음의 근본이요 중심이 실함은 믿음의 바탕이다."

'중부中孚'는 마음의 깊숙한 심층부로부터 솟아나오는 믿음을 뜻한다.

'중'은 단순히 물리적인 공간의 중앙 혹은 불변의 중심지가 아니라, 우주와 사람의 마음을 감동시키는 진실한 믿음을 가리킨다. '중中'은 하늘과 땅을 생성시키는 우주의 심장부와 인간의 본질을 하나로 꿰뚫는 핵심으로서 이를 아무런 의심 없이 사실 그대로 믿는 참믿음을 일컬어 '부孚'라 한다.

'부'는 원래 새가 알을 품어 부화한다는 뜻이다. '부'는 어미닭이 알을 깃털로 따뜻하게 품은 다음에 발톱으로 알을 이리저리 궁글려 체온을 전달하여 새끼를 부화孵化하는 과정을 설명하는 글자다. 알 속의 병아리가 안에서 껍질을 쪼는 것을 줄啐이라 하고, 어미닭이 그 소리를 듣고 밖에서 마주 쪼아 껍질을 깨뜨려주는 것을 탁啄이라 한다. 어미닭의 부리와 알 속에 있는 아기병아리의 주둥이가 동시에 쪼아 깨어나오는[啐啄同時 = 啐啄之機] 과정이 바로 부화인 것이다.

그런데 새끼와 어미가 동시에 알을 쪼지만 알을 깨고 나오는 것은 새끼 자신이다. 새끼는 어미의 무한한 사랑을 믿음으로 보답하여 안에서 스스로 껍질을 쪼아 세상에 나온다. 여기에서 새끼의 어미에 대한 신념, 신뢰, 성실, 성신 등의 말이 파생되었다. 세상에서 가장 강력한 힘은 돈과 권력이 아니라, 사랑과 믿음이라는 것이 중부의 뜻이다. 믿음 중에서 가장 근원적인 것은 무엇일까. 그것은 진리에서 비롯된 믿음이다. 『주역』은 시간의 강을 건널 수 있는 수단은 가볍고 튼튼하게 만든 배가 아니라, 하늘과 인간이 빚어내는 믿음이라고 규정한다.

중부괘의 위는 바람[巽: ☴]이고, 아래는 연못[兌: ☱]이다. 중부는 괘의 외형(☲)을 본떴다. 나무 가운데를 파서 사람이 탈 수 있게 만들어 많은 승객과 짐을 싣는 배의 모양과 흡사하다. 배가 안전해야 승객이 믿고 탈 수 있는 것이다.

2. 중부괘 : 대동사회 건설의 밑거름은 믿음과 옳음이다

中孚는 **豚魚**면 **吉**하니 **利涉大川**하고 **利貞**하니라
　중부　　돈어　　길　　　이섭대천　　　이정

중부는 (믿음이) 돼지와 물고기까지 믿게 하면 길하니, 큰 내를 건넘이 이롭고 올바르게 하는 것이 이롭다.

중부에서 '중中'은 중심이요, '부孚'는 정성스런 믿음이다. 중부괘는 배 또는 달걀의 형상[1]과 유사하다. 중앙의 두 음효 즉 3효와 4효는 달걀 노른자, 2효와 5효의 두 양효는 흰자, 초효와 상효의 두 양효는 겉껍질에 해당될 것이다. 달걀의 중앙에 있는 노른자는 비어 있음[虛]과 속이 찬[實] 모습으로서 믿음[孚]의 근본과 바탕을 대변한다.

중부괘를 ½로 축소하면 리괘[離: ☲]가 되는데, 가운데의 음효는 사사로운 욕심이 전혀 없는 정성스런 믿음 자체를 상징한다. 속이 비어 있는 중앙에 순수한 믿음이 자리잡아 바깥으로 감동의 물결을 이루려는 모습을 담고 있다. 「잡괘전」은 '중부는 믿음'[2]이라고 규정하여 믿음[信]이 만사만물의 근본임을 말했다. 그래서 5행에서도 인의예지의 중앙에 '믿음[信]'에 있는 것이다.

중부괘는 위아래가 기쁘게[悅: ☱] 순종하는[順: ☴] 형태로 구성되어 있다. 위의 지도층은 아랫사람의 의견을 존중하여 받아들이고, 아랫사람은 위 지도층의 지도력을 믿고서 기쁘게 따르는 모습이 배어 있다. 상하가 믿음을 세상에 널리 떨치는 양상이다.

돼지와 물고기를 뜻하는 '돈어豚魚' 앞에는 믿을 신信이 생략되어 있다. 진실하기 그지 없는 믿음이 무지한 물고기와 돼지까지 감동시킨다[3]는 말

---

1)『朱子語類』권 73, ① 中孚卦, "中孚與小過都是有飛鳥之象. 中孚是箇卵象, 是鳥之未出殼底. 孚亦是那孚膜意思. ② 小過卦, "中孚有卵之象."
2)『周易』「雜卦傳」, "中孚, 信也."
3) 돼지고기와 물고기는 서민들이 정성스럽게 마련한 자그마한 제사 음식의 단골 메뉴이다.

이다. 진실이 넘치는 믿음은 인간을 넘어서 동식물과 자연에까지 파급된다. 불교는 원래부터 불성佛性을 갖췄다고 주장하나, 『주역』은 타고난 도덕성에다 믿음을 실어서 동식물까지 대동사회를 이끌어야 한다고 했다.[4]

믿음에는 두 종류가 있다. 올바른 믿음과 사악한 믿음이 그것이다. 이 둘의 차이점은 매우 크다. 사악한 믿음으로 잔뜩 무장하고 세상을 향해 무지의 방아쇠를 당기는 폐단은 인류에게 엄청난 불행을 안긴다. 하지만 올바른 믿음은 따뜻한 사랑의 향기를 피워 사악한 믿음을 무력화시키는 힘을 발휘한다.

사사로운 욕심을 비운 다음에 믿음의 마음[信心]을 채워야 한다. 믿음의 마음에 올바름이 전제되지 않으면 위험하다. 올바름이 배제된 맹목적 믿음은 우상숭배와 다를 바가 없다. 『주역』이 항상 진리와 믿음의 문제에 올바름[貞=正]을 강조하는 까닭은 맹목적 믿음으로 치닫는 오류를 제어할 수 있는 수단은 오직 올바름 밖에 없기 때문이다.

☖ 믿음이 진실하려면 우글거리는 욕망부터 잠재워야 한다.

3. 단전 : 아름다운 세상은 믿음이 안팎으로 소통되는 사회

風澤中孚卦 풍택중부괘

象曰 中孚는 柔在內而剛得中할새니 說而巽할새
단왈 중부 유재내이강득중 열이손

孚乃化邦也니라 豚魚吉은 信及豚魚也오 利涉大川은
부내화방야 돈어길 신급돈어야 이섭대천

乘木고 舟虛也오 中孚코 以利貞이면 乃應乎天也리라
승목 주허야 중부 이이정 내응호천야

단전에 이르기를 중부는 유가 안에 있고 강이 중을 얻었기 때문이니, 기뻐하고 공손하므로 믿음이 나라를 감화시킨다. '돼지와 물고기의 길함'은

정성으로 바친 음식을 신이 흠향하여 복을 내린다는 해석도 가능하다. 여기서는 짐승에까지 미치는 감화력을 뜻한다.
4) 『孟子』「盡心章」上, "親親而仁民, 仁民而愛物."

믿음이 돼지와 물고기까지 미치는 것이요, '큰 내를 건넘이 이로움'은 나무를 타고 배가 비어 있음이요, 중심이 미덥고 '올바르고 이롭게 하면' 하늘의 뜻에 감응할 것이다.

「단전」은 괘사를 낱낱이 분석하여 철학적 의미로 풀어낸다. 「단전」은 우선 괘의 전체 구성과 2효와 5효의 위상에 주목한다. 중부괘의 구성에서 음효 둘, 즉 3효와 4효는 양들에 둘러싸여 중앙에 있다[柔在內]. 또한 양효[剛]인 2효와 5효는 각각 하괘와 상괘에서 믿음의 중용을 얻었다.

중부괘는 삿된 욕심이 비워진[虛] 내부에서 믿음의 근본을 이루고, 2효와 5효는 중용을 지켜 믿음의 실질[實]을 형성하는 조건을 갖추었다. 중부는 허실虛實을 동시에 갖추었다. 속이 비워졌기 때문에 믿음을 가득 채울수 있고, 속이 가득 찼기 때문에 믿음을 바깥으로 전달할 수 있다는 것이다. 믿음이 충만하여 공허하지 않고, 진실된 믿음은 올바르기 때문에 누구에게나 신뢰감을 줄 수 있다. 한마디로 중부괘는 안팎으로 진실과 믿음의 물결이 출렁이는 양상이다.

중부괘의 구조는 안이 부드럽고 밖은 강한 형태의 믿음을 얘기한다. 이는 괘의 외형에 드러난다. 상괘[巽: ☴]는 공손하게 상대방의 뜻을 받아들이고, 하괘[兌: ☱]는 기뻐하는 마음[說]으로 상대방의 뜻에 따르는 것을 형용한다. 내면적으로는 항상 즐겁게 기쁜 마음을 지니고, 외면적으로는 공손한 태도로 처신하는 것이 곧 진실된 믿음을 지닌 자의 행위라고 할 수 있다.

세상을 감화시키는 방법은 다양하다. 『주역』이 소망하는 가장 아름다운 세상은 믿음[中孚]이 안팎으로 소통되는 세상이다. 참된 믿음으로 세상을 감화시키는 효능은 오래 지속될 수 있다. 『주역』에서 믿음을 뜻하는 '부孚'라는 글자는 모두 42번 등장한다. 믿음은 외부 조건에 의해 좌우되지 않는다. 믿음은 오로지 마음과 소통의 문제이기 때문에 정이천은 안팎, 내면과 외면으로 나누어 설명한다.[5] 정이천은 '신信'이 주체화된 것을 '부孚'라 하고, 이 '부'가 밖으로 표출된 것이 '신信'이라고 구분한다. 이러한 믿음이 개인과 사회와 국가 전반으로 확장된 상황을 「단전」은 "믿음이 이에 나라를 감화시킨다[孚乃化邦也]"고 표현했다.

선불교는 자연 전체에 불성이 깃들어 있다고 했다. 그것은 '산천초목 모든 곳에 불성이 내재해 있다[山川草木, 悉皆成佛]'는 명제가 대표한다. 하지만 『주역』은 천지를 관통하는 믿음의 정신[中孚]을 실천해야 한다는 당위성을 얘기한다. 그것이 바로 군자의 길이다.

중부괘의 구조는 연못[澤: ☱] 위에 나무[木 = 巽: ☴]가 뜬 형상이다. 네 개의 양이 밖에 있고, 두 개의 음이 안에 있는 것은 배의 중앙이 비어 있는[舟虛] 모양과 흡사하다. 짐이 너무 많은 배는 가라앉거나 속도를 내지 못한다. 배 가운데가 비었다는 말은 마음을 비웠다는 뜻이다. 마음은 두께와 무게가 없음에도 불구하고 인생의 희로애락을 빚어낸다. 욕망의 무거운 짐을 짊어진 인생길은 힘들듯이, 과적한 배는 침몰하기 쉽다. 배가 비어야 중생을 가득 싣고 큰 내를 건널 수 있는 것이다.

부모와 자식 간의 사랑은 조건이 없다. 먼 훗날 효도 받으려고 자식 낳는 부모 없고, 재산을 상속받으려는 속셈으로 효도하는 자식은 없다. 『주역』에서 말하는 믿음의 조건을 충족시키는 요건은 두 가지가 있다. 하나는 올바름이고, 다른 하나는 하늘의 섭리에 부응할 수 있는 믿음이어야 한다. 군자의 하늘은 올바름으로 수놓고, 소인의 하늘은 이익으로 얼룩져 있다.

조선조 유학자 송익필宋翼弼(1534-1599)은 하늘을 즐기는 군자와 하늘을 의심하는 소인으로 나누면서 학문의 목적을 마음챙김으로 보았다. "하늘은 지극히 어짊이니 하늘은 본래 사사로움이 없네. 하늘의 뜻을 따르는 자는 편안하고 하늘의 뜻을 거슬리는 자는 위태롭네. 고질병과 복록은 하늘

5)『朱子語類』 권 73 '中孚', "伊川云存於中爲孚, 見於事爲信, 說得極好. 因擧字說, 孚字從爪從子, 如鳥抱子之象."

의 뜻이거만, 근심하면 소인이요 즐기면 군자라네. … 소인들에게 하늘은 천만가지로 갈라지니, 하나하나 하늘을 욕망으로 색칠한 것이네. 욕망을 채우려다 이루지 못하면 도리어 그 하늘을 속이려 하네. 하늘을 속이려도 하늘이 속지 않으니, 하늘을 우러르다가 오히려 원망하네."[6]

바코드가 찍힌 카드와 예금 통장이 신용 사회를 지탱하는 것이 아니라, 믿음이 신용을 보장한다. 돈으로 신용을 메꾸는 사회는 막스 베버가 지적한 천민 자본주의에 지나지 않는다. 마음과 마음이 소통되는 믿음의 정치는 동식물에까지 영향을 끼친다. 믿음의 감화력은 신도 춤추게 만든다.

✿ 믿음의 정치는 불신을 무너뜨려 신용 사회로 만든다.

4. 상전 : 정치는 생명을 살리는 것을 목적으로 삼는다

象曰 澤上有風이 **中孚**니 **君子以**하여 **議獄**하며 **緩死**하나니라
상왈 택상유풍 중부 군자이 의옥 완사

상전에 이르기를 연못 위에 바람이 있는 것이 중부이다. 군자는 이를 본받아 옥사를 의논하며 죽임을 늦춘다.

『주역』의 논리는 매우 솔직하다. 고차적인 형이상학적 담론을 얘기하다가 곧바로 현실 이야기를 쏟아내기 때문이다. 형이상과 형이하의 세계를 관통한다는 중부괘는 믿음의 열정으로 사람의 마음을 감동시키라고 권유한다. 군자는 진실한 믿음의 덕을 널리 베풀어 천하를 포근하게 보듬어야 한다.

바람은 모든 곳에 스며들어 생명을 잘 살린다. 『주역』은 바람의 정치를 부추긴다. 정치의 목적은 죽임의 사육제를 벌이는 것이 아니라 생명의 살림에 있다. 군자는 중부괘의 이치를 본받아 형벌[獄]을 공정하게 의논하되 사형은 되도록 늦추는[緩] 지혜를 발휘한다.

---

6) 『龜峯集』「樂天, 天」, "惟天至仁, 天本無私. 順天者安, 逆天者危. 痾癢福祿, 莫非天理. 憂是小人, 樂是君子. … 小人千萬天, 一一私其天. 欲私竟不得, 反欲欺其天. 欺天天不欺, 仰天還怨天."

믿음의 정치가는 피의자를 함부로 구속하지 않는다. 아무리 범죄 혐의가 짙더라도 증거가 불충분하면 잡아들이지 않아야 옳다. '의옥議獄'은 증거에 의한 판결로 죄의 경중을 따지라는 가르침이고, '완사緩死'는 목숨이 걸린 일은 형벌의 등급을 최대한 낮추고 늦추어 집행하라는 교훈이다.

판사의 판결 한마디가 생사를 판가름하기 때문에 생명이 귀중하다는 사실은 법정의 싸늘한 공기가 가장 잘 전달한다. 죽은 자는 되살릴 수 없다. 군자의 교화는 인권의 사각 지대인 감옥 깊숙한 곳까지 파고들어야 한다. 진실한 믿음의 효력이 동식물에 끼친다면 하물며 인간에서 조차랴!

🞦 죽임보다는 살림의 마음씨로 사형을 피하는 것이 왕도 정치의 첫걸음이다.

5. 초효 : 유혹을 물리치려면 속마음이 진실해야

初九는 **虞**하면 **吉**하니 **有他**면 **不燕**하리라
초 구 　 우 　 길 　 유 타 　 불 연

象曰 初九虞吉은 **志未變也**일새라
상 왈 초 구 우 길 　 지 미 변 야

초구는 헤아리면 길하니, 다름이 있으면 편안하지 못할 것이다. 상전에 이르기를 '초구가 헤아려 길함'은 뜻이 변치 않기 때문이다.

'우虞'는 헤아리다는 것 이외에 편안하다는 뜻도 있다. '연燕'은 마음 편히 즐긴다는 '연宴'과 같은 의미다. 초효는 양이 양 자리에 있으나[正], 중용에 미치지 못하고[不中], 4효와 상응한다. 초효는 중부괘의 주제인 믿음의 출발점이다. 세계적인 육상 선수도 출발선에 서면 긴장한다고 한다. 긴장이 풀려서 다른 생각을 하면 스타트가 늦을 수밖에 없다. 무엇이 진정한 믿음인가를 헤아려서 다시금 다져야 할 것이다.

초효 앞에 강성한 2효 양이 4효와 만나지 못하도록 가로막고 있다. 그

렇다고 두 마음을 품어서는 안 된다[有他]. 4효 이외의 다른 것에 마음을 둔다면 편안하지 않다. 잠시 마음을 가라앉히고 편안하게 믿음을 단속하는 것이 좋다.

☖ 믿음의 확신을 갖고 헤아리면 하는 일마다 편안하지만, 두 마음을 품으면 불안하여 믿음의 강도가 느슨해진다. 속마음이 진실할수록 외부의 유혹 또는 방해를 극복할 수 있다는 가르침이다.

6. 2효 : 진실한 믿음의 화답

九二는 **鳴鶴**이 **在陰**이어늘 **其子和之**로다 **我有好爵**하여
구 이 　 명 학 　 재 음 　　 기 자 화 지 　　 아 유 호 작

吾與爾靡之하노라
오 여 이 미 지

象曰 其子和之는 **中心願也**라
상 왈 기 자 화 지 　 중 심 원 야

구이는 우는 학이 그늘에 있거늘 그 새끼가 화답하도다. 내가 좋은 벼슬이 있어서 나 그대와 더불어 함께 하리라. 상전에 이르기를 '새끼가 화답함'은 중심이 원하는 것이다.

중부괘 2효는 매우 아름다운 시의 운율로 이루어져 있다. 부모와 자식, 군주와 신하가 사랑하는 마음을 서로 주고받는 생동감 넘치는 언어로 읊고 있다. 차이코프스키의 '백조의 호수'를 연상하는 학은 연못에서 우아하게 사는 새이다. 8월 백로白露에 이슬 내리는 아침, 어미학이 울면 새끼가 따라 울면서 사방을 경계하는 광경이다.

'음陰'은 산 아래 연못가의 그늘진 곳, '기자其子'는 학의 새끼로서 5효를 가리키며, '지之'는 대명사로서 2효를, '나[我]'는 5효를 뜻한다. 술잔을 의미하는 '작爵(= 배杯)'에서 벼슬을 뜻하는 작위爵位라는 말이 파생되었다. 나 '오吾'는 5효를, 너 '이爾'는 2효를 가리킨다. '미靡'는 서로 술잔을 주고받

으면서 맛있는 술을 마시는 것을 형용한다.

2효와 5효는 양강이면서 각각 상하괘의 중용을 얻고 있다. 2효의 어미학이 울음소리를 터뜨리니까 5효의 새끼학이 화답하여 우는 형상이다. 어머니 뱃속에서 갓 나온 아기는 젖꼭지를 물리자마자 곧바로 빨기 시작한다. 누구에게서 배워서가 아니라 원래부터 타고난 습성으로 어미젖을 빠는 것이다. 어미와 새끼 사이에는 원초적인 믿음이 깔려 있다. 비록 멀리 떨어져 있어도 소리만 듣고서도 금방 어미와 새끼가 울음으로 화답한다.

어미학이 울면 새끼학 역시 따라 운다는 것은 믿음이 소통하기 때문이다. 새끼가 우는 이유는 어미를 믿는 마음에서 저절로 일어나는 행동이다. 가는 말이 고와야 오는 말이 곱다는 격언이 있듯이, 진실과 믿음의 언행은 먼 곳까지 퍼지고, 거짓된 언행은 먼 곳에서조차 배척받는다. 성심의 믿음은 천리 밖에서도 호응한다는 명언이 있다. 이는 현대판 '동시성 원리'[7]라 해도 과언이 아니다. 내부와 외부, 무의식과 의식, 언어와 행위를 비롯한 정신과 육체는 서로 감응 관계가 있다. 그래서 공자는 중부괘 2효의 중요성을 새삼 강조한다.

"우는 학이 그늘에 있거늘 그 새끼들이 화답하도다. 내게 좋은 벼슬이 있어서 나 그대와 더불어 함께 하리라" 하니, 공자가 말씀하시기를 "군자가 집에 살면서 말하는 것이 선하면 천리 밖에서도 응하나니, 하물며 그 가까운 곳이랴! 집에 살면서 말하는 것이 선하지 않으면 천리 밖에서도 어기나니, 하물며 그 가까운 곳이랴! 말은 입에서 나와 백성에게 덧붙여지

---

7) '동시성'이란 용어는 칼 쿠스타브 융에 의해 처음으로 사용되었다. "주역의 과학은 인과율에 기반하지 않고, 同時性的(synchronistic) 原理라고 부르는 원리에 기반한다. 문왕과 주공은 물리적 과정을 가진 심리적 상태의 동시적 발생을 의미의 상응(equivalence of meaning)으로 설명하려고 했다. 그들은 똑같이 살아 있는 실재가 물리적인 상태에서처럼 심리적인 상태에서 현현된다고 가정했다. 물리적 절차의 한정된 형식인, 자연에게 홀수[奇數]·짝수[偶數]로 대답하도록 하는 방법 혹은 기술이 필요하다. 음양으로 대표되는 이것은 발생하는 모든 것의 '아버지'와 '어머니'로써 對極(opposites)의 특징적인 형식으로 무의식과 자연에서 발견된다."(C.G. 융·W.파울리/이창일, 『자연의 해석과 정신』서울: 청계, 2001, 13-94쪽 참조.)

며, 행위는 가까운 곳에서 나와 먼 곳에서 나타나니, 언행은 군자의 지도리와 기틀이니 지도리와 기틀의 시작이 영예와 치욕의 주인공이 되느니라. 언행은 군자가 천지를 움직이는 바이니 가히 삼가지 아니하랴!"[8]

☖ 2효와 5효는 중용의 믿음으로 상응한다. 같은 기운은 서로를 알아보고, 같은 소리는 서로 화응하는 양상이다. 이것의 구체적 표현체가 바로 좋은 술 또는 벼슬을 공유한다는 뜻이다. 명품 술일수록 혼자서 마시는 것보다 좋아하는 사람과 함께 마셔야 훨씬 좋다. 이는 상대방에 대한 존경심과 신뢰가 없으면 불가능하다.

7. 3효 : 주체성을 망각한 행동은 부당하다

六三은 **得敵**하여 **或鼓或罷或泣或歌**로다
육삼　득적　　혹고혹파혹읍혹가

象曰 或鼓或罷는 **位不當也**일새라
상왈 혹고혹파　위부당야

육삼은 적을 얻어서 혹 북치고 혹 그만두고 혹 울고 혹 노래하도다. 상전에 이르기를 '혹 북치고 혹 그만둠'은 위치가 마땅하지 않기 때문이다.

3효는 음이 양 자리에 있고[不正], 하괘의 중용을 벗어나 있으나[不中], 상효와는 상응한다. 3효는 부정한 위치에서 부정한 마음씨로 세상을 바라본다. 같은 음인 4효를 적으로 간주하는 지경에 이르렀다[得敵]. 3효 음은 내괘의 주인공이고 4효 음은 외괘의 주인공이지만, 같은 음이기 때문에 동지 관계를 멀리하고 의심하는 적의 길로 치닫다는 것이다.

부정한 자(3효)가 정당한 자(4효)를 큰 북을 두드리면서 공격한다. 그러나 이길 수 없음을 깨닫는 순간 공격을 중지하고 퇴각하지만 가슴은 불안

---

8)『周易』「繫辭傳」上 8장, "鳴鶴在陰, 其子和之. 我有好爵, 吾與爾靡之, 子曰 君子居其室, 出其言善, 千里之外應之, 況其邇者乎. 居其室, 出其言不善, 則千里之外違之, 況其邇者乎. 言出乎身, 加乎民, 行發乎邇, 見乎遠, 言行, 君子之樞機, 樞機之發, 榮辱之主也. 言行, 君子之所以動天地也, 可不愼乎."

하여 조마조마하다. 언제 적이 역습할까 두려워 울부짖는다. 4효가 정도를 지키며 공격할 의지를 보이지 않으니까 3효는 금방 태도를 바꿔 웃으며 기뻐한다.

자신의 처지가 올바르지 않은 3효는 외부 조건에 의존한다. 내가 나의 주인이 아니라 타인이 나의 주인이 된 꼴이다. 그러니까 행동 하나하나가 일관성이 없다. 불임과 불신의 사회에서는 오로지 믿을 수 있는 건 자신뿐이라는 결론이다.

☆ 주체성을 잃고 타율적으로 움직이는 부당한 짓거리는 옳지 않다.

8. 4효 : 공익 앞에서 사익을 몰두하는 것은 시간 낭비

六四는 月幾望이니 馬匹이 亡하면 无咎리라
육사　월기망　마필　망　무구
象曰 馬匹亡은 絶類하여 上也라
상왈 마필망은 절류　상야

육사는 달이 거의 보름에 가까웠으니, 말의 짝이 없어지면 허물이 없을 것이다. 상전에 이르기를 '말의 짝이 없어짐'은 동류를 끊어서 올라가는 것이다.

4효는 음이 음 자리에 있고[正], 초효와 상응하며 상괘를 구성하는 주체[9]이다. '망望'은 15일 보름을 뜻한다. 보름날에 가깝다는 말은 5효 군주로부터 신임을 얻어 앞으로 믿음의 시대를 이끌어갈 세력으로 성장하는 것을 상징한다.

중부괘 4효는 정당한 위치를 확보했으나, 5효 군주의 뜻을 받들어야 하는 어려운 시기이다. 위로는 군주를 모시는 것과 아래로 초효 친구와 사귀는 두 가지 일을 병행할 수는 없다. 양자택일의 순간이 다가왔다. 이때는

---

9) 3효와 4효는 상하괘를 구성하는 중심이지만, 중부괘의 실제적인 주효는 2효와 5효다.

과거에 맺었던 인연을 단연코 끊어야 한다. 두 마음 중에서 하나를 싹둑 자르는 것을 효사는 말의 짝을 잃는 것이라고 표현했다. 끈을 끊지 못하고 과거에 발목잡히면 도리어 화를 입는다는 뜻이다.

개인의 이익보다는 공공의 이익이 소중할 때가 많다. 중부괘 4효는 개인적 가치를 희생하더라도[馬匹, 亡] 사회적 가치가 우선되어야 한다고 가르친다. 죄 없는 친구를 헌신짝 버리듯이 절교를 권장하는 것은 아니다. 공익 앞에서 사사로운 만남에 시간을 허비해서는 안 된다고 경계한 것이다.

☖ 공익과 사익은 동일한 길을 갈 수 없다.

9. 5효 : 세상과 소통하는 힘은 오직 믿음이다

九五는 **有孚攣如**면 **无咎**리라
구 오　유 부 연 여　무 구
象曰 有孚攣如는 **位正當也**일새라
상 왈 유 부 연 여　위 정 당 야

구오는 믿음 있음을 이어매듯 하면 허물이 없을 것이다. 상전에 이르기를 '믿음 있음을 이어매듯 하는 것'은 위치가 정당하기 때문이다.

'연攣'은 굳게 붙들어 매어 풀어지지 않는다는 글자다. 5효는 양이 양 자리에 있고[正], 상괘의 중용[中]으로서 중부괘의 주인공이다. 어미 새는 여러 알을 품으면서 특정한 새끼만을 사랑하지 않는다. 열 손가락 깨물면 아프지 않는 손가락이 없다는 말처럼, 부모는 여러 자식을 똑같이 사랑한다. 부모는 믿음의 끈을 동여매어 여러 자식을 하나같이 돌본다.

5효 군주는 여러 신하와 수많은 백성을 보살핀다. 군주는 단 하나의 생명도 버리지 않고 무한 사랑을 책임진 믿음의 주체이다. 아래의 2효 신하와는 고래 심줄보다 질긴 믿음을 동여매듯이, 백성과의 교감을 넓혀 믿음의 정치를 실현한다. 세상과 소통하는 힘은 오로지 믿음이라는 뜻이다.

✿ 군주는 중정의 품성과 감화력으로 세상 사람들을 결집시켜 믿음의 사회를 건설하는 최고 경영인이다. 그는 강권을 발동하거나 힘을 과시하지 않는다. 오로지 진실 하나만으로 백성들이 믿음의 밧줄을 잡도록 하는 감동의 정치를 구현해야 옳다.

10. 상효 : 외화내빈의 맹목적 믿음은 불행을 가져 온다

上九는 **翰音**이 **登于天**이니 **貞**하여 **凶**토다
상구 한음 등우천 정 흉

象曰 翰音登于天이 **何可長也**리오
상왈 한음등우천 하가장야

상구는 닭 울음소리가 하늘에 오름이니, 고집해서 흉하도다. 상전에 이르기를 '닭 울음소리가 하늘에 오름'은 어찌 오래가리오.

'한翰'은 닭, '한음翰音'은 닭의 울음소리를 뜻한다. '한翰'에는 여러 뜻이 있다. 날개치는 소리, 닭 우는 소리, 닭이 홰를 치고 '꼬끼오' 하고 우는 소리를 한문으로 '한음翰音'이라 한다. 『예기』에서는 "무릇 종묘에 제사할 때의 예법에서 … 닭은 한음이라 일컫는다"[10]고 했다.

닭은 땅에 붙어 모이를 주워 먹는 집짐승이지 날짐승이 아니다. 닭은 높이 올라봐야 기껏 지붕 정도에 그친다. 닭은 날개 힘에 비해 몸집이 무거워 멀리 뛸 수 없고, 저 하늘 높이 날아가지 못해 횃대에 올랐다가 땅바닥에 내려온다. 하지만 울음소리만을 지붕을 건너 높이 하늘로 올라간다. 몸은 땅으로 내려오고 소리만 허공으로 널리 퍼진다. 외화내빈이랄까? 소리는 우렁찬데, 내실이 따르지 못하는 형국이다.

상효는 중부괘의 끝자락으로서 양이 음 자리에 있고[不正], 상괘의 중용을 지나쳤다[不中]. 닭은 날지 못하면서 목소리만 하늘에 메아리친다. 소리는 마음의 표출인데, 몸 따로 마음 따로 분리된 믿음을 고집하는 폐단[貞,

10) 『禮記』「曲禮」上, "凡祭宗廟之禮, … 鷄曰翰音."

風澤中孚卦
풍택중부괘

[凶]을 지적한 내용이다. 지나친 믿음은 소리만 요란할 뿐, 참된 마음은 어디서도 찾을 데가 없다. 이를 닭소리는 하늘로 올랐지만, 몸은 지상에서 편안하지 않다고 표현했던 것이다.

닭은 하늘을 오르지 못하는 숙명을 안고 태어났다. 날개는 있건만 전혀 도움이 안 된다. 날지도 못하면서 하늘을 높이 오르려고 시도하면 오래갈 수 있겠는가? 닭 날갯짓 소리와 목소리만 하늘에 오르고 몸은 전혀 날지 못하는 신세다.[11] 맹신盲信은 믿지 말아야 하는 것을 믿는 것 혹은 잘못된 믿음을 가리킨다.

🔅 맹신은 눈먼 믿음이다. 눈뜨고 믿는 진실도 회의를 불러일으키는데, 하물며 눈감고 용감하게 믿는 맹신은 불행이 아닐 수 없다.

정역사상의 연구자 이상룡李象龍은 중부괘의 성격을 다음과 같이 설명한다.

☴☱ 中孚는 象天氣貫地之中而方正也라 孚字는 從采從子니
　　중부　　상천기관지지중이방정야　　부자　　종채종자

子有玉如之采로되 則信而愛之之義也라
자유옥여지채　　　즉신이애지지의야

爲卦木遇金而成器하니 有光采之象이라 且觀而感之하고
위괘목우금이성기　　　유광채지상　　　차관이감지

感而化之者는 在中心神慕니 故로 次於觀也라
감이화지자　　재중심신모　　고　　차어관야

중부는 천기가 땅 가운데를 꿰뚫은 방정한 모습을 상징한 것이다. 미쁠 부 자는 캘 채采 자의 손톱 조爪와 아들 자에서 온 것이다. 자식을 (돌에서) 옥을 캐듯이 하면서 믿고 사랑하라는 뜻이다. 괘의 형

---

11) "上九는 닭이어서는 안 되는 자리다. '翰音登于天'은 닭이 아닌 鳳이어야 한다. 땅의 닭이 하늘에서는 鳳인 것이다. 鳳이라야 구름을 뚫고 천리 밖을 비상하여 그 울음소리가 律呂聲이 되는 것이다. 中孚의 內兌가 白鷺가 아닌 鶴이라면 중부의 外巽은 닭이 아닌 鳳이라야 한다. 그것을 한갓 닭으로만 보는데 先天의 未達이 있는 것이다."(이정호, 앞의 책, 62쪽 참조.)

성은 나무가 쇠를 만나 그릇을 이루어 광채가 있는 형상이다. 또한 관찰하여 감응하고 감응하여 변화시키는 것은 마음에서 신묘하게 원하는 것이기 때문에 (중부괘가) 관괘 다음이 된 것이다.

象曰 中孚, 豚魚, 吉은 河豚江魚를 不可勝食也오 利涉大川,
단왈 중부 돈 어 길 하돈강어 불가승식야 이섭대천
利貞은 溯截江河而无憂風利也라
이정 소절강하이무우풍리야

단전 "중부는 돼지와 물고기까지 믿게 하면 길하다"는 것은 물가의 돼지와 물고기를[12] 다 먹을 수 없다는 것이요, "큰 내를 건넘이 이롭고 올바르게 하는 것이 이롭다"는 것은 강가를 거슬러 올라가 근심 없이 바람쐬는 것이 이롭다는 뜻이다.

象曰 君子以, 議獄, 緩死는 減獄省刑也라
상왈 군자이 의옥 완사 감옥생형야

상전 "군자는 이를 본받아 옥사를 의논하며 죽임을 늦춘다"는 말은 옥사를 줄이고 형벌을 던다는 뜻이다.

初九, 虞, 吉, 有他, 不燕은 商度元會하여 矢靡之他면
초구 우 길 유타 불연 상도원회 실미지타
則安且吉也라
즉안차길야

초효 "헤아리면 길하니, 다름이 있으면 편안하지 못할 것이다"라는 말은 천지의 으뜸을 헤아려 다름이 있는 것을 벌이지 않으면 편안하고 길하다는 뜻이다.

九二, 鳴鶴, 在陰, 其子和之는 佛仙相和하고 儒道在中也오
구이 명학 재음 기자화지 불선상화 유도재중야

---

12) 河는 黃河, 江은 長江으로 알려져 있다. 황하에서 장강에 이르기까지의 돼지와 물고기를 뜻한다고도 할 수 있다.

我有好爵, 吾與爾靡之는 三道歸于一也라
아유호작 오여이미지 삼도귀우일야

2효 "우는 학이 그늘에 있거늘 그 새끼가 화답한다"는 것은 불교와 선교가 서로 화합하고, 유도는 그 가운데 있음이요, "내가 좋은 벼슬이 있어서 나 그대와 더불어 함께 하리라"는 것은 유불선 3도가 하나로 귀결된다는 뜻이다.

六三, 得敵, 或鼓或罷或泣或歌은 椉木鏖戰하여 得俘唱凱也라
육삼 득적 혹고혹파혹읍혹가 승목오전 득부창개야

3효 "적을 얻어서 혹 북치고 혹 그만두고 혹 울고 혹 노래한다"는 말은 나무 타고 격렬한 전쟁을 벌여 포로를 잡아 개선가를 부른다는 뜻이다.

六四, 月幾望, 馬匹, 亡, 无咎는 帶月獻捷하여 失風馬何咎乎아
육사 월기망 마필 망 무구 대월헌첩 실풍마하구호

4효 "달이 거의 보름에 가까웠으니, 말의 짝이 없어지면 허물이 없을 것이다"라는 말은 한 달 안에 승리했는데, 기운 찬 말을 잃음이 무슨 허물이리오?

九五, 有孚攣如는 止其所止하고 革而能信也라
구오 유부연여 지기소지 혁이능신야

5효 "믿음 있음을 이어매듯 한다"는 것은 멈출 곳에 머물고 혁신하여 믿을 수 있다는 뜻이다.

上九, 翰音, 登于天, 貞, 凶은 天鷄唱曙니 拳寅必凶也리라
상구 한음 등우천 정 흉 천계창서 권인필흉야

상효 "닭 울음소리가 하늘에 오름이니, 고집해서 흉하다"는 것은 하늘 닭이 새벽을 노래하니 인시寅時가 되면 흉할 것이다.

|雷山小過卦|
뇌 산 소 과 괘

자그마한 허물

1. 음양의 균형을 향해서 : 소과괘

정이천은 풍택중부괘風澤中孚卦(䷼) 다음에 뇌산소과괘雷山小過卦(䷽)가 오는 이유를 다음과 같이 말한다.

> 小過는 序卦에 有其信者는 必行之라 故受之以小過라 하니라
> 소과 서괘 유기신자 필행지 고수지이소과
> 人之所信則必行이오 行則過也니 小過所以繼中孚也라
> 인지소신즉필행 행즉과야 소과소이계중부야
> 爲卦山上有雷하니 雷震於高면 其聲過常이라 故爲小過라
> 위괘산상유뢰 뇌진어고 기성과상 고위소과
> 又陰居尊位하고 陽失位而不中하니 小者過其常也라
> 우음거존위 양실위이부중 소자과기상야
> 蓋爲小者過요 又爲小事過요 又爲過之小라
> 개위소자과 우위소사과 우위과지소

"소과는 「서괘전」에 '믿음이 있는 자는 반드시 행하므로 소과괘로 이어받았다'고 하였다. 사람이 믿는 바는 반드시 행하고, 행하면 넘치는 까닭에 소과괘가 중부괘를 이은 것이다. 괘의 형성은 산 위에 우레가 있으니, 우레가 높은 곳에서 진동하면 그 소리가 보통을 넘는다. 그러므로 소과라 한 것이다. 또한 음이 존귀한 위치에 있고, 양은 지위를 잃고 중용을 지키지 못하니 작은 것이 보통을 넘는 것이다. 작은 것이 지나침이 되고, 또한 작은 일이 지나침이 되고, 또한 지나침이 작음이 된다."

중부괘(䷼)의 속과 겉을 뒤집어엎으면 소과괘(䷽)가 형성된다. 믿음이 깨지면 조금의 허물이 쌓인다는 뜻이 괘의 배열에 담겨 있는 것이다. 지나친 믿음은 맹신과 광신을 몰고 오기 때문에 허물[過]이 생기지 않을 수 없다. 인과응보의 방식에 따라 진실된 믿음과 거짓된 믿음은 상반된 결과를 가져 온다. 따라서 믿음을 뜻하는 중부괘의 음양을 바꾸어놓으면 소과괘가 형성되는 이유가 여기에 있다.

『주역』64괘에서 허물을 얘기하는 곳은 뇌산소과괘 이외에도 택풍대과괘澤風大過卦(䷛)가 있다. 소과괘는 음이 넷, 양이 둘[四陰二陽]인 반면에 대과괘는 음이 둘, 양이 넷[二陰四陽]이다. 이들의 음양 비율은 4: 2와 2: 4이다. 외형적으로 보아서 대과괘는 양의 지나침, 소과괘는 음이 양보다 우세한 '음의 지나침'이라고 할 수 있다.

뇌산소과괘(䷽) 전체 모양은 새의 형태와 아주 흡사하다. 양인 3효와 4효는 새의 몸통이고, 아래위 음들은 새의 양날개 또는 깃털이다. 소과괘는 마치 새가 날아다니는의 형상[飛鳥]을 본떴다. 중부괘는 알이 병아리로 깨어나는 것이라면, 소과괘는 병아리가 성장하여 훨훨 나는 과정을 설명하고 있다.[1]

2. 소과괘 : 중용의 특효약을 함부로 남용해서는 안 된다

小過는 亨하니 利貞하니 可小事요 不可大事니
소 과　　형　　　이 정　　　가소사　　불 가 대 사
飛鳥遺之音에 不宜上이오 宜下면 大吉하리라
비 조 유 지 음　　불 의 상　　　의 하　　대 길

소과는 형통하니 올바르게 함이 이로우니, 작은 일은 가능하고 큰 일은 불가하다. 나는 새가 소리를 남김에 올라가는 것은 마땅하지 않고, 내려오는 것은 마땅하여 크게 길할 것이다.

크게 지나침[大過]은 만사불통의 지름길이지만, 자그마한 지나침[小過]은 오히려 형통할 수 있다. 지나치거나 모자람이 없는 중용의 도리를 강조하는 『주역』에도 예외가 존재한다. 자그마한 지나침은 중용의 도리에 이르는 또다른 특효약이라는 것이다. 그러나 특효약을 상용으로 자주 복용하면 심각한 부작용으로 나타난다.

---

1)『朱子語類』권 73, "中孚與小過都是有飛鳥之象." "中孚有卵之象. 小過中間二畫是鳥腹, 上下四陰爲鳥翼之象. 鳥出乎卵, 此小過所以次中孚也."

여기서 '조금 지나침[小過]'의 범위와 기준이 중요한 문제로 부각된다. 소과괘는 2양4음의 구조로서 3음3양의 방향으로 움직이려는 약간의 지나침은 허용될 수 있으나, 거꾸로 1양5음의 방향으로 움직이려는 지나침은 악화의 길로 나아가므로 옳지 않다는 것이다.

중용을 지키려는 일체의 행위와 함께 그 객관적 타당성을 보장하는 정도正道의 원칙이 있다. 정도를 지키기 위해 중용을 약간 벗어나는 행위는 파란불일 수 있으나, 적정 범위를 넘어서면 빨간불이 켜져 흉하다. 조금 지나친 행위가 형통할 수 있는 이유는 정도를 지켰기 때문이다. 중용을 지키려는 '조금 지나친[小過] 행위'가 '큰 허물[大過]'로 직결되는 오류를 범해서는 안 되기 때문에 작은 일은 가능하지만, 큰 일은 불가능하다고 했던 것이다.

소과괘는 새의 외형을 본떴다. 중부괘와 소과괘는 일련의 연속성이 있다. 중부괘가 알을 품어서 부화하는 과정을 설명했다면, 소과괘는 부화한 어린새가 하늘을 날으려는 형상을 담아냈다. 중부괘 상효의 '닭 울음소리가 하늘 위로 오르니 흉하다[翰音登于天]'는 말에 이어서 소과괘 괘사는 '나는 새가 소리를 남김에 올라가는 것은 마땅하지 않고 내려오면 크게 길할 것이다[飛鳥遺之音, 不宜上, 宜下, 大吉]'는 말로 연결된 것은 당연하다.

어린새가 드높은 창공을 날기는 버겁다. 차라리 지상으로 내려와 안정을 취할 수 있는 휴식처를 찾거나 둥지를 마련해야 한다. 아래로 내려와 깃들어야지 위로 올라가서 보금자리를 찾는 것은 어리석다. 마찬가지로 약간의 '지나침'도 '위'로 지나치면 흉한 반면 '아래'로 지나치면 상서롭다는 뜻이다.

☼ 아기 병아리는 위로 올라갈 힘이 턱없이 부족하다. 능력은 없는데, 억지로 날으려다 땅바닥으로 곤두박질친다. '대과'가 뒤따른다. 날면서 소리 지르는 행동은 아기새로서는 감당하기 벅차다. '비조유지음飛鳥遺之音'은 나는 새가 소리만 남겼다는 번역보다는 새는 이미 날아갔고, 울음소리만 아직 허공에 남아 있다는 풀이가 훨씬 좋다.

3. 단전 : 스스로 낮추어 겸손하면 절로 편안하다

象曰 小過는 小者過而亨也니 過以利貞은 與時行也니라
단왈 소과 소자과이형야 과이이정 여시행야

柔得中이라 是以小事吉也오 剛失位而不中이라
유득중 시이소사길야 강실위이부중

是以不可大事也니라 有飛鳥之象焉하니라
시이불가대사야 유비조지상언

飛鳥遺之音不宜上宜下大吉은 上逆而下順也일새라
비조유지음불의상의하대길 상역이하순야

단전에 이르기를 소과는 작은 일이 지나쳐서 형통한 것이니, 지나치되 올바름이 이로운 것은 때(시간의 정신)와 함께 실천한 것이다. 유가 중도를 얻은 것이다. 이런 까닭에 작은 일이 길함이요, 강은 위치를 잃고 적중하지 못했다. 이런 까닭에 큰 일은 불가하다. 나는 새의 모습이 있다. '나는 새가 소리를 남김에 올라가는 것은 마땅하지 않고 내려오면 크게 길함'은 올라가는 것은 거슬림이고 내려오는 것은 순응하기 때문이다.

소과괘 「단전」은 짧은 문장의 괘사를 상세하게 설명한다. 먼저 작은 허물을 짓지만 형통하는 이유와 함께 중용을 완수하려는 노력에는 올바름[正道]이 뒤따라야 한다고 강조한다. 자그마한 허물도 용납되지 않는 것이 정상이나, 오히려 길한 까닭은 시간의 정신에 부합하기 때문이다.

『주역』은 음양론이다. 음양론은 음양의 순환과 더불어 음양의 균형 잡힌 운동을 중시한다. 소과괘는 4음2양으로 구성되어 있다. 양의 활동은 미약한 반면에 음의 세력이 번성하다. '작은 것이 지나치다[小過]'는 말은 곧 양은 크고 음이 작은 것을 인정하는 『주역』 특유의 논리에 기인한다. 음양의 균형을 회복하려는 과정에서 정도를 벗어나지 않는 한 약간의 지나침은 용납될 수 있다는 뜻이다. 여기에는 조건이 있다. 지금은 어느 때인가, 나는 무엇을 할 수 있는가라는 실존적 물음에 대한 확고한 깨달음과 합당한 실행이 전제 조건이다.

雷山小過卦
뇌산소과괘

『주역』의 가르침에 중에서 가장 중요한 것은 때(시간)의 본성을 파악하는 일이다. 하늘은 때에 알맞은 명령을 내리기 때문에 때의 흐름[時勢]에 부합한 행위는 길하고[過以利貞, 與時行也], 부적당한 행위는 흉이 된다. 「단전」 곳곳에서는 '때의 의의[時義]'에 알맞은 행위를 '시중時中'이라 했다.[2] 시간은 하늘의 특수한 형태의 명령이다. 그것은 중부괘의 '중中'과 절괘의 '절節'이 결합된 중절中節로 드러난다.

소과괘에서 조그만 허물이 허용되고 작은 일이 길한 까닭은 음유陰柔인 2효와 5효가 각각 상하괘의 중용(☳☶)을 얻었기 때문이다. 반면에 양강陽剛인 3효는 지나치게 중용을 넘어섰고, 4효는 5효의 자리에서 각종 허물을 조절해야 함에도 불구하고 음 자리[陰位]에서 중용을 잃고 양 에너지를 뿜어내어[剛失位而不中] 큰 일을 치르기에는 자격 미달이라는 것이다.

소과괘는 날개를 활짝 펴고 창공을 나는 새의 형상이다. 중부괘(☴☳)를 ½로 축소하면 이괘[離: ☲]이고, 소과괘(☳☶)를 ½로 축소하면 감괘[坎: ☵]이다. 어린새가 자주 날갯짓을 하건만 비상력은 뛰어나지 못하다. 게다가 허공에 소리를 남긴다는 말은 뒤처리가 깔끔하지 않아 재앙이 뒤따른다는 뜻이다. 하늘을 힘껏 날 수 있는 실력을 갖추지 못하고, 시간과 여건이 성숙되지 않은 상황에서 경거망동하면 실패를 겪게 될 것을 훈계한 것이다.

자연 법칙에 어긋난 삶은 쓰라린 좌절이 기다리지만, 자연과 하나되는 삶은 편안하여 크게 길하다. 작은 허물이 있을 때일수록 하늘의 섭리에 순응해야 한다. 만약 자신의 분수도 모르고 윗사람에게는 비굴하고 아랫사람에게 교만하면 돌이킬 수 없는 큰 허물[大過]을 저질러 재기 불능의 상태로 빠질 것이다. 남에게 자신을 낮춰 머리 숙이고 겸손하면 몸과 마음은 저절로 편안하다.

🏵 새가 마냥 올라가는 것은 하늘의 섭리를 거슬리는 길이고, 아래로 내려

2) 남동원, 『주역해의 2』(서울: 나남출판, 2002), 587쪽 참조. "시중이라야 대길하게 된다. 이는 양효와 음효의 많고 적음이 큰 문제가 아니다. 주역의 심오한 이치는 시중에 있는 것이다."

와 편안함을 누리는 것은 하늘의 섭리에 순응하는 길이다.

4. 상전 : 중용, 과불급過不及의 균형을 찾아서

象曰 山上有雷小過**니** 君子以**하여** 行過乎恭**하며**
상 왈 산 상 유 뢰 소 과　군 자 이　　행 과 호 공

喪過乎哀하며 **用過乎儉**하나니라
상 과 호 애　　　용 과 호 검

상전에 이르기를 산 위에 우레가 있는 것이 소과이다. 군자는 이를 본받아 행실은 공손함을 약간 지나치게 하며, 상사에는 슬픔을 약간 지나치게 하며, 일상의 씀씀이는 검소함을 약간 지나치게 한다.

소과괘는 위가 우레[震: ☳], 아래는 산[艮: ☶]으로서 산 위에 우레가 울려 퍼지는 모습을 상징한다. 하늘 위에서 우레가 꽝꽝 울리는 형상의 34번 대장괘大壯卦(䷡)에 비하면 그 우레소리가 훨씬 작기 때문에 소과괘로도 불린다. 하늘에서 대지를 향하는 우레(대장괘)와 산 위에서 울리는 우레(소과괘)는 그 위엄과 음량이 현격하게 차이가 난다.

대장괘의 우레와 소과괘의 우레는 중용을 약간씩 지나쳤다. 공자는 중용의 실천의 어려움을 토로한 바 있다. "천하 국가도 고르게 할 수 있고, 작록도 사양할 수 있고, 흰 칼날도 밟을 수 있으나 중용은 능히 할 수 없다."[3] 군자는 소과괘의 형상과 가르침을 본받아 항상 스스로를 낮추어 겸손한 처신이 몸에 배도록 한다.

중용은 일정하고 고정되고 획일화된 형식과 틀이 없다. 어느 하나의 형식에 얽매어 중용을 실천하려는 욕심은 애당초 옳지 않다. 중용은 살아 있는 실체이기 때문이다. 어제의 중용이 오늘은 중용이 아닐 수 있고, 오늘의 중용이 미래의 중용이 아닐 수도 있다. 그렇다고 중용은 시간에 따라 변질되는 상대적 존재 혹은 가치라는 뜻은 아니다. 중용은 시간과 공간에

---

3) 『中庸』, "天下國家可均也, 爵祿可辭也, 白刃可蹈也, 中庸不可能也."

따라 '과불급過不及'의 균형과 형평을 찾아서 자기 항상성[時中]을 유지하려는 실천의 힘이다.

지나친 예의는 비굴한 처신이라는 '과공비례過恭非禮'의 격언이 있다. 『중용』의 지혜에 따르면, 무엇이든 지나치거나 모자라면 좋지 않다. 항상 평형을 유지하는 것이 최상이다. 하지만 소과괘는 (약간 모자라거나) 조금은 지나쳐도 괜찮은 중용의 방법 세 가지를 제안한다. 첫째로 행동은 약간 지나치리만큼 공손하고, 둘째로 죽은 사람을 슬퍼하는 문상은 약간 지나치리만큼 애끓도록 하고, 셋째로 일상적인 쓰임새는 약간 지나치리만큼 아끼는 것이 좋다. 겸손한 행동은 모든 사람에게 환영받고, 죽은 이를 위해 눈물 흘리면서 슬퍼하는 것은 인간다운 행실이며, 평소 검소한 생활은 사치에 빠지지 않게 한다.

죽은 이를 애도하되 마음에 상처입는 것을 신경 쓰거나, 눈물 한 방울 흘리지 않는 문상 역시 중용의 도리에 한참 어긋난다. 공자는 즐거움과 슬픔에 대한 마음 조절의 문제를 얘기했다. "관저는 즐겁되 음란하지 않고, 슬프되 마음을 상하지 않는다."[4] 『시경』 첫머리에 나오는 「관저」편의 내용에 대해 음악으로 즐거움을 표현했지만 마음의 절도를 넘어서지 않았고, 애절하지만 마음을 상하게 하지 않는다고 논평했다.

❁ 아무리 즐거워도 음탕한 곳으로 흐르지 않게 하며, 아무리 슬퍼도 오래도록 가슴에 응어리지지 않도록 해야 하는 것이 곧 중용의 절도이다.

5. 초효 : 자신을 낮추면서 절제하라

初六은 飛鳥라 以凶이니라
초 육　　비 조　　이 흉

象曰 飛鳥以凶은 不可如何也라
상 왈　비 조 이 흉　　불 가 여 하 야

---

4) 『論語』「八佾」, "關雎, 樂而不淫, 哀而不傷."

초육은 나는 새라. 흉하다. 상전에 이르기를 '나는 새가 흉함'은 어쩔 수가 없다.

초효는 음이 양 자리에 있고[不正], 중용에 이르지 못하여[不中] 작은 허물이 생기는 시초이다. 그것은 어린새가 하늘 높이 날아 올라 4효와 만나려다가 날개죽지에 이상이 생겨 나쁜 결과를 초래하는 상황이다[凶].

초효는 소인으로 비유할 수 있다. 소인은 오를 줄만 알고 내릴 줄은 모른다. 자신의 처지를 망각하고 교만한 태도로 까분다. 추락하는 일밖에 남지 않았다. 자신을 낮추고 절제해야 옳다. 그래서 괘사와 「단전」은 '올라가면 거슬려서 좋지 않고 내려오면 순응해서 좋다'고 했던 것이다. 소인에게 거만하라고 권장하는 사람은 아무도 없다. 소인은 스스로가 거만하기 때문이다.

❀ 혼자 거들먹거리는 욕심이 빚어낸 비극은 어찌 할 도리가 없다.

6. 2효 : 최고의 삶, 중용의 도리를 지키는 것

六二는 **過其祖**하여 **遇其妣**니 **不及其君**이오 **遇其臣**이면
육 이   과 기 조   우 기 비   불 급 기 군   우 기 신

无咎리라
무 구

象曰 不及其君은 **臣不可過也**라
상 왈 불 급 기 군   신 불 가 과 야

육이는 할아버지를 지나서 할머니를 만남이니, 군왕에게 미치지 않고 신하를 만나면 허물이 없을 것이다. 상전에 이르기를 '군왕에게 미치지 않음'은 신하는 지나칠 수 없는 것이다.

2효는 음이 음 자리에 있고[正], 하괘의 중용[中]이다. 5효와는 같은 음이기 때문에 상응하지 못한다. 2효에 입장에서 3효는 아버지[父]이고, 4

효는 할아버지[祖]이고, 5효는 증조모인 비妣이다. 집안에서 손주인 2효가 아버지와 할아버지를 지나(쳐)서 증조할머니를 뵙는 일은 허물이 아니다. 한편 증조할머니를 뵈려면 반드시 아버지와 할아버지를 거쳐야 한다고 풀이할 수도 있다.

국가의 입장에서 보면 5효는 군왕이고, 4효는 신하이다. 글공부하는 2효 선비는 직접 군왕을 만날 수 없고[不及其君], 일정한 절차 즉 3효와 4효 신하와의 면담을 거친[遇其臣] 다음에야 가능하다. 일반인은 신하의 중개를 통해 상주上奏할 수 있고, 또한 군왕의 허락이 있어야 만남이 성사될 수 있는 것이다.

손주가 증조할머니를 만나기 위해서 아버지와 할아버지를 지나야 하는 일은 일반인이 군왕을 만나기 위해서 신하를 먼저 만나 일정을 타진하는 것과 같다.

☳ 2효는 가정사와 국가사를 예증으로 내세워 지나침과 모자람이라는 중용의 절차와 도리를 지키면 어떠한 화도 생기지 않는다고 했다.

7. 3효 : 소인에게는 중용을 약간 어겨 대응해도 흠이 아니다

九三은 弗過防之면 從或戕之라 凶하리라
구 삼   불 과 방 지   종 혹 장 지   흉

象曰 從或戕之 凶如何也오
상 왈 종 혹 장 지 흉 여 하 야

구삼은 다소 지나친 듯이 방비하지 못하면 쫓아서 혹 해친다. 흉할 것이다. 상전에 이르기를 '쫓아서 혹 해침'은 흉이 어떠하겠는가.

'방防'은 방어하다는 뜻이다. '장戕'은 손상입히다, 해를 당함이라는 뜻이다. 갈 '지之'는 초효와 2효의 두 음을 가리키는 대명사이다. 3효는 양이 양 자리에 있으나[正], 중용을 지나쳤다[不中]. 그런데 소과괘 4음2양의 구조에서 3효 양은 음의 세력에 눌려 힘을 쓰지 못하는 형국이다.

하괘에서 초효와 2효의 두 음은 3효 양의 뒤를 좇으면서 해치려는 암살자 역할을 담당했다. 두 눈 똑바로 뜨고 자신을 해치려는 자의 음모를 밝히고 스스로 방어해야 한다. 『주역』에서 음은 소인으로 비견된다. 소인은 3효 군자를 중상모략하면서 찍어내려고 안달이다. 이러한 소인들의 음해에 대한 방어 수단은 약간 지나쳐도 괜찮다는 것이다.

3효는 합당한 위치에 있다고 방어에 허술하거나, 소인들의 음해에 가볍게 대처한다면 큰 곤욕[凶]을 치를 것이다. 강성한 양 에너지만 믿다가 소인들의 공격에 치명타를 입을 수도 있기 때문이다.

☘ 양심의 방어력만을 믿고 방심하다가 하루아침에 무너지는 심각한 재앙은 치유가 불가능하다.

8. 4효 : 시간의 본성에 부합하는 시중時中이 최상이다

九四는 **无咎**하니 **弗過**하여 **遇之**니 **往**이면 **厲**라 **必戒**며
구사   무구   불과   우지   왕   여   필계

勿用永貞이니라
물용영정

象曰 弗過遇之는 **位不當也**오 **往厲必戒**는
상왈 불과우지   위부당야   왕려필계

終不可長也일새라
종 불 가 장 야

구사는 허물이 없으니, 지나치지 아니하여 만남이니 가면 위태롭다. 반드시 경계해야 하며, 오랫동안 고집하지 말아야 한다. 상전에 이르기를 '지나치지 아니하여 만남'은 위치가 마땅하지 않음이요, '가면 위태롭고 반드시 경계함'은 마침내 장성할 수 없기 때문이다.

4효는 양이 음 자리에 있고[不正], 중용도 아니지만[不中], 초효 음과는 상응한다. 4효의 시공간적 위상은 역설적이다. 음 자리에 양이 있다는 것은 음양의 평형과 강유의 균형을 지탱하려는 움직임이며, 초효와 상응함

은 새가 아래로 내려와 둥지에 편안하게 깃들려는 형상이므로 정도와 중용에 벗어났음에도 불구하고 허물이 없다고 했던 것이다.

4효 양이 밝은 신하라면, 5효 음은 어두운 군왕을 상징한다. 4효가 '허물 없음'은 신하가 군왕을 무시하지(지나치지) 않고, 밑에서 5효 군왕의 뜻을 잘 받들어 만나기 때문이다[弗過, 遇之]. 만약 신하가 군왕의 명령을 우습게 여기고 무시한다면[往] 군왕이 엄벌에 처하여 신하는 위험에 빠지고[厲], 4효 신하에 대해서 군왕의 측근들 모두가 경계할 것이다[必戒].

신하가 항상 '예스맨(yes man)'이어서는 곤란하다. 올바른 국가 정책을 수립하는 과정에서 군왕이 잘못을 저지를 때는 '아니오(no)'라고 단호하게 반대 의사를 표시해야 한다. 그러나 무조건 반대해서는 안 된다. 정도만을 지키겠다는 고집불통은 현실 대응에 많은 문제점을 노출시켜 시대에 뒤떨어진다. 그렇다고 '약간 지나치는[小過]'의 방법만을 고수할 경우도 중용의 도리에 어긋난다.

🔯 시간의 정신에 부합하는 중용의 실천[時中]이 매우 소중하다.

9. 5효 : 인재 등용, 천하 경영의 지름길

六五는 **密雲不雨**는 **自我西郊**니 **公**이 **弋取彼在穴**이로다
육 오 밀 운 불 우 자 아 서 교 공 익 취 피 재 혈

象曰 密雲不雨는 **已上也**일새라
상 왈 밀 운 불 우 이 상 야

육오는 구름이 빽빽하나 비가 오지 않음은 우리의 서쪽 교외로부터 일어남이니, 왕공이 주살로 저 구멍에 있는 것을 쏘아서 잡도다. 상전에 이르기를 '구름이 빽빽하나 비가 오지 않음'은 너무(이미)[5] 올라갔기 때문이다.

5효는 음이 양 자리에 있고[不正], 상괘의 중용을 얻었으나[中], 2효와 상

---

5) '已'를 '이미'보다는 '너무'라고 풀이한 주자의 견해가 타당하다. "已上, 太高也."

응하지 못한다. '밀운불우密雲不雨'는 금방 비를 퍼부을 정도로 구름이 잔뜩 겹쳐 있으나 정작 비가 오지 않는 양상이다. 5효는 음이고 그 짝꿍인 2효 역시 음이기 때문에 음양이 교감하지 못하여 비를 만들지 못하는 형상을 비유한 것이다. 하늘을 뒤덮은 구름이 동쪽에서 일어날 때는 비를 내리지만, 서쪽에서 생겨난 구름과 비를 동반하지 못한다.

'구름이 빽빽하나 비가 오지 않음은 서쪽 교외로부터 일어남[密雲不雨, 自我西郊]'은 풍천소축괘(☰) 괘사에도 있다. 서쪽 하늘에는 먹장구름이 모여 갑자기 굵은 빗줄기를 쏟아낼 작정이다. 금방이라도 장대비를 퍼부을 요량이지만 비는 오지 않는다. 『주역』에는 동북아 고대사를 장식했던 영웅이 등장하는 곳이 적지 않다. 소축괘와 소과괘가 그 중의 하나이다. '나[我]'는 문왕을 가리킨다.[6] 문왕이 서쪽 근교로부터 『주역』을 만들어 진리의 전령사 노릇을 해야 하는데, 아직 준비가 덜 끝났다는 뜻이다. 이를 비유하여 '구름은 빽빽한데 아직 비가 오지 않은 것'이라고 말하여 아직 시기가 무르익지 않았음을 시사했다.

고대사를 주름잡았던 은나라는 동쪽에, 신흥국인 주나라는 서쪽에서부터 정변을 일으키려고 기회를 엿보던 상황이 당시의 동북아 정세였다. '밀운불우'는 서쪽에서 동쪽으로 진출하여 아직은 천하 통일의 야심을 드러낼 시기가 아니라는 (유리옥에 갇혔던) 문왕의 처지를 반영한다.

문왕은 아직 천자가 아니기 때문에 효사는 '왕공[公]'으로 표현했다. 천하 통일은 힘과 돈과 인재와 시간이 맞물려야 가능하다. 힘을 비축하면서 시간을 벌어야 하는 왕공에게 필요한 것은 뛰어난 인재였다. 세상의 보이지 않는 곳에 숨어 있는 현자를 찾아서 등용하는 것이 급선무라는 것이다. '익弋'은 실을 화살에 연결하여 새를 쏘는 도구이다. 화살을 실로 엮었다는 것은 한 번에 두 명 이상의 인재를 발탁할 수 있는 뜻이다. 구멍 속에

---

6) 『周易本義』小畜卦 卦辭, "蓋密雲陰物, 西郊陰方, 我者文王自我也. 文王演易於羑里, 視岐周爲西方, 正小畜之時也. 筮者得之, 則占亦如其象云."

숨어 있는 인재[彼]는 3효와 4효를 가리킨다.[7]

　양 에너지는 위로 올라가고 음 에너지는 아래로 내려와 음양이 감응해야 비로소 비가 내릴 수 있다. 구름은 오밀조밀한데 비가 내리지 않는 까닭은 5효 음이 너무 올라갔기 때문이다. 무거운 5효 음이 조금 상승한[小過] 이유 하나만으로도 비가 오지 않는다.

🔯 자신을 낮추고 아래로 내려와 현명한 보좌관을 얻어야 난관을 헤쳐 나갈 수 있다.

10. 상효 : 중용을 어긴 허물은 하늘도 벗겨주지 않는다

上六은 **不遇**하여 **過之**니 **飛鳥離之**라 **凶**하니 **是謂災眚**이라
상 육　　불 우　　과 지　　비 조 이 지　　흉　　시 위 재 생
象曰 弗遇過之는 **已亢也**라
상 왈　불 우 과 지　　이 항 야

상육은 만나지 못하여 지나치니, 나는 새가 멀리 떠난다. 흉하니, 이를 '재생'이라 이른다. 상전에 이르기를 '만나지 못하여 지나침'은 이미 높은 것이다.

　상효는 음이 음 자리에 있으나[正], 소과괘의 중용을 한참 지나친[不中] 가장 높은 위치에 있다. 아래에 있어야 할 무거운 음이 너무 높은 끝자락에 있기 때문에 3효 파트너와 만날 수도 없을 정도로 멀리 떨어졌다[不遇]. 가장 친한 파트너와 만남이 성사되지 못하고 극한을 달린다[過之]. 작은 지나침이 아니라, 큰 지나침이 아닐 수 없다. 작은 허물[小過]이 큰 허물[大過]로 변질되기 직전의 상황이다. 그러니까 나는 새마저 행방도 모른 채

---

7) 정이천과 주자는 화살로 쏘아 맞출 구덩이에 있는 사냥감은 2효라고 보았다. 비록 음이지만 5효의 짝꿍은 2효 이외에는 없는 것으로 간주했다. ①『易程傳』, "在穴指六二也. 五與二本非相應, 乃弋而取之." ②『周易本義』, "弋取六二以爲助. … 在穴陰物也, 兩陰相得, 其不能濟大事, 可知."

어디론가 훌쩍 떠나버리고 만다[飛鳥離之].

떠날 '리離'는 그물에 걸릴 '라羅'의 뜻도 있다. 전자는 높이 날아 떠나간 새는 땅으로 떨어져 다친다는 뜻이고, 후자는 멀리 떠난 새는 그물에 잡혀 처량한 신세가 된다는 뜻이다. 중용을 넘어선 지나친 행동 뒤에는 마魔가 뒤따르기 마련이다. 결국 자신이 저지른 화는 피할 수 없다는 경고인 것이다.

하늘이 내리는 재앙과 사람의 잘못으로 발생하는 재앙이 한꺼번에 몰려온다. 밖으로부터 다가오는 화는 재[天災]요, 스스로 불러일으키는 화는 생眚[= 人禍]이다. 재앙이 끊임없이 생겨 피할 도리가 없다. 자연재해는 인간의 노력으로 극복할 수 있으나, 스스로 초래한 재앙은 면할 방법이 없다.

높이 나는 새가 우쭐대다 그물에 걸리는 것은 소인배가 분수를 모르고 거만떨다 파탄을 맞이하는 것과 같다. 중용을 지나침이 극단에 이르면 천재天災와 인재人災를 동시에 불러들인다는 뜻이다.

✧ 소과가 대과로 진행되어서는 곤란하다. 그것은 작은 허물의 싹을 들여다볼 수 있는 안목을 키워야 큰 허물을 짓지 않는다는 교훈이다.

***

정역사상의 연구자 이상룡李象龍은 소과괘의 성격을 다음과 같이 설명한다.

䷽ 小過二字見上이라 爲卦起於起하고 止於止者는 雷也오
　　소 과 이 자 견 상　　위 괘 기 어 기　　지 어 지 자　　뇌 야

雷動山屹하여 天下旣平은 則陰會否促而過去하고
뇌 동 산 흘　　천 하 기 평　　즉 음 회 비 촉 이 과 거

陽元泰舒而當來之義也라 且事之過常過分者는
양 원 태 서 이 당 래 지 의 야　　차 사 지 과 상 과 분 자

非篤信之이어늘 君子莫能行之니 故로 次於中孚也라
비 독 신 지　　군 자 막 능 행 지　　고　　차 어 중 부 야

소과 두 글자는 위에 보인다. 괘의 형성은 일어날 곳에서 일어나고 멈

출 곳에 멈추는 것은 우레요, 우레가 움직여 산이 우뚝 솟아 천하가 평안해짐은 음의 비否 시대가 빨리 과거로 가고, 으뜸가는 양의 태泰 시대가 서서히 와 (미래가) 현재로 온다는 뜻이다. 또한 일의 일정함이 지나치거나 나뉨이 지나친 것은 독실하게 믿는 것이 아니므로 군자가 실천할 수 없기 때문에 (소과괘가) 중부괘 다음이 된 것이다.

象曰 小過, 亨, 利貞은 一陰之運行하여 利其正終也오 可小事,
단왈 소 과 형 이정 일음지운행 이기정종야 가소사

不可大事는 陰陽之數度也며 飛鳥遺之音, 不宜上, 宜下,
불가대사 음양지수도야 비조유지음 불의상 의하

大吉은 鳥翼化陳은 不宜犯上也라
대길 비익화진 불의범상야

단전 "소과는 형통하니 올바르게 함이 이롭다"는 것은 음이 한 번 운행하여 옳게 끝맺음이 이롭다는 것이요, "작은 일은 가능하고 큰 일은 불가하다"는 것은 음양의 도수를 뜻하며, "나는 새가 소리를 남김에 올라가는 것은 마땅하지 않고, 내려오는 것은 마땅하여 크게 길할 것이다"는 말은 새가 날개를 펼쳐서 위를 범하는 것은 옳지 않다는 뜻이다.

象曰 君子以, 行過乎恭, 喪過乎哀, 用過乎儉은 務本也라
상왈 군자이 행과호공 상과호애 용과호검 무본야

상전 "군자는 이를 본받아 행실은 공손함을 약간 지나치게 하며, 상사에는 슬픔을 약간 지나치게 하며, 일상의 씀씀이는 검소함을 약간 지나치게 한다"는 말은 근본에 힘쓰는 것이다.

初六, 飛鳥, 以凶은 兵遁鳥喧也라
초육 비조 이흉 병둔조훤야

초효 "나는 새라. 흉하다"는 말은 전쟁을 피해 달아났으나 새가 시끄럽게 슬피 운다는 뜻이다.

六二, 過其祖, 遇其妣는 休戊甲而當己癸也오 不及其君,
육이　과기조　우기비　　휴무갑이당기계야　　불급기군

遇其臣, 无咎는 側陋人傑이 銓之於大臣也라
우기신　무구　　측루인걸　　전지어대신야

2효 "할아버지를 지나서 할머니를 만남"은 무갑戊甲이 그치고 기계己癸가 온다는 것이요, "군왕에게 미치지 않고 신하를 만나면 허물이 없을 것이다"라는 말은 곁에 볼품없는 인걸이 대신으로 선발된다는 뜻이다.

九三, 不過防之, 從或戕之, 凶은 實而虛와 虛而實을
구삼　불과방지　종혹장지　흉　　실이허　　허이실

戒不可不過也라
계불가불과야

3효 "다소 지나친 듯이 방비하지 못하면 쫓아서 혹 해친다. 흉할 것이다"라는 말은 '진실이면서 비어 있고, 비어 있음이 곧 진실'을 경계한 것이 지나치다는 뜻이다.

九四, 无咎, 弗過, 遇之는 无過不及으로 剛柔相遇也오 往, 厲,
구사　무구　불과　우지　　무과불급　　강유상우야　왕　여

必戒, 勿用永貞은 輕動必敗리니 勿矜常勝也라
필계　물용영정　경동필패　　물긍상승야

4효 "허물이 없으니, 지나치지 아니하여 만남이다"라는 것은 지나치거나 미치지 못한 것 없이 강유가 서로 만나는 것이요, "가면 위태롭다. 반드시 경계해야 하며, 오랫동안 고집하지 말아야 한다"는 말은 경거망동하면 반드시 패할 것이므로 괴로워하지 말아야 이길 수 있다는 뜻이다.

六五, 密雲不雨, 自我西郊는 金火冶西하여 時適水涸也오 公,
육오　밀운불우　자아서교　　금화야서　　시적수학야　공

弋取彼在穴은 一發五弧也라
익취피재혈　　일발오호야

5효 "구름이 빽빽하나 비가 오지 않음은 우리의 서쪽 교외로부터 일어남이다"라는 것은 (하도낙서의) 금화金火가 서방에서 일어나 시간에 알맞게 물이 마르는 것이요, "왕공이 주살로 저 구멍에 있는 것을 쏘아서 잡는다"는 말은 한 번 쏘아 다섯 발이 나가는 활을 뜻한다.

上六, 弗過, 遇之, 飛鳥離之, 凶, 是謂災眚은
상육 불과 우지 비조이지 흉 시위재생

老却而不附鳳翼也라
노각이불부봉익야

상효 "만나지 못하여 지나치니,[8] 나는 새가 멀리 떠난다. 흉하니 이를 '재생'이라 이른다"는 말은 쇠약하여 물러나 봉황의 날개에 의지하지 못한다는 뜻이다.

---

8) 『周易』본문과 『正易原義』의 '過'와 '遇'가 서로 바뀌어 있다. 李象龍이 잘못 쓴 것으로 보인다.

|水火既濟卦|

수 화 기 제 괘

완결의 미완

1. 성공과 완성은 인간의 영원한 화두 : 기제괘

정이천은 뇌산소과괘雷山小過卦(䷽) 다음에 수화기제괘水火旣濟卦(䷾)가 오는 이유를 다음과 같이 말한다.

> 旣濟는 序卦에 有過物者는 必濟라 故受之以旣濟라 하니라
> 기제　서괘　유과물자　필제　　고수지이기제
>
> 能過於物이면 必可以濟라 故小過之後에 受之以旣濟也라
> 능과어물　필가이제　　고소과지후　　수지이기제야
>
> 爲卦水在火上하니 水火相交면 則爲用矣라 各當其用이라
> 위괘수재화상　　　수화상교　즉위용의　　각당기용
>
> 故爲旣濟하니 天下萬事已濟之時也라
> 고위기제　　천하만사이제지시야

"기제는 「서괘전」에 '남보다 뛰어남이 있는 자는 반드시 이루므로 기제괘로 이어받았다'고 하였다. 능히 남보다 뛰어나면 반드시 이룰 수 있다. 그러므로 소과괘 뒤에 기제괘로 이어받은 것이다. 괘의 형성은 물이 불 위에 있으니, 물과 불이 서로 사귀면 쓰임이 된다. 각각 쓰임이 마땅하므로 기제라 하였으니, 천하만사가 이미 이루어지는 때이다."

기제괘는 미제괘와 더불어 수많은 영감을 불러일으키는 주제이다. 『주역』 64괘 중에서 음양이 모두 균형잡힌 것은 오직 기제괘이다. 양이 양 자리에, 음이 음 자리에 있는 것은 기제괘뿐이다. 하지만 기제괘는 긍정의 내용으로 일관되어야 함에도 불구하고 대부분은 부정적 내용으로 이루어져 있다.[1] 이는 문명사와 인류사가 완성과 미완성을 거듭하면서 발전한다는 사실을 알려준다.

문법적 의미에서 '기旣'는 이미 시간이 흘러갔다는 과거 시제이고, '제濟'는 강을 무사히 건넜다는 공간적 용법으로 쓰였다. 따라서 기제는 시간과

---

[1] 실제로는 地山謙卦(䷎)가 가장 좋은 내용으로 이루어져 있다.

공간을 아우르는 종합적 의미가 담겨 있다. 기제는 미제와 하나의 음양 관계로 인식해야 한다. 기제와 미제는 완성과 미완성, 기결과 미결이 역동적으로 교차하는 변화의 영속성을 묘사한다.

'기제'는 이미 강을 건넜다는 말 이외에도 어떤 일을 완수(성취)하다는 의미로 확대되어 사용되었다. 기제괘는 위는 물[坎:☵]이고, 아래는 불[離:☲]로서 불 위에 물이 있는 형상이다. 그것은 불이 물을 데워 음식물을 익히는 이치를 형상화한 것이다. 또한 기제괘 6효 모두가 양은 양 자리에, 음은 음 자리에 위치하여 음양의 균형을 이루는데, 이는 물과 불이 교감하여 만물이 안정적으로 상호 작용하는 형태를 반영한다.

한편 기제괘 여섯 효가 비록 정위正位이지만, 음이 양 위에 존재한다는 사실은 전통적 음양관의 시각에서 보면 '가치의 전도(뒤바뀜)'라고 할 수 있다. 그것은 아이러니컬하게도 수행론의 근거를 확보하는 실마리가 되었다. 즉 한대 이후에는 기제괘의 원리를 바탕으로 수행론의 기초가 세워졌다. '수승화강水昇火降'이 바로 그것이다. 정신의 수양과 육체의 단련을 비롯한 수행론은 도교에서 장생불사의 방법론으로 본격화되었다. 『주역』의 역사에서 도교의 수행론이 도입된 것은 위백양魏伯陽(?-?)의 『주역참동계周易參同契』였다. 물은 무거워 아래로 내려오고 불은 가벼워 위로 올라가는 것이 자연의 속성인데, 도교의 이론을 수용한 일부 『주역』학자들은 수화기제괘를 근거로 물은 위로 올라가고 불은 아래로 내려보내는 '수승화강론'을 체계화했다.

64괘는 하늘과 땅의 율동상을 표현한 생명의 논리이다. 『주역』의 생명관과 시간관은 기제와 미제로 매듭지을 수 있다. 그것은 다시 물불[水火]의 문제로 압축할 수 있다. 물불의 돌림노래가 바로 천지의 운동이다.[2] 천

水火既濟卦 수화기제괘 ䷾

---

2) 『正易』의 주석서라고 평가할 수 있는 한동석의 『우주변화의 원리』는 "水火一體論"을 세부 사항으로 둘 정도로 물과 불을 생명과 시간의 두 얼굴로 인식했다.(한동석, 앞의 책, 139-143쪽 참조.)

지의 운동과 인간의 생명은 동일한 궤도를 걷는다. 우주관과 수행론은 별개의 논리일 수 없다는 뜻이다. 물과 불이 어디에 위치하는가에 따라 생명의 법칙에 순응[順]하는가 위배[逆]되는가의 문제로 직결된다.

음양 운동의 내부를 들여다보고 생명의 창조 원리를 밝힌 조선조 후기의 정역사상은 물과 불의 운동 방향을 기준으로 상생과 상극, 하도와 낙서의 성격을 순역順逆 이론으로 확정지었다. 정역사상은 금목수화토 5행의 원형을 수화水火운동으로 본다. 물[水]에서 불[火]로 나아가는 과정은 역逆이고, 불[火]에서 물[水]로 나아가는 과정은 순順이다. 전자가 수화기제괘라면, 후자는 화수미제괘이다. 기제괘에서 미제괘로의 진행은 우주가 끊임없이 순환한다는 것 이외에도 일정한 주기에 따라 한 번은 수화 운동을 했다가 한 번은 화수 운동으로 교체하면서 창조적으로 진화한다는 원리가 은폐되어 있다고 말할 수 있다.

"음양 변화를 다른 말로 순역 운동이라 한다. 예를 들면 봄 여름철에 초목의 수액이 뿌리로부터 위로 올라가면서 가지와 나뭇잎이 벌어져 무성하게 자라는 것과 같이 본래의 자리에서 멀어지면서 분열성장해 가는 양의 과정은 거스를 역逆 자의 '역 운동'이다. 반면에 분열의 극에서 '극즉반極則反'하여 다시 본래의 자리로 돌아와 수렴되는 음 운동은 순할 순順 자의 '순 운동'이다. 이때 근원으로 돌아오는 과정을 '원시반본原始返本'이라 한다. 원시반본은 '시원을 바로잡아 근본으로 돌아간다'는 뜻이다. 예컨대 아침에 집에서 일터로 나가는 것이 역이고, 원시반본하여 집으로 돌아오는 것은 순이다. 인간의 호흡 운동도 내 몸에서 나가는 날숨과 다시 들어오는 들숨이 순역으로 반복된다. 이와같이 역 운동은 순 운동을, 순 운동은 역 운동을 지향해 나아가 대자연의 순환이 무궁하게 지속되는 것이다. 순역 운동은 음양 운동의 겉모습과 속모습이다."[3]

---

3) 안경전, 『개벽, 실제상황』(서울: 대원출판, 2005), 43쪽.

기제와 미제는 시공관과 우주관이 맞물려 있다. 주지하다시피『주역』의 우주관은 순환론이다. 그런데 변화와 영속을 말하는 64괘의 배열에서 기제괘 다음에 왜 미제괘가 있는가라는 물음이 제기될 수 있다. 이는 상수론과 하도낙서를 도입하지 않으면 궁금증이 풀릴 수 없다. 하도낙서의 본질은 선후천론인데, 상수론 입장에서 기제괘는 63번째의 6+3=9는 낙서의 세계상, 미제괘는 64번째의 6+4=10은 하도의 세계상을 반영한다. 낙서와 하도, 즉 상극과 상생이 서로를 머금으면서 순환한다는 논리가 깔려 있다.

　기제괘와 미제괘에는『주역』의 시간관이 녹아 있다. 시간의 수수께끼는 가장 난해한 문제 중의 하나이다. 시간관은 진리관과 직결되어 있기 때문에 더더욱 중요하다. 시간관의 입장에서 진리관을 조명한다면, 과거적 진리관과 미래적 진리관과 이 양자의 통합적 진리관이 있을 것이다.

　과거적 진리관은 진리의 원형을 과거에 두는 경향이 있다. 그것은 인과율을 금과옥조의 원칙으로 삼는다. 서양의 대표적 철학자인 플라톤이 여기에 해당될 것이다. 과거적 진리관이 과거적(직선적) 시간관과 동일선상에 있다는 것은 다음의 예에서 두드러지게 나타난다. 인과율에 의하면, 범인이 쏜 총알이 심장에 박혀 피를 흘리며 죽는 것이지, 죽은 다음에 총알이 와서 심장에 박힐 수 없다는 뜻이다. 결코 결과가 원인을 앞설 수는 없다. 이는 곧 시간의 역전 현상이 불가능하다는 것을 대변한다.

　이와는 다르게 미래적 진리관은 미래적 시간관과 동일선상에 있다. 직선적 시간관에서는 과거에서 현재로, 현재에서 미래로 시간은 일방향으로 흐른다는 것이 입론 근거이다. 하지만 우리는 이를 뒤집어 생각할 수 있다. 미래는 끊임없이 현재를 '혁신'시키고 과거 속으로 사라져가는 힘의 원천이라는 것이다. 미래적 시간관에서는 미래 → 현재 → 과거로 시간은 흘러간다고 상정한다. 이는 시간관의 혁명적 발상이 아닐 수 없다.

　과거적 시간관과 미래적 시간관의 통합이 바로『정역』의 시간관이다. 왜

水火旣濟卦 수화기제괘

냐하면 도수에는 역도수와 순도수가 있기 때문이다. 역도수는 과거 → 현재 → 미래를 지향하며, 순도수는 미래 → 현재→ 과거를 지향하여 나아가는 것을 표상한다. 역도수의 이면에는 순도수 있고, 순도수의 이면에는 역도수가 존재하기 때문에 『정역』의 시간관은 단순히 과거적 시간관 또는 미래적 시간관에서 말하는 일방향 시스템이 아니라, 상호 교차의 시스템이 통합된 혁신적 시간관이다.

이를 가장 잘 나타내는 것이 곧 상극 질서(낙서)와 상생 질서(하도)이다. 상극 질서는 '역생도성逆生倒成의 질서'이며, 상생 질서는 '도생역성倒生逆成의 질서'이다. 아기가 어머니 자궁에서 태어날 때는 머리부터 나온다[順]. 하지만 사람이 태어난 뒤에는 언제나 발로는 땅을 딛고, 하늘을 머리에 이고 살아가면서 세상의 이치를 터득해야 하는 운명[逆]은 역도수를 대변한다. 여기에서 바로 수행의 당위성이 대두되는 것이다.

낙서(역도수)가 하도(순도수)로 바뀌는 이치를 깨달으면 선천이 후천으로 전환되는 이유를 알 수 있다. 선천 낙서의 상극 질서(역도수)는 ①, ②, 3, 4, 5, 6, 7, 8, 9의 순서로 진행된다. 후천 하도의 상생 질서(순도수)는 10, 9, 8, 7, 6, 5, 4, 3, ②, ①의 순서로 진행된다.

역도수와 순도수는 공통적으로 물[水]은 1로, 불[火]은 2라는 수리 구조로 표상되어 있다. 역도수는 '1수2화[一水二火]'이므로 분열 성장을, 순도수는 '2화1수[二火一水]'이므로 성숙과 완성을 지향하는 모습을 상징한다. 즉 역도수는 물이 불을 생하는 이치(만물이 커가는 이치)를 드러내고 있다. 반면에 "물이 불에서 생성되는 까닭에 하늘 아래 거슬리는 이치가 없다"[4]는 말은 곧 불이 물을 낳는 순도수의 이치(만물이 성숙하는 이치)를 설명한 내용이다.

---

4) 『도전』 4:152:3, "水火金木이 待時以成하나니 水生於火라 故로 天下에 無相剋之理니라.(수화금목이 때를 기다려 생성되나니 물이 불에서 생성되는 까닭에 천하에 극하는 이치가 없느니라.)"

이것을 3극론에 대응하여 살피도록 하자. 역도수의 작동은 1태극이 10무극을 지향하며, 순도수의 작동은 10무극이 1태극을 지향하는 것을 뜻한다. 여기서 1태극은 시간의 태초성을, 10무극은 시간의 종말성[5]을 가리킨다. 그러니까 1태극에서 10무극으로의 전환이 정역사상의 최고 이념이다.

이런 의미에서 『정역』의 시간관은 1태극에서 10무극을 향해 역도수가 작동한다는 점에서 직선적 시간관이며, 10무극에서 다시 1태극을 향해 순도수가 작동한다는 점에서 영원회귀의 순환적 시간관이다. 다만 양자가 맞물려 움직인다는 점에서 순환론적 직선형의 시간관이라 할 수 있다. 더욱이 조화옹의 권능에 의해 시간 질서가 바뀐다는 점에서 종교적 시간관이라 할 수 있다.

2. 기제괘 : 이 세상에 영원한 것은 없다

旣濟는 **亨**이 **小**니 **利貞**하니 **初吉**코 **終亂**하니라
기 제　　　형　소　　이정　　　　초길　　　종란

기제는 형통함이 작으니 올바르게 함이 이로우니, 처음에는 길하고 끝에는 혼란하다.

---

5) ① 소광희, 『시간의 철학적 성찰』(서울: 문예출판사, 2001), 29쪽. 시간의 종말에 대해 불트만(R. K. Bultman: 1884~1976)은 "(최후의 심판 이후의) 새 세상에서는 때도 해[年]도 없어지고 달[月]도 날[日]도 시간도 이미 존재하지 않게 된다"고 말한다. 시작의 경우와 마찬가지로 시간의 종말도 신에 의해 결정된다는 것이다. ② "시간은 인간의 적이다. 인간 비참함의 근원적 이유는 시간을 의식함에 있다. 안으로 향하든 밖으로 향하든 심리적 의식에서 시간 인식이 싹튼다."(크리슈나무르티·데이비드 봄/성장현 옮김, 『시간의 종말』 서울: 고려원, 1994, 18-19쪽 참조). 크리슈나무르티는 마음에서 시간의 축적물을 쓸어 내어서 내면으로의 여행을 떠나는 명상을 강조한다. 이에 반해서 『정역』과 증산도의 시간관은 불트만이나 크리슈나무르티가 말하는 신의 결정에 의해 세상의 끝장으로 치닫는 종말적 시간관 또는 시간의 존재 근거를 마음에서 찾는 실존론적 시간관도 아니다. 오히려 천지 이법에 따라 시간 질서가 전환된다는 것은 곧 이미 존재하는 도수와 시간 질서를 전제한다는 점에서 자연주의적 시간관에 가깝다고 하겠다.

'이미 시간의 강을 건넜다'는 의미의 기제는 어떤 사건이 이미 완수되었음을 뜻한다. 이미 깊은 강물을 건넜으면 자신의 목숨을 건져주었던 나룻배를 팽개치게 마련인 것처럼, 인생에도 상승 뒤에는 하강이 어김없이 다가온다. 팽팽한 긴장감을 뚫고서 승리한 뒤에는 정신적 해이감이 뒤따르는 것과 마찬가지이다. 기제의 시대는 만사형통이 점차 뒷걸음치기 시작하여 '형통함의 적음[亨小]'이 시작하는 때이다.[6]

　세상에는 영원한 것은 없다. 잠시 머물렀다 가는 것이 인생사다. 영원하다고 인식하는 인간의 생각만이 영원할 따름이다. 본디 '기제'는 작은 지나침을 뜻하는 '소과'의 뒤를 계승하는 완수와 성취이다. 완수 뒤에는 쇠퇴가 기다린다. 산의 정상에 오른 다음에는 하산하는 것이 등산의 원칙이듯이 말이다. 위대한 성공이 만사형통의 극치라면 그 빛이 차츰 사그라지는 것[亨小]이 만물의 법도이다.

　행복이 극단에 이르면 불행이 고개를 들기 시작한다. 길흉은 언제든지 뒤바뀔 수 있다. 안정기에 돌입하자마자 곧바로 쇠퇴기로 접어드는 것이 만물의 법칙이다. 기제괘는 처음에는 상서롭지만 나중에는 혼란에 빠진다[初吉, 終亂]고 경고한다. 안정에서 혼란, 완성에서 해체, 평안에서 위험으로 전환될 수 있음을 알고 항상 초심의 마음을 굳게 다져야 한다. 따라서 성공 뒤에 '형통함이 작아진다[亨小]'[7]는 말은 되새김질할 만한 명언이다. 하괘[離: ☲]는 밝음과 평화와 안정을 뜻하고, 상괘[坎: ☵]는 험난과 고난을 뜻하므로 처음은 길하지만 마지막은 흐트러진다. 기제괘는 안정기에는 위

───────────

6) 쑨 잉케이는 공영달의 『周易正義』를 인용하면서 旅卦와 巽卦의 '조금 형통한다[小亨]'와 기제괘의 '형통함이 적다[亨小]'를 구분한다. "'소형'은 조금 형통하다는 뜻이지만, '형소'는 형통함이 극에 달해 약소한 자에게까지 두루 미친다는 뜻이다. 그러니까 '기제'의 시기에는 강자가 형통함은 말할 것도 없고 약자까지도 모두 형통할 수 있으며, 따라서 '기제괘'의 여섯 효는 양강과 음유가 모두 바른 자리를 얻은 것이다."(앞의 책, 913쪽) 이는 기제괘 구성의 형식에 초점을 맞추어 해석한 것일뿐 미제괘와의 긴밀한 연관성을 배제하는 오류를 범하고 있다.

7) 정이천은 '형통함이 적다[亨小]'라고 한 반면에, 주자는 '조금 형통하다[小亨]'가 옳다고 주장했다. "亨小, 當爲小亨."(『周易本意』)

태로움을 생각하고, 처음의 마음가짐을 끝까지 고수하라고 가르친다. 공영달孔穎達(574-648) 역시 "오늘 기제의 초기에 비록 모두가 길을 얻었지만, 만약 진덕수업에 매진하지 않으면 끝마침에 이르러서는 위험과 혼란이 미치리라"[8]고 훈계했다.

성공과 실패, 행복과 불행, 기쁨과 슬픔은 맞물려 존재한다. 옛 어른들은 용두사미龍頭蛇尾 격으로 처음은 좋으나 나중에 나쁜 것보다는 차라리 초년에는 고생을 하더라도 말년운 좋은 것이 훨씬 낫다고 했다. 기제와 미제의 관계는 시작과 끝(종결)이 아니라, 끝이면서 시작이라는 '종시론終始論'이다. 예컨대 빅뱅의 어느 순간으로부터 종말을 향해 치닫는다는 '시종론始終論'과 다르다. 왜냐하면 『주역』의 미제未濟는 영원히 헤쳐나올 수 없는 블랙홀의 구덩이가 아니라, 미제 다음에는 새로운 기제가 기다리고 있기 때문이다. 그렇다고 『주역』이 말하는 순환은 과거에 대한 단순 반복형의 재탕이 아니다. 기제와 미제는 한 치의 오차 없이 맞물려 돌아가는 수레바퀴와 흡사하다. 이정호의 견해를 살펴보자.

"기제는 완전히 건너는 것이니 피안인 신천지에 무사히 살아 건너감을 말한다. 괘사에는 '초길종란初吉終亂'이라 했다. 상효가 그것을 증명한다. 처음에는 작은 여우가 의심과 조심성으로 꼬리를 적셔가며 깊고 얕음을 가늠하여 쉽사리 물에 들어가지 않으므로 무사했지만, 끝판에 가서는 건너고야 말겠다는 욕심이 생겨 제 힘을 헤아리지 않고 물 속에 뛰어드니 건너기는 고사하고 머리까지 적셔버려 생명을 잃고 마는 것이다. 기제의 종말은 과연 '종란終亂'이라 할 수밖에 없다. 완전히 건너가 새하늘 새땅에 도달하면 오죽 좋으련만 그렇지 못한 것이 『주역』의 종말이다. 기제의 호괘互卦가 미제이며, 그 잡괘雜卦도 미제이니 어찌 하겠는가. 인력으로 할 수 없고 마음대로 안 되는 것이 천도운행의 실상이다."[9]

8) 『周易正義』, "今日旣濟之初, 雖皆獲吉, 若不進德修業, 至於終極則危亂及之."
9) 이정호, 『正易과 一夫』(서울: 아세아문화사, 1985), 257쪽.

水火旣濟卦 수화기제괘

❂ 성공이 만사형통의 극치라면, 그 영광이 점차 사그라지는 것 역시 만물의 법도이다.

3. 단전 : 올바름으로 미래를 대비하라

彖曰 旣濟亨은 **小者亨也**니 **利貞**은 **剛柔正而位當也**일새라
단왈 기제형　소자형야　이정　강유정이위당야
初吉은 **柔得中也**오 **終止則亂**은 **其道窮也**라
초길　유득중야　종지즉란　기도궁야

단전에 이르기를 '기제가 형통함'은 작은 것이 형통함이니, '올바르게 함이 이로움'은 강유가 올바르고 위치가 마땅하기 때문이다. '처음에 길함'은 유가 중도를 얻음이요, '마침내 멈추면 혼란함'은 그 도가 궁색한 것이다.

「단전」의 특색은 괘사의 합당한 근거를 찾아내 합리적으로 해석한 점이다. 「단전」은 네 부분으로 구성되었다. 먼저 '기제가 형통한다[旣濟亨]'는 명제에 대해서 큰 일이 아니라 '작은 것이 형통한다[小者亨也]'고 풀었다. 괘사는 형통함이 작다고 한 것을 「단전」은 작은 것이 형통한다고 했다. 완성과 성공, 성취 이후는 서서히 쇠퇴의 길로 접어든다. 만사형통이 한없이 좋을 리 만무하다. 작은 성공은 큰 성공을 기약할 수 있지만, 큰 성공 뒤에는 공허할 따름이다. 작은 형통이 훨씬 좋다.

　기제는 일종의 끝맺음이다. 어떤 사람이 큰 돈을 벌려고 늙도록 노력한 끝에 목표를 달성하자마자 허망감에 빠졌다는 얘기가 있다. 성공의 끝자락은 내리막뿐이다. 역설적으로 내리막보다는 오르막이 좋다는 의미에서 '작게 형통한다. 형통함이 작은 것이 좋다'는 말이 생겼던 것이다. 완성을 꿈꾸는 의지는 희망의 불씨를 당기는 힘이었다. 하지만 기제괘 앞에는 미완성을 의미하는 불안이 대기하고 있다. 『주역』은 항상 허물을 비롯한 불안을 잠재울 수 있는 대안은 오직 올바름[貞＝正]이라는 사실을 원론적 입장에서 일깨운다.

'올바름이 이로운[利貞]' 까닭은 강유, 즉 음양이 스스로의 위치를 올바른 방법으로 고수하기 때문이다. 기제괘는 아름다운 미학적 구조를 띠고 있다. 만일 아름다움[美]에 진실[眞]과 올바름[善]이 배제되었다면 그 아름다운 가치는 허상에 불과할 것이다. 기제괘는 시공간의 문제와 직결된 진선미의 요건을 충족시키고 있다.

기제괘의 주인공[主爻]은 2효다. 처음이 상서로운 이유[初吉]는 음유陰柔인 2효가 중용을 얻었기 때문이다. 『주역』은 곳곳에서 중용의 터득과 실천을 목표로 삼는다. 사람은 누구나 목표를 향해 달려간다. 목표를 달성했다고 다 좋은 것은 아니다. 그 과정에서 일등과 꼴지라는 순위가 정해지기 때문이다. 비행기의 이륙이 순조롭다고 착륙도 반드시 순조롭다는 보장은 없다. 노인은 젊은이게 순위를 넘겨주듯이, 순위는 언제든지 뒤바뀔 수 있다. 기제괘와 미제괘가 맞붙어 존재하는 것처럼 말이다.

'마침내 멈추면 혼란함은 그 도리가 궁색하다[終止則亂, 其道窮也]'는 것은 상괘[坎: ☵] 5효를 지적한 말이다. 불이 밑에 있고 물이 위에 있다는 사실은 물불의 양면성을 시사한다. 불은 위의 물속에 있는 음식물을 익히는 긍정의 힘이 있는 반면에, 위의 물은 아래에 있는 불을 끄는 부정의 위험도 있다. 물과 불은 생명을 익히고 죽이는 두 현상인 셈이다. 기제괘의 물과 불의 위치가 바뀌면 미제괘가 형성되는 것처럼, 『주역』의 지은이는 이 우주가 물불의 운동 방식으로 순환한다는 사실을 괘의 배열을 통해 밝혔던 것이다.

성공에 도달한 순간은 모든 것이 행복했으나, 사물이 극한에 이르면 반드시 거꾸러진다. 달이 차면 기울면 뭔가 아쉬움이 남듯이, 갑작스런 추락의 쓰라림을 겪지 않기 위해서는 세 가지 준비가 필요하다. 첫째, 성공하여 편안할 때 미래의 위험에 대비하여 안전판을 구축해야 한다. 둘째, 성공과 완결의 기쁨을 지속하려면 스스로 절제하는 미덕을 쌓아야 한다. 셋째, 자신을 정도正道로 마름질하여 삿된 길로 빠지지 않도록 단속하는 것이 기제괘가 제시하는 값진 교훈이다.

🔯 정도를 지키며 절제의 미덕으로 스스로를 단속하는 것이 성공의 발판이다.

4. 상전 : 물불이 교류하는 이치로 대비해야

象曰 水在火上이 **既濟**니 **君子以**하여 **思患而豫防之**하나니라
상 왈 수 재 화 상　기 제　군 자 이　　사 환 이 예 방 지

상전에 이르기를 물이 불 위에 있는 것이 기제이니, 군자는 이를 본받아 환난을 생각하여 미리 막는 것이다.

기제괘는 위가 물[坎: ☵]이고 아래는 불[離: ☲]이다. 물이 불 위에 있음은 음식을 익혀 생명을 살리는 것을 상징한다. 불은 음식을 구울 수 있으나, 물이 없으면 삶을 수 없다. 물은 불이 없으면 음식을 익힐 수 없다. 물과 불은 대립 관계로 존재하면서도 보완 관계를 이룬다. 화재는 물로 꺼야 하고, 보일러는 불의 에너지가 아니면 물을 데울 수 없다. 이처럼 기제괘 속에는 물불의 효용 가치와 모순이 함께 내포되어 있다.

대립은 갈등으로 심화되어서는 안 된다. 모순은 극단적인 투쟁으로 치달아서는 곤란하다. 대립을 완화시키고 모순은 극복해야 화합과 상생의 길로 나아갈 수 있다. 물은 높은 곳에서 낮은 데로 흐르고, 불은 항상 위로 타오르는 항상성이 있다. 군자는 물과 불이 교류하는 기제괘의 이치를 본받아 미래를 예측하는 지혜를 터득해야 할 것이다.

기제괘에서 미제괘로의 진행은 안정기에서 불안기로 이행함을 뜻한다. 군자는 다가올 재난과 우환을 미리 예측하여 방어 체계를 사전에 세운다. 사고 난 다음에 수습책을 강구해야 이미 늦는다. 앞으로 환란이 닥칠 것을 미리 알아서 예방책을 마련하는 것이 참다운 지혜이다.

『주역』에서 기제괘와 미제괘는 끝과 시작[終始]을 이룬다. '종시론'은

『주역』만의 논리가 아니라 유학 전반의 논리이다. 유학의 학문 방법론인 『대학』 첫머리에 '종시론'이 등장한다. "모든 사물에는 근본과 끝이 있고, 끝마침과 시작이 있으니 먼저 할 것과 나중에 할 것을 알면 도에 가까울 것이다."[10] 끝이 먼저이고 시작은 나중이라는 것이 종시론의 핵심이다. 유학은 삶과 죽음[生死]의 문제를 즐겨 다루지 않는다. 오히려 죽음과 삶[死生]이라고 표현하여 종시론과 일맥상통함을 과시한다.

불 위의 물은 생명을 살리는 밥짓는 형상이다. 하지만 물은 언제라도 생명의 불꽃을 꺼뜨릴 수 있기 때문에 항상 조심해야 한다. 기제괘는 물불의 상생과 상극, 생명의 살림과 죽임 등의 이중성을 함축하고 있다. 군자는 이를 거울삼아 다시 올 환난을 생각하고 미리 대비하는 슬기로운 존재이다.

☰ 물불의 움직임에 나타난 생명의 살림과 죽임의 방식을 거울삼아 환난을 슬기롭게 대비해야 한다.

5. 초효 : 신중한 처신은 일을 그르치지 않는다

初九는 **曳其輪**하며 **濡其尾**면 **无咎**리라
초구   예기륜   유기미   무구

象曰 曳其輪은 **義无咎也**니라
상왈 예기륜   의무구야

초구는 수레바퀴를 (뒤로) 끌어당기며 꼬리를 적시면 허물이 없을 것이다.
상전에 이르기를 '수레바퀴를 끌어당김'은 의리에 허물이 없는 것이다.

초효는 양이 양 자리에 있으나[正], 중용에 이르지 못하고[不中], 4효와는 음양이 상응한다. 물불로 이루어진 기제괘 초효는 빨리 위로 타오르려는 불[離:☲] 같은 성급한 성질을 지녔다. 하지만 지금은 물을 건너려는 출

발점이기 때문에 그다지 서두를 필요가 없다.[11]

'예曳'는 당기다, 끌다는 글자로서 여기서는 수레바퀴가 앞으로 나가지 못하도록 브레이크를 작동시킨다는 뜻이다. '유濡'는 적시다는 뜻이다. 주자는 미제괘의 괘사에 여우가 나오므로 꼬리[尾]를 여우의 꼬리가 풀이했다. 여우는 꼬리로 조화를 부리는 꾀보 동물로 알려져 있다. 여우는 강이 깊고 얕은 지를 꼬리에 물을 적셔보고서 판단한다. 여우가 강물을 건널 때는 꼬리를 몸통 위로 들고 건너기 때문에 꼬리로 물만 적셔본다는 것은 건널 의사가 없다는 뜻이다. 수레를 뒤에서 끌어당기고 여우가 꼬리를 적시는 것은 꽁무니를 빼는 동작과 마찬가지다.

꾀많은 여우는 꼬리를 적셔 본 다음 강을 건널 지를 헤아린다. 깊으면 포기하고, 얕으면 꼬리를 들고 건넌다. 여우는 나아갈 때와 머무를 때를 직감으로 느껴 영리한 결단을 내린다. 영리한 짐승인 여우조차도 무모한 짓은 저지르지 않는다. 『주역』은 교활하거나 아둔한 인간보다는 여우처럼 번뜩이는 예지력을 갖춘 사람을 높이 평가한다.

유종의 미를 거두기는 쉽지 않다. 대체로 시작은 거창하지만, 끝마무리를 시원하게 잘 처리하는 사람은 매우 드물다. 지금은 바깥세상으로 진출할 때가 아니라는 신중한 판단이 섰다. '수레바퀴를 뒤로 끌어당기듯, 꼬리를 적시듯' 조심스럽게 처신하면 허물은 아예 생기지 않는다. 그렇다고 마냥 '동작 그만'의 게으름에 빠져서는 안 된다. 편안할 때 도리어 미래의 위험을 예방하는 지혜가 필요하다.

---

11) 顧文/김태성, 『反처세론』(서울: 마티, 2005), 48-51쪽 참조. "한 미국인 청년이 윈난성 리장[麗江]에 여행을 왔다. 수많은 사람들이 길거리에 나와 딱히 하는 일 없이 햇볕을 쬐거나 흐느적거리며 느리게 걷는 모습을 보고는 그 청년이 일광욕 중인 할머니에게 물었다. '중국인들은 왜 이렇게 산만하고 느린 걸까요? 도무지 바쁜 일이라고는 없는 사람들처럼 보이네요.' 할머니는 이렇게 되묻는다. '급할 게 뭐 있는데? 인생엔 말이야, 한 가지 뚜렷한 목표란 게 있어. 누구나 그 목표를 향해 가지. 누구는 뛰고 누구는 걷고 …. 자네, 그게 뭔지 알겠나?' 청년은 난처해져서 고개를 갸우뚱했다. 그러자 할머니가 대답했다. '그건 말이지, 바로 무덤이야. 거길 굳이 빨리 찾아갈 게 뭐 있나? 기왕에 갈 거, 천천히 느리게 가란 말이지.'"

6. 2효 : 잃어버린 마음은 되찾기 어렵다

六二는 **婦喪其茀**이니 **勿逐**하면 **七日**에 **得**하리라
육 이   부 상 기 불   물 축   칠 일   득

象曰 七日得은 **以中道也**라
상 왈 칠 일 득   이 중 도 야

육이는 지어미가 덮개를 잃음이니, 쫓지 않으면 7일 만에 얻을 것이다.
상전에 이르기를 '7일 만에 얻음'은 중도를 실행한 것이다.

2효는 음이 음 자리에 있고[正], 하괘의 중용이며[中], 5효와 상응하는 기제의 주인공[主爻]이다. 하지만 5효 군왕은 더 이상 유능한 인재를 발탁할 의사가 없기 때문에 2효 지어미가 덮개를 잃어버린 상황이라고 묘사했던 것이다. 결국 2효는 앞에서 이끌어줄 후원자가 없는 형국이다.

'불茀'은 수레에 탄 부인네가 남에게 보이지 않도록 치는 덮개를 뜻한다.[12] 2효는 어느 지체 높은 부인네가 수레 덮개를 잃어버려 외출할 수 없는 상황을 멋지게 연출했다. 그렇다고 잃어버린 덮개를 찾으려고 수소문할 필요가 없다. 며칠 지나지 않으면 물건이 되찾을 수 있다는 마음의 확신이 있기 때문이다.

2효는 중정中正의 품성을 갖춘 현숙한 부인을 상징한다. 하지만 수레 덮개를 잃은 부인이 5효 남편을, 혹은 2효 선비가 직접 5효 군왕을 찾아갈 수 없는 상황이다. 잃어버린 물건은 이레만 지나면 찾을 수 있다. 새로운 변화의 시기인 7일이 지나면 저절로 찾을 수 있으니까 마음 조리면서 서두르지 않아도 된다.

잃어버린 물건은 돈으로 다시 살 기회가 있으나, 한 번 잃은 마음은 되

---

12)『詩經』「衛風」"碩人"에 지체 높은 귀부인이 타는 수레에 꿩털로 장식한 '翟茀'이 등장한다.

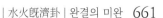

찾을 수 없다. '중도中道'는 이것과 저것의 어정쩡한 중간, 야당과 여당의 절충안, 파국을 피하기 위한 일시적 타협을 뜻하는 정치적 용어가 아니다. 중용은 어려울 때나 편안할 때나 진선미를 지켜내려는 내면의 주체적인 조절 활동이다. 주체성이 확보되지 않으면 언제나 외부 조건에 쫓겨 종속되고 만다.

🔯 외부의 상황에 종속되지 않기 위해서는 주체성의 확보가 중요하다.

7. 3효 : 소인을 멀리하라

九三은 **高宗**이 **伐鬼方**하여 **三年克之**니 **小人勿用**이니라
구 삼　　고 종　　 벌 귀 방　　 삼 년 극 지　　 소 인 물 용

象曰 三年克之는 **憊也**라
상 왈 삼 년 극 지　　 비 야

구삼은 고종이 귀방을 정벌하여 3년 만에 승리함이니, 소인은 쓰지 말라. 상전에 이르기를 '3년 만에 승리함'은 피곤한 것이다.

'고종'은 은나라를 중흥시킨 22대 무정武丁(BCE 1344-BCE 1264)이고, '귀방'은 기원전 3세기 말에서 기원후 1세기 말까지 중국 서북방에서 활약했던 '흉노匈奴'를 말한다. 하나라 때는 훈육薰育이라 불렸다. '귀방'은 은말 주초에 쓰인 이름이다. 주나라 중엽 이후에는 '험윤玁狁'으로 불리다가 춘추시대에는 '융戎' 또는 '적狄'으로 불렸고, 전국시대에 와서야 비로소 '흉노' 또는 '호胡'로 불렸다.

고종은 이민족과 3년에 걸쳐 싸운 끝에 겨우 승리했다. 강력한 리더쉽을 갖춘 임금조차도 3년 동안 전쟁한 뒤에야 정복했다. 얼마나 힘들고 고달픈[憊] 전투였겠는가. 전쟁은 물자 싸움이다. 경제, 군사, 행정 등 온 힘을 기울이지 않으면 승패를 장담할 수 없다. 장기전에는 용기 하나만 믿고 싸우는 용장勇將으로 하여금 군대를 함부로 맡겨서는 안 된다. 전쟁터에는

덕장德將과 지장智將도 필요하다.

무모한 전쟁은 아군에게 치명적일 수도 있다. '귀방'이 외부의 적이라면 소인은 내부의 암덩어리다. 안을 잘 다스려야 밖을 다스릴 수 있는 기반이 닦일 수 있다는 가르침이다. 평상시는 물론 전시에는 더더욱 '소인을 등용해서는 안 된다[小人勿用].' 대인은 내부의 영웅이지만 소인은 내부의 적이기 때문이다.

고종은 힘과 덕을 조절할 줄 아는 유능한 군주였다. 귀방을 정벌하는 데 3년이라는 긴 시간이 걸렸다는 것은 승전국으로 발돋움하기 얼마나 힘든가를 시사한다. 고금을 통틀어 전쟁은 종합 예술이라 불렸다. 적국에 대한 군사력 동향을 비롯한 정보는 승패를 결정짓는 관건이다. 가장 중요한 것은 내치內治이다. 소인을 중요한 요직에 등용하지 않는 것이 내치의 시작이자 마지막이다.

🏵 소인을 중요한 요직에 등용하지 않는 것이 정치의 처음이자 끝이다.

8. 4효 : 사고는 예고한 다음에 발생하는 법이 없다

六四는 **繻**[13]에 **有衣袽**코 **終日戒**나라
육사 유 유의여 종일계

象曰 終日戒는 **有所疑也**라
상왈 종일계 유소의야

육사는 젖음에 옷과 누더기를 갖고 종일토록 경계하는 것이다. 상전에 이르기를 '종일토록 경계함'은 의심하는 바가 있는 것이다.

4효는 하괘에서 방금 상괘로 넘어온 자리이다. 리괘離卦에서 감괘坎卦로, 즉 기제의 세계를 건너 처음 미제의 문턱으로 넘어선 형국이다. 리괘는 나무로 만든 배, 감괘는 험난한 강을 상징한다. 강을 건너는데, 배의 틈에서

---

13) 원래 '繻'는 고운 명주를 가리키는 글자인데, 주자는 정이천의 견해를 받아들여 '젖을 濡'로 바꿨다. "程子曰 繻, 當作濡."(『周易本意』 참조.)

물이 조금씩 새어나오면 헤진 헝겊[衣袖]을 틀어막아야 침몰하지 않는다. 만사는 불여튼튼이다. 종일토록 물이 새는지 경계하고 경계해야 한다.

4효는 국가 조직에 하나씩 결점과 모순이 나타나기 시작함을 비유했다. 펑크에 대비해서 스페어 타이어를 준비하는 운전자처럼 늘 사전에 사고를 예방한다. 사고는 예고한 다음에 발생하는 법이 없다. 우리는 고속도로에서 사고 다발 지역이라고 표시한 팻말을 종종 목격할 수 있다. 4효는 기제가 끝나고 미제로 건너가는 길목이므로 사고가 빈발하게 일어나는 의심지역으로 지목될 수 있다. 도강하는데 안전 사고가 일어나서는 안 된다. 사고에 대비해서 미리 안전 장비를 준비하고 물샐틈없는 점검을 한다.

☖ 편안한 시기에 위험과 환난을 방비해야.

9. 5효 : 제사음식은 정성스런 마음이 으뜸가는 제물

九五는 **東隣殺牛 不如西隣之禴祭實受其福**이니라
구 오   동 린 살 우 불 여 서 린 지 약 제 실 수 기 복
象曰 東隣殺牛 不如西隣之時也니 **實受其福**은
상 왈 동 린 살 우 불 여 서 린 지 시 야   실 수 기 복
吉大來也라
길 대 래 야

구오는 동쪽 이웃의 소를 잡음이 서쪽 이웃에서 간략한 제사로 실제로 복을 받음만 못하다. 상전에 이르기를 '동쪽 이웃의 소를 잡음'이 서쪽 이웃의 때의 알맞음만 같지 못하니, '실제로 복을 받음'은 길함이 크게 오는 것이다.

5효는 더 이상 오를 곳이 없는 권력의 최정상을 상징한다. 정상을 정복한 유명 산악인에게 주어진 혜택은 기념 사진을 찍은 다음에 하산하는 일뿐이다. 기제괘 5효는 이미 좋은 시절은 지났음을 묘사한다. 5효는 중정中正의 위상을 확보했음에도 불구하고 험난한 파도[坎: ☵]에 시달리는 형국

임을 역사적 사건으로 빗대어 설명했다.

5행론에서 동쪽은 양의 방향이고, 서쪽은 음의 방향이므로 5효는 동쪽이고 2효는 서쪽이다. 역사적으로 은나라의 주왕紂王은 동쪽에서 천하를 호령했고, 주나라의 창업자 문왕文王은 서쪽에서 앞날을 내다보고 힘을 키우기 시작했다.

'동린東隣'은 폭군 주왕紂王의 세력권이고, '서린西隣'은 덕치를 베풀어 천하의 민심을 모으기 시작한 문왕의 살림터였다. 옛날에는 군왕이 주관하는 제사에만 소를 희생물로 삼을 수 있었다. '약제禴祭'는 여름에 천지신명天地神明에게 제사지내는 검소한 제사의 명칭으로서 제물의 화려함보다는 정성이 더 담긴 것으로 유명하다. 주왕이 소를 잡아 성대하게 제사올리는 것은 폭정의 연장였으나, 문왕이 간소하게 천지신명에게 고마움을 표시하는 마음은 정성이다. 정성 없는 제사는 화를 일으키지만, 정성이 듬뿍 담긴 제사는 복을 불러온다.

하늘과 조상에 대한 제사를 물량 공세로 밀어붙이는 것보다는 비록 제물은 부족하지만 정성이 지극하다면 하늘은 복으로 되갚는다. 정권 말기의 주왕은 음란과 사치에 빠져 제사에 교만한 마음으로 임했고, 문왕은 성실한 마음으로 하늘을 감동시켰다. 정성스런 마음은 복을 받는 으뜸가는 원인이다.

제사는 형식보다는 내용이 중요하다. 길흉화복은 물질의 보상 형태로 나타나는 것이 아니라, 정성스런 마음으로부터 빚어지는 것이다. 제사는 제물보다는 마음이 중요하고, 더욱 중요한 것은 때의 정신이다. 『주역』의 시간은 뉴턴이 말하는 물리학적 의미의 객관적 존재로 그치는 것이 아니라 대상과 주체가 일치한다는 '주객동정론主客同情論'이 밑바탕에 깔려 있다. 하늘 또는 조상신과 감응하는 정성이 없는 사람에게는 하늘과 조상신이 역시 반응하지 않는다는 발상이다. 여기서 특정한 인물 혹은 집단에 유리하게 작동하는 일종의 '시운론時運論'을 이 대목에서 읽을 수 있다.

🔮 길흉화복은 물질의 보상 형태로 나타나는 것이 아니라 정성스런 마음에서 비롯된다.

10. 상효 : 교만한 마음은 실패의 어머니

上六은 **濡其首**라 **厲**하니라
_{상 육　유 기 수　　여}

象曰 濡其首厲는 **何可久也**리오
_{상 왈 유 기 수 려　하 가 구 야}

상육은 그 머리를 적시는 것이다. 위태롭다. 상전에 이르기를 '그 머리를 적셔 위태로움'이 어찌 오래 갈 수 있으리오.

상효는 방금 배에서 내리자마자 강물에 도로 머리까지 빠지는 형상이다. 험난한 상괘[坎: ☵]의 끝자락에 도착해 위험하기 짝이 없는 상황이다. 건너편 강기슭에 닿으려는 순간 물 속에 푹 빠져 머리를 적셨다. 꼬리를 적시는 것은 아무 것도 아니지만 머리를 적셨다는 것은 몸 전체가 이미 물에 빠진 형국이다. 익사 직전의 상황이므로 무척 위태롭다.

초효가 여우 꼬리라면 상효는 머리에 해당된다. 강 언덕에 도착하자마자 도로 깊은 물에 빠진 꼴이다. '어찌 오래 갈 수 있으리오'라는 말은 머지않아 목숨이 위험할 것임을 암시한다. 초효에서는 강물을 건너지 않아서 허물이 생기지 않았으나, 상효는 교만한 마음으로 방심했다가 얕은 강물에 머리까지 빠져 목숨이 위태로운 지경에 이르렀음을 말했다.

'위태롭다[厲]'는 말은 저승의 문턱에 들어섰다가 다시 이승으로 돌아올 수 있는 여지가 있다는 뜻이다. 종말이 얼마 남지 않았으니까 정신차리면 원래의 상태를 회복할 수 있다는 희망의 불씨를 시사하는 발언이다. 이런 여운을 남기면서 기제는 미제에게 바톤을 넘기고 있다.

🔮 단호한 조치가 위험을 벗어날 수 있는 효과적인 타개책이다.

정역사상의 연구자 이상룡李象龍은 기제괘의 성격을 다음과 같이 설명한다.

旣는 在文從食從无이니 食盡无餘之義라 故傳曰 日食旣오
기　재문종식종무　　　식진무여지의　　　고전왈 일식기

且己然曰旣이니 文義與未正相反이라 盖上元之水火가
차기연왈기　　　문의여미정상반　　　개상원지수화

已月日同道하여 潮汐退邊陽陰暢燮之象일새 所以次未濟也라
이월일동도　　　조석퇴변양음창섭지상　　　소이차미제야

이미 '기旣'는 문자적으로 먹을 식食과 없을 무无의 합성어로서 먹거리의 여분이 없기 때문에 '일식日蝕이 이미 지났거나 이미 그러하다'는 글이 생겼다. 이미 '기旣'의 뜻과 (미제괘의) 아닐 '미未'는 정반대의 뜻이다. 상원上元의 수화水火가 이미 소통하여 달과 해가 같은 도수의 길을 걷는 경지에 이르면[月日同度] 조석潮汐의 변동과 음양이 변화하는 현상이 생기기 때문에 미제괘 다음에 놓인 것이다.

彖曰 旣濟, 亨, 小, 利貞, 初吉, 終亂은 天開會上하여
단왈 기제 형 소 이정 초길 종란　　 천개회상

亂必由治也니라
난필유치야

단전 "기제는 형통함이 작으니 올바르게 함이 이롭다. 처음에는 길하고 끝에는 혼란하다"는 말은 하늘이 처음으로 열릴 시간대에는 혼란이 다스림에서 비롯되었다는 뜻이다.

象曰 君子以, 思患而豫防之는 文以守之하고 武以慄之也라
상왈 군자이 사환이예방지　 문이수지　　 무이율지야

상전 "군자는 이를 본받아 환난을 생각하여 미리 막는다"는 것은 문文으로 지키고, 무武로 두렵게 한다는 뜻이다.

水火旣濟卦
수화기제괘

初九, 曳其輪, 濡其尾는 輪船古港하여 輪車始行이니
초구 예기륜 유기미 윤선고항 윤거시행

必有粘泥也니라
필유점니야

초효 "수레바퀴를 (뒤로) 끌어당기며 꼬리를 적시는 것"은 오래된 항구의 배 또는 바퀴가 있는 수레가 처음 나아갈 때는 진흙구덩이 빠진다는 말이다.

六二, 婦喪其茀, 勿逐, 七日, 得은 姤變爲升하니 己日乃行也라
육이 부상기불 물축 칠일 득 구변위승 기일내행야

2효 "지어미가 덮개를 잃음이니, 쫓지 않으면 7일 만에 얻을 것이다"는 구괘姤卦(䷫)가 변하면 승괘升卦(䷭)가 되는데, 기일己日에 실행된다는 말이다.

九三, 高宗, 伐鬼方, 三年克之, 小人勿用은 重險旣平이니
구삼 고종 벌귀방 삼년극지 소인물용 중험기평

君子在上也라
군자재상야

3효 "고종이 귀방을 정벌하여 3년 만에 승리함이니, 소인은 쓰지 말라"는 것은 거듭된 험난함이 평안해지는 것은 군자가 윗자리에 있기 때문이다.

六四, 繻, 有衣袽, 終日戒는 坎水下泄焉이니 用袽補乎잇가
육사 유 유의여 종일계 감수하설언 용여보호

4효 "젖음에 옷과 누더기를 갖고 종일토록 경계함"은 감수坎水가 아래로 새기 때문에 누더기로 보강해도 무슨 소용이 있겠는가?

九五, 東隣殺牛 不如西隣之禴祭實受其福은 導東汐北이니
구오 동린살우 불여서린지약제실수기복 도동석북

各享于帝而受祐不同也라
각향우제이수우부동야

5효 "동쪽 이웃의 소를 잡음이 서쪽 이웃에서 간략한 제사로 실제로 복을 받음만 못하다"는 것은 동쪽에서 시작하여 북쪽으로 뺀다는 말은 상제께 제사올려 복을 받는 것이 다름을 말한 것이다.

上六, 濡其首, 厲는 天下已濟而和하여 易惕若勿溺也니라
상 육   유 기 수   여   천 하 이 제 이 화   역 척 약 물 익 야

상효 "머리를 적시는 것이다. 위태롭다"는 말은 천하가 이미 다 건너 화평해진다는 뜻으로 역易이 말하는 '두려워하고 두려워하여 물에 빠지지 않는 것과 같다.'

火水未濟卦

화 수 미 제 괘

미완의 완결

1. 반대되는 것이 서로를 완성시킨다 : 미제괘

정이천은 수화기제괘水火旣濟卦(☳) 다음에 화수미제괘火水未濟卦(☴)가 오는 이유를 다음과 같이 말한다.

未濟는 序卦에 物不可窮也라 故受之以未濟하여
미제　서괘　물불가궁야　　고수지이미제

終焉이라 하니라 旣濟矣면 物之窮也니 物窮而不變이면
종언　　　　기제의　물지궁야　물궁이불변

則无不已之理하니 易者는 變易而不窮也라 故旣濟之後에
즉무불이지리　　역자　변역이불궁야　고기제지후

受之以未濟而終焉하니라 未濟則未窮也니
수지이미제이종언　　　미제즉미궁야

未窮則有生生之義라 爲卦離上坎下하여 火在水上하니
미궁즉유생생지의　위괘리상감하　　화재수상

不相爲用이라 故爲未濟라
불상위용　고위미제

"미제는 「서괘전」에 '사물은 다할 수 없으므로 미제괘로 이어받아서 마쳤다'라고 하였다. 이미 이루면 사물이 다한 것이니, 사물이 다하였는데도 변하지 않으면 그치지 않을 이치가 없으니, 역은 변역하여 다하지 않는다. 그러므로 기제괘 뒤에 미제괘로 이어받아 마친 것이다. 아직 이루지 않았다면 다하지 않은 것이니, 다하지 않으면 낳고 낳는 뜻이 있다. 괘의 형성은 리가 위에 있고 감이 아래에 있어 불이 물 위에 있으니, 서로 쓰임이 되지 못한다. 그러므로 미제라 한 것이다."

기제괘와 미제괘의 외형은 정반대이다. 기제괘를 180° 뒤집어엎거나, 상하를 바꾸거나, 속과 겉을 바꾸면 미제괘가 형성된다. 이는 미제괘의 근거는 기제괘, 기제괘의 근거는 미제괘라는 뜻으로서 음양의 상호 근거, 상호 요청, 상반 상성이라는 『주역』의 본래적 의미가 투영되어 있다. 기제괘는 불 위에 물이 있는 반면에, 미제괘는 물 위에 불이 있는 형상이다. 불은 가벼워 위로 올라가고 물은 무거워 아래로 내려온다고 할 때, 전자는 지천태地天泰의 논리이며 후자는 천지비天地否의 논리가 성립된다.

미제괘는 불은 올라가고 물은 내려와 수화水火의 교류가 이루어지지 못하는 음양의 부조화를 상징한다. 미제未濟는 아직 시간의 강을 건너지 못했다는 미완성과 미완수를 뜻한다. 우리말에 무언가 해결되지 못한 사건을 의미하는 미결이라는 단어는 아쉬움과 불안과 희망이 교차하는 어감이 담겨 있다.

미제괘는 음이 있어야 할 곳에 양이 있고, 양이 있어야 할 곳엔 음이 있는 음양의 부정위不正位를 표상한다. 기제는 정상, 미제는 비정상이다. 그래서 기제는 이미 강을 건넜고[既濟], 미제는 아직도 강을 건너지 못하는 결과를 가져온다. 왜 이러한 현상이 나타날까? 그것은 물과 불의 빚어내는 상생과 상극의 괘의 구조에서 비롯된다. 기제괘는 물과 불이 교류하여 상생의 길을 지향하고, 미제괘는 물과 불이 교류하지 못하는 상극 원리 때문에 대립과 경쟁의 미완성 상태에 머문다.

기제괘와 미제괘는 특수한 관계이다. 각각의 효, 즉 음양을 서로 바꾸면 기제괘는 미제괘가 되고, 미제괘는 기제괘가 된다. 기제괘(䷾)의 초효로부터 상효까지의 음양을 바꾸면 미제괘(䷿)가 만들어진다. 또한 내부의 상하조직을 바꾸어도 마찬가지이다. 기제괘의 속살이 겉살로 바뀌면 미제괘가 형성된다. 기제괘와 미제괘는 건괘와 곤괘의 관계에 비견될 정도로 중요하다. 건곤괘가 역의 무한한 창조성과 포용성을 말했다면, 기제괘와 미제괘는 역의 끊임없는 순환성과 변화성을 설명한다. 그것은 마치 뱀이 입으로 자기의 꼬리를 문 형태처럼 끝에서 다시 시작하는 양상으로 반복하면서 변화하는 과정을 말한다.[1] 이것 역시 종시론의 한 형태이다.

1) 서양의 신화에 등장하는 우로보로스는 커다란 뱀 또는 용이 자신의 꼬리를 물고 삼키는 형상으로 나타난다. 여러 문화권에 등장하는 이러한 얘기는 끝이 곧 시작이라는 윤회 또는

火水未濟卦 화수미제괘

2. 미제괘 : 미완성의 과제는 조심스럽게 처세해야

未濟는 **亨**하니 **小狐汔濟**하여 **濡其尾**니 **无攸利**하니라
미제　 형　　　소호흘제　　유기미　무유리

미제는 형통하니, 어린 여우가 거의 건너가서 꼬리를 적시니, 이로운 바가 없는 것이다.

기제괘와 미제괘의 겉모습이 비록 다르지만, '형통한다'는 점에서는 똑같다. 기제괘가 상극의 터널을 이미 건너서 형통한다고 했다면, 미제괘가 상극의 터널을 아직 통과하지 못했음에도 불구하고 형통한다고 말한 이유는 무엇일까? 앞으로 무모한 일을 벌이지 않고 정도를 지킨다면 천지의 이법에 아로박힌 상생의 원리가 도래하기 때문에 형통하다고 진단한 것은 아닐까.

기제괘의 문법이 과거 또는 과거 완료의 시제라면, 미제괘는 미래 시제이다. 예컨대 "어린 여우가 강을 건너서 꼬리를 적신다면 이로움이 없을 것이다[小狐汔濟, 濡其尾, 无攸利]"는 미래의 사건을 앞당겨서 판단한 언표이다. "어린 여우[小狐]가 거의[汔(흘)[2] = 幾] 건넜다[濟 = 渡]"는 명제는 실제 상황이 아니라 미래에 일어날 사태에 대한 표현이다.[3] 미제괘는 일이 아

영원성의 상징으로 인식되어 왔다. 그것은 종교와 미신의 숭배의 대상으로서 중세 연금술의 모델였으며, 칼 융과 같은 심리학자들에 의해 인간의 심성을 표상하는 것으로 여겨졌다. 우로보로스는 그리스어로 ουροβόρος, '꼬리를 삼키는 자'라는 뜻이다. 그 명칭은 '자기 꼬리를 먹는 것'이라는 연금술사들이 그렸던 괴물의 이름에서 연유한다. 우로보로스는 '끝이 곧 시작이다'라는 의미로서 스스로 자신을 만들며 결혼하고, 혼자 임신하고, 스스로를 죽이는 것이라고 간주되었다. 만물의 붕괴와 재생, 소멸과 환생은 시간의 고리 속에서 지속된다. 곧 우로보로스는 바퀴처럼 끝없이 회전하는 원형의 이미지로서 영원 무궁에 대한 갈망에서 탄생했다는 것을 암시한다.(www.naver.com/위키백과, "우리 모두의 백과사전"에서 인용)
2) 정이천은 『易程傳』에서 '거의 汔'은 씩씩하고 용감한 모양의 仡로 써야 옳다고 했다[汔當爲仡, 壯勇之狀. 書曰仡仡勇夫]. 하지만 주자는 '幾'가 옳다고 한다.
3) 굳이 아직 일어나지 않은 상황을 앞당겨 예고하는 까닭은 크게 노력하면 마침내 성취될 수 있다는 우주론적 확신이 있기 때문이다. 『주역』의 이론을 바탕으로 전국의 인생 상담원(카운셀러)들은 불안에 떨고 있는 손님들을 희망 섞인 얘기로 끌어들이고 있다.

직 성취되지 않은 사건을 미리 제시하여 '형통할 수 있는 근거와 가능성'을 점검한다. 즉 현재는 불완전하고 미완성일지라도 미래의 희망과 기대를 염원하고 있다.

어린 여우는 초효를 가리킨다. 영악한 여우가 자신의 힘이 모자란 것을 깨우치지 못하고, 물의 깊이를 헤아리지도 않은 채 강을 건너다가 꼬리를 적신다. 여우에게 꼬리는 온갖 조화를 부리는 중요한 신체 부위다. 꼬리를 적신다는 것은 불길한 징조로서 일이 성사되려다가 실패한 꼴이 아닐 수 없다.

미제괘 괘사는 일종의 우화이다. 유명한 이솝우화에는 종종 여우가 등장한다. 이솝우화에 나오는 여우는 심술궂고 속임수를 잘 부린다. 미제괘 괘사의 주제는 강물을 건너본 경험이라곤 전혀 없는 어린 여우가 꼬리를 들고서 맞은편 기슭에 거의 닿자마자 성공에 기쁜 나머지 그만 꼬리를 적셔 익사할 뻔한 낭패를 겪는다는 교훈이다. 이는 시종일관 끝마무리를 잘 지어 '십년 공부 도로아미타불'이 되지 않도록 한 순간이라도 방심해서는 안 된다는 가르침이다.

기제괘는 처음에 상큼하게 출발하지만 나중에는 혼란기로 접어든다[初吉終亂]고 말한 반면에, 미제괘는 미완성에서 완성의 상태로 바뀔 수 있는 가능성을 언급했다. 그것은 원천적으로 미완성에서 완성으로 형통할 수 있는 역동적 원리가 천지 안에 내재되어 있기 때문에 가능하다.

"기제괘의 형통은 '이미 실현된 형통'이고, 미제괘의 형통은 '아직 실현되지 않은 형통'을 뜻한다. 미제괘의 형통은 결국 사태의 발전과 주관적인 노력에 의해 결정된다. 기제괘는 '처음 시작할 때의 마음을 지켜 마지막까지 삼가야 한다'는 당위성을 말했다. 미제괘는 '일이 이루어지기 시작하는 단계에서부터 완전히 이루어질 때까지 한 순간이라도 삼가고 신중할 것을 잊어서는 안 된다'고 가르친다."[4]

---

4) 쑨 잉퀘이, 앞의 책, 928쪽 참조.

火水未濟卦 화수미제괘

기제괘는 최고의 완성을 표방하여 세계는 완성으로 끝나는 것이 아니라 계속 변화 발전함을 말한다. 완성은 미완성의 끝인 동시에 또 다른 출발점이다. 『주역』 64괘는 미제괘로 끝나지만, 그것을 정점으로 다시 새로운 시작을 예고하여 세계가 변화와 발전을 영원히 지속함을 보여준다.

미제괘에 따르면, 인생살이는 항상 불안 요소가 상존하므로 끝까지 최선을 다해야 한다. 이는 여우 한 마리가 얼어붙은 강을 조심스레 건너고 있는 모습으로 형용할 수 있다. 여우가 강 건너편에 닿았다고 방심한 순간 얼음장을 깨뜨려 꼬리를 적시고 만다. 강은 다 건너왔건만 추운 날씨에 꼬리를 적셨으니 이로울 데가 하나도 없다. 성공에 가까워졌다고 긴장을 푸는 데서 생긴 불이익이다.

🎲 한 순간의 방심이 돌이킬 수 없는 실패를 가져 온다.

3. 단전 : 물불이 빚어내는 갈등을 잠재워라

象曰 未濟亨은 **柔得中也**오 **小狐汔濟**는 **未出中也**오
단 왈 미 제 형　　유 득 중 야　　소 호 흘 제　　미 출 중 야
濡其尾无攸利는 **不續終也**라 **雖不當位**나 **剛柔應也**니라
유 기 미 무 유 리　　불 속 종 야　　수 부 당 위　　강 유 응 야

단전에 이르기를 '미제가 형통함'은 유가 중도를 얻음이요, '어린 여우가 거의 건넘'은 [험한] 가운데서 나오지 못함이요, '꼬리를 적심이니 이로운 바가 없음'은 계속하여 끝마치지 못한 것이다. 비록 위치가 마땅치 않으나 강과 유가 서로 상응하는 것이다.

속담에 '물불을 못가리고 덤벼든다'는 말이 있다. 미제괘의 핵심은 물불을 어떻게 잘 조화시키느냐에 있다. 『주역』은 물과 불이 서로 맞부딪쳐 일어나는 상극의 세상보다는 물과 불이 서로를 살리는 상생의 세상을 꿈꾸었다. 물불이 빚어내는 모순과 갈등을 해소시키고 조화와 통일을 이룰 수

있는가의 문제가 바로 『주역』의 최고의 화두였다.

상극의 갈등과 투쟁을 잠재우고 상생과 조화의 길로 접어들게 하는 열쇠는 '중용[中]'의 확보에 달려 있다. 『주역』은 물불이 언제 어떻게 중용의 방향으로 움직이는가를 터득하라고 가르친다. 공자는 「단전」에서 물불이 서로 헤어져 교감을 이루지 못하는 미제괘가 형통할 수 있는 근거를 5효가 중용을 획득했기 때문이라고 풀이했다[未濟亨, 柔得中也].

미제괘 5효는 음이 양 자리에 있으나 밝음을 상징하는 상괘[離: ☲]의 주인공[主爻]으로서 양효인 2효와 감응을 이루어 미완성을 완성으로 이끄는 역할을 한다. '어린 여우가 거의 건넌다'는 것은 2효가 험난한 물[坎: ☵] 속에서 빠져나오지 못한다는 뜻이다. '꼬리를 적셔 이로운 바가 없다'는 것은 건너편 강기슭에 안전하게 도착해야 하는데도 불구하고 꼬리를 적심으로써 사건을 깔끔하게 종결짓지 못한다는 것을 비유한 것이다.

미제괘는 기제괘와는 달리 모든 효들이 제자리를 찾지 못하여 위치가 마땅치 않으나 강과 유가 서로 상응한다. 즉 초효와 4효, 2효와 5효, 3효와 상효가 음양이 교감한다. 이는 앞으로 새로운 희망이 서서히 다가온다는 메시지가 아닐 수 없다. 미제괘는 양면적 구조를 띤다. 긍정과 부정, 희망과 절망, 길과 흉의 두 얼굴을 함께 지니고 있다. 양효는 음위에 있고, 음효는 양위에 있다. 모두 제자리를 잃었으나[雖不當位], 강유가 서로 감응하여 이로운 일이 생긴다[剛柔應也]. 비록 현재의 시점은 불리하지만 미래의 전망은 썩 좋다는 논리가 배어 있다.

바둑의 묘미는 끝내기에 있다는 말이 있다. 미제괘는 현재 완수되는 과정을 말할 뿐, 영원히 완수되지 못한다고 하지 않았다. 즉 불능不能이 아니라 미능未能일 따름이다. 바로 '지금 여기서'가 아니라 '미래의 여기에서' 이루어진다는 가능성 때문에 '미제未濟'라는 명칭이 붙었던 것이다.

미제괘의 여섯 효는 모두 제자리에서 벗어나 부정위不正位에 있으나, 강유가 상응하여 힘을 합쳐 노력하면 언젠가는 험난한 상황을 극복하여 전세를 역전시킬 수 있음을 예고하고 있다. 온갖 악조건을 이겨내 현실을 개선할 수 있는 능력은 원초적으로 존재했다. 다만 시간과 현실적 조건이 성숙되지 않았다고 희망을 포기해서는 안 된다.

인생사에서 불능不能과 미능未能을 구분할 줄 알아야 성공할 수 있다.

4. 상전 : 물불의 법칙으로 문명의 패러다임을 짜야

象曰 火在水上이 **未濟**니 **君子以**하여 **愼辨物**하여
상왈 화재수상 미제 군자이 신변물
居方하나니라
거방

상전에 이르기를 불이 물 위에 있음이 미제니, 군자는 이를 본받아 삼가 사물을 분변하여 알맞은 방소에 있게 한다.

미제괘는 불[離: ☲]이 위에 있고, 물[坎: ☵]은 아래에 있다. 가벼운 불은 타올라 위로 올라가기 때문에 방위로는 남쪽에 속한다. 무거운 물은 위에서 아래로 흘러가는데, 물의 수원지는 방위로는 북쪽에 속한다. 미제괘는 물과 불이 사귀지 못하기 때문에 음식을 익혀 생명을 살리는 역할을 수행하지 못하는 형국이다.

물은 무겁고 어두우며, 불은 가볍고 밝은 성질로 인해 분명하게 분변된다. 군자는 미제괘의 외형에서 사물의 성격에 알맞는 카테고리를 확정하는 지혜를 뽑아낸다. 군자는 사물의 명암, 고저, 경중 등의 특성을 헤아려 인류의 번영에 도움을 줄 수 있는 문명의 패러다임을 짜낸다.

군인은 복잡한 수학 공식보다는 병장기가 몸에 익숙하고, 선비는 칼보다는 문방사우가 훨씬 친하다. 어떤 사람의 소질에 알맞게 적재적소에 배치하여 능력을 극대화시키는 것이 경영자의 책무이다. 주방장이 있어야 할 곳은 요리 솜씨를 발휘할 부엌이고, 군인이 있을 곳은 전쟁터이다. 선비가

정치에 꿀맛을 들이면 자신은 물론 국정은 엉망진창이 되고 말 것이다. 이는 물불을 잘 헤아려 제자리에서 자신의 역할을 충실하라는 교훈이다.

✿ 최고 경영자의 책무는 인재를 적재적소에 배치하여 능력을 극대화시키는 것에 있다.

5. 초효 : 조급한 행동을 벌이면 회한이 뒤따른다

初六은 濡其尾니 吝하니라
초 육   유 기 미   인

象曰 濡其尾는 亦不知極也라
상 왈 유 기 미   역 부 지 극 야

초육은 꼬리를 적심이니 인색하다. 상전에 이르기를 '꼬리를 적심'은 또한 알지 못함이 지극한 것이다.

'여우가 꼬리를 적신다'는 말은 기제괘 초효에도 나온다. 초효는 음이 양 자리에 있고[不正], 중용에 미치지 못하지만[不中], 4효와는 감응한다. 특히 자신의 유약한 힘을 너무도 모르는 초효는 험난한 강을 상징하는 감괘坎卦(☵)의 시초에서 짝꿍인 4효를 믿고 건너려다 꼬리를 적시는 인색한[吝][5] 지경에 몰린다. 꾀보 여우가 자신의 꾀에 넘어가 꼬리를 적시는 모양이다. 어린 여우가 분수도 모르고 까불다가 낭패를 겪는다. 힘이 부족한 자신의 능력을 헤아리지 않고 주위 상황도 점검도 하지 않은 채 모험에 나섰다가 후회할 일을 저질렀다.

---

5) 주역의 괘사와 효사에는 '吉·凶·悔·吝·咎·厲'라는 글자가 보인다. 이에 대한 좋은 자료가 있어 소개한다. "吉은 행복을 얻는 일이고, 凶은 재앙에 부딪히는 일이다. 悔는 후회하는 것이고, 吝은 곤궁한 지경을 초래함을 말한다. 吝은 悔와 유사하지만, 吝이 悔보다 조금 더 나쁘다. 悔吝은 흉의 정도에 이르지는 않았지만 행동에 결점이 있는 경우를 말한다. 吉凶悔吝은 고정적이지 않고 순환적이다. 凶도 후회하여 고치면 吉로 나아갈 수 있고, 吉도 방심하면 吝으로 된다. 咎는 災 혹은 過로 풀이되며, 재앙에 걸림을 말한다. 주역은 '无咎'를 높이 치는데, 无咎란 후회하여 잘못을 고치는 일이다. 厲는 危難이란 뜻이다."(廖名春 외/심경호, 『주역철학사』 서울: 예문서원, 1995, 28쪽.)

미제괘는 기제괘 초효에서 '여우가 꼬리를 적셨지만 허물이 없다'고 말한 상황하고는 차이가 있다. 기제괘 초효는 양이 양 자리[正位]에 위치하여 미제괘와는 시공간적 상황이 다르기 때문에 그 결과 역시 다를 수밖에 없다. 전자가 정도에 입각해서 신중한 행동을 요구했다면, 후자는 자신의 능력은 무시한 채 무모한 도전을 시도하려다 오히려 회한만 남긴다.

「상전」의 '극極에 대해 정이천은 자신의 재주와 능력은 전혀 헤아리지 않고 나아가 꼬리를 적시는 사태에 도달함은 그 무지의 정도가 극심하다고 풀이했다. 그러나 주자는 학자의 양심을 내걸어 잘 모르겠다고 털어놓았다.[6] 한편 『서경』 「홍범」의 '극極에 대해 주자와 육상산陸象山(1139-1192)의 치열한 논쟁이 벌인 적이 있다. 육산상은 '극'을 천지의 핵심인 '중中'이라고 표현한 반해, 주자는 천하 경영의 중심적 존재인 천자天子로 풀었다.

'극極'은 천하의 궁극적 본질로서의 핵심[中＝極]과 지극하다는 의미까지도 포함하는 광의의 개념이다. 또한 '극極'에는 천지의 핵심, 황제라는 뜻 이외에도 표준(준거)이라는 의미도 있다. 따라서 여우 또는 소인이 자신이 누구라는 표준(분수)도 모르고 실수를 저지른다로 해석할 수 있다.

☵ 모험에는 무모한 용기보다는 능력의 점검이 앞서야 한다.

6. 2효 : 중용이 정의[正道]보다 더 근원적인 핵심

九二는 **曳其輪**이면 **貞**하여 **吉**하리라
구 이　　예 기 륜　　　정　　　길

象曰 九二貞吉은 **中以行正也**일새라
상 왈 구 이 정 길　　중 이 행 정 야

구이는 수레를 끌어당기면 올바라서 길할 것이다. 상전에 이르기를 '구이가 올바라서 길함'은 중도로써 올바름을 행하기 때문이다.

---

6) ① 『周易本意』, "극이라는 글자는 잘 모르겠다. 상하의 운율을 상고해도 맞지 않으니, 혹시 敬이라는 글자인 것같다[極字未詳. 考上下韻, 亦不叶, 或恐是敬字.]" ② 『易程傳』, "不度其才力而進, 至於濡尾, 是不知之極也."

2효는 양이 음 자리에 있으나[不正], 하괘의 중용일 뿐만 아니라 5효와 음양의 짝꿍을 이룬다. 2효는 부드러움의 공간적 위상에서 중용의 미덕으로 억센 양 에너지를 조절하고 있는 모양이다. 한편 험난한 중심지[坎:☵]를 벗어나려는 수레바퀴를 뒤에서 잡아당겨 앞으로 전진하지 못하게 한다. 브레이크를 작동시키는 이유는 속도를 조절하여 경솔한 행동을 방지하기 위해서이다.

아직은 때가 이르다는 판단에서 경거망동하지 않고 신중한 태도로 올바른 마음가짐을 다진다. 올바른 행동 뒤에는 반드시 좋은 결과가 뒤따른다[貞, 吉]. 음이 있어야 할 곳에 양이 존재하는데도 불구하고 상서로운 까닭은 중용을 얻었기 때문이다. 정도正道는 반드시 중용을 보장할 수 없으나, 중용은 정도의 가치를 담지할 수 있다. 『주역』은 정도보다는 중용을 심층적인 것으로 간주한다. 중용이 정의[正道]라는 가치의 세계보다 근원적, 본질적, 핵심적이라는 뜻이다.

✡ 올바른 행동 뒤에는 반드시 좋은 결과가 수반한다.

7. 3효 : 시공간의 상황을 살펴 함부로 움직이지 말라

六三은 **未濟**에 **征**이면 **凶**하나 **利涉大川**하니라
육삼　미제　정　　흉　　이섭대천

象曰 未濟征凶은 **位不當也**일새라
상왈　미제정흉　　위부당야

육삼은 미제에 가면 흉하나 큰 내를 건너는 것이 이롭다. 상전에 이르기를 '미제에 가면 흉함'은 위치가 마땅치 않기 때문이다.

3효는 음이 양 자리에 있고[不正], 하괘의 중용을 지나쳤으나[不中], 상효와는 상응한다. 상효는 막다른 골목에 도달한 까닭에 짝꿍인 3효에게 큰 도움을 줄 수 없다. 양이 필요한 시기에 힘이 미약한 3효 음이 적극적인

액션을 취하면 흉할 수밖에 없다.

스스로의 힘이 부족한 줄도 모르고 전진하면 화를 당한다. 이때 '큰 강을 건너는 것과 같은 모험을 감행하면 이롭다[利涉大川]'는 말은 바로 앞에 나온 내용과 어긋난다. 이에 대해 정이천은 양강陽剛인 상효 파트너의 도움으로 험난한 강물을 헤쳐나갈 수 있다고 했다. 주자는 2효 양이 3효 음을 등에 업고서 험난한 곳을 건너는 것이 한결 이롭다고 했다. 이밖에도 주자는 이로울 '이利' 자 앞에 '불不' 자가 빠진 것으로 추정하여 판본상의 오류를 지적했다.[7]

미제괘 3효는 패러독시컬한 논리가 있다. 미제의 시기에는 건너는 것이 흉하다고 하면서 다른 한편으로는 큰 모험을 강행하는 것이 대세에 이롭다고 했다. 이는 미래에 대한 희망을 읊은 것이다. 왜냐하면 어둠과 험난함과 불안을 상징하는 하괘[坎: ☵]를 넘어서면 밝음과 희망의 세계를 상징하는 상괘[離: ☲]의 문턱에 들어서기 때문이다. 새로운 열림의 시대로 나아가기 위해서는 모험의 여행을 떠나야 하듯이 말이다.

☆ 새로운 시대로 나아가기 위해서는 과감한 모험 정신이 필요하다.

8. 4효 : 결과보다는 올바른 행동이 중요하다

九四는 **貞**이면 **吉**하여 **悔亡**하리니 **震用伐鬼方**하여 **三年**에야
구 사 　 정 　 길 　 회 망 　 진 용 벌 귀 방 　 삼 년

有賞于大國이로다
유 상 우 대 국

---

7) ①『易程傳』, "위에 양강의 감응이 있으니, 만약 험난함을 건너고 가서 따른다면 구제할 것이다[上有陽剛之應, 若能涉險而往從之, 則濟矣.]" ②『周易本意』, "음유이고 중정하지 못하므로 미제의 시기에 처했으니, 그대로 가면 흉하다. 그러나 유로써 험난을 타고 장차 감에서 벗어나게 되었으니, 건너면 이로운 모습이 있다. … 어떤 사람은 '이' 자 위에 마땅히 '불' 자가 있다고 의심한다[陰柔不中正, 居未濟之時, 以征則凶. 然以柔乘剛, 將出乎坎, 有利涉之象. … 或疑利字上, 當有不字.]" 이를 「상전」의 '위치가 마땅치 않다'는 말과 연관시키면 주자의 견해가 타당한 것으로 보인다.

象曰 貞吉悔亡은 志行也라
상왈 정길 회망 지행야

구사는 올바르게 하면 길하여 뉘우침이 없어지리니, 진동하여 귀방을 정벌해서 3년에야 대국에서 상을 내리도다. 상전에 이르기를 '올바르게 하면 길하여 뉘우침이 없어짐'은 뜻이 행해지는 것이다.

4효는 양이 음 자리에 있고[不正], 상괘의 중용에 미치지 못하나[不中], 초효와는 상응한다. 이제 조금은 험난한 지경을 벗어났다. 하괘에서 상괘로, 감괘의 어두움에서 리괘의 밝음으로, 미제에서 기제로, 미완성에서 완성의 단계로 진입하여 희망의 세계로 접어들었다.

기제괘 4효는 물이 새는 배의 구멍을 막기 위해 경계를 서야 한다고 강조했으나, 미제괘 4효는 고생의 긴 터널을 지나 행복의 서막이 열리는 때라고 시사한다. 하지만 4효 자체는 양강陽剛의 신분으로 음의 자리에 머물러[不中正]있기 때문에 앞으로 올바른 행동을 한다면 그 동안의 후회가 없어질 것[貞吉, 悔亡]이라고 천명한다.

시간을 정해놓고 올바르게 행동하는 것은 아무런 의미가 없다. 올바른 행위는 상황에 좌우되어서는 안 된다. 특정한 시간을 기다리지 말고 분연히 떨쳐 일어나 힘차게 실천하면 된다. 미완성을 완성의 방향으로 물꼬를 틀기 위해서는 좌고우면할 필요가 전혀 없다. 오히려 전심전력을 다하여 국면전환에 힘써야 한다.

기제괘를 180° 뒤집어엎으면 미제괘가 된다. 그래서 기제괘 3효에 나오는 북쪽 오랑캐(흉노)를 가리키는 '귀방鬼方'이 미제괘에서는 4효에 나타나는 것이다. '진震'은 위무를 떨치면서 진동하여 일어나는 것을 뜻하는 글자다. 3년에 걸친 긴 세월 동안 싸워서 변방의 오랑캐를 몰아낸다. 온갖 어려움을 이겨내고 드디어 대군으로부터 그 공로를 인정받는다[有賞于大國]. 미제를 기제로 바꾸기 위해서는 피나는 노력이 필요한 것이다.

🏛 정도를 지키는 합당한 행위는 상황 논리에 좌우되어서는 안 된다.

9. 5효 : 광명의 문화 대국을 만드는 힘은 중용이다

六五는 **貞**이라 **吉**하여 **无悔**니 **君子之光**이 **有孚**라 **吉**하니라
<small>구 오 정 길 무 회 군 자 지 광 유 부 길</small>

象曰 君子之光은 **其暉吉也**라
<small>상 왈 군 자 지 광 기 휘 길 야</small>

육오는 올바름이다. 길하여 후회가 없으니, 군자의 빛은 믿음이 있는 것
이다. 길하다. 상전에 이르기를 '군자의 빛'은 그 빛이 길한 것이다.

5효는 미제를 기제로 전환시킬 수 있는 열쇠로서 상괘[離: ☲]의 주인공
이다. 5효는 음이 양 자리에 있으나[不正], 중용의 밝은 덕을 갖추고 있는
군왕으로 비유할 수 있다. 비록 중용을 지키고 있으나 그 자리가 마땅하
지 않기 때문에 항상 정도를 사무치게 실천해야 처음부터 후회할 일이 생
기지 않는다.

5효가 비록 음이지만 군왕의 자리이므로 '군자'라는 칭호가 붙여졌다.
군자의 덕이 사방으로 빛날 수 있는 까닭은 중용에 대한 진실한 믿음 때
문이다. 5효는 밝은 문명의 주체로서 미제의 세상에서 고통으로 허덕이는
백성들에게 믿음을 심어준다. 문명의 혜택이 천하에 골고루 뿌려지므로
길할 수밖에 없다.

'휘暉'는 태양 주위에 나타나는 햇무리, 즉 빛의 테를 뜻하는 글자다. 『주
역』은 항상 모든 나라가 문화 대국으로 성장하기를 꿈꾸었다. 문화 대국
으로 성장하는 지름길은 햇빛처럼 밝게 빛나는 중용이 대접받는 것에 있
다. 자연빛은 세상을 대낮처럼 밝혀줄 수 있으나 마음까지도 밝힐 수는 없
다. 중용의 실천만이 세상의 모든 사람들을 어둠에서 광명의 세계로 인도
할 수 있다.

🏛 중용은 인류가 만들어낸 최고의 지혜이자 덕목이다.

10. 상효 : 믿음을 최선의 가치로 삼아야

上九는 **有孚于飲酒**면 **无咎**어니와 **濡其首**면 **有孚**에
상구　유부우음주　무구　　　유기수　유부

失是하리라
실 시

象曰 飲酒濡首 亦不知節也라
상왈 음주유수 역부지절야

상구는 믿음을 두고 술을 마시면 허물이 없거니와 머리를 적시면 믿음을
두는 데 올바름을 잃을 것이다. 상전에 이르기를 '술을 마셔 머리를 적심'
은 또한 절제를 알지 못한 것이다.

　미제괘 상효는 『주역』 64괘 384효를 매듭짓는 의미가 있다. 상효는 특히
'믿음'과 '술'로 끝맺는다. 진리에 대한 믿음과 술은 어떤 연관성이 있을까?
술은 하루에 한 잔 마시면 양약이지만, 석 잔 이상 마시면 독약이다.

　술 있는 곳에는 항상 사람이 옆에 있기 마련이다. 술 예찬론자들은 술이
들어가면 근심이 사라진다고 하여 '술을 보면 안 마시고 못 배긴다'는 속
담을 들먹이는 버릇이 있다. 『팔만대장경八萬大藏經』은 "술이란 사람을 취하
게 만드는 독약이다"라고 했고, 유향劉向(BCE 77-BCE 6)은 『설원說苑』에서
"술이 들어가면 혀가 나오고, 혀가 나오면 말을 실수하고, 말을 실수하면
몸을 버린다"고 말했다.[8] 하지만 이태백을 비롯한 시인들은 자신보다 오
히려 술을 더 사랑했다.

　믿음과 술의 관계는 사람과 술의 관계로 환원할 수 있다. 사람이 술을 마
셔야지 술이 사람을 마셔서는 곤란하다. 술 때문에 믿음을 망각하고 신뢰를
깨뜨려서는 안 된다. 믿음을 최우선의 가치로 삼으면 허물이 생기지 않는다.
믿음은 잠시 접어두고 술독에 빠지면[9] 신의를 잃어버리는 사태를 가져온다.

---

8) 이어령 편저, 『문장백과대사전』(서울: 금성출판사, 1988), 1121-1128쪽 참조
9) '머리를 적심[濡其首]'에 대해서 주자는 강을 건너다 여우가 머리를 적시는 것으로 해석했다.

적당한 음주 문화는 웰빙 사회를 선도할 수 있지만, 폭탄주를 들이마신 다음 술잔을 머리 위에 털어내는 동작과 같은 음주 문화는 온통 질병의 사회로 만든다. 술 권하는 사회는 건강하지 못하다. 술이 나쁜 것이 아니라 폭음이 죄이기 때문이다. 술이 지나치면 만사불통이다. 주지육림에 빠졌던 은나라 주왕紂王의 말로는 인류에게 수많은 정신적 교훈을 남겼다.

　　깔끔한 '음주飮酒' 매너는 주변 사람을 편안하게 만든다. 하지만 폭음은 믿음과 올바른 판단을 마비시킨다. 술은 믿음과 정성의 마음으로 천천히 마셔야 한다. 미제의 끝자락을 지나 기제의 문턱을 바라보면서 폭음은 금물이다. 지금은 미제에서 기제로 넘어가는 전환기이므로 나태하거나 음란한 문화에 빠지면 신성한 믿음과 정도를 잃어버린다.

　　64괘 384효의 총결론을 「상전」은 '절제'로 결론짓는다. 절제는 외부로부터 다가오는 타율적 규범이 아니라, 주체성에 입각한 자율적인 조절력에서 비롯된다. 그런데도 이성을 잃을 정도로 술 마시는 행위는 불행이다.

　　기제괘에서 말한 '머리를 적심[濡其首]'은 물로 적시는 일이라면, 미제괘의 '머리를 적심[濡其首]'은 술로 적시는 것이다. 술과 연관되기 때문에 더더욱 진실한 믿음[有孚]과 정성스런 마음에서 비롯된 절제[節]가 요구되는 것이다. '절'은 절도와 '철'을 뜻한다.[10]

　　"기제既濟 상육上六은 머리가 물 속에 들어가 영영 죽고 마니 만사휴의萬事休矣어니와 미제未濟 상육上九는 물에 빠진 것이 아니라 자기가 마신 술에 빠진 것이니, 피안彼岸에만 넘어 서지 못하였을 뿐 아직 죽지는 않았다. 어서 바삐 정신차려 철이 들어 믿음을 회복하고 이성理性을 되찾으면 구제의 길은 남아 있다. 최후의 희망, 종말의 기대는 아직도 있다. 『주역』의 미제未濟는 절대절

10) 이정호, 『周易正義』(서울: 아세아문화사, 1980), 140쪽 참조. "주역은 60절괘에서 일단 끝났지만 새 乾坤으로 넘어가는 징검다리인 中孚, 小過, 既濟, 未濟를 위하여 다시 제2의 끝을 '飮酒濡首, 亦不知節也'의 節에서 맺는 것이다." 날마다 '술을 마셔 머리를 적신다'는 말은 믿음이 깨진 세상과 철부지 인간을 지적한 발언이다. 술로 지새는 사회는 희망이 없다. 미제괘의 반어법이 돋보이는 대목이다.

명은 아니다. 그러나 어서 서둘러서 믿음을 회복해야만 할 것이다."[11]

기제괘가 완성과 성공을 뜻한다면, 미제괘는 아직은 완성되지 않은 미성숙의 단계를 상징한다. 앞으로 완성 가능성이 잠재되어 무질서에서 질서로 나아가는 전단계를 의미한다.

☆ 문화를 성숙시키는 힘은 천명에 대한 믿음과 인간의 절도 있는 행위에 달려 있다.

정역사상의 연구자 이상룡李象龍은 미제괘의 성격을 다음과 같이 설명한다.

未는 在文從土從木이니 爲十土八木이라 故用之上元이니
미   재문종토종목   위십토팔목   고용지상원

而說文又曰不也라 濟字取人與水이니 齊其臍이면
이 설문우왈부야   제자취인여수   제기제

則可以渡水也라 盖火水日月也오 晝夜也며 潮汐也며
즉가이도수야   개화수일월야   주야야   조석야

陰陽也니 而開子以還하여 不克協調하니 故閏易으로
음양야   이개자이환   불극협조   고윤역

下經終之以旣濟未濟이니라 至万象成度爲正易일새
하경종지이기제미제   지만상성도위정역

故變之以未濟旣濟終之이로되
고변지이미제기제종지

上經而火水互相衝激潮汐有大過之象이니 此卦所以次大過也라
상경이화수호상충격조석유대과지상   차괘소이차대과야

아닐 '미未' 자는 '십토팔목十土八木'을 의미하는 토土와 목木의 합성어로 상원上元에 쓰이기 때문에 『설문說文』은 아니 '불不'이라고 했다. 건널 '제濟' 자는 사람[人]과 물[水]을 취하여 배꼽을 가지런히 하면 물을 건널 수 있다는 뜻이다. 수화水火는 해와 달[日月], 낮과 밤[晝

---

11) 이정호, 『學易籑言』(서울: 대한교과서주식회사, 1982), 109쪽 참조.

火水未濟卦
화수미제괘

夜], 밀물과 썰물[潮汐], 음양이다. 하늘이 자子에서 열린 이래로 음양이 조화되지 못하여 윤역閏易이 생겼기 때문에 하경下經이 기제미제로 끝났던 것이다. 그런데 만물의 도수度數가 완성되면 정역正易으로 변화하기 때문에 상경上經을 미제기제로 끝맺는 것이다.

彖曰 未濟, 亨, 小狐汔濟, 濡其尾, 无攸利는 尾穴險溢이니
단왈 미제 형 소호흘제 유기미 무유리 미혈험일
地理不盡也라
지 리 부 진 야

단전 "미제는 형통하니, 어린 여우가 거의 건너가서 꼬리를 적시니, 이로운 바가 없다"는 것은 여우꼬리가 더욱 험난한 지경에 빠졌지만 지리地理가 다한 것은 아니다 .

象曰 君子以, 愼辨物, 居方은 際其未交일새 居不可不擇也라
상왈 군자이 신변물 거방 제기미교 거불가불택야

상전 "군자는 이를 본받아 삼가 사물을 분변하여 알맞은 방소에 있게 한다"는 것은 아직 교제하지 않을 즈음에는 거처하는 곳을 선택해야 한다는 말이다.

初六, 濡其尾, 吝은 无治險之才而先犯宜이니 其見溺也라
초육 유기미 인 무치험지재이선범의 기견익야

초효 "꼬리를 적심이니 인색하다"는 것은 험난을 이겨낼 수 있는 재주가 없는 사람은 먼저 옳음을 욕보이는 까닭에 물에 빠지는 것을 볼 수 있다는 뜻이다.

九二, 曳其輪, 貞, 吉은 火車同軌이니 賴我以濟也일새라
구이 예기륜 정 길 화거동궤 뢰아이제야

2효 "수레를 끌어당기면 올바라서 길할 것이다"는 말은 일정한 궤도를 달리는 화차火車를 내가 믿기 때문에 건널 수 있다는 뜻이다.

六三, 未濟, 征, 凶, 利涉大川은 火烈溟沸나 動之有時也라
육삼 미제 정 흉 이섭대천 화열명비 동지유시야

3효 "미제에 가면 흉하나 큰 내를 건너는 것이 이롭다"는 말은 불기운이 치열하여 들끓지만 움직임에는 '때'가 있다는 뜻이다.

九四, 震用伐鬼方, 三年, 有賞于大國은 鬧港蠻戎如鬼如蟛을
구사 진용벌귀방 삼년 유상우대국 요항만융여귀여역

我武維揚이면 則應時而定之也라
아무유양 즉응시이정지야

4효 "진동하여 귀방을 정벌해서 3년이 지나서야 대국에서 상을 내리도다"라는 말은 시끄러운 뱃길에 가득 찬 귀신 또는 물여우 같은 오랑캐를 무력으로 쫓아내는 것을 때(시간)에 맞추어 평정해야 한다는 뜻이다.

六五, 君子之光, 有孚, 吉은 道人運籌하여 光被四極也니라
육오 군자지광 유부 길 도인운주 광피사극야

5효 "군자의 빛은 믿음이 있으므로 길하다"는 말은 오행으로 도수를 가늠하는 도인道人이 천하에 빛을 던져주는 것과 같다.

上九, 有孚于飮酒는 需其克濟하여 飮飽宴安也오 濡其首,
상구 유부우음주 수기극제 음포연안야 유기수

有孚, 失是는 溺而忘反하여 亦不足貴也라
유부 실시 익이망반 역부족귀야

상효 "믿음을 두고 술을 마시면 허물이 없다"는 말은 능히 기다려서 건너서 먹고 마시는 연회가 편안하다는 것이요, "술을 마셔 머리를 적시면 믿음을 두는 데 올바름을 잃을 것이다"는 술에 빠져 근본으로 돌아가는 것을 잊어버린 까닭에 귀하다고 할 수 없는 것이다.

火水未濟卦 화수미제괘

☞ 『주역』 읽기의 방법

독일의 『주역』 번역학자 헬무트 빌헬름Hellmut Wilhelm(1905-1990)에 따르면, "역경易經의 체계는 다차원 세계의 표상이다. 이 세계 내에는 불변하면서 규칙적으로 변화하는 패턴이 있다." 또한 그는 '역경은 우주에 대한 이미지(image)'라고 했다. 『중국의 과학과 문명』이라는 유명한 책을 쓴 조셉 니담Joseph Needham(1900-1995)은 주역을 "상황에 대한 과학(a science of situations)으로서 괘卦는 별의 운동과 시간의 경과를 체계적으로 관련지어 만들어졌다"고 규정한 바 있다. 그리고 중국의 현대철학자 모종삼牟宗三(1909-1995)은 "64괘는 시간과 공간의 개념을 모두 포괄하는 우주의 표상으로서 세상을 부호로 표시한다는 특성을 지닌다"고 말했다.

증국번曾國藩(1811-1872)은 "각 시대의 학자들은 역을 읽어서 의학에 정통하였다. 역학易學은 의학醫學이다. 의학의 목적은 몸을 조신調身하는 데 있다"고 했다. 남회근南懷瑾(1918-2012)은 "동양 문화를 연구하려면 주역으로부터 시작해야 한다. 『주역』은 동양 문화의 원천이다"라고 했으며, 국제주역회장을 지낸 성중영成中英에 따르면 "『주역』은 우주적인 진리, 문화적인 지혜, 가치의 원천, 예측을 다루는 생명학生命學이다. 『주역』은 동양적인 동시에 세계적이고, 고대적일 뿐만 아니라 현대적이고 미래적인 학문"이라고 말하여 『주역』의 가치를 한층 드높였다.

이처럼 『주역』을 이해하는 방법은 다양하게 전개되어 왔다. 크게 보아서 『주역』은 시대별, 인물별, 주제별로 연구되어 학술사에 수많은 업적을 쌓으면서 미래에 대한 각종 메시지를 남겼다. 『주역』은 역사적으로 선진 역학先秦易學, 한대 역학漢代易學, 송대 역학宋代易學, 청대 역학淸代易學으로 나눌 수 있다. 선진 역학은 천명天命과 인간을 중심으로 세계의 기원과 구성을 중심으로 『주역』의 그윽한 내용을 살피고 있으며, 한대 역학은 수학적 질서로 이 세상을 합리적으로 인식하려는 의도에서 일종의 과학 철학인 상수론으로 발달했으며, 송대 역학은 철학적 관점에서 우주와 인간과 문명을 통합적으로 인식하는 특징이 있으며, 청대 역학은 문헌의 고증을 통해 인간의 실제 생활에 도움을 주는 역학에 관심을 가졌다.

또한 주역사는 뛰어난 역학자가 태어나 주역의 세계에 깊이와 넓이를 확대하면서 학술의 위대함을 꽃피워 왔다. 이를테면 중국에는 노자와 장자의 입장으로 『주역』을 해석한 왕필王弼(226-249)을 비롯하여 소강절邵康節(1011-1077), 주염계周濂溪(1017-1073), 장횡거張橫渠(1020-1077), 정명도程明道(1032-1085), 정이천程伊川(1033-1107), 주자朱子(1130-1200), 왕선산王船山(1610-1692) 등이 있다. 우리나라의 이퇴계李退溪(1501-1570), 이율곡李栗谷(1536-1584), 정약용丁若鏞(1762-1836) 등은 중국 역학을 수용하여 새롭게 발전시키면서 한국학의 등불로 활약하였다.

주제별로는 크게 복서 역학卜筮易學, 상수 역학象數易學, 의리 역학義理易學으로 분류할 수 있다. 『주역』은 원래 점치는 용도로 씌여졌다는 입장에서 복서를 중심으로 『주역』을 들여다보는 점술의 세계관, 이 세계는 엄밀한 수학적 질서로 만들어졌기 때문에 하늘과 땅이 만물을 빚어내는 변화의 모습을 객관적으로 탐구하는 수리 철학, 『주역』이 지향하는 목표는 인간이 어떻게 살아갈 것인가를 물음에서 하늘의 뜻이 곧 도덕이라고 밝힌 일종의 도덕적 형이상학인 의리 역학으로 구분할 수 있다. 또한 상수학파는 순수 수학적 이론의 주역학과 하도낙서河圖洛書를 중심으로 하는 도서학파圖書學派가 있다. 이밖에도 『주역』을 종교와 수행의 시각에서 연구하는 학파가 생겨 주역사를 한층 풍부하게 만들었다.

이밖에도 팔괘八卦를 중심으로 『주역』에 접근하는 방법도 있다. 팔괘는 생명의 신비를 읽어내는 코드이기 때문에 세상의 온갖 변화를 설명할 수 있다는 믿음이 깔려 있다. 또한 복희팔괘는 선천이고, 문왕팔괘는 후천을 상징한다는 이론이 창출되어 주역을 선후천론으로 이해하는 학파도 생겼다. 그런데 조선조 후기의 김항金恒(1826~1898)은 전통의 선후천론을 완전히 뒤집어 엎어버렸다. 그는 문왕팔괘는 선천이고, 정역팔괘가 후천으로 인식하여 전통의 주역관을 극복하여 새로운 주역관을 수립함으로써 한국 철학의 독창성과 보편성을 세계에 알렸던 것이다.